Die Massenpsychologie des Faschismus

파시즘의 대중심리

Die Massenpsychologie des Faschismus

파시즘의 대중심리

그린비

Die Massenpsychologie des Faschismus by Wilhelm Reich

Korean translation copyright © 2006 by Greenbee Publishing Company.
The original German text, Die Massenpsychologie des Faschismus copyright © 1933, 1934, 1969 by Mary Boyd Higgins as Trustee of the Wilhelm Reich Infant Trust Fund, renewed © 1997 by the Wilhelm Reich Infant Trust Fund.
English language translation by Vincent R. Carfagno. English language translation copyright © 1970 by Mary Boyd Higgins as Trustee of the Wilhelm Reich Infant Trust Fund. Earlier English language translation © 1946 by the Orgone Institute Press, Inc.; Copyright renewed © 1974 by Mary Boyd Higgins as Trustee of the Wilhelm Reich Infant Trust Fund.
This Korean edition published by arrangement with Farrar, Straus and Giroux, LLC., New York through KCC(Korea Copyright Center Inc.), Seoul.
All rights reserved.

크리티컬 컬렉션 03
파시즘의 대중심리

초판1쇄 펴냄 2006년 1월 20일
초판8쇄 펴냄 2025년 6월 20일

지은이 빌헬름 라이히
옮긴이 황선길
펴낸이 유재건
펴낸곳 (주)그린비출판사
주소 서울시 서대문구 이화여대2길 10, 1층
대표전화 02-702-2717 | **팩스** 02-703-0372
홈페이지 www.greenbee.co.kr
원고투고 및 문의 editor@greenbee.co.kr

편집 이진희, 민승환, 성채현, 문혜림 | **디자인** 심민경, 조예빈
독자사업 류경희 | **경영관리** 장혜숙

이 책의 한국어판 저작권은 (주)한국저작권센터(KCC)를 통해 Farrar, Straus and Giroux, LLC와 독점 계약한 (주)그린비출판사에 있습니다. 저작권법에 의해 한국 내에서 보호를 받는 저작물이므로 무단 전재와 무단 복제를 금합니다. 책값은 뒤표지에 있습니다. 잘못 만들어진 책은 서점에서 바꿔 드립니다.
ISBN 978-89-7682-956-6 04300

독자의 학문사변행學問思辨行을 돕는 든든한 가이드 _(주)그린비출판사

사랑, 노동, 지식은 우리 생활의 원천이며,
이것들이 우리의 생활을 지배해야 한다.

― 빌헬름 라이히 ―

::차 례

머리글(증보개정 3판) 9

1장 물질적 힘으로서의 이데올로기 33
2장 파시즘적 대중심리의 권위주의적 가족 이데올로기 71
3장 인종이론 123
4장 하켄크로이츠의 상징적 의의 153
5장 권위주의적 가족의 성경제학적 전제 161
6장 국제적인 반(反)성적 조직으로서의 신비주의 177
7장 신비주의에 맞서 투쟁하는 성경제학 215
8장 성정치적 실천의 몇 가지 문제들 253
9장 대중과 국가 297
10장 노동의 생체사회적 기능 395
11장 삶에 필수적인 노동에 책임을 부여하라! 427
12장 자유투쟁에서의 생물학적 오산 435
13장 자연스러운 노동민주주의에 관하여 489

옮긴이 후기 533
용어설명 537
빌헬름 라이히 연보 541
라이히의 주요 저작들 545
찾아보기 547

| 일러두기 |

1 번역 대본으로는 빌헬름라이히유아신탁재단(Wilhelm Reich Infant Trust Fund)에서 제공한 독일어 수고(手稿)를 기준으로 하였으며, 영어판(The Mass Psychology of Fascism, trans. Vincent R. Carfagno, New York : Farrar, Straus and Giroux, 1970)을 참조했다. 문단 구분은 독일어 수고를 따르되, 읽는이의 편의를 위해 부분적으로 수정했다.

2 흔히 '국가사회주의'라고 번역되는 'Nationalsozialismus'는 민족/인종이론과 긴밀히 연관되어 있다. 라이히도 이 점을 강조하고 있기 때문에 이 책에서는 이 용어를 '민족사회주의'라고 옮겼다. 단, 단축형(Nazismus)의 경우에는 '나치즘'이라고 옮겼다.

3 인명, 지명, 작품명은 국립국어원이 2002년에 발간한 『외래어 표기 용례집』을 따랐다. 단, 이미 관례적으로 쓰이는 표기는 관례를 그대로 따랐다.

4 각주에서 지은이 주와 영어판 편집자 주는 각주의 앞에 각각 [지은이], [영어판 편집자]라고 표기하여 옮긴이 주와 구분했다.

5 단행본·전집·잡지·신문·영화제목 등에는 겹낫표(『 』)를, 논문 등에는 낫표(「 」)를 사용했다.

6 본문에서 같은 책의 인용이 반복될 경우, 처음 인용될 때에만 서지사항을 밝혔고 이후의 인용에서는 인용문 끝에 '(『책제목』, 쪽수)'의 형식으로 명기했다.

7 본문에서 읽는이의 이해를 돕기 위해 간단한 설명이나 덧붙이고 싶은 말이 있을 경우 대괄호([ ]) 안에 적어뒀다.

머리글 (증보개정 3판)

인간의 성격을 포괄적이고 전력을 다해 치료해 왔던 나는 인간의 반응을 평가할 때 생체심리학적 구조의 세 개의 상이한 층을 근본적으로 고려해야 한다는 사실을 확신할 수 있었다. 내가 『성격분석』(Charakteranalyse)에서 설명했듯이, 성격구조의 이 층들은 자율적으로 기능하는 사회적 발전의 퇴적물이다.

인성의 표면층에서 평범한 인간은 수줍어하고, 예의바르며, 인정이 많고, 책임감이 있고, 양심적이다.[1] 인성의 표면층이 심층의 자연스런 핵심과 직접적으로 접촉할 수 있었다면 인간이란 동물은 사회적 비극을 겪지 않았을 것이다. 그러나 불행히도 사정은 그렇지 못하다. 요컨대 사회적 협동의 표면층은 심층의 생물학적 핵심과 접촉하고 있지 않다. 이 표면층은 잔혹하고, 가학적이며, 음란하고, 욕심과 시기심이 많은, 철두철미하게 충동으로만 구성되어 있는 **두번째** 층, 곧 중간 성격층에서 태어난다.

---

1) 라이히가 말하는 '평범한'(durchschnittlich) 인간은 억압적인 도덕과 문명에 의해 '평준화'되거나 '왜소해진' 인간이다. 따라서 이들이 보여주는 모습("수줍어하고, 예의바르며, 인정이 많고, 책임감이 있고, 양심적")도 과장되거나 왜곡된 모습으로서, 라이히가 인성의 두번째 층이라고 말하는 층의 공격성과 도착성이 위태위태하게 은폐된 모습일 뿐이다. 라이히의 다음 책을 참조하라. 윤수종 옮김, 『오르가즘의 기능』, 그린비, 2005, pp. 174~177.

이 〔두번째〕 층은 프로이트적인 의미에서는 '무의식' 또는 '억압된 것'을 의미하며, 성경제학 용어로는 이른바 '이차적 욕구'를 의미한다.

오르곤 생체물리학을 통해 우리는 인간의 반(反)사회성을 의미하는 프로이트적 무의식을 원초적인 생물학적 자극을 억압하여 생긴 이차적 결과로 파악할 수 있다. 도착(倒錯)이 지배하는 두번째 층을 지나 인간의 생물학적 하부구조로 깊이 들어가면, 우리는 그곳에서 **생물학적 핵심**이라 명명된 세번째 층을 발견할 수 있다. 좋은 사회적 조건이 주어진다면, 인간은 이 가장 깊은 핵심에서 근본적으로 정직하고, 부지런하고, 협동적이며, 사랑을 하고 있는 동물, 정당한 이유가 있을 때 합리적으로 증오를 표출하는 동물이 될 수 있을 것이다. 그러나 참되지 못하고 위선적인 사회적 표면층을 우선적으로 제거하지 않은 채, 희망적인 심층에 현대인을 도달하게 하여 그 성격구조를 느슨하게 만드는 것은 절대로 불가능하다. 교양의 가면을 벗기면, 자연스런 사회성이 아니라 도착적이고 가학적인 성격층만이 우세를 점하며 나타나게 된다.

행위로 표출되기를 바라는 자연스럽고, 사회적이며, 리비도적인 생물학적 핵심의 모든 충동은 이차적인 도착적 욕구의 층을 통과해야 하며, 이 과정에서 왜곡된다는 사실이 바로 이 불행한 구조 때문에 생겨난다. 이런 왜곡은 자연스러운 충동이 갖는 원래의 사회적 본질을 도착적으로 변형시키고, 따라서 삶의 모든 진정한 표현을 억제하도록 강제한다.

이제 이 인간의 구조를 사회적·정치적 영역으로 옮겨보자.

인간 사회의 다양한 정치적·이데올로기적 집단화가 인간성격구조의 층들과 부합한다는 것을 파악하기는 어렵지 않다. 그러나 우리는 이상주의 철학의 오류, 즉 인간의 구조가 영원히 변하지 않고 지속된다는 주장의 수용을 당연히 거부한다. **사회적 조건과 변동이 인간의 원초적, 생물학적 요구**

를 변화시켜 그것을 성격구조의 한 부분으로 만들어놓은 다음에야, 그 성격구조는 이데올로기의 형태로 사회적 구조를 재생산하게 되는 것이다.

사회조직의 원초적이고 노동민주주의적인 형태가 붕괴된 이래, 인간의 생물학적 핵심은 사회적으로 대표되지 못했다. 인간과 우주를 연결시켜주던 인간의 '자연스러움'과 '숭고함'은 위대한 예술작품, 특히 음악과 미술에서만 제대로 표현되었을 뿐이다. 그러나 사회를 소수의 부유한 상류계층 문화의 사회가 아니라 모든 인간의 사회라고 볼 때, 이런 예술작품들은 지금까지 인간 사회 형성에 본질적인 영향력을 행사하지 못했다.

우리는 성격 표면층에 나타나는 사려깊음이라는 특성, 즉 스스로를 통제하고 인내하는 것에 몰두하는 특성에 대한 옹호를 자유주의의 윤리적·사회적 이상 속에서 발견할 수 있다. 자유주의는 '인간 속의 야수성', 즉 '이차적 욕구'나 프로이트적 '무의식'을 억압하기 위해서 윤리를 강조했다. 가장 깊숙이 있는 세번째 층, 즉 심층의 '자연스런 사회성'은 자유주의자들에게는 낯선 것이었다. 자유주의자들은 인간 성격의 도착성을 개탄하고 윤리적 규범이라는 수단으로 그것을 극복하려 했지만, 윤리적 규범을 지닌 그들이 더 이상 어떤 일도 할 수 없었다는 것을 20세기의 사회적 파국은 잘 보여주었다.

진정 혁명적인 모든 것, 진정한 예술과 과학은 모두 인간의 자연스러운 생물학적 핵심에서 나온다. 따라서 진정한 혁명가나 예술가, 과학자 등은 지금까지 대중들에게 편승하거나 대중들을 지도하려고 하지 않았다. 만약 그랬다 하더라도 그 대중들을 삶과 관련된 영역에서 잠시라도 억누를 수 없었을 것이다.

자유주의 그리고 진정한 혁명을 파시즘과 비교해 보면, 차이를 발견하게 된다. 파시즘의 핵심은 본질적으로 표면층이나 심층이 아니라 이차적 욕구를 갖는 두번째의 성격층을 구현한다.

이 책이 처음 쓰여졌을 당시, 파시즘은 일반적으로 다른 '사회집단' 과 마찬가지로 '정치적 이상' 을 조직하여 대표하는 '정당' 으로 여겨졌다. 이러한 판단에 따르면, 파시스트당이 폭력을 이용하거나 '정치적 책략' 을 통하여 파시즘을 도입한 것이 된다.

그러나 나는 많은 계층, 인종, 민족의 사람들과 다양한 종교의 추종자 등을 치료한 의사로서의 경험을 통해 '파시즘' 이 단지 특정 인종이나 국가 또는 특정 정당에 국한되는 것이 아니라, 일반적이고 국제적인 평범한 인간의 성격구조가 조직화되어 정치적으로 표현된 것이라는 점을 알 수 있었다. 이런 성격적 의미에서 보면 **파시즘은 권위적인 기계문명과 이 문명의 기계론적이고 신비주의적인 인생관의 억압을 받은 인간이 지니는 기본적인 감정적 태도이다.**

우리 시대 인간들의 기계론적이고 신비주의적인 성격이 파시스트당을 만든 것이지 그 반대는 아니다.

잘못된 정치적 생각으로 인하여 오늘날까지도 파시즘은 독일인이나 일본인의 민족적 특성으로 인식되고 있다. 이 최초의 오류로부터 다른 모든 잘못된 해석들이 나오게 된다.

파시즘은 자유를 성취하려는 진정한 노력에 해를 끼치는 작은 반동적 당파의 독재로 인식되었고, 여전히 그렇게 인식되고 있다. 이런 오류에 끈질기게 집착하는 것은 실제 사태를 인식하는 것에 대한 공포 때문이다. 파시즘은 사실 **국제적인** 현상이며, 인간 사회의 모든 신체와 국가에 퍼져 있는 현상이다. 이 결론은 지난 15년간의 국제적 현상들과 일치한다.

오히려 나는 자신의 성격구조 속에 파시스트적 감정과 생각의 요소를 가지고 있지 않은 사람은 단 한 명도 없다는 사실을 성격분석 경험을 통해 확인할 수 있었다. 정치적 운동으로서 파시즘은 **그것이 인민대중에 의해 탄생되고 대변되었기** 때문에 다른 반동적 정당과는 다르다.

나는 이러한 주장에 책임이 따른다는 것을 철저히 의식하고 있다. 나는 이 상처 입은 세상에 관심을 가지고 파시즘에 대한 노동하는 대중들의 책임을 명확히 하고자 한다.

우리는 평범한 군국주의와 파시즘을 명확히 구분해야 한다. 빌헬름 2세〔독일제국의 마지막 황제〕 통치하의 독일은 군국주의적이었지 파시스트적은 아니었다.

언제 어디서 나타나든 간에, 파시즘은 인간 대중들에 의해 발생하는 운동이기 때문에, 대중 개개인의 성격구조에 존재하는 모든 특성과 모순을 은연중에 드러낸다. 파시즘은 보통 알려진 것과 같은 순수한 반동적 운동이 아니라 **반역적** 정서와 반동적 사회사상의 결합이다.

우리가 혁명적인 것을 인간 사회의 참을 수 없는 조건에 대한 합리적 반역으로, '모든 사물의 근원에 도달하여' ('급진적' radikal→ '뿌리' Radix = '근원' Wurzel) 그 조건을 개선하는 합리적 의지로 이해한다면, 파시즘은 결코 혁명적이지 않다. 물론 파시즘은 혁명적 정서의 가면을 쓰고 나타날 수 있다. 그러나 우리가 혁명가라고 부르는 사람은 독설로써 질병을 다루는 의사가 아니라, 질병의 원인을 조용히 용기 있고 끈질기게 찾아내어 그것과 싸우는 의사이다. 파시스트적 반역성은 혁명적 정서가 진실에 대한 두려움으로 인해 환상으로 왜곡되는 모든 곳에서 항상 나타난다.

순수한 형태의 파시즘은 평범한 인간 성격의 **비합리적** 반응이 모인 것이다. 비합리성이 인간의 역사에서 행한 절대적 역할을 인식하는 능력이 부족한 둔감한 사회학자에게 파시스트적인 인종이론은 단지 제국주의적 이해관계의 문제처럼 보이거나, 좀더 온건하게는 '편견'에 불과한 것처럼 보일 것이다. 말뿐인 무책임한 정치가 역시 마찬가지일 것이다. 그러나 '인종적 편견'의 신속하고 광범위한 전파는 바로 그 전파의 근원이 인간 성격의 비합리적 측면에 있다는 것을 입증하는 것이다. 인종이론이 파시즘의 산물인 것이 아니라 그 반대이다. 즉 파시즘은 바로 인종적 증오의 산물이며, 그 인종증오가 정치적으로 조직되어 표현된 것이다. 그렇기 때문에 독일 파시즘, 이탈리아 파시즘, 스페인 파시즘, 앵글로색슨 파시즘, 유태 파시즘, 아랍 파시즘 등이 존재할 수 있다. **인종 이데올로기는 오르가즘 능력이 없는 인간의 성격구조가 생체병리적으로 표현된 것이다.**

인종 이데올로기의 사디즘적 도착성은 종교에 대한 태도에서도 은연중 나타난다. 파시즘은 이교로 되돌아가는 것이므로 종교는 파시즘을 불구대천의 원수로 생각했다. 그러나 이것은 결코 사실이 아니다. 파시즘은 종교적 신비주의의 극단적 표현이기 때문이다. 따라서 파시즘 그 자체는 독특한 사회적 형태로 그 존재를 드러내게 된다. 파시즘은 성적 도착에서 생기는 종교성을 옹호하며, 가부장적인 수난의 종교가 지닌 마조히즘적 성격을 사디즘적인 종교로 변형시킨다. 이 결과, 파시즘은 종교를 고통철학이라는 '내세의 영역'에서 가학적 살인이라는 '현세'로 변화시킨다.

파시스트의 심리상태는 권위를 갈망하는 동시에 반역적인, 노예상태에 있는 '소심한 인간'의 심리상태와 동일하다. 파시스트 독재자들이 모두 소심한 인간의 반동적 분위기에서 생겨났다는 것은 우연이 아니다. 삶의 충동이 전반적으로 억압을 받던 영역에서 이런 사회적 사실[파시즘의 출현]이 발생한 후, 대산업가와 봉건적 군국주의자들은 자신들의 목적을 위하여 이 사회적 사실을 이용했다. 기계론적이며 권위주의적인 문명은 종속된 인간 대중들에게 수세기 동안 신비주의, 군국주의, 기계적 행위의 방법으로 씨 뿌렸던 것을 억압되고 소심한 인간에게서 파시즘의 형태로 다시 거두어들였다. 이 소심한 인간은 위대한 사람들의 행동을 배웠으며 그것을 왜곡되고 확대된 양식으로 재생산했다. 파시스트는 중병에 걸린, 고도로 산업화된 문명이라는 거대한 군대의 하사관이다. 고등 정치의 과대 선전은 아무렇지도 않게 소심한 인간 앞에 나타날 수 없다. 말하자면 소심한 하사관은 모든 면에서 제국주의적 장군을 압도한다. 즉 군악에서, 군대식의 걸음걸이에서, 명령과 복종에서, 새로운 생각에 대한 엄청난 공포에서, 외교적인 전략 전술에서, 의복과 행진에서, 그리고 장식과 훈장에서 등등, 모든 점에서 압도적이었다. 황제 빌헬름 2세는 가난한 관리의 아들인 히틀러와 비교해 볼 때, 이 모든 면에서 비참하고 무능한 사람이었다. '프롤레타리아 출신'의 장군이 가슴에 훈장을 주렁주렁 달고 나타난 것은 바로 '진짜' 대장군에 '뒤지지 않으려는' 소심한 인간의 시위였던 것이다.

파시즘이 어떤 힘에 의지하고 있는가를 이해하기 위해 우리는 소심하고 억압된 인간의 성격에 대해서, 즉 그의 외양 뒤에서 일어나고 있는 것에 대해서 광범위하고 철저하게 연구해야 한다.

거짓 자유주의(**진정한** 자유주의와 **진정한** 관용이 아닌)의 공허한 예의바름에 대항한 학대받던 인간들의 수많은 반역 속에서 나타난 것은 바로 이차적 욕구로 구성된 성격층이다.

[현재의] 지배적인 정치적 상황에 근거하여, 파시스트적인 정신착란에 걸린 살인광을 미국인들이나 중국인들 중에서는 찾지 않고 독일인이나 이탈리아인 중에서만 찾는다면, 또한 그 살인자들 **자체의** 비밀을 밝혀내지 않는다면, 또한 그들이 매일매일 고안해내는 사회제도를 우리가 잘 알지 못한다면, 그들이 끼치는 해악을 결코 막을 수 없다.

충분한 지식 속에서 **실제로** 그리고 **실천적으로** 삶의 과정에 관한 근거가 제시될 때에만 파시즘은 궤멸될 수 있다. 정치적 책략, 외교적 행위, 군대의 행진을 통한 과시행위에 있어 아무도 파시즘을 흉내낼 수 없다. 그러나 파시즘은 **실천적인** 삶의 **문제**에 관한 해답을 갖고 있지 않다. 왜냐하면 파시즘은 이데올로기의 범위 내에서만, 또한 국가 제복의 형상 속에서만 모든 것을 보기 때문이다.

파시스트들이 (인간의 명예 대신에) '국가의 명예'에 대해, (열심히 노동하는 인류 공동체 대신에) '성스러운 가족과 인종의 구원'에 대해 설교하는 것을 들을 때, 또는 자화자찬을 하며 많은 구호를 입에 담는 것을 볼 때, 그들에게 공개적이지만 조용하고 단순하게 다음과 같이 질문해 보자.

"다른 민족을 살인하지 않으면서 우리 민족을 먹여 살리기 위하여 당신들은 어떤 실천적인 일을 할 수 있는가? 만성적 질병을 퇴치하기 위하여 당신들은 의사로서 무엇을 할 수 있는가? 어린이에게 삶의 기쁨을 주기 위하여 당신들은 교육자로서 무엇을 할 수 있는가? 가난을 일소하기 위하여 당신들은 경제학자로서 무엇을 할 수 있는가? 아이를 많이 가진 어머니의 고생을 완화하기 위해서 당신들은 사회사업가로서 무엇을 할 수 있는가? 주거환경의 위생조건을 개선하기 위하여 당신들은 건축가로서 무엇을 할 수 있는가? 이제 수다떠는 것을 멈춰라. 우리에게 솔직하고 확실한 대답을 하든지 아니면 입을 다물어라!"라고.

따라서 정치적 책략으로는 국제적 파시즘을 극복할 수 없다는 사실이 도출된다. 국제적 파시즘은 노동, 사랑, 그리고 지식의 국제적이고 자연스러운 조직에 굴복하게 될 것이다.

우리 사회에서 노동, 사랑, 그리고 지식은 여전히 인간 존재를 규제할 수 있는 힘을 가지고 있다. 하지만 이 긍정적인 삶원칙의 커다란 힘은 스스로의 강력함과 대체불가능성에 대해서 그리고 사회적 존재를 위해서 매우 중요한 스스로의 의미에 대해서 인식하지 못하고 있다. 이런 이유로 당파적인 파시즘에 군사적 승리를 거둔 지 1년이 지났지만, 오늘날 인간 사회는 여전히 파멸의 갈림길에 놓여 있다. 만약 노동을 하는 사람들, 모든 살아 있는(죽은 것이 아닌) 것에 관한 지식을 다루는 자연과학자, 그리고 자연스러운 사랑을 주는 자와 받는 자들이 자신들의 거대한 책임을 충분히 그리고 빨리 인식하지 못한다면, 우리 문명의 몰락은 불가피하다.

생동하는 것은 파시즘이 없이도 존재할 수 있지만 파시즘은 삶의 충동 없이는 존재할 수 없다. 파시즘은 사랑이 충만한 봄날, 생명체에 달라붙어 고삐 풀린 살인충동을 만끽하는 흡혈귀이다.

다음과 같은 두려운 질문이 남아 있다. 개인적 자유와 사회적 자유가, 또한 우리와 우리 자손들의 삶에서의 자기조절이 평화적으로 진전될 것인가, 폭력적으로 진전될 것인가? 이에 대한 해답을 아무도 알지 못한다.

그러나 기술자든 연구원이든 아니면 예술가든 간에, 동물과 신생아 그리고 노동에 전념하는 사람들에게 존재하는 생동하는 것의 기능을 아는 사람이라면 누구나 당의 불법적인 행위로 이 세상에 퍼져 있는 생각을 더 이상 수용하지 않는다. 생동하는 것은 '폭력적으로 권력을 장악' 할 수 없다. 왜냐하면 그것은 권력을 가지고 무엇을 해야 할지 모르기 때문이다. 이런 결론은 생동하는 것이 사악한 정치적 행위의 처분에 영원히 맡겨져 그 희생물이 된다는 것을 의미하는가? 또한 이른바 정치가들이 항상 삶의 피를 빨아먹는다는 것을 의미하는가? 이것은 잘못된 결론일 것이다.

의사로서 나의 직무는 병을 고치는 것이다. 연구자인 나는 알려지지 않은 본질적 관계를 밝혀야 한다. 만약 어떤 정치적 허풍쟁이가 나에게 와서 나의 환자와 현미경에 문제를 일으킨다면, 나는 그가 방해하도록 내버려두지 않을 것이고, 만약 그가 자발적으로 떠나지 않는다면, 그를 밖으로 쫓아버릴 것이다. 내 일생의 작업을 침입자로부터 보호하기 위하여, 침입자에게 폭력을 사용할 것인가 말 것인가 하는 것은 나 자신이나 나의 일에 달려 있는 것이 아니라, 침입자가 얼마나 오만한가에 달려 있다. 이제 생동하는 노동에 종사하는 모든 사람이 **적절한 시기에** 정치적 허풍쟁이의 존재를 알게 되었다고 상상해 보자. 그들 또한 나와 같은 방식으로 행동할 것이다. 아마도 이 간단한 예를 통해서 생동하는 것이 침입자나 파괴자에 대항하여 자신을 어떻게 방어할 것인가라는 질문에 대한 부분적인 해답을 발견할 수 있을 것이다.

『파시즘의 대중심리』는 독일이 위기에 처해 있을 때인 1930년부터 1933년 사이에 구상되었다. 이 책은 1933년에 쓰여졌으며, 초판은 1933년 9월에, 2판은 1934년 4월에 덴마크에서 출간되었다.

이 책이 출간된 지 10년이 흘렀다. 파시스트 이데올로기의 비합리적 본질에 대한 폭로로 이 책은 때때로 너무 지나친 환호를 받았고, 모든 정치적 진영은 그 지식과 행동을 통해 이 책에 고민 없이 동의했다. 이 책의 많은 부수가 (때로는 익명으로) 독일의 국경을 넘어갔다. 독일의 불법적 혁명운동은 이 책을 기꺼이 수용했다. 수년 동안 이 책은 독일의 반파시스트 운동과 접촉할 수 있는 원천이 되었다.

1935년 파시스트들은 정치심리학에 관한 다른 모든 문헌들[2]과 함께

---

2) [지은이] "1933년 2월 4일의 조령(條令)에 의거하여 프로이센 경찰은 에른스트 파렐[Ernst Parell ; 라이히의 가명]의 「계급 의식이란 무엇인가」(Was ist Klassenbewusstsein), 라이히의 「변증법적 유물론과 정신분석」(Dialektischer Materialismus und psychologischen), 성정치학 출판사(코펜하겐-프라하-취리히)가 발행한 '정치-심리학 시리즈'의 제1~2권, 그리고 이 시리즈로 간행될 예정인 여러 간행물들을 압수하고 배포를 금지한다. 이 책들이 공공의 안녕과 질서에 위험하기 때문이다(베를린, 1935년 9월 4일 게슈타포)."『독일법률시보』(Deutsches Reichsgesetzblatt) 제213호, 1935년 4월 13일. ; "1933년 2월 28일의 조령에 의거하여 성정치학 출판사(코펜하겐, 덴마아크, 체코, 취리히)가 발행하는 '정치-심리학 시리즈'의 모든 외국 간행물의 배포는 추후 공고가 있을 때까지 금지된다(베를린, 1935년 6월 5일 독일제국 내무부)." 『독일 법률시보』 제214호, 1935년 5월 7일.

이 책 『파시즘의 대중심리』를 금지했다. 이 책의 초록이 프랑스, 미국, 체코, 스칸디나비아 그 밖의 여러 나라에서 간행되었고 여러 논문 속에서 상세하게 다루어졌다. 단지 모든 사물을 경제적 관점에서 보는 정당사회주의자, 정치적 권력기관을 통제하는 유급 정당관료만이 이 책을 가지고 무엇을 할 수 있는지 몰랐으며 아직까지도 모르고 있다. 예를 들어 덴마크와 노르웨이에서 이 책은 공산당의 지도부에게 심한 공격을 받았으며 '반혁명적'인 것으로 매도되었다. 반면에 파시스트 집단의 혁명지향적인 젊은 이들이 인종이론의 비합리적 본질에 대한 성경제학적 설명을 이해했다는 사실은 의미심장하다.

1942년 영국에서 이 책을 영어로 번역하겠다는 요청이 있었다. 이 요청은 이 책이 쓰여진 지 10년이 지난 지금 이 책의 타당성을 검토해야 할 의무를 던져주었다. 검토 결과 지난 10년간 이루어진 엄청난 사고의 혁명을 〔이 개정판에〕 정확히 반영할 수 있었다. 이는 또한 성경제학적 사회학이 공격을 견뎌낼 수 있는지, 그 사회학이 우리 시대의 사회혁명에 어떤 의미를 갖는지를 시험해 보는 것이기도 하다. 나는 수년 동안 이 책을 검토하지 않았다. 나는 이 책을 개정·증보하면서 15년 전에 내가 저질렀던 사유의 오류, 그동안 이루어진 사유의 혁명, 그리고 파시즘을 극복하기 위해 과학에 쏟아부어진 많은 노력을 발견하고는 대단히 놀랐다.

우선 나는 위대한 승리를 즐길 것이다. 파시스트 이데올로기에 대한 성경제학적 분석은 시대의 비판을 견뎌왔을 뿐 아니라, 지난 10년 동안 훌륭하게 증명되었다. 성경제학적 분석은 독일 맑스주의 정당이 파시즘에 대처하면서 사용한 경제주의적이고 통속적인 맑스주의 개념이 몰락한 후에도 살아남을 수 있었다. 처음 발간된 지 약 10년이 지난 지금 새로운 판이 요청되고 있다는 사실은 『파시즘의 대중심리』가 '호의적'인 대우를 받고 있음을 말해 주는 것이다. 성경제학을 매도한 맑스주의자들이 저술한 1930년대의 어떤 저작도 이런 요청을 받지 못했다.

2판을 수정하면서 내 생각의 혁명적 변화는 아래와 같이 반영되었다.

1930년경 나는 노동하는 사람들의 **자연스러운 노동민주주의**에 대하여 아는 것이 없었다. 그 당시 갓 형성되기 시작한 인간구조의 형성에 관한 성경제학적 시각은 맑스주의 정당의 지적 틀 속에 삽입되었다. 그 시절에 나는 자유주의적, 사회주의적, 공산주의적 문화조직에서 활동하고 있었으며, 성경제학을 설명할 때 판에 박인 듯이 일정한 전통적 맑스주의의 사회학 개념을 사용하라는 강요를 받았다. 당시 사회적 성경제학과 통속적 경제주의 사이의 엄청난 모순은 당의 간부들과 고통스럽게 논쟁하는 과정에서 이미 표출되었다. 나는 그때까지 맑스주의 정당의 본질이 근본적으로 과학적이라고 믿고 있었지만 많은 고용인, 산업노동자, 소상인, 학생 등이 생동하는 삶에 관한 지식을 얻기 위해서 성경제를 지향하는 조직에 몰려들었을 때, 당원들이 내 의료행위의 사회적 효과를 왜 그토록 신랄히 공격했는지 이해하기는 어려웠다. 나는 내 의견에 반대하는 '당의 노선'을 옹호하라는 명령을 받고 모스크바로부터 파견되어 1928년 열린 빈의 학생 강좌에 참석한 '빨갱이 교수'를 결코 잊지 못할 것이다. 무엇보다도 이 교수는 '오이디푸스 콤플렉스는 말도 안 되는 어리석은 것'이며, 그런 것은 존재하지 않는다고 주장했다. 이로부터 14년이 지난 후 이 러시아 동지는 총통을 맹신하는 독일 기계인간의 탱크 아래 피를 흘리며 죽어갔다.

인간의 자유를 위해 투쟁할 것을 주장하는 정당들이 나의 정치학적·심리학적 연구 결과에 대해 기쁨 이상의 감정을 가지리라는 것을 누구나 분명히 예상할 수 있었을 것이다. 그러나 우리 연구소의 문서가 명백히 보여주듯이 상황은 정반대였다. 대중심리에 관한 연구의 사회적 효과가 커지면 커질수록, 당 정치가들의 대응조치는 점점 더 가혹해진 것이다. 오스트리아 사회민주당은 이미 1929~30년 사이에 우리 조직의 연구보고서를 금지했다. 1932년에는 구성원의 강한 반발에도 불구하고 공산주의뿐만 아니라 사회주의 조직도 베를린에 위치한 '성정치학 출판사'의 간행물 배포를 금지했다. 나는 맑스주의가 독일에서 권력을 장악하는 즉시 처형당할 것이라는 경고를 받았다. 같은 해 독일 공산당 조직은 구성원들의 의지와 상반되게 성경제학 의사들이 모이는 회의장소를 폐쇄하고 출입을 금지했다. 이 두 조직으로부터 내가 축출된 것은 내가 사회학에 성학을 도입했고 성학이 인간구조 형성에 어떤 영향을 미치는가를 밝혔다는 이유에서였다. 1934년과 1937년 사이에 성경제학의 '위험성'을 유럽의 파시스트 지향적인 집단들에게 지적해 준 것은 항상 공산당의 간부들이었다. 이 사실은 문서를 통해서도 입증될 수 있다. 독일 파시즘을 피해 탈출한 사람들의 소련 입국이 금지된 것처럼 성경제학의 저작들은 소련으로 반입될 수 없었다. 이런 상황은 어떤 주장으로도 정당화될 수 없다.

    그 당시에는 별다른 의미가 없는 것처럼 보였던 이 사건들을 『파시즘의 대중심리』를 개정하는 지금 완전히 이해할 수 있다. 당시 성경제학적·생물학적 사실의 확증은 마치 여우굴 속에 코끼리를 밀어넣듯이 맑스주의의 통속적 전문용어 속에 압축되었다. 1938년 '청년을 위한' 책[3]을 개정하면서, 그 책의 성경제학적 용어들은 8년이 지나도 그 의미를 유지하고 있었던 반면, 내가 사용한 많은 당의 구호들은 그 의미를 상실했다는 것을 발견했다. 이러한 사실은 이 책 『파시즘의 대중심리』 3판을 내면서도 마찬가지로 경험할 수 있었다.

---

3) [지은이] Wilhelm Reich, Der Sexuelle Kampf der Jugend, Berlin : Sexpol Verlag, 1932.

'파시즘'이 히틀러나 무솔리니의 행동이 아니라, **대중의 비합리적인 성격구조의 표현**이라는 것이 오늘날에는 일반적이고 명백한 사실이 되었다. 인종이론이 **생물학적 신비주의**라는 것도 10년 전보다 오늘날 더욱 분명해지고 있다. 또한 사용할 수 있는 지식이 더 많아졌기 때문에 우리는 대중의 오르가즘적 열망을 이해할 수 있으며, **파시스트 신비주의는 자연스러운 성의 신비적 왜곡과 금지에 의하여 제약된 오르가즘적 열망**임을 일반적으로 알 수 있다. 파시즘에 대한 **성경제학적** 주장은 10년 전보다 오늘날 더욱 타당하다. 반면 이 책 속에 사용되었던 맑스주의적 정당 개념은 완전히 제거되고 새로운 개념으로 대체되어야 한다.

그렇다면 이런 주장이 맑스의 경제 이론이 근본적으로 틀렸다는 것을 뜻하는가? 하나의 비유를 통해 이 질문을 명확히 살펴보자. 파스퇴르 시대의 현미경이나 레오나르도 다 빈치가 만든 양수기가 '잘못된' 것인가? 맑스주의는 19세기 초중엽의 사회적 한계 속에서 생겨난 과학적 경제이론이다. 그러나 사회과정은 19세기의 상황에 멈춰 있지 않다. 그것은 20세기라는 전혀 다른 과정 속으로 계속 진행하는 것이다. 우리는 마치 현대의 현미경 속에서 파스퇴르식 현미경의 기본구조를, 또는 현대의 양수기 속에서 다 빈치의 기본원칙을 재발견할 수 있는 것처럼, 이 **새로운** 사회과정 속에서 19세기에 존재했던 모든 기본적 양상을 발견할 수 있다. 그러나 오늘날 파스퇴르식 현미경이나 다 빈치의 양수기를 가지고는 어떤 일도 할 수 없다. 완전히 새로운 개념과 기술에 상응하는 완전히 새로운 과정과 기능의 결과, 그것들은 구식이 되어버렸다. 유럽의 맑스주의 정당들은 19세기에 적합한 개념을 가지고 전혀 새로운 20세기의 파시즘을 이해하려 했기 때문에 실패하고 말았던 것이다(이렇게 말함으로써 어떤 악의적인 기쁨을 느끼려는 것은 결코 아니다!). 맑스주의 정당은 모든 과학적 이론에 따라오는 생동하는 발전가능성을 생동감 있게 유지하거나 더욱 발전시킬 수 없었기 때문에 사회조직으로서 쇠퇴한 것이다. 나는 맑스주의 조직에서 수년간 의사로서 일한 것을 후회하지 않는다. 사회에 대한 나의 지식은 책으로부터 나온 것이 아니라, 본질적으로는 존엄하고 자유로운 존재를 위한 인간 대중들의 투쟁에 실천적으로 참여함으로써 획득된 것이다. 사실상 가장 뛰어난 '성경제학적' 안목은 바로 그 대중들이 지닌 생각의 오류, 즉 그들이 파시즘이라는 전염병에 걸리게 될 만큼 그들을 곪게 만든 오류를 통해 파악된 것이었다. 의사로서 나는 어떤 정당 정치가도 알지 못하는 각국의 노동자들과 이런저런 근심을 가진 사람들에게 특정한 방식으로 접근할 수 있었다. 정당 정치가들은 자신들이 '계급의식을 고취'하고자 하는 '노동계급'만을 알 뿐이었다. 나는 있을 수 있는 가장 최악의 (인간들 자신이 만들었고 자신의 내부에 성격의 한 부분으로 가지고 있는) 사회적 상황에 처해 있으며, 그 상황으로부터 벗어나려 하지만 실패하는 생명체로 인간을 파악했다. 순수하게 경제적인 관점과 생체-사회학적 관점 사이의 차이는 메울 수 없게 되었다. 즉 한편에는 '계급 인간'의 이론이, 다른 한편에는 '동물적 인간' 사회의 '비합리적 본질'에 관한 이론이 대립하고 있다.

 맑스주의 경제사상이 현대 인간의 사고에 어느 정도 스며들었고, 일정한 영향을 끼치고 있음은 오늘날 모두가 알고 있는 사실이지만, 경제학자와 사회학자 개개인은 자신의 개념이 누구에게서 생성되었는지를 의식하지 못할 때가 많다. '계급', '이익', '착취', '계급투쟁', '상품', '잉여가치'와 같은 개념들은 이제 상식이 되었다. 그럼에도 불구하고, 원래의 의미와 일치하지도 않는 구호의 측면이 아니라 사회학적 발전의 실제 사실이라는 측면에서 볼 때, 오늘날 맑스주의의 과학적 재산을 상속하거나 대리할 만한 정당은 남아 있지 않다.

1937년과 1939년 사이에 **노동민주주의**라는 새로운 성경제학적 개념이 발전되었다. 이 책의 3판은 이 새로운 사회학적 개념의 중요한 특징에 대한 설명을 포함하고 있다. 이 개념은 맑스주의의 가장 훌륭하고 여전히 타당한 사회학적 발견을 포함하고 있다. 또한 이 개념은 지난 1백 년간 '노동자' 개념 속에 나타난 사회적 변화에 대해 고려하고 있다. 노동자의 사회적 개념 확장을 '파시스트적', '트로츠키적', '반혁명적', '당에 적대적'이라는 등의 이유로 반대할 사람들이 바로 '노동자 계급의 유일한 대표자'와 '국제 프롤레타리아트의 지도자'들임을 나는 경험을 통해서 알고 있다. 흑인을 배제하고 히틀러주의를 실천하는 노동자 조직은 새롭고 자유로운 사회의 창조자로 여겨질 자격이 없다. 그러나 히틀러주의는 민족사회주의독일노동자당(National Sozialistische Deutsche Arbeiterpartei, 이하 '나치당')이나 독일 내에 국한되지 않는다. 그것은 자유주의적 집단과 민주주의적 집단뿐만 아니라 노동자 조직에도 침투한다. 파시즘은 정당이 아니라 인간, 사랑, 그리고 노동에 대한 특정한 태도와 특정한 생활 개념이다. 그렇다고 해서 전쟁 전에 맑스주의 정당이 추구했던 정책이 이미 소진되어 장래성이 없다는 사실이 변하는 것은 아니다. 마치 성 에너지의 개념이 정신분석학 조직에서 사라졌지만 오르곤의 발견으로 강력하고 참신하게 다시 나타났듯이, 국제적 노동자의 개념 역시 맑스주의 정당의 존재 속에서는 몰락했지만, 성경제학적 사회학의 틀 속에서 되살아나고 있는 것이다. 왜냐하면 성경제학자의 활동은 반동적이고, 신비화되었으며, 노동하지 않는 삶의 틀이 아니라 사회적으로 필수적인 다른 모든 노동의 틀 속에서만 가능하기 때문이다.

　　성경제학적 사회학은 프로이트의 심층심리학과 맑스의 경제이론을 조화시키려는 노력으로부터 탄생했다. 본능적**이면서도** 사회경제적인 과정이 인간의 존재를 결정한다. 그러나 우리는 '본능'과 '경제'를 자의적으로 결합하려는 절충주의적 시도를 거부해야 한다. 성경제학적 사회학은 정신분석학이 사회적 요인을 소홀하게 다루도록 만들고 맑스주의가 인간의 동물적 기원을 소홀하게 다루도록 만든 모순을 해소하려 한다. 내가 다른 곳에서 말했듯이 성경제학의 어머니는 정신분석학이고, 아버지는 사회학이다. **그러나 자식은 그 부모의 합을 넘어선다.** 그것은 새롭고 독립적이며 장래가 있는 생명체이다.

'노동'의 개념에 대한 새롭고 성경제학적인 해석을 따라 이 책의 용어에도 다음과 같은 변화가 생겼다. '공산주의자', '사회주의자', '계급의식' 등과 같은 개념은 '혁명적인', '과학적인' 등과 같은 좀더 명확한 사회학적·심리학적 용어로 대체되었다. 이 용어들은 '근본적인 혁명화', '합리적 활동', '사물의 근원에 도달하는 것' 등의 의미를 가지고 있다.

이와 같은 변화는 다음과 같은 사실을 고려하고 있다. 오늘날 더욱 혁명적이 되고 있는 것, 즉 근본적으로 새롭고 합리적인 사회적 질서를 추구하는 것은 공산당이나 사회주의 정당이 아니라 **그들과 대립하는** 모든 정치적 성향을 포괄하는 수많은 **비정치적** 집단과 사회계층이라는 사실이다. 세계가 파시즘이라는 전염병에 대한 투쟁을 통하여 거대하고 국제적인 **혁명적** 대변동의 과정에 휩싸이게 되었다는 것은 우리의 보편적 사회의식의 한 부분이 되었으며, 케케묵은 부르주아지의 정치인들까지도 이 사실을 인정하고 있다. '프롤레타리아트', '프롤레타리아적'이라는 용어는 1백 년 전에, 모든 권리를 상실한 채 빈곤을 겪고 있던 대규모의 사회계층을 지칭하기 위하여 만들어졌다. 확실히 이런 범주의 인간집단은 오늘날에도 존재하고 있다. 그러나 19세기 프롤레타리아트의 후손들은 전문화되고 고도로 발전된 기술과 책임감을 가지고 있는, 꼭 필요한, '자신의 기술을 자각한 산업노동자'가 되었다. 따라서 '**전문가 의식**' 또는 '**사회적 책임**'이라는 단어가 '계급의식'을 대체하게 된다.

19세기 맑스주의는 '계급의식'을 '육체' 노동자에게만 한정했다. 삶에 필수적인 다른 직업, 즉 그것 없이는 사회가 기능하지 못하는 직업에 고용된 사람은 '지식인' 혹은 '소부르주아지'로서 '육체노동 프롤레타리아트'와 대립되었다. 이렇게 도식적이며 [현실에] 적용될 수 없는 병치는 독일 파시즘의 승리에 매우 중요한 역할을 수행했다. '계급의식' 개념은 너무 제한된 개념일 뿐만 아니라 육체노동자 계급의 구조와 전혀 일치하지 않는다. 이런 이유로 나는 '산업노동'과 '프롤레타리아트'를 '삶에 필수적인 노동'과 '노동하는 사람'으로 대체했다. 이 두 용어는 **사회에 필수적인 노동을 수행하는 모든 사람**들을 포괄한다. 이들 속에는 산업노동자뿐만 아니라 의사, 교사, 기술자, 연구원, 저술가, 사회행정가, 농부, 과학자 등도 포함된다. 이 새로운 개념은, 노동하는 인간 사회를 분열시켜 결국 검은 파시즘과 붉은 파시즘에 적지 않은 기여를 했던 차이를 지양했다.

대중심리학에 관한 지식이 없었기 때문에, 맑스의 사회학은 '부르주아지'와 '프롤레타리아트'를 대립시켰다. 이것은 심리학적인 오류다. 성격구조는 자본가에게만 국한되는 것이 아니라 노동하는 모든 직업의 사람들에게서도 관철된다. 자유주의적 자본가도 있고 반동적 노동자도 있을 것이다. **성격의 측면에서 보면 계급의 구분은 없다.** 그렇기 때문에 '부르주아지', '프롤레타리아트'와 같은 경제적 개념은 인간의 성격과 관련되는 '반동적', '혁명적' 또는 '자유주의적' 등과 같은 개념으로 대체되었다. 이러한 변화는 파시즘이라는 전염병에 의하여 강제된 것이다.

엥겔스가 그의 책 『반(反) 뒤링』(Anti-Dühring)에서 본질적인 부분을 발전시킨 변증법적 유물론은 **에너지론적 기능주의**가 되어가고 있었다.

이런 '앞으로의' 발전은 생물학적 에너지, 즉 오르곤의 발견(1936~39)에 의해 가능해졌다. 사회학과 심리학은 견고한 생물학적 토대를 획득했다. 이러한 발전은 우리의 사유에 영향을 끼칠 수밖에 없었다. 생각이 확장됨으로써 옛 개념은 변화했고, 새로운 개념들이 더 이상 필요하지 않은 개념들을 대체하게 되었다. 따라서 '의식'이라는 맑스의 언어는 '역동적 구조'로 '욕구'는 '오르곤의 본능과정'으로, '전통'은 '생물학적이며 성격학적 경직성'으로 대체되었다.

인간의 비합리성은 통속적 맑스주의자의 '사(私)적 경제' 개념을, 사회의 자유로운 발전을 위해서는 '모든' 사적 소유가 폐지되어야 한다는 의미로 잘못 해석했다. 이러한 해석은 자연스럽게 정치적 반동에 의해 널리 이용되었다. 이제 사회와 개인의 자유는 이른바 '사유재산의 폐지'와는 분명히 아무런 관계가 없다. 맑스의 사유재산 개념은 사람들의 의복, 타자기, 화장지, 책, 침대, 저축, 집, 토지 등과는 관계가 없다. 이 개념은 오로지 사회의 전반적 진행과정을 규정하는 **사회적** 생산수단의 사적 소유와 연관될 때만 사용되었다. 다시 말해 철도, 상수도, 발전소, 탄광 등과 같은 것들과만 관계가 있었던 것이다. '생산수단의 사회화'가 닭, 의복, 책, 주거지 등과 같은 것의 '사적 몰수'를 의미하는 것으로, 또한 이러한 몰수가 무산자 이데올로기와 일치하는 것으로 혼동되었기 때문에 생산수단의 사회화는 강박적인 불안의 대상이 되었다. 사실 국가별로 다소의 차이는 있지만 지난 1백 년에 걸친 사회적 생산수단의 국유화는 모든 자본주의 국가에서 사적 처분권을 파괴하기 시작했다.

노동하는 인간의 구조와 자유에 대한 능력은 사회조직의 거대한 발전에 적응할 수 없었기 때문에, 국가가 **노동하는 인간들의 사회**가 유보한 행동(생산수단의 사회화)을 수행했다. 맑스주의의 명목적 이성인 소련에서 '생산수단의 사회화'를 주장하는 것은 너무나 당연하다. 그러나 맑스주의 정당은 단지 '사회화'와 '국유화'를 혼동했던 것이다. 미국 정부 역시 잘못 운영되는 공장들을 국유화할 수 있는 권한과 수단을 가지고 있다는 것을 이번 전쟁 동안 볼 수 있었다. 전쟁의 결과, 오늘날의 자본주의 국가들에 독립적인 소유자들이 거의 남지 않았고 국가적인 책임을 지는 기업이 많아졌다는 것을 깨닫는다면, 게다가 소련의 사회적 기업들이 그곳에서 노동하는 사람들이 아니라 국가관료 집단에 의해 관리되고 있다는 사실을 깨닫게 된다면, 생산수단의 **사회화**, 곧 한 개인의 사적 소유로부터 사회적 소유로의 생산수단 이전은 훨씬 덜 끔찍하게 여겨질 것이다. **사회적 생산수단의 사회화는 노동하는 대중들이 구조적으로 성숙될 때, 즉 그들이 생산수단을 관리해야 하는 책임을 의식한 후에야 비로소 결정될 수 있고 가능한 것이 될 수 있다.** 대다수의 대중들은 그렇게 성숙되어 있지 않으며, 또한 그렇게 되려고 하지도 않는다. 게다가 전문가, 기술자, 관리자, 행정가, 도매업자 등을 배제하고 산업체를 육체노동자만의 관리 아래 놓는 거대 기업의 사회화는 사회학적으로나 경제학적으로나 의미가 없다. 오늘날 육체노동자들 역시 이런 사회화를 거부하고 있다. 만약 그렇지 않다면, 맑스주의 정당은 이미 모든 곳에서 권력을 잡았을 것이다.

이것이 바로 19세기의 사적 경제가 점점 더 국가자본주의적인 계획경제로 바뀌어 가고 있는 사실의 가장 근본적인 사회학적 원인이다. 소련에서조차도 국가사회주의는 존재하지 않으며 **엄격한 맑스적 의미에서** 경직된 국가자본주의만이 존재할 뿐이다. 맑스에 의하면 '자본주의'의 사회적 상황은 통속적 맑스주의자들이 믿듯이 개별 자본가의 존재로부터 나오는 것이 아니라, 특수한 '자본주의적 생산양식'을 통하여 주어진다. 말하자면, 자본주의의 사회적 상황은 사용경제가 아니라 상품경제에서, 대중들의 **임**

금노동에서, **잉여가치**에서 비롯되는 것이다. 그 잉여가치가 사회 **위에 군림하는** 국가에게 돌아가든, 사회적 생산을 사적으로 점유한 개별 자본가에게 돌아가든 상관없이 말이다. 이렇게 엄격한 맑스적 개념으로 보면, 소련에는 자본주의 체제가 지속되고 있는 것이다. 또한 국민 대중들이 지금과 같이 비합리적인 동기를 가지고 권위를 갈망하는 한 계속 그럴 것이다.

성격구조에 관한 성경제학적 심리학은 사회에 대한 경제학적 관점에 인간의 성격과 생물학에 대한 새로운 해석을 덧붙였다. 소련에서 개별 자본가들이 제거된 것과 사적 자본주의 대신 국가자본주의가 확립된 것은 **대중들의 전형적이고, 무력하고, 비굴한 성격구조에 어떤 변화도 주지 못했다.**

게다가 유럽 맑스주의 정당의 정치 이데올로기는 기계가 발전되었던 대략 17세기부터 19세기에 걸친 2백년의 기간에 상응하는 경제적 상황에 토대를 두고 있었다. 그러나 20세기의 파시즘은 **4천에서 6천 년에 걸쳐 이어져 온 인간의 성격, 신비와 권위를 향한 인간의 병적 갈망, 인간의 성격특성에 대해 근본적인 문제**를 제기했다. 역시 이 점에서도 통속적 맑스주의는 마치 코끼리를 여우굴 속에 밀어넣으려는 시도를 했다. 성경제학적 사회학은 지난 2백 년 동안에 생성된 것이 아니라, 수천 년 전으로 거슬러 올라가는 가부장적 권위주의 문명을 반영하는 인간의 성격을 다루고 있다. 실제로 성경제학은 지난 3백 년에 걸친 자본주의적 시기의 파렴치한 난폭함(약탈적인 제국주의, 노동하는 인간의 권리상실, 인종억압 등)은 단지 이 모든 것을 참고 지나친, 권위를 병적으로 갈망하는, 자유로워질 능력이 없는 신비적 대중들의 성격구조 없이는 불가능했을 것이라고 주장한다. 이러한 성격구조가 자연적으로 주어진 것이 아니라, 사회적·교육적으로 형성되었다 하더라도 그 성격구조의 작용은 조금도 변하지 않는다. 다만 자유로운 **재구조화**를 위한 탈출구를 얻을 수 있을 뿐이다. 만약 우리가 근본적이라는 것을 '사물의 근원에 도달하는 것'이라고 이해한다면, 성경제학적 생체물리학의 관점은 엄격하고 좋은 의미에서 통속적 맑스주의자의 관점보다 훨씬 더 근본적이다.

코끼리(6천 년)를 여우굴(3백 년) 속에 강제로 밀어넣을 수 없는 것처럼, 지난 3백 년간의 사회적 대책 정도로는 더 이상 파시즘이라는 대중적 전염병에 대처할 수 없다는 것을 이 모든 사실들이 말해 주고 있다.

따라서 인간들 사이의 국제적인 소통에서 자연스러운 생물학적 노동민주주의를 발견하는 것이 파시즘에 대한 해답으로 평가되어야 한다. 비록 유일하게 살아남은 성경제학자나 오르곤 생체물리학자나 노동민주주의자가 그 실현을 보지 못하거나 사회적 삶의 비합리성에 승리를 거두지 못한다 하더라도 그 평가는 진실일 것이다.

1942년 8월, 메인에서
빌헬름 라이히

Die Massenpsychologie des Faschismus

파시즘의 대중심리

1장 _ 물질적 힘으로서의 이데올로기

균열

히틀러 이전 시기 독일의 자유운동은 맑스의 국가이론과 사회이론에 의해 주도되었다. 따라서 독일 파시즘에 대해 이해하기 위해서는 맑스주의를 먼저 이해해야 한다.

    독일에서 민족사회주의가 권력을 장악한 지 몇 개월이 지났을 때, 여러 해 동안 자신들의 혁명적 굳건함과 자유를 위한 출격준비를 행동으로 증명한 사람들조차도 사회적 사건에 대한 맑스주의적 기본개념의 정당성에 대하여 매우 자주 의혹을 표명했다. 이러한 의혹은 쉽게 이해할 수는 없었지만 부정할 수도 없었던 다음과 같은 사실과 연관이 있다. 즉 그 목표와 본질에 있어서 정치적·경제적 반동의 가장 극단적 전형을 보여주는 파시즘이 국제적 현상이 되었으며, 많은 국가에서 파시즘이 눈에 띌 정도로, 그리고 아무도 부인할 수 없을 정도로 사회주의 혁명운동을 능가하고 있었던 것이다. 이런 현상이 고도로 산업화된 국가에서 가장 강력하게 나타났다는 사실은 문제를 더욱 심각하게 만들었을 뿐이었다. 맑스주의자가 "자본주의적 생산양식이 경제적으로 성숙하여 폭발 직전에 있다"고 주장하는 근대 역사의 국면에서, 노동자 운동의 실패가 국제적인 민족주의의 강화로 벌충되고 있었다. 이와 더불어 제1차 세계대전의 발발로 인해 노동자 인터내셔널이 실패한 것과 1918년과 1923년 사이에 러시아 밖에서 일어난 혁명적 봉기들이 분쇄된 것에 대한 지울 수 없는 기억이 남아 있었다. 이런 [상황들로 인해 발생한] 의혹은 다음과 같은 중대한 사실과 연관된다. 즉 만약 이러한 의혹들이 정당한 것이라면 맑스의 기본개념은 거짓이며, 그럼에도 불구하고 목표를 달성하고자 한다면 노동자 운동의 단호하고 새로운 방향이 필요하다는 것이다. 하지만 논의된 의혹이 정당하지 않은 것이고 맑스의 사회학적 **기본**개념이 정당하다면, 노동자 운동이 지속적으로 실패하게 된 이유가 철저하고 광범위하게 분석되어야 할 뿐만 아니라, 무엇보다도 역사적으로 유례없는 파시즘의 대중운동에 대해서도 완벽한 설명이 이루어져야 한다. 오직 이렇게 할 때에만 새로운 혁명적 실천이 가능할 것이다.

앞서 말한 둘 중 어느 것이 맞는지 입증되지 않는 한, 상황의 변화는 결코 기대할 수 없었다. 노동자들의 '혁명적 계급의식'에 호소하거나, 당시 유행이었던 실천, 즉 (패배를 왜곡하고 환상으로 중요한 사실을 감추는) 쿠에[1]식의 실천을 하는 것으로는 목표를 달성할 수 없음이 분명했다. 따라서 노동자 운동 역시 '진전'하고 있고 여기저기에서 투쟁과 파업이 이루어지고 있다는 사실로는 만족할 수 없었다. 중요한 것은 진전이 이루어지고 있다는 것이 아니라 정치적 반동의 국제적 강화 및 진전과 비교해서 어떤 속도로 [노동자 운동의] 진전이 이루어지고 있느냐 하는 것이다.

---

1) Émile Coué(1857~1926). 프랑스의 약리학자. '나는 점점 더 좋아지고 있다' 등의 문장을 반복하게 하여 병을 낫게 하는 자기암시요법을 창시했다.

갓 태어난 노동민주주의적 성경제학 운동은 이 문제를 최대한 근본적으로 다루는 데 관심을 갖고 있다. 이는 노동민주주의적 성경제학이 사회해방투쟁의 한 부분이라는 일반적인 이유뿐만 아니라, 무엇보다도 이 [사회 해방투쟁] 운동의 목표 달성이 자연스러운 노동민주주의의 경제정책 목표와 매우 밀접한 관련을 가지고 있다는 이유 때문이기도 하다. 우리가 노동자 운동의 관점에서 특정한 성경제학적 문제가 전반적인 사회적 문제와 어떻게 연결되어 있는지 설명해 보려는 이유가 여기에 있다.

1930년대를 전후한 시기 독일의 많은 집회에서는 비록 민족주의적이고 형이상학적으로 사유하긴 했지만, 한편으로는 현명하고 솔직한 생각을 가진 혁명가들을 볼 수 있었다. 오토 슈트라서[2] 같은 이들이 그랬는데, 이들은 다음과 같은 방식으로 맑스주의자와 맞서는 데 익숙해 있었다. "당신들 맑스주의자들은 자신들을 방어하기 위해 맑스의 이론을 즐겨 인용한다. 맑스는 이론은 실천에 의해서만 검증된다고 가르쳤다. 하지만 당신들은 항상 노동자 인터내셔널의 실패에 대한 설명에 머무르고 있다. 당신들의 맑스주의는 1914년의 패배는 사회민주당의 배반 때문이며, 1918년 혁명의 패배는 사회민주당의 '배신적 정치'와 환상 때문이라고 분석한다. 또한 당신들은 세계공황을 맞은 대중들이 좌파가 아닌 우파로 선회하고 있다는 사실을 곧바로 해명해 주는 '설명'도 가지고 있다. 그러나 당신들의 설명이 당신들의 실패를 지울 수는 없지 않은가! 1880년 이후 실천을 통한 사회혁명의 가르침에 대한 검증은 도대체 어디에 있는가? 당신들의 근

---

2) Otto Strasser(1897~1974). 독일의 정치가. 1925년 나치당에 입당하여 형인 그레고르(Gregor Strasser, 1892~1934)와 함께 나치당의 형성 초기에 큰 역할을 했으나 나치당이 노동자 중심의 사회주의 노선에서 벗어나기 시작하자 1930년 히틀러와 결별하고 흑색전선을 조직했다. 파리 함락 이후에는 캐나다로 망명했다.

본적 오류는 영혼과 정신을 거부하거나 조롱한 데 있으며 세상만사를 움직이는 그 무엇을 파악하지 못하고 있다는 데 있다." 이와 같은 또는 이와 유사한 주장에 대해 맑스주의의 비평가들은 답변하지 못했다.

맑스주의자들의 정치적 대중선전은 **객관적**인 사회경제 위기의 과정(자본주의적 생산양식, 경제적 무정부주 등)만을 다루고 있었기에, 좌파 진영에 이미 등록된 소수의 사람들이 아닌 다른 이들에게 호소력을 갖지 못한다는 것이 점점 더 명백해지고 있었다. 물질적 결핍이나 기아만을 강조하는 것으로는 충분치 못했다. 왜냐하면 **모든** 정당이 심지어는 교회까지도 물질적 결핍을 강조했기 때문이다. 따라서 결국, 최악의 경제 위기와 비참함 속에서 민족사회주의자들의 신비주의가 사회주의 경제이론에 승리를 거두었다. 이로써 선전활동과 사회주의의 총체적 개념에 명백한 결함이 있다는 것과 이런 결함이 '정치적 오류' 의 원천이라는 것을 인정할 수밖에 없었다. 그것은 정치적 현실에 대한 맑스주의적 해석의 오류이며, 오류 수정의 전제들은 모두 변증법적 유물론의 방법 속에 포함되어 있었다. 그러나 이러한 가능성들은 결코 사용되지 않았다. 간단히 말하자면, 맑스주의적 정치는 그 정치적 실천에 있어서 **대중들의 성격구조와 신비주의의 사회적 영향을 고려하지 않았던 것이다.**

1917년과 1933년 사이 혁명적 좌파들의 맑스주의 이론과 실천을 추적해 보면, 그들이 경제의 **객관적** 과정과 정부 정책의 영역에 제한되어 있을 뿐 이른바 역사의 '**주관적 요인**' , 즉 대중 이데올로기의 발전과 모순을 주의 깊게 추적하지 않았다는 사실을, 그리고 무엇보다도 혁명적 좌파들이 자신들의 변증법적 유물론의 방법을 항상 참신하게 응용하고 생동력 있게 유지하면서, 모든 **새로운** 사회적 현상을 새롭게 파악하려고 노력하지 않았다는 사실을 확인할 수 있다.

새로운 역사적 현상에 변증법적 유물론은 제대로 적용되지 못했다. 맑스나 엥겔스는 파시즘을 알지 못했고, 레닌 역시 파시즘에 대한 분석의 시작을 보았을 뿐이었다. 현실에 대한 반동적 파악은 현실의 모순과 실제하는 관계들을 간과했다. 반동적 정치는 발전에 저항하는 사회적 힘을 자동적으로 이용하기 마련이다. 그러나 이것은 반동적인 것이 **필연적**으로 극복해야 하는 혁명적 힘을 과학이 **남김없이** 밝혀내지 못할 때에만 성공적으로 이루어질 수 있다. 나중에 다시 보게 되겠지만, 퇴행적일 뿐만 아니라 활기차게 진보적이기도 한 사회적 힘이 파시즘의 **대중적 기반**, 즉 반역하는 소부르주아지에게서 나타나게 되었다. 그러나 이러한 모순은 간과되었으며, 실제로 소부르주아지의 역할은 히틀러가 권력을 장악하기 직전까지 완전히 가려져 있었다.

새로운 과정에서의 모순이 파악될 때면 혁명적 활동은 언제나 인간 존재의 모든 영역에서 스스로 일어나기 마련이다. 이때 이러한 활동은 **진보적** 발전을 위해 작용하는 힘의 편에 서게 된다. 맑스에 의하면, '근본적'이라는 것은 '사물의 근원을 이해하는 것'을 의미한다. 사물의 근원을 이해하여 모순으로 가득 찬 과정을 파악하게 되면, 확실히 반동을 극복할 수 있게 된다. 그러나 만약 개인이 사물의 근원을 이해하지 못하면, 원하든 원하지 않든 간에 결국 기계론적 사고, 경제주의 또는 형이상학에 빠지게 되고 필연적으로 파멸하게 된다. 따라서 비판은 사회적 실체의 모순이 어디에서 **간과되고** 있는가를 증명할 수 있을 때에만 의미가 있고 실천적 가치를 가질 수 있다. 맑스의 혁명성은 그의 주장이나 그가 가리킨 혁명의 목표에 있는 것이 아니라 사회를 진보시키는 힘으로서 산업 생산력을 인식했다는 점, 그리고 자본주의 경제의 모순을 실제와 일치하게 묘사했다는 점에 있다. 따라서 노동자 운동의 실패는 사회 진보를 방해하는 힘에 관한 우리의 지식이 매우 제한적이라는 것, 즉 중요한 요인들은 여전히 감추어져 있다는 것을 의미한다.

다른 위대한 사상가들의 많은 업적과 마찬가지로 맑스주의 역시 공허한 공식으로 변질되었으며, 맑스주의 정치가들의 손에 의해 과학적·혁명적 내용을 상실했다. 맑스주의 정치가들은 일상의 정치적 투쟁에 휩쓸렸기 때문에 맑스와 엥겔스가 전수한 생동감 있는 인생관의 원칙을 더욱 발전시키지 못했다. 이런 점을 확인하기 위해서는 자우에르란트[3]의 '변증법적 유물론'에 관한 저서 또는 잘킨트[4]나 피이크[5]의 저서를 맑스의『자본』(Das Kapital)이나 엥겔스의『유토피아에서 과학으로의 사회주의의 발전』(Entwicklung des Sozialismus von der Utopie zur Wissenschaft)과 비교해 보는 것만으로도 충분하다. 생동감 있는 방법은 공식으로, 과학적 사실 연구는 경직된 도식으로 환원되었던 것이다. 그 동안에 맑스 시대의 '프롤레타리아트'는 거대한 산업노동자로 성장했으며, 중산계층 소상인들은 거대한 산업 및 공공부문의 사무직 노동자로 바뀌었다. 또한 과학적 맑스주의는 '통속적 맑스주의'로 퇴화했다. 통속적 맑스주의는 뛰어난 맑스주의 정치가들이 인간 존재의 모든 것을 실업자문제와 임금문제에 국한시키는 경제주의에 부여한 명칭이다.

---

3) Kurt Sauerland(1905~1938). 독일의 정치가. 1923년까지 독일공산당의 멤버였으며, 1934년부터 1937년까지는 코민테른의 행정위원회에서 일했다. 1937년 5월 소련의 비밀경찰에 체포되어 1938년 최고 군사법정에서 총살형을 선고받았다.
4) Aron Borisovich Zalkind(1888~1936). 소련의 심리학자. 1923년 러시아정신분석협회 창설에 관여하며 파블로프의 '조건반사' 이론에 기초해 유물론과 정신분석학을 이론적으로 화해시키려 했다. 그러나 1930년 소련학술원의 정신신경학자협회가 개최한 학술대회에서 반동분자로 비판받았다(5장 '각주 2번' 참조).
5) Wilhelm Pieck(1876~1960). 독일의 공산주의 정치가. 1895년 사회민주당에 가입했으나, 이후 스파르타쿠스 동맹에 초기 멤버로 참여하여 독일공산당의 창립 멤버가 되었다. 1949년부터 사망하던 1960년까지 동독의 초대 종신대통령을 지냈다.

이 통속적 맑스주의는 1929년과 1933년 사이의 거대한 경제적 위기가 이 위기로 피해를 입은 대중들의 이데올로기를 '틀림없이' 좌파 쪽으로 향하게 '할 수밖에 없을 것'이라고 주장했다. 1933년 1월의 패배를 겪고 나서도 독일에서 '혁명적 고양'이 있으리라는 이야기들이 계속 떠돌고 있었지만, 실제 상황에서 대중들의 이데올로기를 왼쪽으로 변화시킬 것이라 기대되었던 경제적 위기가 프롤레타리아트에 속하는 사람들의 이데올로기를 극우의 방향으로 변하게 했다는 것이 드러났다. 그 결과 좌파에게 유리해진 경제적 토대와 우파에게 유리해진 광범위한 계층의 이데올로기 사이에서 '균열'이 발생했다. 이러한 균열은 간과되었다. 따라서 어떻게 완전한 빈곤 속에서 생활하는 대중들이 민족주의적이 될 수 있었는가라는 의문 역시 제기될 수 없었다. '쇼비니즘', '정신이상', '베르사유 조약의 결과' 등으로 그 이유를 설명하는 것은 그다지 의미를 갖지 못한다. 왜냐하면 그런 설명으로서는 고통 받는 소부르주아지가 급진적인 우파로 변하게 되는 과정을 현실적으로 파악할 수 없기 때문이다. 사실상, 소부르주아지뿐만 아니라 프롤레타리아트 중 나쁜 상태에 있지 않은 대다수의 사람들도 우파로 선회했던 것이다. 그리고 러시아혁명의 성공을 경계의 눈초리로 바라보게 된 시민들이 새롭고, 당시에는 이해할 수 없었던, 그리고 노동자 운동에 의해 분석되지 않았던 신기해 보이는 예방책(예컨대, 루즈벨트의 뉴딜정책)에 손을 내민 것을 간과했다. 또한 사람들(통속적 맑스주의자)은 파시즘이 싹을 틔우고 대중운동으로 발전하기 시작했을 때 그것이 대부르주아지에 대항하는 방향으로 나아가고 있었다는 점, 그리고 그것이 대중운동이었기에 '**단지** 거대한 금융자본의 호위병'으로 치부할 수 없게 되었다는 점을 간과했다. 문제는 어디에 있었는가?

맑스는 그 기본적인 개념에서, 노동력이라는 상품이 착취당하고 있으

독일의 균열

미국 자본에 의존해 왔던 바이마르 공화국은 1929년 미국에서 대공황이 발생하자 극심한 경제위기에 직면했고, 히틀러는 이 경제위기 속에서 1933년 1월 30일 수상이 되는데 성공했다. 라이히를 비롯한 혁명적 좌파들에게 이 사실은 독일 파시즘에 대한 독일 좌파의 '패배'를 뜻했지만, 통속적 맑스주의자들에게는 대중들의 경제적 토대와 이데올로기 사이의 '균열'을 뜻했다. 그러나 통속적 맑스주의자들이 말하는 이런 균열 이전에 독일 사회 자체가 균열을 겪고 있었다. 좌파와 우파의 균열, 좌파 내부의 균열이 바로 그것이다(위 사진은 1918년 독일 혁명 당시 우파가 반체제 문건들을 불태우는 장면이며, 아래 사진은 베를린 대성당 앞에서 벌어진 좌파의 집회 장면이다).

며 자본은 소수의 손에 집중되어 있고 소수의 사람들이 다수의 노동자들을 점진적으로 궁핍화시키고 있다는 사실을 파악하고 있었다. 이러한 과정을 통해 맑스는 '착취자에 대한 착취'의 필연성을 끌어냈다. 이 견해에 따르면, 자본주의 사회의 생산력은 생산양식의 한계를 넘어서고 있다. **사회적 생산**과 자본에 의한 생산물의 **사적** 전유 사이의 모순은 생산력의 수준과 생산양식의 균형을 맞춤으로써만 해결될 수 있으며, 사회적 생산은 생산물의 사회적 전유에 의해 보완되어야 한다는 것이다. 이 조정을 위한 우선적인 행위는 사회혁명인데, 이것이 바로 맑스의 경제적 기본원칙인 것이다. 그리고 이 조정은 궁핍한 대다수의 사람들이 '프롤레타리아독재', 즉 생산수단을 소유하고 있었지만 이제는 몰수당한 사람들에 대한 독재를 확립했을 때에만 가능한 것이다.

맑스의 이론에 따르면 사회혁명을 위한 경제적 전제조건들은 주어졌다. 즉 자본은 소수의 손에 집중되었고, 민족경제가 세계경제로 성장하는 것은 민족국가의 관세제도와 매우 심각한 모순의 상태에 처해 있었으며, 자본주의 경제는 자신의 생산능력의 절반도 달성하지 못하고 있었고, 자본주의 경제의 근본적인 무정부 상태도 남김없이 폭로되었다. 또한 고도로 산업화된 국가의 대다수 국민들은 비참한 생활을 하고 있었고, 유럽에서는 약 5천만 명의 사람들이 실업 상태에 있었으며, 수억 명의 노동자들이 근근이 살아가고 있었다. 그러나 착취자에 대한 착취는 일어나지 않았으며, 기대와는 정반대로 '사회주의와 야만'의 기로에서 사회는 먼저 야만 쪽으로 나아갔다. 왜냐하면 파시즘의 국제적 강화는 곧 노동자 운동이 뒤처졌다는 것을 말해주기 때문이다. 곧바로 시작된 제2차 세계대전으로 혁명이 확실히 시작될 것이라고 계속 희망하고 있었던 사람들, 소위 대중들이 자신의 손에 주어진 무기를 내부의 적을 향하여 사용할 것이라고 믿었던 사람들은 새로운 전쟁 기술의 발전을 따라가지 못했다. 다음 전쟁 때에는 광범위한 대중들의 무장이 거의 가능하지 않을 것이라는 추론을 단순히 거부할 수는 없었다. 이러한 개념에 따르면, [이후의] 전투는 광범위한 산업 중심부의 비무장 대중들을 향할 것이며, 대단히 믿을 만하고 선택받은 전쟁기술자에 의해 수행될 것이었다. 그러므로 사람들의 생각과 평가의 재정립이 새로운 혁명적 실천의 전제조건이었다. 제2차 세계대전은 이러한 예상을 입증했던 것이다.

독일 사회(1928~33년)의 경제적·이데올로기적 구조

합리적으로 생각해 볼 때, 우리는 경제적으로 비참한 노동자들이 자신의 사회적 상황에 대해 날카로운 의식을 발전시키고, 사회적 고통을 제거하려는 의지를 스스로 성숙시킬 것이라고 예상할 수도 있다. 또한 사회적으로 비참한 상태에 있는 노동자들이 자신이 받는 가혹한 대우에 분개하면서, "나는 진정으로 사회적 일을 수행하는 책임자이고, 사회의 복리와 아픔은 나 그리고 나와 같은 이들에게 달려 있다. 따라서 나는 해야 할 일에 대한 책임을 스스로 받아들인다"라고 말할 것이라고 예상할 수 있다. 이때 노동자의 생각('의식')은 자신의 사회적 상황과 일치하게 될 것이다. 맑스주의자는 이것을 '계급의식'이라고 부른다. 우리는 그것을 '전문가 의식' 혹은 '사회적 책임의식'이라고 부르려 한다. 노동하는 대중들의 사회적 상황과 그 상황에 대한 의식 사이의 균열은 그들이 자신들의 사회적 상황을 개선시키기보다는 악화시키고 있다는 것을 의미한다. 즉 극단적인 정치적 반동인 파시즘이 권력을 잡게 도와준 것은 바로 비참한 대중들이었다.

문제는 역사의 동력인 이 대중들의 이데올로기와 정서적 태도가 행하는 역할, **경제적 토대에 대한 이데올로기의 반작용**이다. 광범위한 대중들의 물질적 궁핍이 사회혁명이라는 의미에서의 혁명화를 이루어 내지 못한다면, 또한 객관적으로 고찰할 때 위기로부터 반혁명적 이데올로기가 초래된다면, 위기의 시기에 대중들의 이데올로기는 맑스주의적 개념에서 이야기하는 '독점 자본주의의 생산력과 그 생산 방법 사이의 모순에 대한 혁명적 해결'인 '생산력의 발전'을 방해하는 쪽으로 흐를 것이다.

쿠니크의 「독일 주민의 사회적 구성을 파악하기 위한 시도」[6]에 따르면 독일의 계급 구성은 다음과 같다.

계급 구성	취업 인구	가족 포함
산업노동자[7]	21,789	40,700
도시중산계층	6,157	10,700
소농과 중농	6,598	9,000
부르주아지(토지소유자, 대농 포함)	718	2,000
총인구	35,262	62,400 (단위 : 천 명)

〈도시중산계층의 분포〉 (단위 : 천 명)

하층 소경영인(가내공업, 1인 자영업, 종업원 2인 이하 사업장)	1,916
종업원 3인 이상의 소규모 사업장	1,403
사무직 노동자와 공무원	1,763
자유업 종사자와 학생	431
소규모의 독자적 생산수단과 재산 소유자	644
	합계 6,157

---

6) [지은이] Erich Kunik, "Versuch einer Feststellung der sozialen Gliederung der deutschen Bevölkerung", Die Internationale, 1928 ; 렌츠가 다음의 글에서 재구성했다. Josef Lenz, "Proletarische Politik", Internationaler Arbeiterverlag, 1931.
7) [지은이] 맑스주의자들은 이 계층을 '프롤레타리아트'라고 지칭한다.

⟨노동자의 분포⟩

	(단위 : 천 명)
산업체, 무역업, 상업 등에 종사하는 노동자	11,826
농업노동자	2,607
가내수공업자	138
가정부	1,326
사회보장 수혜자	1,717
하층 사무직 노동자(월급 250마르크 이하)	2,775
하층 공무원(연금 받는 퇴직자 포함)	1,400
	합계 21,789

⟨농촌의 중산계층⟩

소농 및 소작농(5헥타르 미만 경작)	2,366
중농(5~50헥타르 경작)	4,232
	합계 6,598

이 수치들은 1925년의 독일 인구조사통계와 일치한다. 그러나 다음과 같은 사실을 지적할 필요가 있다. 즉 앞의 수치는 단지 사회경제적 지위에 따른 분포를 나타내고 있을 뿐이며, 이데올로기의 분포는 이와는 다르다는 것이다. 따라서 **사회·경제적**으로 보면 1925년의 독일은 다음과 같이 구성되어 있다.

사회·경제적 계급 구성	취업 인구	가족 포함
노동자	21,789	40,700
중산계층	12,755	19,700 (단위 : 천 명)

반면 개괄적으로 측정한 바에 의하면 **이데올로기적** 구성은 옆 쪽의 도표와 같다. 얼마나 많은 중산계층들이 좌파 정당에 투표를 했든지, 그리고

이데올로기적 구성	
	(단위 : 천 명)
노동자(공업, 운수, 상업, 농업 등에 종사하는)	14,433
소부르주아적 중산층	20,111
가내수공업자	138
가정부	1,326
사회보장 수혜자	1,717
하층 사무직 노동자(베를린의 '노르트스테른' 같은 대기업에 고용된)	2,775
하층 공무원(세금회계 감사원, 우체국 직원 등)	1,400
	소계 : 7,356 (이상 경제적 '프롤레타리아트')
도시중산계층	6,157
농촌중산계층	6,598
	합계 : 20,111

얼마나 많은 노동자들이 우파 정당에 투표를 했든지 간에 우리가 산출한 '이데올로기적 분포'가 **1932년 선거수치와 거의 일치한다**는 것은 눈길을 끈다. 즉 공산당과 사회민주당이 1천 2백만에서 1천 3백만 표를 획득한 반면 나치당과 독일국가인민당은 약 1천 9백만에서 2천만 표를 획득했다. 이는 **실제 정치가 경제적 분포가** 아니라 **이데올로기적 분포에** 의해 결정된다는 것을 보여준다. 따라서 예상했던 것보다 훨씬 더 큰 정치적 중요성이 소부르주아적 중산계층에게 부여된다.

1929년부터 1932년까지 독일 경제가 급격히 쇠퇴하는 동안, 1928년에 80만 표를 획득했던 나치당은 1930년 가을에는 6백 4십만 표, 1932년 여름에는 1천 3백만 표, 1933년 1천 7백만 표를 획득하면서 크게 성장했다. 1930년 민족사회주의자들이 획득한 6백 4십만 표 중에서 약 3백만 표가 노동자(이 중 60~70퍼센트가 사무직 노동자, 30~40퍼센트가 육체노동자)들의 표였다는 사실은 예거[8]의 계산에서 잘 드러난다(「히틀러」, 『붉은 건설』[Roter Aufbau], 1930년 10월).

내가 알기로 칼 라데크[9]는 나치당이 급성장하기 시작한 1930년 초의 이런 사회적 과정의 문제를 가장 명쾌하게 파악한 사람이다. 그는 다음과 같이 서술하고 있다.

정치적 투쟁의 역사 속에서, 특히 새로운 정당이 오래된 정당이 점유하고 있는 자리를 차지하기 위해 매우 어렵게 싸워야 하는 오랜 정치적 분화를 가진 나라에서는 이와 비슷한 일(나치당의 급성장)을 찾아볼 수 없다. 부르주아적 학문 영역에서나 사회주의 학문 영역에서나, 독일 정치에서 제2의 지위를 획득한 이 정당에 대해 아무런 언급도 없었다는 사실만큼 특이한 것도 없다. 이 정당은 마치 화산 폭발로 바다 가운데에 갑자기 섬 하나가 나타나듯이 독일 정치에 갑자기 나타난, 역사가 짧은 정당이다.[10]

그러나 우리는 이 섬 역시 역사를 가지고 있으며 내부의 뿌리 또한 가지고 있다는 것을 의심하지 않는다.

지금까지 고찰한 모든 것에 따르면 맑스주의의 선택, 즉 '야만으로 몰

---

[8] Ernst Jäger(1896~1975). 독일의 언론인. 반(反)나치 논조의 기사들로 명성을 떨치다가 1938년 나치당의 탄압을 피해(그의 아내가 유태인이기도 했다) 영화감독 리펜슈탈(Leni Riefenstahl, 1902~2003)의 도움을 얻어 미국으로 건너간 뒤 1949년 시민권을 얻었다.
[9] Karl Radek(1885~1939?). 폴란드 태생의 소련 공산당 고위 당직자. 1920년 트로츠키주의자로 몰려 숙청당했으나 1929년 재입당하여 스탈린을 지지했다. 그러나 1936년 국가전복음모 가담 혐의로 다시 체포되어 1939년 감옥이나 집단 수용소에서 사망한 것으로 추정된다.
[10] [지은이] Karl Radek, "Deutsche Wahlen", Roter Aufbau, Oktober, 1930.

락할 것인가' 아니면 '사회주의로 상승할 것인가'의 결정은 피지배계급의 이데올로기적 구조가 그들의 경제적 상태와 일치하는지, 아니면 거대한 아시아 사회에서처럼 착취를 수동적으로 견디거나 오늘날의 독일에서처럼 억압당하는 다수의 이데올로기가 그들의 경제적 상황과 분리되어 있는지에 달려 있었다.

따라서 무엇이 위에서 묘사한 분리를 조건짓는가, 다시 말해 무엇이 경제적 상황과 대중들의 심리 구조가 일치하지 못하게 방해하는가가 근본적인 문제다. 요컨대 대중들이 지닌 심리 구조의 본질과 그것이 유래한 경제적 토대와의 관계를 이해하는 것이 문제인 것이다.

이 점을 이해하기 위하여, 우리는 먼저 파시즘 이해의 길을 막고 있는 통속적 맑스주의의 개념으로부터 벗어나야 한다. 통속적 맑스주의의 개념은 본질적으로 다음과 같다.

통속적 맑스주의는 경제적 존재와 일반적인 사회적 존재를 도식적으로 완전히 분리하면서 인간의 '이데올로기'와 '의식'은 그의 경제적 존재에 의해 **전적으로** 그리고 **직접적으로** 규정된다고 주장한다. 이렇게 함으로써 통속적 맑스주의는 경제와 이데올로기, '토대'와 '상부구조'의 기계적인 대립에 이르게 되었다. 따라서 통속적 맑스주의는 이데올로기를 도식적으로 그리고 일방적으로 경제에 의존하게 만들고 있으며 이로 인해 경제적 발전이 이데올로기의 발전에 의존하고 있음을 간과하고 있다. 이러한 이유로 통속적 맑스주의에서 이른바 '이데올로기의 반작용'이라는 문제는 폐쇄된다. 통속적 맑스주의는 레닌이 이해했던 '주관적 요인의 지연'에 관해 말하고 있기는 하지만 그것을 실천적으로 극복할 수는 없다. 왜냐하면 우선 통속적 맑스주의는 이데올로기에서 경제적 모순을 찾으려 하지 않았고, 다음으로 이데올로기를 역사적 힘으로 파악하지도 않은 채 이전의 경제적 상황에서 이러한 지연을 일방적으로 유추했기 때문이다.

사실상 통속적 맑스주의는 이데올로기를 '비맑스주의적'인 '심리학'이라고 무시했다. 그리고 주관적 요소들, 이른바 역사에서의 '정신생활'을 정치적으로 반동적인 형이상학적 이상주의의 손아귀에 넘겨주었다. 또한 '정신'과 '영혼'만이 유일하게 역사의 진보에 책임이 있다고 주장하여 이상하게도 대단한 성공을 거둔 젠틸레[11]와 로젠베르크[12]에게 이데올로기를 넘겨주면서 이데올로기의 역동성을 파악하는 데 저항했다. 사회과학이 이런 측면을 무시하는 것에 대해서는 맑스 자신이 18세기의 유물론을 다루면서 비판한 바 있다. 통속적 맑스주의자들에게 심리학은 그 자체가 원래부터 형이상학적 체계였기 때문에 그들은 반동적 심리학의 형이상학적 성격과, 혁명적 심리학 연구에 의해 제출되어 우리가 더욱 발전시켜야 하는 심리학의 기본적 요소를 구분하는 것을 생각하지 않는다. 그들은 생산적인 비판을 하기보다는 비난을 일삼고 있으며 '욕구', '욕망', '정신적 과정' 등과 같은 사실을 '관념적'이라고 비난하면서 스스로 자신을 '유물론자'라고 생각하는 것이다. 이 결과 그들은 심각한 어려움에 빠져 실패를 경험할 수 밖에 없었다. 정치적 실천이 이들에게 지속적으로 실천적 심리학을 추진할 것을, 그리고 '대중들의 욕망', '혁명적 의식', '파업에의 의지' 등에 관하여 이야기할 것을 강제했기 때문이다. 통속적 맑스주의자들

---

11) Giovanni Gentile(1875~1944). 이탈리아의 관념론 철학자·정치가. 정신의 절대성을 주장한 헤겔주의적 관념론자로 이탈리아 파시스트 정부의 교육부 장관과 헌법 개혁을 위한 위원회의 위원장 등을 맡아 파시스트 조합국가의 기틀을 만드는 데 기여했다.

12) Alfred Rosenberg(1893~1946). 독일의 민족사회주의자. 나치 정권의 여러 직책을 거치면서 나치당의 인종정책에 이론적 근거를 제시했다. 특히 주저인 『20세기의 신화』(Der Mythus des 20. Jahrhunderts, München : Hoheneichen Verlag, 1933)에서는 독일 민족의 순수성과 유럽을 지배할 사명을 강조하면서 반유대주의와 독일 팽창주의에 체계를 부여했다.

이 심리학을 거부하면 할수록 그들은 더욱 더 형이상학적 심리학주의에 빠져들게 될 것이고 심지어 '히틀러의 정신이상'으로부터 역사적 상황을 설명하고, 대중들에게 자신들을 신뢰하라며 기운을 복돋우고, 모든 어려움에도 불구하고 전진할 것이며 혁명은 결코 쓰러지지 않을 것이라는 등의 주장을 하면서 무미건조한 쿠에이즘(Couéism)을 추구하게 될 것이다. 그리하여 그들은 현실의 상황에 대하여 실제적인 것은 말하지 않으면서, 또한 무엇이 일어났었는지 이해하지도 못하면서, 사람들에게 환상적인 용기를 주입시키는 일에 빠져들게 된다. 정치적 반동이 어려운 상황을 타개할 방법을 가지고 있다는 것이나 극심한 경제적 위기가 사회적 자유를 이끌어낼 수 있을 뿐만 아니라 야만을 불러올 수도 있다는 것은 그들에게는 겹겹이 봉인된 책 속에나 들어 있는 내용인 셈이다. 그들은 사회적 현실에서 그들의 사고나 행동을 이끌어내는 것이 아니라 그들이 바라는 것에 일치하도록 현실을 환상으로 변형했다.

우리의 정치심리학은 이러한 '역사의 주관적 요인', 특정한 시기의 인간의 성격구조, 그리고 인간이 형성한 사회의 이데올로기 구조를 탐구하는 것 이상이 아니다. 반동적 심리학이나 심리학적 경제학이 [통속적] 맑스주의 사회학에 사회적인 것의 '심리학적 파악'을 대안으로 제시하는 것과는 다르게, 의식을 존재로부터 추론하는 정치심리학은 맑스주의 사회학의 매우 특정한 위치에 자신을 종속시키고 편입시킨다.

인간의 머릿속에서 '물질'이 '관념'(의식)으로 전환될 수 있지만 그 역은 성립하지 않는다는 맑스의 명제는 다음과 같은 두 가지 문제를 해결하지 못한다. 첫째, 이러한 과정이 **어떻게** 발생하며 이 과정이 진행되는 동안 인간의 '뇌 속'에서는 무슨 일이 일어나는가? 둘째, 이와 같은 방법으로 형성된 '의식'(지금부터 의식을 심리적 구조라고 부를 것이다)이 경제과정에 어떻게 반작용하는가? 성격분석 심리학은 존재조건에 의하여 규정되는 인간의 정신생활 과정을 밝힘으로써 이러한 빈틈을 메운다. 이렇게 함으로써 성격분석 심리학은 통속적 맑스주의자가 이해하지 못했던 '주관적 요인'을 파악할 수 있다. 따라서 정치심리학은 엄격하게 제한된 과업을 갖는다. 예를 들어, 정치심리학은 계급사회나 자본주의적 생산양식의 발생을 설명할 수 없다. (이것을 시도하려고 할 때 그 결과는 항상 반동적이고 무의미한 일이 된다. 이를테면, 자본주의가 인간 탐욕의 현상이라는 식의 설명이 그 예가 될 것이다.) 하지만 특정한 시대에 인간의 성격구조는 어떠한가, 인간이 어떻게 생각하고 행동하는가, 인간 존재의 모순이 인간에게 어떻게 작용하는가, 인간은 이런 존재에 어떻게 대처하려 하는가 등을 탐구할 수 있는 능력을 가진 유일한 것은 사회경제학이 아니라 정치심리학이다. 분명히 정치심리학은 개별적 인간만을 다룬다. 그러나 정치심리학이 어떤 계층, 계급, 직업 집단 등에 '공통되는' 전형적인 심리적 과정의 연구를 전문화하고 개인적인 차이를 배제한다면, 정치심리학은 **대중심리학**이 된다.

정치심리학은 맑스와도 연결된다.

우리가 논의의 시작으로 삼는 전제는 자의적이거나 독단적인 전제가 아니며, 상상 속에서만 무시될 수 있는 진정한 전제이다. **이 전제는 실재하는 개인들과 그들의 행위이며, 또한 이미 존재하거나 행위에 의해 만들어진 물질적 생활조건들이다.**[13]

인간은 자신이 행한 다른 모든 것들처럼 스스로의 물질적 생산의 토대이다. 바

---

13) [지은이] Karl Marx/Friedrich Engels, "Die deutsche Ideologie", MEW, Bd. 3, Berlin(DDR) : Dietz-Verlag, 1983, S. 20.

부어 말하자면, 모든 상황은 인간의 모든 기능과 활동에 영향을 미치며 어느 정도 수정을 가한다. 또한 인간은 생산의 주체이며 물질적 부와 상품의 창조자이다. 이러한 맥락에서 볼 때, 모든 **인간의 관계와 기능은 그것이 언제 어떻게 나타나든 물질적 생산에 영향을 끼치며, 자신에 대해 어느 정도 결정적 작용을 한다는 것**은 실제로 입증가능하다.[14]

따라서 사람들이 흔히 주장하듯이 우리가 새로운 어떤 것을 말하고 있거나 맑스를 수정하고 있는 것이 아니다. '모든 인간조건'이라고 할 때 이 '모든'에는 노동과정의 조건들, 그리고 인간의 본능과 사고의 가장 사적이고 가장 개인적이며 가장 높은 성과들, 즉 **여성과 청소년 그리고 어린이들의 성생활에 대한 연구뿐만 아니라 새로운 사회문제에 대한 이 연구의 응용**이 포함된다. 히틀러는 이와 같은 '인간조건'의 특정한 본성을 가지고 역사를, 조롱거리로 만든다고 해서 결코 없앨 수는 없는 역사를 만들어낼 수 있었다. 그런데 맑스는 당시에 성과학이 존재하지 않았기 때문에 성사회학을 발전시킬 수 없었다. 그러므로 이제 순수하게 경제적인 관계와 성경제학적 관계 모두를 사회학의 틀 속에 통합시키는 것이 이 분야에서 신비주의자와 형이상학자들의 헤게모니를 파괴하는 문제와 직결된다.

만약 '이데올로기가 경제적 과정에 반작용한다면' 이데올로기는 물질적 힘이어야 한다. 이데올로기가 대중들의 감정을 사로잡자마자 물질적 힘이 된다면, 우리는 다음과 같은 질문을 던져야 한다. 어떤 경로를 통하여 이런 일이 일어나는가? 이데올로기적 사실이 유물론적 성과를 초래하는

---

14) [지은이] Karl Marx, Theorien über den Mehrwert, Bd.I, Hrsg. Karl Kautsky, Stuttgart: Dietz-Verlag, 1905, S. 388f. 강조는 라이히.

이데올로기는 물질적 힘이다

히틀러를 수상으로 만들어준 1932년 7월의 총선 당시, 나치당의 구호는 "우리는 일자리와 빵을 원한다! 히틀러에게 투표를!"이었다. 그러나 당시의 통속적 맑스주의자들의 눈에는 경제위기를 강조하는 이 구호가 자충수처럼 보였을 것이다. 왜냐하면 그들은 경제위기가 거대할수록 대중들의 이데올로기는 좌파 쪽으로 향할 수밖에 없으리라고 낙관했기 때문이다. 그러나 결과는 정반대였다. 통속적 맑스주의자들은 이데올로기가 인간의 심리적 구조를 변화시키고 대중들의 감정을 사로잡음으로써 인간에게서 활동적 힘, 즉 물질적 권력이 될 수 있다는 사실을 이해하지 못했던 것이다.

것이 어떻게 가능한가? 즉 이론이 어떻게 역사의 혁명적 변혁에 작용하는가? 이에 대한 대답은 반동적 대중심리학이 제기한 질문, 즉 '히틀러의 정신이상'에 대해서도 틀림없이 해답을 던져줄 것이다.

모든 사회구성체의 이데올로기는 그 사회의 경제적 과정을 반영하는 기능을 가지고 있을 뿐만 아니라, 더욱 중요하게는 **사회를 구성하는 사람들의 심리적 구조**에 경제적 과정을 고착시키는 기능도 가지고 있다. 인간은 다음과 같은 두 가지 방식으로 자신의 존재조건에 종속된다. 즉 직접적으로는 그의 경제적·사회적 지위의 즉각적인 영향에 종속되며, 간접적으로는 사회의 이데올로기적 구조를 통하여 종속된다. 다시 말해 인간은 물질적 상태를 통한 작용과 사회의 이데올로기적 구조를 통한 작용 사이의 모순에 상응하는 모순을 자신들의 심리적 구조에 발전시킬 수밖에 없다. 예를 들어, 노동자는 사회의 전반적 이데올로기뿐만 아니라 자신의 노동 상황에도 내던져져 있다. 그러나 다양한 계층의 인간은 이러한 작용의 대상이면서 동시에 자신들을 활동적 인간으로 재생산하기 때문에, 그 사고와 행동은 자신이 기원을 두고 있는 사회와 마찬가지로 모순적일 수밖에 없다. 그러나 **사회의 이데올로기는 인간의 심리적 구조를 변화시킴으로써 인간 속에 스스로를 재생산해 왔다. 그뿐만이 아니다. 더욱 중요하게는 이런 구체적인 변화 때문에 다른 방식으로, 그리고 모순된 방식으로 행위하는 인간에게서 활동적 힘, 즉 물질적 권력이 되었다.** 이런 방식으로, 사회의 이데올로기가 자신이 발원한 경제적 토대에 반작용하는 것이 가능하다. **오직** 이런 방식으로만 가능하다. '반작용'은 사회적으로 행위하는 인간의 성격구조가 수행하는 기능형식으로서 이해될 수 있을 때, 그 외관상의 형이상학적·심리학주의적 성격을 상실하게 된다. 반작용 자체는 자연과학적인 성격연구의 대상이다. 따라서 '이데올로기'가 경제적 토대보다 느리게 변혁된다는 확증이 더 분명해진다. 특정한 역사적 상황에 상응하는 성격구조는 유년기 초기에 근본적으로 형성되며, 기술적 생산력보다 훨씬 더 보수적 성격을 가지고 있다. 이로 인해 심리적 구조는 시간이 지남에 따라 그것이 발원한 사회적 관계의 급속한 발전에 뒤처지게 되며 이후의 삶형태와도 갈등을 빚게 된다. 이것이 이른바 '전통', 말하자면 과거의 사회 상황과 새로운 상황 사이의 모순이 가진 본질적 특성이다.

대중심리학의 문제제기

우리는 지금까지 대중들의 경제적 상황과 이데올로기적 상황이 꼭 일치할 수 없으며, 더욱이 양자 사이에는 상당한 균열이 있다는 것을 보았다. 경제적 상황은 직접적으로 그리고 곧바로 정치적 의식으로 전환되지 않는다. 만약 그랬다면, 사회혁명은 벌써 오래 전에 일어났을 것이다. 사회적 조건과 사회적 의식의 이러한 균열에 조응하여 사회에 관한 연구는 이중으로 진행되어야 한다. 성격구조가 경제적 존재로부터 도출되는 것이 사실이라 하더라도, 경제적 상황은 성격구조를 이해하기 위해 사용되는 것과는 다른 방법을 통하여 이해되어야 한다. 즉 경제적 상황은 사회경제학적으로 이해되어야 하며 성격구조는 생체-심리학적으로 이해되어야 한다. 간단한 예를 들어 이것을 설명해 보자. 임금 압박으로 인해 굶주린 노동자가 파업을 할 때, 그 행동은 경제적 상황의 직접적 결과이다. 굶주린 사람이 음식을 훔치는 경우도 마찬가지이다. 배가 고파서 도둑질을 하거나 착취당하기 때문에 파업을 한다는 사실은 더 이상 심리학적인 설명을 필요로 하지 않는다. 이 경우에 있어서 이데올로기와 행동은 경제적인 압박과 일치한다. 경제적 상황과 이데올로기는 서로 부합하고 있는 것이다. 반동적 심리학은 파업이나 절도가 명목상 비합리적인 동기로 인해 일어난다는 식으로 설명하는 데 익숙해져 있는데 이는 언제나 반동적인 설명으로 귀결된다. 사회심리학은 전혀 반대되는 관점에서 문제를 파악한다. 즉 설명되어야 할 것은 배고픈 사람들이 도둑질을 했다거나 착취당한 노동자가 파업을 일으켰다는 사실이 아니라, 배고픈 사람들 중 대다수는 왜 도둑질을 **하지 않는가**, 또 착취당하고 있는 사람들 중 대다수는 왜 파업을 **하지 않는가**라는 사실이다. 사회경제학은 인간의 행위와 생각이 합리적이고 목표지향적일 경우에, 즉 욕구만족을 향해 움직이고 경제적 상황을 직접적으로 계속해서 반영할 때 사회적 사실을 완벽하게 설명할 수 있다. 하지만 인간의 생각과 행위가 경제적 상황과 **모순될 경우**, 다시 말해 **비합리적**일 경우 사회경제학은 제 기능을 발휘하지 못하게 된다. 심리학을 인정하지 않은 통속적 맑스주의와 경제주의는 이러한 모순에 직면해서는 전혀 손을 쓸 수 없다. 기계론적이고 경제주의적인 것을 지향할수록 사회학자들은 더욱 더 인간의 심리적 구조에 대해 알 수 없게 되며, 대중선전의 실천에 있어서 더더욱 피상적인 심리학주의에 매몰되기 쉽다. 그들은 대중들 각 개인 속에 있는 심리적 모순을 알아내 제거하는 대신에 무미건조한 쿠에이즘을 추구하거나, 민족주의적 운동을 '대중들의 정신이상'[15]으로 설명한다. 따라서 대중심리학의 문제제기는 **즉각적인** 사회경제학적 설명이 실패하는 바로 그 지점에서 시작된다. 그렇다면 대중심리학이 사회경제학과 대립하고 있다는 의미인가? 그렇지 않다. 사회경제적 상황과 모순되는 대중들의 비합

---

15) [지은이] 경제학자는 정신적 과정을 알지 못할 뿐만 아니라 인정하지도 않는다. 그렇기 때문에 경제학자에게 '대중들의 정신이상'이란 우리가 의미하는 바, 즉 역사적으로 커다란 중요성을 갖는 사회적 환경이라는 의미를 갖지 않는다. 즉 경제학자가 말하는 '대중들의 정신이상'에는 사회적 중요성이 전혀 들어 있지 않다.

리적 생각과 행동 자체는 더 **오래 전의** 사회경제적 상황의 결과이기 때문이다. 사람들은 이른바 전통이라는 말로 사회적 의식의 억압을 설명하는 데 익숙하다. 그러나 지금까지 '전통'이 무엇이며, 전통이 어떤 심리적 사실에서 만들어졌는가에 관한 연구는 이루어지지 못했다. 지금까지 경제주의는 노동자들에게 사회적 책임의식이 정말로 존재하는가(이것은 자명하다!)라는 문제가 아니라, **무엇이 노동자의 책임의식의 발전을 억제하였는가**라는 문제가 가장 근본적이라는 사실을 간과했다.

대중들의 성격구조에 대한 지식의 결여는 항상 비생산적 문제제기를 불러온다. 예컨대 공산주의자들은 파시스트들의 권력 장악이 가능했던 것은 사회민주당의 오도된 정책 때문이었다고 말했다. 그러나 이런 설명은 근본적으로 그들을 곤경에 빠지게 한다. 왜냐하면 환상을 퍼뜨리는 것이 바로 사회민주당의 본질적 특성이었기 때문이다. 이러한 설명으로는 새로운 실천을 만들어낼 수 없었다. 파시즘의 형태로 나타난 정치적 반동이 대중들을 '몽롱하게' 만들고 '타락' 시키고 '최면'에 빠지게 했다는 설명 역시 비생산적이다. 파시즘이 존재하는 한 이런 것들이 파시즘의 기능이라는 데에는 변함이 없을 것이다. 이러한 설명은 타개책을 제시하지 못하기 때문에 비생산적이다. 우리는 그러한 폭로가 수천 번 반복된다 할지라도 대중들에게 확신을 줄 수 없다는 것과 사회경제적 문제제기만으로는 충분하지 못하다는 교훈을 경험으로부터 얻는다. **대중들 속에서 무엇이 진행되고 있었기에 대중들은 파시즘의 기능을 인식할 수도, 인식하려고도 하지 않았는가**라는 질문을 던지는 것이 목표에 더욱 가까이 접근하는 것이 아닌가? "이제 노동자들은 깨달**아야만 한다**"거나 "우리는 이해하지 못했다"라는 전형적인 교시는 어떤 도움도 되지 않는다. 왜 노동자들은 깨닫지 못했는가? 왜 그들은 이해하지 못했는가? 노동자 운동에서의 좌파와 우파 사이에 벌어지는 논쟁을 중심으로 생각하는 것 또한 비생산적인 방식이다. 우파는 노동자들에게 싸울 의지가 없다고 주장한 반면, 좌파는 노동자들은 혁명적이며 우파의 주장은 오류이고 혁명적 사유에 대한 배신이라고 주장했다. 양측은 어떤 한 가지만을 골라잡으라는 식으로 문제를 제기하면서 기계론적으로 경직된 태도를 취했다. 현실은 평범한 노동자들이 자신의 내부에 모순을 지니고 있다는 것, 다시 말해서 그들은 선명하게 혁명적이거나 선명하게 보수적인 것이 아니라, 한편으로는 혁명적 태도를 만들어내는 사회적 상황에서, 다른 한편으로는 권위주의적 사회의 전체적인 분위기에서 도출된 두 가지 심리적 구조의 충돌을 겪고 있다는 것을 확실히 보여주었다.

노동자들 내부에서 보이는 반동적인 것과 진보적-혁명적인 것 사이의 이런 모순을 알아내고 실제로 경험하는 것이 결정적이다. 물론 이런 점은 중산계층에게도 똑같이 적용된다. 우리는 중산계층이 위기에 빠진 '체제'에 대항하여 반란을 일으킨다는 것은 곧바로 이해할 수 있다. 그러나 그들이 이미 경제적으로 비참한 위치에 있음에도 불구하고 진보를 두려워하고 극단적으로 반동적이 된다는 사실은 사회경제적 관점에서 직접적으로 설명되지 않는다. 간단히 말하자면, 그들은 반란의 감정과 반동적 목표 및 내용 사이의 모순을 그들 내부에 지니고 있는 것이다.

예를 들어 우리가 전쟁의 직접적 원인이 되는 특정한 경제적·정치적 요인만을 분석한다면, 그 전쟁을 사회학적으로 완전하게 설명할 수 없다. 바꾸어 말하자면, 브리이와 롱기의 금속광산과 벨기에의 산업지역을 차지하고 극동으로 식민지를 확장하는 데 초점을 맞춘 1914년 이전 독일의 병합 야망이 전쟁의 직접적인 원인이라고 말하는 것은 부분적인 설명일 뿐이다. 또한 히틀러의 제국주의적 이해관계가 바쿠 유전이나 체코의 공장

등에 초점을 맞추고 있었다는 설명도 마찬가지이다. 독일 제국주의의 경제적 이해가 **실제로** 결정적인 요인이었지만, 동시에 세계 전쟁의 **대중심리적 토대**도 전쟁의 요인에 포함되어야 한다. 우리는 어떻게 **대중심리적 토대가** 제국주의적 이데올로기를 받아들일 수 있었으며, 또한 어떻게 제국주의적 구호가 독일 주민의 평화적이고 국가정치적으로 무관심한 태도를 정반대되는 행동으로 바꿀 수 있었는가에 대해 문제를 제기해야 한다. '제2차 인터내셔널 지도자들의 결함'이 이런 문제들에 책임이 있다고 대답하는 것만으로는 충분하지 않다. **자유를 사랑하는 수백만 명의 대중들과 반(反)제국주의적 노동자들은 왜 스스로 배반을 허용하였는가?** 병역을 거부했을 때 생길 결과를 두려워했기 때문이라는 설명은 소수에게만 해당된다. 1914년의 동원령을 경험한 사람들은 노동하는 대중들 사이에 다양한 분위기가 있었음을 알고 있다. 소수의 의식적인 거부로부터 운명에 대한 다수의 이상한 체념(또는 이상한 무관심), 전쟁에 대한 명백한 열광에 이르기까지 다양한 분위기가 중산계층뿐만 아니라 다수의 산업노동자들에게도 널리 퍼져 있었다. 일부의 무관심은 다른 일부의 열광만큼이나 분명하게 대중들의 성격구조에 존재한 전쟁의 토대였다.

  대중심리가 양차 세계대전에서 보여준 이러한 기능은 성경제학적 관점, 즉 **제국주의적 이데올로기가 노동하는 대중들의 성격을 제국주의의 의미에 적합하도록 구체적으로 변화시켰다**는 관점에서만 이해될 수 있다. '전쟁 애호증'이나 '대중들의 혼동'이 사회적 재앙을 불러왔다는 것은 허튼 소리이다. 대중들을 몽롱하게 만드는 것이 쉽다는 생각은 대중들을 너무나 과소평가하는 것일지도 모른다. 중요한 것은 **모든 사회적 질서가 자신의 주요 목적을 성취하기 위해 필요한 구조를 구성원인 대중들 속에 만들어낸다는 데 있다**.[16] 어떠한 전쟁도 대중들의 이와 같은 심리적 구조가 없이는 불가능하다. 지배 이데올로기는 지배 계급의 이데올로기라는 의미에서뿐만 아니라, (정치의 실제 문제를 해결하려면 이 점이 더욱 중요한데) 한 사회의 경제 구조의 **모순**들이 종속된 대중들의 심리 구조 속에 깊이 새겨져 있다는 의미에서 볼 때에도, 한 사회의 경제 구조와 구성원의 대중심리 구조 사이에는 어떤 중요한 관계가 존재한다. 만약 그렇지 않다면 한 사회의 경제 법칙이 그것에 복종하는 대중들의 활동을 통해서만 구체적인 결과를 이뤄낼 수 있다는 것을 어떻게 생각이나 할 수 있겠는가?

독일의 자유를 위한 운동이 이른바 '역사의 주관적 요인'에 대해 알고 있었다는 것은 분명하지만, (기계론적 유물론자들과는 달리 맑스는 원칙적으로 인간을 역사의 주체로 인식했으며, 레닌은 맑스주의의 바로 이런 측면을 확장했다) 그들에게는 **비합리적**이며 **겉으로 보기에는 목적이 없는 것처럼 보이는 행위**, 즉 **경제와 이데올로기 사이의 균열**에 대한 이해가 부족했다. 우리는 신비주의가 어떻게 과학적 사회학에 승리를 거둘 수 있었는가를 설명할 수 있어야 한다. 설명으로부터 새로운 실천이 자연스럽게 도출될 수 있는 방향으로 문제를 제기해 나갈 때에만 이 과제는 달성될 수 있다. 만약 노동하는 인간이 분명하게 혁명적이거나 보수적인 것이 아니라 반동적 성향과 혁명적 성향 사이의 모순 속에 사로잡혀 있다면, 그래서 우리가 이러한 모순을 정확하게 지적할 수 있게 된다면, 그 모순은 틀림없이 보수적인

---

16) [지은이] "모든 시대에 있어서 지배 계급의 사상이 바로 지배 이념이다. 즉 사회의 지배적인 물질적 권력을 소유하는 계급은 동시에 사회의 지배적인 정신적 권력을 가진 것이다. 물질적 생산을 위한 수단을 수중에 가지고 있는 계급은 동시에 정신적 생산도 마음대로 할 수 있으며, 따라서 정신적 생산을 위한 수단을 갖지 못한 사람은 그것을 소유한 자에게 대개 예속된다. 지배 사상은 지배적인 물질적 관계의 이념적 표현에 지나지 않는다. 즉 이념으로 표현된 지배적 물질적 관계인 것이다. 한 계급을 지배 계급으로 만드는 이 관계는, 말하자면 그들의 지배사상인 것이다"(Karx Marx/Friedrich Engels, "Die deutsche Ideologie", MEW, BD.3, S.46, Berlin(DDR) : Dietz-Verlag, 1983).

심리적 힘에 대항하는 실천으로 변하게 될 것이다. 모든 형태의 신비주의는 반동적이며, 또한 반동적 인간은 신비주의적이다. 신비주의를 비웃거나 신비주의를 '혼동' 또는 '정신이상'으로 생각해서는 신비주의에 대항하기 위한 계획을 실행할 수 없다. 그러나 신비주의를 구체적으로 이해한다면, 틀림없이 해독제를 찾을 수 있을 것이다. 그러나 이러한 과업을 수행하기 위해서는 사회적 상태와 성격구조의 형태가 맺고 있는 관계를, 특히 곧장 사회경제적으로 설명할 수는 없는 **비합리적** 관념을 우리의 인식능력이 허용하는 한 완벽하게 이해해야 한다.

성억압의 사회적 기능

봉기 이전 또는 봉기 과정 속에 나타난 대중들의 독특하고 비합리적인 행동에 대해서는 이미 레닌이 지적한 바 있다. 1905년 러시아에서 일어난 병사들의 봉기에 대해서 레닌은 다음과 같이 쓰고 있다.

> 병사들은 농민들의 상황에 대해 깊이 공감하고 있었다. 즉 토지에 관해 약간의 언급만 하더라도 그들의 눈은 열정으로 타올랐던 것이다. 군대의 권력은 여러 번 병사들의 손에 넘어갔으나, 그들은 그 권력을 그다지 단호하게 사용하지 못했다. 병사들은 머뭇거렸던 것이다. 증오의 대상인 상관들을 처치한 후 몇 시간도 안 되어 그들은 나머지 사람들을 풀어 주고 당국과 교섭하기 시작했으며 그리고 나서 스스로에게 총질을 하고, 징계에 복종하여 다시 멍에를 둘러쓰고 말았다.[17]

---

17) [지은이] W. Lenin, Über Religion, Berlin : Verlag für Literatur und Politik, 1926, S.65.

모든 종류의 신비주의자들은 신의 섭리에 대항하는 반란과 '국가의 권위' 및 국가의 대표자들에 대한 반란을 막고 있는 인간의 영원한 도덕적 본성에 기초하여 위와 같은 행동을 설명할 것이다. 통속적 맑스주의자는 이러한 현상을 단순히 무시했으며, 경제적 관점에서는 이러한 현상을 직접적으로 설명할 수 없었기 때문에 이를 이해하지도 설명하지도 못했다. 프로이트의 개념에 따라 이러한 현상을 인간 유아기에서 유래하는 아버지 상에 대한 죄의식의 결과로 인식하는 것이 사실에 더 가깝다. 그러나 프로이트의 개념도 그런 행동의 사회학적 기원과 기능에 대한 정보를 제공해주지 못하기 때문에 실천적인 해결책을 제시하지 못한다. 또한 프로이트의 개념은 광범위한 대중들의 성생활에 대한 억압 및 왜곡과 그런 행동 사이의 연관성을 간과하고 있다.

우리가 비합리적인 **대중**심리 현상의 탐구에 어떻게 접근할 수 있는가라는 문제를 명확히 하기 위해, 다른 곳에서 자세히 다루어지겠지만 **성경제학**의 문제제기를 짧게나마 한번 살펴보는 것이 필수적이다.

성경제학은 수년 전부터 인간 성생활의 사회학에 기능주의를 적용함으로써 그리고 일련의 새로운 문제제기를 함으로써 이 학문 분야에서 형성된 연구방향이다. 성경제학은 다음과 같은 전제로부터 시작된다.

맑스는 사회적 생활이 경제적 생산조건과 그 조건에 의해 특정한 역사적 시점에서 촉발된 계급투쟁에 의해 지배되고 있음을 발견했다. 사회적 생산수단의 소유자가 억압받는 계급을 지배할 때 잔인한 폭력을 수단으로 쓰는 경우는 매우 드물다. 억압받는 계급에 대한 생산수단 소유자들의 주된 무기는 국가기구를 강력하게 떠받치고 있는 이데올로기적 권력이다. 맑스가 역사와 정치의 첫번째 전제로 심리적·육체적으로 생동적이고 생산적인 특성을 지닌 인간을 가정했다는 것을 우리는 이미 알고 있다. 그러나 행위하는 인간의 성격구조, 즉 맑스적 의미에서 이른바 '역사의 주관적 요인'은 맑스가 심리학자가 아니라 사회학자인데다가 그 당시에는 자연과학적 심리학이 존재하지 않았기 때문에 연구되지 않은 상태로 남았다. 어떠한 이유에서 인간이 착취와 도덕적 경멸, 한 마디로 노예상태를 수천 년 동안 감수했는가라는 문제는 해명되지 않았던 것이다. 확인된 것은 오직 사회의 경제적 과정과 경제적 착취 메커니즘뿐이었다.

약 반 세기가 지난 후 프로이트는 자신이 **정신분석학**이라고 명명한 독특한 방법을 사용하여 심리적 생활을 지배하는 과정을 발견했다. 기존의 수많은 사상에 파괴적이고 혁명적인 영향을 끼쳤고, 이로 인해 처음부터 세계의 증오를 불러일으켰던 그의 가장 중요한 발견은 다음과 같다.

첫째, 의식은 단지 심리적인 것의 작은 부분에 불과하다는 것이다. 의식은 심리적 과정을 따르는데 이 과정은 무의식적으로 진행되기 때문에 의식적인 통제로는 그 과정에 접근할 수 없다. 꿈, 실수 그리고 심리적으로 병든 자와 정신착란자의 불합리한 언사처럼 현상적으로 보기에 전혀 의미 없는 정신적 사건도 모두 기능과 '의미'를 가지며, 따라서 당사자의 성장과정에 편입시킬 수 있다면 그 정신적 사건은 완벽하게 이해될 수 있다. 이렇게 함으로써 프로이트 이전까지 일종의 뇌 물리학('뇌 신화학')이나 신비로운 객관적 **정신** 이론으로 그럭저럭 명맥을 유지하던 심리학은 자연과학의 영역으로 편입되었다.

프로이트의 두번째 위대한 발견은 번식과 관련없는 활발한 성이 어린 아이들에게서도 발달된다는 것, 다시 말해 **성**과 **번식**, 즉 성적인(sexuell) 것과 생식기적인(genital) 것은 같은 것이 아니라는 발견이다. 더 나아가 그는 심리적 과정을 분석적으로 해부해 성 또는 육체적 원천에서 유래하는 성 에너지인 **리비도**가 정신생활의 주된 원동력임을 입증했다. 따라서 삶의 생물학적 전제와 사회적 조건은 정신 속에서 서로 마주치게 된다.

프로이트의 위대한 발견 중 세번째는 어린이-부모 관계(오이디푸스 콤플렉스)의 가장 본질적인 것까지도 포함하는 어린이의 성은 보통 성적 행동과 생각에 대한 처벌의 공포(핵심은 '거세 공포')때문에 억압된다는 것이다. 즉 어린이의 성적 행동은 방해를 받아 기억에서 소멸된다. 따라서 어린 시절의 성에 대한 억압은 어린이의 성을 의식의 지배에서 벗어나게 하고 그 힘을 장악하는 것을 방해한다. 억압은 오히려 어린이의 성을 강화시켜 그것이 정신의 다양한 병리적 혼란 속에 나타날 수 있도록 한다. 이 법칙은 '문명인'에게도 예외가 아니었기 때문에 프로이트가 모든 인간이 자신의 환자가 될 수 있다고 말할 수 있었던 것이다.

네번째의 중요한 발견은 인간의 도덕적 기준은 속세를 초월한 기원을 갖는 것이 아니라, 유년기에 부모와 그들의 대리자들이 사용한 교육조치로부터 유래한다는 것이다. 이러한 교육조치의 핵심에는 어린이의 성에 반(反)하는 교육방법이 작동한다. 어린이의 욕망과 부모의 금지 사이에서 진행되는 원초적인 갈등은 나중에 개인 **내부에서의** 본능과 도덕 사이의 갈등으로 확장된다. 그 자체로 무의식적인 도덕적 기준은 성인이 성의 법칙과 무의식적인 정신생활을 인식하는 것을 방해한다. 이러한 성인의 도덕적 기준이 성의 억압('성적 저항')을 뒷받침하며, 어린이의 성을 '드러내는 것'에 대한 세상의 저항을 설명해 준다.

영원한 도덕적 가치를 옹호하며, 객관적 '정신'이 세계를 지배하도록 하며, 어린이의 성을 부인하며, 또한 성적 행위를 번식기능 정도로 한정시키는 반동적 도덕철학, 특히 종교적 형이상학에 대해서 이 모든 발견(우리의 주제에 가장 중요한 것만 거론한 것이다)은 그 존재 자체로 이미 통렬한 일격을 가한다. 그러나 이 발견은 제 영향력을 발휘하지 못했다. 왜냐하면

이 발견에 기반을 둔 정신분석학적 사회학이 이 발견이 제공한 진보적이고 혁명적인 요소를 대부분 보류했기 때문이다. 지금 여기에서 이러한 사실을 입증하는 것은 적절치 않다. 그러나 정신분석학적 사회학은 개인을 분석하는 것처럼 사회를 분석하려고 시도했으며, 문명과정과 성적 충족 사이에 절대적인 대립관계를 설정하고, 파괴본능을 인간의 운명을 영원히 지배하는 원초적인 생물학적 사실로 파악했으며, 가모장제적 원시시대의 존재를 부인하여 자신의 발견이 불러온 결과에서 뒷걸음쳤기 때문에 무력한 회의론에 빠져버리고 말았다. 정신분석학적 사회학은 오래 전부터 이전의 발견에 토대를 두고 진행되어 온 노력에 적대적 입장을 취했으며, 그 대표자들은 이러한 노력과 투쟁하면서 반대의 뜻을 확고히 했다. 그러나 어느 쪽에서 공격이 가해지더라도 위대한 프로이트의 발견을 가장 단호하게 방어하려는 우리의 결심에 조금도 영향을 끼치지 못한다.

이런 발견에서 출발한 사회적 성경제학은 맑스를 프로이트로, 또는 프로이트를 맑스로 대체하거나 서로를 보완하려는 세간에서 널리 행해지는 시도 중 하나가 아니다. 이미 우리는 역사적 유물론을 다루면서 정신분석학은 성경제학이 수행할 수 없는 과학적 기능, 즉 이데올로기의 역사적 토대에 대한 이해가 아니라 이데올로기의 구조와 역동성에 대한 이해를 충족시켜 주어야 한다는 점을 언급했다. 이런 인식을 도입함으로써, 즉 마침내 인간이 자신의 구조 안에서 파악됨으로써 사회학은 높은 차원에 도달할 수 있었으며, 인간은 현실을 더 잘 극복할 수 있게 되었다. 따라서 성격분석 구조심리학이 즉각적으로 적당한 실천적 제안을 할 수 없다고 해서 이를 비난하는 사람은 속좁은 정치가뿐이다. 또한 정치적 허풍쟁이는 보수적 인생관을 왜곡시킨 책임이 성격분석 구조심리학에게 있다는 이유로 이 심리학을 총체적으로 비난한다. 그러나 진정한 사회학자라면 어린이의 성을 이해했다는 점에서 정신분석학을 대단히 중요한 혁명적 행위로 생각할 것이다. 여기에서 맑스의 **사회학적** 기반과 프로이트의 **심리학적** 기반에 근거를 둔 사회적 성경제학은 본질적으로 대중심리학적인 동시에 성사회학적이라는 사실이 저절로 드러나게 된다. 사회적 성경제학은 프로이트의 문명철학[18]을 거부하고 난 뒤, 정신분석학이 더 이상 임상심리학적 문제를 제기하지 않는 바로 그곳에서 시작된다.

정신분석학은 성적인 억제·억압의 영향과 메커니즘, 그로 인해 개개인에게 나타나는 병리적 결과를 밝혀낸다. 사회적 성경제학은 **성이 사회에 의해 억제되고 개인에 의해 억압되는 것은 어떤 사회학적 이유 때문인가**를 끊임없이 질문한다. 이것에 대해 교회는 내세에서의 영혼 구제를 위해서라고 말할 것이며, 신비주의적 도덕철학은 인간의 영원한 윤리적·도덕적 본성 때문이라고 말할 것이다. 이에 대해 프로이트의 문명철학은 '문화'를 위해서라고 주장한다. 그렇다면 '어린이의 자위와 청소년들의 성교가 주유소와 비행기 제조공장을 파괴할 수 있다는 말인가'라는 회의적인 의문이 생겨난다. 그러므로 문화적 활동 자체가 성의 억제와 억압을 요구하는 것은 아니며 그런 모습은 문화적 활동의 현재 **형태**일 뿐이라는 것을 알게 되고, 어린이들과 청소년들의 지독한 비참함을 제거하고자 한다면 기꺼이 이러한 형태를 희생시킬 준비를 하게 되는 것이다. 그렇다면 문제는 이제 더 이상 문화가 아니라 사회 질서와 연관된다. 성적 억압의 역사와 그 억제의 기원을 연구해 본 사람이라면 그것이 문화 발달의 초기까지 거슬러 올라가지 않는다는 것을 알 수 있다. 바꾸어 말하자면, 성의 억제와 억압은 문화

---

18) [지은이] 이 속에 들어 있는 온갖 이상주의에도 불구하고 우리는 여기에서 어떤 사회학이나 맑스주의적 심리학에서보다 생동적인 삶에 대한 진실을 더 많이 찾을 수 있다.

발달의 전제조건이 아니라 비교적 근래에 이르러 권위주의적 가부장제와 계급의 분화로부터 비로소 형성되기 시작한 것이다. 바로 이 단계에서 모든 성적 관심은 소수의 물질적 이윤이라는 이해관계에 봉사하기 시작한다. 이는 가부장적 결혼과 가족의 형태로 견고한 조직적 형상을 획득한다. 성의 제한과 억압을 통하여 인간 감정의 형태가 변한다. 성을 부정하는 종교가 발생하며, 이 종교는 점차 교회를 모든 것에 앞서는 것으로 만들고, 인간의 성적 즐거움과 지상에서의 작은 행운을 뿌리 뽑는 것을 목표로 하는 성정치적 조직을 건설한다. 현재 맹위를 떨치고 있는 노동에 대한 착취와 연관해서 살펴보면 이 모든 것들의 이유를 충분히 발견할 수 있다.

인간에 대한 성억압과 노동 착취 사이의 관계를 이해하기 위해서는, 경제적 상황과 성경제적 상황이 서로 뒤얽혀 있는 가부장적 권위주의 사회의 핵심적인 사회제도를 파악하는 것이 필수적이다. 제도를 포함시켜 분석하지 않는다면 가부장적 사회의 성경제와 이데올로기적 과정을 이해할 수 없다. 모든 연령의, 모든 국가의 그리고 모든 사회계층의 사람들에 대한 정신분석은 다음과 같은 결과를 드러낸다. 즉 **한 개인을 사회경제적 구조와 사회의 성적 구조에 연결시키는 것, 그리고 사회를 구조적으로 재생산하는 것은 각 개인의 생후 4~5년 동안 권위주의적 가족에서 일어난다는 것**. 교회는 나중에서야 이러한 기능을 이어받는다. 따라서 권위주의적 국가는 권위주의적 가족 제도에 엄청난 관심을 갖게 되었다. 즉 **권위주의적 가족제도는 국가의 구조와 이데올로기의 제조공장이 되었다.**

이렇게 권위주의적 체제의 성적 관심과 경제적 이해가 서로 연결되는 제도가 드러났다. 이제 우리는 이 연결이 어떻게 발생하고 작용하는가를 질문해야 한다. 물론 이 질문이 성격분석에서 제기되었을 때만, 반동적 인간(노동자를 포함해서)의 전형적인 성격구조에 대한 분석은 해답을 제시할 수 있다. 어린이의 자연스러운 성에 대한 도덕적 억압(이 억압의 마지막 단계에서 어린이의 **성기적 성욕**은 심각한 손상을 입는다)은 어린이를 불안하게 하고 수줍음 타게 만들며 권위를 두려워하고 복종하도록, 권위주의적인 의미에서 '말 잘 듣고' '길들이기 쉽도록' 만든다. 생동적이고 자유로운 모든 충동이 심한 두려움에 의해 점령되고, 성적인 것에 대한 생각의 금지가 일반적인 사고를 억압하고 비판까지도 무능력하게 만들기 때문에 인간의 반항하는 능력은 마비되어 버린다. 간단히 말해 성욕에 대한 도덕적 억압의 목적은 고통과 모욕에도 불구하고 권위주의적 질서에 적응하고 그것을 참아내는 말 잘 듣는 노예 같은 인간을 만드는 데 있다. 어린이는 나중에 일반적인 사회 테두리 안에서의 적응능력을 키우기 위한 전(前) 단계로 우선 권위적인 소규모 국가, 즉 가족을 통과해야 한다. 따라서 **인간의 권위적 구조화는 근본적으로 성적인 억압의 고착화와 성적인 충동의 생동적인 본질에 대한 두려움을 통해 생기게 된다는** 점을 확실히 해야 한다.

평범한 보수적 노동자의 아내가 처한 상황을 자세히 살펴보면, 성경제학이 왜 가족제도를 권위주의적 사회체제의 중요한 재생산 장소로 파악하는가를 쉽게 이해할 수 있을 것이다. 경제적으로 볼 때 그녀는 자유롭게 노동하는 여성과 마찬가지로 비참한 경제적 상황 속에 놓여 있었다. 하지만 **노동자의 아내는** 파시스트당에 투표했던 것이다. 평범한 자유로운 여성의 성 이데올로기와 평균적인 반동적 여성의 성 이데올로기 사이의 실제 차이를 명확히 한다면, 우리는 성적 구조의 결정적 중요성을 인식하게 된다. 반(反)성욕적이고 도덕적인 억압은 보수적 여성이 자신의 사회적 상황을 인식하는 것을 방해하고, 그녀로 하여금 '성적 볼셰비즘'에 대한 두려움을 불러일으키는 교회에 얽매이게 한다. 이론적으로 보면 이렇게 말할 수 있다. 기계론적 관점에서 사유하는 통속적 맑스주의자는 성적 고통이 경제적 고통에 덧붙여지면 사회적 상황에 대한 통찰은 더욱 명확해질 수밖에 없다고 가정한다. 이런 가정에 따른다면, 청소년들과 여성들이 남성들보다 훨씬 더 반역적이어야 할 것이다. 그러나 현실은 정반대의 현상을 보여주고 있으며, 경제주의자는 이 점에 거의 무방비 상태로 노출되어 있다. 그들은 반동적 여성들이 자신들의 경제계획에 전혀 관심이 없다는 사실을 이해할 수 없을 것이다. 해답은 다음과 같다. 즉 물질적 욕구충족에 대한 명백한 억압과 성적 욕구의 억압은 서로 다른 결과를 만들어낸다는 것이다. 즉 전자는 반역으로 나아가지만 후자는 성적 욕구를 억압하여 의식되지 못하게 만들고 도덕적 방어가 [그 상태에] 뿌리내리도록 만들기 때문에, 두 가지 형태의 억압 모두에 대항하는 반역이 일어나는 것을 방해한다. 사실 반역의 억제 그 자체가 무의식적이다. 평범한 비정치적 인간의 의식 속에서 반역의 억제는 흔적조차 발견할 수 없다.

결과적으로 보수주의, 자유에 대한 두려움, 한 마디로 말해서 반동적 성향이 이렇게 나타난다.

성적 억압은 위에서 묘사한 대중들을 수동적이고 비정치적으로 만드는 과정을 통하여 정치적 반동을 강화할 뿐만 아니라 인간의 구조 속에 2차적인 힘, 즉 권위주의적 질서를 적극적으로 지지하는 인공적인 관심을 창출해낸다. 성의 억압 과정을 통해 성욕이 자연적으로 주어진 충족의 궤도에서 벗어나게 되면, 그것은 다양한 종류의 대체만족으로 나아간다. 예를 들어 자연스러운 공격성은 잔인한 가학성으로 상승하는데, 이것은 소수의 선동에 의해 벌어진 제국주의적 전쟁의 대중심리적 토대에서 핵심적 부분을 이룬다. 다른 예를 한번 들어 보자. 대중심리학의 관점에서 보면, 군국주의의 효과는 본질적으로 리비도적인 메커니즘에 의존한다. 제복의 성적 효과, 성적 흥분을 유발시키는 리드미컬한 군대식 걸음걸이의 효과,

군국주의적 의식의 전시효과적 특성 등은 학식 있는 정치가보다는 상점의 여성 종업원이나 평범한 회사원에 의해 더 실제적으로 이해되었다. 정치적 반동세력은 이런 성적 관심을 오히려 의식적으로 이용했다. 그들은 남자들을 위하여 공작 깃털 같은 산뜻한 제복을 디자인했을 뿐만 아니라 매력적인 여인들로 하여금 병사를 모으는 일을 담당하게 했다. 마지막으로 전쟁 광신자들이 만든 모병 포스터를 생각해 보자. 그 포스터의 내용은 다음과 같다. "네가 외국을 알고 싶다면 황제의 해군에 입대하라!" 포스터에서 외국은 이국적인 여성으로 표현되고 있다. 왜 이 포스터가 모병에 효과적이었는가? 우리의 젊은이들이 성의 제한으로 인해 성에 굶주려 있었기 때문이다.

자유를 향한 의지를 억압하는 성적 도덕뿐만 아니라 권위주의적 이해에 순응하는 힘 역시 그 에너지를 억압된 성욕에서 얻는다. 이제 우리는 '경제적 토대에 대한 이데올로기의 반작용'이라는 과정의 핵심부분을 더 잘 이해할 수 있게 되었다. 다시 말해 **성의 억압은 경제적으로 억압받는 인간을 자신의 구조적인 물질적 이해관계에 반(反)하여 행동하고, 느끼고, 생각하도록 변화시킨다.**

레닌의 관찰은 대중심리학적으로 확인되고 해석될 수 있다. 1905년의 병사들은 성욕을 거부하는 신(神)의 개념에 응축되어 있는 아버지를, 삶의 기쁨을 산산이 부수어 놓았는데도 죽일 수도 죽이고 싶을 수도 없었던 어린 시절의 아버지를 무의식중에 불현듯 보았던 것이다. 권력을 장악한 후 그들이 보인 후회와 우유부단함은 그 자체로서는 행동으로 분출될 수 없는, 연민으로 바뀐 증오의 표현이었다.

따라서 대중심리학의 실천적 문제는 정치적 반동이 늘 승리하도록 돕고 있는 수동적 대중들을 활성화하는 것, 그리고 사회경제적 상황에서 발생해 자유의지의 발전을 가로막는 모든 억압을 제거하는 것이다.

    흥분하면서 축구 경기를 볼 때나 싸구려 음악을 들을 때 발산되는 평범한 대중들의 정신적 에너지가 자신들의 굴레에서 풀려나 자유운동의 합리적 목표를 향해 인도된다면, 그것은 더 이상 속박될 수 없다. 이러한 관점에서 앞으로의 성경제학 연구가 진행될 것이다.

2장 _ 파시즘적 대중심리의 권위주의적 가족 이데올로기

지도자와 대중들의 성격구조

수십 년 뒤 사회 과정의 역사가 반동적 역사가로 하여금 독일의 과거를 고찰하게 한다면, 그는 '자신의 사상'으로 대중들을 열광케 할 수 있는 위대한 사람만이 역사를 만든다는 증거로서 틀림없이 1928~32년 사이에 있었던 히틀러의 성공을 이야기할 것이다. 민족사회주의적 선동은 실제로 이런 '지도자 이데올로기'에 기반하고 있다. 민족사회주의의 선동가들은 자신들의 성공 역학을 이해하는 정도로만 민족사회주의 운동의 역사적 토대를 이해할 수 있었다. 민족사회주의자 빌헬름 슈타펠[1]이 『기독교 정신과 민족사회주의』(Christentum und National-sozialismus)라는 책에 "민족사회주의는 **본질적인** 운동이기 때문에 '논쟁' 거리가 될 수 없다. 논쟁이란 이 운동이 논쟁에 의해서 확장될 수 있을 때에만 쓸모가 있는 것이다"라고 써놓은 것만 보더라도 이러한 사실에는 전혀 이론의 여지가 없다.

---

1) Wilhelm Stapel(1882~1954). 독일의 문필가. 독일 민족의 신화에 근거해 민족사회주의를 정당화하려 한 동료 문필가 브루크(Arthur Moeller van den Bruck, 1876~1925)와 경쟁하며, 민족사회주의를 신학적으로 정당화하는 데 기여했다.

이런 특징의 연장선상에서 민족사회주의 집회에서의 연설은 집회에 모인 대중들 개개인의 **감정**을 조작하면서 **실제적인 논쟁은 가능한 한 회피하**는 매우 능란한 조치들로 이루어졌다는 특징을 갖는다. 히틀러는 자신의 책 『나의 투쟁』(Mein Kampf)의 곳곳에서 올바른 대중심리적 전술은 논쟁을 필요로 하지 않으며, 대중들을 '위대한 최종목표'로 인도해야 한다고 강조했다. 권력을 장악한 이후의 최종목표가 어떤 것인지는 이탈리아 파시즘을 보면 쉽게 알 수 있다. 이와 마찬가지로, 중산계층의 경제 조직에 반(反)하는 괴링[2]의 포고령, 지지자들이 기대하고 있던 '제2의 혁명'에 대한 거절, 사회주의적 조치를 취하겠다는 약속의 불이행 등은 이미 파시즘의 반동적 기능을 드러냈다. 다음의 글에는 히틀러 자신도 [자신의] 성공 메커니즘을 거의 이해하지 못했다는 사실이 잘 나타나 있다.

결코 벗어나서는 안 되는 대오를 지속적이고 일관성 있게 강조하며 따를 때 우리의 최종적 성공이 무르익을 것이다. 그리고 나면 우리는 그 인내가 **이해할 수 없을 만큼** 엄청난 결과를 가져온 것에 놀라게 될 것이다.[3]

따라서 자본주의의 역사에서 히틀러가 행한 반동적 역할을 토대로 그의 성공을 설명하는 것은 결코 가능하지 않다. 왜냐하면 그런 [반동적인] 역할이 선동 과정에서 공공연하게 언급되었다면, 히틀러가 의도한 것과는 정반대의 결과를 낳았을 것이기 때문이다. 히틀러가 대중심리에 끼친 영

---

2) Hermann Göring(1893~1946). 나치당의 지도자. 히틀러의 가장 충성스러운 지지자로 여러 직책을 역임하면서 독일을 나치 경찰국가로 만드는 데 핵심적인 역할을 했다. 전쟁이 끝난 후 뉘른베르크 국제군사재판에서 사형을 선고받았으나 처형 직전에 자살했다.
3) [지은이] Adolf Hitler, Mein Kampf, Müchen : Franz Eher Verlag, 1925~27, S. 203.

향력을 연구하려면 지도자 또는 어떤 이념의 주창자가 지닌 **개인적 관점이나 이데올로기 또는 강령은 광범위한 계층에 퍼져 있는 대중들의 평균적 성격구조에 조응해야만** (비록 역사적 관점이 아닌 제한된 관점에서만 그렇다 하더라도) 성공을 거둘 수 있다는 전제에서 시작해야 한다. 이 사실들을 전제한다면, 결국 다음과 같은 질문이 나오게 된다. **이와 같은 대중들의 성격구조는 어떤 역사적·사회적 상황에서 발생하는가?** 이제 대중심리학의 문제설정은 '지도자 사상'의 형이상학으로부터 실제의 사회적 생활로 옮기가게 된다. 지도자의 인격 구조가 광범위한 대중들 개개인의 구조와 조화를 이룰 때만 '지도자'는 역사를 만들 수 있다. 그리고 또한 그가 만드는 역사가 최종적인 것인지 아니면 단지 **일시적인** 것인지는 전적으로 그의 강령이 진보적인 사회 과정의 방향으로 향하는지 아니면 역행하는 방향으로 향하는지에 달려 있다. 따라서 히틀러의 성공을 단지 대중들을 '몽롱하게' 만들거나 '헷갈리게' 한 민족사회주의의 선동정치로 설명하거나 나중에 공산주의자나 다른 정치가들이 했던 것처럼 '나치의 정신이상' 등과 같은 모호하고 공허한 개념을 가지고 설명하려 하는 것은 방향을 잘못 잡은 것이다. 왜냐하면 히틀러의 성공은 바로 **대중들이 왜 속임수에 쉽게 넘어가고 몽롱해지며 정신이상의 상황에 빠져들 수 있었는가를** 이해하는 문제이기 때문이다. 대중들 속에서 무엇이 일어났는지를 정확히 알지 못하고서는 문제를 해결할 수 없다. 히틀러의 운동이 반동적인 역할을 했다는 주장만으로는 충분하지 않다. 나치당의 대중적 성공은 그러한 반동적 역할과는 모순된다. 따라서 왜 수백만 명의 대중들이 억압을 긍정하였는가라는 모순은 정치적 또는 경제적으로써가 아니라 오직 대중심리학적으로써만 설명될 수 있다.

민족사회주의는 다양한 계급을 다루기 위해 여러 수단을 사용했으며 시점에 따라, 그리고 자신에게 필요한 사회 계층에 따라 여러 약속을 했다.

포츠담의 하루

1933년 3월 21일, 히틀러는 포츠담의 육군 성당에서 수상 선서식을 가졌다. 훗날 '포츠담의 하루'(Tag von Potsdam)라고 불리게 된 이 날은 62년 전인 1871년 비스마르크가 '제2제국'의 첫번째 국회를 소집한 날이기도 했다. 군부와 나치당의 연합을 과시하고, 히틀러를 위대한 독일 제국의 계승자로 부각시키기 위해 나치당 지도부가 신중하게 고른 장소와 시간이었다. 정통 가톨릭 방식으로 행사를 진행하고, 역대 왕족들의 묘를 참배함으로써 자신에 대한 귀족들의 염려를 누그러뜨린 히틀러는 약 40일 뒤인 5월 2일, 독일노동전선이라는 새로운 어용 단체를 내세워 독일노동조합총동맹을 해산하는 것을 기점으로 노동운동을 철저히 탄압하기 시작했다. 히틀러를 수상으로 만들어준 노동계급은 이렇게 위세를 잃어가게 됐다(위 사진은 히틀러가 육군 성당 앞에서 당시 대통령인 힌덴부르크[Paul von Hindenburg, 1847~1934]와 악수를 나누는 장면이다. 히틀러 뒤에 철모를 쓴 사람이 새로운 국회의 의장으로 임명된 괴링이다).

예컨대, 1933년 초 산업노동자들을 끌어들이기 위해 나치의 선전이 특별히 강조한 점은 바로 나치운동의 **혁명적** 성격이었다. 하지만 포츠담에서 귀족들을 만족시킨 후에는 노동절의 장례를 치러버렸다. 그러나 이런 사례로부터 그 성공이 단지 정치적 속임수 덕이었다고 유추하는 것은 기본적인 자유의 사상과 모순될 뿐만 아니라 사회혁명의 가능성을 실질적으로 부정하는 일이 될 것이다. 따라서 **"왜 대중들이 정치적 속임수에 넘어갔는가?"** 라는 것이 근본적인 문제다. 대중들이 다양한 정당들의 선전을 평가하는 것은 충분히 가능한 일이었다. 그렇다면 히틀러가 노동자들에게 점유된 생산수단의 몰수를 약속한 동시에 자본가들에게 생산수단의 몰수에 대한 자본주의적 보호를 약속한 것을 왜 파악하지 못했는가?

히틀러의 성격구조와 생애는 민족사회주의를 이해하는 데 전혀 중요하지 않다. 그러나 그 사상의 소시민적 기원이 자신들의 성격구조와 대체로 일치했기에 대중들이 그 사상을 열렬히 받아들였다는 것은 흥미롭다.

모든 반동적 운동들과 마찬가지로 히틀러 역시 소시민계층에 그 지지기반을 두고 있었다. 민족사회주의는 소시민계층의 대중심리를 특징짓는 총체적 모순을 보여주고 있다. 이제 문제는 다음과 같다. 첫째, 모순 그 자체를 이해할 것. 둘째, 이런 모순의 공통적 기원을 제국주의적 생산관계에서 알아볼 것. 여기에서는 성-이데올로기의 문제만을 다룰 것이다.

히틀러의 태생

반항적인 독일 중산계층의 지도자는 그 자신이 공무원의 아들이었다. 히틀러는 중산계층의 대중적 성격구조 특유의 갈등을 갖고 있었다. 자신을 공무원으로 만들려던 아버지의 계획에 반항해 히틀러는 결코 복종하지 않겠다는 결심으로 화가가 되었고, 가난을 겪게 되었다. 그러나 아버지에 대한 반항 속에는 아버지의 권위에 대한 존경과 수용이 계속 존재했다. 권위에 대한 이런 이중적 태도, 즉 **권위에 대한 반항과 수용·복종이 동시에 얽혀 있는** 태도는 사춘기에서 성인으로 이행하는 중산계층이 가진 성격구조의 기본양상으로, 특히 물질적으로 속박된 삶의 태도에서 잘 나타난다.

히틀러는 매우 감상적으로 자신의 어머니에 대해 이야기하고 있다. 그는 살면서 운 적이 단 한 번뿐이라고 단언했는데, 바로 어머니가 죽었을 때라는 것이다. 성에 대한 거부와 모성에 대한 신경증적 우상화는 그의 인종이론과 매독이론에서 확실히 유추해 볼 수 있다(3장 참조).

오스트리아에 살던 젊은 민족주의자 히틀러는 '독일 조국을 슬라브화' 하도록 내버려 둔 오스트리아 왕조에 맞서 투쟁할 것을 결심하게 된다. 합스부르크 왕가에 대한 그의 비판에서 뚜렷하게 드러나는 점은 그들 중에 매독에 걸린 자가 여럿 있다는 비난이었다. '민족의 신체가 독(毒)으로 더럽혀졌다' 라는 생각과 매독 문제에 대한 입장이 특별한 방식으로 계속 반복되지 않았다면, 그리고 그가 권력을 장악한 후에도 국내정책의 핵심이 되지 않았다면 이런 요인은 주의를 끌지 못했을 것이다.

히틀러는 초기에 사회민주당을 지지했다. 사회민주당이 무기명 투표에 의한 보통선거권 획득을 위해 앞장서 투쟁하고 있었고, 이런 선거권의 도입은 그가 경멸하는 '합스부르크 정권' 을 약화시키는 결과를 가져올 수 있었기 때문이었다. 그러나 그는 사회민주주의가 계급을 강조하고 민족, 국가 권위, 사회적 생산수단의 사적 소유권, 종교와 도덕을 거부하는 것에 대해서는 심하게 반발했다. 그가 사회민주당에 최종적으로 등을 돌리게 된 것은 노동조합에 가입하라는 요구 때문이었다. 그는 이 요구를 거부했으며, 사회민주주의의 역할을 간파함으로써 그 거부를 정당화했다.

비스마르크는 히틀러의 우상이 되었다. 왜냐하면 비스마르크는 독일 민족을 통일시키고 오스트리아 왕조에 대항하여 투쟁한 사람이었기 때문이었다. 반유태주의자 뤼거[4]와 범게르만주의자 쇠네러[5]가 히틀러의 성장에 결정적인 영향을 주었다. 그때부터 그의 계획은 민족주의적-제국주의적 목표에 맞춰졌으며, 그 목표를 예전 '부르주아' 민족주의자들이 사용했던 것과는 다른 좀더 교묘한 수단을 사용하여 달성하려 했다. **그가 선택한 수단은 조직화된 맑스주의의 역량에 대한 인식과 모든 정치운동에서 발견되는 대중들의 중요성에 대한 인식에서 나온 것이다.**

(조직화된 맑스주의에 의해 정치적으로 선도된) 국제주의적 세계관이 그와 마찬가지로 통일적으로 조직화되고 인도된 민족적 세계관과 대결하게 된다면, 투쟁의 에너지가 똑같을지라도 성공은 영원한 진실의 편에 머물 것이다(『나의 투쟁』, 422쪽).

국제주의적 세계관이 성공할 수 있었던 것은 돌격대로 조직화된 정당이 이 세계관을 대표했기 때문이었다. 반대의 세계관이 실패하게 된 것은 그 세계관을 대표할 통일체가 부족했기 때문이었다. 관점 전반을 해석할 수 있는 무한한 자유가 아니라, 제한되고 통합된 형태의 정치조직이 세계관을 싸워 승리하도록 만들어준다(같은 책, 423쪽).

---

4) Karl Lüger(1844~1910). 오스트리아의 정치가. 1889년 기독교사회당을 설립했으며, 1897년 이후에는 빈의 시장으로 빈의 현대화에 큰 공헌을 했다. 뤼거는 민족주의적이고 반유대주의적인 대중선동을 통해 주로 기능공과 중하층 계급의 지지를 받았다.
5) Georg Ritter von Schönerer(1842~1921). 오스트리아의 정치가. 1885년 범게르만당을 창설했으며, 극단적인 반유태주의와 반민주주의를 전개하여 중하층 시민들과 학생 세력으로부터 강력한 지지를 받았다.

히틀러는 사회민주당 정책의 무일관성과 독일국가인민당을 포함한 구 부르주아 정당들의 무력함을 일찍이 인식하고 있었다.

하지만 이 모든 것은 단지 근본적이고 반(反)맑스주의적인, 폭풍 같은 정복의지를 가진 새로운 세계관의 부재로 생긴 필연적 결과일 뿐이다(같은 책, 190쪽).

맑스주의의 일시적 구현체인 사회민주주의를 대하는 정부의 태도가 바뀌어야만 한다고 생각할수록 나는 더욱 더 이 교의[맑스주의]를 대신할 쓸모 있는 대체물이 부족하다는 점을 깨닫게 되었다. 만약 사회민주주의가 분쇄되었다고 가정한다면 대중들에게 무엇을 주어야 할 것인가? 지도자를 잃은 엄청난 수의 노동자들을 자신의 영향력 아래 성공적으로 끌어들일 수 있을 만한 운동은 존재하지 않았다. 계급 정당을 떠난 이 국제적 광신자들이 곧장 새로운 계급 조직인 부르주아 정당에 합류하리라고 믿는 것은 무의미하고 대단히 어리석은 짓이다(같은 책, 190쪽).

'부르주아' 정당은 그 명칭이 스스로 잘 드러내고 있듯이 결코 '프롤레타리아' 대중들을 자신의 진영 속에 묶어둘 수는 없을 것이다. 왜냐하면 한편으로는 자연스럽게, 또 한편으로는 인위적으로 분열된 채 서로 적대하고 있는 이 두 세계는 서로 투쟁할 수밖에 없기 때문이다. 이 투쟁에서는 더 젊은 쪽이 승리를 거두게 될 것인데, 더 젊은 쪽은 바로 맑스주의이다(같은 책, 191쪽).

민족사회주의의 근본태도는 처음부터 명백히 반소(反蘇)적이었다.

만약 유럽에 땅이 필요하다면, 그 땅은 러시아의 희생을 통해서만 획득될 수 있다. 즉 새로운 제국은 독일의 칼을 들고 독일의 경작지와 민족의 일용할 식량을 위하여, 옛날 게르만 기사들이 걸었던 길을 따라 또 다시 행진해야 한다는 말이다(같은 책, 154쪽).

히틀러는 자신이 다음과 같은 질문들에 부딪치게 되었다는 것을 알게 되었다. 즉 어떻게 하면 민족사회주의의 이상을 승리로 이끌 수 있는가, 어떻게 하면 맑스주의에 효과적으로 대처할 수 있는가, 어떻게 하면 대중들에게 접근할 수 있는가?

이와 같은 자신의 목적을 달성하기 위하여 히틀러는 대중들의 **민족주의적** 감정에 호소했으며, 그 자신만의 선동 기법을 개발하고, 그 선동 기법을 일관성 있게 응용하여 맑스주의가 했던 것처럼 대중들에 토대를 둔 조직을 만들려 했다.

따라서 히틀러가 원했던 것은 (그가 공개적으로 시인한 것처럼) 맑스주의와 그것의 대중조직화 기법을 이용하여 민족주의적 제국주의를 관철시키는 것이었다. **그러나 그러한 대중조직화의 성공은 히틀러가 아니라 대중들에게 달려 있었다.** 그의 선동 활동이 정착할 수 있었던 것은 바로 인간이 권위주의적이고 자유를 두려워하는 성격구조를 가졌기 때문이다. 따라서 사회학적인 의미에서 히틀러를 이해할 때 중요한 점은 그의 인성이 아니라 그가 **대중들**로부터 부여받은 의미인 것이다. 더군다나 문제를 더욱 더 중요하게 만드는 것은 대중들의 도움으로 제국주의를 관철하고 싶어했으면서도 그가 대중들을 철저히 경멸하고 있었다는 점이다. 이 점을 증명하기 위해서 많은 예를 드는 대신에 다음과 같은 **하나**의 솔직한 고백만으로 충분하다. 그는 이렇게 말한다.

대중들의 정서는 높은 자리에 앉아 있는 사람들이 여론에 무엇을 주입하느냐에 따라 늘 좌지우지될 뿐이다(같은 책, 140쪽).

이 모든 것에도 불구하고 성격구조가 어떻게 구성되어 있었기에 대중들은 히틀러의 선전에 동화될 수 있었는가?

소시민계층의 대중심리

앞서 지적했듯이 히틀러의 '인성', 또는 혼란한 자본주의 속에서 그의 이데올로기가 행한 객관적 역할을 통해서는 그가 이룬 성공을 이해할 수 없다. 그를 따르는 대중들이 '몽롱해졌다'는 이유만으로 히틀러의 성공을 설명할 수도 없다. 우리는 문제의 핵심을 다음과 같은 질문을 통해 제기했다. **대중들에게서 어떤 일이 벌어지고 있었기에 노동하는 인민대중이 자신들의 이익에 객관적으로나 주관적으로나 완전히 반대되는 지도력을 발휘하는 정당을 추종하게 되었는가?**

이에 답하려면 우선 민족사회주의 운동이 이른바 광범위한 중산계층, 즉 수백만에 달하는 사적·공적 영역의 관리, 중간 상인, 중농과 소농에 의존하여 최초의 성공을 일구었다는 사실에 천착해야 한다. 사회적 기반이라는 관점에서 볼 때, 민족사회주의 운동은 원래 이탈리아, 헝가리, 아르헨티나, 노르웨이 등에서 나타난 소시민계층 운동이었다. 따라서 전에는 여러 부르주아적 민주주의 정당의 진영에 서 있던 소시민계층은 내적으로 변화되어 자신의 정치적 위치를 바꾸었던 것이다. 이들이 처한 사회적 상황과 이에 조응하는 심리적 구조에서 부르주아적 자유주의와 파시스트 이데올로기 간의 차이점뿐만 아니라 근본적인 동일성도 설명된다.

파시즘 아래의 소시민계층과 자유민주주의 아래의 소시민계층은 자본주의의 다른 역사적 시기에 존재했을 뿐 동일한 존재이다. 1930~32년 선거에서 민족사회주의는 전적으로 독일국가인민당, 경제당, 그리고 군소 정당들의 지지표를 새로 빼앗아 성장했다. 오직 독일중앙당만이 1932년의 프로이센 선거까지 제 지위를 유지했다.[6] 민족사회주의는 1932년의 프로이센 선거에서야 산업노동자 대중들 속에 침투하는 데 성공했던 것이다. 하지만 하켄크로이츠[7]의 주력부대는 언제나 중산계층이었다. 자본주의 체제의 가장 심각한 경제적 혼란기 동안(1929~32년) 중산계층은 민족사회주의라는 형태로 정치 무대에 등장하여 사회의 혁명적 개조를 방해했다. 반동적 정치가들은 이 소시민들의 의미를 매우 정확하게 평가하는 법을 알고 있었다. 독일국가인민당은 1932년 4월 8일자 팸플릿에서 이렇게 말했다. "중산계층은 국가의 존재를 위해 결정적으로 중요하다."

[히틀러가 수상으로 임명된] 1933년 1월 30일 이후, 좌파 내부에서는 중산계층의 사회적 의미가 매우 중요한 문제로 논의되기 시작했다. 1930년 1월 30일까지 좌파는 권위주의적 통치에 족쇄를 채우는 것이나 정치적 반동의 발전에 몰두하고 있었으며, 정치가들에게 대중심리적 문제제기는 낯설었기 때문에 중산계층은 거의 관심의 대상이 아니었다. 그러나 그 이후 '중산계층의 반란'은 여기저기에서 중요한 문제로 부각되기 시작했다.

---

6) 경제당(Wirtschaftspartei des deutschen Mittelstandes)은 원래 명칭에서도 알 수 있듯이 독일 중산계층, 특히 숙련기능공, 상인, 주택소유자 등의 이해관계를 대변하는 정당이었다. 독일중앙당(Deutsche Zentrumspartei)은 1871년 비스마르크가 독일 가톨릭교에 맞서 전개한 '문화투쟁'(Kulturkampf) 당시 교황의 편을 든 가톨릭교도들이 중심이 되어 만든 정당이다(그래서 '가톨릭중앙당'이라고도 불린다).
7) 하켄크로이츠(Hakenkreuz)에서 하켄은 갈고리를, 크로이츠는 십자가를 뜻한다. 즉 하켄크로이츠는 나치스의 기장을 말한다. 자세한 내용은 이 책의 4장을 참조하라.

이 문제를 놓고 벌어졌던 논의를 살펴보면 다음과 같은 두 가지 주된 의견이 생겨났다는 것을 확인할 수 있다. 하나는 파시즘이 대부르주아지의 전위정당에 '불과' 하다는 것이었고, 다른 하나는 이 사실을 간과하지 않으면서도 '중산계층의 반란'에 주목하는 것이었다. 후자의 견해를 표명하는 사람들에게는 파시즘의 반동적 역할을 얼버무리고 있다는 비판이 쏟아졌다. 그런 비난을 정당화하기 위해 다음과 같은 사실들이 열거되었다. 티센[8]을 경제책임자로 지명하고, 경제적 중산계층의 조직을 해체시키고, [1918년의 독일혁명을 잇는] '제2의 혁명'을 중지했다는 것, 한 마디로 파시즘의 순수한 반동적 성격이 1933년 6월 말경부터 더욱 더 명확해지고 공공연해졌다는 것이었다.

이 격렬한 논쟁 속에서 불명확했던 몇몇 사실들이 명확해졌다. 즉 민족사회주의가 권력을 장악한 후 자신의 운동으로부터 '사회주의적'인 것을 모두 제거했다는 사실, 가능한 모든 수단을 동원하여 전쟁 준비를 하는 제국주의적 민족주의로 드러났다는 사실 등등. 이것은 다른 사실, 즉 **대중적 기반이라는 관점에서 볼 때 파시즘이 실제로 중산계층 운동이었다**는 사실과 모순되지 않았다. 대기업에 맞서 투쟁하겠다는 약속을 하지 않았다면 히틀러는 중산계층의 지지를 결코 얻을 수 없었을 것이다. 중산계층은 히틀러가 대기업에 반대했기 때문에 그의 승리를 도왔다. 나중에는 대기업의 압력 때문에 포기하게 될 **반(反)**자본주의적 정책이 중산계층의 압력 때문에 중요한 위치에 놓일 수밖에 없었던 것이다.

---

8) Fritz Thyssen(1873~1951). 독일의 자본가. 티센사(社)의 창립자인 아우구스트 티센(August Thyssen, 1842~1926)의 아들이다. 1923년 나치당에 재정원조를 제공했고, 1931년 나치당에 입당하여 히틀러와 자본가들을 연계하는 데 힘썼다. 이후 히틀러의 정책에 의구심을 갖고 1939년 스위스로 탈출했으나, 체포되어 종전이 될 때까지 강제수용소에 구금되었다.

대중적 기반에 대해 반동적 운동이 내비치는 주관적 관심을 그 운동이 수행하는 객관적인 반동 기능과 구별하지 않는다면(이 둘은 서로 모순되지만 나치 운동은 애초부터 이 둘을 자신의 총체성 안에서 결합시키고 있었다), 똑같이 '파시즘'에 대해 이야기해도 어떤 이들은 파시즘의 반동적 역할에 대하여, 다른 이들은 파시스트 대중들의 반동적 관심에 대하여 서로 다른 말을 하게 될 것이다. 이처럼 서로 대립하는 파시즘의 양면성에서 파시즘의 모든 모순이 시작된다. 이런 양면성을 **단일한** 형상, 즉 '민족사회주의' 안에서 화해시킨 것이 히틀러 운동의 특징인 것처럼 말이다. 민족사회주의가 (실제로 권력 장악 이**전**이나 직후에 그랬던 것처럼) 중산계층 운동으로서의 특징에 중점을 둘 수밖에 없었던 한, 민족사회주의는 사실상 **반자본주의적이며 혁명적**이었다. 그러나 일단 획득한 권력을 강화하고 유지하기 위하여 (대자본의 권리를 박탈하지 **않음으로써**) 자신의 반자본주의적 성격을 점차 벗어버리고 오로지 자본주의적 기능을 더욱 더 공공연히 드러내 보이면서, 민족사회주의는 마침내 대자본가들의 경제 질서를 극단적이고 제국주의적으로 옹호하게 되었다. 이런 측면에서 볼 때, 얼마나 많은 민족사회주의 지도자들이 진정한 또는 정직하지 않은 (그들의 견해에서 볼 때!) '사회주의적' 경향을 가지고 있었거나 국민을 기만하고 권력을 추구했는가 하는 점은 전혀 중요하지 않다. 이런 점에서 반파시스트 정책은 근본적으로 기반을 가질 수 없다. 이탈리아 파시즘의 역사로부터 독일 파시즘과 그 양면성을 이해하기 위한 모든 것을 배울 수 있다. 왜냐하면 이탈리아 파시즘 역시 위에서 이야기된 서로 엄격히 모순되는 두 가지 기능이 하나의 총체성으로 통일되는 것을 보여주고 있기 때문이다.

파시즘의 대중적 토대가 가진 기능을 부인하거나 그것을 적절히 다루지 못하는 사람은, 중산계층이 주요한 생산수단을 소유하고 있지 않고 또한 그것을 다루지도 않기 때문에 결국 역사를 만들 수 없으며 자본가와 노동자 사이에서 흔들릴 수밖에 없다는 사실에 얽매여 있다. 그들은 중산계층이 **영속적으로** 역사를 만드는 것은 아니더라도 최소한 **역사적으로 제한된 짧은 기간 동안** '역사를 만들 수' 있으며 실제로 만들었다는 사실, 바로 이탈리아와 독일의 파시즘이 우리에게 가르쳐준 사실을 보지 못하고 있는 것이다. 이것은 노동자 조직의 분쇄, 수많은 희생, 또는 야만주의의 분출을 의미할 뿐만 아니라, 무엇보다도 경제 위기가 정치적 혼란이나 사회혁명으로 전개되는 것을 중산계층이 방해한다는 것을 의미한다. 한 국가 내에서 중산계층의 범위와 중요성이 크면 클수록 그들이 영향력이 있는 사회 세력으로서 갖는 중요성이 더 결정적이 될 것은 분명하다. 1933~42년 사이에는 민족주의적 파시즘이 국제적 운동인 사회혁명적 국제주의를 압도할 수 있었다는 역설이 분명해졌다. 사회주의자들과 공산주의자들은 정치적으로 반동적인 운동과의 관계 속에서 혁명적 운동이 진보할 것이라는 환상을 가지고 있었고, 비록 좋은 의도에서였다 하더라도 공공연한 정치적 자살을 감행했던 것이다. 이 문제에 각별히 주의할 필요가 있다. 파시즘이 극단적인 경제적·정치적 반동이라는 잘 알려진 진부한 사실보다 지난 10년 간 모든 나라의 중산계층에게서 발생한 과정에 훨씬 더 주의를 기울여야 한다. 파시즘을 단지 극단적인 경제적·정치적 반동이라고 해서는 정치적으로 아무것도 시작할 수 없다는 것을 1928~42년 사이의 역사적 사건들이 충분히 증명하고 있다.

    중산계층은 운동에 빠져들었고, 파시즘의 형상을 빌어 사회 세력이 되어갔다. 따라서 히틀러나 괴링의 반동적인 의도가 아니라 중산계층의 사회적 이익이 문제인 것이다. 중산계층은 자신의 성격구조로 인하여 자신들의 경제적 가치를 훨씬 넘어서는 엄청난 사회적 권력을 지닌다. 중산계층은 적어도 수천 년 동안 가부장제를 견뎌왔으며 모든 모순에도 불구하고 살아남은 계층인 것이다.

파시스트 운동의 존재가 민족주의적 제국주의의 사회적 표현이라는 것에는 의심의 여지가 없다. 그러나 중산계층이 대중운동을 전개하고 나서야 파시스트 운동은 대중운동이 되었고, 실제로 제국주의적 기능을 완수할 수 있을 만한 권력을 장악할 수 있었다. 따라서 이러한 대립과 모순을 그 각각의 시점에 맞게 고려해야만 파시즘이라는 내부적으로 모순된 현상을 파악할 수 있다.

중산계층의 사회적 지위는 아래와 같이 규정된다.

1. **자본주의적 생산과정에서의 지위**에 따라서.
2. **권위주의적 국가기구에서의 지위**에 따라서.
3. **특별한 가족적 상황**에 따라서. 이는 중산계층이 생산과정에서 차지하는 지위에 의해 직접적으로 결정되며, 그들의 이데올로기를 이해하는 데 관건이 된다. 물론 소규모 농민, 관리계층 그리고 중간상인들의 지위는 경제적인 차이를 보이지만, 본질적으로는 **동질적인** 가족적 상황에 의하여 특징지어진다.

19세기 자본주의 경제의 급격한 발달, 지속적이고 급격한 생산의 기계화, 여러 생산 부문의 독점적 신디케이트와 트러스트로의 병합 등은 소시민적 상인과 공장경영자들을 궁핍하게 만드는 원인이었다. 저렴하고 경제적인 비용으로 운영되는 대기업과 경쟁할 능력이 없었기 때문에 소기업들은 재기불능의 상태로 몰락했다.

1932년 제국 대통령 선거 전 독일국가인민당은 이렇게 경고했다.

이 체제에서 중산계층은 무자비하게 섬멸되는 것 이상을 기대할 수 없다. 모두 같은 것을 가지게 되는, 즉 아무도 가지지 않게 되는 암울하고 황량한 다수의 프롤레타리아 대중으로 침몰할 것인가, 노력과 근면으로 고된 노동을 하며 재산을 획득할 수 있는 위치로 개개인을 다시 돌아가게 할 것인가가 문제다. 중산계층이냐 프롤레타리아트냐! 이것이 문제다.

민족사회주의자들은 이처럼 아둔하지 않았다. 그들은 [독일국가인민당과는 달리] 중산계층과 산업노동자들 사이의 간극을 넓히지 않는 신중한 선전활동을 했으며, 따라서 더욱 많은 성공을 거두었다. 대형 백화점에 대한 투쟁이 나치당의 선전활동에서 커다란 역할을 수행했다. 하지만 대기업을 위해 민족사회주의가 행한 역할과 자신의 주요한 후원자였던 중산계층의 이익을 위해 행한 역할 사이의 모순은 히틀러가 니커보커[9]와의 대담에서 말한 다음과 같은 언급에서 잘 나타난다.

우리는 독일-미국 관계가 대형 백화점에 의존하지 않도록 만들 것입니다 [이것은 울위스 베를린 지점의 운명을 가리킨 말이다]. …… 그런 기업의 존재는 볼셰비즘의 강화를 의미합니다. …… 그런 기업은 많은 작은 기업들을 망하게 만듭니다. 따라서 우리는 그런 기업들을 인가하지 않을 것이지만, 독일에 있는 당신의 기업은 유사한 독일 기업과 다름없이 취급될 것을 보증하니 안심하십시오.[10]

---

9) Hubert Renfro Knickerbocker(1898~1949). 미국의 신문기자. 1923~33년까지 베를린에서 취재활동을 하다가 히틀러를 강력히 비판해 독일에서 추방되었다. 1940년 미국으로 돌아와서는 미국의 제2차 세계대전 참전을 강력히 주장하기도 했다. 취재차 동남아시아를 여행하던 중 비행기 사고로 사망했다.

"독일인이여! 스스로를 지키시오!"
1933년 4월 1일, 나치돌격대 대원들은 "독일인이여! 스스로를 지키시오! 유태인들에게서 물건을 사지 마시오!"라고 씌어 있는 팻말을 목에 두른 채(왼쪽), 베를린 곳곳에서 유태계 기업에 대한 보이코트를 촉구하는 시위를 동시다발적으로 진행했다. 특히 당시 미국 최대의 할인점으로서 독일에도 들어와 있던 울워스가 가장 큰 피해를 입었다(오른쪽). 공교롭게도 제2차 세계대전 중인 1944년 9월 3일, 독일군이 영국에 쏟아 부은 V2로켓이 적중한 곳 중의 하나도 울워스 런던 지점이었다(이 일로 약 160명의 쇼핑객이 사망했다).

　　사기업의 외채는 중산계층에게 엄청난 부담이었다. 히틀러는 대외정책에서 외국의 요구를 충족시키는 데 종속되어 있었기 때문에, 이 빚을 갚아야 한다는 쪽에 서 있었다. 그러나 그의 추종자들은 그 빚을 무효로 할 것을 요구했다. 따라서 소시민계층은 자신들이 사회민주주의의 '맑스주의적 지배'로 이해한 '체제에 대항하여' 반란을 일으켰다.

---

10) [지은이] 권력 장악 후 3월과 4월에 대중들이 백화점에 침입하기 시작하자 나치당의 지도자들은 이를 곧바로 금지했다(경제에의 독단적 간섭 금지, 중산계층 조직의 해체 등).

소시민계층이 이런 위기 속에서 조직적으로 결합할 것을 강요받고 있었던 만큼이나 소기업들간의 경제적 경쟁은 산업노동자들에 필적할 만한 〔중산계층간의〕 연대감 형성을 가로막고 있었다. 소시민들은 자신이 놓인 사회적 상황의 결과로 자신들의 계층과도, 산업노동자들과도 연대하지 못했다. 소시민들은 자신의 계층과는 경쟁 관계에 있었고, 무산계급화를 가장 두려워했기 때문에 산업노동자들과는 연대할 수 없었다. 그런데도 파시스트 운동은 소시민계층의 결속을 실현했다. 어떤 대중심리적 기초에서 이러한 결속이 가능했는가? 이 질문에 대한 해답은 하층과 중산계층에 속한 국가 관리와 사적 관리의 사회적 지위에서 찾아볼 수 있다. 평범한 관리의 경제적 지위는 평범한 숙련 산업노동자보다 더 열악했다. 이 열악한 지위는 부분적으로는 출세할 수 있다는 매우 희박한 전망에 의해서 유지되었으며, 국가 관료의 경우에는 무엇보다도 종신 연금으로 벌충되었다. 따라서 그들은 정부의 권위에 종속되어 있었고, 동료에 대해 경쟁적 태도를 취하게 되었는데, 이것이 연대의 발전을 방해했던 것이다. 관리들의 사회 의식을 특징짓는 것은 함께 일하는 동료와 공유하는 운명이 아니라 국가 당국과 '민족'에 대한 그들의 태도였다. 이 태도는 국가권력과의 완전한 동일시로[11] 이루어지며, 사무직 노동자의 경우에는 그가 고용되어 있는 회사와의 동일시로 이루어진다. 그는 산업노동자와 마찬가지로 종속된 사람이다. 그렇다면 왜 그는 산업노동자와 달리 연대감을 발전시키지 못하는가? 그것은 그가 당국과 육체노동자들의 중간에 위치하기 때문이다. 그는

---

11) 〔지은이〕 정신분석학은 '동일시'를, 한 사람이 다른 사람과 하나가 됨을 느끼기 시작하여 이전에 가지고 있지 않았던 다른 사람의 특성과 태도를 받아들이고, 환상 속에서 자신을 그 사람의 위치에 놓게 되는 상황으로 이해한다. 이 동일시 과정에서 동일시하는 사람이 다른 사람의 특성을 '본보기로 삼기' 때문에, 동일시하는 사람의 근본은 실질적으로 변화된다.

상부에 복종해야 하지만 다른 한편으로 자기 밑에 있는 사람들에게는 당국의 대리인이 되기 때문에 특권적인 도덕적(물질적이 아닌) 지위를 누리고 있는 것이다. 이러한 대중심리적 유형의 완전한 모습을 우리는 여러 군대의 하사관들에게서 발견한다.

고용주와의 동일시에서 나오는 힘의 모습은 특히 귀족 가문의 집사, 시종 혹은 그와 비슷한 고용인들에게서 발견된다. 그들은 지배계급의 태도, 사고방식, 처신을 받아들임으로써 완전히 변화했고 자신이 미천한 〔계급〕 출신임을 감추기 위해 때때로 본받은 것을 과장하기도 한다.

"나는 국가이며, 당국이며, 회사이며, 민족이다"라는 공식으로 표현될 수 있는 당국·회사·국가·민족 등과의 이러한 동일시는 심리적 현실을 표현하는 것으로 물질적 힘이 된 이데올로기의 가장 좋은 예이다. 고용인이나 관리의 마음은 처음에는 단순히 그의 상사와 같이 되겠다는 생각으로 움직이지만, 점차 만성적인 물질적 의존에 빠지면서 그 존재를 지배계급의 의미에 맞추고 그 자신을 새로이 꾸미게 된다. 소시민계층은 항상 위쪽을 바라보고 있기 때문에 그의 **경제적 상황과 이데올로기 사이에 균열**이 생기게 된다. 그는 물질적으로 보잘 것 없는 상황 속에 살고 있지만 외적으로는 때때로 우스꽝스러울 정도로 과장된 품위 있는 행동을 한다. 그는 형편없고 불충분한 식사를 하면서도 '단정한 의복'에 대단한 가치를 부여한다. 실크 모자와 연미복이 그의 성격구조를 보여주는 물질적 상징이 된다. 어떤 국민을 한눈에 대중심리적으로 평가하기 위해서는 그 의복을 관찰하는 것이 가장 적합하다. '위쪽을 바라본다'는 점에서 소시민적인 성격구조는 산업노동자의 성격구조와 특별히 구별된다.[12]

---

12) 〔지은이〕 이는 유럽에만 적용된다. 미국에서 산업노동자의 소시민화는 이 구별을 없앤다.

이런 권위와의 동일시는 얼마나 깊게 진행되는가? 이런 동일시가 존재한다는 것은 이미 알려져 있다. 하지만 문제는 그들에게 직접 영향을 끼치는 경제적 존재조건 이외에 정서적 요인이 어떠한 방식으로 소시민적인 태도를 기초하고, 어떤 방식으로 위기상황이나 실업이 그들의 직접적인 경제적 토대를 파괴하는 시기에 그들의 성격구조가 흔들리지 않도록 고정시켜 주는가 하는 것이다.

앞에서 우리는 다양한 계층의 소시민들이 위치한 경제적 지위는 다르지만, 그들의 가족적 상황은 기본적 양상에서 동일하다는 점은 언급했다. 따라서 **이러한 가족적 상황에 우리가 앞서 묘사한 구조의 정서적 토대에 대한 실마리가 있는 것이다.**

가족적 유대와 민족주의적 감정

우선 여러 계층의 소시민들이 처한 가족적 상황은 즉각적인 경제적 지위와 분리되어 있지 않았다. (관리의 가족을 제외한) 가족은 동시에 소규모의 경제적 기업을 형성한다. 소상인의 기업에서는 가족 구성원들이 함께 일을 하여 낯설고 비싼 노동력에 드는 비용을 절약한다. 소규모의 그리고 중간 규모의 농가에서 가족과 생산양식의 일치는 더욱 더 확연했다. 대가족의 경제방식(예컨대 자드루가[13])도 본질적으로 이러한 일치에 토대를 두고 있었다. 농민들이 왜 '토지에 묶여' 있으며 '전통적'인가, 그리고 정치적 반동의 영향을 받기 쉬운가라는 문제에 대한 해답은 이와 같은 가족과 경

---

13) Zadruga. 부계혈통에 기반한 남슬라브 지역의 촌락공동체. 공동체의 구성원들은 토지나 재산을 공유하고, 공동노동에 종사하며, 최연장자가 통치권을 갖는다. 비잔틴 제국의 세금징수 방식에서 기원하였으며, 세르비아 지역에서는 20세기까지 지속되었다.

제의 밀접한 얽힘 속에 놓여 있다. 하지만 여기에서 말하고자 하는 바는 토지유착과 전통이 오로지 경제양식에 의해 결정된다는 것이 아니라, 농부의 생산방식이 가족 구성원 모두를 포함하는 엄격한 가족적 유대를 필요로 한다는 점, 그리고 이런 유대는 광범위한 성의 억제와 억압을 전제로 한다는 점이다. 이런 이중적인 토대에 기초하여 가부장적인 성도덕을 핵심으로 하는 전형적인 농민의 사고방식이 생겨난다. 나는 다른 글에서 소련 정부가 농업의 집단화를 시행하면서 겪은 어려움에 대해 서술한 적이 있다. 그런 어려움을 불러일으킨 것은 농민들의 '땅에 대한 사랑'이었지만 그보다 더 큰 어려움을 준 것은 본질적으로 땅에 의해 조건지어진 가족적 유대였던 것이다.

국가 전체의 토대로서 건전한 농민계층을 보존하는 방법은 한번도 충분히 높게 평가되지 않았다. 오늘날 우리가 겪는 고통의 많은 부분은 도시 주민과 농촌 주민 사이의 건전치 못한 관계의 결과일 뿐이다. 어떤 시기에나 소농과 중농의 견고한 근간은 우리가 오늘날 지니고 있는 것과 같은 사회적 질병에 대한 최선의 방어가 되어 왔다. 게다가 이들이 바로 국가 경제의 내부 순환 속에서 국가가 매일매일의 식량을 얻을 수 있는 유일한 해결책이다. 산업과 상업은 그들의 불건전한 지도적 지위에서 물러나 국가의 필요와 균형경제를 위한 전반적인 틀 속에 스스로를 위치시켜야 한다(『나의 투쟁』, 151~152쪽).

이것이 히틀러의 입장이었다. 히틀러의 이런 입장이 경제학적으로 볼 때 정말 무의미한 것이고, 정치적 반동이 대규모의 기계적 농업 발전과 소규모 농업의 몰락을 막지 못했음에도 불구하고, 이런 선전은 대중심리의 관점에서 볼 때는 의미심장한 것이었다. 왜냐하면 가족적 차원에서 결속된 소시민계층의 성격구조에 상당한 영향을 끼쳤기 때문이다.

가족적 유대와 농촌경제 형태 사이의 밀접한 관계는 권력을 장악한 나치당에 의해 명확히 드러났다. 그 대중적 기반과 이데올로기적 구조로 볼 때 소시민계층의 운동으로 나타났던 히틀러 운동은 중산계층을 획득하기 위한 첫걸음 중 하나로 1933년 5월 12일 「농업소유관계의 새 질서」(Neuordnung der bäuerlichen Besitzverhältnisse)라는 법안을 공표했다. 이 법안은 '혈연과 땅의 분해될 수 없는 단일성' 같은 케케묵은 [법]형태로 되돌아간 것이다.

몇 가지 특징적인 문장을 적어 보면 다음과 같다.

혈연과 땅의 분해될 수 없는 이러한 단일성은 국민의 건강한 삶을 위한 필수적인 전제이다. 독일에서 농촌토지법은 과거 수세기 동안 민족의 자연스런 생활 감정으로부터 생겨난 이 유대를 법적으로 보장하여 왔다. 농장은 조상 대대로 내려온, **판매가 불가능한 농가의** 유산이었다. 그러나 나중에 토착적이지 못한 법률이 밀고 들어와 이러한 농촌제도의 법적 토대를 파괴했다. 그럼에도 불구하고 대부분의 농촌 지역에서 독일 농민들은 건전한 생활관을 가지고 있었기 때문에 옛 관습을 간직하며 농장을 대를 이어 유산으로 물려주었던 것이다.

따라서 독일 관습에 따라 농촌에서 유지되어 온 혈연과 땅의 분해될 수 없는 단일성을 법적으로 견고하게 하여 민족적 각성을 보장하는 것이 각성된 국민의 정부가 해야 할 피할 수 없는 의무이다.

자격 있는 관할 지방재판소에 단독상속재산의 상속인으로 등기되어 있는 농장 소유주는 단독상속법에 따라 재산을 상속받는다. 그렇게 상속된 농장의 소유주를 농부라 칭한다. 한 농부는 여러 농장을 소유할 수 없다. 농부의 자녀 중 단 한 명만이 상속된 농장을 인계받을 수 있다. 그가 바로 법적 **상속인**이다. 공동상속인은 경제적으로 독립할 때까지 농가에서 부양된다. 만약 그들이 자신의 잘못이 아닌데도 궁핍한 환경에 빠진다면 노년에는 농장에서 안식처를 찾을 수 있다(고향 안식처). 등기되지 않은 (그러나 등록자격이 있는) 농장의 양도는 단독상속법의 적용을 받는다.

농장은 **독일 시민**이며 **독일 혈통**인 농부만이 소유할 수 있다. 네 세대 동안 조상 중에 유태인 혈통이나 유색인 혈통의 남자 선조가 없는 자만이 독일 혈통이다. 물론 게르만인은 누구나 이 법의 의미에 따라 독일 혈통에 속한다. 비게르만 혈통과 결혼한 자의 후손은 영원히 이 법에 따라 상속되는 농장의 소유주가 될 수 없다.

이 법의 목적은 과중한 빚이나 상속 과정으로 인해 농장이 파괴적으로 분화되는 것을 막고, 농장이 자유 농부의 가족에게 영원히 상속되도록 하는 데 있다. 동시에 이 법은 농토의 건전한 분배를 목표로 삼고 있다. 소규모의 그리고 중간 규모의 수많은 자족적 농장이 가능한 한 전국에 균등하게 분포되는 것이 국가와 국민의 건강을 유지하는 데 필수적이다.

이 법안에서 나타나고 있는 경향은 무엇인가? 이 법안은 중간규모와 소규모의 농업경제를 흡수하고, 토지 소유자와 재산 없는 농촌 프롤레타리아트 사이의 차이를 점점 더 크게 하려는 대농장 소유주의 이해관계와는 모순된다. 그러나 대농장 소유주의 또다른 강력한 이해관계, 즉 자신이 지닌 권력의 대중적 토대를 형성해 주는 것은 농촌 중산계층이기 때문에 이 계층을 계속 존재케 해야 한다는 이해관계는 이런 모순을 덮어두기에 충분했다. 소규모 토지 소유자와 대규모 토지 소유자가 단지 **사적 소유자라**

는 점에서만 동일시된 것은 아니다. 소규모/중간 규모 재산 소유자들의 이데올로기적 분위기, 즉 소규모 경제를 꾸리는 가족 안에 존재하는 분위기를 유지시키지 못한다면 그런 동일시는 별다른 비중을 가지지 못할 것이다. 최상의 민족주의 전사들을 배출하고 여성들을 변화시켜 민족주의 이데올로기에 가담하도록 만드는 것이 바로 이런 분위기이다. 그리고 바로 이것이 그 유명한 '도덕을 유지시키는 농민들의 건강한 영향'의 배경이다. 그러나 이 또한 성경제학적인 문제이다.

이렇듯 소시민계층에서 보이는 개인주의적 생산양식과 권위주의적 가족 간의 결합은 '아이가 많은 가족'에 대한 파시스트 이데올로기의 여러 원천 중 하나이다. 이 문제는 다른 관계를 살펴볼 때 다시 제기될 것이다.

'개인의 복지보다 공공복리가 우선한다'나 '단결의식' 같은 파시스트 이데올로기에도 불구하고 소기업들의 경제 활동은 소시민계층 특유의 모습, 즉 〔자기〕 가족을 보호하려고 하면서 〔다른〕 가족과 경쟁하는 모습과 똑같다. '지도자원칙'이나 가족정책 같은 파시스트 이데올로기의 핵심요소는 개인주의적 성격을 지니고 있다. 이런 개인주의적 요소가 대자본과 파시스트 지도부의 이해관계에서 유래된 것이라면, 파시즘의 집단주의적 요소는 그 대중적 토대의 사회주의적 경향에서 유래된 것이다.

인간의 자연스런 조직화라는 관점에서 보면 가부장적이라고 표현되는 남녀의 특정한 관계, 그리고 이 관계에서 나온 특정한 성적 생활양식의 보호를 받지 못할 경우, 이러한 경제적·가족적 상황은 유지될 수 없다.

산업노동자 계층보다 경제적으로 더 나은 상황에 있지 않은 도시의 소시민계층은 육체노동자들과 자신들을 구별짓기 위해 자신의 가족적·성적 생활양식에 의존하는데, 이러한 생활양식은 특정한 방식으로 확장된다. 그들은 경제적 궁핍을 성-도덕적으로 보상받으려 하는 것이다. 관리들에게 이러한 동기는 자신을 국가권력과 동일시하기 위한 가장 효과적인 요소이다. 즉 대부르주아지 계급과 같은 위치에 있는 것은 아니지만 그들과 동일시를 하고 있기 때문에, 성-도덕적 이데올로기로 경제적 상태를 보상받으려 할 수밖에 없는 것이다. 〔따라서〕 성적 생활양식과 이에 의존하는 문화적 생활양식은 본질적으로 도시의 소시민들이 육체노동자로부터 자신들을 구별하는 데 이용된다.

성을 대하는 태도에 몰려 있으며 보통 '속물적'이라고 표현되는 이런 도덕적 태도의 총체는 '명예'와 '의무'라는 (행위가 아닌) 관념 속에서 그 절정을 이룬다. 명예와 의무라는 두 단어에 노력할 만한 가치를 계속 부여하고 그것에 충분히 전념하기 위해서는 이 두 단어가 소시민계층에 미치는 영향이 정확히 평가되어야 한다. 명예와 의무는 파시스트의 독재 이데올로기와 인종이론 속에 거듭해서 나타난다. 그러나 실제로 소시민들의 존재방식과 상품거래는 정반대의 행동을 강제했다. 사적 상품 경제에서는 어느 정도 부정직함이 존재한다. 즉 농부가 말을 살 때는 가능한 모든 방법을 동원하여 값을 깎아내린다. 그러나 1년 후 같은 말을 팔 때 그 말은 더 젊고 훌륭하고 강한 말로 둔갑하게 된다. 결국 '의무'라는 것은 민족적 성격의 특성이 아니라 사업상의 이해관계에 근거한다. 자신의 상품이 항상 가장 좋고 다른 사람의 것은 항상 가장 나쁜 것이다. 경쟁자를 깎아내리는 것은 (대개 정직성이 결여된 행위지만) '장사'의 기본수단이다. 고객에게 지나치게 공손하고 복종하는 소상인의 행동에서도 훌륭한 성격을 장기적으로 삐뚤어지게 하는 경제적 존재방식을 볼 수 있다. 그럼에도 불구하고 소시민계층에게 '명예'와 '의무'라는 개념은 매우 결정적인 역할을 수행한다. 이것을 자신이 가진 있는 그대로의 물질적 배경을 감추려는 의도라고 설명하는 것으로는 충분치 않다. 왜냐하면 이런 개념〔'명예'와 '의무'〕

이 주는 황홀은 참된 것이기 때문이다. 문제가 되는 것은 원천일 뿐이다.

이런 황홀은 무의식적인 정서적 생활로부터 나온다. 사람들은 무엇보다 이에 관심을 갖지 않으며, 이것이 앞서 말한 이데올로기('명예'와 '의무')와 맺고 있는 관계를 전형적으로 기꺼이 간과하곤 한다. 그러나 소시민들에 대해 분석해 보면 '명예'와 '의무'라는 그들의 이데올로기가 그들의 성생활과 맺고 있는 관계가 중요하다는 것을 의심할 수 없다.

우선 아버지의 정치적·경제적 지위는 아버지와 나머지 가족 구성원과의 가부장적 관계에 반영된다. 권위주의적 국가는 자신의 대리인인 아버지를 모든 가족에 두고 있으며, 이를 통해 가족이 국가의 가장 가치 있는 권력 도구가 된다. 아버지의 권위주의적 지위는 그의 정치적 역할을 반영하며, 가족과 권위주의적 국가와의 관계를 드러낸다. 가족 내에서 아버지는 생산과정 속에서 그의 상사가 그에 대해서 갖는 지위와 동일한 지위를 고수한다. 따라서 아버지는 윗사람에게 복종하는 태도를 아이들, 특히 아들에게서 새롭게 만들어낸다. 이런 관계로부터 지도자에 대해 수동적이고 복종하는 소시민적 인간들의 태도가 솟구쳐나와 형성된다. 히틀러가 아래와 같이 말했을 때, 그는 사실의 심연은 알지 못하면서 소시민적 대중들의 이러한 태도를 신뢰하고 있었던 것이다.

> 본질적으로 절대 다수의 국민들은 그 태도에 있어서 여성적이기 때문에 냉정한 논리보다는 감정적인 감각이 그들의 생각과 행동을 결정한다.
> 또한 이와 같은 감각은 복잡한 것이 아니라 매우 단순하고 제한적인 것이다. 또한 많이 세분화되어 있지도 않다. 즉 적극적 또는 소극적, 사랑 또는 증오, 정당함 또는 그릇됨, 진실 또는 거짓과 같이 둘 중 하나인 것일 뿐 반반씩 섞여 있는 것이 아니다(『나의 투쟁』, 201쪽).

이것은 '기질'의 문제가 아니라 권위주의적 사회체계가 그 구성원의 성격구조 속에 재생산되었음을 보여주는 전형적인 예다.

이와 같은 아버지의 지위는 여성과 어린이에 대한 가장 엄격한 성적 억압을 요구한다. 소시민적 영향력 아래에서 여성은 성적 반항 위에 체념하는 태도를 발전시키고, 아들은 권위에 복종하는 태도와 동시에 이후 모든 권위와 감정적으로 동일시하도록 하는 아버지와의 강한 동일시를 발전시킨다. 한 사회의 지지계층이 지닌 심리적 구조가 어떻게 정밀기계의 부속품처럼 경제적 구조와 지배 권력의 목적에 꼭 맞게 만들어질 수 있는지는 오랫동안 풀리지 않는 수수께끼로 남아 있을 것이다. 어쨌든 한 사회의 경제 체제가 대중심리적·성격구조적으로 재생산되는 것에 대해서 우리가 서술한 것이 정치사상 형성 과정의 핵심메커니즘이다.

경제적이고 사회적인 경쟁 태도가 소시민계층의 성격구조 발전을 촉진하는 것은 훨씬 나중의 일이다. 여기에서 반동적 이데올로기에 길들여지는 것은 권위주의적 가정환경에서 성장한 유년기에 이미 진행된 심리적 현상이 2차적으로 지속되는 현상이다. 경쟁은 우선 아이와 어른 사이에서 발생한다. 그러나 부모와의 관계를 놓고 같은 가족 내에서 벌어지는 아이들 간의 경쟁이 더 큰 영향력을 갖는다. 이 경쟁은 성인이 되고 가족을 벗어나면서는 주로 경제적인 경쟁이 되지만, 유년기에는 대체로 가족 구성원 사이의 강한 감정적 애증관계 속에서 발생한다. 여기에서 이 관계를 세부적으로 추적하거나 연구하지는 않을 것이다. 이를 위한 특별한 연구는 남겨둘 것이다. 단지 여기서는 다음을 확인하는 것만으로 충분하다. 권위주의적 가족의 존속에 가장 중요한 전제조건을 형성하고, 소시민계층 사람들의 성격구조 형성에 가장 기본적인 토대가 되는 성의 금지와 성적 쇠약은, 성적 죄의식으로 충만하고 감정적으로 깊게 고착화된 종교적 두려움의 도움을 받아 관철된다. 여기에서 종교관계의 문제와 성적 쾌락은 분리된다. 성적 쇠약은 어떤 경우에는 잔인한 방식의 성생활을, 다른 경우에는 경직된 성격특징으로 보상되는 자의식의 저하를 초래한다. 성욕의 자제와 성의 억제를 유지하도록 하는 강제는 명예, 의무, 용기, 자기 통제와 같은 발작적인, 특히 감정적인 것을 강조하는 관념을 발전시킨다.[14]

그러나 발작과 과장된 흥분을 보이는 이러한 심리적 태도는 현실적인 개인 행동과 묘한 모순 관계에 있다. 성기적으로 만족을 얻은 사람은 야단법석을 떨지 않아도 존경받을 만하고, 책임감 있고, 용감하며 자제할 수 있는 사람이다. 이런 태도는 그의 인성에 유기적으로 장치된다. 성기적으로 허약하고 성적 구조가 모순으로 꽉 차 있는 사람은 자신의 성을 통제해야 하며, 성적 위엄을 유지해야 하고, 유혹에 직면했을 때 용감해야 한다는 등을 계속해서 스스로에게 다짐해야 한다. 자위의 유혹에 저항하려는 투쟁은 어른과 아이 모두가 예외 없이 경험하는 투쟁이다. 이러한 투쟁에서 반동적인 인간이 지닌 성격구조의 요소가 예외없이 모두 발전된다. 이런 성격구조는 소시민계층에 가장 강력하게 확대 발전되어 있고 가장 깊이 뿌리박혀 있다. 신비주의는 그것이 어떤 종류든 이와 같은 성생활의 강제적인 억압으로부터 가장 활동적인 에너지와 자신의 내용 일부를 끄집어낸다. 소시민계층이 받는 사회적 영향력에 종속되는 한, 산업노동자 계급 역시 그 영향력에 상응하는 태도를 발전시키게 된다. 그러나 산업노동자 계급은 특정한 소시민계층과는 상이한 방식으로 생활하며, 그 결과 성을 긍정하는 힘을 더욱 분명하고 의식적으로 드러낸다. 무의식적인 불안에 의

---

14) [지은이] 이러한 관계의 인식을 위해서는 나치당 당원인 에른스트 만의 책 『힘의 도덕』이 특히 교훈적이다. Ernst Mann, Die Moral der Kraft, Weimar : Biewald, 1920.

해 이런 [반동적] 성격구조가 정서적으로 고착되고 성에 전혀 무관심한 듯한 성격특징을 통해 성을 긍정하는 힘이 은폐되기 때문에 이성적인 논증만으로는 인성의 심층에 도달할 수 없다. 이런 확증이 실천적 성정치에 대해 어떤 의미를 갖는지는 마지막 장에서 논의될 것이다.

자신의 성적 요구에 대항하는 **무의식적** 투쟁이 형이상학적이고 신비주의적인 사유를 배양하는 데 부여하는 의미는 여기서 상세히 논의하지 않겠다. 단지 우리는 민족사회주의 이데올로기의 전형적인 면을 하나의 예를 들어 말해보고자 한다. 우리는 다음과 같은 것들을 나열할 수 있다. **개인의 명예, 가족의 명예, 종족의 명예, 민족의 명예** 등. 이 나열은 철저히 개인적 성격구조가 형성되는 순서에 따른 것이다. 그러나 이 나열은 **자본주의 또는 가부장제, 강제적 결혼 또는 제도, 성적 억압, 자신의 성에 대한 개인의 투쟁, 개인의 보상적인 명예감** 등과 같은 경제적-사회학적 토대를 포함하고 있지는 못하다. 이 순서에서 가장 높은 것은 '민족의 명예'라는 이데올로기이며, 이것은 민족주의의 비합리적 핵심과 동일한 것이다. 그러나 이런 점을 이해하기 위해서는 더 상세한 추론이 필요하다.

권위주의적 사회가 어린이와 청년의 성에 대해 벌이는 싸움, 그리고 그에 따르는 개인의 자아 속에서의 싸움은 지금까지 이 싸움을 성공적으로 수행하기에 가장 좋은 제도로 입증된 권위주의적 가족의 영역에서 발생한다. 성적 요구는 자연스럽게 세계와 일체의 관계를 맺는 것으로, 그리고 대단히 다양한 형태로 세계와 직접 접촉하는 것으로 나아간다. 만약 성적 욕구가 억압된다면, 어린이와 청년에게는 좁은 가족영역에서 활동해야 하는 단 하나의 가능성만이 남게 된다. 성의 억제는 개인주의적 자의식의 토대일 뿐만 아니라 개인을 가족에 결합시키는 토대이기도 하다. 형이상학적, 개인주의적, 가족적인 감상적 행동은 성의 부정이라는 동일한 기본

민족사상의 영원한 전달자, 어머니

권위주의적 가족 이데올로기를 민족주의 이데올로기와 연결시켰던 민족사회주의 운동 안에서 '어머니'는 독일 민족을 이끌 힘을 만들어내는 "가족생활의 수호자"이자 "민족사상의 유일한 전달자"라는 지위를 부여받았다. 그러나 이렇듯 어머니를 강조한 민족사회주의자들의 진의는 '생명의 샘'(Lebensborn) 계획에서 드러났다. 당시 나치친위대 수장이던 힘러(Heinrich Himmler, 1900~1945)가 1936년부터 실시한 이 계획은 유럽의 지배민족(Herrenvolk)인 '아리아 인종'을 대규모로 양육하자는 계획이었다. 이 계획에 따라 순수 독일 혈통의 모든 여성은 기혼·미혼을 불문하고 지도자에 대한 '성스러운 의무'로서 아이를 많이 낳도록 장려됐고, 모든 나치친위대 대원들은 4명의 아이를 부인(꼭 자기 부인이 아니어도 괜찮았다)에게 임신시켜야 했다(위 사진은 독일의 어머니를 이상화한 당시의 선전 포스터용 사진이다).

과정의 다양한 양상일 뿐이며, 거꾸로 현실지향적이고 신비주의적이지 않은 사유는 가족에 대한 느슨한 태도, 적어도 금욕적인 성 이데올로기와 무관한 것들과 함께 나타난다는 사실에 주의하지 않으면 안 된다. 여기서 중요한 것은 성적 억제가 권위주의적 가족에 [개인을] 얽매이게 하는 수단이라는 점, 그리고 어머니에 대한 아이의 (또한 아이에 대한 어머니의) 원초적인 생물학적 연결이 성적인 현실을 가로막고, 풀리지 않는 성적 고착과 불능을 발전시키고, 다른 관계를 맺지 못하도록 만든다는 점이다.[15] 어머니와의 유대는 가족적 유대의 핵심이다. **고향과 민족이라는** 관념은 **주관적-정서적 핵심에서 어머니와 가족에 대한 관념인 것이다.** 소시민계층에게 가족이 '민족의 축소판'인 것처럼, 어머니는 아이들의 고향이다. 이런 점을 알게 되면 민족사회주의자인 괴벨스[16]가 민족사회주의 연감 1932년 판에서 그의 십계명 표어로 "고향은 바로 네 삶의 어머니이다, 이것을 결코 잊지 마라"라는 말을 (틀림없이 그것의 깊은 의미도 모르면서) 선택한 이유를 이해할 수 있을 것이다. 1933년의 '어머니날'에 『공격』은 다음과 같은 기사를 싣고 있다.

어머니날. 민족의 혁명은 사소한 모든 것을 쓸어버렸다! 사상은 가족, 사회, 국민을 계속 이끌고 결합시킨다. 어머니날의 사상은 독일 사상이 상

---

15) [지은이] 따라서 프로이트가 발견한 '오이디푸스 콤플렉스'는 사회가 어린이들에게 가하는 성억제의 원인이라기보다는 그 결과이다. 그러나 부모들은 자신들이 하고 있는 바를 전혀 의식하지 못하면서 권위주의적 사회의 의도를 수행하고 있다.
16) Joseph Goebbels(1897~1945). 나치당의 지도자. 1924년 나치당에 가입한 뒤, 1926년부터 자신이 소유한 일간지 『공격』(Der Angriff)의 주필로 두각을 나타내 1928년 나치당의 선전감독관이 됐다(히틀러가 정권을 잡은 뒤에는 대중계몽선전부 장관을 역임했다). 최후까지 히틀러에 충성했던 그는 히틀러가 자살한 다음날 가족과 동반 자살했다.

징하는 바에 딱 들어맞으며 이를 영광스럽게 한다. 말하자면 독일의 어머니이다! 부인과 어머니에게 이런 의미를 부여하는 곳은 새로운 독일이 유일하다. 어머니는 우리 민족을 다시 앞으로 이끌 힘을 만들어내는 가족생활의 수호자이다. 그녀(독일의 어머니)는 민족사상의 유일한 전달자이다. **어머니 개념은** '독일인이라는 존재'와 영원히 결합되어 있다. 어머니에 대한 존경심보다 우리를 더 가깝게 묶어줄 수 있는 것이 있을까?

위의 문장은 경제학이나 사회학적인 측면에서 볼 때는 허위일지 몰라도 인간의 성격구조라는 관점에서 보면 옳다. 따라서 민족주의적 감정은 가족적 유대의 직접적인 연속이며, 이와 마찬가지로 어머니에게 고착된[17] 유대에 뿌리를 두고 있다. 이 점은 생물학적으로 설명될 수 없다. 왜냐하면 어머니에 대한 이런 유대는 그것이 가족적·민족주의적 유대로 발전되는 한, 그 자체가 **사회적** 산물이기 때문이다. 성적 억압이 어머니와의 유대를 영속화시키지 않는다면, 사춘기 때에 다른 유대관계(자연스런 성관계)가 만들어질 수 있는 여지가 마련될 것이다. 바로 이와 같이 사회적인 근거를 가진 영속화를 통해 어머니에 대한 유대는 성인에게서 나타나는 민족주의적 감정의 토대가 되며, 바로 이 단계에서 그 유대는 반동적인 사회적 힘이 된다. 만약 소시민계층보다 산업노동자에게서 민족적 감정이 훨씬 덜 발달했다면, 그것은 산업노동자의 사회적 생활방식이 다양하고 그로 인해 소시민계층보다 느슨한 가족적 유대를 가지기 때문이다.

이제 우리는 우리가 사회학을 '생물학화' 한다는 비난을 결코 두려워하지 않는다. 왜냐하면 산업노동자의 다양한 가족적 생활방식 자체가 사

---

17) [지은이] 분해되지 않는, 무의식적으로 뿌리 박혀 있는.

회의 생산과정에서 그 노동자가 차지하는 지위에 의해서도 결정된다는 점을 우리가 한시도 잊지 않았기 때문이다. 하지만 산업노동자가 국제주의에 쉽게 영향을 받는 반면, 소시민계층은 어째서 그토록 강한 민족주의 경향을 가지는가에 대한 대답이 먼저 있어야 한다. 앞서 말한 대로 산업노동자의 경제적 상황과 가족적 상황의 관계를 고찰하지 않은 채 객관적인 경제적 상황 속에서 이 차이를 만드는 요소를 확인할 수는 없다. 맑스주의 이론가들은 사회체계가 성격구조에 고착되는 데 있어 가족적 삶이 똑같이 중요하다는 점, 즉 성격구조의 형성에 결정적 요인이라는 점을 이상하리 마치 거부하고 있는데, 이 또한 그들의 가족적 유대 때문이다. 가족적 유대가 가장 강렬하고 정서적이라는 사실은 충분한 평가를 받지 못했다.[18]

가족 이데올로기와 민족주의 이데올로기 사이의 본질적 통일을 더 추적해 보자. 가족들은 민족처럼 서로 분리되어 있다. 양자 모두에게서 이 분리는 궁극적으로 경제적 동기에 토대를 두고 있다. 소시민계층(관리, 하급 화이트칼라 노동자 등)의 가족은 식량과 다른 물질적 걱정거리로 인해 지속적인 압력을 받고 있다. 따라서 아이가 많은 소시민계층 가족이 살림살이를 넉넉하게 만들려는 경향은 동시에 "민족에게 공간과 식량이 필요하

---

18) [지은이] 자기 자신의 가족 및 어머니와의 유대에서 벗어나지 못했거나, 적어도 그 영향을 명확히 하여 자신의 판단 속에서 제거하지 못한 사람은 이데올로기의 형성을 연구해서는 안 된다. '프로이트적'이라는 말[비난]로 이러한 사실들을 무시하려는 사람은 자신의 과학적 백치증을 증명할 뿐이리라. 특별한 지식이 없다면, 논의를 해야지, 그냥 떠들기만 해서는 안 된다. 프로이트는 오이디푸스 콤플렉스를 발견했다. 만약 그러한 발전이 없었다면 혁명적 가족 정치학은 불가능했을 것이다. 그러나 기계론적 경제학자가 성을 사회적 요인으로 이해하는 것이 요원하듯, 프로이트 역시 가족 형성에 대한 위와 같은 평가나 사회학적 해석과는 거리가 멀다. 변증법적 유물론이 부정확하게 이용되어 왔음이 입증된다고 하자. 그러나 프로이트가 오이디푸스 콤플렉스를 발견하기 전에 모든 노동자들이 알았던 사실들은 반박되지 못할 것이다. 그리고 파시즘은 구호에 의해서가 아니라 지식에 의해서 파괴될 수 있다. 오류는 있을 수 있으며 수정될 수 있다. 그러나 과학적 우둔함은 반동적이다.

다"는 제국주의적 이데올로기를 재생산한다. 이것이 바로 소시민계층이 특히 제국주의적 이데올로기에 쉽게 접근할 수 있는 이유이다. 소시민계층은 인격화된 민족에 완벽하게 동화될 수 있다. 바로 이와 같은 방법으로 국가 제국주의가 가족적 제국주의에서 이데올로기적으로 재생산된다.

이런 맥락에서 괴벨스가 『저주받은 하켄크로이츠 당원』이라는 팸플릿에서 '유태인도 인간인가' 라는 질문의 대답으로 쓴 문장은 흥미롭다.

누군가 당신 어머니의 얼굴에 채찍을 휘두른다면, 당신은 그에게 고맙다고 할 것인가! 그도 인간인가? 그는 인간이 아니다. 그는 야수다! 유태인들이 **어머니 독일**에게 얼마나 많은 나쁜 짓을 했고 지금도 하고 있는가? 그(유태인)는 우리 종족을 더럽히고 우리의 힘을 약화시키고, 우리의 관습을 훼손하고 우리의 힘을 파괴한다. …… 유태인은 분명 몰락의 악마이며 …… 민족에 대한 학살의 범죄를 시작하고 있다.[19]

성적 열망에 대한 처벌인 거세 관념의 중요성을 알아야 한다. 또한 반유태주의의 배경과 종교의식적 살인환상의 성-심리학적 배경도 대체적으로 이해해야 한다. 무엇보다도 이렇게 무의식적으로 쓰여진 문장이 대중 독자의 무의식적인 내적 생활에 어떻게 영향을 미치는지를 판단하기 위하여 반동적 인간의 성적 죄의식과 두려움을 올바르게 평가해야 한다. 바로 여기에 민족사회주의자들이 보여주는 반유태주의의 심리학적 뿌리가 있다. 이것이 단지 '몽롱하고 헷갈리게 만드는 행위'에 불과한가? 분명 그런

---

19) [지은이] Joseph Göbbels, Die verfluchten Hakenkreuzler, Müchen : Eher-Verlag, 1932, S. 16, 18. 강조는 라이히.

면도 있다. 그러나 이데올로기적으로 볼 때, 파시즘이 경제적·성적 자유를 향한 고통스럽지만 단호한 혁명사상의 경향, 반동적 인간들을 죽음 같은 공포로 오싹하게 만드는 혁명적 사상에 대한 사회적 저항이었다는 점은 간과되고 있다. 요컨대 노동하는 사람들의 경제적 자유가 확립되면 낡은 제도, 특히 성정책을 지배하는 장치도 해체되기 마련이다(물론 이 낡은 제도 아래에서는 반동적 인간들과 그들을 반동적이라고 생각하는 산업노동자들이 쉽게 동등해지지 않는다). 무엇보다도 반동적 사상이 성적 혼란과 성적 방탕으로 표현하는 '성적 자유'에 대한 공포는 경제적 착취의 굴레에서 벗어나려는 자유의 열망을 방해하는 작용을 한다. 이는 단지 성혼란이라는 관념이 존재할 때만 유효하다. 또한 국민 대중들은 이런 결정적인 문제를 명료하게 살필 수 없기 때문에 이런 오해가 계속 우세를 점할 수 있다. 성적 자유에 대한 이런 오해가 힘을 가지는 한 상황은 마찬가지일 것이다. 바로 이러한 이유로 성경제학은 모든 사회적 관계를 질서짓는 중심에 위치한다. 반동적 구조가 노동하는 대중들을 더욱 더 광범위하게, 더욱 더 깊이 포박할수록, 사회적 책임을 맡도록 국민 대중들을 교육시켜야 할 성경제학적 작업의 중요성은 더욱 더 결정적인 의미를 획득하게 된다.

경제적 상황과 구조적 상황 사이의 이러한 상호작용에서 권위적 가족은 모든 종류의 반동적 사유를 가장 우선적이고 근본적으로 재생산하는 장소이다. 가족은 반동적 이데올로기와 반동적 구조를 생산하는 공장인 것이다. 따라서 '가족의 보호', 즉 권위적이고 자녀가 많은 가족을 보호하는 것이 모든 반동적 문화정책의 첫번째 계율이다. '국가·문화·문명의 보호'라는 구절 뒤에 숨겨져 있는 것이 바로 이것이다.

1932년 대통령 선거에 즈음한 나치당의 정견발표문, 『아돌프 히틀러 : 나의 강령』(Adolf Hitler : Mein Programm)의 내용은 다음과 같다.

여성은 원래 운명적으로 남성의 동반자이다. 따라서 남성과 여성은 일에서나 생활에서나 동료인 것이다. 수세기 동안의 경제적 발전이 남성의 노동 영역을 변화시켰듯이, 논리적으로 여성의 영역 역시 변화시켰다. 함께 일할 의무뿐만 아니라, 인간 자체를 보존하는 것도 남녀의 의무이다. 이 가장 고귀한 임무 속에서, 우리는 하느님이 영원한 지혜로 남녀에게 주신 특별한 개인적 재능의 토대를 발견하게 된다. 따라서 생활의 동반자이자 일의 동료가 될 수 있도록 가족 형성을 위해 노력하는 것이 가장 숭고한 과업이다. **가족의 최종적 파괴는 모든 숭고한 인간성의 종말을 의미한다. 여성의 활동** 영역이 멀리까지 뻗어나간다 하더라도 **진실로 유기적이고 논리적인 발전의 궁극적 목표는 항상 가족의 창조여야 한다.** 가족은 **국가의 전체 구조에** 서 가장 작지만 **가장 가치 있는 단위**인 것이다. 일은 남성과 마찬가지로 여성도 명예롭게 만든다. 그러나 아이들은 여성을 고귀하게 만든다.

'농민의 보호는 독일 민족의 구제를 의미한다' 라는 항목 아래로 이 호소문은 다음과 같이 계속된다. "나는 건전한 농민을 구제하고 격려하는 것이 우리 민족의 인종적 부패뿐만 아니라 사회적 재난을 막을 수 있는 가장 훌륭한 방어라고 본다."

이런 점에서 볼 때 오류를 저지르지 않으려면 농민의 전통적인 가족적 유대를 잠시도 잊어서는 안 된다. 호소문은 계속된다.

나는 한 민족이 저항력을 키우기 위해서는, 그 민족이 이성적 원칙에 따라 살아야 할 뿐만 아니라 영적이며 종교적으로 안정되어야 한다고 믿는다. 문화적 볼셰비즘에 의해 우리의 민족공동체가 오염되고 해체되는 것은 공산주의의 정치·경제적 영향보다 더 비참한 것이다.

이탈리아 파시즘처럼 대지주의 이해관계에 기대 초기의 성공을 이루어낸 정당인 나치당은 소농과 중농 대중들에게 사회적 토대를 창출해 줌으로써 그들의 지지를 획득해야만 했다. 따라서 나치당은 자신들의 선전을 통해 공개적으로 대지주의 이해관계를 강조할 수 없었으며, 결국 가족적·경제적 존재양식의 일치가 만들어낸 소농들의 성격구조에 직접 호소할 수밖에 없었다. '남성과 여성은 일의 동료'라는 문장은 소시민계층의 입장에서만 타당하다. 이것은 산업노동자에게는 적용되지 않는다. 심지어 농민에게도 형식적으로만 적용된다. 왜냐하면 현실적으로 농민의 아내는 농민의 노예이기 때문이다. 국가의 위계적 구성이라는 파시스트 이데올로기는 농민 가족의 위계적 구성에서 구체적으로 나타나고 실현된다. 농민 가족은 국가의 축소판이며, 이 가족의 모든 구성원은 이 작은 국가와 동일시된다. 따라서 거대한 제국주의적 이데올로기의 수용을 위한 토대는 가족 구성원 모두가 [자기 가족의] 소규모 가계 경제에 참여하는 농민층과 소시민계층에게 있다. 동시에 두 계층에서 모성은 두드러지게 미화된다. 그렇다면 이런 모성의 미화는 정치적인 성적 반동과 어떤 관련이 있는가?

민족사회주의적 자존심

소시민계층에 속한 대중들 개개인의 구조 속에는 민족적 유대와 가족적 유대가 함께 자리잡고 있다. 이 유대들은 서로 평행하게 진행되는 과정뿐 아니라 그 유대에서 파생되는 과정을 통해서 특히 강화된다. 대중심리학적 관점에서 볼 때, 민족주의적인 지도자는 민족의 화신을 의미한다. 지도자가 대중들의 민족감정에 조응하여 실제로 민족의 화신이 될 때만 그에 대한 개인적 유대가 생성될 수 있다. 또한 그 지도자가 대중들 개개인에게 정서적인 가족적 유대를 불러일으킬 수 있는 방법을 이해했을 때만, 그는 권위주의적 아버지상을 획득할 수 있다. 그 지도자는 엄격하지만 보호를 제공하는, (아이들이 보기에) 품위 있는 예전의 아버지에게서 찾아볼 수 있는 모든 정서적 태도를 끌어낸다. 매우 모순적인 나치당 강령의 이행불가능성에 대하여 열성적인 민족사회주의자와 토론하다보면, 히틀러는 모든 것을 더 잘 이해하고 있다("그는 모든 것을 할 수 있다")라는 말을 자주 듣게 된다. 여기에서 우리는 아버지의 보호를 바라는 아이의 태도를 분명히 볼 수 있다. 사회적 현실에서, 독재자에게 '모든 것을 할' 수 있는 권력을 부여하는 것은 바로 보호를 받으려는 국민 대중들의 이러한 태도와 지도자에 대한 신뢰감이다. 국민 대중들의 이러한 태도는 사회적 자주관리, 즉 합리적인 독립성과 협동을 방해한다. 진정한 민주주의는 이러한 대중들의 태도에 그 토대를 둘 수 없으며, 두어서도 안 된다.

그러나 더 본질적인 것은 대중들 개개인이 '지도자'와 자신을 동일시한다는 것이다. 대중들 개개인이 무력해지도록 양육되면 지도자와의 동일시는 더 뚜렷이 나타나며, 보호에 대한 아이와도 같은 욕구는 지도자와 하나가 된다는 감정의 형태로 더욱 위장된다. 이런 동일시 경향이 민족적 나르시시즘, 즉 각 개인들이 '민족의 위대함'에서 빌려온 자존심의 심리적 토대이다. 반동적인 소시민계층은 지도자와 권위주의적 국가에서 **자기 자신**을 발견한다. 이런 동일시에 기반하여 그는 자신이 '민족성'과 '민족'의 방어자라고 생각한다. 그러나 동시에 이런 느낌은 그가 '대중들'을 경멸하고 대중들과 개인적으로 맞서는 것을 제지하지 않는데, 이 역시 지도자와의 동일시에 기반한 것이다. 물질적·성적으로 비참한 그의 상황은 자신이 지배인종에 속해 있으며 훌륭한 지도자를 가지고 있다는 고양된 사상으로 완전히 가려지기 때문에, 시간이 지남에 따라 그는 무의미하고 맹

목적인 충성 속으로 자신이 얼마나 완벽하게 빠져버렸는지를 깨닫지 못하게 된다. 반대로 자신의 전문성을 의식하고 있는 노동자, 즉 자신의 순종적인 성격구조가 작동하지 못하게 막아낸 노동자는 자신을 지도자와 동일시하는 대신에 자신의 일과 동일시한다. 그리고 자신을 민족적 고향과 동일시하는 대신에 전세계의 노동하는 대중들과 동일시한다. 지도자와의 동일시라는 토대가 아니라 사회적인 삶에 절대적으로 필요한 일을 수행하고 있다는 의식을 토대로 해서 **그는 자신이 지도자라고 느끼는 것이다.**

이때 작용하는 정서적 힘은 무엇인가? 이 물음에 답하기는 어렵지 않다. 이렇게 근본적으로 다른 대중심리 유형의 근저에 있는 격정은 민족주의자에게서 발견되는 그것과 동일하다. 차이점은 단지 그 감정들을 자극하는 내용뿐이다. 동일시하려는 욕구는 같지만 대상은 다른 것이다. 즉 그 대상은 지도자가 아니라 동료 노동자이며, 환상이 아니라 자신의 일이며, 가족이 아니라 지구상의 노동하는 사람들인 것이다. 여기에서 국제적인 전문가 의식은 신비주의 및 민족주의와 대립한다. 그러나 이것이 노동자들이 자존심을 포기한다는 의미는 분명 아니다. 위기가 닥칠 때 '공동체에 대한 봉사', '개인의 이익에 앞서는 일반의 이익'에 열광하는 것은 반동적인 인간들이다. 노동자의 자존심은 오직 전문가 의식에서 나온다.

지난 15년 동안 우리는 다음과 같은 이해하기 어려운 사실에 직면했다. 경제적 측면에서 사회는 여러 사회 계급과 직업으로 뚜렷이 분리되어 왔다. 경제학의 관점에서, 사회적 이데올로기는 사회적 상황에서 도출된다. 즉, 각각의 계층이 지닌 이데올로기는 그 계층의 사회경제적 상황에 어느 정도 정확하게 부합되기 마련이라는 것이다. 그래서 산업노동자들은 집단적 노동방식 때문에 집단감정을 더 발전시키지만 소상인들은 오히려 개인주의를 더 발전시키고, 대기업 사무직 노동자들은 분명 산업노동자들과 비슷한 집단감정을 가지게 된다고 말한다. 그러나 우리가 이미 살펴보았듯이 심리적 구조와 사회적 상황은 거의 일치하지 않는다. 우리는 자신의 기술을 의식하고 있는 책임 있는 노동자와 신비주의적이며 민족주의적인 반동적 노예를 구별한다. 우리는 모든 사회 계층과 직업 계층에서 두 유형의 노동자를 만난다. 반동적 사상을 가진 수백만의 산업노동자가 있다면, 노동의식적이고 자유로운 사상을 가진 수백만의 교사와 의사도 있다. 따라서 사회적 상황과 성격구조 간에 단순한 기계적 연관성은 없다.

사회적 상황은 단지 대중들 개개인의 이데올로기적 과정에 영향을 미치는 외적 조건일 뿐이다. 이제 사회적 세계가 정서생활을 **독점적으로** 지배하게끔 만들어주는 **원동력**을 살펴야 한다. 우선 배고픔이 그 원동력이 아니라는 것은 확실하다. 적어도 결정적 요인이 아님은 명백하다. 만약 배고픔이 인간의 정서생활을 독점적으로 지배한다면, 1929~33년 사이의 세계적 위기 때에 국제적 혁명이 일어났을 것이다. 이런 사실만 확인해도 낡아버린 경제학적 관점을 뒤엎기에 충분하다.

사회학에 밝지 못한 정신분석학자들이 사회혁명을 '아버지에 대한 유년기적 반항'으로 설명하는 것은 지식인 집단 출신의 혁명가를 염두에 둔 설명이다. 물론 지식인 혁명가의 경우에서는 이런 형편, 즉 아버지에 대한 유년기적 반항이 실제로 결정적이다. 그러나 이 사실은 산업노동자에게는 적용되지 않는다. 노동계급에서 어린이에 대한 아버지의 억압은 소시민계층의 경우만큼이나 심하다. 아니 사실은 때때로 더 잔인하다. 그러나 그것은 문제가 되지 않는다. 우리는 이 두 계층의 특별한 차이를 그들의 생산양식과 그 생산양식에 따르는 그들의 성에 대한 태도에서 발견한다. 오해를 하지 않도록 요점을 설명하자면 다음과 같다. 즉 산업노동자의 성 역시 부모에 의해 억압되지만, 산업노동자 계층의 아이들이 겪는 모순이 소시민계층에는 존재하지 않는다는 것이다. 소시민계층에서 억압되는 것은 **단지** 성생활뿐이다. 소시민계층에게서 성활동은 오로지 성적 욕구와 성적 억압 사이의 모순으로 표현된다. 그러나 산업노동자의 경우는 이와 다르다. 산업노동자는 자기가 속한 계층의 도덕주의적 이데올로기와 함께 (정도의 차이는 있지만) 각자의 성적 견해를 가지고 있는데, 이 견해는 [그들 집단의] 도덕주의적 이데올로기와 대치하게 된다. 게다가 그들의 생활 조건과 집단적 존재[방식]도 그들에게 영향을 미친다. 그리고 이 모든 것은 그들의 도덕주의적인 성 이데올로기와 대립한다.

따라서 평범한 산업노동자는 아무리 모호하게 행동하고 보수적이라 하더라도, 성에 대해 개방적이며 속박받지 않는 태도를 지니고 있다는 점에서 평범한 소시민계층 노동자와 다르다. 그는 전형적인 소시민계층 노동자와는 비교할 수 없을 만큼 더 쉽게 성경제학적 관점에 접근할 수 있다. 또한 산업노동자가 성경제학적 세계관에 더 접근하기 쉬운 것은 민족사회주의 이데올로기와 교회 이데올로기의 중심적 태도, 즉 권위주의적 국가권력과의 동일시, '최고 지도자'와의 동일시, 민족과의 동일시 같은 태도가 그에게 없기 때문이다. 이는 민족사회주의 이데올로기의 핵심요소가 성경제학적 근원을 가지고 있다는 사실의 증거이기도 하다.

소농민은 그의 개별적 경제방식과 극단적인 가족적 고립 때문에, 정치적으로 반동적인 이데올로기에 매우 접근하기 쉽다. 이것이 사회적 상황과 이데올로기 사이에서 생겨나는 균열의 원인이다. 가장 엄격한 가부장제와 그에 상응하는 도덕성이라는 특징을 가진 소농민은 성생활의 자연스러운 형태를 (비록 왜곡된 형태일지라도) 발전시킨다. 소시민계층 노동자와는 대조적으로 그리고 산업노동자의 경우와 같이 농촌의 젊은이들은 일찍부터 성관계를 갖기 시작한다. 그러나 엄격한 가부장적 교육 때문에 젊은이들은 성적으로 매우 혼란을 겪거나 심지어 난폭해지기도 한다. 성관계는 비밀리에 이루어지고, 소녀들은 일반적으로 성불감증에 시달린다. 여성의 노예화뿐만 아니라 치정살인, 난폭한 질투 등의 성적 사건은 농촌에서 전형적으로 일어난다. 농촌처럼 히스테리가 극심한 곳은 없다. 그리고 농촌 경제의 가혹함(엄격함) 탓에 농촌에서 자라난 아이들은 결국 가부장적 부부관계를 맺도록 강요받는다.

지난 수십 년 동안 산업노동자들 사이에서는 하나의 이데올로기 과정, 순수하게 문화적으로 노동귀족에게서 볼 수 있는 과정이 진행되었다. 이 과정은 평범한 산업노동자들이라고 그냥 비켜가지 않았다. 20세기의 산업노동자들은 더 이상 맑스가 살던 19세기의 프롤레타리아트가 아니다. 20세기의 산업노동자들은 사회의 부르주아 층이 지닌 생활형태와 관점을 주로 받아들였다. 형식적 부르주아 민주주의는 인종적 편견과 마찬가지로, 경제적 차이도 제거하지 못한 것이 분명하다. 그러나 형식적 민주주의 범위에서 관철된 사회적 노력은 다양한 사회 계층 사이의 구조적 경계와 이데올로기적 경계를 없애버렸다. 영국, 미국, 스칸디나비아, 독일의 산업노동자들은 점점 더 부르주아지화되어 가고 있다. 파시즘이 어떻게 노동계급에 침투했는가를 이해하기 위해서는 부르주아 민주주의에서부터 [나치당이] 파시스트 독재의 길을 열기 위해 '비상사태법'으로 의회를 정지시킨 과정까지를 추적해야 한다.

산업노동자의 부르주아지화

파시즘은 두 측면에서 노동자 집단에 침투했다. 즉 모든 사람이 이의를 제기할 표현인, 이른바 '룸펜 프롤레타리아'에 대한 직접적인 물질적 매수를 통해, 그리고 '노동귀족'에 대한 물질적 매수와 이데올로기적 영향력을 통해 침투했던 것이다. 정치적으로 볼 때 독일 파시즘은 파렴치하게도 모든 사람에게 모든 것을 약속했다. 예를 들면 야르머 박사의 「자본주의」라는 기사[20]에는 다음과 같은 구절이 있다.

> 슈테틴에서 개최된 독일국가인민당 전당대회에서 후겐베르크[21]는 만족스럽게도 국제자본주의에 명백하게 반대하는 발언을 했다. 그러나 동시에 그는 민족자본주의의 필요성을 강조했다.
> 그럼으로써 그는 다시 독일민족주의자와 민족사회주의자 사이의 구별지점을 명백히 했다. 왜냐하면 민족자본주의에서조차 정의가 지배할 수 없으므로, 전세계에 걸쳐 붕괴하고 있는 자본주의적 경제 질서가 다른 질서로 대체되어야 한다는 것을 민족사회주의자들은 잘 알고 있기 때문이다.

위의 기사는 거의 공산주의적인 주장처럼 보인다. 여기서 파시스트 선동가들은 의식적이고 기만적인 의도를 가지고 산업노동자의 혁명적 감각에 직접 호소했다. 그러나 큰 문제는 민족사회주의 산업노동자들이. 왜 파시즘이 모든 사람에게 모든 것을 약속했다는 사실을 보지 못했는가이다. 히틀러가 산업계의 유력자들과 협상하여 그들에게서 재정 지원을 받았고 그들에게 파업금지를 약속했다는 것은 알려져 있었다. 따라서 평범한 노동자가 모순을 의식하도록 만들려는 혁명적 조직들의 철저한 사업에

---

20) [지은이] Ernst Jarmer, "Kapitalismus", Der Angriff, Sept. 24, 1931.
21) Alfred Hugenberg(1865~1951). 독일의 실업가·정치가. 바이마르 공화국 기간 동안, 여러 신문사와 통신사의 주식을 소유하여 여론 형성에 큰 영향력을 가지고 있었다. 독일국가인민당에 입당해 당내 지도자로 활동했으며, 물질적 지원으로 히틀러의 집권에 큰 역할을 했다.

도 불구하고, 그 모순에 단호한 대응이 이루어지지 못한 것은 평범한 노동자들의 심리적 구조 탓일 수밖에 없다. 미국인 저널리스트 니커보커와의 대담에서 히틀러는 민간외채의 승인에 대해 다음과 같이 말하고 있다.

> 나는 국제 은행가들이 다음과 같은 사실, 즉 민족사회주의 정부 아래의 독일은 안전한 투자 대상국이 될 것이며, 채권에 대해 약 3퍼센트의 이자가 기꺼이 지급되리라는 사실을 곧 깨닫게 될 것이라고 확신합니다.[22]

만약 혁명적 선전의 핵심적 과업이 '프롤레타리아트를 각성시키는 것'이라면 단지 그들의 '계급의식'에 호소거나, 그들이 객관적인 경제적·정치적 상황에 계속 주목하도록 만들거나, 그들에게 행해졌던 기만을 계속해서 폭로하는 것으로는 그 과업을 수행할 수 없을 것이다. 혁명적 선전의 가장 중요한 과업은 **노동자들 속의 모순에** 크게 공감하고 그것을 숙고하는 것이어야 했으며, 감춰지거나 몽롱해진 것은 명확한 혁명적 의지가 아니었다는 사실, 그리고 프롤레타리아트의 심리적 구조 속에 있는 혁명적 충동은 일부만이 발전되었으며 그와 상반되는 반동적인 구조적 요인과 부분적으로 혼합되어 있었다는 사실을 파악하는 것이었어야 했다. 광범위한 대중들의 사회적 책임을 일깨우는 과정의 가장 기본적인 과업이 그들의 혁명적 신조를 이끌어내는 것이라는 사실에는 의심의 여지가 없다.

'평온한' 부르주아 민주주의 시기에는 고용된 산업노동자에게 두 가지 근본적인 가능성이 열려 있다. 첫째는 자기보다 사회적으로 높은 지위

---

22) [지은이] Hubert Renfro Knickerbocker, *Deutschland so oder so?*, Berlin : Rowohlt Verlag, 1932, S. 211.

를 차지하고 있는 소부르주아지와 스스로를 동일시하는 것이고, 둘째는 반동적 생활양식에 반하는 생활형태를 가져온 자신의 사회적 지위와 스스로를 동일시하는 것이다. 첫번째 가능성은 산업노동자가 반동적 인간들을 부러워하고 모방하며, 만약 물질적으로 가능하게 된다면 그 인간들의 생활습관을 완전히 받아들인다는 것을 의미한다. 두번째 가능성은 반동적 인간들의 이데올로기와 생활습관을 거부하고, 경계를 긋고, 부정하면서 자신의 생활방식을 강조하고 분명히 드러내는 것을 의미한다. 사회적 존재와 계급적 존재가 동시에 영향력을 행사하기 때문에 이 두 가능성은 똑같이 강력하지만, 어쨌든 그 선택은 산업노동자에게 열려 있다. 혁명운동은 겉으로는 하찮게 보이는 일상의 작은 습관에서 나타나는 의미를 올바르게 평가하지 않았으며, 사실상 그것을 자주 잘못된 방식으로 이용했다. 평소에는 혁명적인 마음가짐을 갖다가도 기회만 생기면 '천박하게도' 소시민적인 침실을 장만하려는 것이나, 공산주의자면서도 자신의 부인을 억압하는 것, 일요일에 입는 '점잖은' 의복, '어설픈' 춤동작, 이밖에도 수많은 '사소한 일들'이 만성적인 영향을 끼치면서 수많은 혁명적 집회와 팸플릿이 상쇄할 수 없을 정도로 커다란 반동적 영향력을 행사하게 된다. 편협하고 보수적인 생활은 지속적인 영향력을 행사하면서 일상생활의 모든 국면에 침투한다. 반면에 공장의 일과 혁명적 팸플릿은 잠시 동안만 영향을 미칠 뿐이다. 따라서 '대중들에게 다가가고자' 반동적 파시즘이 훨씬 더 잘 할 수 있는 연회를 베풀어 산업노동자의 보수적 경향을 바로잡으려 한 것은 커다란 실수였다. 싹을 틔우기 시작한 혁명적 생활양식은 더이상 발전하지 못했다. 수많은 논문보다는 노동자의 부인이 '연회'를 위해 구입한 '야회복'에 노동자의 반동적 구조에 대한 더 많은 진실이 있었다. 물론 야회복이나 가족 맥주파티 같은 것은 노동자에게 일어난 과정의 외적 표현

대중들의 욕망을 이용한 나치당의 대중심리학적 정책

나치당은 부르주아지와 자신들을 동일시하려는 산업노동자들의 욕망, 즉 부르주아지처럼 살아가고 싶다는 욕망을 적극적으로 이용했다. 그 대표적인 사례가 1934년의 '자동차(폴크스바겐) 대중화' 정책이었다. 독일 부강책의 일환으로 1933년 제정된 '독일제국 아우토반법'과 연계된 이 정책은 "오토바이 값으로 자동차를!"이라는 구호를 내세워 독일 대중들에게 자신들이 모두 자동차 소유자가 될 수 있다는 환상을 심어주었다. 그러나 이 정책이 발표될 당시 폴크스바겐은 단 한 대도 생산되어 있지 않았다. 게다가 폴크스바겐의 대량생산이 가능해진 1938년, 독일 대중들은 자신들의 욕망이 단순한 환상이었다는 사실을 깨닫게 되었다. 그도 그럴 것이, 폴크스바겐은 얼마 뒤에 벌어질 전쟁을 위해 군용차로 개조되었기 때문이다(위 사진은 1938년 5월 27일, 히틀러가 폴크스바겐 대량생산 공장의 개소식에서 축하연설을 하는 장면이다).

일 뿐이지만, 민족사회주의의 선전을 받아 들일 수 있는 성향이 이미 존재했다는 사실의 증거이기도 했다. 이에 덧붙여 파시스트가 '프롤레타리아트의 폐지'를 약속하고 이런 약속으로 성공을 거두었을 때, 이들에게 열 번 중 아홉 번의 성공을 보장한 것은 경제계획이 아니라 야회복이었다. 우리는 일상생활의 이런 세부적인 것에 더 많은 주의를 기울여야 한다. 사회의 진보와 퇴보는 단지 순간적인 열정만을 불러일으키는 정치적 상투어에서가 아니라 바로 이런 일상생활에서 구체적 형태를 취하는 것이다. 여기에 중요하고 효과가 큰 작업이 남아 있다. 독일에서 혁명적 대중작업은 거의 '굶주림에 반대하는' 선전에만 국한되었다. 이 선전의 토대는 **중요하기**는 했지만, 너무 편협한 것으로 판명되었다. 대중들 개개인의 생활 이면에는 다른 수많은 일들이 일어나고 있다. 예를 들어 젊은 노동자가 굶주림을 어느 정도 채우게 되면, 즉시 그를 괴롭히는 수많은 성적 문제와 문화적 문제를 겪게 된다. 물론 굶주림에 대한 투쟁은 매우 중요하다. 하지만 인간 생활의 숨겨진 과정 역시 우리가 구경꾼이면서 동시에 연기자인 매우 어설픈 이 연극의 강렬한 조명을 받아야만 한다. 또한 이것은 아무런 제약도, 결과에 대한 아무런 두려움도 없이 행해져야 한다.

    노동하는 인간이 자신의 생활형태와 자연스런 견해를 발전시키려 시도하면서 자신이 무한히 창조적임을 보이려 한다는 것에는 의심의 여지가 없다. 일상생활을 사회적으로 극복하는 것은 반동적으로 오염된 대중들에게 견딜 수 없는 동요를 일으킬 것이다. 이런 문제를 세세하게, 구체적으로, 그리고 적절하게 연구하는 것이 필수불가결하다. 그러한 연구는 혁명의 승리를 가속화하고 확고하게 할 것이다. 이 제안이 단지 환상이라는 진부한 반대는 하지 말기를 바란다. 노동민주주의적 생활양식의 모든 단초들을 강조하는 투쟁은 반동적 사유에 대해 투쟁의 경계를 긋는 것을, 그리고 영구적 평화를 확실하게 하는 인민대중이 지닌 생활문화의 씨앗을 발전시키는 것을 의미한다. 또한 노동자에게 반동적인 사회적 무책임이 사회적 책임에 대해 우세를 점하는 한 노동자가 혁명적인, 즉 합리적인 행동에 접근할 수 있는 길은 상당히 막힐 것이다. 이러한 대중심리학적 작업을 포기해서는 안 되는 또 다른 이유가 있다.

반동적 화이트칼라 노동자를 모방하려는 경향의 핵심요소인 육체노동에 대한 무시는 파시즘이 노동계급에 침투하기 시작하자마자 의존한 대중심리적 토대를 구성하고 있다. 파시즘은 계급의 폐지, 즉 프롤레타리아트의 존재를 없애리라 약속했으며, 이런 식으로 육체노동자들이 느끼는 사회적 열등감을 상기시켰다. 농민들이 계속 도시로 이주하여 노동자가 되는 동안 그들은 신선한 농촌의 가족 이데올로기도 가져왔는데, 그 이데올로기는 우리가 이미 살펴보았듯이 제국주의적-민족주의적 이데올로기를 촉진시키는 가장 훌륭한 토양이다. 이에 덧붙이자면 노동자 운동에는 이데올로기적 과정이 있는데, 이것은 산업이 미개발된 국가뿐 아니라 고도로 발전된 산업국가에서의 혁명운동 가능성을 평가할 때에도 거의 주목을 받지 못했다.

카우츠키는 고도의 산업화를 이룬 영국의 노동자들이 산업이 발전되지 않은 러시아의 노동자들보다 정치적으로 덜 발전되었다는 점을 분명히 했다.[23] 지난 30년 동안 세계 여러 나라에서의 정치적 사건들을 보면 혁명적 반란이 영국, 미국, 독일 같은 나라에서보다 중국, 멕시코, 인도 같은 산업이 발전되지 못한 나라에서 더 쉽게 발생했다는 것을 확실히 알 수 있다. 영국, 미국, 독일에 오랜 전통의 잘 조직되고 훈련받은 노동자 운동이 있었

---

23) [지은이] Karl Kautsky, Soziale Revolution, 2. Aufl, Berlin, 1907, S. 57~60.

는데도 말이다. 그 자체가 병리적 징후인 노동자 운동의 관료화는 차치하더라도, 서구 국가들의 사회민주주의와 노동조합에 보수주의가 매우 강력히 뿌리박고 있었다는 것이 문제이다. **대중심리학의 관점에서 보면, 사회민주주의는 추종자들의 보수주의적 성격구조에 토대를 두고 있다.** 파시즘의 경우와 마찬가지로 이 경우에 문제는 당지도부의 정책이 아니라, 노동자의 대중심리적 토대에 있다. 나는 몇몇 수수께끼의 실마리가 될지도 모를 다음과 같은 중요한 사실 몇 가지만을 지적하고자 한다.

초기 자본주의에는 부르주아지와 프롤레타리아트라는 첨예한 경제적 분열뿐만 아니라 첨예한 이데올로기적 분열, 특히 구조적 분열도 있었다. 엥겔스의 『영국 노동계급의 조건』에 고전적으로 묘사되어 있는 바와 같이 사회정책의 부재, 사람을 무력하게 만드는 16~18시간의 노동시간, 산업노동자의 낮은 생활수준 등으로 인하여 프롤레타리아트는 부르주아지와 구조적으로 동화될 수 없었다. 19세기 프롤레타리아트의 심리적 구조는 운명에 대한 굴욕적 복종이라는 특징을 갖는다. 농민을 포함한 프롤레타리아트의 대중심리적 분위기는 냉담한 무관심이었다. 그러나 부르주아적 사고방식은 갖고 있지 않았기 때문에 적절한 사건이 발생하여 혁명적 감정이 예기치 못한 강렬함과 단호함을 지니고 발전하게 되었을 때 이 무관심이 혁명적 감정의 폭발을 막는 일은 없었다. 반면 후기 자본주의의 경우는 이와 달랐다. 조직화된 노동자 운동이 노동시간의 단축, 선거권, 사회보장 등과 같은 사회정치적 성과를 이루는 데 성공했을 때, 그것은 한편으로는 바로 노동계급의 강화라는 결과를 가져왔지만 동시에 정반대의 과정 역시 시작되도록 만들었다. 즉 생활수준이 향상됨에 따라 중산계층과의 구조적 동화, 사회적 지위의 발전으로 인한 '높은 지위를 향한 응시'가 발생하기 시작한 것이다. 중산계층의 관습에 대한 이런 적응은 호황이 되면 강화되었다. 그러나 경제 위기가 발발할 때에는, 이런 적응 탓에 혁명적 감정의 격렬한 폭발이 가로막혔다는 부정적인 측면이 있었다.

정치적으로 전혀 이해할 수 없었던, 위기가 닥쳤을 때 사회민주당원들이 보여준 힘은 이런 보수주의에 오염된 노동자 계급의 모습을 가장 여실히 보여주었다. 이제는 그 기본적인 요소를 이해하는 것이 중요하다. 두 가지 사실이 눈에 띈다. 첫째, 지도자에 대한 유대, 즉 정치적 지도자의 무오류성에 대한 확고한 믿음(비판은 많았을지언정 행동으로 이어진 비판은 없었다).[24] 둘째, 보수적 소시민계층에 대한 성도덕주의적 동화가 그것이다. 이런 산업 노동자의 부르주아지화는 대부르주아지에 의해 어디서나 정열적으로 촉진되었다. 그들은 처음에는 말 그대로 몽둥이를 휘둘러야만 했다. 그러나 아직 파시즘이 승리하지 못한 곳에서는 단지 혁명적 노동자들에게만 그 몽둥이를 사용했으며, 다른 곳에서는 그 사용을 유보했다. 하지만 그들은 사회민주당의 노동자 대중들을 상대하는 훨씬 더 위험한 수단을 가지고 있었다. 모든 영역에 존재하는 보수적 이데올로기가 그것이다.

---

24) [지은이] 1932년 여름 나는 라이프니츠에서의 집회가 끝난 후, 그 회의에 참석했던 사회민주당 노동자들과 정치적 위기에 관해 이야기했다. 사회민주당이 선전하고 있는 '사회주의로의 길'에 반대하는 주장에 그들도 모두 동의했다. 그런데도 그들은 자신들과 공산주의자들을 거의 구별짓지 않았다. 나는 그들 중 한 명에게 그렇다면 왜 지도자와 자신을 분리시키고 그에 따라 행동하지 않느냐고 물어보았다. 그의 대답은 앞에서 표명한 의견과 상당한 모순관계에 있었기에 나를 당황하게 했다. 즉 "우리의 지도자들은 그들이 하고 있는 것이 무엇인지를 확실히 알고 있다"는 것이다. 여기에서 사회민주당의 당원인 노동자 자신이 처해 있는 모순을 확실하게 파악할 수 있었다. 즉 지도자와의 유대, 바로 이것이 지도자의 정책에 대한 비판을 행동으로 옮기지 못하게 막고 있는 것이다. 이런 관점에서 보면, 사회민주당의 당원인 노동자를 자기편으로 끌어들이기 위해 그의 지도자를 헐뜯겠다는 생각은 중대한 오류라는 점을 이해하기는 대단히 쉽다. 그는 자신의 지도자와 자신을 동일시하고 있기 때문에 그러한 모욕은 그를 불쾌하게 만들 뿐이다. 사회민주당이 내부적으로 썩어 들어가고 있음은 히틀러가 정권을 장악한 직후 사회민주당의 당원이며 내무부 장관인 세베링(Carl Severing, 1875~1952)이 몇몇 무장한 사람에 의해 체포되었을 때 명백히 드러났다. 사회민주당의 1천 2백만 당원들은 그것을 막지 않았던 것이다.

경제위기가 자신을 쿨리[하층 노동자]로 만들었을 때 사회민주당의 당원인 노동자는 수십 년 동안 자신 안에서 진행된 보수주의적 구조화 탓에 혁명적 감정을 제대로 전개시키지 못했다. 그는 사회민주당의 상황을 비판하고 거부하면서도 사회민주당 진영에 남아 있을 것인가, 좀더 나은 대안을 위해 나치당으로 넘어갈 것인가의 기로에 서 있었다. 혁명적 감정과 보수적 감정 사이의 깊은 모순 때문에, 사회민주당 지도부에 대한 실망 때문에, 그리고 결단력이 없었기 때문에 그는 저항을 최소화하는 방향을 따랐다. 그가 보수적 경향을 포기하고 자신이 생산과정에서 맡고 있는 실제적 책임을 완전히 의식하게 되는 것, 즉 혁명의식에 도달할 수 있는지의 여부는 오로지 혁명적 정당의 대중지도가 올바른 것이었는가에 달려 있었다. 따라서 파시즘의 권력 장악을 가능케 한 것은 바로 사회민주당의 정책이었다는 공산주의자들의 주장은 대중심리학적 관점에서 옳았다. **비참함과 보수주의적 사유 사이의 모순이 작동하는 상황에서 사회민주주의에 대한 실망은 다른 혁명적 조직이 없을 때 틀림없이 파시즘으로 나아가게 된다.** 예컨대 영국에서는 1930~31년 사이 노동당의 정책이 크게 실패한 후 노동자들의 파시즘화가 시작되었다. 그후 1931년 선거에서 노동자들은 공산주의가 아니라 우파 쪽으로 떨어져 나갔던 것이다. 스칸디나비아의 사회민주주의 정당들 역시 이런 상황의 전개로 심각한 위협을 받았다.[25]

---

25) [지은이] 1940년 노르웨이 정부의 뒤늦은 붕괴에는 사회민주당의 이런 보수주의가 적잖은 영향을 끼쳤다. 예컨대 사회민주주의적이었던 [당시 노르웨이의] 정부는 군사적 연맹들의 시위행진을 금지했다. 그러나 1939년 노르웨이의 파시스트들은 더욱 단호하게 계속 거리를 행진하고 군사훈련을 한 유일한 군사적 연맹이었다. 크비슬링의 배반은 크게 촉진되었던 것이다.[Vidkun Quisling(1887~1945). 노르웨이의 정치가. 원래 친영파였다가 육군 대위로 러시아에서 복무하며 친소파가 되었고, 1931~33년 농민당에서 국방부 장관을 역임한 뒤에는 친독파로 변신해 파시스트 정당인 국민연합당을 결성했다. 히틀러의 노르웨이 침공을 돕고, 나치당 괴뢰정부에서 대독협력 정책을 펼쳐 그의 이름은 '매국노', '배반자'의 뜻으로 쓰이기도 했다.]

로자 룩셈부르크는 '쿨리'들이 혁명적 투쟁을 하는 것은 가능하지 않다는 관점을 취했다.[26] 그렇다면 어떤 쿨리를 말하는 것인가, 보수적 구조화를 경험하기 **이전**의 쿨리인가 아니면 **이후**의 쿨리인가? 지금까지 우리가 아주 분쇄하기 어려운 우둔함을 지닌 동시에 혁명적 행위를 할 수 있는 커다란 능력 또한 지니고 있는 쿨리를 다루었다면, 이제는 보수적인 구조화 이후의 **실망한** 쿨리를 다루고 있다. 이들의 혁명적 기질을 일깨우는 것은 더욱 어렵지 않을까? 파시즘은 얼마나 오랫동안 사회민주주의에 대한 대중들의 실망과 '체제에 대한 반란'을 자신들의 목적을 위해 써먹을 수 있을까? 이러한 중대한 질문에 대답하는 것은 어려울지도 모르지만 한 가지 사실은 분명하다. 즉 만약 국제적 혁명운동이 승리하고자 한다면, 이러한 사실을 고려해야 한다는 것이다.

---

26) [지은이] Rosa Luxemburg, Gesammelte Werke, Bd. 4, Berlin : Dietz-Verlag, 1974, S. 418.

3장 _ 인종이론

인종이론의 내용

인종이론은 독일 파시즘의 이론적 축이다. 파시스트 이데올로기에서 이른바 25개 항목으로 짜여진 경제계획은 오로지 '게르만 인종을 유전학적으로 향상' 시키기 위한 수단일 뿐만 아니라, 민족사회주의자들의 견해에서 볼 수 있는 것처럼 '우수한 인종'의 몰락을 의미하는 '인종혼합'으로부터 '게르만 인종을 보호하려는' 수단이기도 했다. 나아가 민족사회주의자들은 문화가 몰락하게 된 원인까지도 인종혼합의 탓으로 돌린다. 따라서 '혈통과 인종을 순수하게 지키는 것'은 국가의 가장 숭고한 과업이며, 이 과업을 수행하기 위해서는 누구든 희생시킬 수 있다는 것이다. 이런 민족사회주의 인종이론은 독일과 독일이 점령한 지역에서 유태인 박해라는 형태로, 모든 수단을 동원하여 실제로 자행되었다.

　인종이론은 모든 동물이 자신의 종족하고만 짝을 짓는다는 자연의 '엄정한 법칙'을 전제로 시작된다. 누군가에게 사로잡혔다든가 하는 예외적인 상황에서만 이 법칙이 파괴되고 종족이 혼합될 수 있다. 그러나 이러한 일이 벌어지면, 자연은 잡종들을 단종시키거나 그 후손들의 번식력을 제한하는 등 자신이 가진 모든 수단을 동원하여 응징하고 저항한다. 서로 다른 '수준'에 있는 생물들이 이종교배해 나온 후손은 틀림없이 잡종이 된다. 그러나 자연은 좀더 고귀한 생명을 번식시키려 하기 때문에 잡종화는 자연의 뜻에 모순된다. 자연도태는 매일매일 생존을 위한 투쟁에서 발생하고 있으며 그 속에서 약자, 즉 인종적으로 열등한 존재는 소멸하는 것이다. 이것은 '자연의 뜻'과 일치한다. 왜냐하면 수적으로 다수인 약자가 소수인 강자를 떠밀어낸다면 더 고귀한 종(種)으로의 상승과 번식은 모두 멈출 것이기 때문이다. 따라서 자연은 약한 종의 수를 제한하기 위하여 그들을 좀더 혹독한 생활조건 속에 놓는다. 그러나 자연은 강한 종이 마구 증식되도록 허용하지도 않는다. 자연은 강한 종들 중에서 증식될 종을 힘과 건강을 기준으로 무자비하게 선택한다.

민족사회주의자들은 이런 자연의 법칙을 민족에게 적용했다. 역사적 경험은 '열등한' 민족과 아리아 인종의 '혈통혼합'이 항상 문명 전달자의 퇴보를 초래했다는 교훈을 준다. 이 결과 우수한 종족의 수준은 저하되고 그들은 육체적·정신적으로 퇴행을 겪게 되는데, 이것이 바로 점진적 쇠락의 시작이라는 것이다.

히틀러는 "피의 오염에 희생되지 않는 한"(『나의 투쟁』, 314쪽), 즉 비게르만 인종과 교배하지 않는 한, 아메리카 대륙에 거주하는 게르만 민족도 강력함을 유지할 것이라고 말했다.

"그러므로 그런 전개[혈통혼합]가 이루어지는 것은 영원한 창조자의 의지에 반하여 죄를 짓는 것일 뿐이다"(『나의 투쟁』, 314쪽). 이런 관점, 다시 말해 자연이 '이성적'이고 '질서'를 만들고 '마음대로' 행한다는 관점은 분명히 신비주의적이다. 이것은 단지 생물학적 형이상학의 논리적 정점일 뿐이다.

히틀러에 의하면 인류는 문명을 창시하는 인종, 전달하는 인종, 파괴하는 인종으로 나뉜다. 이 중 문명의 창시자로 여겨지는 것은 아리아 인종뿐이다. 왜냐하면 그들로부터 '인간 창조의 토대와 방벽'이 유래했기 때문이다. 일본인[1]과 중국인 같은 아시아 민족은 단지 문명전달자로서 아리아 문명을 받아들였고 그것을 자신의 형태로 바꾸었다. 이에 반하여 유태인은 문명을 파괴하는 인종이다. '열등한 인간'의 존재는 더 고귀한 문명의 성립을 위한 첫번째 전제이다. 인간의 첫 문명은 열등한 인종을 이용하는 데 그 토대를 두고 있다. 고대에 농토의 경작은 피정복자 가정의 일이었으며, 말이 농토를 경작하게 된 것은 한참 후의 일이다. 아리아 인종은 정복자로서 열등한 대중들을 복종시켰으며, 자신들의 목적을 달성하기 위하여 열등한 대중들의 활동을 아리아 인종의 요구에 맞도록 규제했다. 그러나 정복된 민족이 언어를 배우게 되고, '주인'의 관습을 받아들이기 시작하고, 주인과 노예 사이의 명백한 구분이 희미해지자마자 아리아 혈통의 순수성은 포기되고 '낙원에서의 체류'도 끝장이 나게 되었다. 이러한 이유로 아리아 인종이 문화적 능력도 상실했다는 것이다. 우리는 히틀러가 문명의 번영에 대해 이야기하고 있음을 잠시도 잊지 않는다.

혈통의 혼합과 이로 인한 인종의 수준 저하가 고대문화의 유일한 몰락 이유이다. 왜냐하면 인간은 전쟁에 패배하여 사멸하는 것이 아니라, 단지 순수한 혈통에만 존재하는 저항력을 상실함으로써 사멸하는 것이기 때문이다(『나의 투쟁』, 324쪽).

---

[1] [지은이] 정치적 비합리주의는 나중에 우수한 인종과 열등한 인종 사이에 이루어진 군사동맹에서 명백히 나타났다.

히틀러의 이런 견해를 전문적 관점에서 객관적으로 반박하는 것은 중요하지 않다. 이 견해는 자연도태라는 다윈의 가설에서 빌려 온 주장인데, 모든 종족은 더 낮은 유기체에서 기원한다는 그의 증명은 혁명적이지만 그의 가설 중 어떤 부분은 그만큼 반동적이다. 특히 그의 생각은 파시스트 이데올로기의 제국주의적 기능을 은폐할 수도 있다. 만약 아리아 인종이 문명의 유일한 창시자라면 그들은 성스러운 소명에 의하여 세계 지배를 주장할 수 있기 때문이다. 실제로 히틀러의 주요 주장 중 하나는 '동방', 즉 소련지역으로의 영토 확장이었다. 따라서 제국주의 전쟁에 대한 찬양이 전적으로 이러한 이데올로기의 범위 안에 있음을 볼 수 있다.

우리가 전쟁을 수행했던 목적은 인간이 인식할 수 있는 것 중에서 가장 고귀하고 강력한 것이었다. 그 목적은 우리 민족의 자유와 독립, 미래의 식량공급 확보, 그리고 민족의 명예였다(같은 책, 194쪽).

우리가 투쟁해야 할 목적은 **우리 인종과 민족의 현존, 증식, 자녀들의 부양, 순수한 혈통의 유지**, 조국의 자유와 독립, 즉 만물의 창조자가 우리 민족에게 부여한 임무를 완수하는 것이다(같은 책, 234쪽).

여기에서 우리는 독일 제국주의의 이익에만 객관적으로 부합하는 이 이데올로기의 비합리적 기원, 특히 인종이론 내부의 모순과 부조화에 주목하고 있다. 생물학적 법칙에서 증거를 끌어대는 인종이론가들은 동물의 품종개량이 인공적인 것이라는 사실을 간과하고 있다. 즉 그것은 개와 고양이가 아니라 셰퍼드와 그레이하운드, 게르만 인종과 슬라브 인종이 잡종교배에 대하여 '본능적 혐오'를 가지고 있는가의 문제인 것이다.

제국주의만큼이나 진부한 인종이론가들은 세계경제가 확장되어 인종의 순수성이 무미건조한 머릿속에서나 의미를 가질 정도로 이종교배가 확장된 상황에서 민족을 통해 인종의 순수성에 도달하려 한다. 여기에서 우리는 인종이론 내의 또다른 터무니없는 주장, 즉 인종의 경계와 동족 내에서의 난교(亂交)를 자연의 법칙처럼 여기는 주장들은 다루지 않으려 한다. 또한 사실에서 가치평가로 나아가는 것이 아니라, 가치평가에서 시작하여 사실의 왜곡으로 나아가고 있는 인종이론 내에 합리성이 존재하는가의 문제도 다루지 않을 것이다. 자기도취에 빠져 게르만 인종이 가장 우수하다고 확신하고 있는 파시스트에게 논리적으로 반박하는 것은 아무 소용이 없다. 왜냐하면 파시스트는 논리적 주장이 아니라, 비합리적 감정에 따라 움직이기 때문이다. 따라서 흑인과 이탈리아인이 게르만인에 비해 '인종적'으로 열등하지 않다는 점을 파시스트에게 입증하려는 시도는 전혀 가망이 없는 일이다. 그는 자신이 '더 우수한 인종이라고' 생각하고 있으며, 그것만이 전부인 것이다.

우리는 단지 인종이론의 비합리적 기능을 드러내는 것만으로도 인종이론을 반박할 수 있다. 인종이론은 본질적으로 두 가지의 비합리적 기능을 가진다. 그 중 하나는 제국주의적 경향에 생물학적인 정당성을 부여하는 것이고, 다른 하나는 민족주의적 성향의 인간 내면에 존재하는 **무의식적인 병적** 경향을 표출시킴으로써 다른 심리적 경향을 덮어버리는 것이다. 여기서는 두번째 기능에 대해서만 논의하려 한다. 원래 근친상간이라는 것은 혈족관계에 있는 사람들 사이의 성교를 의미하는 것임에도 불구하고, 히틀러는 아리아인과 비아리아인 사이의 이종교배를 '근친상간'이라 부르고 있다는 것에 특히 관심을 가질 필요가 있다. 어떻게 이런 말도 안 되는 이론적인 어리석음이 새로운 세계, 이른바 '제3제국'의 토대가 될 수

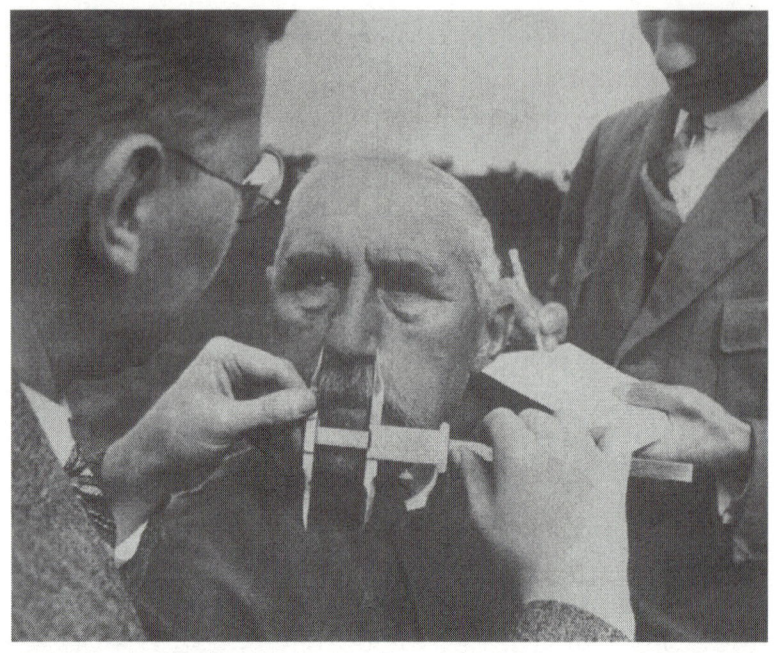

혈통과 인종에 대한 강박관념

파시스트 인종이론에 따르면, 우월한 인종은 열등한 인종과 통혼할 경우 몰락한다. 따라서 나치당은 혈통과 인종의 '순수성'을 지키는 데 집착했는데, 유전병을 앓는 사람들은 그 후손이 육체적·정신적으로 심각한 유전적 장애를 겪을 가능성이 높다는 의학적 증거가 있을 경우 불임수술을 받아야 한다고 명시한 1933년의 '유전병 방지법', 유태인과 비유태인의 결혼을 금지하고 조부모 4명이 모두 독일인이어야 독일 혈통임을 인정한 1935년의 '독일인의 혈통과 명예 보호법', 그리고 신체적·정신적 불구나 기타 이상이 있는 자국 시민들에게 '자비로운 죽음'을 선사한다는 1939년의 'T-4 안락사계획'(이 계획을 주도한 본부가 베를린의 티에르가르텐가 4번지에 위치해 있어 T-4라는 이름이 붙었다) 등이 이런 강박관념에서 나온 정책이었다(위 사진은 '혈통이 의심스러운 독일인'을 검사한다는 명목으로 한 독일 시민의 코 넓이를 재는 모습이다. 이 조사는 '적절한 외모의 균형'이 아리아인의 순수성과 일치한다는 이론에 의거한 것이었다).

있을까? 그런 [인종이론] 가설의 비합리적·정서적 토대는 결국 특정한 실제 존재조건에 달려 있다는 것을 믿을 때, 그리고 합리적 토대 아래에서 생겨났던 세계관의 비합리적 원천을 찾아내는 것은 문제를 형이상학의 영역으로 옮기는 것이라는 생각에서 자유로워질 때, 우리는 형이상학 그 자체의 원천으로 가는 길을 열게 된다. 그 원천에서 우리는 형이상학적 사유의 역사적 발생조건뿐만 아니라 그것의 물질적 본질을 이해하게 된다. 결과는 따로 설명할 필요가 없다.

이데올로기의 객관적·주관적 기능

어떤 이데올로기의 객관적 기능과 주관적 기능을 구분하지 못하는 것은 이데올로기와 그 역사적 기능의 관계를 이해하는 데 가장 빈번한 방해물이 된다. 독재자의 관점은 우선 그가 태어나고 자란 경제적 토대를 통해 이해해야 한다. 따라서 전반적으로 파시스트의 인종이론과 민족주의적 이데올로기는 경제적 어려움을 해결하려는 지배계급의 제국주의적 목표와 구체적으로 관계를 맺고 있다. 제1차 세계대전 당시 독일과 프랑스의 민족주의는 '민족의 위대함'에 호소했는데, 그 이면에는 독일과 프랑스 대기업의 경제적 팽창 경향이 숨겨져 있었다. 이런 경제적 요인들은 그에 상응하는 이데올로기에서 본질적이지는 않지만, 그 이데올로기가 생성되는 사회적 토양이다. 즉 경제적 요인들은 이데올로기 발생에 필수불가결한 조건을 만들어준다. 때때로 민족주의는 자신의 내용을 사회적으로 전혀 표현하지 않으며, 인종주의적 관점과도 일치하지 않는다. 예전의 오스트리아-헝가리 제국에서는 민족주의가 인종과 결부되지 않았다. [나치당에 의해] '고국'이 된 오스트리아-헝가리에서만 그런 일이 일어났다. 1914년 베트만-

홀베크[2]가 '슬라브주의에 맞서는 게르만주의'를 주창했을 때, 그는 다수가 슬라브족으로 구성된 국가인 오스트리아에 대해서는 적대하는 입장을 취해야 했을 것이다. 따라서 한 이데올로기의 경제적 조건은 우리에게 그 이데올로기의 물질적 토대는 설명해 주지만 그 비합리적 핵심에 대해서는 아무런 직접적인 진술도 하지 못한다. 비합리적 핵심을 직접적으로 구성하고 있는 것은 바로 한 사회의 특정한 경제적 조건에 종속되어 있으며 이데올로기적인 측면에서 역사-경제 과정을 재생산하는 인간의 성격구조이다. **이데올로기를 형성함으로써 인간은 자기 자신을 재형성한다. 따라서 인간의 물질적 핵심은 그의 이데올로기가 형성되는 과정 속에서 탐구되어야 한다.** 그러므로 이데올로기는 물질적으로 이중적인 토대를 갖는 것으로 나타난다. 간접적으로는 사회의 경제적 구조를 통해서, 직접적으로는 사회의 경제적 구조에 의하여 지속적으로 반복해 조건지어지는 인간의 전형적인 성격구조를 통해서 나타나는 것이다. 따라서 이제 비합리적 이데올로기의 형성이 인간의 성격을 비합리적으로 구조화한다는 것이 명백해졌다.

파시스트들의 성격구조는 형이상학적 사유, 경건함, 추상적·윤리적인 이상을 이루기 위한 극기, '지도자'의 신적 사명에 대한 믿음 등으로 특징지어진다. 이런 특징은 지도자 이상(理想) 또는 민족에 대한 강력한 권위적 유대라는 특징을 갖는 심층과 연결되어 있다. 민족사회주의적 대중들의 입장에서, '주인 인종'에 대한 믿음은 '지도자'에 대한 유대의 가장 강력한 동기가 될 뿐만 아니라, 그 지도자들의 노예 같은 신하가 되는 것을

---

2) Theobald von Bethmann-Hollweg(1856~1921). 제1차 세계대전 이전인 1909년부터 1917년까지의 독일제국 총리. 제1차 세계대전 직전 평화협상을 위해 애썼으나 세르비아에 대한 오스트리아-헝가리 제국의 적대행위를 묵인하는 등, 오스트리아-헝가리 제국에 대한 우호적인 태도로 제1차 세계대전의 빌미를 제공했다는 평가를 받고 있다.

자발적으로 수용하는 토대를 이루게 된다. 여기에 덧붙여, 지도자와의 강렬한 동일시가 결정적인 영향을 미친다. 왜냐하면 대중들이 실제로 별 의미 없는 구성원의 지위를 지녔을 뿐이라는 점이 지도자와의 동일시를 통해 은폐되기 때문이다. 모든 민족사회주의자들은 그 종속성에도 불구하고 자신을 '작은 히틀러'라고 느꼈다. 이제 우리는 이런 태도의 성격 토대에 주의를 기울이려 한다. 대중들이 '지도자'와의 동일시에 완전히 둘러싸여 있기 때문에 우리는 '열등한 인간'이라는 숱한 모욕에 면역이 될 정도로, 또한 반동적-비합리적 성질을 갖는 경향이 그들 속에 형태를 갖출 수 있을 정도로 인간의 성격구조를 개조시키는 역동적 기능을 찾아보아야 한다(이 기능 자체는 전반적인 사회적 분위기와 교육에 의해 결정된다).

우리가 이념적 상투어에 의한 현혹을 없앤다면, 그것의 비합리적 내용에 주목한다면, 또한 이데올로기 형성 과정의 성경제학적 분기점과 이러한 비합리적 내용 간에 올바른 관계를 설정하게 된다면, 무엇보다도 '**인종타락**'과 '**혈통타락**'을 동등하게 생각하는 고정관념이 뚜렷이 드러나게 된다. 이는 무엇을 의미하는가?

인종의 순수성, 혈통의 타락 그리고 신비주의

> 국민의 정치적·윤리적·도덕적 오염과 더불어 지난 수년간 민족체의 건강을 못쓰게 만들었던 지독한 것은 바로 매독이었다(『나의 투쟁』, 269쪽).

> 이것의 주요 이유는 사랑의 매춘화이다. 그 결과가 이 소름끼치는 전염병은 아니라고 하더라도, 매춘은 민족에게 심각한 해를 끼친다. 왜냐하면 이런 타락을 가져오는 도덕적 황폐는 사람들을 천천히 그러나 확실하게

몰락시키기에 충분하기 때문이다. 우리 정신생활의 이러한 유태인화, 그리고 짝짓기 본능의 물상화는 조만간 우리의 후손 모두를 파괴할 것이다(같은 책, 270쪽).

혈통과 인종에 반하는 죄는 이 세상의 원죄이며, 그에 굴복한 인간성의 종말이다(같은 책, 272쪽).

이러한 관점에 따르면 인종혼합은 '혈통혼합'이 되며, 따라서 '민족체의 혈통타락'이 된다.

〔매독에 의한〕이러한 대량 오염의 가장 현저한 결과는 우리의 아이들에게서 나타난다. 특히 아이들은 저항할 수 없을 정도로 오염이 만연된 정신생활의 슬픈 산물이다. 부모의 타락 행위는 아이들의 질병으로 나타난다(같은 책, 271쪽).

위에서 제시된 인용문의 맥락에서 볼 때, "**부모의 타락 행위**"는 오로지 인종적으로 자신들과 다른 혈통, 특히 유태인 혈통과의 혼합만을 가리키는 것이다. 이로 인해 유태인의 '세계적 전염병'이 '순수한' 아리아인의 혈통 속으로 진입하게 되는 것이다. 이런 혈통타락 이론이 어떻게 '세계적 유태인 칼 맑스'에 의한 독일적인 것의 타락이라는 정치적 논제와 연관을 맺고 있는가에 주목할 필요가 있다. 매독에 대한 비합리적 두려움은 민족사회주의의 정치적 관점과 반-유태주의의 주요 원천 중 하나이다. 따라서 인종의 **순수성**, 다시 말해 **혈통의 순수성**[3]에는 추구할 만한 가치, 가능한 모든 수단을 동원하여 쟁취할 가치가 있는 것이다.

히틀러는 논쟁, 증거, 지식이 아니라 단지 감정과 믿음으로 대중들을 사로잡아야 한다고 수없이 강조했다. 카이절링[4], 드리슈[5], 로젠베르크, 슈타펠 등과 같은 민족사회주의의 언어는 대단히 막연하고 신비주의적인데 이런 특이성을 분석하는 것은 분명히 유익할 것이다.

파시스트 신비주의 속의 무엇이 대중들을 그토록 매료했는가?

로젠베르크가 『20세기의 신화』라는 책에서 파시스트의 인종이론을 입증하기 위해 제시한 '증거들'을 분석함으로써 그 대답을 구할 수 있다. 로젠베르크는 처음부터 이렇게 쓰고 있다.

---

3) [지은이] 런던의 『타임』(Time)은 1933년 8월 23일자에서 다음과 같은 보도를 싣고 있다. "일요일인 1933년 8월 13일 뉘른베르크에서 한 소녀가 거리로 끌려다니는 것을 보았던 외국인들 중에는 베를린 주재 미국 공사의 자녀들이 있었다. 그 소녀는 머리를 빡빡 깎인 채로 "나는 유태인에게 몸을 주었습니다"라고 쓰여진 팻말을 어깨에 걸고 있었는데 그 팻말에는 그녀의 땋은 머리카락이 잘려 매달려 있었다". 다른 많은 외국인들 역시 그 광경을 목격했다. 뉘른베르크에는 언제나 외국인 여행자가 있었고, 그 소녀의 행진은 시내 중심가에 있던 사람들을 모두가 볼 수 있도록 진행되었다. 그 광경을 목격한 사람 중 하나가 묘사한 바에 의하면 조그맣고, 연약하고, 머리가 빡빡 깎였는데도 확실히 예쁘장해 보이는 그 소녀는 역 근처의 국제 호텔 주변, 군중들로 교통이 막힌 중심가, 그리고 여러 술집 등으로 끌려다녔던 것이다. 나치 돌격대가 그녀를 지켰으며, 믿을 만한 관측자의 추산에 따르면 약 2천 명의 군중이 그녀의 뒤를 따랐다. 그녀는 때때로 비틀거렸는데, 그럴 때에는 건장한 돌격대원들이 그녀를 바로 세웠다. 그들은 멀리 있는 사람들이 잘 볼 수 있도록 그녀를 높이 들어올리곤 했는데, 그때마다 군중들은 그녀에게 조롱과 야유를 보내며 떠들어댔다. 베를린 근처의 노이 루핀에서는 '호르스트 베셀(Horst Wessel, 1907~1930)의 노래' [나치당의 주제가]가 연주되는 동안 기립하지 않았다는 이유로 한 소녀가 다음과 같은 글귀가 쓰여진 팻말을 등과 가슴에 걸고 시내로 끌려 다녔는데 그녀의 옆에도 돌격대원들이 있었다. "저는 파렴치한 인간이라서 호르스트 베셀의 노래가 불리는 동안 감히 자리에 앉아 있었습니다. 따라서 저는 민족사회주의 혁명의 희생자를 조롱하였습니다". 그후 그 소녀는 다시 거리로 끌려나왔다. 수많은 군중이 모일 수 있도록 그 '광경'이 벌어질 시각은 지방 신문에 공고되었다.

4) Hermann Kayserling(1880~1946). 독일의 문화철학자. 러시아 귀족 가문 출생으로, 러시아 혁명 이후 러시아에서 독일로 이주하여 철학을 강의했다. 정신의 재건이라는 주제를 주로 다루었으나 다소 비학문적이고 모호하다는 평가를 받는다.

5) Hans Driesch(1867~1941). 독일의 실험발생학자·철학자. 본래 선구적인 실험발생 연구가였으나 발생연구 과정에서 기계론적 생명론에 의문을 품고, 생명현상에 있어서 특별한 생명력(엔텔레키)을 상정하는 신생기론(新生氣論)을 주창했다.

한 인종의 영혼이 지니는 가치, 즉 세계에 대한 새로운 개념을 지탱하는 원동력인 이 가치는 아직 살아 있는 의식이 되지 않았다. 그러나 영혼은 내면에서 본 인종을 의미한다. 이를 뒤집어서 생각해 보면, 인종은 영혼의 외부 세계인 것이다(『신화』, 22쪽).

여기에서 우리는 민족사회주의자들의 전형적인 문체, 즉 처음에는 아무것도 의미하지 않은 것처럼 보이지만 실제로는 말하는 사람 자신이 어떤 의도를 의도적으로 감추고 있는 듯한 문체의 한 가지 예를 볼 수 있다. 이런 진술의 정치적-비합리적 영향을 이해하기 위해서는 바로 이 신비적인 문장의 대중심리학적 영향을 알고 올바르게 평가해야 한다. 로젠베르크의 말은 계속된다.

인종의 역사는 자연의 역사이자 영적 신비주의의 역사이다. 이와는 반대로 혈통 종교의 역사는 민족의 흥망, 민족의 영웅들과 사상가들, 그리고 발명가와 예술가들에 대한 위대한 세계사인 것이다.

이 사실을 인정하면 '혈통의 투쟁'과 '삶에서 실제 일어나는 일에 대한 직관적 신비주의'는 별개가 아니라, 동일한 것이 다른 방식으로 표현된 것이라는 사실을 인식하게 된다. 즉 '혈통의 투쟁', '삶에서 실제 일어나는 일에 대한 직관적 신비주의', '민족의 흥망', '혈통의 타락', '유태인의 세계 전염병' 등은 '혈통의 투쟁'에서 시작해 맑스의 '유태인적 유물론'에 대한 잔인한 테러와 유태인 대량 학살로 끝나는 과정의 일부이다.
이런 신비주의의 정체를 폭로하여 그 근저에 깔려 있는 비합리성을 밝혀내는 대신 그것을 비웃기만 하는 것은 인간의 자유를 위해 좋은 일이 아니다. 이런 신비주의에서 가장 비중이 크고 중요한 것은 생물학적 에너지 과정인데, 이것은 비합리적·신비주의적으로 파악된 반동적 성이데올로기의 극단적 표현이다. **'영혼'과 그것의 '순수성'에 대한 세계관은 바로 성적 무감각의 세계관**, 즉 '성적 순수성'의 세계관인 것이다. 이것은 근본적으로 가부장적이고 권위적인 사회에 의해 조건지어진 성의 억압과 성에 대한 수줍음이 외부로 표출된 것이다.

로젠베르크는 "혈통과 환경, 혈통과 혈통 사이의 충돌이 우리가 마지막으로 도달할 수 있는 현상이며, 그 뒤에는 우리가 찾고 연구할 만한 것이 더 이상 남겨져 있지 않다"라고 말하는데, 여기에서 그는 오류를 범하고 있다. 우리는 '혈통과 혈통 사이'의 살아 있는 과정을 탐구하여 아무런 감상도 없이 폭로할 뿐만 아니라, 이를 통해 민족사회주의적 세계관의 본질적인 토대를 파괴할 정도로 무례하다.

파시스트 인종이론의 핵심은 자연스런 성과 오르가즘 기능에 대한 치명적 두려움이라는 것을 로젠베르크 자신이 증명케 하자. 그는 민족의 흥망이 인종혼합과 '혈통의 타락'에 달려 있다는 명제의 타당성을 고대 그리스의 예를 통해 입증하려 했다. 그의 이론에 따르면 그리스인은 원래 북유럽 인종이 지닌 순수성의 표본이었다. 제우스, 아폴론, 아테나는 '가장 진실되고 위대한 경건함의 상징', '숭고함과 기쁨의 수호자', '질서의 파수꾼', '정신력의 조화와 예술적 가치의 조화를 가르치는 스승'이었다. 호메로스가 '황홀함'에 대해서는 조금도 관심을 갖지 않았다고 주장하면서, 그는 아테나 여신이 표현하는 것에 대하여 이렇게 쓰고 있다.

제우스 신의 머리에서 태어난 아테나 여신은 생명을 바치며 타오르는 등불이며, 현명하고 사려 깊은 성녀의 상징이다. 또한 그리스 민족의 수호자이며, 그들의 투쟁을 위한 충실한 방패이다. 지극히 경건한 그리스 민족의 이 영적 창조물은 북유럽 인종의 순수하고 속박받지 않는 내적 생활의 증거이다. 가장 숭고한 의미에서, 그것은 자기 종족에 대한 신뢰감의 종교적 고백이며 표현이다(같은 책, 41~42쪽).

그리고 순수함, 숭고함, 신앙심을 상징한다는 이러한 신들은 근동 민족의 신들과 대조적이라고 한다.

그리스의 신들은 빛과 하늘의 영웅이지만, 비아리아 인종인 근동 민족의 신들은 세속적인 특성에 물들어 있다.

로젠베르크는 데메테르 여신과 헤르메스 신이 본질적으로 이 (비아리아) '인종의 영혼'이 낳은 창조물이라고 주장한다. 또한 **황홀함, 감각적 쾌락, 속박을 벗어난 주연(酒宴)의 신 디오니소스는 '에투루리아인'이라는 낯선 인종의 침투와 그리스 정신의 몰락이 시작되었음을 뜻한다**는 것이다. 단지 인종의 영혼에 대한 자신의 주장을 입증하기 위하여 로젠베르크는 너무나 자의적으로 신들을 두 개의 범주로 나눈다. 하나는 헬레니즘 문화의 긍정적인 발전과정을 대표하는 그리스의 신들이며, 다른 하나는 역시 그리스 출신이지만 **낯선** 신들로 설명되고 있는 신들이다. 로젠베르크는 우리로 하여금 그리스 역사에 대해 오해하게 만든 책임이 헬레니즘을 '인종적으로 변조하고' 잘못 해석한 역사 연구에 있다고 주장한다.

위대한 독일 낭만주의자들은 아주 어두운 베일이 영광스러운 하늘의 신들을 뒤덮고 있다는 것을 두려움과 존경 속에서 느끼고 있으며, 본능적인

인종이론의 신비화

파시스트 인종이론의 대표적 이데올로그 로젠베르크는 인종이론을 정당화하기 위해 고대 신화(특히 그리스 신화)를 끌어들인 것으로도 유명하다. 그는 그리스 신화의 신들을 아리아 인종 계열과 비아리아 인종 계열로 분류했는데 제우스, 아폴론, 아테나 등이 전자에 속한다면, 포세이돈, 디오니소스, 헤르메스 등이 후자에 속한다. 로젠베르크의 설명에 따르면 전자의 신들은 경건함, 숭고함, 질서, 정신력의 상징으로서(이에 반해 후자의 신들은 감각적 쾌락, 황홀함, 무질서, 성적인 것의 상징이다), 이런 특징은 아리아 인종의 특징과 일치하는 것이었다. 히틀러 역시 고대 신화에 지대한 관심을 보였다는 사실은 익히 알려져 있는 바인데, 그는 수상 관저 곳곳을 고대 신화의 신들과 영웅들을 상징하는 조각상으로 도배했다(맨위 사진은 히틀러의 집무실 모습이며, 아래 사진은 히틀러의 책상 앞면 중앙에 새겨져 있는 제우스의 모습이다. 제우스 양옆에는 아테나와 아폴론이 새겨져 있다).

것, 형태가 없는 것, 악마적인 것, 성적인 것, 황홀한 것, 그리고 저승과 **어머니에 대한 존경** 속으로 더욱 더 깊이 빠지고 있다. 이 모든 것이 여전히 그리스인의 특성으로 여겨져 왔다(같은 책, 43쪽).

어떤 성향의 관념론적 철학도 특정한 문화적 시기에 '황홀한 것'과 '본능적인 것'이 나타나게 되는 조건을 탐구하지 못한다. 오히려 관념론적 철학은 이와 같은 현상을 문화적 관점, 즉 자신을 '세속적인 것'(자연적인 것)보다 더 높은 곳에 위치시켜 두지만 바로 그 높임 때문에 스스로 몰락하는 관점에서 추상적으로 평가하는 함정에 빠진다. 그러나 그런 현상에 대한 우리의 평가는 한 문명이 '몰락'하는 징후로 나타나는 사회적 과정의 조건에 토대를 둔다. 따라서 우리는 앞으로 나아가게 하는 힘과 정지시키는 힘을 인식할 수 있고, 몰락의 현상을 역사적 사건으로 이해할 수 있으며, 특히 새로운 문화 형태의 씨앗을 찾아서 그것의 발아를 도울 수 있게 된다. 20세기 권위주의 문명의 몰락이라는 관점에서 그리스인의 운명을 상기시키는 한, 로젠베르크는 독일적인 것의 '부흥'에 대한 확언에도 불구하고 스스로 보수주의적 경향의 역사를 편들고 있는 것이다. 만약 우리가 정치적 반동의 관점을 이해할 수 있다면, 우리는 문화혁명과 그것의 성경제학적 핵심에 대한 입장에서 견고한 발판을 획득하게 될 것이다. 반동적 문화철학자들에게는 단지 두 가지 가능성만이 있다. 포기하여 회의에 빠지거나, '혁명적' 수단으로 역사의 수레바퀴를 되돌리거나. 그러나 자신의 문화적 관점의 중심점을 바꾸어서 고대 문명의 몰락을 문명 전체의 몰락이 아닌 특정한 문명의 몰락, 곧 진정 자유로운 새로운 문명형태를 낳게 될 권위주의적 문명의 몰락으로 인식한다면, 이미 긍정적 혹은 부정적으로 평가되었던 문화적 요소에 대한 평가도 자연스럽게 변할 것이다. 이것은 반동의 관점에서 몰락의 징후라고 여겨지는 현상에 대해 혁명이 어떤 관계를 맺는지 이해하는 데 달려 있다. 예를 들면 인종학에서 정치적 반동은 가부장적 이론에, 혁명적 세계는 거꾸로 가모장적 이론에 찬성한다는 것에서 잘 나타난다. 역사 연구가 실제로 밝혀내는 것과는 별개로, 위의 상반된 두 사회학적 흐름 속에는 지금까지 인식되지 않았던 성경제학의 과정에 상응하는 관심이 작용하고 있다. 역사적으로 증명된 가모장제는 자연스러운 노동민주주의 조직일 뿐만 아니라, 성경제학적으로도 자연스럽게 조직된 사회이다.[6] 반면에 가부장제는 경제적으로 권위적일 뿐만 아니라, 성경제학적으로도 파멸적인 조직이다.

교회가 과학적 연구를 장악했던 것은 꽤 오래 전 일이었지만, 교회는 여전히 '인간의 도덕적 본성'과 일부일처제적 본성 등에 대한 형이상학적 강령에 얽매여 있다. 바흐오펜[7]의 연구 결과를 모두 없애겠다고 위협한 것도 이러한 이유 때문이었다. 가모장제의 성적 조직은 그것이 [지금과는] 완전히 상이한 친족 조직이기 때문이 아니라, 자연스러운 성생활의 자기조절력을 지녔기 때문에 당혹스러움을 불러일으킨다. 최초로 모건[8]이, 그 이후에는 엥겔스가 알게 되었듯이, 가모장제 고유의 토대는 사회적 생산수

---

6) [지은이] 모건의 『고대 사회』(Ancient Society, 1877), 엥겔스의 『가족, 사유재산, 국가의 기원』(Ursprung der Familie, des Privateigentums, und der Staats, 1884), 말리노프스키(Bronislaw Malinowski, 1884~1942)의 『야만인의 성생활』(The Sexual Life of Savages in North-Western Melanesia, 1929), 내 책 『성도덕의 출현』(Der Einbruch der Sexualmoral, 1932)을 참조하라.
7) Johann Jakob Bachofen(1815~1887). 스위스의 법학자. 1861년 『모권론』(Das Mutterrecht)을 발표, 여신에 대한 관념과 남미에서 볼 수 있는 쿠바드(임신한 여자의 남편이 임신한 것처럼 행동하는 풍습)를 근거로 삼아 모계제의 우위를 주장했다.
8) Lewis Henry Morgan(1818~1881). 미국의 민속학자. 여러 문화권의 친족 명칭을 연구하여 여러 문명의 기원과 발전에 대한 과학적인 이론을 정립했다. 특히 기술과 물질적 요소를 통해 과거의 사회조직이 난혼에서 모계혈통의 단계로, 이것이 다시 부계혈통의 단계로 진행되어 왔다는 그의 주장은 맑스주의에도 상당한 영향을 끼쳤다.

단에 대한 사적 소유의 부재이다. 파시스트 이데올로기를 대변하는 로젠베르크는 고대 그리스 문화가 가모장제적인 전(前)단계에서 시작되었다는 (이미 증명된) 사실을 부정하고 있기 때문에 '이 단계에서(디오니소스 단계) 그리스인들은 육체적으로나 정신적으로 낯선 존재를 받아들이게 되었다'는 가설을 내세우는 것 외에는 다른 도리가 없었다.

기독교 이데올로기(이것에 대해서는 나중에 살펴볼 것이다)와는 대조적으로 파시스트 이데올로기는 인간의 오르가즘적 열망을 권위주의적 가부장제 아래에서 생성된 인간의 성격구조와 분리한 뒤 각각의 인종에 결부시킨다. 즉 **북유럽인은 영광스럽고, 위엄 있고, 거룩하고, 성적으로 무관심하고, 순수한 반면에 '근동인'은 본능적이고, 악마적이고, 성적이고, 황홀함에 빠져 있고, 오르가즘적이라는** 것이다. 이러한 주장을 보다 보면 바흐오펜이 '낭만적이고 직관적인' 탐구, 즉 고대 그리스의 생활에 대한 단지 '표면적인' 이론을 거부한 이유를 알 만하다. 파시스트의 인종이론에서는 권위에 복종하는 인간이 오르가즘에 대하여 느끼는 공포가 '순수함'으로, 즉 동물적이고 오르가즘적인 것과 대조되는 그 무엇으로 절대화된다. 따라서 '그리스적인 것'과 '인종적인 것'은 '순수한 것', '성적으로 무관심한 것'의 발산인 반면 '인종적으로 낯선 것'과 '에투루리아인'은 '동물적인 것'이며, 따라서 '열등한' 것이다. 이러한 이유로 아리아 문명에서 가부장제는 인간 역사의 원천으로 간주된다.

인종적 가치 사이에서 벌어진, 세계사적으로 결정적인 최초의 결전이 그리스 땅에서 일어나 북유럽 인종에게 유리하게 끝이 났다. 이때부터 인간은 **빛**으로부터, 그리고 **생활 자체**로부터 생활에 접근하게 되었다. 따라서 우리가 그리스 문화라고 칭하는 모든 것과 고대로부터 받은 우리의 위대한 유산은 빛과 하늘의 법칙에서, 또한 아버지의 영혼과 본질에서 기인한 것이다(같은 책, 39쪽).

가모장제 후기의 혁명적 과정(모계 씨족에서 족장 가족의 경제적 독립, 부족 사이의 물품 교환 증대, 생산수단 발전 등)의 결과로 나타난 가부장제적-권위주의적 성적 질서는 여성, 아이들, 청소년들에게서 성적 자유를 박탈하여, 성을 상품화하고, 성적 관심을 경제적 예속의 대가로 만들어버림으로써 권위주의적 이데올로기의 궁극적인 토대가 되었다. 이제 성은 억제되어야 하는 악마적인 것이 되었고, 그런 의미에서 사실상 왜곡되었다. 가부장적 요구라는 측면에서 보면, 가모장제의 순수한 감각은 어두운 힘의 음란한 해방처럼 보인다. 디오니소스적인 것은 '사악한 열망'이 되었으며, 가부장적 문화는 그것을 단지 혼란스럽고 '더러운' 것으로 생각할 뿐이었다. 왜곡되고 음란해진 인간의 성적 구조에 둘러싸여 있고 물들어 있는 가부장적 인간은 성적인 것과 더러운 것, 성적인 것과 비천하고 악마적인 것을 분리할 수 없게 되어버린 이데올로기에 처음으로 묶인다.

그러나 (이차적으로) 이런 평가는 **합리적으로** 정당화된다.

정숙함이 도입되면, 자신의 성적 욕구를 지닌 여성은 정숙하지 못한 존재가 될 수밖에 없다. 그리고 자연스럽고 오르가즘적인 감각의 자리를 남성의 성적 잔인성과 이에 조응하는 여성의 생각, 즉 성행위는 수치스러운 것이라는 생각이 대신하게 된다. 혼외 성교가 어느 곳에나 존재한다는 것은 분명한 사실이다. 혼외 성교에 대한 평가가 바뀌고, 혼외 성교를 보호·허용했던 가모장제 사회의 제도가 소멸됨에 따라, 공식적인 도덕성과 갈등의 상황을 빚게 되어 어쩔 수 없이 비밀스럽게 이루어지고 있지만 말이다. 사회에서의 지위에 따라 성의 내적 경험방식도 변한다. 이제 자연스러움과 '숭고한' 도덕 사이에 만들어진 모순은 스스로의 욕구를 만족시킬 수 있는 개인의 능력을 약화시킨다. 성적 죄의식은 자연스럽고 오르가즘적인 성적 합일의 과정을 단절시키며, 그와는 다른 방식으로 성 에너지를 분출시키는 성울혈을 만든다. 즉 노이로제, 성적 이상, 반사회적 성 등이 영속적인 사회적 현상이 되는 것이다. 원래의 가모장제적 노동민주주의에서 긍정적 가치를 지녔던 아이들과 청소년의 성은 체계적이고 다양한 형태를 지닌 억압의 희생물로 전락한다. 시간이 지남에 따라, 이와 같이 왜곡되고, 방해받고, 야만적이 되고, 저하된 성은 자신을 만들어낸 바로 그 이데올로기를 옹호하게 된다. 이렇게 되면 성을 부정하는 사람은 성을 야만적이고 더러운 것이라고 비난할 정당한 근거를 갖게 된다. 그러나 이 더러운 성이 자연스러운 성이 아니며 단지 가부장제적 성이라는 점은 가볍게 잊어버린다. 자본주의에서 가부장제의 성학은 세속적 관점의 영향 못지않게 이러한 평가에 의해서도 영향을 받고 있다. 이것은 성이 완전히 쓸모없는 것이라는 낙인을 찍는다.

우리는 나중에 종교적 신비주의가 어떤 방식으로 이런 평가와 이데올로기의 조직화된 중추가 되는지 살펴볼 것이다. 여기에서는 단지 종교적 신비주의가 성경제학적 원칙을 전적으로 부인하고 있으며, 성을 인간의 사악한 현상으로 매도하고, 우리가 내세에 가서야 그것에서 해방될 수 있다고 주장한다는 것만을 확실히 해둘 것이다. 또한 민족주의적 파시즘은 성적 욕망을 '낯선 인종'에게 옮겨놓는 동시에 이들을 열등한 지위로 격하시키고 있다. 이제 '낯선 인종'에 대한 평가절하는 지금의 가부장적 제국주의와 유기적으로 결합되는 것처럼 보인다.

기독교 신화에서 신은 항상 '지옥의 신'인 악마와 함께 나타난다. 그리고 지옥의 신에 대한 성스러운 신의 승리는 바로 인간의 고결함을 상징한다. 이런 대결은 그리스 신화에서도 오르가즘적인 생물학적 성과 순결함을 요구하는 열망 사이의 투쟁으로 나타나고 있다. 추상적인 윤리주의자와 신비주의적인 철학자들에게는 이런 대결이 두 개의 '실체' 혹은 두 개의 '인간 사상'이 싸우고 있는 것처럼 보인다. 그 중 하나는 애초부터 저속한 것으로, 다른 하나는 애초부터 '참으로 인간적인 것' 혹은 '초인적인' 것으로 평가된다. 그러나 이런 '실체들의 투쟁'의 원인뿐만 아니라 그들에게 제기되는 가치 평가의 원인을 그 물질적 근원에서 찾고, 역사적 요인인 성을 사회구조 속의 적당한 위치에 올바르게 배치한다면, 우리는 다음과 같은 사실에 도달할 수 있다. 즉 가모장제적 조직에서 가부장제적 조직으로 발전한 모든 종족들은 새로운 생활형태에 상응하는 성을 만들어 내기 위하여 구성원들의 성적 구조를 변화시켜야만 했다는 것이다. 권력과 부가 민주주의적인 씨족에서 족장의 권위주의적 가족으로 이동하려면 주로 종족 구성원들의 성적 욕망을 억압해야 했기에 이러한 변화는 필수적이었다. 바로 이런 방식으로 성적 억압이 사회가 계급으로 분화되는 데 있어서 핵심적인 요인이 되는 것이다.

결혼과 합법적인 결혼 지참금은 조직이 변환되는 분기점이 되었다.[9] 신부쪽 씨족이 신랑의 가족에게 제공하는 결혼예물이 남자, 특히 족장의 권력 지위를 촉진시키는 정도에 따라 높은 지위에 있는 씨족 남자들의 물질적 이해는 결혼의 유대를 영속화하는 방향으로 작용했다. 이 단계에서는 남자만이 결혼에 관심을 가졌다. 이렇게 해서, 어느 때든 쉽사리 와해될 수 있었던 자연스런 노동민주주의의 단순한 짝짓기는 영속적이며 일부일처제적인 가부장제의 혼인 관계로 변화되었다.

---

9) [지은이] 이러한 사실에 대한 증거는 『성도덕의 출현』에서도 기술했다.

영속적인 일부일처제적 결혼은 가부장제 사회의 핵심제도가 되었다. 또한 이것은 현재에도 마찬가지이다. 그러나 이러한 결혼을 유지하기 위해서는 자연스러운 생식적 욕망에 더욱 더 많은 제한을 가하고 그 가치를 낮추는 것이 필요했다. 이 제한은 더 많은 착취에 종속되는 '하층' 계급에서만 적용되는 것이 아니었다. 전에는 도덕성과 성 사이의 균열을 몰랐던 계급까지도 이제는 더욱 심화되는 갈등을 경험하지 않을 수 없었다. 그러나 이런 강제적 도덕성이 단지 외적인 영향만을 끼친다고 생각해서는 안 된다. 강제적 도덕성이 가진 원래의 효력은 그것이 **내면화**되어 구조적 성 억압이 될 때에야 비로소 전개되기 시작한다.

이 과정의 여러 단계는 각기 다른 모순양상의 지배를 받을 것이다. 초기 단계에서는 성적 욕구가 우세하며, 나중 단계에서는 강제적인 도덕적 금지가 우세하다. 사회조직 전체가 정치적 대혼란에 빠질 때, 성과 강제적 도덕성의 갈등은 필히 최정점에 이를 것이다. 어떤 이는 이 상태를 도덕적 몰락으로 보겠지만, 다른 이들은 '성의 혁명'으로 볼 것이다. 어떻든 자연스런 성의 분출은 '문화적 몰락'으로 여겨진다. 그것이 '몰락'으로 인식되는 이유는, 단지 그것이 강제적이고 도덕적인 생활방식에 위협이 되기 때문이다. 그러나 객관적으로 볼 때, 정작 몰락하는 것은 권위주의적 결혼과 권위주의적 가족에 대한 관심 속에서 개인 속에 강제적인 도덕적 가치를 유지하기 위해 고안된 체제, 즉 성적 독재체제일 뿐이다. 완전히 성숙된 가부장제와 함께 역사가 기록되기 시작한 고대 그리스에서 우리는 다음과 같은 성적 조직을 발견한다. 상류계층에게는 고급창녀 제도가, 중류와 하류계층에게는 매춘제도가 존재하는 동시에 아내는 노예 상태의 비참한 삶을 살면서 단지 아이를 낳는 기계로 여겨지는 남성 지배의 성적 조직이 그것이다. 플라톤 시대의 남성 지배는 완전히 동성애적이었다.[10]

그리스 국가들이 정치적·경제적으로 내리막길에 있던 시기, 그리스 말기의 성경제학적 모순이 나타났다. 파시스트인 로젠베르크에 따르면, 디오니소스의 시대에 '저승적인 것'이 '아폴론'적인 것과 뒤섞여 함께 멸망했다는 것이다. 그는 남근상(男根像)이 그리스 말기 세계관의 상징이 되었다고도 쓰고 있다. 그러므로 파시스트에게는 자연스런 성으로 되돌아가는 것이 몰락현상, 즉 퇴폐, 음탕함, 성적으로 추잡함으로 여겨진다. 그러나 이것은 단지 파시스트적 관찰자들만의 환상이라기보다는, 오히려 당대에 살고 있던 사람들의 경험양식 속에서 타오르고 있던 모순에 의해 만들어진 실제 상황과 일치한다. '디오니소스 축제'는 우리 시대의 반동적인 계층이 벌이는 다양한 가장무도회와 일치한다. 디오니소스 축제에서 성적 경험의 절정을 볼 수 있다는 통념에 속지 않으려면, 이런 축제에서 무엇이 일어나는가를 정확하게 알아야만 한다. [그의 설명에 따르면] 느슨해진 성적 욕망과 도덕적으로 타락하게 된 경험능력 사이의 해소할 수 없는 모순이 이 축제에서만큼 극명히 표출되는 곳은 없다.

디오니소스 법칙, 즉 끝없는 성적 만족은 아시아의 모든 종족 또는 변종과 그리스 사이의 억제되지 않은 인종혼합을 의미한다(『신화』, 52쪽).

---

10) [지은이] 똑같은 원칙이 남성 지도자 계층의 파시스트 이데올로기를 지배하고 있다 ── 한스 블뤼어(Hans Blüher, 1888~1955), 에른스트 룀(Ernst Röhm, 1887~1934) 등 [블뤼어는 독일의 작가로서, 1896년 창설된 독일의 청소년 단체 '철새'(Wandervogel)의 초창기 회원이었다. 그는 『성애적 현상으로서의 독일 '철새' 운동』(Die Deutsche 'Wandervogel' bewegung als erotisch Phänomen, 1912)이라는 저서를 발표한 뒤 주로 남성 동성애가 문화, 그리고 (특히 남성집단의 지도자와 소년들 사이의) 집단 형성에 끼치는 영향을 연구했다. 여성은 원래 열등한 존재라고 생각했던 블뤼어는 남성 동성애야말로 모든 국가의 기초라고 주장했는데, 이런 주장은 그의 반유태주의와 더불어 '철새' 운동의 다른 소년들, 특히 훗날 나치 돌격대의 수장이 된 룀에게 큰 영향을 끼쳤다(흥미롭게도 나치 돌격대의 핵심인물은 대부분 '철새' 운동 출신이었다). 히틀러는 룀을 숙청할 당시 룀이 동성애자라는 사실을 이용하기도 했다 ── 옮긴이].

서기 40세기의 한 역사가가 20세기의 성적 축제를 게르만인과 '모든 종족과 변종'의 흑인 또는 유태인 사이의 무절제한 혼합으로 설명한다고 상상해 보라!

이제 우리는 인종혼합 사상의 의미를 명확히 인식할 수 있다. 이 사상은 결혼에 대한 가부장적 사회의 경제적 이해에 뿌리를 두고 디오니소스적인 것을 막아낸다. 따라서 제이슨[11]의 이야기에서조차 강제결혼은 창녀 제도를 막기 위한 보루로 그려지고 있다.

'창녀'는 강제적 결혼의 굴레에 종속되기를 거부하고 성적 생활을 직접 결정할 자기 권리를 주장하는 여성이다. 하지만 이런 요구는 유기체의 성적 경험능력을 무능하게 만드는 어린 시절의 교육과 갈등을 빚는다.

따라서 창녀는 동성애에서 벗어나려고 모험에 빠지거나 혼돈스럽고 상심한 채 살게 된다. 강제적 결혼 생활로 인해 창녀나 성적 쾌락을 제공하는 사내아이에게로 도피하여 자신의 성적 경험능력을 회복하려는 남성의 동성애가 창녀 제도를 보완한다. 따라서 가장 엄격한 형태의 가부장제를 지지하면서 실제로는 자신의 가족적 생활양식 속에 플라톤 시대의 성적 생활을 재연하는, 즉 이데올로기에서는 '순수성'이, 실제 성생활에서는 상실감과 병리가 존재하는 파시스트들의 성적 구조가 플라톤 시대의 성적 조건과 유사하다는 분명한 사실은 충분히 이해할 만하다. 로젠베르크와 블뤼어는 국가를 동성애적 토대에 따라 조직된 남성국가로 인식한다. 이 이데올로기에서 어떻게 민주주의 무용론이 도출되는지 살펴보는 것도 매우 흥미롭다. 피타고라스는 모든 사람의 평등을 예언한 예언자이자 '민주

---

11) Jason Fairbank(1780~1801). 미국 초창기의 유명한 살인범. 결혼에 동의하지 않는 애인을 살해한 혐의로 체포되어 사형당했다. 사형이 집행된 지 이틀만에 그의 법정기록이 출판되었고, 이후 이 사건과 관련된 소설이 출판되기도 했다.

주의적 텔루리즘〔대지신(大地神) 숭배〕, 재화·여성 공유의 주창자'이기 때문에 거부된다. '재화'의 공유와 '여성'의 공유를 밀접히 연관시키는 사고방식은 〔파시스트들이 보기에는〕 반혁명적 투쟁에서 주된 역할을 수행한다. 5세기까지 3백 개의 귀족 가문에서 3백 명의 원로원 의원을 임명했던 로마의 귀족통치가 민주화된 것은 '인종의 몰락'을 뜻하는 귀족과 평민의 통혼이 5세기부터 허용되었다는 사실에서 기인한다. 즉, 통혼을 통해 이루어진 정치체제의 민주화도 인종몰락 현상으로 해석된다.

바로 이 부분에서 인종이론의 반동적 성격이 완전하게 드러난다. 왜냐하면 상이한 **계급**에 속하는 그리스인 또는 로마인 사이의 성교 역시 파멸적인 인종혼합을 의미했기 때문이다. **억압받는 계급의 구성원은 낯선 인종과 동일시된다.** 로젠베르크는 노동자 운동을 "아시아주의의 모든 찌꺼기를 가지고 거대한 도시의 아스팔트로 포장된 오르막길을 올라가는 것"(『신화』, 66쪽)이라고 말하기도 한다. 그러므로 **낯선 인종과의 혼합이라는 사고방식의 배후에는 억압받는 계급 구성원들과의 성교라는 생각이 숨어 있다.** 그리고 좀더 깊은 수준에서는 경계선을 그으려는 정치적 반동의 경향이 작용하고 있는데, 이 경계선은 경제적 관점에서 보면 뚜렷하지만 부르주아 계급의 여자에게 성적 제한을 부과하는 성도덕적 관점에서 보면 뚜렷하지 않다. 그렇지만 계급들 사이의 성적 혼합은 계급지배 중심축의 동요와 민주화의 가능성, 즉 '상류층 청년'의 성적 프롤레타리아화를 야기할 수도 있다. 왜냐하면 모든 사회적 질서에서 낮은 사회계층은 권위주의적 질서의 지배자 모두에게 심각한 위협이 되는 성 관념과 성적인 생활방식을 발전시키기 때문이다.[12]

---

12) 〔지은이〕 인도 가부장제 사회의 '불결한 카스트'에 대한 평가를 참조할 것.

결국 인종혼합이라는 사상의 밑바탕에 지배계급에 속한 사람과 피지배계급에 속한 사람과의 혼합이라는 사상이 놓여 있다면, 여기에서 우리는 성적 억압이 계급사회에서 어떠한 역할을 하는가라는 질문에 답할 수 있는 열쇠를 분명히 찾을 수 있다. 일단 몇 가지 기능을 구별할 수 있는데, 우리는 성적 억압을 억압받는 계급에 대한 물질적 착취에 비유해 기계적으로 연결해서는 결코 안 된다. 성적 억압과 계급사회의 관계는 더 복잡하다. 여기에서는 이 기능들 중 단지 두 가지만을 강조하려고 한다.

1. 성적 억압은 원래 상속법과 결혼의 경제적 이해관계에서 기원하기 때문에, 지배계급 자체 내에서 시작된다. 순결이라는 도덕성은 처음에는 지배계급의 여성들에게 더욱 엄격히 적용된다. 이것으로 하층계급을 착취하여 획득한 재산을 유지할 수 있다는 것이 보증되어야 한다.
2. 초기 자본주의와 봉건적 성격을 지닌 거대한 아시아 문명의 지배계급은 아직 피지배계급의 성적 억압에 관심을 가지지 않았다. 조직된 노동운동, 사회정치적 성과의 쟁취, 이와 동시에 시작된 폭넓은 국민대중들의 문화적 고양이 일어나자 성적 억압은 시작되었다. 바로 이때 사회의 지배계급은 억압받는 계급의 '도덕성'에 관심을 보이기 시작했던 것이다. 따라서 조직화된 노동계급의 성장과 함께 반대 과정, 즉 지배계급과의 이데올로기적 동화가 시작되었던 것이다.

그러나 그들 고유의 성생활 형태는 이 과정에서 사라지지 않았다. 그것은 이제 더욱 더 견고하게 고착되기 시작한 도덕적 이데올로기와 계속 나란히 나아갔으며, 앞서 기술한 바와 같이 반동적인 경향과 자유를 열망하는 인간의 성격구조 사이에 모순을 생성했다. 역사적으로 볼 때 이런 대중심리학적인 모순이 형성되는 시기는 부르주아적 민주주의가 봉건적인 절대주의를 교체할 때와 일치한다. 분명히 착취는 형태만 변화되었을 뿐이었다. 그러나 착취형태의 변화는 동시에 대중들의 성격구조를 변화시킨다. 델포이에 있는 아폴론 신전의 지하에 살던 '펠라스고이인들[유사 이전에 그리스에서 살던 종족]의 커다란 뱀 퓌톤[13]'처럼 태고에는 육지신이었던 포세이돈이 무성(無性)의 여신 아테나에게 쫓겨나 뱀의 모습으로 아테나 신전의 지하를 지배하게 되었다고 로젠베르크가 쓰면서 신비주의적으로 해석한 내용이 바로 이것이다.[14] "그러나 북유럽 인종인 테세우스는 어느 곳에서도 근동의 야만인을 죽이지 않았다. 그래서 아리아 혈통이 잠들기 시작하자마자 낯선 괴물, 즉 근동의 잡종과 동양인의 신체적 강건함이 계속해서 다시 생성되었다."

'신체적 강건함'이 무엇을 뜻하는가는 명백하다. 그것은 바로 노동하는 인민대중을 지배계급과 구별지어 주는 것이며, '민주화'의 진행과정에서 점차 분열되지만 결코 사라지지 않는 성적 자연성의 하나인 것이다. 심리학적으로 볼 때, 뱀의 모습을 한 포세이돈과 커다란 뱀 퓌톤은 남근으로

---

13) Python. 그리스 신화의 거대한 뱀. 대지의 여신 가이아의 아들로 델포이에서 가이아의 신탁을 전했으나 아폴론에 의해 죽임을 당했고, 아폴론은 그 자리에 자신의 신전을 세우다.
14) 몇몇 학자들은 그 이름의 어원(대지(Potei)+지배자(Dan))을 예로 들어 포세이돈이 원래 '대지의 신'이었다고 주장한다. 이 점은 아테나와 포세이돈에 얽힌 일화로도 알 수 있다. 원래 아테나와 포세이돈은 아테네인들의 수호신 자리를 놓고 경쟁관계에 있었는데, 하루는 각자 아테네인들에게 선물을 주고 아테네인들이 누구의 선물을 선택하느냐에 따라 수호신 자리를 정하자고 합의했다. 그에 따라 아테나는 올리브 나무를, 포세이돈은 샘물(혹은 말을 선물했다고도 한다)을 선사했고 아테네인들은 목재나 기름으로도 쓸 수 있고, 식용으로 쓸 수도 있는 올리브 나무를 선택했다고 한다. 포세이돈이 아테나에게 쫓겨났다는 것은 이 일화를 말하는 듯하다. 라이히가 본문에서 언급한 퓌톤의 이야기와 포세이돈의 이야기는 흔히 '비그리스인들에 대한 그리스인들의 승리'를 비유한 이야기로 해석되는데(퓌톤은 펠라스고이인들의 신화에 나오는 동물이며, 포세이돈은 에투루리아인의 신이었다), 로젠베르크는 이를 '비북유럽 인종에 대한 북유럽 인종의 승리'로 해석한다.

생식적 관능(자연스러운 성)에 대한 두려움

파시스트 인종이론은 자연스런 성을 '더럽고 관능적인' 어떤 것으로 이해한다. 이런 점에서 보면 유태인들에 대한 나치당의 두려움은 흑인들에 대한 미국 인종주의자들의 두려움과 무척이나 닮아 있다. 미국의 인종주의자들이 흑인들을 백인 여성을 겁탈하는 음탕한 돼지로 여겼듯이, 나치당은 유태인들을 독일 여성을 겁탈해 아리아 인종의 순수한 혈통을 더럽히는 호색한으로 간주했다. 라이히의 주장에 따르면, 자신들이 적대시하는 인종의 성적 능력을 과대 평가하는 이런 사고방식의 밑에는 생식적 관능, 즉 자연스러운 성에 대한 두려움이 깔려 있다(1935년에 찍힌 위 사진 속 남녀의 목에는 각각 "나는 발정 난 암퇘지라서 유태인과 정을 통했다", "나는 독일 여자를 침실로 끌어들인 유태인이다"라고 쒸어 있는 팻말이 걸려 있다. 이른바 '독일인의 혈통과 명예 보호법'이 발효된 이후로 독일 전역에서는 이런 장면을 빈번히 볼 수 있었다).

상징되는 생식적 관능을 뜻한다. 생식적 관능은 억압되어 사회와 인성 구조의 밑[지하]으로 숨어들지만 파괴되지 않았다. 자연스런 성을 부정하는 데에서 직접적인 경제적 이득을 얻었던 봉건 상류계층(일본을 참조할 것)은 억압받는 계급의 더 본질적인 생활형태로 인해 자신들이 관능을 극복하지 못했을 뿐만 아니라 오히려 그 관능이 왜곡된 도착의 형태로 자신들 속에 다시 나타나고 있음을 알게 되었을 때 위협을 느꼈다. 따라서 대중들의 성적인 관습은 지배계급에게는 심리적 위험이자 사회적 위험이 되었던 것이다. 무엇보다도 지배계급은 자신의 가족제도에 대한 위협을 느꼈다. 경제적으로 강력하고 19세기 중반의 영국 부르주아지처럼 상승 중에 있는 한, 지배하는 사회계층이 대중들의 성도덕을 완전히 격리시키는 것은 어렵지 않다. 하지만 지배계급의 통치권이 흔들리는 시기, 특히 20세기 초의 중부 유럽과 영국에서처럼 분명한 위기가 닥친 시기에는 성에 부과된 도덕적 족쇄가 지배계급 자체 내에서 느슨해진다.

성도덕의 해체는 가족적 유대의 청산과 함께 시작된다. 처음에는 중산계층과 소시민계층이 대부르주아지 계급과 그들의 도덕에 완전히 동화되어, 공식적으로 강력하게 옹호되고 있는 반(反)성적 도덕성의 원초적인 전달자가 된다. 하지만 소시민계층의 경제적 파국이 시작되면 자연스런 성생활은 성적 제도의 지속에 특별한 위협으로 등장하게 된다. 소시민계층이 권위주의적 질서의 버팀목이기 때문에 권위주의적 질서는 소시민계층의 '도덕성'과 소시민계층이 '열등한 사람들의 영향'에서 벗어나 '순수한 상태를 유지'하는 것에 특별한 중요성을 부여한다. 만약 소시민계층이 산업노동자와 상류계층 중간의 경제적 지위를 상실하듯이 성도덕적인 태도마저 상실하게 된다면, 이것은 독재자에게 심각한 위협이 될 것이다. 왜냐하면 소시민계층 속에도 '커다란 뱀'의 속성이 잠복해 있어서 속박을 분쇄하고 반동적 경향을 뛰어넘을 준비가 되어 있기 때문이다. 바로 이러한 이유 때문에 독재 권력은 위기가 닥칠 때마다 '도덕성'과 '결혼과 가족의 결속 강화'를 위한 선전을 보완하는 것이다. 소시민계층의 비참한 사회적 상황과 반동적 이데올로기를 연결시키는 다리는 바로 권위주의적 가족이다. 따라서 경제적 위기, 중산계층의 프롤레타리아화, 전쟁 탓에 강제적 가족〔구조〕가 동요되기 시작하면, 권위적 체제의 구조적인 정착 역시 심각한 위협을 받게 된다. 우리는 이 문제를 좀더 자세하게 취급해야 할 것인데, 이런 점에서 우리는 1932년 민족사회주의 단체인 〈독일국가〉가 개최한 어느 학술회의에서 권위주의적 가족이 문화정치의 핵심이라고 주장한 뮌헨 출신의 민족사회주의적 생물학자 겸 인종연구자인 렝(Leng)의 견해에 동의해야 한다. 한마디만 더 덧붙이자면, 반동적 문화정치에서든 혁명적 문화정치에서든 〔권위주의적〕 가족은 핵심적이다. 왜냐하면 이것의 정체를 밝히는 것이야말로 사회에 큰 파급효과를 가져오기 때문이다.

4장 _ 하켄크로이츠의 상징적 의의

우리는 파시즘을 히틀러 개인이나 나치당의 정치에 관한 문제가 아니라 대중들의 문제로 간주해야 한다는 것을 논증했다. 또한 궁핍한 대중들이 어떻게 최악의 반동적 정당에 그토록 격렬한 지지를 보낼 수 있었는지 논증했다. 성정치학적 작업을 위한 실천적 결과를 향해 단계적으로 확실하게 나아가려면, 대중들의 자유로운 성격구조에 반동적 족쇄를 채우기 위해 파시스트들이 사용한 **상징**에 주의를 기울이는 것이 무엇보다 필수적이다. 그러나 파시스트들은 자신들의 기교를 〔제대로〕 의식하지 못했다.

민족사회주의가 희미하게나마 혁명적 정서를 지녔지만 권위적인 태도를 취하는 노동자들(이들 중 대부분은 실업상태에 있었거나 젊었다)을 돌격대로 결합시키는 데는 오랜 시간이 걸리지 않았다. 따라서 민족사회주의의 선전은 모순적이었다. 즉 계층에 따라 상이한 방식으로 선전이 이루어졌다. 단지 대중들의 신비주의적 감정을 조작한다는 점에서만 선전은 일관적이었고 명백했다.

나치당의 추종자들, 특히 돌격대 대원들과 대화를 나눠보면 민족사회주의의 혁명적 미사여구가 대중들의 지지를 획득하는 데 결정적 요인이었다는 것이 명백히 드러난다. 사람들은 히틀러가 자본가를 대표하지 않는다는 민족사회주의자들의 부인을 들을 수 있었다. 돌격대 대원들이 히틀러에게 '혁명'의 본분을 배반해서는 안 된다고 경고했다는 말도 들을 수 있었으며, 그들이 히틀러를 독일의 레닌이라고 부르는 것도 들었다. 사회민주주의와 자유중앙당에서 민족사회주의로 넘어간 사람들은 예외 없이 비정치적이거나 정치적으로 명백하지 않았던 혁명적인 대중들이었다. 공산당에서 넘어온 사람들은 보통 독일공산당의 모순적인 정치적 구호에서 어떠한 의미도 찾을 수 없었던 사람들로 혁명적 태도를 가졌던 핵심분자들이었으며 그 중 일부는 히틀러 정당의 외적인 모습, 즉 군국적 성격, 단호함 등에 강한 인상을 받은 사람들이었다. 선전선동에 사용되었던 상징적 수단 중 우선 눈에 띄는 것은 깃발이다.

우리는 하켄크로이츠의 군대이다.
독일 노동자를 위해
그리고 우리가 밟고 지나갈 자유를 향한 길을 위해
붉은 깃발을 높이 올리자

이 노래 가사는 그것의 감정적 내용에서 볼 때 명백히 혁명적이다. 민족사회주의자들은 의도적으로 반동적 가사에 혁명적 멜로디를 붙여 사용했다. 히틀러의 신문〔나치당 기관지〕에 나타난 수많은 정치적 언술도 이러한 방침에 따라 이루어졌다. 예를 들면 다음과 같다.

정치적 부르주아지는 이제 역사를 형성하는 무대에서 퇴장하려 하고 있다. 이 부르주아지의 자리에 지금까지 억압받았던 계급, 창조하는 국민, 노동자 계급이 역사의 임무를 다하기 위해 대신 들어서고 있다.

나치당의 표장(標章), 하켄크로이츠

원래 '갈고리 십자가'를 뜻하는 하켄크로이츠는 기원전 2세기경부터 수많은 고대 민족에게 태양의 상징이자 행운의 표상으로 널리 사용되고 있었다. 고대 인도의 아리아 유목민들도 하켄크로이츠를 사용했다는 사실에 착안해 "아리아인의 승리를 위한 투쟁"의 완벽한 상징이 될 것이라며 하켄크로이츠를 표장으로 결정한 히틀러는 하켄크로이츠가 원래 아리아 인종이 만든 상징이었다고 주장하며, 이 새로운 당의 표장을 나치당 특유의 인종 이론으로 재해석했다(위 사진은 1938년의 뉘른베르크 전당대회 중 히틀러가 "독일이여, 각성하라"라는 문구가 새겨진 나치돌격대의 깃발을 건네 받는 장면이다).

여기에는 명백히 공산주의적 음색이 울려퍼지고 있다. 민족사회주의적 대중들의 혁명적 성격은 교묘하게 합성된 깃발 속에서 관철되고 있다. 깃발에 대해 히틀러는 다음과 같이 말하고 있다.

민족사회주의자로서 우리는 깃발 속에서 우리의 강령을 본다. **붉은색**에서는 운동의 사회적 사상을, **흰색**에서는 민족주의적 사상을, **하켄크로이츠**에서는 아리아인의 승리를 위해 투쟁해야 한다는 임무를, 또한 항상 반(反)유태적이었으며 앞으로도 항상 그래야 할 창조적 노동의 승리를 위한 투쟁을 본다(『나의 투쟁』, 557쪽).

붉은색과 흰색은 인간의 모순적 구조를 암시한다. 하지만 하켄크로이츠가 정신생활에서 행하는 역할이 무엇인지는 아직 불명확하다. 왜 이 상징이 신비적 감정을 불러일으키기에 그토록 적합한가? 히틀러는 **하켄크로이츠**가 반유태주의의 상징이라고 주장했다. 그러나 하켄크로이츠는 한참 후에야 그런 의미를 가지기 시작했다. 그렇다 하더라도 반유태주의의 비합리적 내용에 대한 의문은 여전히 남는다. 인종이론의 비합리적 내용은 자연스런 성을 '더럽고 관능적인' 어떤 것으로 오해한 것에서 잘 설명된다. 이 점에서, 독일과 미국 파시스트의 생각 속에서 유태인과 흑인은 같은 위치에 놓인다. 미국에서 흑인에 대한 인종투쟁은 무엇보다 성적 방어를 위해 생겨나고 있다. 흑인은 백인 여성을 겁탈하는 음탕한 돼지로 여겨진다. 히틀러는 라인 지역을 흑인들이 점령한 것에 관해 이렇게 쓰고 있다.

오늘날 주식 거래소를 통제하는 유태인들의 의도와 국수주의적 태도를 취하는 자국 정치가들의 욕망이 전례없을 만큼 내적으로 일치되는 곳은 프랑스밖에 없다. 바로 이 사실이 독일에게는 커다란 위협이다. 이런 이유에서 프랑스는 가장 무서운 적이며 앞으로도 계속 그럴 것이다. 세계를 지배하려는 유태인들의 목적과 결탁한 프랑스 민족의 계속되는 흑인화는 그 자체가 유럽 백인종의 생존을 끊임없이 위협한다. 왜냐하면 유럽의 심장인 라인 지역을 흑인 혈통으로 오염시키는 것은 (유럽의 중심에서 유럽 대륙을 잡종화시키고 하층인종을 통한 오염으로 백인종의 자주적 존재 기반을 빼앗으려는 유태인들의 냉혹한 계획과 마찬가지로) 우리 민족의 숙적, 즉 편협한 애국심을 가진 이 숙적의 가학적이고 도착적인 복수심과 정확히 일치하기 때문이다(같은 책, 704~705쪽).

우리는 항상 파시스트가 말하는 것이 정확히 무엇인가에 주의를 기울여야 하며, 그것을 단순히 허튼 소리나 속임수라고 간단히 들어넘겨서는 안 된다. 민족의 오염이라는 이론과 결부시켜 보면, 박해망상증을 불러일으키는 것처럼 보이는 이 이론의 정서적 내용을 더 잘 이해할 수 있다. 하켄크로이츠 역시 인간 정서의 깊숙한 곳까지 뒤흔들기에 적절한 내용을 가지고 있으나, 그 내용은 물론 히틀러가 꿈꾸었던 것과는 완전히 다르다.

하켄크로이츠는 맨처음 셈족에게서 발견되었고, 심지어 그라나다[이베리아 반도의 마지막 이슬람 왕국인 그라나다 왕국의 수도였던 도시]에 있는 알함브라 궁전에서도 발견되었다. 하인리히는 동요르단 게네사렛 호수가에 있는 에드-디케 유태교회당의 폐허에서 하켄크로이츠를 발견했다. 그것은 다음과 같은 형태를 취하고 있었다.[1]

---

1) [지은이] Herta Heinrich, "Hakenkreuz, Vierklee und Granatpfel", Zeitschrift für Sexualwissenschaft, 1930, S. 43.

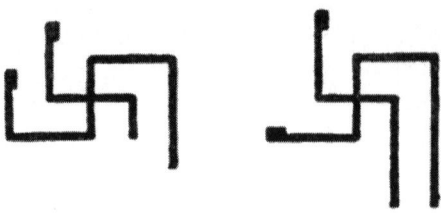

〈그림 1〉

하켄크로이츠는 때때로 마름모꼴과 함께 발견되었는데, 이때 하켄크로이츠는 남성 원칙의 상징이며, 마름모꼴은 여성 원칙의 상징이다. 가드너[2]는 그리스에서 **헤메라**라고 불리는 하켄크로이츠를 발견했는데, 이것 역시 태양의 상징으로서 남성 원칙을 나타낸다. 뢰벤탈은 소에스트에 있는 성모마리아 성당의 제단보에서 14세기의 하켄크로이츠를 발견했다. 뢰벤탈이 발견한 하켄크로이츠에는 여성 성기와 이중의 십자 무늬가 장식되어 있었다. 이 무늬 속에서 하켄크로이츠는 천둥번개가 칠 것 같은 하늘을 상징하며, 마름모꼴은 기름진 땅을 상징한다. 스미고스키(Smigorski)는 인도식의 만(卍)자 형태를 가진 하켄크로이츠를 찾아냈는데, 그 하켄크로이츠는 옆의 그림에서 볼 수 있는 것처럼 각각의 끝에 3개의 점을 가진 네 방향으로 뻗는 번개로 이루어져 있다.[3]

리히텐베르크(Lichtenberg)는 세 개의 점 대신에 하나의 머리가 있는 하켄크로이츠를 찾아냈다. **말하자면 하켄크로이츠는 원래 성적 상징이었다.** 시간이 지나면서 하켄크로이츠는 상이한 여러가지 의미를 가지게 되는데, 나중에는 그 여러 의미 중에서 특히 노동의 상징인 물레방아 바퀴라는 의

---

2) Percy Gardner(1846~1937). 영국의 고고학자. 주로 고대 그리스의 주화에 대해 연구했으며 이 주제와 관련하여 『그리스 주화의 유형』(The Types of Greek Coins, 1883)을 비롯한 다수의 저작을 남겼다.

3) [지은이] 다음의 글을 참조하라. John Löwenthal, "Zur Hakenkreuzsymbolik", Zeitschrift für Sexualwissenscaft, 1930, S. 44.

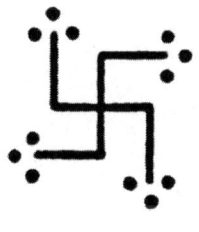

〈그림 2〉

미를 갖게 되었다. 정서적으로 노동과 성은 동일한 것이기에. 이 사실은 빌만스와 펜게로가 고대 인도-게르만 시대의 성 토마스 베케트 주교관(冠)에서 발견한 하켄크로이츠에 새겨진 비명(碑銘)이 잘 설명해 준다.[4] 그 비명의 내용은 다음과 같다. "인간의 어머니이신 대지 만세. 하느님의 품 안에서 번성하소서. 그리하여 인간에게 은혜를 베푸시고 풍요로움으로 넘치게 하소서".

이때 풍요로움은 어머니인 대지와 아버지인 하느님 사이의 성행위로 묘사된다. 젤레닌[5]의 설명에 따르면, 고대 인도의 사전 편찬자들은 음경이나 음탕한 사람을 성적 욕구을 뜻하는 구부러진 십자가, 즉 하켄크로이츠라고 지칭했다.

〈그림 1〉의 하켄크로이츠를 다시 한번 보면, 도식적이기는 하지만 두 사람이 서로 얽혀 있는 모습을 표현한 것임을 분명히 알 수 있다. 왼쪽의 하켄크로이츠는 누운 채로 하는 성행위를 표현하고 있으며, 다른 것은 선

---

4) Alfreds Bilmans · Visvaldis Pengerots, La Lettonie pittoresque et sa vie actuelle, Riga : Zemnieka Domas, 1927. 빌만스(Alfred Bilmans, 1887~1948)와 펜게로(Visvaldis Pengerots, 1892~1953)는 라트비아의 역사가로서, 라트비아의 민족자각 운동을 주도한 지식인 집단 '청년 라트비아인'(jaunlatvieši)의 일원이기도 했다. 이들은 민족자각 운동의 일환으로 라트비아의 역사를 정리하는 데 주력했다.
5) Dmitrii Konstantinovich Zelenin(1878~1954). 러시아의 민속학자. 주로 슬라브족의 신화와 민속에 등장하는 사물들의 상징적 기능을 연구했다. 라이히는 독일어로 번역된 『러시아(동슬라브족)의 민담』(Russische [Ostslavische] Volkskunde, 1927)을 참조한 듯하다.

채로 하는 성행위를 표현하고 있다. 따라서 하켄크로이츠는 살아 있는 것의 기본기능을 나타내고 있는 것이다.

물론 하켄크로이츠가 무의식적 정신생활에 끼친 이러한 영향은 파시즘의 대중선전이 성공한 〔직접적〕 원인이 아니라 단지 강력한 보조수단이었다. 다양한 나이와 사회적 지위를 가지고 있는 남녀에 대하여 무작위적으로 실험해 본 결과, 하켄크로이츠의 의미를 인식하지 못한 사람은 거의 없었다. 다소간의 차이는 있었지만 대부분의 사람들은 하켄크로이츠를 잠시 보는 것만으로도 곧 그 의미를 알아챘다. 따라서 우리는 서로 얽혀 있는 모습을 묘사하고 있는 이 상징이 유기체의 심층에 강력한 자극으로 작용한다고 생각할 수 있다. 그런데 이 자극은 당사자가 불만족스러울수록, 성적 욕구로 타오를수록 더욱 더 강력해진다. 게다가 이 상징이 명예로움과 충실함의 표상으로 제시될 경우에는 도덕적 자아를 지키려는 성향이 발동하여 이 상징을 더욱 쉽게 인정하게 된다. 그러나 이 사실에 근거하여 이 상징〔하켄크로이츠〕의 성적 의미를 드러내는 것으로 그 효과를 경감시켜야 한다고 결론내리는 것은 잘못이다. 왜냐하면 첫째 우리가 성행위의 가치를 깎아내리려는 의도를 전혀 가지고 있지 않으며, 둘째 〔그렇게 하려 한다면〕 강력한 반대에 부딪칠 것이기 때문이다. 즉, 도덕주의적 위선이 우리의 노력을 받아들이지 않고 방해할 것이다. 성경제학적 정신위생은 다른 방식으로 이루어질 것이다.

5장 _ 권위주의적 가족의 성경제학적 전제

권위주의적 사회는 권위주의적 가족의 도움에 힘입어 대중들 개개인의 성격구조 속에 재생산되기 때문에, 정치적 반동은 권위주의적 가족을 '국가, 문화, 문명'의 토대로서 선전하고 방어해야 한다. 이러한 선전선동을 통해 정치적 반동은 대중들의 깊은 곳에 있는 비합리적 요인에 기댈 수 있게 된다. 반동적 정치가는 선전선동을 하면서 자신의 진정한 의도를 말하지 않을 수도 있다. 독일 대중들이 '세계 정복'이라는 구호를 지지한 것은 아닐 것이다. 대중들에게 심리적 영향을 주려 하는 정치적 선전선동은 경제적 과정에 직접 작용하는 것이 아니라 인간의 성격구조에 작용한다. 이러한 관점에서 볼 때 정신위생적인 작업에는 특별한 접근법이 필수적이며, 이 점을 소홀히 한다면 대중심리적인 오류에 빠질지도 모른다. 따라서 혁명적 성정치학은 단지 권위주의적 가족의 객관적 토대를 지적하는 것에서 그칠 수 없으며, 대중심리학적으로 올바르게 나아가기 위해서 삶과 사랑에서의 행복을 바라는 인간의 열망에 의지해야 한다.

사회의 발전이라는 관점에서 보면, 가족은 권위주의적 국가의 토대가 아니라 단지 그런 국가를 지지하는 가장 중요한 제도 중 하나라고 볼 수 있다. 그러나 우리는 가족을 핵심적인 **반동적 생식세포**, 즉 반동적이고 보수적인 인간을 생산해내는 가장 중요한 장소로 간주해야 한다. 그 자체가 특정한 사회적 과정에서 생성되고 변화했기 때문에, 가족은 가족을 조건짓고 있는 권위주의적 체계의 유지를 위한 가장 본질적인 제도가 되었다. 이런 점에서 볼 때 모건과 엥겔스의 발견은 처음 발표된 당시와 마찬가지로 지금도 전적으로 타당하다. 그러나 이와 관련해서 우리가 관심을 갖는 것은 가족의 역사가 아니라 현대의 중요한 성정치학적 질문, 즉 그 속에서 권위주의적 가족이 핵심역할을 성공적으로 수행하고 있는 반동적인 성정책과 문화정책에 성경제학이 어떤 방법을 통해 효과적으로 대응할 수 있는가 하는 문제이다. 혁명적 진영에서 심각한 불명료함이 지배적이었기에 권위주의적 가족의 영향과 토대에 대한 정확한 논의는 더욱 필요하다.

권위주의적 가족은 모순을 가지고 있는데, 이 모순에 대한 정확한 인식이 효과적인 성경제학적 대중위생에 결정적인 의미를 갖는다.

권위주의적 가족이라는 제도가 유지되기 위해서는 아내와 아이들이 남편과 아버지에게 경제적으로 종속되는 것 이상이 요구된다. 억압받는 자들, 즉 여성들과 어린이들은 자신들의 성적 존재의식을 가능한 한 완전히 중지시키는 조건 아래에서만 이런 종속을 참아낼 수 있다. **아내는 성적 존재가 아니라 단지 아이를 낳는 사람으로 생각된다.** 노동하는 국민들의 어머니들이 실제로 처해 있는 야만성과는 현격한 모순 관계에 있는 모성의 이상화와 신성시는 여성들이 성의식을 갖지 못하도록, 그들에게 부과된 성적 억압이 파괴되지 않도록, 그리고 성적 불안과 성적 죄책감이 위력을 잃지 않도록 하는 수단으로 사용된다. **성적 존재로서 인정되고 존중받는 여성은 권위주의적 이데올로기의 완전한 붕괴를 의미할 수 있다.** 보수적인 성개혁은 항상 '스스로의 육체에 대한 여성의 권리'라는 구호를 충분하게 구체화시키지 않고, 여성을 어머니로 간주하고 옹호하는 만큼 확실하고 명료하게 여성을 **성적** 존재로 간주하고 옹호하지 않는 실수를 저지르고 있다. 게다가 보수적인 성개혁은 성과 생식의 반동적 동일시를 지양하는 대신, 주로 생식의 기능에 성정책의 근거를 두고 있었다. 바로 이러한 이유로 보수적 성개혁은 신비주의에 충분히 강력하게 대항할 수 없었다.

'대가족의 축복' 이데올로기는 권위주의적 가족의 버팀목 중 하나다. 이 이데올로기는 호전적 제국주의의 이해관계에서만 필요한 것은 아니다. 이 이데올로기의 가장 주된 목표는 **여성의 성기능을 출산기능과 대립되는 것으로** 놓는 데 있다. 가령 바이닝거[1]가 보여주는 '어머니'와 '창녀'의 대조는 반동적 인간이 말하는 성적 쾌락과 생식의 적대와 상통한다. 이런 관점에 따르면 쾌락을 위한 성행위는 여성과 어머니를 타락시키는 것이고, '창녀'는 그 쾌락을 긍정하고 추구하며 사는 여성이다. 반동적 성정치학의 가장 중요한 특징은 성을 생식의 목적에 봉사할 때만 도덕적이라고 보는 것이며, 따라서 생식의 범위를 넘어서는 성은 비도덕적이라는 관점을 가진다는 데 있다. 이러한 관점이 잘킨트나 스톨리아로프와 같은 공산주의자에 의해 표명된다 하더라도 그것이 덜 반동적인 것은 아니다.[2]

---

1) Otto Weininger(1880~1903). 오스트리아의 철학자. 여성성을 소극적이고 비생산적·비도덕적이라고 비하한 저서인 『성과 성격』(Geschlecht und Charakter, Wien/Leipzig : Wilhelm Braumüller, 1903)으로 유명하다. 이 책에서 바이닝거는 유태교 역시 여성적인 것이며 따라서 비도덕적이라고 주장한다. 바이닝거는 이 책의 출판 이후 총으로 자살했다.
2) 1926년 잘킨트는 『소련의 사회적 조건에서의 성문제』(Polovoi vopros v usloviiakh sovetskoi obschestvennosti)를 발표해 "성행위는 집단의식, 계급의식, 생산적·창조적 부부행위, 인식의 형태로만 허용될 수 있다"고 주장했다. 즉, "적절한" 이성과의 성행위를 통해 인간의 창조력을 공산주의 건설에 집중시켜야 한다는 것이었다. 그의 주장은 정신분석학에 우호적이던 트로츠키가 당에서 고립되어 정신분석학자들까지 반동으로 몰리던 분위기에서 나온 일종의 자구책이었다. 그러나 스톨리아로프(A. Stoliarov)[그의 약력은 거의 알려져 있지 않다]가 발표한 『변증법적 유물론과 기계론자들』(Dialekticheskii materializm i mekhanisty, 1930)에서 잘킨트는 회복될 수 없는 공격을 받았다(잘킨트의 프로이트-맑스주의를 비판하고 진정한 맑스주의 심리학을 주장했지만, 이 책도 공산주의라는 대의에 복무하는 '새로운 인간형'의 창출을 주장했다).

대가족은 축복이다

전통적으로 독일에서는 여성의 영역을 육아, 교회, 부엌으로 한정해 왔다. '지배민족'의 육성을 꿈꿨던 나치당은 "수컷 새가 적을 격퇴시키는 동안, 암컷 새는 치장하고 알을 부화시킨다"라고 말하며 이런 전통을 극단적으로 밀어 부쳤다. 비록 1943년경부터 전쟁으로 인해 후방의 남성들이 급감하게 되어 여성들이 대거 공장이나 농장에 투입되기는 했지만, 나치당의 대가족 이데올로기는 사라지지 않았다. 정치적 반동의 입장에서 보자면 대가족 이데올로기는 권위주의적 가족의 버팀목 중 하나이며, 권위주의적 가족은 '국가, 문화, 문명'의 토대로서 반드시 지켜내야 할 것이었기 때문이다. "대가족이 보존되어야 하는 이유는 그것이 독일 국민의 없어서는 안 될 고귀한 구성 요소이기 때문이다. 또한 그것이 귀중하고 없어서는 안 될 구성 요소인 이유는 민족의 도덕성과 문화가 대가족 제도에서 가장 강력한 버팀목을 발견하기 때문이기도 하다"(위 사진은 1928년 독일에서 찍힌 어느 결혼식 사진으로서, 신혼 부부가 나치식 인사를 하는 하객의 축하를 받으며 도끼로 웨딩케이크를 자르는 모습이다. 잘 알려져 있다시피, 도끼는 파시스트 권력의 대표적 상징이다).

전시 제국주의는 여성은 단지 아이를 낳는 기계이며, 따라서 그러한 기능에 반발하는 것은 용납할 수 없다고 천명한다. 말하자면 **성적 만족이 여성의 생식기능을 방해해서는 안 된다**는 것이다. 그러나 이 주장과는 다르게 자신의 성을 의식하고 있는 여성들은 노예화를 의도하는 이런 반동적인 구호를 결코 마음에 두지 않는다. 그런 성적 만족과 생식의 대립은 권위주의적 사회에서나 적용될 뿐, 노동민주주의 사회에는 적용되지 않는다. 그것은 여성이 아이를 낳을 때 처하게 되는 사회적 조건과 관련된 문제이다. 즉 어머니와 아이가 적절한 보호를 받을 수 없는 조건에 놓여 있는가, 아니면 호의적이고 사회적으로 보장된 조건에 놓여 있는가의 문제인 것이다. 다시 말해, 만약 여성이 어떠한 사회적 보호도 없이, 또한 자식을 기르는 것에 대한 사회적 보장도 없이 아이를 낳아야 한다면, 게다가 몇 명의 아이를 낳을 것인가를 스스로 결정하지 못하고, 아이를 낳는 기능을 기꺼이 그리고 의문을 품지도 않고 받아들여야 한다면, 여성의 성적 기능에 대립되는 모성은 이상화될 수밖에 없을 것이다.

가톨릭중앙당과 마찬가지로 히틀러 당이 주로 여성의 표에 의존했다는 사실을 이해하려면, 우리는 비합리주의를 이해해야 한다. 여기에서 작동하는 비합리적 메커니즘은 바로 아이를 낳는 자로서의 여성과 성적 존재로서의 여성 사이의 대립이다. 이 점을 염두에 둔다면 우리는 다음과 같은 파시즘의 입장을 더 근본적으로 이해할 수 있을 것이다.

이미 존재하는 대가족을 보전하는 것은 사회적 정서의 관심사이며, 그 형태를 보전하는 것은 생물학적 견해와 국민 성향의 문제이다. 대가족이 보전되어야 하는 이유는 사람들이 간절히 원해서가 아니라 그것이 독일 국민의 없어서는 안 될 고귀한 구성 요소이기 때문이다. 또한 그것이 귀중

하고 없어서는 안 될 구성 요소인 이유는 그것만이 미래의 인구를 보장해 줄 수 있다는 것뿐만 아니라(객관적으로 본다면 이 점이 대가족의 제국주의적 기능이다), **민족의 도덕성과 문화가 대가족 제도에서 가장 강력한 버팀목을 발견하기 때문이기도 하다.** …… 현존하는 대가족의 보전과 대가족 형태의 보전은 혼합되어 있다. 왜냐하면 이 두 문제는 실제로는 분리될 수 없는 것이기 때문이다. …… 대가족 형태의 보전은 국가정책과 문화정책의 필수적인 요구인 것이다. …… 역시 이런 관점에서는 〔임신중절을 금지하는 독일 형법〕 218항의 폐기에 엄격히 반대해야 하며 임신을 신성불가침적인 것으로 간주해야 한다. 임신중절의 허용이 후손을 키우는 것을 과제로 지닌 가족의 의미와 모순되기에, 임신중절의 허용은 대가족의 궁극적인 파멸을 의미할 수도 있다.

이 글은 1931년 10월 14일 『민족의 감시자』(Völkischer Beobachter)에 실렸다. 따라서 임신중절 문제의 핵심은 지금까지 전면에 내세워져 있던 산업예비군이나 제국주의 전쟁을 위한 총알받이라는 요인보다는 훨씬 더 본질적으로 반동적 가족정책과 연결되어 있다. 산업예비군 논쟁은 독일에서 수백만의 실업자가, 전세계적으로는 약 4천만의 실업자가 생겨났던 1932년의 경제 위기에서 그 의미를 거의 대부분 상실했다. 정치적 반동이 가족과 '도덕적 질서'의 이익을 위해 낙태법의 유지가 필요하다고 계속 주장하고 있고, 사회민주당 당원이며 사회위생가인 그로티얀[3]이 민족사회주의자의 주장과 동일한 주장을 하고 있음을 볼 때, 우리는 '권위주의적

---

3) Alfred Grotjahn(1869~1931). 독일의 사회의학자. 질병을 일으키는 사회적 요인에 주목하고 질병의 치료와 예방을 위해 사회적인 접근과 조치가 이루어져야 한다고 주장했다. 사회의학의 발전에 큰 영향을 미쳤다.

'가족'과 '도덕주의적 윤리'가 결정적으로 중요한 반동적 힘이라는 것을 믿어야 한다. 이런 문제들을 소홀히 해서는 안 된다. 이런 문제는 여성들의 성적 욕구를 억압함으로써 그들을 권위주의적 가족에 묶어두는 것과 관련이 있다. 또한 그런 여성들이 그들의 남편들에게 행사하는 반동적 영향력, 그리고 억압을 받으면서 그것을 감내하고 있는 수백만의 여성들에게 반동적인 성적 선전이 끼치는 효과를 보증하는 것과도 관련이 있다. 혁명적 관점에서, 정치적 반동의 영향력이 발휘되는 모든 곳에서 정치적 반동을 추적해야 한다. 반동이 자신의 체제를 옹호하는 곳, 바로 그곳에서 반동은 분쇄되어야 한다. 따라서 '국가를 유지하는' 제도인 권위주의적 가족에 대한 이해관계가 반동적 성정책의 모든 문제에서 우선시된다. 그것은 또한 소기업의 운영을 위해 가족이 경제적 통일체를 이룬, 또는 그랬던 적이 있는 모든 중산계층의 공통된 이해관계와도 일치한다. 파시스트 이데올로기는 이러한 관점에서 국가, 사회, 경제, 그리고 정치를 파악한다. 반동적 성과학이 국가를 하나의 '유기적 전체'로 제시하게끔 만드는 것도 바로 이러한 관점, 즉 소시민계층의 과거 경제양식에 의해 규정을 받는 이 관점이다. 현대 문명 속에서 노동하는 사람들에게는 가족과 사회적 존재양식이 서로 분리되어 있기 때문에 가족이 경제적인 뿌리를 가지지 않는다. 따라서 이들의 입장에서는 국가가 강제적 사회제도로 파악될 수도 있다. 즉, 국가를 '유기적 전체'라고 보는 '생물학적' 관점은 이들의 성과학과 성경제학에서는 타당하지 않다. 노동하는 사람들이 그러한 반동적 관점에 가까운 것처럼 보인다면, 그것은 그가 받은 권위주의적 가정교육 때문이다. 또한 만약 소농민과 소시민계층의 가족 상황이 그들의 경제적 상황과 유기적으로 밀접하게 얽혀 있지 않다면, 그들은 자신들의 사회적 책임을 좀더 잘 인식할 수 있을 것이다.

성적 존재양식과 성도덕을 둘러싼 모순

1871년의 독일 형법 218조는 '우생학적' 이유로 산모의 생명이 위험하거나, 강간으로 인한 임신이 여성에게 심각한 사회적 심리적 문제를 일으킨다고 판단되는 '특별한' 경우가 아니고서는 임신중절을 금지하고 있었다. 당시 독일공산당은 "당신의 몸은 당신 것이다"('Dein Körper gehört Dir!')라는 구호 아래 여성의 성적 자기결정권을 주장하며 이 조항을 폐기시키려 하고 있었다. 특히 독일공산당은 원치 않는 임신을 주로 경제적 궁핍과 연결시켰다. "만약 두번째, 세번째 아이가 태어난다면 궁핍이 시작될 것이지만 임금은 오르지 않는다. 산모의 몸에는 굶주릴 작은 프롤레타리아트가 있는 셈이다." 그러나 여성들은 독일공산당의 이런 주장에 전폭적인 지지를 보냈면서도 이듬해 총선에서 '순수한 모성'을 주장하고 있던 나치당에게 표를 몰아주는 모순된 모습을 보여줬다. 여성들은 여전히 모성과 성적인 것이 서로 대립한다는 반동적 권위주의적 이데올로기에 사로잡혀 이 모순을 인식하지 못했던 것이다(위 그림은 1924년 독일공산당의 의뢰를 받아 케테 콜비츠가 제작한 포스터 『낙태법을 폐지하라』로서, 1931년 캠페인 당시에도 사용됐다).

168 파시즘의 대중심리

세계적 경제 위기 동안, 소규모 기업의 경제적 파멸로 인해 가족과 경제 사이의 이런 연결이 느슨해졌다는 것이 밝혀졌다. 그렇지만 자주 언급되는 소시민계층의 전통적 본질, 즉 권위적-가족적 유대는 그 뒤로도 영향력을 행사했다. 따라서 소시민계층이 산아제한이라는 혁명적 이데올로기보다는 '대가족'을 강조하는 파시스트 이데올로기에 더 가까이 접근할 수 있었던 것은 혁명적 운동이 이러한 문제를 해명하지도, 우선시하지도 않았기 때문이다.

이런 사실에서 명백하게 볼 수 있는 것처럼, 어떤 것을 평가할 때 그것과 모순적인 다른 요인들과의 관련 속에서 그것을 판단하지 못한다면 오류를 범하게 될 것이다. 성적으로 억압된 사람의 생활 속에 존재하는 모순을 간과한다면, 우리는 필연적으로 잘못된 평가에 도달할 수밖에 없다. 우선 성도덕적인 생각·감정과 구체적인 성적 존재양식 사이에 존재하는 모순이 결정적이다. 예를 들어보자. 서부 독일에는 '사회주의적' 색채가 강한 산아제한단체가 많았다. 1931년의 볼프-킨레 캠페인[4] 속에서 낙태법이 표결에 부쳐졌다. 이 표결에서 가톨릭중앙당 혹은 나치당에 투표했던 여성들은 자신들이 표를 던진 정당이 이 법의 폐지를 격렬하게 반대했음에도 불구하고 법안에 찬성표를 던졌다. 동시에 그들은 가톨릭중앙당과 나치당에게 투표했다. 나치당과 가톨릭중앙당을 선택한 여성들은 자신들의 성적 만족을 확실하게 하기 위하여 성경제학적 산아제한에 찬성했다. 동시에 그녀들은 자신들의 정당에 투표했는데, 그 이유는 이 정당의 반동적 의도를 몰랐기 때문이 아니라 '순수한 모성'이라는, 모성과 성적인 것

---

4) 임신중절(낙태)를 금지하는 독일 형법 218항에 반대하여 독일 의사인 프리드리히 볼프(Friedrich Wolf, 1888~1953)와 엘제 킨레(Else Kienle, 1900~1970)가 주도한 운동을 말한다.

의 대립이라는 반동적·권위주의적 이데올로기에 사로잡혀 모순을 인식하지 못했기 때문이다. 그녀들은 독재 아래에서 권위주의적 가족이 맡고 있는 사회학적 역할에 대해 아무것도 모른 채, 정치적 반동의 성정책 영향 아래 있었다. 즉 그녀들은 산아제한에는 찬성했지만, 혁명적 세상이 자신들에게 부과할 책임은 두려워했던 것이다.

성적 반동은 자신의 목적을 위해 성적 두려움을 이용할 수 있는 수단이라면 그것이 어떤 것이든 개의치 않고 사용했다. 혁명적 진영으로부터 이에 대응하는 성경제학적 반대선전이 나오지 않았기 때문에, 기독교적 혹은 민주주의적 관점을 지닌 평범한 노동자의 부인들이나 소시민계층의 여성들은 다음과 같은 선전에 감명을 받지 않을 수 없었다.

1918년 〈볼셰비즘에 반대하는 투쟁연합〉은 이런 게시물을 발행했다.

독일의 여성들이여!
볼셰비즘이 여러분에게 어떤 위협을 가하고 있는지 아는가?
볼셰비즘은 여성의 공유를 바라고 있다.

1. 17세부터 32세까지의 여성에 대한 소유권은 폐기한다.
2. 모든 여성은 인민의 소유이다.
3. 전(前) 소유자들은 그들의 부인에 대한 우선권을 유지한다.
4. 인민재산의 견본(여성)을 사용하려는 모든 남성은 노동자 위원회의 허가증을 받아야 한다.
5. 모든 남자는 일주일에 3번, 한 번에 3시간 이상 여성을 이용할 권리가 없다.
6. 모든 남자는 저항하는 여성을 신고할 의무가 있다.

7. 노동자 계급에 속하지 않는 모든 남자는 이 인민재산을 사용할 수 있는 권리의 대가로 한 달에 100루블을 지불해야 한다.

이 선전의 비열함은 그 허위성만큼이나 분명하게 드러난다. 그러나 평범한 여성은 우선 깜짝 놀라면서 거부의 반응을 보인다. 반면 진보적인 여성은 다음과 같은 반응을 보인다.

우리 노동하는 사람들이 현재의 비참함에서 벗어날 수 있는 유일한 길은 사회주의라는 것을 인정한다. 그러나 사회주의는 적절한 한계 속에서 머물러야 하며, 따라서 이전에 옳지 않고 불필요한 것으로 생각되던 모든 것을 거부해서는 안 된다. 만약 모든 것을 거부한다면, 사회주의로의 길은 모든 관습의 야만화로 현재의 비참한 물질적 상황보다도 더욱 경악스러운 상황을 초래할 것이다. 또한 유감인 것은 사회주의에 의하여 바로 대단히 중요하고 고귀한 이상, 즉 결혼이 공격당한다는 점이다. 완전한 자유, 완전한 무절제, 즉 어느 정도의 성적 볼세비즘이 요구되고 있다. 이렇게 되면 모든 사람은 자유롭게 마음껏 자신의 삶을 누릴 수 있다는 것이다. 이제 남편과 부인 간의 동질감은 더 이상 존재하지 않으며, 자신의 기분에 따라 오늘은 이 여자와 내일은 저 여자와 함께 있으려 할 것이다. 이 모든 것은 자유, 자유로운 사랑, 새로운 성도덕이라고 불린다. 그러나 이런 미사여구로는 그 속에 심각한 위험이 숨어 있다는 사실을 기만할 수 없다. 이를 통해 인간의 숭고하고 고귀한 감정, 즉 사랑, 충실함, 희생은 더럽혀지고 말 것이다. 한 남자 혹은 여자가 동시에 여러 사람을 사랑한다는 것은 완전히 불가능한 일이며, 자연법칙에 어긋나는 것이다. 그 결과는 오로지 문화를 파괴하게 될 예측할 수 없는 야만화일 것이다. 나는 그러한 일들이 소련에서 어떻게 나타나고 있는지는 모른다. 아마도 러시아인들이 특이한 사람들이거나 아니면 그들도 실제로는 완전한 자유를 허용하지 않고 있으며 그곳에도 어떤 제재가 여전히 존재할 것이다. ······ 따라서 사회주의 이론이 아무리 아름답다 하더라도, 그리고 내가 경제적 문제에 대해서는 당신들의 의견에 동의한다 하더라도 성 문제에 관해서는 당신들을 따를 수 없다. 이러한 이유로 해서 때때로 나는 모든 것을 의심하곤 한다(「어떤 노동자의 편지」).

이 편지는 평범한 인간이 당면하고 있는 갈등을 명백하게 반영하고 있다. 즉, 여기에서는 **성적으로 강제된 도덕과 성적 무질서가 대조되고 있다. 평범한 인간은 성적 무질서와도 반대되고, 강제적 도덕과도 반대되는 성생활의 성경제학적 조절에 관해 알지 못한다.** 엄청난 강제가 부과되면, 평범한 인간은 무절제한 성적 충동으로 반응한다. 그는 성적으로 강제된 도덕과 성적 무질서에 맞서 자신을 방어한다. 도덕성은 하나의 짐으로, 욕정은 무시무시한 위험으로 나타난다. 권위 속에서 키워지고 그 권위에 의해 구속받는 사람은 자기조절이라는 자연의 법칙을 알지 못한다. 즉 그는 자신을 신뢰하지 않는다. 그는 자연스럽게 사는 것에 대해 전혀 배우지 못했기 때문에 자신의 성을 두려워한다. 따라서 그는 자신의 행위와 의사결정에 책임지기를 완전히 거부하고 지시와 지침을 요구하게 된다.

일관된 혁명적 운동은 혁명적 성정책을 통해 성취할 수 있었을 성공 중 어떤 것도 여전히 이루지 못하고 있다. 왜냐하면 인간의 억압된 성적 힘을 이용하려는 정치적 반동의 성공적인 시도에 대해 혁명적 운동은 합당한 무기를 가지고 대응하지 못했기 때문이다. 만약 정치적 반동이 정치적 강령만을 발표했다면 별로 효과를 거두지 못했을 것이다. 그러나 그들은 여성들과 소녀들의 성적 불안을 이용하여 성공적으로 작업을 수행했다. 그들은 주민 정책적 목표와 국민에게 강제된 도덕적 두려움을 세련되게 연결시켰으며, 이를 사회의 모든 영역으로 확장시켰다. 기독교로 조직된 수십만의 노동자들이 바로 이 점을 증명한다.

정치적 반동이 사용한 선전 방법의 다른 예를 들어 보자.[5]

전체 부르주아 세계에 대항하는 파괴적인 캠페인의 초창기부터 볼셰비키들은 '혼란스러운 옛 체제의 특히 강력한 유물'인 가족에 특별한 주의를 기울였다. 1924년 6월 초 코민테른 총회는 이미 다음과 같이 선언했다. "가족과 가족 관계에 대한 사상이 존속하는 한 혁명은 무력하다". 이런 태도 표명으로 인해, 가족에 대한 격렬한 투쟁이 즉시 시작되었다. 중혼과 일부다처제에 대한 금지가 풀렸고, 따라서 그런 것들이 허용되었다. 결혼에 대한 볼셰비키의 태도는 고이히바르크[6] 교수가 제안한 결혼의 정의에서 잘 드러난다. "결혼은 덜 위험스럽고 더 편리한 방식으로 성적 욕구를 만족시키기 위한 제도이다". 실제 상황에서 가족과 결혼이 얼마나 심하게 붕괴되었는가는 1927년의 인구조사 통계에 잘 나타나고 있다. 『이즈베스티야』(Izvestia)는 이렇게 쓰고 있다. "인구조사를 통해 모스크바에 수많

---

5) [지은이] "Welt vor dem Abgrund, Der Einfluss des russischen Kulturbolschewismus auf die anderen Völker," Deutscher Volkskalender, 1932, S. 47.
6) Aleksandr Grigorevich Goikhbarg(1883~1962). 소련의 법학자. 러시아혁명 이후 볼셰비키로 전향, 1918년 소련의 공식 가족법으로 포고된 법률의 초안을 작성했다. 그는 호적등기소에 신고하는 것만으로도 혼인 여부를 법적으로 인정받게 만들었고(기존에는 교회의 승인이 있어야만 했다), 아내가 남편의 성(姓)을 반드시 따르지 않아도 되며, 남편이 아내의 사생활(사업, 교우관계, 서신, 거주 등)에 관여하지 못하도록 만들었다. 이 법률은 "남성의 이기주의에서 완전히 벗어나 아내가 자유롭고 동등한 인격체로서의 정체성을 잃지 않도록 만든 법"이라는 찬사를 받았으나, 1926년 대폭 개정되어 그 혁명적 성격을 상실했다.

은 일처다부와 일부다처의 경우가 있다는 것이 분명해졌다. 대개 둘 혹은 심지어는 세 명의 여성이 한 남자의 아내로 등록되어 있는 경우들이 일상적인 현상으로 파악되었다." 독일 교수 젤하임[7]이 러시아의 가족 관계를 다음과 같이 묘사하고 있음은 별로 놀랄 만한 일이 아니다. "이것은 수천 년 동안 결혼과 유용한 성적 질서로 발전해 왔던 선사시대의 성적 질서로 완전히 퇴행하는 것이다."

강제적인 결혼생활과 가족생활 역시 완벽한 성교 자유의 주창에 의해 공격받았다. 유명한 여성 공산주의자 스미도비치[8]는 모든 소년소녀들이 좇아야 할 성도덕의 본보기를 세웠다. 여기에는 다음의 내용이 포함된다.[9]

1. 노동자 대학의 모든 학생들은, 비록 미성년자라 할지라도 자신의 성적 요구를 만족시켜야 하며 그럴 권리가 있다.
2. 만약 남자가 젊은 여성(그녀가 대학생이든, 노동자든, 단지 어린 여학생이든 간에)을 원한다면 그녀는 남자의 욕망에 복종해야 한다. 그렇게 하지 않는다면, 그녀는 진정한 공산주의자가 될 수 없는 부르주아 소녀로 여겨질 것이다.

---

7) Hugo Selheim(1871~1936). 독일의 산부인과 교수. 1926~36년 동안 라이프치히대학에 재직하면서 산부인과 진료소를 개설했고, 여성과 출산에 관한 다수의 저작을 남겼다.
8) Sophia Smidovich(1872~1934). 소련의 혁명가. 1898년 러시아사회민주노동당에 가입해 1905년 혁명에 가담한 뒤 볼셰비키로 전향, 러시아혁명 직후 콜론타이(Alexandra Kollontai, 1872~1952), 아르망(Inessa Armand, 1874~1920) 등과 함께 소련공산당 중앙위원회 여성분과를 이끌다가 1922~24년 여성분과의 책임자를 역임했다.
9) [지은이] 스미도비치의 언급은 사실상 반어적인 것으로 청소년의 성을 비판하려는 의도를 갖고 있었다[1929년 모스크바를 방문한 라이히는 스미도비치를 혁명기 소련의 자유로운 성도덕을 반대했던 대표적 인물로 지적했다. 그러나 독일 파시스트들이 인용한 그녀의 말은 그 맥락이 완전히 무시된 것이었다. 그녀는 콜론타이가 주장했던 '자유로운 결합(사랑)'을 '자유로운 섹스'로 오해했던 당대의 일부 젊은 공산주의자들을 비판하기 위해 반어적인 표현을 쓴 것이었다].

『프라우다』는 공공연하게 다음과 같이 쓰고 있다. "우리에게는 단지 남자와 여자 사이의 성적 관계만이 존재할 뿐이다. 우리는 사랑의 존재를 인식하지 않는다. 사랑은 심리적인 어떤 것이며 무시되어야 한다. 우리에게는 단지 생리학만이 존재할 가치가 있는 것이다." 공산주의자들의 이와 같은 태도에 따르면, 모든 여성들과 소녀들에게는 남성의 성적 욕망을 만족시켜야 할 의무가 있는 것이다. 이런 의무는 완전히 자발적으로 이루어지는 법이 전혀 없기 때문에 소련에서는 여성에 대한 강간이 광범위하게 벌어지게 되었다.

정치적 반동의 이러한 거짓은 단지 그 거짓 자체를 폭로한다고 해서 기능을 잃는 것이 아니다. 또한 한 개인이 '도덕적'이라는, 그리고 혁명이 권위주의적 가족과 도덕주의자를 없애지 않는다는 등의 주장을 한다고 해서 없어지는 것도 아니다. 사실 혁명 속에서 성생활은 변화하며, 예전의 강제적 질서도 해체된다. 이 사실을 부인할 수는 없다. 또한 이러한 문제에 대한 금욕적 태도가 성경제학적 진영에서 인정받고 실제로 작동되도록 허용된다면, 성경제학적 입장은 결코 규명될 수 없을 것이다. 나중에 우리는 이 문제에 대해 좀더 자세히 살펴볼 것이다.

자유로운 성정책은 성생활의 성경제학적 질서를 **지속적으로** 설명하고 증명하지 못했으며, 성적 건강에 대한 여성들의 두려움을 이해하지도, 그들이 그것을 극복하도록 만들지도 못했다. 그러나 무엇보다도 성경제학적 성을 반동적 성과 지속적으로 일관성 있게 분리함으로써 대중들에게 그것 [성경제학적 성]을 명확히 밝혀주는 데 실패했던 것이다. 성생활의 성경제학적 질서를 충분히 이해한다면 평범한 인간은 그 질서에 동의한다는 것을 우리는 경험을 통해 알고 있다.

반혁명운동은 경제적으로는 소시민계층의 경제적 생존양식으로부터, 이데올로기적으로는 신비주의에 속박된 정치적 반동의 세계관으로부터 시작된다. 정치적 반동의 문화정책에서 핵심이 되는 것은 성 문제이다. 따라서 혁명적 문화정치학의 핵심 역시 성 문제여야 한다.

성경제학은 강제적 도덕성과 성적 방탕 사이의 모순으로 야기되는 혼란에 정치적 답변을 준다.

6장 _ 국제적인 반(反)성적 조직으로서의 신비주의

교회를 둘러싼 이해관계

정신위생의 성경제학적 과업을 명확히 알기 위해서는, 문화정치적 전선(戰線)에서 공격을 감행하고 스스로를 방어하는 정치적 반동의 태도에 주의를 기울여야 한다. 정치적 반동의 연설 속에서 나타난 신비주의적 양상을 단지 '관심을 호도하려는 시도'에 불과하다는 식으로 무시하는 경향이 있다. 이미 지적했듯이, 정치적 반동이 특정한 관념적 선전을 가지고 성공을 거두었을 때 그 성공은 단지 [대중들을] 몽롱하게 만드는 것만으로 가능했던 것이 아니다. 그 성공에는 어떤 식으로든 대중심리의 문제가 놓여 있는 것이다. 즉 대중들이 자기 삶의 이해관계에 반하여 행동하고 생각하도록 만드는, 우리가 아직까지 파악하지 못한 어떤 것이 대중들 속에서 진행되고 있는 것이다. 이 문제는 결정적이다. 왜냐하면 이러한 대중들의 태도가 없다면 정치적 반동은 완전히 무력해질 것이기 때문이다. 오직 우리가 독재자의 **'대중심리적 토대'**라고 부르는 이러한 관념을 대중들이 수용할 준비가 되어 있을 때에만 파시즘은 강력해질 수 있다. 따라서 이런 점들을 완벽하게 이해하는 것이 매우 긴박한 과제이다.

노동하는 대중들에 대한 경제적 압박이 증가하면 강제적 도덕의 압박 역시 더욱 강화된다. 이는 오직 대중들의 성적 죄의식과 기존 질서에 대한 도덕적 종속을 강화시킴으로써 사회적 압력에 대한 대중들의 반란을 예방하는 기능을 수행한다. 이 조치는 어떤 방식으로 이루어지게 되는가?

신비주의에의 감염은 파시스트 이데올로기의 수용에 토대가 되는 가장 중요한 대중심리학적 조치이므로, 신비주의 일반의 심리적 효과를 이해하는 것이 파시스트 이데올로기를 탐구하는 데 불가결하다.

1932년 봄 브뤼닝[1]을 축출한 후 파펜[2]이 정권을 장악했을 때, 가장 먼저 취했던 조치 중 하나가 '국가에 대한 좀더 엄격한 도덕 교육'을 실시하겠다는 의도의 천명이었다. 히틀러 정부는 이 계획을 굳건하게 계승했다.[3]

청년 교육에 관한 포고문은 다음과 같다.

청년들은 자신들이 민족과 국가의 사상에 의해 지배받을 때, 즉 전체에 대해 책임지고 전체를 위해 희생할 수 있게 될 때 비로소 자신의 어려운 운명과 미래의 고귀한 요구에 대처할 수 있게 될 것이다. 살아가는 데 있어서 겪을 많은 어려움을 준비해야 하는 청년들에게 **관대하거나, 그들 개**

---

1) Heinrich Brüning(1885~1970). 독일의 정치가. 가톨릭중앙당 소속으로 나치당 집권 직전인 1932년까지 수상을 지냈으며, 힌덴부르크 대통령의 재선에도 협력했다.
2) [지은이] 파펜(Franz von Papen, 1888~1936)은 히틀러가 권좌에 오르는 데 주도적인 역할을 했고, 그 뒤에는 파시스트 외교관으로서 중요한 역할을 수행했다[파펜은 브뤼닝을 뒤이어 약 6개월간 수상을 지낸 인물로서, 당시 무소속이었던지라 별 힘이 없었다. 이에 파펜은 나치당의 도움을 얻고자 전임 수상 브뤼닝이 불법화했던 나치돌격대를 합법화했다. 그리고 나치당 집권 이후인 1933년부터는 오스트리아와 터키 등지에서 외교관으로 활동했다].
3) [지은이] 다음은 1933년 8월, 함부르크에서 전해진 뉴스이다. "'부도덕한' 수상운동선수를 위한 수용소. 함부르크 경찰서는 휘하 경찰관들에게 '당연한 공공 도덕의 원칙을 자주 어기는' 수상운동선수들의 행동을 주의 깊게 관찰하도록 지시했다. 경찰서는 규제를 어기는 카누 선수들에 대해 과감한 조치를 취할 것이며, 예의범절과 도덕성을 학습할 수 있도록 그들을 수용소에 집어넣을 것이라는 사실을 공표했다.

개인의 성향을 과도하게 고려해 주는 것은 잘못된 처사이다. 청년들은 실용적으로 일하는 것, 명확하게 생각하는 것 그리고 자신의 의무를 다하는 것을 배울 때, 그리고 **훈련된 복종하는 자세로 교육공동체의 질서에 순응하고 교육공동체의 권위에 자발적으로 종속되는 것**에 익숙해질 때 비로소 민족과 국가를 위해 봉사할 만반의 준비를 갖추게 될 것이다. …… 국가에 대해 참된 감정을 갖도록 가르치는 것은 독일 민족의 역사적·문화적 가치공동체에 토대를 두고 있는 독일 교육에 의하여, 즉 **우리의 서사시적인 민족 유산에 심취케 함으로써** 보완되고 심화되어야 한다. …… 청년들이 국가와 민족공동체의 가치를 인식할 수 있도록 가르치기 위한 강력한 내적 힘은 기독교 정신의 진리에서 나온다.

민족과 고국에 대한 충성심과 책임감은 **기독교적 믿음에 가장 깊게 닻을 내리고 있다**. 따라서 **기독교 학교** 및 **모든 교육의 기독교적 토대**가 정당하고 자유롭게 발전하도록 보호하는 것은 항상 특별한 의무이다.

이제 우리는 이렇게 찬양되고 있는 신비주의적 믿음의 강력함이 그 원천을 어디에 두고 있는지에 의문을 가져야 한다. '국가에 대한 충성심'을 가르치는 가장 강력한 내적 힘이 '기독교 정신의 진리'와 관련을 가진다는 정치적 반동의 주장은 전적으로 옳다. 그러나 이에 대한 증거를 제시하기 전에, 우리는 기독교 정신의 개념을 파악하는 데 있어서 정치적 반동 진영이 보여주는 내적 차이들을 간략하게 요약해야 한다.

민족사회주의의 제국주의와 빌헬름 왕조의 제국주의는 대중심리적인 토대에서 서로 구분된다. 민족사회주의는 중산계층의 빈곤화에 토대를 두고 있었지만, 독일제국은 반대로 중산계층의 **번영**에 대중적 토대를 두고 있었다. 따라서 빌헬름 왕조의 제국주의가 보여주는 기독교 정신은 민족

제3제국과 교황청의 종교협약

1933년 수상 자리에 오른 히틀러는 자신의 정권을 대외적으로 인정받고 싶어했다. 이런 목적 아래 히틀러가 가장 먼저 착수한 것은 교황청과의 종교협약이었다. 이미 군부를 자기편으로 만들어 놓은 상태였기 때문에, 종교계로부터 정권의 정당성을 인정받으면 정권이 안정되리라는 생각에서였다. 게다가 타국 정부와의 정치협약과는 달리, 교황청과는 '추상적인' 약속만으로도 협약이 가능하다는 계산이 깔려 있었다. 결국 7월 20일 제3제국은 당시 교황인 피우스 11세의 특사로 파견된 파첼리(Eugenio Pacelli, 1876~1958) 추기경과 협약을 맺었다. 훗날 '제국종교협약'(Reichskonkordat)이라고 불리게 된 이 협약은 제3제국이 신앙의 자유를 보장하고 종교 본연의 업무(종교교육, 예배 등) 수행을 침해하지 않는다는 조건으로 교황청은 히틀러 정권을 인정한다는 내용을 골자로 했다. 이 협약이 체결된 뒤, 히틀러와 파첼리는 각각 이 협약의 의의를 다르게 부여했다. 히틀러는 이 협약으로 민족사회주의가 종교적 승인을 받았기 때문에 전 세계 유태인들과 벌일 긴급한 투쟁의 교두보를 확보했다고 생각했다. 그러나 파첼리는 이 협약으로 교회와 교회법의 안정을 확보했다고 생각했다. 누구의 생각이 옳았는지 밝혀지기까지는 그리 오랜 시간이 걸리지 않았다(위 사진은 1929년 12월 12일 힌덴부르크 대통령을 접견하고 돌아가던 파첼리의 사진이다. 훗날 교황 피우스 12세가 된 파첼리는 제국종교협약으로 인해 '히틀러의 교황'이라는 오명에 시달려야 했다).

사회주의의 기독교 정신과는 다른 것일 수밖에 없다. 이런 차이에도 불구하고 이데올로기의 변화는 결코 신비주의적 세계관의 근본을 훼손하지 않았으며, 오히려 신비주의적 세계관의 기능을 강화했다.

우선 민족사회주의자들은 그들의 유명한 대표자인 우파 진영의 로젠베르크를 따라 구약을 거부했다. '유태적'이라는 이유에서였다. 로마 가톨릭 교회의 국제주의 역시 '유태적'인 것으로 여겨졌다. 국제적 교회는 '독일 민족교회'로 대체되어야 했다. 민족사회주의가 권력을 장악한 후, 교회는 실제로 이 방침을 따르게 되었다. 그에 따라 정치적 힘은 제한되었으나 이데올로기적·도덕적 영역에서의 영향력은 확대되었다.

> 독일 민족은 북유럽 혈통이 갈망했던, 신을 지각하고 경험할 수 있는 방식을 언젠가는 확실히 발견하게 될 것이다. 그때가 되면 혈통, 믿음, 국가의 삼위일체는 분명히 완벽해질 것이다.[4]

유태적 신과 신성한 삼위일체는 어떤 경우에도 동일시될 수 없었다. 따라서 예수가 유태인이었다는 사실부터가 당혹감을 불러일으켰다. 슈타펠은 재빨리 해결책을 마련했다. 예수는 **신**의 아들이기 때문에 유태인으로 볼 수 없다는 것이다. 유태교의 교리와 전통은 '자기의식에 대한 체험'으로, 면죄는 '개인의 명예라는 사상'으로 대체되었다.

죽은 뒤에 영혼이 분리된다는 믿음은 마치 '남태평양 주민의 주술' 같

---

4) [지은이] Gottfried Feder, Das Programm der NSDAP und seine weltanschaulichen Grundlagen, München : Fritz Eher Nachfahren GmbH, S. 49. [페더(Gottfried Feder, 1883~1941)는 독일의 경제이론가로 히틀러가 구상한 나치당의 25개 정강에 큰 영향을 끼친 인물이다. 1924~36년까지 독일 제국의회 의원을 지냈으며, 이후 나치당의 경제심의회 의장, 독일 경제부의 국가서기, 주택국장을 지냈다].

다는 이유로 거부되었다. 마찬가지 이유로 동정녀 마리아의 순결한 잉태 역시 거부되었다. 이 점에 대한 샤나겔[5]의 의견은 다음과 같다.

로젠베르크는 성모 마리아의 순결한 잉태라는 교리, 즉 그녀가 원죄로부터 벗어났다는 교리와 예수가 (성신에 의해 잉태되어) 처녀로부터 태어났다는 교리를 혼동하고 있다.

쾌락을 위한 성적 행위로서의 원죄라는 교리를 핵심으로 하기 때문에 종교적 신비주의는 큰 성공을 거둘 수밖에 없었다. 민족사회주의는 종교적 신비주의가 성공을 거둔 모티브를 유지했으며, 민족사회주의의 목적에 기여하는 다른 이데올로기의 도움과 함께 이를 충분히 활용하고 있다.

십자가는 속죄양이라는 교리의 은유로 우리의 힘을 모두 와해시킨다. 십자가는 또한 고통과 비탄을 섬뜩하게 보여줌으로써 우리를 비굴하게 만드는데 이것이 권력을 갈구하는 교회가 의도한 것이다. …… 독일 교회는 십자가 대신에 교훈적인 불같은 영혼, 즉 말 그대로의 의미에서의 영웅을 놓아두어야 할 것이다(『신화』, 577쪽).

요컨대 이것은 하나의 속박을 다른 속박으로 교체한 것에 불과하다. 가학적이고 나르시스적인 민족주의가 피학적이고 국제적이며 종교적인 신비주의를 대신하게 된 것이다. 이제 신비주의는 이렇게 나아간다.

---

5) Karl Scharnagel(1881~1963). 독일의 정치가. 가톨릭중앙당에서 갈라져 나온 바이에른민족당 후보로 1925년 뮌헨 시장에 당선됐다. 1944년 히틀러 암살미수 사건에 연루되어 수용소에 갔혔으나 종전 뒤인 1945년 기독교사회주의연맹의 창립 멤버로 다시 뮌헨 시장에 당선됐다.

독일 민족의 명예를 가장 숭고한 행위의 기준으로 인정하고, 그것을 위해 살아갈 것 …… 국가는 국가의 명예라는 입장이 침해받지 않는 한 모든 종교적 신념의 자유로운 활동을 허용할 것, 여러 형태의 도덕 교육이 자유롭게 설교하도록 허용할 것(『나의 투쟁』, 512, 566쪽).

국가의 명예라는 이데올로기는 권위주의적 이데올로기로부터, 권위주의적 이데올로기는 성을 부정하는 성질서로부터 도출되었다는 것은 이미 살펴보았다. 기독교와 민족사회주의 모두 강제적 결혼제도를 공격하지 않는다. 출산기능은 차치하더라도 기독교는 결혼을 '평생 유지될 완벽한 삶의 공동체'로 바라보고, 민족사회주의자는 생물학적 인종보호제도로 결혼을 바라본다. 모두 강제적 결혼만을 말할 뿐, 성생활은 외면한다.

더 나아가 민족사회주의는 종교를 역사적 토대가 아니라, '현재적' 토대를 통해 유지하려 한다. 이러한 변화는 역사적 요구를 끌어들이는 것만으로는 막을 수 없었던 기독교적 성도덕의 붕괴를 통해 설명가능하다.

민족주의적 인종국가는 언젠가는 종교에 깊숙이 정착해야만 한다. 신에 대한 우리의 믿음이 과거의 어떤 특정한 사건과 연관되지 않게 될 때, 다시 말해 신에 대한 우리의 믿음이 영속적인 경험을 통하여 개인뿐만 아니라 인민과 국가의 원초적인 활동 및 실존과도 내부적으로 복잡하게 얽히게 될 때에야 비로소 우리의 세계는 확고하게 재확립될 것이다.[6]

여기에서 '원초적인 활동 및 실존'은 '도덕적' 실존, 즉 실제로는 성

---

6) [지은이] Ludwig Haase, National Sozialistische Monatshefte, Jg. I, n. 5, S. 213.

의 부정을 의미한다는 것을 잊지 말아야 한다.

무엇이 민족사회주의자들을 스스로 교회와 분리되도록 했는지, 어떤 점에서 그들의 공통된 주장이 드러나는지 살펴보면, 종교의 반동적 기능에 불필요한 것과 실제로 효과적인 것을 확실히 구별할 수 있다.[7]

---

7) [지은이] 민족사회주의자들이 1929년 7월 1일의 프로이센 종교협약과 1930년 7월 15일의 바이에른 종교협약을 거부했다는 것은 사실이다. 그러나 이러한 거부는 4,122,370라이히마르크 [Reichsmark ; 1925~48년 독일에서 사용된 마르크화]에 달했던 1931년의 기부금에 대한 것으로 국한되었다. 바이에른에서 성직자의 봉급이 1914년에는 587만 라이히마르크였으나 가장 심각한 경제적 위기가 닥쳤던 1931년에는 1,970만 라이히마르크로 증가했다는 사실은 공격하지 않았다. 로베르트 뵈크(Robert Boeck)의 글, 「종교협약을 고찰함」(Konkordate sehen Dich an)에서 바이에른 종교협약에 관한 다음과 같은 자료를 볼 수 있다. 1925년 1월 25일의 종교협약에 따르면, 교회에 다음과 같은 권리가 부여되었다.

1. 성직자는 국가공무원이다.
2. 국가는 1817년의 세속화(교회 재산의 몰수)에 의하여 교회에게 대단히 부당한 행위를 한 것을 인정하며, 또한 국가는 교회가 그의 재산 또는 6천만 마르크 가치에 상당하는 금화의 반환을 청구하는 것을 인정한다.
3. 국가는 교회에 대한 할당금의 일부로 바이에른의 국가산림(山林)에서 얻는 수익 중 50%를 지불해야 한다. 따라서 국가는 산림에서 나오는 수익을 교회에 저당잡힌 셈이다.
4. 교회는 시민세금등록부에 의하여 세금(교회세금)을 부과할 수 있는 권한을 갖는다.
5. 교회는 재산을 획득할 수 있고 이는 무효로 할 수 없다. 또한 국가의 보호를 받을 수 있다.
6. 국가는 교위 성직자에게 위임과 시위에 상응하는 서적를 세공할 의무가 있나.
7. 교회와 성직자, 그리고 2만8천 명의 수도사들은 종교적인 산업 활동(서적, 맥주, 독주 등의 제조)을 할 수 있는 무제한의 자유를 향유한다.
8. 뮌헨 대학과 뷔르츠부르크 대학은 교회의 신임을 받아야 하며 교회의 의미를 가르칠 철학과 역사학 교수를 각각 한 명씩 임용해야 한다.
9. 국가는 초등학교에서의 종교 교육을 보장하고, 주교 또는 주교의 대리자는 가톨릭 문하생의 공적이고 종교적 생활에서의 불편과 국가당국의 유해한 또는 부적절한(!) 영향력에 대하여 이의를 제기할 수 있으며, 또한 그것의 시정을 요구할 권리를 가진다.

이 종교협약에 따라 바이에른의 가톨릭 교회는 줄잡아 10억 마르크에 달하는 가치, 즉 현금기부금, 동산, 부동산, 토지 면세와 상업적 면세, 개인 수익 등을 보장받았다.
바이에른 주는 가톨릭 교회에게 1916년에 1,300만 마르크, 1920년에 28,468,400마르크, 1931년에는 26,050,250마르크를 지불했다.
확실히 국가에 대한 교회의 봉사는 이득이 있었다. 1933년 7월 독일제국과 바티칸 사이에 체결된 종교협약은 교회와 국가 사이에 근본적이고 새로운, 대중심리에 있어 결정적인 관계를 만들지 못했다. 교회의 기본적인 경제 기능은 신성불가침의 것으로 남게 되었다.

역사적 요인, 교리, 신앙을 격렬하게 옹호하는 조항 등이 기능면에서 같은 효과를 지닌 어떤 다른 것으로 대체될 수 있다면, 본래의 것들이 의미를 잃는 것은 당연하다. 민족사회주의는 '종교적 체험'을 원한다. 그것만이 그들의 유일한 관심사이다. 민족사회주의는 단지 다른 토대 위에서 이런 체험을 제공하려 할 뿐이다. 그렇다면 이 '영속적인 체험'이란 무엇을 말하는 것인가?

'문화적 볼셰비즘'에 대한 투쟁

민족주의적 감정과 가족적 감정은 다소 모호하고 신비주의적인 종교적 감정과 가장 밀접하게 얽혀 있다. 이에 관한 문헌은 무수히 많지만 이 영역에 대한 학문적이고 세세한 비판은 적어도 당분간은 고려하지 않겠다. 우리는 중심 문제로 나아가고자 한다. 파시즘이 대중들의 신비주의적 생각과 감정에 성공적으로 의존하고 있다면, 신비주의를 이해하고 대중들의 신비주의적 오염을 교육이나 의료를 통해 극복할 때에만 파시즘에 대한 투쟁은 전망을 가질 수 있다. 과학적 세계관이 우세하다는 것만으로는 충분하지 않다. 왜냐하면 과학적 세계관은 너무나 느린 속도로 확장되어서 신비주의적 오염의 빠른 확산을 따라잡을 수 없기 때문이다. 이는 단지 신비주의 자체에 대한 우리의 이해가 불완전하기 때문이다. 과학적 계몽이 대중들에 대해 갖는 관심은 주로 교회의 고위 성직자와 교회 관리들의 부패한 행동을 폭로하는 쪽으로 쏠려 있었다. 하지만 대중들의 절대 다수는 그런 폭로에 영향을 받지 않았다. 과학적 계몽은 대중들의 감정이 아니라 지성에만 호소하고 있었다. 그러나 신비주의적 감정을 지니고 있는 사람에게 고위 성직자의 정체를 폭로하는 것은 (아무리 솜씨 있게 폭로한다 하더라도) 무의미하다. 그는 종교에 대한 맑스와 엥겔스의 역사적 분석에 감명받지 않는 것과 마찬가지로, 국가가 교회를 지지하기 위하여 노동자들의 돈을 얼마나 사용하고 있는지가 자세하게 폭로된다 하더라도 별다른 감명을 받지 않는다.

분명 무신론 운동 역시 정서적 수단을 사용하고자 했다. 예를 들어 독일 무신론자들의 성년식이 그렇다. 그렇지만 기독교 청년조직은 공산당과 사회민주당의 청년조직을 합한 것보다도 대략 30배나 많은 회원을 가지고 있었다. 1930~32년 기독교 청년조직의 구성원은 약 1백 5십만 명에 달했으나 공산당의 청년당원은 5만여 명, 사회민주당의 청년당원은 6만 명 정도에 불과했다. 나치당이 자체적으로 보고한 바에 따르면, 1931년 나치당에는 약 4만 명의 청년당원이 있었다. 『프롤레타리아 무신론자의 발언』(Proletarischen Freidenkerstimme)이라는 신문의 1932년 4월호에서 이 수치에 대한 상세한 통계를 인용할 수 있다. 이 신문에 따르면 [기독교 청년 조직의 분포는] 다음과 같다.

분포	인원
독일 가톨릭 청년연합	386,879명
가톨릭 미혼여성 중앙연합	800,000명
가톨릭 미혼남성 연합	93,000명
가톨릭 여성 남부독일 청년동맹	25,000명
바이에른 가톨릭 독서회 연합	35,220명
고등교육기관의 가톨릭 학생연합('새로운 독일')	15,290명
독일 여성노동자의 가톨릭 청년동맹	8,000명
독일 방풍림클럽 국민연합	10,000명

참조 : 『청소년조합연감』(Handbuch der Jugendvervände, 1931).

여기에서 중요한 것은 사회적 구성이다. 독일 가톨릭 청년연합의 분포는 다음과 같다.

분포	구성 비율
노동자	45.6%
숙련공	21.6%
농촌 청년	18.7%
상 인	5.9%
학 생	4.8%
공무원	3.3%

분포를 보면 프롤레타리아트 출신이 절대 다수를 차지하고 있다. 나이에 따른 1929년의 구성 비율은 다음과 같다.

분포	구성 비율
14~17세	51.0%
17~21세	28.3%
21~25세	13.5%
25세 이상	7.1%

놀라운 사실은 구성원의 4/5가 사춘기 전후의 나이라는 점이다!

청년들을 둘러싸고 벌어진 싸움에서 공산주의자들이 세계관의 문제를 희생시키고 계급소속감을 전면에 내세운 반면, 가톨릭 조직들은 문화와 세계관을 둘러싼 전선(戰線)을 향해서 나아갔다. 공산주의자들은 이렇게 말했다.

우리가 명백하게, 그리고 목적의식적으로 작업을 한다면, 억압적인 세계관의 문제보다 계급소속감이 젊은 가톨릭 교인들에게 더 강력하다는 사실이 입증될 것이다. …… 세계관의 문제를 전면에 내세울 것이 아니라 우리를 맺어주고 있는 공통의 비참함, 즉 계급소속감의 문제를 전면에 내세워야 한다.

반면에 가톨릭의 청년지도부는 『청년 노동자』(Jungarbeiter) 1931년 17호에서 다음과 같이 쓰고 있다.

공산당의 가장 크고 심각한 위험은 공산당이 젊은 노동자들과 그들의 아주 어린 자녀들을 손아귀에 쥐고 있다는 사실이다. 우리는 정부가 …… 공산주의적 혁명정당에 강력히 반대하고 있음을 기쁘게 생각한다. 그러나 무엇보다도 우리는 독일 정부가 교회와 종교에 대항하는 공산주의자들과의 투쟁에서 가장 강력한 수단으로 대처하기를 기대한다.

8개의 가톨릭 단체 대표들은 불결함과 음란함으로부터 '청년을 보호'하기 위한 베를린 검열국에서 활동하고 있었다. 1932년 청년 중앙회의 성명서에는 다음과 같은 내용이 들어 있다.

우리는 국가가 국민을 더럽히는 음란 언론, 음란 문학, 에로틱한 것, 민족적 정조를 타락시키거나 거짓되게 만드는 영화제작에 모든 수단을 동원하여 대항하고 기독교의 유산을 보호하라고 요구한다.

이렇게 함으로서 교회는 공산주의 운동의 공격을 받고 있는 곳이 아닌 전혀 다른 곳에서 자신의 신비주의적 기능을 방어했다.
『프롤레타리아 무신론자의 발언』은 다음과 같이 보도하고 있다.

프롤레타리아 청년 무신론자들의 과제는 파시스트 정책을 시행하고 긴급 조치법이나 재정축소 정책을 도입하는 데 있어서 교회와 자신들의 단체들이 하고 있는 역할을 노동하는 청년 기독교도들에게 보여주는 것이다.

익히 알고 있는 것처럼, 노동자 계급 출신의 젊은 기독교 대중들은 교회에 대한 공격에 저항했다. 그 이유는 무엇인가? 왜 젊은 기독교인들은 공산주의자들이 기대했던 것처럼 교회가 '자본주의적 기능'에 봉사하고 있음을 스스로 보지 못했는가? 그 이유는 너무나 명백하다. 교회의 이런 기능이 그들에게 알려지지 않았다는 것, 그리고 그들이 무엇이든 잘 믿도록, 또한 비판할 수 있는 능력이 없도록 구조화되었다는 것이 그 이유이다. 또한 청년 단체에서 교회의 대표자들이 자본주의에 **반대하는** 주장을 폈으며, 따라서 서로 대립하는 공산주의자와 성직자의 사회적 입장이 청년들에게 쉽사리 납득되지 않았다는 사실도 간과해서는 안 된다. 처음에는 단지 성의 영역에서만 둘 사이의 명확한 구분이 존재하는 듯했다. 즉 공산주의자들은 교회와는 반대로 청소년의 성에 긍정적인 태도를 취하는 것처럼 보였다. 그러나 공산주의 조직들은 이 결정적인 영역을 그대로 묵혀두었을 뿐 아니라, 심지어는 청소년의 성을 비난하고 금지하는 데 있어 교회와 같은 입장이라는 것이 곧 밝혀졌다. 청소년의 성에 관해서 항상 냉정하게 문제를 제기하고 그것을 해결하려 한 독일 **성정치 조직**에 대항하기 위한 공산주의자들의 조치는 성직 대표자들의 대책 못지 않게 냉혹했다. 공산주의 신념을 지닌 목사이자 정신분석가인 잘킨트가 소비에트 러시아에서 성을 부정하는 부문의 권위자였다는 것은 분명한 사실이다.

권위주의적 국가가 청년들을 자신의 체제와 사상세계에 묶어두기 위한 수단으로서 가정, 교회, 학교를 이용했다는 것을 확증하는 것만으로는

권위주의적 국가의 아이들

1922년 히틀러는 나치돌격대의 하부조직으로서 준(準)군사단체 성격의 나치유년대(공식 명칭은 '히틀러유년대' [Hitler-Jugend])를 결성했다. 애초 나치돌격대의 잠재적 신병 육성을 위해 결성된 이 단체는 히틀러가 정권을 잡게 된 1933년부터는 10세~18세의 청소년들이 가입된 독일의 모든 단체들을 완전히 통합하고, 그 군사적 성격을 강화해갔다. 나치유년대 수장이었던 쉬라흐(Baldur Benedikt von Schirach, 1907~1974)는 "나치유년대 대원이라면 누구나 원수의 지휘봉을 갖고 다니라"라고 말하며, 지도자와 나치유년대와의 일체감을 확립하기 위해 어린 대원들에게 정신적 육체적으로 강도 높은 훈련을 시켰다. 제3제국은 청소년들을 자신의 체제와 사상세계에 묶어두기 위해 가정, 교회, 학교를 이용했다. 그러나 라이히는 이런 사실을 확인하는 것만으로는 충분하지 않다고 주장한다. 오히려 우리가 파악해야 할 것은 '노예화'나 '우둔화' 등과 같은 일반적 개념이 상정하는 현상이 아니라 독재적 세력이 갈망하던 성공에 이르도록 만든 과정이며, 이 과정에서 청소년의 성생활에 대한 억압이 수행한 역할이라는 것이다(위 사진은 1932년 10월 2일 개최된 제3제국 유년대회 창립식 이후 나치유년대 대원들이 포츠담 시가지를 행진하고 있는 모습이다).

충분하지 않다. 이 제도들은 국가의 모든 권력기관들에 의해 보호를 받기 때문에 손상되지 않는다. 이 제도들의 철폐는 사회혁명을 전제로 한다. 다른 한편, 이 제도들의 반동적 작용이 동요하는 것이 그 제도들의 철폐에 전제가 되는 사회혁명의 근본적인 전제조건이다. 많은 공산주의자들은 이것을 '붉은 문화전선'의 주된 과업이라고 생각했다. 이 과업을 완수하기 위해서는 권위주의적이고 가부장적인 가정, 학교, 교회가 대단한 영향력을 행사할 수 있었던 방식과 수단을 이해하는 것, 또한 그 영향력으로 청년들을 장악하게 된 과정을 파악하는 것이 결정적인 의미를 갖는다. '노예화' 혹은 '우둔화' 등과 같은 일반적 개념은 여기에서 충분한 의미를 갖지 못한다. '우둔화'와 '노예화'는 이미 결과일 뿐이다. 오히려 문제는 독재적 세력이 갈망하던 성공에 이르도록 만든 과정이다.

청소년의 성생활에 대한 억압이 이 과정에서 수행하는 역할에 대해서는 나의 저서『청년의 성적 투쟁』에서 밝혀두었다. 지금은 반동적 문화투쟁의 핵심요소가 무엇이며, 반동적 문화투쟁에 대해 혁명적 작업이 보호해야 하는 정서적 요인이 무엇인지 연구하려 한다. 여기에서는 문화적 반동이 부각시키고 있는 모든 것을 꼼꼼히 살펴보아야 한다는 원칙을 고수할 것이다. 왜냐하면 문화적 반동이 부각시키고 있는 것들은 부수적이거나 '주의를 돌리기' 위한 것이 아니며, 혁명적 세계관에 기반한 정치와 반동적 세계관에 기반한 정치 사이의 중심적인 투쟁영역이기 때문이다.

우리가 이러한 투쟁을 성공적으로 수행하는 데 필요한 지식을 갖추지 못하고 훈련을 받지 않는다면, 우리는 어쩔 수 없이 **성 문제가 중심이 되는** 세계관과 문화 영역의 투쟁을 피해야만 할 것이다. 그러나 문화적 문제에서 견고한 발판을 획득할 수 있다면, 우리는 노동민주주의를 향한 길을 닦는 데 필요한 모든 수단을 얻게 될 것이다. 다시 한번 말하지만, **성의 금지**

는 평범한 청소년의 합리적 생각과 감정을 차단한다. 따라서 적절한 수단을 가지고 신비주의에 대응해야 한다는 점에 주의를 기울여야 하며, 이를 위해 신비주의의 메커니즘에 관한 지식이 시급히 요구된다.

이 주제에 관한 전형적인 저술 중의 하나로 브라우만 목사가 1931년에 쓴 『혁명의 불구대천 원수 그리고 선구자로서의 볼셰비즘』에서 한 구절을 임의로 인용해 보자. 물론 다른 저술로부터도 인용할 수 있을 것이다. 그러나 그 주장의 핵심은 동일하기 때문에 세부적인 사소한 차이는 문제가 되지 않을 것이다.

> 모든 종교는 신적인 것과의 합일을 통한 세상과 세상의 권력으로부터의 해방이다. 따라서 인간의 마음속에 종교적인 어떤 것이 계속 존재하는 한 볼셰비즘은 결코 인간을 완벽하게 묶을 수 없다.[8]

여기에서 신비주의의 기능은 일상의 곤경에서 '세상으로부터의 해방'으로 주의를 돌리게 하는 것, 즉 비참함의 진정한 원인에 반항하지 못하도록 만드는 데 그 목적이 있다. 하지만 신비주의의 사회학적 기능은 아직 과학적으로 충분히 연구되지 못했다. 신비주의에 대항하는 실천적 작업에서 우리는 무엇보다도 과학적인 것을 지향하는 청년들과 신비주의적인 청년들 사이의 토론에서 얻어진 인상적인 경험에 주목할 필요가 있다. 이러한 토론은 신비주의, 즉 대중들 각 개인이 갖는 신비주의적 감정을 이해하는 길을 제시한다.

---

[8] Johannes Braumann, Der Bolschewismus als Todfeind und Wegbereiter der Religion, Berlin : Evang, 1931, S. 12.

한 청년노동자 단체는 개신교 목사 한 사람을 경제 위기에 관한 토론에 초청했다. 18세부터 25세 사이의 기독교 청년 20여 명이 그를 호위하면서 나타났다. 부분적으로 타당한 사실에서 신비주의적 관점으로 도약하는 것이 우리에게는 가장 중요한 현상이지만, 여하튼 그는 본질적으로 다음과 같은 입장을 취했다. 그는 현재의 고통이 전쟁과 영 플랜[9] 때문이라고 설명했다. 또한 세계대전은 인간의 타락, 비열함, 부정, 죄악의 표현이며, 자본주의적 착취 역시 중대한 죄악이라고 말했다. 이러한 전형적인 입장을 통해서 우리는 신비주의자가 스스로 반자본주의적 입장을 취하고 그런 반자본주의적 감정이 기독교 청년들에게 받아들여졌을 때, 그 영향력을 없애는 것이 얼마나 어려운가를 확실히 볼 수 있다. 그는 계속해서 다음과 같이 말했다. 즉 자본주의와 사회주의는 본질적으로 동일한 것이기 때문에 소련의 사회주의 역시 자본주의의 한 형태이며, 자본주의가 어떤 계급에게 불이익을 주는 것처럼 사회주의 역시 다른 계급에게 불이익을 준다고. 따라서 우리는 모든 형태의 자본주의를 "발길로 걷어차야" 하며, 볼셰비즘의 종교에 대한 투쟁은 범죄행위이며, 종교는 비참함에 대해 책임이 없다고. 잘못은 바로 자본주의가 종교를 오용한 데에 있다고(그 목사는 확실히 진보적이었다). 위와 같은 주장에서 어떠한 결론이 도출되었는가? 그가 내린 결론은 다음과 같다. 인간은 비열하고 사악하기 때문에 **인간이 처한 곤경은 제거될 수 없으며, 따라서 인간은 자신의 곤경을 참고 견뎌낼 수밖에 없다.** 자본가 역시 행복한 것은 아니다. 가장 본질적인 곤경인 인간의 내적 곤경은 소련의 3차 5개년 계획이 완수된다 하더라도 없어지지 않을 것이다 등등.

---

9) Young plan. 제1차 세계대전 패전국인 독일의 전쟁배상금에 대한 최종안(案)을 말한다.

그런데 몇몇 혁명적 청년들이 자신들의 입장을 주장했다. '고통은 개별 자본가의 문제가 아니라 '체제'의 문제이자 다수가 억압받고 있느냐 아니면 소멸되고 있는 소수가 억압받고 있느냐의 문제라고, 비참함을 견뎌내기 위한 방책은 단지 비참함을 연장하는 것으로 정치적 반동에게 도움을 주는 것을 의미할 뿐이라고. 토론에 참석한 사람들은 서로 대립되는 관점을 조정하는 것은 불가능하며, 따라서 누구도 토론에 참석하면서 지녔던 신념을 바꿀 수는 없다는 점에 최종적으로 합의했다. 목사와 함께 왔던 청년들은 자기 지도자의 말을 추종했다. 그들의 물질적 상황은 공산주의자들과 마찬가지로 빈곤했지만 그들 모두는 고통에서 벗어날 수 있는 길은 없으니 그것을 감내하고 '신에 대한 믿음을 가질' 수밖에 없다는 의견에 동조했다.

토론이 끝난 후 나는 청년 공산주의자들에게 왜 교회의 핵심문제, 즉 청소년들의 금욕에 대한 강요는 이야기하지 않았는지 물어보았다. 그들은 이렇게 대답했다. 그런 문제는 너무 위험하고 다루기가 까다로워서 폭탄과 같은 결과를 초래하기 때문에 정치적 토론에서 그런 문제를 끄집어내는 것은 관례에 어긋나는 일이라고 말이다.

이 토론이 있기 얼마 전에 베를린의 서부구역에서 대중 집회가 열렸는데 그곳에서는 교회의 대표자와 공산당의 대표자가 각각 자신의 관점을 발표했다. 그 집회에 참석한 1천 8백여 명 중 반 이상은 기독교인과 소시민계층의 사람들이었다. 그 집회의 주요 연사로서 나는 다음과 같은 몇 가지 질문을 통하여 성경제학적인 입장을 요약했다.

1. 교회는 피임약의 사용이 자연적인 생식을 방해하는 다른 것들처럼 자연에 반하는 것이라고 주장한다. 자연이 엄격하고 현명하다면, 왜 자

연은 사람들이 아이를 낳고 싶은 만큼만 성교하도록 만들지 않고 일생 동안 평균 2~3천 번 정도의 성교를 하도록 성기관을 만들었는가?
2. 여기 참석한 교회 대표자들은 아이를 낳고 싶을 때만 성교한다고 공언할 수 있는가? (이 집회에는 개신교 목사들이 참석했다.)
3. 신은 왜 하나의 성기관에 두 종류의 선(腺), 즉 성흥분을 위한 선과 생식을 위한 선을 만들었는가?
4. 왜 생식기능이 시작되기 훨씬 전인 어린 시절부터 성이 발달하는가?

교회 대표자들의 당황스런 대답은 폭소를 자아냈다. 교회와 반동적 과학의 쾌락기능 거부가 권위주의적 사회의 틀 속에서 어떤 역할을 했는지를 설명하고, 성적 충족의 억압이 사람들로 하여금 스스로를 비하하도록 만들고 경제적인 것에 대한 체념을 일반화시킨다는 점을 명확히 하자 청중 전체가 나의 편이 되었다.

나는 대중 집회에서의 폭넓은 경험을 통해 성적 충족에 대한 권리가 의학적·사회학적으로 명쾌하고 직접적으로 설명될 때 성적 억압과 관련된 신비주의의 정치적으로 반동적인 역할이 쉽게 밝혀질 수 있다는 것을 알 수 있었다. 이 사실에 대해서는 충분한 설명이 필요하다.

신비주의적 감정에 대한 호소

'반볼셰비키' 선전에 따르면 '볼셰비즘'은 '모든 종교'의, 특히 '영적으로 가치 있는' 종교의 '가장 큰 적'이다. 볼셰비즘은 그 '유물론' 때문에 단지 물질적 재화만을 탐하며 재화를 생산하는 것에만 관심이 있다. 따라서 영적 가치와 정신적 양식을 조금도 이해하지 못한다는 것이다.

그렇다면 영적 가치와 정신적 양식이란 도대체 무엇인가? 흔히 성실과 믿음이 거론되며, 그 밖의 미사여구는 '개인성'이라는 모호한 개념 속으로 사라져버린다.

볼셰비즘은 모든 개인적인 것을 억누르려 하기 때문에, 인간에게 언제나 개인적인 특성을 제공하는 가족을 파괴한다. 그들은 같은 이유로 모든 민족적 열망 또한 증오한다. 모든 민족들은 가능한 한 동질적이어야 하고 볼셰비즘에 복종해야 한다는 것이다. …… 그러나 개인적 생활을 억누르려는 모든 노력은 인간의 내부에 종교의 흔적이 남아 있는 한 효과가 없을 것이다. 왜냐하면 종교가 외부 세계로부터 개인적 자유를 끊임없이 끌어들이기 때문이다.

신비주의자가 '볼셰비즘'이라고 말할 때, 그것은 레닌이 만든 정당을 의미하지 않는다. 신비주의자는 19세기 말~20세기 초의 사회학적 논쟁에 대해서는 전혀 알지 못한다. '공산주의자', '볼셰비키', '적색분자' 등은 정당, 정치, 경제 등과는 무관한 반동들의 상투어가 되었다. 이 단어들은 파시스트들이 사용하는 '유태인'이라는 단어와 마찬가지로 비합리적이다. 이것들은 권위주의적 인간의 신비주의적-반동적 구조와 관련되어 있는 반(反)성적 태도의 표현이다. 그래서 파시스트들은 [프랭클린] 루스벨트에게 '유태인', '적색분자'라는 딱지를 붙였던 것이다. 이 딱지가 붙은 사람이 어린이와 청소년의 성을 긍정하는 것과는 아주 거리가 멀다 하더라도, '유태인', '적색분자' 등의 상투어들이 가지고 있는 비합리적 내용은 보통 성적으로 생동감 있는 것과 관련된다. 러시아 공산주의자들은 미국 중산계층 사람들보다 성생활을 긍정하는 것에서 훨씬 멀리 떨어져 있다. 만약 모든 정치적 반동의 근본적인 원인인 신비주의를 극복하고자 한다면, 그 상투어들의 비합리성을 파악하는 법을 배워야만 할 것이다. 앞으로 '볼셰비즘'이라는 단어가 나올 때마다 우리는 '오르가즘 불안' 역시 생각해야 한다.

파시스트 반동주의자는 지금까지 사회학적 연구에서 완전히 무시되어 온 사실인 가족과 국가, 그리고 종교 사이의 내부적인 연결을 가정한다. 종교가 실제적 충족에 대한 환상적인 대체충족이라는 성경제학적 확신은 종교가 외부세계로부터의 자유를 의미한다는 표현에서 확인된다. 이것은 종교가 대중들에게 아편처럼 작용한다는 맑스의 테제와 완전히 일치한다. 이 말은 단순한 비유 이상이다. 신비적 경험은 흥분제와 실제로 동일한 과정을 자율적인 생체기관 속에서 일으킨다는 것이 생장요법으로 입증될 수 있었다. 이 과정은 **성기관에서의 흥분과정인데 이 흥분과정은 마취에 빠진 것 같은 상태를 야기하며, 오르가즘적 충족을 열망하도록 만든다.**

하지만 무엇보다도 우리는 신비주의적 감정과 가족적 감정 사이의 관계에 관하여 더 정확하게 알아야 한다. 브라우만은 반동적 이데올로기의 전형적인 방식을 통해 다음과 같이 쓰고 있다.

그러나 볼셰비즘은 종교를 근절시킬 수 있는 다른 방법, 즉 결혼생활과 가족생활을 체계적으로 파괴하는 방법을 여전히 가지고 있다. 볼셰비즘은 종교의 거대한 힘이 가족에서 나온다는 것을 너무 잘 알고 있다. 따라서 러시아에서는 결혼과 이혼이 자유연애를 하는 것만큼이나 쉽다.

소련이 실시한 주 5일제의 '문화파괴적' 작용에 대해 지적하는 다음과 같은 구절도 볼 수 있다.

이것은 종교뿐만 아니라 가족생활을 파괴하는 데에도 이바지하고 있다. ……가장 심각한 것은 볼셰비즘이 성적인 영역에서 자행한 황폐화이다. 결혼생활과 가족생활을 파괴함으로써 볼셰비즘은 모든 종류의 비도덕적 방탕함을 조장했으며, 심지어는 형제 자매간의 성교, 부모 자식간의 성교까지도 허용할 지경이다(이것이 소련에서 근친상간에 대한 처벌이 폐지된 근거이다). 볼셰비즘은 어떠한 도덕적 금지도 인정하지 않고 있다.

이러한 반동적 공격에 대해서 소비에트 문헌은 성적인 영역에서의 자연스런 과정에 대한 정확한 설명을 가지고 역습을 가하기는커녕, 스스로를 방어하는 데 급급했다. 즉 소련에서의 성생활이 '비도덕적'이라는 것은 전혀 사실이 아니며, 결혼 또한 다시 강화되고 있다고 주장한 것이다. 이와 같은 방어시도는 정치적으로 효과가 없었을 뿐만 아니라, 사실과도 부합하지 않았다. **기독교의 관점에서 볼 때**, 소련에서의 성은 실제로 비도덕적이었다. 결혼이 강화되었다고도 이야기할 수 없었다. 왜냐하면 권위주의적이고 신비주의적인 의미에서의 결혼제도는 실제로 소멸되었기 때문이다. 1928년경까지 소련에서는 형식적이고 합법적인, 그리고 실제적인 짝짓기가 지배적이었다. 따라서 러시아 공산주의는 강제적 결혼과 강제된 가족을 느슨하게 만들었으며 도덕주의를 파괴했다.[10] 그러나 이것은 대중들에게 그들 자신의 모순을 인식하도록 만들 뿐이었다. 즉 대중들은 사회혁명이 성취했던 것을 은밀히 그리고 절박하게 열망했지만, 동시에 도덕주의

---

10) [영어판 편집자] 그러나 1934년경부터 러시아에서 성혁명의 실패했다는 사실이 드러났고, 예전의 반(反)성적이고 도덕적인 개념들이 다시 등장하기 시작했다. 그 중에는 강제적 결혼과 반동적 성입법으로의 복귀가 포함되어 있었다. 다음을 참조하라. Wilhelm Reich, The Sexual Revolution, New York : Orgone Institute Press, 1945.

도 승낙했던 것이다. 이런 [사회혁명의] 과제를 완성하기 위해서는 강제적 가족, 신비주의, 성 사이의 관계를 명확히 하는 것이 필수적이다.

민족주의적 정서가 권위주의적-가족적 감정의 직접적인 연속임은 이미 앞에서 살펴보았다. 신비주의적 감정 역시 민족주의적 이데올로기의 원천이다. 따라서 가부장적-가족적 태도 **그리고** 신비주의적 태도는 파시즘과 제국주의적 민족주의의 대중심리적인 기본요소이다. 따라서 사회적 혼란이 대중들을 움직이게 만들 때, 신비주의의 양육이 파시즘을 선도한다는 사실은 대중심리학적으로 입증된다.

오토 톨리슈스[11]는 1942년 8월 14일자 『뉴욕타임스』에 일본인의 제국주의적 이데올로기에 관하여 다음과 같이 쓰고 있는데, 마치 '파시즘의 대중심리'를 미리 연구한 듯 보일 정도의 기록을 남겨놓았다.

현재 일본 정부를 지배하고 있는 군부나 극단적 민족주의 당파뿐만 아니라 지식인들 사이에도 널리 퍼져 있는 야망과 전쟁에 대한 마음상태가 올해 2월에 동경에서 발간된 한 책자 속에 폭로되어 있다. 이 책의 저자는 후지사와 치카오[12] 교수인데 그는 일본 정치사상 및 철학의 대표적인 해석자 중 한 명이다.

널리 배포할 목적으로 만든 이 책자에 의하면, 일본이 인류와 세계 문명

---

11) Otto Tolischus(1890~1967). 리투아니아 태생의 미국 신문기자. 1931년부터 1964년까지 『뉴욕타임스』(New York Times)에서 일했다. 독일과 일본에서 특파원으로 활동하면서 히틀러의 부상(浮上)과 제2차 세계대전 시기의 일본에 대해 많은 기사를 썼다. 1941년 일본에서 체포되어 18개월의 강제노역형에 처해지기도 했다.
12) 藤沢親雄(1893~1962). 일본의 정치사상가·철학자. 신도 사상과 '일본의 신성한 역할' 등을 강조하여 일본의 군국주의를 이론적으로 뒷받침했다. 주요 저서로 『황도정치학 개론』(皇道政治學槪論, 1933), 『신의 나라, 일본의 사명』(神國日本の使命, 1943) 등이 있다.

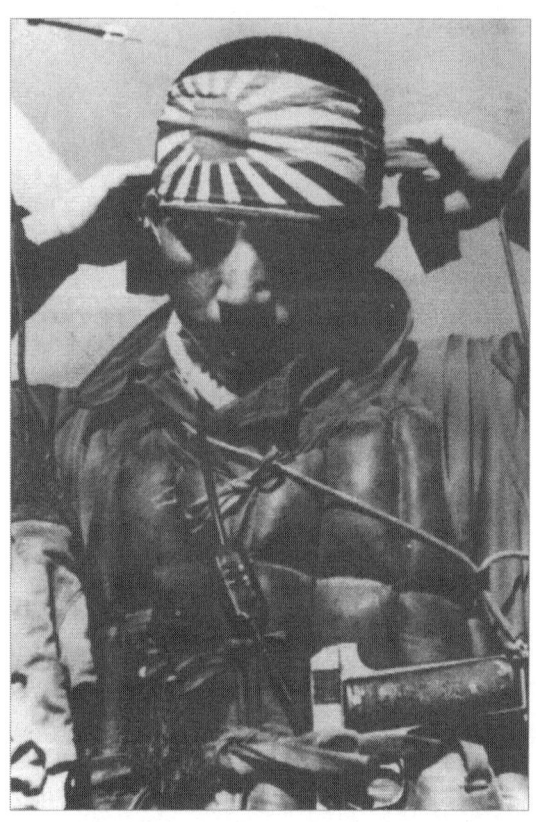

신의 폭풍, 가미카제(神風)

제2차 세계대전 말기인 1942년경, 일본 해군항공대는 점점 불리해지는 전세를 이겨내고자 특별공격대를 결성하기에 이른다. 가미카제라고 불리던 이 특공대는 연합군 함대에 동체(胴體)로 부딪치는 무모한 공격을 위해 조직된 '자살특공대'로서, 제1해군항공대 부제독 오니시 타키지로(大西瀧治郎, 1891~1945)가 결성을 진두지휘했다. 이런 착상을 하게 된 배경에는 연이은 전쟁으로 숙달된 조종사들이 거의 전사했고, 연합군의 군사력이 일본전투기들을 구형으로 만들어버렸다는 사실이 있었다. 그러나 일본을 '절대적인 우주적 생명의 중심지'라고 설파했던 신도(神道)에 대한 믿음, 특히 신의 위력으로 분다는 폭풍에 대한 종교적 믿음도 이에 한몫을 했다(위 사진은 1941년 12월 7일, 진주만 공습을 앞두고 신도 의식을 거행하고 있는 한 가미카제 대원의 모습이다).

의 본래 고향으로서 전쟁 중인 인류를 하나의 보편적 가정으로 재결합시키기 위하여 성전을 수행하고 있다는 것이다. 이 보편적 가정 속의 모든 국가는 일본 천황의 성스러운 지배 아래 자신의 자리를 차지하게 되는데, 일본 천황은 (모든 국가가 이곳을 벗어나 방황하고 있지만 꼭 되돌아가야만 하는) '절대적인 우주적 생명의 중심지'에 있는 태양신의 직계 자손이라는 것이다.

이 책의 전반적인 주장은 신도(神道)로부터 이끌어낸 사상을 요약하고 체계화하여 현재의 세계대전에 응용한 것에 불과하다. 신도라는 것은 마츠오카 요스케[13]의 지도 아래 일본 정치인들이 팽창정책을 정당화하기 위해 제국주의적 교리로 발전시킨 것이다. 바로 이런 점 때문에 이 책은 일본인의 본성에 깊이 배어 있는 모든 종교적·인종적·민족적 사상과 정서에 호소하고 있다. 이런 의미에서 볼 때 후지사와 교수는 일종의 일본판 니체 또는 바그너이며 그의 책자는 아돌프 히틀러가 쓴 『나의 투쟁』의 일본판이라 할 만하다.

『나의 투쟁』에 대해 그랬던 것과 마찬가지로, 세계는 일본 사상의 이러한 추이에 거의 주의를 기울이지 않았다. 즉 그것을 순수한 환상으로 여기거나 신학의 영역으로 넘겨버렸던 것이다. 그러나 이것은 현재의 세계대전을 초래한 일본의 팽창정책에 수년 동안 이데올로기적 배경을 제공해 왔다. 따라서 이런 일본 사상의 추이를 살펴보지 않고서는 미국에 대한 일본의 최후통첩을 이해할 수 없다.

후지사와 교수가 국제연맹 사무국의 영구의원이었으며, 큐슈 제국대학의

---

13) 松岡洋右(1880~1946). 일본의 정치가. 1933년 일본의 국제연맹 탈퇴를 이끈 뒤, 1940년 외무성 장관이 되어 파시즘 세력과의 동맹에서도 주도적인 역할을 했다. 제2차 세계대전이 끝난 후 전범으로 재판을 받았으나, 재판이 끝나기 전 사망했다.

정치학 교수였다는 점, 그리고 여러 나라 말로 일본의 정치학에 관한 수많은 저작을 발간했다는 점에서 이 책의 권위를 읽을 수 있다. 그는 현재 전쟁을 위해 일본 국민을 조직화할 목적으로 만들어진 제국규율협회 조사부의 책임자이며 전세계에서 이런 사상이 위력을 발휘하도록 만드는 일을 책임지고 있다.

이 책의 독특한 특징은 다음의 처음 몇 구절에 상세히 나타나 있다.

"일본은 흔히 '수메라 미쿠니'(皇御國)라는 시적인 단어로 일컬어지는데, 이는 모든 것을 통합하고 포용하는 신의 나라라는 뜻이다. 이 말의 철학적 함의를 마음속 깊이 새길 수 있다면, 3국동맹이 체결된 1939년 9월 29일 천황이 공표한 칙서의 요지를 파악할 수 있을 것이다. 우리의 자비로운 천황께서는 세계를 하나의 가정으로 만들고 모든 민족이 자신에게 적정한 위치를 차지할 수 있도록 하기 위해서는 위대하고 정당한 대의가 지구의 맨 끝까지 확대되어야 한다고 엄숙히 선언하셨다. 칙서의 이 중요한 구절은 우리 존엄하신 천황 폐하의 (모든 것을 포용하는 만국가정의 수장으로 행동하시려는) 성격을 명백히 하고 있는데, 그 분의 품 안에서 모든 민족은 조화와 협동의 동적 질서 안의 위치를 할당받게 될 것이다.

최선을 다하여 '절대적인 우주적 생명의 중심지'를 부활시켜서 먼 옛날 한때는 모든 민족이 지니고 있던 수직적 질서를 재건하는 것이 우리 천황께 주어진 의무이다. 그렇게 함으로써 폐하는 약자가 강자의 제물이 되는 무법과 무질서의 현세계를 완벽한 조화와 화합이 이루어지는 거대한 가족 공동체로 바꾸기를 원하신다.

이것이 태곳적부터 일본이 수행하도록 되어 있던 신성한 임무의 목적이다. 다시 말하자면, 이것은 우리의 신성한 군주가 구현하고 있는 우주적 생명력을 전세계에 충만케 하는 것이다. 이렇게 해서 분리되었던 모든 단위 민족들은 같은 피를 나누었다는 진정한 형제애를 가지고 영적으로 재결합될 수 있을 것이다.

바로 이러한 방식을 통해서만 세계의 모든 국가를 현재의 국제법상에 극명하게 드러나 있는 개별주의적 태도를 버리게끔 이끌 수 있다."

후지사와 교수는 이것이 '신의 길'이라고 말한다. 그는 이것을 신비주의적 용어로 설명하고는 계속해서 다음과 같이 쓰고 있다.

"이러한 점에서 본다면 미국에 팽배해 있는 자본주의적 개인주의가 우주적 진리에 역행하고 있음을 충분히 이해할 수 있을 것이다. 왜냐하면 그것은 모든 것을 포용하는 생명의 중심지를 무시하고 있으며, 또한 자유분방함과 억제되지 않은 자아만을 다루고 있기 때문이다. 소련이 공식적인 주의로 격상시킨 독재적 공산주의 역시 우주적 진리와 조화되지 않는다. 왜냐하면 그것은 개인의 추진력을 무시하고 단지 국가의 철저한 관료적 통제만을 행사하려 하기 때문이다.

민족사회주의 독일과 파시스트 이탈리아의 지도 원칙이 무수비[産靈; 일본 신도에서 만물을 창조하는 힘을 뜻하는 말] 원칙과 많은 공통점을 지니고 있음은 주목할 만한 가치가 있다. 추축국을 민주주의 국가 및 소련과 구별지어 주는 많은 것 중 하나가 바로 이 원칙이다. 일본, 독일, 이탈리아가 구질서를 옹호하려는 세력에 대항하여 공동전선을 형성하게끔 촉진시킨 것은 바로 이러한 정신적 결속 때문이었다."

후지사와 교수의 설명에 따르면, 수메라 미쿠니는 동양 지배라는 '무절제한 야망'을 실현하려는 루스벨트 행정부 및 처칠 내각과 교전 중이다. 그러나 수메라 미코토[皇尊; 일본 천황]가 밤낮 없이 태양신의 영혼에게 진실한 기도를 한 덕에, 신성불가침인 우주의 법칙에 반항하는 자들에게 치명타를 가하기 위하여 마침내 성군이 소집되었다는 것이다.

실제로 후지사와 교수는 다음과 같이 쓰고 있다. "사실상 (일본 왕조의 신화적 선조인 태양신의) 손자의 두번째 후손인 현재의 위대한 동아시아는 수메라 미코토의 영원한 생명 속에서 스스로를 영속화하고 있다."

이와 같은 이유를 들어 후지사와 교수는 이렇게 결론을 내린다. "수메라 미쿠니가 일으킨 성전은 조만간 모든 민족으로 하여금 자기 민족의 생명이 수메라 미코토에 의해 구현되는 절대적인 생명의 중심지로부터 나왔다는, 또한 수메라 미코토의 지도 아래 모두를 포용하는 가족체제로 모든 민족을 재조직하지 않고서는 평화와 조화가 이루어질 수 없다는 우주적 진리를 깨닫게 만들 것이다."

후지사와 교수는 경건하게 다음과 같이 덧붙이고 있다.

"이와 같은 숭고한 사상을 약한 민족이 비참하게 종속되는 제국주의의 측면에서 보아서는 안 된다."

이런 사상 자체도 놀랍지만, 더욱 놀라운 것은 이 사상이 과학적 토대를 가지고 있다는 후지사와 교수의 주장이다. 일본 연대기와 역사에 의하면 일본 정부가 일본 제국이 창건되었다고 주장하는 기원전 2천6백 년 전까지(많은 역사가들은 이 시점을 서력 기원 정도로 추측하고 있다) 일본 섬의 주민은 아직까지 원시적인 야만인이었으며, 그들 중 일부는 나무에서 사는 '꼬리달린 인간'이었다는 것이 인정됨에도 불구하고, 후지사와 교수는 일본이 온 인류와 문명의 모국이라는 주장을 은근히 전개하고 있다.

일본에서 최근에 발견된 사실들과 희귀 고문서를 몇몇 서구 권위자의 저술을 보충하여 살펴보면 "선사시대의 인류는 수메라 미코토를 수장으로 하는 전세계에 걸친 단일 가족체제를 이루고 있었으며, 일본은 부모의 땅으로서 높은 존경을 받았고, 다른 지역은 자신들의 땅이나 분파지역으로 불렸다는 놀라운 사실"이 입증된다고 후지사와 교수는 설명하고 있다.

후지사와 교수는 1280년에 힐리포드(Hilliford)라는 사람이 만들었다는 세계지도를 이 사실의 증거로 들고 있는데, 그 지도 속에는 "동양이 세계의 맨 위에 놓여 있으며 일본이 차지하고 있는 지역은 '하느님의 왕국'이라고 쓰여 있다"는 것이다.

후지사와 교수는 계속해서 다음과 같이 쓰고 있다.

"선사시대 일본의 역사를 철저히 연구한 뛰어난 학자들은 모두 인류의 발상지가 파미르 고원이나 티그리스강과 유프라테스강 유역이 아니고 일본 본토의 중부 산악지역이라고 결론을 내리고 있다. 이 새 이론은 방향을 잘못 잡은 인류를 구원해야 한다는 일본의 신성한 의무를 확고하게 믿고 있는 사람들로부터 철저한 주목을 받고 있다."

이 독단적인 논문에 따르면, 바빌로니아 문명(이 문명으로부터 이집트 문명, 그리스 문명, 로마 문명을 포함하는 여러 문명이 전개되었다)을 이룩했다고 여겨지는 수메르인이 바로 에르두에 살았던 초기 일본 정착인이라는 것이다. 이런 사실을 통해 후지사와 교수는 선사시대의 『일본서기』(日本書紀)와 구약이 일맥상통한다는 주장을 편다. 또한 그는 중국 역시 다른 나라가 아닌 일본에 의해 개화되었다고 주장하고 있다. 그러나 일본의 역사기록에 의하면 일본은 서기 4백년 경 한국인과 중국인이 글을 가르쳐주기 전에는 읽지도 쓰지도 못하는 나라였다.

후지사와 교수는 불행히도 "일본이 절대적인 통일적 중심지로서 기능했던 세계 질서는 반복되는 지진, 화산, 폭발, 홍수, 해일, 빙하 탓에 붕괴되었다. 또한 이런 거대한 대변동 탓에 인류는 부모의 땅인 일본에서 지리적으로, 정신적으로 멀어지게 되었다"고 말한다.

그러나 수메라 미쿠니는 "이러한 자연의 모든 대변동을 기적적으로 벗어났다. 그리고 수메라 미쿠니의 성스러운 지배자인 수메라 미코토는 오랜 세월 동안 끊이지 않은 혈통을 이어왔으며, 또한 흩어져 표류하고 있는 인류를 선사시대에 존재했던 것과 같은 거대한 가족 공동체로 재구성해야 할 신성한 의무를 스스로에게 부여했다"는 것이다.

후지사와 교수는 다음과 같이 덧붙이고 있다. "인류를 구원할 이 신성한 의무를 수행할 수 있는 저력이 있는 사람이 오로지 수메라 미코토뿐이라는 것은 명백하다."

톨리슈스는 자신이 기술하고 있는 이 현상을 이해하지 못하고 있다. 그는 이 현상이 합리적 제국주의가 의식적으로 행하는 신비주의적인 은폐라고 믿고 있다. 그러나 만약 성경제학이 모든 형태의 파시스트적·제국주의적·독재적 신비주의의 기원을 가부장적이며 권위주의적인 가족과 국가조직을 통한 신비주의적 왜곡에서 찾아낸다면, 톨리슈스의 보고서는 성경제학의 판단이 옳다는 것을 명확하게 보여주는 것이 된다.

만약 민족감정이 모성적 유대, 즉 향수로부터 도출된다면, 신비주의적 정서는 이러한 가족적 유대와 분리될 수 없는 반(反)성적 분위기로부터 생겨난다. 권위주의적-가족적 유대는 성적 육욕의 억제를 전제로 한다. 이러한 육욕의 억제에 가부장제적 사회에서 자란 모든 아이들이 예외 없이 노출되어 있다. 겉으로는 아무리 화려하고 '자유스러운' 것처럼 보이는 어떠한 성적 활동에도 이 뿌리깊은 억제가 존재한다는 것을 전문가는 알아볼 수 있다. 사실상 나중의 성생활에서 발생하는 많은 병리적 표현, 예를 들어 무차별적으로 성적 파트너를 선택하는 것, 성적 방탕, 병리적인 방종 성향 등은 바로 오르가즘적 경험능력의 억제로부터 유래한다. 모든 권위주의적 양육에서 행해지는 무의식적인 죄의식과 성불안이라는 특징을 갖는 억제의 필연적 결과(오르가즘적 성불능)는 지울 수 없고, 무의식적으로 작동하는 **오르가즘에 대한 열망**이며 이 열망은 태양신경총[명치] 부위의 긴장감각으로 나타난다. '그리움이 가슴에 사무친다' 는 일반적인 문장은 생리학적으로도 의미가 있다.[14]

우선 정신물리학적 기관의 지속적인 긴장은 유아와 청소년이 꿈꾸는 몽상의 토대를 이루는데, 이런 몽상은 신비주의적이고 감상적이고 종교적인 정서로 쉽게 바뀌어 전개된다. 신비주의적-권위주의적 인간은 이러한 정서의 분위기에 휩싸여 있다. 따라서 평범한 아이들이 모든 종류의 민족주의, 신비주의, 미신의 신비적 영향력을 **흡수**할 수밖에 없는 구조가 생성된다. 아주 어릴 때 들었던 무시무시한 옛날이야기, 조금 큰 후에 듣게 되는 탐정이야기, 그리고 교회의 신비주의적 분위기는 나중에 군대와 조국에 대한 헌신이 생체-정신적 기관에 울려퍼지게 되는 시작일 뿐이다. 신비주의적 인간이 표면적으로 난폭한가 야만적인가 하는 점은 신비주의의 영향을 평가하는 데 중요하지 않다. 중요한 것은 표면의 밑에서 일어나는 과정이다. 마투슈카, 하르만 그리고 퀴르텐의 감상적인 말과 종교적 신비주의는 그들의 가학적 잔혹성과 밀접하게 연관되어 있다.[15] 이 반대되는 정서들은 하나의 동일한 원천에서 나온다. 성적 금지 때문에 충족되지 못하고, 자연스러운 충족을 향한 정해진 길을 방해받은 **생장적인** 열망이 그 원천이다. 그러므로 이 강렬한 열망은 한편으로는 강한 가학성의 방출을 쉽게 만들기도 하고, 다른 한편으로는 (동시에 존재하는 죄의식에 조응하여) 신비주의적인 종교 경험으로 나타나기도 한다. 유아 살해범 퀴르텐이

---

14) [지은이] 나의 책 『오르가즘의 기능』(The Function of the Orgasm) 중 임상적 보고를 볼 것.
15) 마투슈카(Sylvestre Matuschka, 1902~?)는 오스트리아-헝가리 제국의 군인으로서 수십 차례 열차를 전복시킨 범죄자이며, 하르만(Fritz Haarman, 1879~1925)과 퀴르텐(Peter Kürten, 1883~1932)은 독일의 유명한 연쇄살인범이다. 이들은 모두 신의 계시를 받아 범죄행위를 저질렀으며, 범죄행위를 통해 오르가즘을 느꼈다고 자백했다는 공통점이 있다.

성적으로 건강하지 못했다는 사실은 그 아내의 증언으로 명백히 드러났지만 이 사실은 임상 정신치료 '전문가'들의 관심을 끌지 못했다. 가학적 야만성과 신비주의적 정서의 결합은 보통 오르가즘을 경험할 수 있는 능력이 방해되는 곳이라면 어디에서나 일어나기 마련이다.

이는 중세의 종교 재판, 야만적이고 신비주의적이었던 에스파냐의 왕 펠리페 2세[16]의 경우뿐만 아니라 현대의 대량살인의 경우에도 마찬가지이다.[17] 히스테리적인 질병이 불안으로 인한 무력감에서 나오는 변덕스러운 흥분을 해소시키지 못하거나, 강박신경증이 무의미하고 기괴한 강박적 증상에서 나오는 흥분을 해소시키지 못할 경우, 가부장적-권위주의적인 강제적 질서는 그 흥분이 가학적-신비주의적으로 방출될 수 있는 충분한 기회를 제공한다.[18]

그런 행동의 사회적 합리화는 그 행동의 병리적 성격을 지워버린다. 가부장적 성경제를 사회적으로 중요한 현상으로 정확하게 파악하기 위해 미국의 다양한 신비주의적 분파, 인도의 불교 이데올로기, 신지학(神智學)·인지학(人智學)의 다양한 추세 등을 살펴볼 수 있다. 이를 통해 단지

---

16) Felipe II(1527~1598). 에스파냐의 왕(재위 1556~1598). 재위 당시 에스파냐는 전성기를 구가하고 있었으나, 네덜란드에서의 반란을 진압하는 데 실패하고, 영국을 침공하면서 무적함대가 궤멸당하는 등 대외정책은 대부분 실패했다. 열렬한 가톨릭 신자로 프로테스탄트의 확장을 저지하여, 프로테스탄트 세계에서는 편협하고 잔인한 모습으로 그려진다.
17) [지은이] 드 코스터(Charles De Coster, 1827~1879)의 『틸 오일렌슈피겔』(Légende de Thyl Ulenspiegel et de Lamme Goedzak, 1867)을 볼 것[드 코스터는 벨기에의 소설가로 벨기에의 민족의식을 고취하고 민족문학의 기틀을 마련하는 데 큰 기여를 한 인물이다. 여기에서 라이히가 언급하는 『틸 오일렌슈피겔』은 드 코스터가 10년에 걸쳐 완성한 소설이다. 독일 민간설화의 주인공인 틸 오일렌슈피겔을 주인공으로 하여 압제에 대한 저항을 그려내고 있는 이 소설에는 종교재판이 절정에 달했던 16세기의 끔찍한 분위기가 생생히 묘사되어 있다].
18) [지은이] 아편 중독자들은 항시 오르가즘에 도달하지 못한다. 따라서 그들은 흥분을 인위적으로 없애려 하지만 결코 그 뜻을 이루지 못한다. 대개 그들은 가학적, 신비주의적, 자기도취적, 동성애적이 되며 불안을 없애기 위해 야만적으로 행동하면서 고통을 받는다.

우리가 모든 계층의 사람들에게서 더 산만하고, 실체가 잡히지 않는, 무엇보다도 덜 명백한 형태로 발견하는 사실들이 응집된 것이 신비주의적 집단들이라는 점을 확신하는 것만으로도 충분하다. 신비주의적, 감상적, 가학적 정서의 정도와 자연스러운 오르가즘 경험의 일반적인 장애 정도 사이에는 밀접한 관계가 있다. 성과학에 관한 수백 권의 책을 읽는 것보다 3류 뮤지컬 관객의 행동을 관찰하는 것이 이 문제에 관해서 더 많은 것을 가르쳐준다. 이런 신비주의적 경험의 내용과 방향은 다양하고 상이하지만, 그것들의 성경제학적 토대는 보편적이며 전형적이다. 그러한 신비주의적 경험을 참된 혁명가나 자연과학자, 건강한 청년 등의 현실적이고 비감상적이며 활력 있는 경험과 비교해 보라.

이 주장에 대해 가모장제적 질서 아래에서 자연스러운 생활을 영위했던 원시인 역시 신비주의적 감정을 가지고 있었다는 분명한 반대 의견이 나올 수 있다. 가모장제 아래의 인간과 가부장제 아래의 인간 사이에 근본적인 차이가 있음을 보이기 위해서는 상세한 증거가 필요하다. 그러나 무엇보다도, 가부장제 사회에서 성에 대한 종교의 태도가 변했다는 사실만으로도 이는 입증될 수 있다. 종교는 원래 성의 종교였지만 나중에 반(反)성적인 종교로 변했던 것이다. 성을 긍정하던 사회의 원시인들이 지닌 '신비주의'는 직접적인 오르가즘 경험이자 자연스런 [생장]과정의 애니미즘적 해석이었다.

파시스트 반동의 측면에서 본 문화혁명의 목표

사회혁명은 인간의 고통을 만들어내는 사회적 토대를 제거하는 데에 모든 힘을 집중한다. 그러나 사회 질서의 사회적 변혁에 대한 우선적 필요성은 성경제학적 목표와 의도를 희미하게 만든다. 즉, 혁명가는 가장 긴급한 과업의 실천적 해결을 위한 **전제조건**이 확립될 때까지 그 [성경제학적] 과업의 해결을 미룰 수밖에 없다. 반면에 반동주의자는 그 희미해진 혁명의 문화적 최종 목표를 첨예하게 공격한다.

문화적 볼셰비즘은 우리의 기존 문화를 파괴하고 이를 인간의 세속적 행복을 위해 봉사하도록 재구성하려 한다.

위 구절은 1931년 기독교계 출판사인 폭스분데스에서 발간된 논쟁적인 문건『문화적 볼셰비즘』(Kulturbolschewismus)에서 쿠르트 후텐[19]이 서술한 것이다. 정치적 반동의 이러한 비난은 문화혁명이 실제로 염두에 두고 있는 것과 관련이 있는가? 아니면 흑색선전을 위해 혁명의 영역 안에 분명 존재하지 않는 목표를 혁명의 탓으로 돌리는 것인가? 앞의 질문에 대해서는 그 목표의 필요성을 방어하고 명백히 밝히는 것이 필수불가결하다. 두번째 질문에 대해서는 그 비난이 잘못된 것임을 증명하는 것으로 충분할 것이다. 즉 정치적 반동이 혁명의 탓으로 돌리고 있는 것을 부인하는 것으로 충분하다.

정치적 반동 자신은 세속적 행복과 종교 사이의 대립을 어떻게 평가하고 있는가? 후텐은 다음과 같이 서술하고 있다.

---

19) Kurt Hutten(1901~1979). 독일의 신학자이자 언론인. 1928년 튀빙겐 신학대학을 졸업한 뒤 1935년 기독교계 신문『복음주의 언론』(Evangelischen Pressedienstes)의 편집장이 됐다. 비록 나치당의 가입 제안은 거부했으나 보수주의 신학의 대변자로서 독일 사회의 보수화에 한 몫을 담당했다. 주요 저작으로『문화적 볼셰비즘』(Kulturbolschewismus : Eine deutsche Schicksalsfrage, 1932) 이외에도『피와 믿음에 관하여』(Um Blut und Glauben, Evangelium oder völkische Religion?, 1932) 등이 있다.

우선 문화적 볼셰비즘의 가장 격렬한 투쟁은 반(反)종교적인 것을 향하고 있다. 왜냐하면 종교가 살아 있는 한, 종교는 문화적 볼셰비즘이 목표를 달성하는 데 있어 가장 강력한 장애물이기 때문이다. …… 종교는 모든 인간의 생활을 초인간적이며 영원한 권위를 가진 어떤 것에 종속시킨다. 종교는 개개인이 갖고 있는 욕망을 거부하고 희생하고 포기할 것을 요구한다. **종교는 인간생활을 책임, 죄, 판단, 영원성으로 둘러싼다. 그것은** 인간욕구의 무제한적인 소모를 억제한다. **문화혁명은 인간의 문화적 혁명이며, 모든 생활영역을 행복에 대한 기대에 종속시키는 것이다.**

여기에서 정치적 반동이 세속적 행복을 거부하고 있다는 것이 확실하게 드러난다. 반동주의자들은 〔혁명 때문에〕 제국주의적 신비주의(제국주의적 '문화')의 구조적 정착이 맞게 될 위협을 감지하고 있다. 반동주의자는 혁명가가 자신의 목표를 인식하는 것보다 더 잘, 더 심오하게 그런 위협을 인식한다. 왜냐하면 혁명가는 우선 사회적 질서를 변화시키는 데에 자신의 힘과 의견을 집중해야 하기 때문이다. 권위주의적 가족과 신비적 도덕주의가 혁명에 의해 위협을 받으리라는 사실을 평범한 혁명가가 어렴풋이 깨닫게 되기 훨씬 전부터 반동세력의 지도자들은 그 위협을 인식하고 있다. 실제로 사회혁명가는 다음과 같은 관점에 사로잡혀 있다. 반동주의자들은 영웅주의, 고통의 수용, 결핍의 지속을 절대적으로 영원히 대표하며, 따라서 자신이 원하든 원하지 않든 제국주의의 이익을 대표한다는 것이다(일본의 사례를 참조하라). 반동주의자들은 그 목적을 달성하기 위하여 신비주의, 즉 성적 금욕을 요구한다. 반동주의자들은 행복이 본질적으로 성적인 것이라고 판단하는데 이 평가는 옳다. 혁명가 역시 많은 제한과 의무와 포기를 요구한다. 행복을 위해서는 우선 그 가능성을 위해 투쟁해야 하기 때문이다. 그래서 대중들을 위한 실천적 작업의 와중에 실제 목표는 노동이 아니라(사회적 자유는 노동 시간의 지속적인 감축을 낳는다), 오르가즘에서 숭고한 정신적 성취에 이르는 모든 형태의 성적 행위와 생활이라는 것을 쉽사리 (때때로 기꺼이) 잊어버린다. 노동은 생활의 토대이며 또한 토대로 남아 있을 것이다. 그러나 사회적 틀 속에서 노동하는 개인과 시간은 축소되고 기계의 영역이 확대되어야 한다. 이것이 바로 노동 합리화의 본질이다.

후텐의 경우에서와 같이 명백하게 체계화되지는 않았지만 다음과 같은 구절들이 신비주의적이며 반동적인 많은 저술들 속에서 발견된다.

문화적 볼셰비즘은 어제 오늘의 것이 아니다. 그것은 태곳적에 인간의 가슴 속에 심어진 열망, 다시 말해 **행복에의 열망**을 토대로 한다. 문화적 볼셰비즘은 지상 낙원에 대한 태곳적부터의 향수(鄕愁)이다. …… 신념의 종교는 쾌락의 종교로 대체되었다.

이러한 주장에 대해 우리는 다음과 같은 질문을 던지고 싶다. **왜 지상에는 행복이 존재하지 않는가? 왜 쾌락이 삶의 내용이 되어서는 안 되는가?** 대중들이 이런 질문들을 접하게 된다면 어떠한 반동적인 가치관도 유지되지 못할 것이다.

반동세력은 비록 신비주의적으로 이해한 것이기는 하지만 신비주의와 강제적 결혼 및 강제적 가족과의 관계를 올바르게 인식하고 있다.

이런 (쾌락의 결과에 대한) 책임을 지기 위하여 인간 사회는 성관계를 보호해 주는 틀인 일생의 공동체로 결혼이라는 제도를 만들었다.

그리고 마치 기계의 부속품처럼 반동적 이데올로기 속에서 [결혼과] 짝을 이루는 '문화적 가치'라는 꼬리표가 즉시 따라붙는다.

유대로서의 결혼, 의무로서의 가족, 자존으로서의 모국, 권위로서의 도덕, 영원성으로부터 도출되는 의무로서의 종교.

인간 원형의 경직성을 이보다 더 정확하게 묘사할 수는 없다! 모든 유형의 반동들은 자신들을 (병에 걸리게 한다는 이유가 아니라) 자극하거나 자신들에게 혐오감을 준다는 이유로 성적 쾌락을 비난한다. 어떤 유형의 반동도 성적 요구와 도덕적 억제 사이의 모순을 자체적으로 해결할 수 없다. 혁명가는 도착적·병리적 쾌락을 부정한다. 왜냐하면 그 쾌락은 그 자신의 쾌락이나 미래의 성이 아니라 **도덕과 욕망 사이의 모순으로부터 나오는 쾌락**, 독재사회의 쾌락, **타락하고 더러운 병리적 쾌락**이기 때문이다. 그는 자신이 확실히 알지 못했을 때, 긍정적인 성경제학을 가지고 병리적 쾌락에 대항하는 대신 병리적 쾌락을 비난하는 오류를 범하게 된다. 스스로 성을 억제한 탓에 자유에 기반한 사회 조직의 목표를 제대로 이해하지 못한다면, 그는 쾌락을 완전히 거부하고 금욕적이 되어 다른 젊은이들과 접촉할 수 있는 가능성을 완전히 잃게 된다. 『인생의 길』[20]이라는 소련 영화에서, (여인숙 장면에 나오는) 평판이 나쁜 사람의 성적 관습은 자유로운 사람의 성적 관습과 대비되는 것이 아니라 금욕주의 또는 성을 적대시하는 태도와 대비되고 있다. 이것만 아니었다면 이 영화는 매우 모범적인 영화가 되

---

20) Putyovka v Zhizn. 소련의 영화감독 에크(Nikolai Ekk, 1902~1976)의 1931년 작품. 러시아 혁명과 내전으로 고아가 된 부랑아들이 감독관 없이 운영되는 어느 야영 노동지에서 겪게 되는 이야기를 다룬 영화로 소련 최초의 유성영화이다.

었을 것이다. 청소년의 성 문제는 완전히 배제되어 있다. 이는 옳지 못하며 문제를 해결하기보다는 혼란스럽게 만들고 있다. 성적 영역에서 도덕적 생활형태의 해체는 우선 성적 **반항**으로 외화된다. 그러나 이런 반항은 성경제학자라면 당연히 벗어나 있어야 할 병리적인 성적 반항에 여전히 머무를 뿐이다. 생활의 자유가 생활의 혼란에서 태어나듯, 그런 반항을 합리적인 것으로 변형하고 성경제학적 질서로 끌어들이는 것이 필요하다.

7장 _ 신비주의에 맞서 투쟁하는 성경제학

1933년 1월 베를린의 한 대중집회에서 민족사회주의자인 오토 슈트라서는 사회학자이며 중국연구자인 그의 반대자 비트포겔[1]을 당황스럽게 한 날카로운 질문을 던졌다. 그 자리에 있던 청중들은 만약 비트포겔이 [다음과 같은 슈트라서의] 질문에 답변하기만 한다면, 신비주의는 파멸을 맞이할 것이라고 생각하고 있었다. 슈트라서는 맑스주의자들이 영적인 것과 종교적인 것의 의미를 과소평가하고 있다고 비난하면서 다음과 같이 질문했다. 만일 맑스의 말처럼 종교가 노동하는 인간에 대한 일련의 착취 속에서 자라는 하나의 화초에 불과하다면, 종교가 수천 년을 견뎌왔다는 사실, 특히 기독교는 2천 년 동안 거의 변화하지 않았고, 더욱이 그 초기에는 혁명의 희생자를 모두 합한 것보다도 많은 희생이 있었다는 사실은 어떻게 설명될 수 있는가? 이 질문에 대한 대답은 없었다. 그러나 이 질문은 이 책이 말하고자 하는 바에 잘 들어맞는다. 과연 자연과학이 신비주의와 신비주의가 자리를 잡기 위해 사용한 수단들에 관해 다양한 측면에서, 충분히

---

1) Karl August Wittfogel(1896~1988). 독일 출신의 미국 사회학자·경제학자. 맑스주의적 관점에서 관개(灌漑)사업을 중심으로 중국 사회를 연구해 유명해졌다. 1925년부터 1933년까지 프랑크푸르트대학 사회연구소에서 활동했고, 1934년 미국으로 망명했다.

깊게 파악했는가를 설명하라는 신비주의적 반대자들의 독촉에 대해 충분히 고려해야 한다. 이에 대한 답은 부정적일 수밖에 없었다. 즉 자연과학은 그때까지 신비주의의 강력한 감정적 내용을 이해하지 못했다. 반면에 신비주의의 옹호자들은 그 질문의 해결책을 가지고 있었으며, 그들의 저술과 설교 속에서 실천적인 해답을 제시했다. 어떤 형태의 신비주의도 성정치학적으로 명백한 특성을 지닌다. 그러나 저명한 교육가들이 어린이의 성을 무시해 왔던 것과 똑같이 그런 특성은 자유사상가들에 의해 완전히 간과되었다. 신비주의는 자유로이 이용할 수 있는 숨겨진 보루를 가지고 있었으며, 자신이 사용할 수 있는 모든 수단을 동원하여 자연과학이 숨겨진 보루의 존재를 알아차리기 전에 자연과학으로부터 그 보루를 지켜냈다는 것이 분명해졌다.

종교적 감정의 세 가지 기본요소

여기에서는 종교적 감정에 대해 충분히 고찰하지는 않을 것이며 단지 알려진 것을 요약하고자 한다. 아주 단순한 경건한 신앙심에서 완전한 종교적 황홀감에 이르기까지의 모든 종교적 흥분은 어떤 특정한 점에서 오르가즘적 흥분현상과 조우한다. 종교적 흥분이라는 개념은 신앙심이 깊은 사람이 예배에 참석할 때 발생하는 정서에만 한정되지 않는다. 우리는 특정한 정신적·신체적 흥분상황에 의하여 공통으로 특징지어지는 모든 흥분을 여기에 포함해야 한다. 다시 말해, 복종적인 대중이 사랑받는 지도자의 연설을 들을 때 발생하는 흥분과 인상적인 자연 현상에 압도될 때 경험하는 흥분도 당연히 여기에 포함되어야 한다. 성경제학적 연구를 시작하기 전에 종교적 현상에 관해 알려졌던 것들을 모아보자.

사회학적 연구는 종교의 **형태**와 다양한 종교의 내용이 사회경제적 관계의 발달단계와 연관이 있음을 보여주고 있다. 예를 들면, 동물을 숭상하는 종교는 원시인들의 생활양식과 부합한다. 인간이 신적인 또는 초자연적인 존재를 인식하는 방식은 항상 경제와 문화의 수준에 의해 결정된다. 종교적 상상은 또한 사회학적으로 그리고 본질적으로 자연의 어려움과 사회적 어려움을 극복하는 인간의 능력에 의하여 규정된다. 자연의 힘이나 근본적인 사회적 재앙에 직면했을 때 겪게 되는 무력감은 문화적 위기에 당면했을 때 종교적 이데올로기를 발전시키는 데 이바지한다. 따라서 종교에 관한 사회학적 설명은 종교예식들이 생겨나는 **사회경제적** 토대에 주목한다. 그러나 사회학적 설명은 종교적 이데올로기의 역동성과 그 영향 아래 있는 사람들 속에서 진행되는 심리적 과정에 관해서는 어떠한 단서도 제공해 주지 못한다.

그렇기 때문에 종교예식의 형성은 개별 인간의 의지에 의존하지 않는다. 그것은 인간과 인간 사이의 관계 그리고 인간과 자연 사이의 관계에서 기인하는 사회학적 형성체인 것이다.

무의식의 심리학은 종교에 대한 **사회학적** 해석에 **심리학적** 해석을 덧붙인다. 이전에는 종교예식의 사회학적 의존성을 파악했지만, 이미 종교예식의 사회경제적 요인에 대한 의존은 이해되었으므로 이제 그 객관적인 종교예식에 종속되어 있는 **사람들의** 심리적 과정이 연구되기 시작했다. 이에 따라, 정신분석학은 **신**에 대한 표상이 아버지에 대한 표상과 동일하며, **성모** 마리아에 대한 표상이 종교를 믿는 모든 개인의 **어머니**에 대한 표상과 동일하다는 것을 밝힐 수 있었다. 아버지 · 어머니 · 어린이라는 삼자 관계는 기독교의 **삼위일체** 속에 직접적으로 반영되어 있다. 따라서 종교의 심리적 내용은 유년기의 가족관계에서 끌려나온 것이다.

따라서 심리학적 설명은 종교 문화의 내용은 파악하고 있으나, 종교가 스스로를 인간에 깊이 고착시키는 수단인 에너지에 대해서는 파악하지 못한다. 무엇보다도 종교적 표상이 지나친 흥분과 감정을 어디에서 끌어내는지에 대한 설명이 없다. 또한 전능한 아버지와 자비로운 어머니의 표상이 왜 신비적 개념으로 전이되었고, 이 개념들이 개인의 성적 생활과 어떤 관련을 맺는가도 모호하게 남아 있었다.

많은 가부장적 종교들의 오르가즘적 성격은 많은 사회학자들이 오래전에 입증했다. 동시에 가부장적 종교들은 정치적으로 항상 반동적인 속성을 갖는다는 점도 분명해졌다. 모든 계급사회에서 가부장적 종교들은 항상 권력을 가진 계층의 이해에 봉사하며, 대중들의 비참함을 신의 의지로 돌리고 내세에 관한 멋진 말로 행복에 대한 요구를 연기시킴으로써 대중들의 비참함을 제거하는 것을 **실제로** 방해하고 있다.

이제 성경제학적 연구는 종교에 관한 기존의 지식에 대해 다음과 같은 질문을 추가한다.

1. 사회에서 만들어지고 가족에서 재생산되는 신의 개념, 원죄의 이데올로기, 그리고 심판 이데올로기 같은 것들이 어떻게 개인들의 내면에 깊이 고착되는가? 다시 말해서, 무엇이 인간으로 하여금 이러한 종교의 기본개념들을 수용하게 하고, 그것들을 무거운 짐으로 느끼지 않게 할 뿐만 아니라 열렬하게 확언하게끔, 또한 실제로 자기 삶의 가장 근본적인 이해관계를 희생하면서까지 그것들을 옹호하고 간직하게끔 만드는가?
2. 이러한 종교의 개념들이 **언제** 인간의 내면에 깊이 고착되는가?
3. **어떤** 에너지의 도움으로 이러한 일들이 가능했는가?

위의 세 가지 질문에 대한 해답을 찾지 못한다면, 종교에 대한 심리학적이고 사회학적인 해석은 가능하겠지만 인간구조의 실질적인 변화는 분명히 가능하지 않을 것이다. 왜냐하면, 만약 종교적 감정이 인간에게 강제로 부과된 것이 아니라면, 즉 비록 자기 삶의 이해에는 반하지만 인간 스스로가 구조적으로 수용하고 유지하는 것이라면, 이 때 필요한 것은 인간의 구조를 활기차게 변화시키는 것이기 때문이다.

모든 가부장적 종교의 근본이념은 성적 욕망의 부정이다. 종교적인 것과 성적인 것을 하나의 통일체로 지니고 있었던 성적인 것에 긍정적인 원시 종교를 제외한다면 이 사실에는 예외가 없다. 자연법칙에 기반한 가모장제의 사회적 조직에서 가부장제로, 다시 가부장적 계급 사회로 이행하면서 종교예식과 성적 예식의 통일성이 깨졌다. 종교예식은 성적 예식의 대립물이 되었던 것이다. 이로써 성적 예식은 매음굴, 포르노그라피, 은밀한 성 등과 같은 야만상태에 자리를 내주었고 더 이상 존재할 수 없게 되었다. 성적 경험이 종교예식과 통일체를 구성하지 못하게 되고, 사실상 그것의 대립물이 되었을 때, 종교적 흥분이 사회적으로 용인되었지만 지금은 사라져버린 쾌락의 대체물이 될 수밖에 없었다는 것은 더 이상 증명할 필요가 없으리라. 종교적 흥분이 반(反)성적인 동시에 성을 대체한다는 모순을 통해서만 종교의 힘과 지속력이 파악될 수 있다.

진정한 종교적 인간의 흥분구조는 아래와 같이 간략하게 설명될 수 있다. 즉 생물학적으로 볼 때, 그는 다른 인간이나 생물들과 마찬가지로 성적 긴장상태에 종속되어 있는 존재이다. 그러나 그는 성-부정적인 종교적 상상을 수용한 데다가 처벌의 두려움까지도 습득했기 때문에 자연스런 성적 긴장과 만족을 경험할 수 있는 능력을 완전히 상실하게 된다. 따라서 그는 계속해서 억제해야만 하는 만성적으로 지나치게 긴장된 육체적 흥분상태 때문에 고통을 겪게 된다. 세속적인 행복은 그에게는 성취할 수 없는 것일 뿐만 아니라, 심지어 바람직하지 않은 것이다. 그는 내세에서 은혜를 받을 것이기 때문에 현세에서는 **행복해질 수 없다**는 감정에 굴복하게 된다. 그러나 그 역시 생물학적 생명체이며 따라서 어떠한 상황에서라도 행복, 긴장완화 그리고 만족을 포기할 **수 없기** 때문에, 그는 종교적인 **이전-쾌락**〔완전한 오르가즘에 도달하기 이전의 쾌락〕긴장, 즉 우리에게는 신체에서의 생장적인 흐름과 흥분으로 더 익숙한 **환상 속에서의** 행복을 추구하게 된다. 따라서 그는 동료 신자를 모임에서 만나고, 육체적 흥분을 줄이거나 그 흥분의 진정한 본질을 은폐할 수 있는 제도들을 만든다. 그의 생물학적 유기체는 스스로 하나의 오르간이 되어 육체 속에 오르간의 음색과 같은 흐름을 불러일으킨다. 교회의 신비적인 어둠은 개인의 내적 생활에 대한 초개인적 감수성의 효과를 증대시키며 또한 그러한 효과를 얻기 위해 행해지는 설교, 성가 등의 소리에 대한 감수성도 증대시킨다.

    종교적 인간은 실제로는 완전한 무력감에 빠져든다. 성적 에너지가 억압되기 때문에 그는 생활의 어려움을 처리하는 데 필요한 공격성뿐만 아니라 행복을 위한 능력도 상실했다. 그는 무력해질수록 자신을 보호해주고 도와주는 초자연적 힘의 존재를 더욱 더 믿게 된다. 따라서 그가 몇몇 상황들에서 신념에 대한 믿을 수 없을 정도의 힘, 즉 수동적이지만 결사적인 용기를 발전시킨다는 것은 이해할 만한 일이다. 그는 이러한 힘을 대단히 즐거운 육체적 흥분에 의하여 생겨나는 종교적 신념에 대한 애정으로부터 창출한다. 그렇기 때문에 그는 그러한 힘이 '신'에게서 나온다는 것을 자연스럽게 믿게 된다. 그러므로 신에 대한 그의 열망은 사실 성적 이전-쾌락의 흥분에서 유래하여 발현해 줄 것을 호소하고 있는 열망이다. 구원은 단지 신과의 환상적인 합일, 즉 충족과 긴장완화의 환상적인 합일

나치당의 호화로운 연출이 선보인 '빛의 성당'

"마치 얼음의 대성당에 있는 것처럼 장엄하고도 아름다운 광경이다." 1936년의 뉘른베르크 전당대회에 참여했던 영국 대사 헨더슨(Neville Henderson, 1882~1942)이 '빛의 성당'(lichtdom)을 보고 남긴 말이다. '빛의 성당'이란 히틀러의 건축가 슈피어(Albert Speer, 1905~1981)가 빛의 효과를 활용해 선보인 퍼포먼스에 붙은 이름으로서, 슈피어는 해가 진 늦은 저녁 무렵 130개의 대공 탐조등을 약 상공 8km까지 쏜 뒤 다른 위치에서 쏜 빛과 합쳐 일종의 반구(半球) 형태를 연출했다. 종교적인 신비감을 자아냈던 이 퍼포먼스를 두고 미국 CBS의 베를린 특파원이었던 샤이러(William Shirer, 1904~1993)는 이렇게 기록했다. "히틀러는 20세기 독일인들의 우중충한 생활에 쇼와 색채와 신비주의를 되살리고 있다. 이것이 그가 경이적인 성공을 거둔 이유이다." 그러나 이와 같은 퍼포먼스가 자아낸 종교적 신비감, 그리고 그 신비감이 대중들에게 끼친 영향을 이해하려면 (헨더슨이나 샤이러의 언급 같은) 심리학적이고 사회학적인 설명만으로는 불충분하다. 정작 중요한 것은 이런 신비감에 어떤 영향을 받을 수 있는 인간의 성격구조를 실질적으로 변화시키는 것이기 때문이다.

속으로 육체적 긴장이 사라져버릴 때만 쾌락적일 수 있는 육체적 긴장으로부터의 구원일 뿐, 그 이상의 어떤 것이 아니다.

광적으로 종교를 믿는 사람이 자해를 하거나 피학적으로 행동하는 경향을 갖는 것 등은 우리가 말한 바를 확인시켜 준다. 말하자면, 성경제학의 임상적 경험은 폭력을 당하려는 의지 또는 스스로를 벌하려는 욕구가 **죄책감 없는 긴장완화를** 추구하는 본능적 욕구에서 나온다는 것을 말해준다. 자신의 힘으로는 긴장을 완화할 수 없다고 느낄 때 그 육체적 긴장은 언제나 벌을 받거나 고문을 당하는 듯한 환상을 불러일으킨다. 여기에 모든 전형적인 종교에서 발견되는 수동적인 고통이데올로기의 뿌리가 놓여 있다.

특히 자신의 사악한 본능, 이른바 '육체의 죄악'과 투쟁할 때 외부에서 위안과 도움을 받고 싶어하는 욕구는 현실적 무력과 육체적 고통에서 유래한다. 이제 종교적 인간이 종교적 상상의 도움으로 강력한 흥분 속으로 빠지게 되면, 만족에 거의 도달하지만 실제의 육체적 긴장완화는 가져오지 않는 생장적으로 짜증스러운 상태도 육체적 흥분과 함께 증가된다. 정신질환이 있는 성직자를 치료할 때 종교적으로 황홀한 상태가 최고조에 달하면 무의식적인 사정이 빈번하게 일어난다는 것은 잘 알려져 있다. 즉 정상적인 오르가즘적 충족은 성기가 배제된 채, 자신의 의지에 반하여 우발적으로 부분적 긴장완화가 일어나는 일반적인 육체적 흥분상태로 대체되는 것이다.

원래 그리고 자연적으로 성적 쾌락은 인간을 일반적인 자연과 결합시켜 주는 좋고 아름답고 행복한 것이었다. 그러나 성적 감정과 종교적 감정이 분리되었고, 성적인 것은 나쁜 것, 지옥같은 것, 악마적인 것이 되었다.

다른 책에서 나는 **쾌락불안**, 즉 성적 흥분에 대한 두려움이 어떻게 나타나고 어떤 영향을 미치는가를 밝히려 했다. 그것을 간략히 반복해 보자.

긴장완화를 할 능력이 없는 사람은 시간이 지남에 따라 성적 흥분을 매우 고통스럽고 성가시며 파괴적인 것으로 느낄 수밖에 없다. 사실 긴장완화가 이루어지지 않는다면 성적 흥분은 매우 파괴적이고 고통스러운 것이다. 따라서 성을 악마적 힘으로 보거나, 사람을 파멸시켜 최후의 심판으로 이끄는 것으로 보는 종교적 상상은 실질적인 육체의 과정 속에 뿌리박고 있다는 것을 알 수 있다. 결과적으로 성에 대한 태도는 분리될 수밖에 없다. 즉 '선'과 '악', '거룩한 것'과 '세속적인 것', '성스러움'과 '악마적인 것' 등의 전형적인 종교적·도덕주의적 가치부여는 한편으로는 성적 충족의 상징이며, 다른 한편으로는 성적 충족에 대한 처벌의 상징인 것이다.

의식적으로는 '죄악'의, **무의식적으로는** 성적 긴장의 발현과 구원에 대한 깊은 열망이 동시에 방어된다. 종교적 황홀상태는 결코 방출될 수 없는 자율신경체계의 성적 흥분일 뿐이다. 종교적 흥분은 자신을 지배하는 모순을 우선적으로 이해하지 않으면 이해될 수 없으며 따라서 극복될 수도 없다. 종교적 흥분은 반(反)성적일 뿐만 아니라, 그 자체로 대단히 성적인 것이기도 하다. 그것은 또한 도덕적인 동시에 완전히 반자연적이다. 성경제학적 관점에서 볼 때 종교적 흥분은 비위생적이다.

금욕적인 교회 집단만큼 히스테리와 도착이 많이 발생하는 사회적 계층은 없다. 그러나 여기에서 금욕주의자들을 도착적 죄인으로 취급하는 잘못된 결론으로 나아가서는 안 된다. 종교적인 사람들과 이야기해 보면, 그들이 성적인 것을 거부하고는 있는 동시에 자신의 상태를 매우 잘 이해하고 있음을 발견할 수 있다. 다른 모든 사람과 마찬가지로 그들의 인성은 공적인 측면과 사적인 측면으로 나뉘어져 있다. 그들은 공적으로는 성을 죄악시하지만, 사적으로는 대체만족 없이는 살 수 없다는 것을 너무도 잘 알고 있다. 사실상 그들 중 많은 사람은 성적 흥분과 도덕성 사이의 모순에 대한 성경제학적 해결에 쉽게 접근할 수 있다. 만약 우리가 그들을 인간으로서 받아들이기를 거부하지 않고, 또한 그들의 신뢰를 얻는 데 성공한다면, 그들은 자신들이 설명하고 있는 신과의 결합이 일반적인 자연과정과 연관된 감정이라는 점, 그들의 자아가 자연의 한 부분이며 다른 모든 인간과 마찬가지로 자신들 역시 대우주의 축도로서의 인간이라는 점을 아주 잘 이해하게 될 것이다. 그들의 깊은 신념이 진정한 핵심을 가지고 있음은 인정되어야 한다. 그들이 믿고 있는 것, 즉 그들이 경험하는 육체의 자율신경적인 흐름과 그러한 흐름이 만들어내는 황홀상태는 정말로 진실이다. 특히 열등한 사회계층의 사람들에게 종교적 감정은 절대적으로 진실하다. 그러나 종교적 감정이 자신의 기원과 무의식적인 충족 욕구를 거부하고 스스로 자신을 은폐하려 할 때 종교적 감정의 순수성은 상실된다. 목사와 종교적인 사람들의 위선적으로 선량한 태도는 바로 이러한 거부와 은폐를 통하여 생겨나는 것이다.

위의 설명이 완벽하지는 않지만 다음과 같이 요점을 정리할 수 있다.

1. 종교적 흥분은 자율신경적이고 성적인 은폐된 흥분이다.
2. 이 흥분의 신비화를 통하여 종교적 인간은 성적인 것을 부정한다.
3. 종교적 황홀은 오르가즘적인 자율신경 흥분상태의 대체물이다.
4. 종교적 황홀은 성적으로 긴장을 완화시키지 못하며, 기껏해야 근육과 정신의 피로를 낳을 뿐이다.
5. 종교적 감정은 주관적으로는 순수한 감정이며, 생리적인 토대 또한 가지고 있다.
6. 종교적 흥분의 성적 속성을 거부하면, 개인의 성격은 순수성을 상실하게 된다.

어린이들은 신의 존재를 믿지 않는다. 자위행위를 할 대 발생하는 성적 흥분을 억압하는 것을 배워야만 할 때, 비로소 어린이들에게 신의 존재에 대한 믿음이 일반적으로 깊이 고착된다. 이 억압 때문에 그들은 쾌락에 대해서 두려움을 갖게 된다. 이제 어린이들은 신의 존재를 실제로 믿기 시작하며, 신에 대한 두려움을 발전시키기 시작한다. 한편으로는 전지전능한 존재인 신을 두려워하면서, 다른 한편으로는 그 신이 성적 흥분으로부터 자신들을 보호해 주기를 간절히 바란다. 이 모든 것이 자위를 기피하게 하는 기능을 수행한다. 즉 종교적 관념이 깊이 고착되는 것은 아주 어릴 때의 일이다. 그러나 신에 대한 관념이 아버지와 어머니라는 실제의 인물과 결합되지 않는다면, 이 관념은 어린이의 성적 에너지를 묶어놓을 수 없을 것이다. 아버지를 존경하지 않는 자는 죄인이다. 다시 말해서, 아버지를 두려워하지 않고 자신의 성적 쾌락을 탐닉하는 어린이는 처벌을 받는다. 어린이의 욕구 충족을 거부하는 살아 있는 엄격한 아버지는 지상에서 신을 대리하며, 어린이의 상상 속에서 신의 집행기관 역할을 한다. 아버지의 약점과 인간적인 무능을 알게 되어 아버지에 대한 존경이 흔들린다 하더라도 어린이는 아버지를 거부하지 못한다. 아버지는 계속해서 추상적이고 신비적인 신의 표상으로 존재한다. 가부장적 지배가 신에 의존한다고 하지만 실제로는 아버지의 권위에 의존하는 것처럼, 어린이가 '신'을 부를 때 그것은 실제로 존재하는 아버지에게 호소하는 것이다. 어린이의 구조 속에서 성적 흥분, **아버지**에 대한 표상, **신**에 대한 표상은 물론 하나의 통일체를 이룬다.

우리는 환자를 치료하면서 이러한 통일체가 성기 근육 경련의 명백한 조건임을 알아내었다. 성기 근육 경련의 조건을 제거하게 되면 신에 대한 표상과 아버지에 대한 두려움은 틀림없이 기반을 상실한다. 따라서 성기

경련은 종교적 두려움이 생리적·구조적으로 닻을 내리는 것을 의미하는데, 이로 인해 모든 종교적 도덕성의 핵심을 이루는 쾌락에 대한 공포가 발생하게 된다.

여러 종류의 예식, 사회·경제적 사회조직, 인간구조 사이의 복잡하고 상세한 상호관계에 대해서는 이후의 연구에 맡겨야 하겠다. **성기에 대한 부끄러움**과 **쾌락불안**은 모든 성을 부정하는 가부장적 종교 속에서 핵심으로서의 역할을 계속해서 활발히 수행한다.

성적 공포를 통한 종교의 정박(碇泊)

성에 적대적인 종교성은 가부장적이고 권위적인 사회의 산물이다. 모든 가부장적 종교에서 발견되는 아들-아버지 관계는 당연하게도 사회적으로 결정된 종교적 경험의 내용일 뿐이다. 그러나 그 경험 자체는 성에 대한 가부장적 억압에서 나온다. 시간이 흐름에 따라 종교가 수행하게 되는 기능, 즉 권위에 대한 복종의 태도와 체념을 불러일으키는 것은 종교의 이차적 기능일 뿐이다. 종교의 기능은 확고한 토대, 즉 **성적 억압에 의해 변형된 가부장적 인간구조**에 의존한다. 육체적 쾌락에 대한 부정이 바로 종교적 태도의 살아 있는 원천이며 모든 종교적 교리의 축인 것이다. 이 점은 특히 기독교와 불교에서 명확하게 드러난다.

a. 어린이에 대한 신비주의의 정박(碇泊)

하느님, 저는 이제 잠들려 하니
저에게 작은 천사를 보내주세요.
하느님 아버지, 당신의 눈으로

저의 침대를 지켜주세요.
만일 오늘 제가 죄를 범했다면
너그럽게 보아주세요, 하느님.
하느님 아버지, 저를 용서해 주시고
또한 저의 죄를 용서해 주세요.
크든 작든 모든 사람이 당신의
자비로움을 받게 해주세요.

이것은 어린이들이 자기 전에 암송해야 하는 전형적인 기도문 중 하나다. 이런 기도의 내용은 쉽게 간과된다. 그러나 이런 기도에는 신비주의의 정서적 내용 전부가 응집되어 있다. 이 기도의 첫번째 구절에서 우리는 보호해 달라는 부탁을 볼 수 있다. 두번째 구절에서는 그 부탁이 '아버지'에게 직접 향해 있다는 것을, 세번째 구절에서는 자신이 범한 죄를 용서해 달라는 부탁을 볼 수 있는 것이다. 즉 하느님 아버지 우리의 죄를 **너그럽게 보아주세요**라는 부탁을 볼 수 있다. 이 죄의식은 무엇과 연관되어 있는가? 하느님이 너그럽게 보아 주실 것은 무엇인가? **성기를 가지고 놀면서 저지르는 죄가 금지된 행위의 목록 한 가운데에 놓여 있다.**

어린이가 자신의 성기를 만지는 것에 대한 금지는 하느님이 **모든 것**을 보고 있다는 생각, 그리고 부모가 없을 때라도 '착해야' 한다는 생각에 의해 강화되지 않는다면 효과가 없을 것이다. 이러한 연관을 공상으로 간단히 치부하려 했던 사람이라도 다음과 같은 인상적인 사례를 보게 된다면, 신비적 신에 대한 관념은 성적 불안의 도움으로 닻을 내리게 된다는 것을 확인하게 될 것이다. 의식적으로 완전히 무신론적인 교육을 받은 7살쯤 된 한 여자 아이는 갑자기 기도를 하고 싶은 강박을 가지게 되었다. 그것이 강

동화(童話)의 기능(2000년 독일 하겐 극장에서 공연된 『헨젤과 그레텔』 중의 한 장면)
『헨젤과 그레텔』 같은 동화는 어린이들에게 성적인 불안과 죄의식을 심어준다. 두려운(성적인) 것들로 가득 찬 바깥 세상에 대한 상상은 어린이들을 신비주의와 권위주의적 가족 이데올로기에 빠져들게 하고, 이런 과정을 통해 파시즘의 비합리성에 쉽게 빠져들게 되는 인성의 기반이 마련된다.

박이었던 이유는 그녀가 실제로 기도하기를 원하지 않았고 또한 기도가 자신이 알고 있는 것과 모순된다고 느꼈기 때문이었다. 강박적으로 기도를 하게 된 경위는 다음과 같았다. 이 아이는 매일 밤 잠자리에 들기 전에 자위를 하는 버릇이 있었다. 그런데 어느날 밤 무슨 이유에선지 자위가 두려워졌다. 자위를 하는 대신 침대 옆에 꿇어 앉아 앞에서 인용한 것과 비슷한 기도를 하고 싶은 충동을 느꼈던 것이다. "기도를 하면 두렵지 않을 거야." 이러한 두려움은 그 소녀가 처음으로 자위를 스스로 거부한 바로 그 날 나타난 것이다. 어떤 이유로 이렇게 자위를 스스로 거부하게 되었을까? 그녀는 그녀가 전적으로 믿고 있는 아버지에게 몇 달 전 방학 때 겪은 불쾌한 경험에 대해 이야기했다.

여느 아이들과 마찬가지로 그녀는 수풀에서 한 소년과 성교를 내포하는 놀이(소꿉놀이)를 하고 있었다. 그 때 갑자기 다른 소년이 그들에게 오더니 큰 소리로 "쳇, 망할 것들" 하고 소리를 쳤다. 부모로부터 그러한 놀이가 나쁜 것이 아니라는 교육을 받았지만, 그녀는 부끄러움을 느꼈다. 그래서 놀이를 하는 대신 잠들기 전에 자위행위를 했다. 기도를 하고 싶은 강박적인 충동이 나타나기 바로 전의 어느날 저녁에 그녀는 몇몇 아이들과 함께 소풍을 갔다가 집으로 돌아오고 있었다. 돌아오는 길에 아이들은 함께 혁명적인 노래를 불렀다. 이때 『헨젤과 그레텔』에 나오는 마귀할멈처럼 생긴 늙은 여자 한 명이 그들 곁을 지나면서 "악마에게나 잡혀 가라, 이 무신론자의 무리들아!"라고 소리쳤다. 그날 저녁 다시 자위를 하려 했을 때, 모든 것을 보고 처벌하는 하느님이 실제로 있을지도 모른다는 생각이 처음으로 그녀에게 떠올랐다. 그녀는 무의식적으로 늙은 여자의 위협과 예전에 겪었던 경험을 결합시켰다. 그런 후 그녀는 자위를 하지 않으려 투쟁하기 시작했고, 무서움을 느끼기 시작했으며, 두려움을 진정시키기 위해 강박적으로 기도를 하기 시작했다. **기도가 성적 만족을 대신하게 되었던 것이다.** 그럼에도 불구하고 두려움은 완전히 없어지지 않았다. 그녀는 서서히 그리고 자연스럽게 무시무시한 환상에 시달리기 시작했다. 그때부터 그녀는 성적인 죄에 대해 처벌할 수 있는 초자연적 존재를 두려워했다. 그래서 그녀는 자신을 하느님의 보호에 맡겨버렸다. 이런 위탁은 자위의 유혹에 대한 그녀의 방어투쟁을 강화시켰다.

　이 과정이 어쩌다 일어난 개인적인 사건으로 평가되어서는 안 된다. 이것은 종교적 문화 집단에 속한 대다수의 아이들에게 신에 대한 관념이 깊이 고착되는 전형적인 과정인 것이다. 동화를 분석적으로 연구한 결과에 따르면, 『헨젤과 그레텔』과 같은 동화도 같은 기능을 수행하고 있다. 즉 그 이야기 속에는 자위에 대한 처벌이 완곡하게 표현되어 있으며, 이것이 어린이들의 무의식을 명백하게 위협하고 있다. 동화에 나타나는 어린이의 신비주의적 사고나, 신비주의적 사고와 성적 금지 사이의 관계를 여기서 상세하게 다룰 수는 없다. 성격분석에서 다루었던 모든 사례들은 자위에 대한 두려움을 대하는 신비적 정서가 일반적인 죄의식의 형태로 발전되어 왔다는 것을 명백히 보여준다.

어떻게 지금까지의 분석적 연구가 이러한 사실을 간과하고 있었는지 이해하기 어렵다. 자신의 양심, 내면화된 훈계, 그리고 부모와 선생의 위협은 신에 대한 관념 속에서 객관화된다. 이러한 사실은 과학적 연구가 이룬 잘 알려진 자산이다. 하지만 신에 대한 믿음과 두려움이 목표와 내용이 전환된 에너지적 성흥분이라는 점은 덜 명백하다. 이러한 연구에 따르면 종교적 정서는 단지 신비적이며 심리적인 내용으로 충족되는 성적 감정과 같은 것이다. 이러한 점에서 볼 때, 자신이 그리스도의 신부(新婦)라는 여러 수도자들의 망상처럼, 금욕적 실천 속에서 성적인 경험이 자주 나타난다는 점이 충분히 설명된다. 물론 그런 생각이 성적인 의식에 이르는 경우는 별로 없으며, 따라서 그들은 피학적 순교와 같은 또 다른 성적인 길로 발길을 돌린다.

다시 어린 소녀의 이야기로 돌아가보도록 하자. 그 소녀가 두려움의 기원에 대해 알게 되자 기도를 하고 싶다는 강박적인 충동이 다시 사라졌다. 기원을 알게 됨으로써 죄책감 없는 자위를 다시 할 수 있게 된 것이다. 이와 같은 사건이 별로 눈에 띄는 것은 아니라 하더라도, 청소년의 신비적 오염에 맞서는 성정책에는 커다란 의미를 갖는다. 기도에 대한 강박적인 충동이 사라지고 몇 개월이 지난 후 그 소녀는 여름방학 캠프에서 아버지에게 다음과 같은 편지를 보냈다.

사랑하는 아빠, 이곳에 옥수수 밭이 있어서 저희들은 밭의 구석에 병원을 세웠어요(물론 진짜 병원은 아니에요). 우리는 항상 거기에서 의사놀이를 해요(여자 아이들 다섯 명이 함께 놀이를 해요). 싸움을 하다가 우리 중 하나가 상처를 입으면 병원에 가요. 그곳에는 연고, 크림, 솜이 있어요. 모두 몰래 가져온 것들이에요.

이것은 의심할 것 없이 성적 문화혁명이다. 그리고 '문화'다. 그 소녀는 이런 방식으로 자기보다 평균 두 살 위인 아이들을 알게 되었고, 선생님은 그녀의 근면성과 재능을 인정했다. 정치적인 것과 일반적인 지식, 그리고 현실에 대한 강렬한 관심에서 그녀는 같은 나이의 다른 어린이들보다 훨씬 뛰어났으며, 12년 후에는 성적으로 건강하고, 지적으로 뛰어나며, 사회적으로 사랑을 받는 사람이 되었던 것이다.

b. 청소년에 대한 신비주의의 정박

나는 어린 소녀의 사례에서 종교적 두려움이 어떤 전형적인 방식으로 어린이들에게 정박되는가를 보이려 했다. 성에 대한 두려움이 어린이의 구조 속에 권위주의적 사회 질서가 닻을 내리는 데 중심적인 매개역할을 한다. 이제 우리는 사춘기에 나타나는 성에 대한 두려움의 기능을 추적해 보려 한다. 우선 성에 반대하는 전형적인 책자를 한번 살펴보도록 하자.

달성할 것인가 추락할 것인가?
니체 : 만약 불결한 것이 정신을 가지고 있다면, 불결한 것은 자신의 영혼 속에서 고통스러워 할 것이다.
키에르케고르 : 이성만이 세례를 받는다면 열정은 이단으로 남게 된다.

모든 인간의 생활에는 두 개의 바위가 놓여 있는데, 그 중 하나는 신이며 다른 하나는 그와 반대되는 성이다. 인간은 그것을 뛰어넘을 수 있고 혹은 머뭇거릴 수도 있다. 그것에 성실할 수도 있고, 그것에 달려들어 산산이 부서질 수도 있다. 수많은 청년들이 삶을 살면서 머뭇거리기도 하고 실패하기도 한다. 그 이유는 그들이 충분히 배우지 못했기 때문이 아니라 신에 관해 확실히 알지 못하기 때문이며, 또한 인간에게 말로 표현할 수 없는 행복뿐 아니라 이루 헤아릴 수 없는 비참함을 가져다주는 충동, 즉 **성적 충동**에 대처하지 못하기 때문이다.

충동적 삶의 지배를 받느라 완전한 인간됨을 결코 성취하지 못하는 사람들이 많이 있다. 그렇지만 강력한 충동 그 자체가 슬퍼해야 할 이유인 것만은 아니다. 반대로 강력한 충동은 풍요로움과 삶의 향상을 의미한다. 충동은 크고 강력한 사랑과 더 나은 작업능력과 실행능력을 가질 수 있게 해준다. 충동은 강한 인격을 깨우는 자명종 소리다. 그러나 인간이 충동을 통제 아래 두지 않고, 충동에 대한 지배를 상실하여 충동의 노예가 될 때, 충동은 인간 그 자신에게 부정적인 것이 되며 창조주에 대한 죄악이 된다. 인간은 정신적인 것 아니면 충동적인 것, 즉 야수성 중 하나의 지배를 받는다. 이 둘은 서로 양립할 수 없다. 따라서 사려 깊은 사람은 모두 언젠가 다음과 같은 아주 엄청난 질문에 봉착하게 된다. 당신은 당신 삶의 본질적인 의미를 인식하고자 하는가. 그 의미를 명확히 하고 싶은가? 아니면 당신의 억제되지 않은 충동이 맹렬히 타오르고 있는 용광로 속에서 소진되기를 바라는가?

동물로서의 삶을 살고 싶은가, 정신적 인간으로서의 삶을 살고 싶은가?

우리가 여기서 다루는 문제인 인간이 되는 과정은 난로불과 같다. 불을 적당히 조절한다면 공간을 밝고 따뜻하게 만든다. 그러나 불이 난로 밖으로 뛰쳐나온다면 그것은 재앙이다! 마찬가지로 성적 충동이 인간 전체를 지배하여 모든 사고, 행위, 노력의 주인이 된다면 그것 역시 재앙이다!

우리의 시대는 병들어 있다. 예전의 사람들은 성적인 사랑을 규제하고 그것에 책임을 지도록 요구를 받았다. 그러나 오늘날 우리 현대인들은 더 이상 규제가 필요하지 않다고 생각한다. 그렇지만 우리는 대도시에 살고 있는 현대인이 점점 더 신경질적이 되고, 의지가 약해지고 있으며, 따라서 더 많은 규제가 필요하다는 사실을 간과하고 있다.

당신의 주위로 눈을 돌려보아라. 우리의 조국에서 우위를 차지하고 있는 것은 정신이 아니라 억제되지 않은 욕구이며, 우리의 젊은이들은 비도덕적으로 타락한 규제되지 않은 성적 충동의 지배를 받고 있다. 공장에, 사무실에, 무대 위에, 공공생활에 화류계의 정신이 만연해 있다. 음란함이 여러 측면에서 우리를 지배하고 있다. 또한 대도시의 저주받을 화려한 장소에서, 댄스홀과 카바레에서, 오락실과 음란한 극장에서, 얼마나 많은 즐겁고 젊은이다운 쾌락이 황폐해지고 있는가! 오늘날 젊은이들은 쾌락주의자의 이론을 추종하면서 자신이 꽤 영리하다고 생각한다. 그러나 사실은 '파우스트'에서 괴테가 메피스토펠레스를 통해 다음과 같이 말한 것이 그들에게 적절하리라. "사람들은 그것을 이성이라 부르고, 이성은 단지 다른 모든 짐승들보다 더 짐승적이기 위해 필요하다."

비정상적인 상태에 있는 세계적 대도시와 우리 내부에 있는 악마, 바로 이 두 가지가 인간이 되는 과정을 어렵게 만든다. 훌륭한 피난처인 가정에서 벗어나 처음으로 혼자 대도시에 나온 젊은이는 아마도 수많은 새로운 인상을 받게 될 것이다. 끊임없는 소음, 자극적인 광경들, 선정적인 책과 잡지들, 좋지 않은 공기, 술, 영화관, 극장, 성적으로 자극적인 옷차림 등이 그를 둘러싸고 있다. 과연 누가 이런 집중적인 공격을 물리칠 수 있겠는가? 게다가 내부의 악마는 외부의 유혹에 기꺼이 "그래"라고 대답한다. 즉 "불결한 것은 영혼 속에 있다"는 니체의 말은 옳다. 모든 인간의 "지하에서는 들개가 왕왕 짖으면서" 풀려나기만을 기다리고 있다.

많은 사람들에게 적절한 때에 위험이 설명되지 않기 때문에, 그들은 비도덕성의 독재에 빠지게 된다. 그런 사람들은 그들이 탈출하거나 제자리로 돌아갈 수 있도록 해주는 공개적인 경고와 충고를 고맙게 생각할 것이다. 비도덕성은 대개 **자위**의 형태로 우선 나타난다. 자위는 놀라울 정도로 어릴 때 시작된다는 것이 과학적으로 확증되었다. 이 나쁜 버릇의 결과가 때때로 과장되고 있음은 사실이다. 그러나 존경받는 의사의 의견을 경청할 필요가 있다. 수년 동안 브레슬라우에 있는 제성침례 병원의 피부과 수석의로 있는 하르퉁(Hartung) 박사는 자위에 대하여 다음과 같이 말하고 있다. "자위에 대한 과다한 탐닉이 신체에 심각할 정도로 해로운 영향을 끼칠 뿐만 아니라, 이후 그런 악습 때문에 질병에 걸리게 된다는 것에는 의심의 여지가 없다. 그것이 대개의 경우 일반적인 신경 증세, 일에 대한 정신적 무능, 육체적 쇠약의 형태로 나타난다는 것은 분명하다."

하르퉁 박사는 또 자위를 하는 사람은 자신이 더러운 어떤 것을 행하고 있다는 의식을 갖게 되며, 자존심과 명석함 역시 상실한다는 것을 특별히 강조한다. 불쾌하고 남에게 감추어야 할 비밀에 대해 계속해서 의식하게 되면, 스스로를 낮추게 된다. 계속해서 그는 그런 악습에 탐닉하는 젊은이는 게으르고 나약해져서 노동하려는 욕구를 잃게 되며, 신경질적이고 짜증스러운 상태는 그의 기억력과 효율성을 약화시킨다고 말한다. 이 문제에 관해 글을 쓴 다른 고명한 의사들도 하르퉁 박사의 의견에 동의하고 있다.

또한 자위는 피를 더럽힐 뿐만 아니라, 인간이 되는 과정에 필요한 정신적 힘과 억제를 제거해 버린다. 자위는 영혼으로부터 불굴의 정신을 앗아가는 것이다. **습관적인** 자위는 인간을 서서히 좀먹어 들어갈 것이다.

그렇지만 **이성과의 비도덕적인 행위**는 더욱 나쁜 결과를 가져온다. 인간의 가장 참혹한 천형인 성병이 그런 죄악의 결과임은 결코 우연이 아니다. 사람들이 이런 면에 대해 믿을 수 없을 정도로 어리석다는 것이 놀라울 뿐이다. 그렇지 않다면 건전한 사람이 될 수 있을 텐데 말이다.

베를린 대학의 교수인 라차루스(Lazarus) 박사는 성병에 의해 야기된 우리 국민의 심각한 정신적 · 육체적 질병에 관하여 놀랄 만한 보고를 했다. **매독**이 우리의 국가적 에너지를 가장 효과적으로 좀 먹어 들어가는 것 중 하나라는 것은 분명하다.

많은 젊은이들이 어리석게도 매우 가볍게 여기는 임질 역시 심각하고 위험한 질병이다. 현대 의학으로도 임질을 확실하게 치료할 수 없다는 사실은 이 문제에 대한 경솔함을 없애기에 충분할 것이다.

빈스방거[2] 교수는 성병에 관해 다음과 같이 말하고 있다. "겉으로 보기에는 사소한 것처럼 보이는 감염의 경우도 심각한 고통을 초래하며, 초기 감염에서 치료가 불가능한 신경 증세의 발작까지 진행되는 데 수년이 걸리기도 한다. 오늘날 매우 흔한 질병으로 문외한들에게는 지적 능력의 약화로 보이는 질병 사례의 60퍼센트 이상이 초기의 성적인 감염을 그 원인으로 가진다는 사실은 주목할 만하다."

젊은이들의 이러한 죄악 때문에 언젠가는 우리와 가장 가까이 있게 될 사람들(아내와 아이들)이 그런 무서운 질병의 고통을 겪을 수 있다는 생각은 우리의 가장 깊숙한 내면을 뒤흔들지 않는가?

---

2) Ludwig Binswanger(1881~1966). 스위스의 정신의학자. 융에게서 수학했다. 초기에는 프로이트의 영향을 많이 받았으나 1920년대에 들어서면서 후설과 하이데거의 영향을 받아 실존철학적 관점에서 정신병을 연구했고, 이로 인해 실존주의 심리학의 창시자로 여겨진다.

오늘날 많은 사람들이 지적하고 있지만 그보다 훨씬 더 강하게 나타나고 있는 또 다른 무질서인 동성애에 관해 언급할 것이다. 이에 대해 처음부터 명확히 살펴보자.

개인의 성향이나 유전적 기질 때문에 자신들의 순수성을 유지하고자 하고, 그것을 위해 조용한 그러나 때때로 불굴의 투쟁을 수행하는 모든 사람들과 우리는 따뜻한 공감대와 이해를 나누려 한다. 승리를 쟁취한 사람들을 숭배하라. 왜냐하면 그들은 신과 함께 투쟁했기 때문이다. 그러나 예수께서 개별적 죄인을 사랑하시고, 도움을 원하는 자를 도와주시지만 죄악 자체에 대해서는 대단히 진지하게 반대하시듯이, 우리도 젊은이들뿐만 아니라 모든 사람을 부패하게 만드는 동성애라는 현상에 반대해야만 한다. 세계가 사막의 홍수 속에 익사할 뻔한 시기가 이미 있었다. 그때 혐오적인 죄악과 음란함의 부패 속에 깊이 빠져버린 문화를 극복하고 새로운 문화를 확립할 수 있었던 것은 바로 복음 덕분이었다. 그런 죄악의 노예와 희생자에 관해 사도 바울은 로마인들에게 다음과 같이 썼다.

"남자들 역시 여자와의 정상적인 성관계를 버리고 남자끼리 정욕의 불길을 태우면서 서로 어울려서 망측한 짓을 합니다. …… **인간이 하느님을 알아보려고도 하지 않았기 때문에**"(로마서 1장 27, 28). 동성애는 카인의 징후이며, 또한 속속들이 병들어버린, 신도 없고, 영혼도 없는 문화의 징후이다. 이것은 가장 큰 목표가 쾌락추구에 있는 세계관 및 인생관으로 인해 생겨난 결과다. 푀르스테르[3] 교수는 그의 책 『성윤리』에서 다음과 같은

---

3) Friedrich Wilhelm Förster(1869~1966). 독일의 철학자·평화주의자. 제1차 세계대전을 일으킨 독일의 정책과 그 이후에 등장한 나치즘을 강력하게 비판했다. 윤리, 정치, 사회, 종교, 성 등 다양한 주제에 관해 저술을 남겼는데, 이 책에서 인용되는 『성윤리』는 『성윤리와 성교육』(Sexualethik und Sexualpädagogik, 1913)을 말한다.

적절한 지적을 하고 있다. "정신적 영웅주의가 웃음거리가 되고 젊은 혈기의 방종이 찬미되는 곳에서는 도착적이고, 악마적이며, 부도덕한 모든 것이 공개적으로 드러나도록 힘을 얻게 된다. 그런 것들은 건강을 질병으로 비웃고, 스스로를 생활의 표준으로 내세운다."

오늘날 인간의 가장 깊숙이 숨겨진 타락 속에서 받아들이기 두려운 것들이 드러나고 있다. 이것은 완전히 새로운 것이라서 사람들은 위대한 영적 힘(그리스도의 복음)만이 도움이 될 수 있다는 것을 이해하게 될 것이다.

그러나 누군가는 지금까지 말한 것에 대해 반대 의견을 낼 것이다. 아마도 "자연스런 본능은 충족되어야 하지 않을까?"라고 말할 수 있을 것이다. 사슬에서 풀려난 열정은 자연스러운 것이 아니라, 대단히 부자연스러운 것이다. 대부분의 경우 사악한 욕망이 준비되고, 불타오르고, 육성되는 것은 오직 자신의 죄악 또는 다른 이의 죄악을 통해서 이루어지는 것이다. 알코올 중독자나 약물 중독자의 예를 보자. 알코올이나 아편에 대한 그의 지속적인 갈망이 자연스러운 것인가? 이 갈망은 단지 그러한 죄악을 반복해서 탐닉함으로써 인공적으로 채워지는 것이다. 신이 인류의 보존을 위하여 결혼으로 우리에게 부여한 충동만이 선한 것이기에 충동은 억제하기 어려운 것이 결코 아니다. 수많은 사람들은 충동을 올바른 방식으로 잘 통제하고 있다.

하르퉁 박사를 다시 인용해 보자. 그는 "성숙한 인간이 그런 것을 절제하는 것은 해롭지 않은가?"라는 질문에 명확하게 이야기한다. "간단명료하게 대답하겠다. 절대로 그렇지 않다. **만약 당신이 누군가에게서 건강한 사람이 넓은 의미의 순결과 금욕 때문에 병에 걸릴 수 있다는 말을 들었다면, 그는 당신을 나쁜 길로 인도하고 있는 것이다. 그리고 만약 그가 진실로 곰곰이 생각한 뒤 당신에게 말한 것이라면, 그는 무식한 인간이거나, 사악한 인간이다.**"

피임약 사용에 대해 시급히 경고할 필요가 있다. 실제로 보호받을 수 있는 유일한 길은 결혼할 때까지 금욕하는 것뿐이다.

나는 부도덕성이 가져올 결과에 당신들이 눈을 뜨도록 하기 위해서 솔직하고 진지하게 노력했다. 나의 이 노력에 힘입어 당신은 그러한 죄악에 탐닉한 사람들의 육체와 정신의 파멸을 보았다. 그러나 여기에 덧붙일 것은 그러한 죄악이 영혼에 끼칠 해독이다. 나는 경건하고 진지하게 당신들에게 맹세할 수 있다. 즉 **부정은 신에 대한 범죄행위이다.** 또한 그 부정이 필연적으로 사람들에게서 마음의 **평화**를 빼앗아가 진정한 **기쁨**과 **평정**이 오지 못하게 만든다는 것에 대해서도 맹세할 수 있다. 성경에는 다음과 같이 쓰여 있다. "자기 육체에 심는 사람은 육체에게서 멸망을 거두겠지만 ……"(갈라디아서 6:8).

암흑 세계의 정신은 필연적으로 어느 곳이든 밝은 세계와의 연계가 없는 곳을 향하여 움직이기 마련이다.

그러나 부도덕성의 희생자가 되거나 희생자로 남아 있기를 바라지 않는 모든 사람들에게 나는 몇 마디 충고와 격려의 말을 덧붙이고 싶다. **생각**, **언어**, **행동**에 있어서 부도덕성의 죄악과 완전히 단절해야만 한다. 이것이 부도덕성의 노예가 되기를 바라지 않는 사람들이 지켜야 할 첫번째 사항이다. 절대로 **타락의 장소**와 죄악을 찾아서는 안 되며, 타락을 방조하는 것들은 어떤 식으로든 가능한 한 피해야 한다. 따라서 부도덕한 동료 등과의 결합이나 성교는 무조건 피해야 한다. 또한 음란도서를 읽는 것, 상스러운 그림을 보는 것, 그리고 수상쩍은 공연을 관람하는 것 등도 역시 피해야 한다. 그 대신에 여러분은 여러분을 보호해 주고 고양시킬 수 있는 좋은 인간관계를 찾아야만 한다. **체조**, **스포츠**, **수영**, 도보여행, 눈 **뜨자마자** 기상하는 것 등 신체를 단련시키고 부도덕성에 대한 투쟁을 용이하게 만드는 것이라면 무엇이든 추천하고 싶다. 또한 음식을 절제하고, **술은 피해야 한다.** 그러나 이것만으로는 충분하지 않다. 왜냐하면, 설사 이 충고를 따른다 하더라도, 많은 사람들은 절제되지 않은 충동이 너무도 강하다는 점을 괴롭게 경험할 것이기 때문이다.

그렇다면 우리는 저항에 필요한 단호함을 어디서 찾아야 할까? 또한 우리에게 가장 중요한 것인 인격을 잃지 않고도 승리할 수 있기 위해 필요한 힘을 어디서 찾을 수 있을까? 불꽃같은 유혹이 우리에게 다가올 때, 관능적 쾌락의 활활 타는 불길이 느닷없이 타오를 때, 성교육만으로는 도움이 되지 않음을 알게 된다. 우리의 충동을 다스리고 우리의 내부와 외부에 있는 더러운 폭력을 억누르기 위하여, 우리에게는 생동하는 힘이 필요하다. 우리에게 이 힘을 주시는 분은 오직 한 분, 예수 그리스도뿐이다. 피 흘린 속죄의 죽음을 통해서 우리가 양심의 명령에 의해 평화를 얻을 수 있도록 우리를 위해 용서를 구하셨을 뿐만 아니라, 그 영혼 자체가 새롭고 순결한 생활을 위한 생기 있는 힘인 것이다. **그 분을 통하여 죄악을 범하느라 마비되어 버린 의지조차도 다시 한번 확고해질 수 있으며, 소생하여 자유와 삶을 획득할 수 있게 되고, 죄악과의 어려운 투쟁이라는 시험도 성공적으로 견뎌낼 수 있게 된다.**

진정한 자유에 도달하려는 자는 **죄악으로부터 힘을 빼앗고 모든 이들에게 풍부한 힘과 도움을 주는 살아 있는 구원자에게** 온다. 이것은 기독교이론이 아니라, 심하게 고통을 겪고 있는 많은 젊은이들이 시도하는 것이고 그들이 매일 경험하고 있는 사실이다. 가능하면 언제나 당신에게 충고하고 당신과 함께 투쟁할 진실한 친구인 **독실한 기독교인에게 당신의 속마음을 털어놓으라.** 왜냐하면 그렇게 할 때 투쟁에 승리할 전망이 생겨나기 때문이다.

자, 이제 결론삼아 여러분에게 개인적인 질문을 해 보자. 당신의 주위는 어떠한가? 그리고 위에서 말한 충고에 대해 어떻게 생각하는가?

당신은 천박하고 방종한 사람의 마음에 들기 위하여 자신을 파멸로 이끌고자 하는가? 아니면 당신의 영혼을 고양시키고 당신이 사악한 모든 것에 대해 투쟁하도록 의지를 단련시켜 줄 순수하고 숭고한 사람과 힘을 합치고 싶은가? 당신은 자신의 언행과 존재로 인하여 자기 자신과 다른 이들에게 재앙이 되는 사람이 되기를 바라는가? 아니면, 동료들에게 축복이 되는 사람이 되는 것을 언제나 바라고 있는가?

당신은 덧없는 쾌락의 짧은 순간을 위해 당신의 육체와 성격과 영혼을 (지금부터 영원히) 망치고 싶은가? 아니면 영원한 구원을 바라는가?

여러분들이 다음의 질문에 정직하게 답하고 하나님이 여러분의 양심에 비추어 주는 대로 행할 용기를 가지길 간절히 기원한다!

솔직하게 선택하라! 암흑세계인가 밝은 세계인가? 동물인가 영적인 사람인가? 추락할 것인가 달성할 것인가?

이 팸플릿에 따르면 젊은이에게는 신과 성이라는 두 가지 길이 주어져 있다. 분명히 '초인이 되는 것' 뿐만 아니라 '완전한 인간이 되는 것'도 무성(無性) 이상의 것을 필요로 하지만, 어쨌든 무성은 그 성취의 우선적인 전제조건이다. '동물'과 '영적인 사람'을 서로 대립되는 것으로 설정하는 것은 '성적인 것'과 '영적인 것'의 대립을 지향한다. 이러한 대립설정은 모든 신지학적 도덕철학의 토대 형성에서 볼 수 있는 반정립이다. 그러나 이 반정립은 그것의 토대, 즉 성의 부정에 이의가 제기되지 않았기 때문에 지금까지 확고한 것이었다.

평범한 젊은이는 아주 어릴 때부터 성과 두려움 사이의 날카로운 갈등이 존재하는 권위주의적인 가정을 통하여 이런 대립을 준비해 왔다. 위에서 인용한 것과 같은 팸플릿은 세상의 어려움은 제거해 주지도 못하면서 젊은이들을 신비주의의 방향으로 몰아붙인다. 가톨릭교회는 자위에 대한 고해성사를 젊은이들에게 주기적으로 행함으로써 곤경에서 빠져나온다. 하지만 그렇게 함으로써 가톨릭교회는 스스로 다른 어려움 속으로 빠져든다. 교회는 두 가지 조치를 통해 대중적 기반을 유지한다. 즉 성에 대한 공포를 이용하는 것과 반자본주의적 태도를 강조하는 것으로 대중들을 교회에 묶어둔다. 또한 교회는 대도시에서의 생활을 통해 젊은이들이 깨닫게 되는 혁명적인 성권력과 싸워야 하기 때문에, 젊은 남녀들에게 타락의 기회를 다양하게 제공해 주는 대도시의 생활을 비난한다. 반면에 대도시에서의 대중들의 성생활은 강한 성적 욕구와 희박한 물질적·구조적 충족가능성 간의 격렬한 모순이라는 특징을 갖는다. 이 모순은 원칙적으로 경제 위기와 성적 고뇌에 의해 파괴되었지만, 동시에 가능한 모든 수단을 통하여 방어된 가족권위와 결코 다른 종류의 것이 아니다. 이 모순에 대해 깨닫는 것이 대단히 중요하다. 왜냐하면 그것을 깨닫게 될 때, 정치적 반동의 이데올로기 도구 중에서 가장 취약한 곳을 공격할 수 있는 넓은 가능성이 열리기 때문이다.

젊은이들은 자신의 생식적 욕구를 억누를 수 있는 힘을 어디에서 찾아야 하는가? 예수에 대한 믿음 속에서! 실제로 젊은이들은 예수에 대한 믿음에서 자신의 성에 대항할 수 있는 강력한 힘을 찾는다. 그런 메커니즘의 토대는 무엇인가? 신비적 경험은 자연스러운 오르가즘적 만족을 결코 경험할 수 없게 만드는 자율신경적인 흥분 상태에 젊은이들을 빠지게 한다. 젊은이는 수동적인 동성애의 방향으로 충동을 발전시킨다. 충동적 에너지라는 측면에서 볼 때, 수동적 동성애는 자연스럽고 남성다운 성의 가장 효과적인 적대자이다. 왜냐하면 수동적 동성애는 적극성과 공격성을 수동성과 피학적 태도로 바꾸어 놓는데, 그런 태도가 바로 가부장적·권위적 신비주의의 대중적 토대를 결정하기 때문이다. 그러나 그와 동시에 그것은 무비판적인 복종, 권위에 대한 믿음, 그리고 가부장제적인 강제결혼이라는 제도에 적응할 수 있는 능력을 의미한다. 말하자면, 종교적 신비주의는 성적 충동을 다른 것과 맞서 싸우도록 만들어 이익을 얻는다. 심지어 자신의 목적을 달성하기 위하여 성적 메커니즘 그 자체를 이용하기도 한다. 종교적 신비주의에 의하여 부분적으로 작동되고, 부분적으로 정점에 올려진 이러한 비성기적인 성적 자극은 추종자들의 대중심리, 즉 (매우 자주 분명한 육체적 모습으로도 나타나는) 도덕적 피학성과 수동적 복종에 결정적이다.

종교는 성기적 성을 억압하는 데에서 자신의 힘을 끌어내는데, 이 억압은 수동적이며 피학적인 동성애와 같은 이차적인 퇴행을 촉발한다. 따라서 충동의 역동성이라는 측면에서 볼 때, 종교는 성기적 두려움에 그 토대를 두고 있으며, 성기성을 청소년에게 이미 자연스러운 충동이 아닌 이차적 충동으로 대체하는 것에 의존하고 있다. 종교적-신비주의적 영향 아래 있는 청소년들에 대한 성경제학의 과업은 자연스런 성기적 요구가 이차적(동성애적)이며 신비주의적인 충동과 맞붙어 싸우도록 만드는 데에 있는 것이다. 이러한 심리학적 과제는 성경제학적 영역에서 사회적 진보의 객관적인 발전 노선, 즉 **성기성의 부정을 지양하고 청소년의 성기적 성을 긍정하는** 것과 완전히 일치한다.

그러나 대중들에게 감염되는 메커니즘을 폭로하는 것만으로 문제가 완전히 해결되는 것은 아니다. 이 점에 있어서 동정녀 마리아 숭배가 특히 중요한 위치를 차지하고 있다. 사전적인 지식을 얻기 위하여 또 다른 전형적인 팸플릿을 한번 살펴보도록 하자.

동정녀 마리아 숭배와 젊은이

진실로 경건한 가톨릭 청년들은 동정녀 마리아라는 이상에 대해 항상 진실된 애정을 느낄 것이다. 동정녀 마리아를 숭배한다고 해서 예수에 대한 열렬하고 깊은 신앙의 가치가 떨어지는 것은 아니다. 반대로 동정녀 마리아에 대한 진정한 숭배는 틀림없이 예수와 도덕적 생활규범으로 우리를 이끌 것이다. 우리는 동정녀 마리아라는 이상이 젊은이에 대한 도덕교육과 종교교육에서 빠지지 않기를 바란다.

젊음은 발육의 시기이며, 내외적으로 투쟁하는 시기이다. 젊음의 시기는 열정이 일깨워지고, 인간 속에서 동요와 투쟁, 소용돌이치는 강한 충동과 깨달음이 일어나는 시기인 것이다. 이런 시기 고통 속에 있는 젊은이에게 강한 충동과 동요에도 결코 흔들리지 않는 이상(理想), 흔들리는 마음을 고양시키고, 빛을 비추어 비열함과 사악함을 가려주고, 머뭇거리는 가슴을 일깨워 줄 수 있는, 강하고, 유능하며, 광명을 던져 주는 이상이 있어야 한다. **그 이상이 찬란한 순수성과 아름다움을 구현하고 있는 동정녀 마리아인 것이다.** "그 존재만으로도 우리에게 가르침을 주는 여성이 있다고 한다. 그녀는 행동만으로 비열한 생각을 없애고, 입을 다물게 함으로써 의심의 말을 내뱉지 못하게 한다. 동정녀 마리아가 바로 그 고귀한 여성이다. 동정녀 마리아에게 헌신하고, 그녀의 시선이 자신에게 깃들어 있다는 사실을 확신하는 젊은 기사는 천박해질 수 없다. 그럼에도 불구하고 만일 그가 그녀의 존재를 잊게 되어 실수를 하게 된다면, 그녀를 생각하는 것만으로도 참을 수 없는 영혼의 고통이 생겨날 것이며, 그와 동시에 고귀한 마음이 권위를 되찾게 될 것이다"(쉴겐, 예수회 신부).

자연과 예술과 인간 세상 속에서는 그녀와 비슷한 것을 찾을 수 없을 정도로, **동정녀 마리아는 젊은이들이 도달할 수 없는 우아함, 숭고함, 존엄성으로**

동정녀 마리아 숭배와 나치당의 반동적 성경제학

전통적으로 동정녀 마리아 숭배는 고대의 여신 숭배와 연관되면서 많은 논란을 일으켰다. 일례로 1486년 「암굴의 성모」(La Vergine delle rocce)라는 그림을 발표한 다빈치는 대천사 우리엘(위 그림의 맨오른쪽)이 요한(오른쪽)을 경배하고 있는 아기 예수(왼쪽)를 손가락으로 가리키는 모습을 그렸다는 이유로 그림을 다시 그려야 했다. 우리엘은 고대 북유럽 인종들이 숭배했던 천사이며, 아기 예수가 요한에게 경배를 올리는 것은 예수의 신성성을 모독하는 것이라는 이유에서였다(위 그림은 다빈치가 1508년 다시 그린 그림으로서, 우리엘의 손가락을 없애고 예수와 요한의 자리를 바꾼 것이다). 나치당은 이렇게 고대의 여신 숭배를 연상시키는 마리아 숭배(특히 마리아의 모성과 처녀성)를 적극적으로 활용해 독일 청소년들의 성을 억압했다.

존재한다. 왜 예술가와 화가들은 계속해서 그들의 능력과 창조성을 동정녀 마리아에게 바치고 있는가? 그 이유는 그들이 그녀 속에서 가장 숭고한 아름다움과 존엄성을 보기 때문이다. 아름다움과 존엄성은 결코 기대를 저버리지 않는다. "그녀에게 봉사하고, 그녀 앞에 서 있는 것이 가장 고귀한 명예가 되어야만 하는 젊은이들 앞에 소유주인 여왕이 서 있다. 여기에 고귀한 여성, 영혼의 신부가 있다. 그녀에게 여러분들은 여러분들의 젊은 가슴으로부터 솟아나오는 모든 사랑을 가지고 타락과 신성모독의 두려움 없이 스스로를 바칠 수 있다."

동정녀 마리아라는 이상은 틀림없이 젊은이들을 고무시킬 것이다. 특히, 빛나는 것을 어둡게 만들고, 숭고한 것을 진흙탕 속으로 빠뜨리는 데에서 쾌락을 느끼는 나이에 동정녀 마리아라는 이상은 구원과 힘으로서 빛을 발할 것이다. 이 이상 속에서 젊은이는 위대하고, 정신적으로 아름답고, 순결한 거대한 무엇이 실제로 존재하고 있다는 사실을 인식하게 될 것이다. 동정녀 마리아라는 이상을 통해서 젊은이는, 비록 다른 이들이 구렁텅이 속에 빠져 가장 좋은 것을 놓친다 할지라도 구렁텅이에서 벗어날 수 있는 힘을 얻게 될 것이다. 동정녀 마리아라는 이상은 머뭇거리는 사람들에게 의식을 불러일으킬 것이고, 주저하는 사람들의 기운을 다시 북돋워주어 그들을 강하게 만들 것이다. 실제로 이 이상은 타락한 사람에게 감동을 주어, 그 사람이 새로운 용기를 가지고 다시 삶을 살아가도록 만들 것이다. 동정녀 마리아는 어두운 밤에 젊은이의 열정을 밝혀줄 빛나는 별이며, 그 젊은이의 모든 것이 산산이 파괴된 것처럼 보일 때에도 그의 내부에 존재하는 고상함을 불러일으키는 별이다. "방황하라! 나는 산이며 강이니, 우리의 사랑하는 여인이 겪은 이해받지 못하는 고통 속에서! 계곡에 있는 예배당, 그 예배당의 문지방에 나의 발을 올려놓아 나의 피를 달래라. 그리고 동정녀 마리아를 생각하라. 그러면 벌써 모든 것이 좋아진다"(베버 수사).

이상적인 의식을 지니고 성스러운 미덕을 위해 싸우고 있는 젊은이들이여, **여러분들의 소유주인 여왕을 우러러보라**. 성스러운 이상으로 채워지지 않은 젊은이가 어찌 그녀를 우러러볼 수 있겠는가? 순결에 대한 강렬한 갈망 없이, 어떻게 아베 마리아라고 그녀를 부를 수 있겠는가? 투쟁하려는 용기 없이, 어떻게 동정녀에 대한 영광스러운 노래를 부를 수 있겠는가? 동정녀 마리아라는 이상을 지닌 젊은이가 어떻게 여성의 순결을 빼앗을 수 있겠는가? 그녀를 어머니라고, 여왕이라고 부르면서 여성을 경멸하는 성향을 가질 수 있는가? 오직 동정녀 마리아라는 이상이 진지하게 수용될 때에 모든 젊은이에게 강한 자극을 줄 수 있고 순결성과 남성다움에 대해 강력히 호소할 수 있다. "그녀를 응시하고, 그 이미지를 여러분의 가슴에 새기면, 아무리 어려운 투쟁을 하더라도 순결을 지키지 않겠는가?"

젊은 남성의 도덕적 태도는 소녀와 여성에 대한 입장에 결정적으로 달려 있다. "예전의 기사 작위 수여식에서 기사는 무방비 상태의 여성을 보호하겠다는 엄숙한 선서를 해야만 했다. 하늘에 있는 여왕의 영광을 위하여 성당이 건립되었을 때도 마찬가지였다"(겜멜, 예수회 신부). 동정녀 마리아에 대한 구애와 여성에 대한 진정한 기사도 사이에는 내적인 관계가 있다. 동정녀 마리아라는 이상에 사로잡혀 있는 사람은 기사 작위가 전적으로 여성의 존엄과 위엄에 대한 경건한 존경에서 나온다는 점을 마음속에 필수적으로 간직한다. 따라서 중세의 기사 작위는 젊은이들에게 여성의 명예를 보호하는 것뿐만 아니라, 성스러운 여인을 위해 봉사해야 한다는 의무를 부여했다. 기사제도는 이제 더 이상 존재하지 않는다. 그리고 더 나쁜 것은 젊은 남성들 사이에 여성에 대한 **조심스러운 경건함이 점차 사라져**

가고 있으며 천박하고 사악한 도둑 심보가 그 자리를 대신하고 있는 것이다. 갑옷을 입고 무장을 한 옛날의 기사가 연약한 여성성과 순결을 보호했듯이, 오늘날에도 진정한 남자는 여성의 명예와 순결을 지켜주어야 할 의무를 지고 있다는 것을 알아야 한다. 견실한 남성다움과 진실로 고결한 마음을 여성들은 가장 빨리 그리고 가장 아름다운 모습으로 알아볼 것이다. 그런 갑옷으로 자신의 열정을 무장한 젊은이들은 행운아다! 또한 그런 젊은이의 사랑을 찾아낸 소녀 역시 행운아다! "**소녀에게 고통을 주지 말라. 그리고 당신들의 어머니 역시 전에는 소녀였음을 기억하라.**"

오늘의 젊은이는 내일의 남편이 될 것이다. 만약 약혼한 젊은이가 사랑과 약혼을 모독한다면 어떻게 남편이 되어 부인을 보호하고 여성에 대한 존경을 확고하게 할 수 있을 것인가! 약혼은 **신성한 사랑의** 시기가 되어야 한다. 동정녀 마리아라는 이상이 젊은이들의 세계에서 살아 숨쉬고 있다면, 인간의 운명이 얼마나 더 행복해질 것인가. 젊은이들이 소녀의 영혼을 사랑하는 동안 파렴치한 장난을 하지 않는다면, 수많은 고통과 비탄을 피할 수 있을 것이다. **젊은이들이여 내 말을 들어보라. 동정녀 마리아라는 이상의 광휘로운 빛이 당신들의 사랑을 비추게 하라. 그리하여 발을 헛디뎌 파멸하지 않도록 하라.**

동정녀 마리아라는 이상은 우리의 젊은 남성들에게 많은 것을 말해준다. 바로 이러한 이유에서 우리는 우리 젊은이들의 모임에서 동정녀 마리아의 깃발을 높이 흔드는 것이다. 오, 우리의 젊은 가톨릭 남성들이 이 깃발 아래 모두 모이기를![4]

---

4) [지은이] Gerhard Kremer, "Marienverehrung und der Jungmann", *Katholisches Kirchenblatt*, Nr. 18, 3, 5, 1931.

마리아 숭배는 순결을 관철시키는 데 매우 성공적으로 이용되었다. 다시 한번 우리는 이러한 의도가 확실히 성공하도록 만들어 준 심리적 메커니즘에 대해 질문해야 한다. 이것은 그런 영향력에 복종하는 청년 대중들의 문제로 다시 돌아온다. 그런 영향력에 대한 복종은 주로 성기적 충동을 억누르는 것이다. 예수 숭배가 성기에 대항하는 수동적인 동성애의 힘을 동원하듯이, 동정녀 마리아 숭배 역시 성적 힘을 동원한다. 그런데 이때 그 힘은 성의 다른 영역으로부터 나온다. "소녀에게 고통을 안기지 말라. 그리고 당신들의 어머니 역시 전에는 소녀였음을 기억하라". 따라서 가톨릭 청년의 정서 생활 속에서 성모는 청년들의 어머니 역할을 떠맡게 되며, 가톨릭 청년은 한 때는 자신의 어머니에게 쏟았던 모든 사랑, 즉 첫번째 성기적 욕구의 열렬한 사랑을 성모 마리아에게 쏟는다.

그렇지만 **근친상간 금지**는 그 청년의 성기적 욕구를 오르가즘에 대한 갈망과 성적이지 않은 애정으로 나누어버린다. 오르가즘에 대한 갈망은 억압되어야만 하기 때문에 그 에너지는 애정에 대한 갈망을 심화시키고 그 갈망과 신비적 경험 사이에 불가분의 관계를 만들게 된다. 이와 같은 애정에 대한 갈망은 근친상간의 욕망에 대해서뿐만 아니라 어떤 여성과의 자연스러운 성기적 관계에 대해서도 격렬한 저항을 불러일으킨다. 건강한 젊은이가 사랑하는 사람과 오르가즘을 경험할 때 내놓는 것과 똑같은 생명력 있는 힘과 거대한 사랑을 신비주의적 인간은 성기적 욕구가 억압된 후의 동정녀 마리아에 대한 신비주의적 숭배를 지지하는 데 사용한다. 바로 이것이 신비주의가 자신의 힘을 끌어내는 원천인 것이다. **충족되지 않은 힘**이라고 해서 그 힘을 과소평가해서는 안 된다. 그 힘이야말로 수천 년 동안 인간을 지배해 온 신비주의의 능력과, 대중들의 책임에 반(反)하여 작용하는 억압을 잘 설명해 준다.

이런 점에서, 이것은 동정녀 마리아나 다른 우상에 대한 숭배의 문제가 아니다. 이것은 모든 새로운 세대에 **신비주의적 인간구조를 생산하는** 문제인 것이다. 그러나 신비주의는 오르가즘에 대한 무의식적인 갈망(우주의 원형질 감각)에 불과하다. 오르가즘 능력이 있는 건강한 인간은 역사적 인물을 숭배할 능력이 있다. 그는 자신의 성적 행복과 더불어 인간의 원시시대 역사를 경험한다. 이런 경험을 하는 데 있어 그는 신비주의적이 되거나, 반동적이 되거나, 형이상학에 종속되지 않는다. 젊은이의 건전한 성생활이 반드시 예수신화에 대한 숭배를 억누르는 것은 아니다. 인간 정신활동의 거대한 성과인 구약과 신약이 성생활을 억압하는 데 사용되어서는 안 된다. 물론 나는 의사로서의 경험으로 성적으로 병든 청소년들이 예수의 신화에 대해서도 건전치 못한 인식을 하고 있다는 것을 알 수 있다.

건강한 자존심과 신경증적 자존심

성적으로 성숙하고 성경제적으로 조직화된 젊은이에게 여성과의 오르가즘적 경험은 만족스러운 결속, 상대방에 대한 존중, 그리고 경험을 공유하는 여성에게 굴욕을 주는 모든 형태의 경향을 근절시킨다는 것을 의미한다. 오르가즘 능력이 없는 경우에는 심리적인 방어력만이 영향력을 행사하게 되고 성기적 욕구에 대한 지겨움, 혐오만이 나타나게 된다. 이러한 방어력은 여러 원천에서 에너지를 끌어낸다. 우선 방어력은 최소한 그것이 방어하고 있는 성기적 갈망만큼 강하다. 방어력은 불만족을 통해 강화되지만, 무의식적 욕망에 흔들리지는 않는다. 더욱이 현대인의 성교에 대한 혐오는 성생활의 실제적인 타락에 의하여 정당화된다. 이렇게 **타락한** 성생활은 일반적인 성의 전형이 된다. 따라서 강제적 도덕성은 나중에 바로 자신의 존재를 정당화하기 위해 증거로 끌어들이는 것("성적인 것은 비사회적이다")을 만들어낸다. 방어력의 세번째 정서적 원천은 모든 가부장적 문화에서 어린이들이 아주 어릴 때 획득하게 되는 가학적인 성생활의 개념이다. 성기적 만족에 대한 모든 금지는 가학적 충동을 강화하기 때문에 전반적인 성적 구조는 가학적이 된다. 게다가 성기적 요구는 항문적 요구로 대체되기 때문에, 성교가 여성의 품위를 떨어뜨린다는 반동적 성구호가 청소년의 구조의 심금을 울리게 되며 이런 방식으로 그 구호는 비로소 커다란 의미를 획득한다. 간단히 말해서 청소년들은 바로 자신의 경험으로부터 가학적인 성교 개념을 발전시킨다. 따라서 여기에서도 우리는 인간의 강제적인 도덕적 방어력이 정치적으로 반동적인 권력의 토대를 이룬다는 사실을 확인할 수 있다. 이제 성적 '도덕성'과 신비주의적 정서와의 관계가 더욱 명확해지기 시작한다. 신비주의적 경험이 어떤 내용을 가지는가와 관계없이 그것은 본질적으로 성기적 욕망에 대한 부정이다. 그것은 본질적으로 성적 방어이며, 비(非)성기적인 성적 흥분의 도움을 받아 일어난다. 신비적 경험과 성적 경험의 차이점은 신비적 경험이 성적 흥분을 인지하는 것을 허용하지 않는다는 데에 있으며, 또한 이른바 종교적 황홀의 경우에도 오르가즘적 **긴장완화**가 배제된다는 데에 있다.

성적 쾌락에 대한 인식과 오르가즘을 봉쇄하기 위해, 신비적 흥분은 생물적-심리적 기관에 지속적인 변화를 일으켜야만 한다. 실제 성생활은 가치를 떨어뜨리는 어떤 것으로 경험된다. 완전히 자연스러운 경험은 결코 존재하지 않는다. 오르가즘에 대한 욕구의 방어는 자아에게 '순수성'과 '완전성'이라는 강제적 관념을 형성한다. 건강한 욕구와 욕구를 만족시킬 수 있는 능력은 자연스러운 자존심을 만들어낸다. 하지만 신비주의적 인간은 방어를 형성함으로써 발작적이고 내적으로 도덕적인 자존심을 갖게 된다. 민족주의적인 정서와 마찬가지로 신비주의적 인간의 자존심 역시 방어적 태도에서 창출된다. 신비주의적 인간의 자존심은 겉으로 보기에도 자연스러운 성기적 만족에서 도출되는 자존심과 다르다. 신비주의적 인간은 과장되고 자연스럽지 못한 행동을 보이며, 성적 열등감을 그 특징으로 갖는다. 이 점이 신비주의적이거나 민족주의적 '도덕' 교육을 받은 인간들이 왜 **'명예'**, **'순수성'** 등과 같은 정치적 반동의 표어에 쉽게 감동하는지를 잘 설명해 준다. 그런 사람들은 자신이 명예롭고 순수하다는 것을 스스로에게 부단히 일깨워야 한다. 성기적 성격은 자발적으로 순수하며 명예롭기 때문에 스스로를 일깨울 필요가 없다.

8장 _ 성정치적 실천의 몇 가지 문제들

이론과 실천

반동적 학문연구는 '존재와 당위 사이의 분리', '인식과 행위 사이의 분리'를 가정한다. 그러므로 반동적 학문연구는 스스로를 '비정치적'인 것, 즉 정치와 분리된 것으로 생각한다. 이러한 논리는 존재로부터 결코 당위가 유추될 수 없다는 주장을 펴기도 한다. 우리는 이런 논리에 어떤 제한이 있다는 것을 깨닫게 되는데, 그 제한의 목적은 학자들로 하여금 진지한 과학적 통찰에 내재하는 결과를 끌어낼 의무를 저버린 채 학문적 연구에만 몰두하도록 만드는 데 있다. 과학적 연구의 결과는 항상 진보적이며, 때때로 아주 혁명적이다. 우리에게 이론적 관점의 형성은 활기찬 생활뿐만 아니라 **실천적** 문제의 해결을 위해 필요한 것이기 때문에, 우리의 이론적 관점은 새롭고, 더 나은, 좀더 적절한 행동과 실천적 과제의 극복으로 나아가야 하며, 나아가 실천에 의해서, 그리고 실천을 통해서 확증될 때만 가치를 가질 수 있다. 우리는 다른 모든 것을 정신을 가지고 노는 광대나 '가치' 질서의 옹호자에게 맡긴다. 우선 우리는 학문적인 설명에만 침잠되어 있어 우리에게 합리적인 출구를 보여주지 못하는 신학의 근본적 오류를 바

고대 북유럽 민족의 유적발굴 현장(바이에른, 1936)

고대의 종교, 특히 신비주의에 지대한 관심을 기울였던 히틀러의 명령으로 당시 나치친위대 수장이었던 힘러는 손수 고대 북유럽 민족의 유적발굴 현장을 진두지휘했다. 특히 자신이 생존 중에 동유럽의 여러 민족과 전투를 벌여 '슬라브 민족의 정복왕'으로 알려진 중세 독일 작센왕조의 초대 국왕 하인리히 1세의 환생이라고 자부했던 힘러는 고대 룬문자가 씌어진 비문을 발굴하는 데 전력을 기울였다(힘러의 이름 역시 하인리히였다). 룬문자는 고대 게르만 민족이 널리 사용하던 표음문자로서, 룬문자는 게르만 민족에게는 단순한 문자가 아니라 영적인 기운을 발휘하는 문자로 여겨졌다. 그래서 힘러도 나치친위대의 각종 의식에 룬문자를 차용한 도상들을 많이 사용하곤 했다. 힘러가 나치친위대의 머릿글자 'SS'(나치친위대의 정식 명칭은 '경비대'[Schutzstaffel]이다)를 두 개의 각진 지그재그 형태로 만든 것도 룬문자의 모양에서 착안한 것이다.

로잡아야 한다. 우리는 어떤 형태의 종교적 신비주의든 정신적 암혹과 편협한 마음을 의미한다는 많은 연구자들의 의견에 동의한다. 우리는 지난 수백 년 동안 인간의 종교성이 권력의 수단이 되어버렸다는 것을 알고 있다. 이 점에 대해서도 우리는 여러 연구자들과 뜻을 같이 한다. 우리가 그들과 다른 점은 단지 신비주의나 미신과의 싸움을 성공적으로 이끌고, 우리의 지식을 격렬한 실천으로 전화시키고자 하는 우리의 진실한 의지에 있다. 자연과학과 신비주의 사이의 투쟁에서 자연과학은 쓸 수 있는 모든 가능성을 다 소진하여 버린 것이 아닌가? 우리는 이에 비관적인 답을 할 수밖에 없다. 반면 신비주의는 인민대중들을 맹목적으로 사로잡고 있다. 우선 짧은 개관을 통해 방향을 잡아보도록 하자.

신비주의에 대한 지금까지의 투쟁

신비주의와 그것에 맞서는 투쟁의 전개는 4단계로 나누어 볼 수 있다. 첫 단계는 사물에 대한 자연과학적 관점의 결핍이라는 특징을 지닌다. 즉 자연과학적 관점 대신 애니미즘적인 관점이 지배적이던 시기이다. 이해할 수 없는 것을 두려워 하던 원시인들은 무엇보다도 자신의 삶을 지키기 위하여 자연현상에 대한 설명을 찾아내려는 강한 욕망을 가지고 있었다. 원시인들은 압도적인 자연의 힘을 방어할 방도를 찾아야 했다. 자연현상에 대한 설명을 찾고 자연의 압도적인 힘으로부터 자신을 지키겠다는 원시인의 욕망은 그를 (물론 객관적으로가 아니라 주관적으로) 신비주의, 미신, 내적·정신적 과정을 포함하는 자연과정에 대한 애니미즘적 관점으로 이끌었다. 예를 들어, 남근상을 세움으로써 땅을 기름지게 할 수 있고 소변을 보는 것으로 가뭄을 없앨 수 있다고 믿었던 것이다. 이런 상황은 몇몇 기술적 발견에 의해 자연에 관한 과학적 이해의 맹아가 싹트기 시작해 신비주의를 위협하게 되는 중세 말이 될 때까지 기본적으로 지구상의 모든 민족에서 유지되고 있었다. 대부르주아지의 혁명과정에서 종교에 반대하고 계몽에 찬동하는 강렬한 투쟁이 일어나기 시작했다. 자연에 관한 설명을 하는 데 있어서 과학이 신비주의를 대체하고, 특히 방어에 대한 인간의 요구라는 측면에서도 번창하는 기술이 더 중요한 역할을 맡게 된 시기가 도래했다(제2단계). 그러나 혁명가들이 권력을 잡자 그들은 180도 전향하여 문화과정 속에 모순을 만들어냈다. 그들은 한편으로는 모든 가능한 수단을 동원하여 과학적 연구를 촉진했다. 왜냐하면 과학적 연구는 경제 발전에 도움을 주기 때문이다. 그러나 그들은 다른 한편으로 수백만의 임금 노동자를 억압하기 위한 가장 중요한 수단으로 신비주의를 사용했다(제3단계). 이러한 모순은 『자연과 사랑』[1] 같은 과학영화 속에 희비극적으로 표현되고 있다. 이 영화의 각 부분은 두 개의 표제를 달고 있는데, 첫 표제는 다음과 같다. "지구는 우주의 기계적·화학적 과정의 결과로 수백만 년 동안 발전해 왔다." 그 표제 아래로 다음과 같은 표제가 이어진다. "첫째날 하느님은 하늘과 땅을 만드셨다." 그리고 대단한 학자, 천문학자, 그리고 화학자들이 특별석에 앉아 '종교에도 역시 좋은 측면이 있다'고 확신하면서, 이 평화로운 일치와 이론과 실천의 분리에 대한 생생한 묘사를 묵묵히 응시하고 있다. 미국에서 있었던 '원숭이 재판'[2]에서도 볼 수 있는 것처럼, 대중들을 과학적 발견에서 목적의식적으로 배제하는 것, 순종, 비판력 결여,

---

1) Natur und Liebe. 독일 영화감독 슐츠(Ulrich Schultz, 1897~1983)의 1927년 작품으로서, 태양과 지구의 탄생에서 인류의 탄생에 이르는 과정을 생생히 묘사하고 있다.
2) 진화론의 교육을 둘러싸고 1925년 미국에서 벌어진 '스코프스 원숭이 재판'을 말한다. 이 재판은 수업 중 진화론을 가르친 혐의로 기소된 공립학교 교사 스코프스(John Scopes, 1900~1970)에 대한 재판으로, 스코프스에게 벌금형을 내리는 것으로 일단락되었다.

자발적 포기, 내세에서의 행복 기원, 권위에 대한 믿음, 금욕주의의 신성함 인정, 권위주의적 가족의 불가침 등이 촉진된다. 노동자들, 그리고 그들과 긴밀하게 연결되어 있는 소부르주아지의 일정 부분은 종교에 기반한 자유사상가 운동을 만드는데, 자유주의 부르주아지는 이 운동이 특정한 한계를 벗어나지 않는 한 자신의 길을 가도록 허용했다. 자유사상가들은 불충분한 수단, 즉 지적 논증만을 가지고 작업했지만, 교회는 국가권력기구의 도움과 함께 대중들의 심리, 성적 두려움, 성적 억압 속에 있는 강력한 정서적 힘을 이용한다. 이런 감정영역에서의 커다란 힘은 이에 상응하는 감정적 영향력에 의한 반발을 받지 않는다. 자유사상가들이 채용하는 성정책은 지적인 측면에 머무르거나 인구정책의 문제에 국한된다. 그들은 기껏해야 여성의 경제적 평등을 요구할 뿐이다. 그러나 이것은 신비주의의 힘에 대항하는 대중적인 영향력을 가질 수 없다. 왜냐하면 대부분의 여성들에게서 경제적으로 독립하려는 의지는, 경제적 독립에 따르는 자유로운 성에 대한 책임의 두려움에 의해 무의식적으로 저지되기 때문이다.

이런 정서적 정황을 극복하기 위해 겪는 어려움은 혁명적 자유사상가 운동으로 하여금 이른바 '세계관에 대한 질문'을 뒷전으로 밀어놓게 했다. 왜냐하면 이런 경우 사람들은 자신이 의도하는 것과 정반대의 것을 성취하는 경우가 많기 때문이다. 신비주의가 동등한 정서적 힘에 의해 응수되지 않기 때문에, 이러한 관점은 명백히 정당화된다.

러시아혁명은 전례가 없을 정도로 높은 수준에서 종교에 대한 투쟁을 불러일으켰다(제4단계)[3]. 권력기구는 더 이상 교회와 대기업의 수중이 아니라 소비에트 집행위원회의 수중에 놓이게 되었다. 반종교운동은 확고한 토대를 획득했는데, 그것은 경제를 집단적으로 재조직하는 것을 의미한다. 이제 처음으로 대중적 규모에서 종교를 자연과학으로 대체하는 것, 미신이 제공하는 보호의 감정을 번창하는 기술로 대체하는 것, 신비주의의 기능을 사회적으로 설명하여 그 자체를 파괴하는 것이 가능해졌다. 소련에서의 종교에 대한 투쟁은 본질적으로 다음 세 가지 방식을 통해 전개되었다. 경제적 토대를 제거하는 직접적인 경제적 방식, 반종교적 선전을 통한 직접적인 이데올로기적 방식, 대중의 문화수준을 높이는 간접적인 이데올로기적 방식이 그것이다. 교회의 권력기구가 얼마나 강력했는지는 러시아가 마주했던 상황을 명백하게 보여주는 몇 가지 통계를 통해 살펴볼 수 있다. 1905년 러시아의 교회는 261만 1천 데스쟈티너[러시아의 토지 단위. 1데스쟈티너는 1.0925헥타르에 해당], 즉 대략 200만 헥타르가 넘는 토지를 소유하고 있었다. 1903년 모스크바 교구는 908개의 가옥을 소유했으며, 수도원들은 146개의 가옥을 소유하고 있었다. 대주교의 연간 수입이 키예프에서는 8만 4천 루블, 상트페테르부르크에서는 25만 9천 루블, 모스크바에서는 8만 1천 루블, 니시니노브고로트에서는 30만 7천 루블에 달했다. 종교의식 집전에 따른 개인적인 수고비와 물품 수입은 어림조차 할 수 없었다. 대중들이 내는 세금으로 약 20만 명이 교회에 봉직하고 있었다. 매년 평균 10만여 명의 순례자가 찾아오는 트로이츠카야 라프라 수도원은 약 6억 5천만 루블의 값어치가 나가는 성물을 소유하고 있었다.

---

3) [지은이] 소련에서의 종교 문제에 관한 문헌은 다음과 같다. Andrej Stepanow, "Schule und Kirche in Sowjetrussland," Süddeutsche Arbeiterzeitung, Sept. 26, 1927; "Kirche und Staat in der Sowjetrepublik," Jhrb. f. P. u. W., S. 23~24; Jemeljan Jaroslawski, "Kirche und Staat," Jhrb. f. P. u. W., S. 1925~1926; Muzak, "Die Freidenkerbewegung in Russland," Der Freidenker, Nr. 6; Jakovy Weimar, "Das Verhältnis von Kirche und Staat im neuen Russland," Neue Bahnen, 1928; W. Lenin, "Über die Religion," Lenin-Bibl., Bd. IV; A. Elgers, "Die Kulturrevolution in der Sowjetunion," Verlagsanstalt Proletarischer Freidenker, 1931; Alfred Kurella, Die sozialistische Kultur-revolution im 5-Jahresplan, Berlin: Internationaler Arbeiterverlag, 1933; Grigori Feodorow, Antireligöse Propaganda im Dorf; Wogan, Sozialistischer Aufbau des Dorfes und die Religion.

경제적 권력의 뒷받침으로 교회는 경제적 권력에 상응하는 이데올로기적 영향력을 행사할 수 있었다. 모든 학교는 교회의 통제 아래 있었으며, 따라서 당연히 성직자의 통제와 지배 아래 놓여 있었다. 차르 정권 아래의 러시아 헌법 제1조는 다음과 같았다. "모든 러시아인의 주권자는 전제적이고 절대적인 군주이며, 신 역시 정부권력에 자발적으로 복종하기를 명한다." 우리는 여기에서 '신'이 무엇을 말하는지를 이미 알고 있으며, 이와 같은 권력 요구가 인간의 구조 속에 있는 유아기적 감정에 근거를 두고 있다는 것 역시 알고 있다. 히틀러는 이와 똑같은 방식으로 독일의 교회를 개조했다. 그는 그의 절대 권력을 확장하여, 어린이들의 정서를 반동적 이데올로기를 받아들이기 쉽게 만들 유해한 권리까지도 부여했다. '도덕의 기준'을 세우는 일이 성스러운 신의 의지를 집행하는 히틀러에게는 가장 우선적인 일이었다. 다시 옛 러시아의 상황으로 돌아가 보자. 신학교와 학교에는 혁명운동에 반대하는 투쟁을 지지하기 위한 특별한 교수자리가 마련되어 있었다. 1905년 1월 6일 봉기한 노동자들이 일본인의 뇌물을 받았다는 성직자의 비판 성명이 발표되기도 했다. 1917년 2월 혁명은 약간의 변화만을 가져왔을 뿐이었다. 모든 교회의 입지는 그대로 유지되었고, 기대되었던 교회와 국가의 분리는 일어나지 않았으며, 대지주인 르보브[4]가 교회 행정의 수장이 되었다. 1917년 10월의 한 종교회의에서 볼셰비키들은 파문당했으며, 티콘[5] 주교는 그들에게 전쟁을 선포했다.

---

4) Georgi Fürst Lwow(1861~1925). 러시아의 정치가. 1906~1917년의 기간 동안 두마(러시아 제정 의회)의 입헌민주당 의원이었다. 러시아혁명 직후인 1917년 3월 임시 통치를 위한 중립 내각의 수장을 맡았으나, 이후 파리로 망명하여 그곳에서 사망했다.
5) Tichon(1865~1925). 러시아 정교회의 총주교. 속명은 바실리예 이바노비치 벨라빈(Vasilij Ivanovich Bellavin)이다. 러시아 혁명으로 차르의 압력이 사라지자, 차르와의 알력으로 인해 1700년 이후 비어 있던 러시아 정교회의 총주교로 선출되었다.

1918년 1월 23일 소비에트 정부는 다음과 같은 포고문을 발표했다.

러시아공산당은 종교 문제에 있어 이미 포고된 국가와 학교로부터의 교회 분리에 만족할 수 없다. 다시 말해, 자본과 종교적 선전 사이의 실질적이고 다양한 관계로 인해 세계의 어느 곳에서도 끝까지 철저하게 관철될 수 없었으며, 부르주아 민주주의의 정강 속에도 이미 나타난 바 있는 그런 조치에 만족할 수는 없는 것이다.

러시아공산당은 대중의 사회적 경제적 삶 전반에 걸친 계획성과 의식의 실현만이 종교적 편견을 완전히 없앨 것이라고 확신한다. 당은 착취계급과 종교적 선전 조직 사이의 모든 관계를 완전히 없애려는 의도를 가지고 있다. 이에 따라 당은 창조하는 대중을 종교적 편견에서 해방시키는 데 실질적으로 기여할 계몽적이고 반종교적인 성질을 갖는 포괄적인 과학적 선전을 조직했다. 그러나 독실한 신도들의 감정이 상하지 않도록 모든 노력을 경주해야 한다. 그들의 감정을 상하게 한다면 단순히 종교적 광신만이 강해질 것이기 때문이다.

따라서 공화국의 영토 내에서 양심의 자유를 제한하거나 특정 종교 집단의 구성원에게 특권을 주는 지방법령은 허용되지 않는다(포고문 제2항).

모든 국민은 어떠한 종교를 선택하든 또는 전혀 종교를 믿지 않든 그 사실을 표명할 수 있다. 이러한 권리와 관계되는 이전의 모든 제한은 폐기된다.

시민이 소속된 종파에 대한 기록이나 종파에 속해 있지 않은 시민에 대한 어떠한 기록도 모든 공식 문서에서 제거된다(제3항).

모든 국가적 행사나 그 밖의 공적이고 법적인 그리고 사회적인 제도의 행사는 어떤 종교적 관습이나 의식도 없이 이루어져야 한다(제4항).

종교적 관습의 자유로운 시행은 그것이 공공의 질서를 해치지 않고, 소련시민의 권리를 침해하지 않는 한 보장된다. 혼란이 일어나거나 권리가 침해되는 경우 지방 당국은 공공의 평화와 질서를 회복시키기 위해 필요한 모든 조치를 취할 권리가 있다(제5항).

그 누구도 자신의 종교적 관점을 이유로 국민의 의무를 피할 수 있는 권리를 갖지 못한다.

이에 대한 예외는 개별적 사례에 대해 인민법정이 결정을 내린 경우와, 하나의 의무가 다른 의무로 대체된다는 조건에서만 허용된다(제6항).

종교적 서약은 폐지된다. 필요한 경우, 엄숙한 선언으로 대신한다(제7항).

시민의 신분기록은 공공당국, 즉 혼인과 출생 등록소에 보존된다(제8항).

학교는 교회로부터 분리된다.

일반 교육 과정을 따르는 모든 국립, 공립, 사립 학습기관에서 종교적 신앙고백의 보급은 금지된다(제9항).

모든 교회와 종교단체는 사적 사회와 연맹을 규제하는 일반적 규제에 복종해야 하고, 어떠한 특권도 누릴 수 없으며, 국가나 자율적인 지방자치단체의 보조금을 받을 수도 없다(제10항).

교회나 종교단체를 위한 세금을 그 구성원에게서 강제로 징수하는 것을 금지한다(제11항).

교회와 종교단체는 사유재산을 가질 권리가 없으며, 법인의 권리도 갖지 못한다(제12항).

러시아에서 교회와 종교단체의 모든 재산은 인민의 재산임을 선언한다.

예배를 위한 건물과 물건은 지방 당국과 중앙 당국의 특별 규제에 따라 여러 종교단체가 사용료 없이 마음대로 사용할 수 있다(제13항).

성직자, 수도승, 수녀들은 생산적인 일을 수행하지 않기 때문에 적극적·소극적 투표권을 누리지 못한다.

이미 1917년 12월 18일에 시민의 신분기록을 관리하는 일은 소비에트 당국의 손으로 넘어갔다. 사법인민위원회 내에 정리부서가 설치되었는데, 이 부서가 첫번째로 한 일은 교회 재산의 정리였다. 예를 들어 트로이츠카야 라프라 수도원 내에는 적군(赤軍)의 전기기술부서와 교육자를 양성하기 위한 연수학교가 세워졌다. 노동자들의 연합과 코뮨이 수도원에 세워졌다. 교회는 점차 노동자들의 클럽과 독서실로 전환되었다. 반(反)종교 선전은 국민에 대한 성직자들의 직접적인 기만을 폭로하는 것에서 시작되었다. 세르기우스 교회에 있는 성스러운 우물은 단순한 양수기로 판명되었다. 입을 맞추기 위해서 돈을 지불해야 했던 많은 성자들의 이마는 교묘하게 만들어진 가죽 조각에 불과하다는 것이 밝혀졌다. 엄청나게 모인 대중들 앞에서의 이러한 폭로는 즉각적이고 급진적인 효과를 가져왔다. 수백만 건의 폭로문서 및 신문과 함께 신을 부정하는 선전이 전국을 휩쓸었다는 것은 더 이상 말할 필요가 없다. 반종교적 자연과학 박물관의 설립은 과학적 세계관과 미신적 세계관을 대조해 볼 수 있게 해주었다.

이런 모든 조치에도 불구하고, 나는 1929년 모스크바에서 잘 조직되고 굳건한 토대를 가진 반혁명집단은 종교적 당파가 유일하다는 말을 들었다. 소련에서 **종교적 당파와 그 당파 구성원들의 성생활 사이의 관계는**, 사회의 성적 구조에서처럼 이론적인 측면에서뿐만 아니라 실천적인 측면에서도 아주 심각한 정도로 무시되었고 이는 심각한 결과를 초래했다.

따라서 소비에트 러시아에서 교회가 '폐지되었다'는 주장은 부정확하다. 사람들은 자유로이 자신이 선택한 종교를 공언하고 믿을 수 있었다. 즉 교회는 단지 교회의 사회적·경제적 헤게모니를 잃어버린 것에 불과했다. 교회는 이제 더 이상 추종자 집단의 밖에 있는 사람들로 하여금 신의 존재를 믿도록 강요할 수 없게 되었다. 마침내 과학과 무신론은 신비주의와 같은 사회적 권리를 획득하는 데 성공했다. 어떤 성직자도 더 이상 어떤 자연과학자가 추방되어야 한다고 결정할 수 없었다. 이것이 전부다. 그러나 교회는 만족하지 않았다. 나중에(1934년부터) 성혁명이 붕괴되었을 때, 교회는 대중들을 자신의 영역 안으로 다시 끌어들일 수 있었다.

신비주의에 반대하는 성적 행복

교회가 영향을 끼치고 있던 범위에서의 교회 권력 파괴는 교회가 행했던 가장 중요한 침해가 제거되었다는 것을 의미했다. 러시아공산당이 행한 조치들은 대중 속의 평범한 개인들이 지니고 있는 [교회에] 호의적인 감정과 미신적 구조에 의존하고 있는 교회의 이데올로기적 권력에 전혀 영향을 주지 못했다. 이러한 이유로 소비에트 권력은 과학적 영향력을 행사하기 시작했다. 그러나 자연과학적 계몽과 종교의 탈을 벗기는 작업은 단지 지적인 힘(물론 그것이 강력하기는 하지만)을 종교적 감정 옆에 놓는 것에 불과하며, 나머지 조치는 모두 인간의 지성과 신비주의적 정서 사이의 투쟁에 맡겨져 있었다. 이미 다른 토대 위에서 성장한 사람들만이 이런 투쟁을 과학에 유리한 쪽으로 끌고 나가 성공을 거둘 수 있다. 하지만 그러한 사람들조차도 그 투쟁에 실패할 수 있다는 사실은, 확고한 유물론자들이 이러저러한 형태로 종교적 정조에 굴복하는 것, 예컨대 기도를 하는 등의 행동을 자주 취한다는 것에서 드러난다. 이로부터 똑똑한 종교의 옹호자는 자신들에게 이로운 논증의 단초를 잡아내고, 바로 그런 단초들이 종교적 감정이 영원하다는 것과 뿌리뽑기 어렵다는 것을 나타내는 증거라고 주장할 것이다. 그러나 그런 주장은 옳지 않다. 왜냐하면 그것은 단지 지성의 힘이 종교적 감정에 대립하고는 있지만, 종교적 감정의 원천 그 자체는 손대지 못하고 있다는 사실을 입증하는 것에 불과하기 때문이다. 교회의 사회적 우세가 제거되고, 지적인 힘이 신비주의적 정서에 대립하고 있을 뿐만 아니라, 신비주의적 정서를 키우는 감정 자체가 의식화되어 자유로운 길을 창출하게 된다면 신비주의적 정서의 토대가 완전히 파괴될 수 있을 것이라는 결론은 정당하다. 임상적 경험은 종교적 정서가 억압된 성에서 기인하며, 신비주의적 흥분의 원천을 금지된 성적 흥분 속에서 찾을 수 있다는 것을 명백히 보여주고 있다. 이 모든 사실에서 도출되는 피할 수 없는 결론은 **분명한 성의식과 성생활의 자연스런 질서는 모든 형태의 신비주의적 정서의 종말을 뜻할 수밖에 없다는 것이다.** 말하자면, **자연스런 성은 신비주의적 종교의 천적이다.** 교회는 가능한 모든 곳에서 성에 반대하는 투쟁을 수행함으로써, 또한 그것을 자신의 교리적 핵심으로 삼아 대중 선전의 전면에 내세움으로써, 이러한 해석이 옳다는 것을 입증할 뿐이다.

내가 **성의식이 신비주의의 종말**이라고 할 때, 이것은 매우 복잡한 정황을 우선 단순한 공식으로 줄이기 위한 것이다. 우리는 비록 이 공식이 단순하다 하더라도 그것의 실제 토대와 실제로 관철되기 위한 조건은 대단히 복잡하다는 것을 곧 보게 될 것이다. 또한 우리는 교활한 미신의 기구에 적당한 수단을 가지고 대응하기 위해서는, 우리가 마음대로 다룰 수 있는 전반적인 과학적 기구가 필요하며, 신비주의에 맞서 냉혹한 투쟁을 수행해야 하는 필연성을 굳건히 믿는 것 역시 요구된다는 것을 곧 알게 될 것이다. 그러나 최후의 결과는 언젠가 우리의 노력을 보상해 줄 것이다.

이 단순한 공식을 실제로 관철하는 데에서 맞닥뜨리게 될 어려움을 올바르게 추산하기 위해서는 성억압적으로 양육되어 온 사람들의 심리적 구조에 관한 몇 가지 근본적인 정황들을 철저히 파악해야 한다. 가톨릭이 우세한 서부 독일의 많은 문화 조직들이 지금까지 그들이 신비주의적 전염에 대한 성경제학적 투쟁에서 명목적인 성공을 거두지 못했다는 이유로 그 투쟁을 거부했다. 이 사실은 나의 주장을 무효로 만드는 것이 아니다. 이 사실은 그 투쟁을 시도했던 사람들의 소심함, 성에 대한 두려움, 성경제학에 대한 무경험을 입증하는 것이며, 무엇보다도 그들에게 복잡한 상황에 적응하기 위한, 그 상황을 이해하고 극복하기 위한 인내와 철저함이 부족했다는 것을 입증해 주는 것이다. 만약 내가 성적으로 고통을 받고 있는 기독교 여성에게 그녀의 고통이 성적인 성질의 것이며 따라서 성적 행복을 통해서만 그녀가 정신적 고통에서 구제될 수 있을 것이라고 말한다면, 당연히 그녀는 나를 쫓아버릴 것이다. 모든 개인이 자신의 내부에 개별적으로 이해되어야 할 모순을 지니고 있다는 어려움뿐만 아니라, 문제의 실제적 양상이 지역이나 국가마다 다르기 때문에 각각 다른 방식으로 해결되어야 한다는 어려움에 우리는 직면하고 있다. 그러나 분명한 것은 우리의 성경제학적 경험이 성장할수록 어려움은 더욱 작아지겠지만, 결국 그 어려움을 제거할 수 있는 것은 실천뿐이라는 사실이다. 우리의 기본공식이 옳다는 것에 동의해야 한다. 또한 우리는 어려움을 그 어려움의 본질 자체로 이해해야 한다. 수천 년 동안 인류를 지배해 온 신비주의는 우리 같은 초심자들이 신비주의를 과소평가하지 않는지, 신비주의를 정확히 파악하고 있는지를 시험하거나, 신비주의의 옹호자들보다 우리가 더 현명하고, 교활하고, 더 잘 알고 있다는 것을 증명하라고 요구할지도 모른다.

종교적 감정의 개인적 뿌리

대중의 정신위생을 위한 방침은 신비주의가 생체-심리적으로 고착된 것을 이해함으로써 파악할 수 있다. 성격분석적 치료 과정에서 신비주의적

인간에게 일어나는 변화는 대단히 중요하다. 성격분석적 치료 과정에서 일어나는 변화는 대중들에게 직접적으로 응용될 수는 없지만, 평범한 개인들 속에 존재하는 모순, 힘, 저항력을 밝혀낸다. 이미 나는 신비주의적 표상과 감정이 어떤 식으로 인간의 성격구조 속에 닻을 내리게 되는가를 묘사했다. 이제 신비주의를 **근절**하는 과정에서 나타나는 기본적인 양상을 추적해 보기로 하자.

신비주의적 태도는 우선 전형적으로 무의식적인 정신생활을 밝혀내는 것에 대해, 특히 억압된 성기성에 대해 강력한 저항으로 작용한다. 신비주의가 전(前)성기적인 유아적 충동을 막으려는 경향보다 더 자연스러운 성기적 충동자극, 특히 어린 시절의 자위를 방어하려는 경향을 더 가지고 있다는 것은 대단히 중요한 사실이다. 환자는 금욕적, 도덕적, 신비주의적 관점에 매달리게 되어, 인간의 '도덕적인 것'과 '동물적인 것', 즉 자연스런 성 사이에 화해할 수 없는 세계관적인 대립을 심화시키고 도덕주의적 비난의 도움으로 자신의 성기적 성에 대항하여 스스로를 방어한다. 그는 '영적인 가치'에 대한 몰이해를 '미숙하고 저속한 유물론'이라고 비난한다. 한 마디로 말해서, 정치적 토론에서 신비주의자와 파시스트들이 취하고 있는 논점과 자연과학적 토론에서 성격학자와 '정신과학자'들이 취하고 있는 논점을 알고 있는 사람에게 이것은 너무나 익숙한 이야기이다. 즉 그 이야기들은 같은 것을 말하는 것이다. 신에 대한 두려움과 도덕주의적 방어는 성적 억압을 조금이라도 느슨하게 하는 것에 성공할 때, 즉각적으로 강화된다. 만약 어떤 사람이 유년기에 지녔던 자위에 대한 두려움을 제거하는 데 성공하고, 그 결과 성기성이 충족되도록 밀고 나간다면 지적 통찰력과 성적 긍정이 우세를 점하기 마련이다. 성에 대한 두려움이나 부모로부터 과거에 받았던 성적 금지에 대한 두려움이 사라지는 만큼 신비주의적 믿음도 약해진다. 무슨 일이 일어났는가? 이런 변화 이전에 환자는 자신의 성적 요구에 대한 억압을 유지하기 위하여 신비주의를 이용했다. 그의 자아는 너무 깊은 두려움 속에 빠져 있었고 그 자신의 성으로부터 너무 소외되어 있었기 때문에, 그는 강력하고 자연스런 힘을 극복하여 규제할 수 없었다. 반대로 그가 자신의 성에 저항하면 할수록 그의 욕구는 더욱더 강화되어, 도덕적·신비주의적 억제가 더욱 확장되어야 했다. 치료 과정에서 이런 자아는 강화되었으며, 부모와 교사에 대한 유아기적 의존성은 느슨해졌다.

환자는 성기성의 자연스러움을 인식했으며, 충동적이고 유아기적인 쓸모 없는 것들과 생활의 요구에 적합한 것들을 구별할 수 있게 되었다. 기독교 청년은 자신의 강력한 음부노출 경향과 성도착적 경향이 부분적으로는 유아기적인 원래 형태의 성으로 퇴행한 것에서 기인하며, 부분적으로는 성기적 성의 억제에서 기인한다는 것을 곧 인식하게 될 것이다. 또한 그는 여성과 결합하려는 욕구가 자신의 나이나 자연스러운 구조와 전적으로 일치한다는 점, 그리고 그 욕구를 만족시키는 것이 필수적이라는 점을 인식하게 될 것이다. 이때부터 그는 전능하신 신에 대한 믿음이 제공하는 도움이나 도덕적 억제를 더 이상 필요로 하지 않게 된다. 그는 자기 가정의 주인이 되며, 자신의 성적 살림살이를 스스로 규제할 수 있게 된다. 성격분석을 통하여 환자는 아버지와, 아버지를 대체했던 사람의 권위에 대한 유아기적-노예적 종속에서 해방된다. 자아의 강화는 아버지에 대한 유아기적 유착의 연장인 신에 대한 유착을 해소한다. 즉 그 유착은 힘을 상실하게 된다. 또한 생장요법으로 환자가 만족스러운 사랑의 생활을 받아들이게 되면 신비주의는 마지막 보루를 상실하게 된다. 이렇게 되면 성직자들은 적지 않은 어려움에 빠지게 되는데, 건강해진 결과로 그들의 육체에서 느껴지는 것들이 성직자들의 직업 유지를 불가능하게 만들기 때문이다. 그들에게 열려 있는 유일한 방도는 성직을 버리고 종교를 연구하거나 가르치는 것으로 직업을 바꾸는 것뿐이다.

자기 환자의 성기적 혼란을 이해하지 못하는 분석가나 "윤리가 허용하는 정도까지만 정신분석학의 도구를 무의식 속으로 집어넣을 수 있다"는 의견을 가지고 있는 저명한 정신분석가와 사제들만이 신비주의적 인간에게서 이런 과정이 일어나고 있다는 것을 확인하지 못할 것이다. 우리는 "정치적인 성경제학의 혁명적 결과에 가장 열렬하게 반대하는 과학, 심지어는 숨을 멈추는 연습을 시켜서 아이들의 발기를 억제하라고 어머니들에게 충고해 주는 '비정치적'이고 '객관적인' 과학과는 관계를 맺고 싶지 않다. 이런 경우, 환자를 치료하지 않은 채 정치적 반동의 관점에서 [신비주의적인] 일련의 논리를 받아들이고, 그 환자들이 성직자가 되는 것을 허용하는 의사의 양심이 문제가 된다. 의회의 마지막 모임에서 열정적으로 간청하듯이 독일 애국가를 함께 불렀으나, 결국 '사회주의자로서' 강제수용소에 갇혀 버린 독일 사회민주당의 의회의원들과 똑같은 행동을 그런 의사들이 하고 있는 것이다.

우리는 신의 존재 유무를 논의하고 있는 것이 아니라, 단지 성적 억압을 제거하고 부모에 대한 유아기적 유대를 해소하는 것에 대해서만 이야기하고 있다. 신비주의를 파괴하는 것은 결코 치료 전문가가 가지는 의도가 아니다. 치료 전문가는 단지 성적 억압을 지탱하고 자연스러운 에너지를 약하게 만드는 다른 모든 심리적 사실들을 다루는 것과 마찬가지로 신비주의를 취급할 뿐이다. 하지만 성경제학적 과정은 신비주의적 인생관의 대안으로 '유물론적'·'반종교적' 관점을 내놓는 것에서 멈추지 않는다. 오히려 그런 것들을 의도적으로 회피하는데, 그 이유는 그것들이 생체-병리의 측면에서 어떤 변화도 일으키지 않을 것이기 때문이다. 오히려 성경제학적 과정은 신비주의가 반(反)성적 힘이라는 것을 폭로하고 신비주의에 양분을 공급하는 힘을 다른 목적에 사용하게 한다. 이데올로기적으로는 도덕주의를 과장하지만, 실제로는 도착적이고, 음탕하고, 신경질적이었던 사람에게서 이 모순은 사라지게 된다. 그는 또한 자신의 도덕주의와 함께, 성경제학적인 의미에서의 성적 반사회성과 부도덕도 상실하게 된다. **불충분한 도덕적·신비적 억제의 자리에 성경제학적인 성적 욕구의 조절이 자리잡는다.**

이런 관점에서 볼 때, 신비주의가 스스로를 유지하고 재생산하기 위하여 성에 강력히 반대하는 입장을 취한다는 것은 틀림없다. 단지 신비주의는 그 전제조건 중 하나에서, 그리고 가장 중요한 정당화를 하면서 오류를 범하고 있다. 즉 **충동적 삶을 도덕적으로 극복해야 한다는 느낌을 가지고 있으면서도, 그 충동적 삶을 생산하는 것이 바로 신비주의의 '도덕'인 것이다. 또한 이런 도덕이 소멸하는 것은 신비주의가 헛되이 추구하는 비도덕성 소멸의 전제조건이다.** 이것이 모든 형태의 도덕과 신비주의의 가혹한 비극이다. 신비주의자가 어떤 수단을 동원하든지 간에 종교적 신비주의를 먹어치우는 성경제학적 과정의 발견은 조만간 종교적 신비주의의 실질적인 종말을 의미하게 될 것이다.

성 의식과 신비주의적 정서는 공존할 수 없다. 자연스런 성이 억압되거나 통제되지 않고 신비주의적 흥분으로 변형된다는 점에서 볼 때, 자연스런 성과 신비주의적 정서는 에너지의 측면에서는 동일하다.

이런 성경제학적 정황에서 필연적으로 대중 정신위생에서의 수많은 중요한 결과들이 나오게 된다. 명확히 드러난 반대 의견에 답변한 후에 그 점을 밝힐 것이다.

8장 성정치적 실천의 몇 가지 문제들 269

반론과 성경제학의 실천

성경제학적 실천에 있어서, 우리는 경제정책 입안자들이 이른바 '성적 문제에 대한 과대한 강조와 과장'에 반대하고, 새로운 영역 전체를 별다른 어려움 없이 즉시 걷어치워 버리려 하는 것에 익숙하다. 우선 성경제학의 반대자들에게 그들의 질투가 근거 없는 것임을 말해야 한다. 성경제적 문화사업은 그들의 경제정책 영역을 침범하고 있지 않으며, 그들이 하는 일의 영역을 제한하지도 않는다. 문화사업의 목적은 지금까지 완전히 무시되어 왔지만, 문화적 과정에서 대단히 중요한 영역을 이해하는 데 있다. 성경제학적 투쟁은 착취당하고 억압받는 사람들이 착취하고 억압하는 사람들에게 대항하는 투쟁의 한 부분이다. 오늘날, 이 투쟁이 얼마나 중요한지, 그리고 이 투쟁이 노동하는 사람들의 운동 내부에서 차지하는 위치는 무엇인지는 학문적으로 볼 때 사소한 일일 것이다. 성경제학의 역할과 의미를 논의함에 있어서, 실천적인 면에서 이룩해 놓은 것에 토대를 두고 평가하는 대신에 경제정책과 성정책 사이의 대립을 제시하려는 경향이 있어 왔다. 우리는 이러한 논쟁으로 시간을 낭비해서는 안 된다. 다양한 지식 분야의 전문가들이 독단적인 형식을 완화시키려 최선을 다하고, 그들 각자가 자신의 분야를 완전히 숙달한다면, 순위와 역할에 대한 논의는 모두 쓸데없는 일이 될 것이고, 개별적 작업분야의 사회적 의미는 분야 자체에서 결정될 것이다. 그러니 경제형태 역시 성적 형태를 결정하기 때문에 인간 존재의 경제적 형태와 사회적 형태가 변하지 않는 한 성적 형태는 변화될 수 없다는 기본적인 개념을 고수하는 것만이 중요하다.

피부에 달라 붙어 있는 이(蝨)와 같이 근본적인 수단을 써야만 없앨 수 있는 반론이 있다. 성경제학이 '개별적'이기 때문에 사회적으로 쓸모가 없다는 반론은 어리석은 반론이다. 성경제학적 인식을 획득하기 위하여 사용하는 방법은 분명히 '개별적'이다. 그러나 성생활의 사회적 억압은 사회구성원 모두와 관련된 문제가 아닌가? **성적 괴로움은 집단적인 문제가 아닌가?** 결핵에 대한 연구가 개별적 환자에게서 이루어진다고 해서 결핵에 대한 사회적 투쟁이 개별적인 것인가? 지금까지 혁명적 운동은 성을 '사적인 문제'로 취급하는 심각한 오류를 범하여 왔다. **경제정책과 도덕의 회복**이라는 두 길을 동시에 달리고 있는 정치적 반동에게 성은 사적인 문제가 아니다. 지금까지 자유운동은 하나의 길만을 달려왔다. 하지만 사회적 차원에서 성의 문제를 극복하는 것, 개인 생활의 그늘진 측면을 사회적 정신위생으로 **변화시키는 것**, 성 문제를 전체 투쟁과업의 한 부분으로 자리매김하는 것, 그리고 성 문제를 인구정책 문제로 제한하지 않는 것 역시 문제다. 자유운동은 **지금까지 인간 생활과 행위의 각 영역에서 그 각각의 영역에 상응하는 관점을 발전시키는 대신**, 노동조합정책과 정치투쟁의 영역에서 나온 정치적 구호를 사회적 생활의 다른 모든 영역에 기계적으로 옮겨놓는 심각한 오류를 저질러왔다. 다른 무엇보다도 바로 이 오류가 자유운동의 패배에 적지 않은 영향을 미쳤다. 그래서 독일 성정치 조직의 지도적 활동가들은 1932년 성적 문제를 배제하고, '배고픔과 추위에 대항하는' 구호를 가지고 대중들을 성적 영역으로 '동원'하고자 했던 것이다. 그들은 마치 성 문제가 복잡한 사회 전체의 문제 중 한 부분이 아닌 것처럼 '사회적 문제'와 성 문제를 대립시켰던 것이다!

엄격한 의미에서 볼 때, 인구정책에 제한된 성의 개혁은 성정치적 특성을 지니고 있지 않다. 인구정책은 성적 욕망의 규제에 관심이 있는 것이 아니라, 성적 행위와 자연스럽게 연결되는 인구증가의 규제에만 관심이 있다. 하지만 인구정책은 사회적 · 생물학적 의미에서의 성생활과는 전혀 관계가 없다. 대중들은 인구정책의 문제가 그들과는 별 상관이 없기 때문에 그것에 관해 작은 관심도 갖지 않는다. 즉 그들은 그것에 대해 전혀 상관하지 않는다. 낙태금지법이 그들의 관심을 끄는 것은 정치적 이유에서가 아니라, 그것의 영향을 받는 **개인적 고통** 때문이다. 낙태금지법이 고통, 죽음, 슬픔을 초래하는 한, 그것은 일반적인 사회정책의 문제인 것이다. 사람들은 **아이 갖기를 원하지 않을 때에도 성교를 해야** 하기 때문에 그 법을 어길 수밖에 없다는 점이 명확하고 확실하게 이해될 때, 낙태의 문제는 비로소 성정책의 문제가 될 것이다. 이러한 것들이 정서적으로 가장 중요한 문제 지점이었음에도 불구하고 지금까지 간과되어 왔다. 만약 반동적 사회정책가가 사람들에게 '여러분들은 낙태금지법이 건강과 인간의 생활에서 수많은 희생을 요구하고 있다고 불평을 합니다! 그렇다면 여러분들은 성적인 관계를 가질 필요가 없습니다' 라고 말하게 된다면, 인구정책에만 관계가 있는 접근방법은 종지부를 찍게 될 것이다. **만족스러운 성생활의 필요성이 명백하고 공공연하게 언급될 때에만 이런 문제는 의미를 갖게 된다.** 모든 계층의 남녀들에게 그들이 끊임없이 몰두하고 있는 성적 욕망을 강조하는 것이 낙태금지법으로 인한 죽음을 열거하는 것보다 훨씬 더 호소력이 있다. 성적 욕망의 강조는 개인적인 관심에 호소하는 것이지만, 낙태금지법으로 인한 죽음의 열거는 오늘을 살아가는 인간에게 항상 전제되어 있지는 않은 일정한 수준의 사회적 양심과 동정을 요구한다. 식량조달에 관한 선전을 할 때, 개인적 필요가 [개인과] 관련도 없는 사회적·정치적 정황보다 호소력이 있다는 것은 성경제학 영역의 선전에도 그대로 적용된다. 말하자면, 성 문제는 하나의 대중 문제, 사회적 생활과 대중의 정신위생에 있어 최우선적인 문제인 것이다.

　정신분석학자 측에서 제기할 수 있는 이의는 더욱 중요하다. 정신분석학자는 정신분석학적 치료에 있어 환자로 하여금 자신의 성적 욕구를 의식하게 만드는 데에는 수년 동안의 대단히 어려운 작업이 필요하다는 점과 도덕주의적 금지가 성적 갈망과 마찬가지로 〔인간 내면에〕 깊숙이 닻을 내리고 있고 우위를 점하고 있다는 점을 지적한다. 따라서 인간의 물질적 고통을 '정치'로 만들려는 시도와 마찬가지로 인간의 **성적 불행**을 '정치'로 만들려는 시도 역시 완전히 유토피아적이라는 것이다. 만약 **개별분석**에 **상응하는** 수단을 가지고 있지 않다면, 어떻게 대중들의 성적 억압을 극복할 수 있는가? 정신분석학자들이 제기하는 이런 이의를 진지하게 다루어야 한다. 하지만 만약 내가 이러한 이의 때문에 대중들 속에서 성경제학적 작업을 실제로 시작하고 경험을 쌓는 일을 처음부터 하지 않았다면, 나는 성경제학을 개인적인 문제로 무시해 버리고 그 문제를 해결해 줄 제2의 예수를 기다리는 사람들에게 동조할 수밖에 없었을 것이다. 대단히 친한 동료 하나가 나에게 나의 시도는 깊이 뿌리박힌 성억압적 힘을 간과한 채, 단지 피상적인 설명만을 하게 될 것이라고 이의를 제기한 적이 있었다. 만약 정신과 의사가 이러한 이의를 제기한다면, 좀더 자세히 어려움을 논의해 보는 것도 가치 있는 일이다. 내가 처음에 일을 시작했을 때에는 이 문제에 대한 해답을 모르고 있었다. 그러나 실천이 해답을 주었다.

먼저 우리는 성경제학적 대중위생에서, 개별적인 생장요법을 통해 우리가 직면했던 것과는 전혀 다른 과업에 직면했다는 점을 명백히 해야 한다. 개별적 생장요법에서 우리는 억압을 제거하여 생물학적 건강을 회복시켜야만 했다. 그러나 성경제학의 과업은 단지 종속된 인간의 **모순**과 고통을 **의식하도록 만드는** 데에 있지 않았다. 사람들은 자신이 도덕주의적이라는 것을 알고 있다. 그러나 자신이 만족되어야만 하는 성적 욕구를 가지고 있다는 점을 의식하지 못하거나, 의식하더라도 그 의식이 영향을 끼치지 못하도록 제지를 받았다. 여기에서 성적 욕구를 의식하게 만드는 것이 개별적인 분석작업을 의미하는 것이 아닌가 하는 이의가 다시 제기될 수 있다. 이에 대해서도 실천이 해답을 제공해 준다. 내가 진료시간에 성적으로 억압된 여성과 그녀의 성적 욕구에 관해 이야기했을 때, 그녀는 나에게 완벽한 도덕적 장치로 대항했으며, 나는 나의 주장을 관철할 수 없었고 따라서 그녀에게 어떤 확신도 주지 못했다. 그러나 만일 그녀가 **대중**의 분위기에 노출된다면, 즉 성적 욕구에 관해 의학적이고 사회적인 용어로 명확하게 그리고 공개적으로 논의되는 집회에 참석한다면, 그녀는 자신이 혼자라는 느낌을 갖지 않을 것이다. 그녀는 다른 사람들 역시 '금지된 것'에 관해 열심히 듣고 있다는 것을 느끼게 될 것이다. 그녀의 개인적·도덕적 억제에 **성을 긍정하는 집단적 분위기**, 곧 새로운 성경제적 도덕이 맞서게 된다. 그런데 이 새로운 도덕은 그녀 자신이 은밀히 그것과 비슷한 생각을 가졌기 때문에, 또한 그녀 자신이 잃어버린 삶의 행복을 은밀히 슬퍼했거나 성적 행복을 갈망했기 때문에 그녀의 성에 대한 부정을 마비시킬 수 있다 (완전히 없애지는 못하지만!).

성적 요구는 대중적 상황에 의해 강화되어 사회적으로 완전한 가치를 획득하게 된다. 문제가 올바르게 제기되면, 성적 요구는 금욕주의와 단념의 요구보다 더 우세하다. 성적 요구는 또한 더 인간적이고, 인성과 좀더 긴밀한 관련을 맺고 있으며, 모든 사람들에게 더 깊이 긍정된다. 따라서 이것은 도움을 주는 차원의 문제가 아니라, **억압을 의식하게 만들고, 성과 신비주의 사이의 투쟁을 의식의 빛 속으로 끌어들이며, 그것을 대중 이데올로기의 압력 아래 실행의 단계에 도달하도록 만들어 사회적 행동으로 변화시키는 문제인 것이다.** 이런 시도가 사람들을 비참한 고통 속으로 빠뜨리고 사람들을 더 이상 도움을 받을 수 없을 정도로 심각하게 병들도록 만들기 때문에, 이것을 악마적인 시도라고 말할 수 있다. 이 상황에서 우리는 팔렌베르크의 『용감한 죄인』[6]에 나오는 다음과 같은 재치 있는 대사를 기억할 수 있다. "그 녀석은 불쌍한 인간이다. 그런데 그는 아직 자신이 비참하다는 것을 모르고 있다. 만약 그가 그 사실을 안다면, 그는 얼마나 비참하겠는가!" 이에 대해서 정치적 반동과 신비주의는 더욱 더 악마적이라고 대답할 수 있을 것이다. 동일한 이의가 배고픔의 고통에도 근본적으로 적용된다는 것을 덧붙일 수 있다. 자신의 운명을 의식하지 못한 채 당연하고 경건하게 굴종을 견뎌내는 인도나 중국의 쿨리는 견디기 힘든 만물의 질서를 알고 있는, 즉 노예제도에 의식적으로 반발하는 쿨리보다 내적으로 덜 고통을 겪는다. 인도적인 이유에서 쿨리들이 자신들이 겪고 있는 고통의 진실을 모르게 해야 한다고 우리에게 이야기하는 자들은 누구인가? 신비주의자, 쿨리의 파시스트적인 고용주 그리고 중국의 사회위생 교수 몇 사람만이 그런 이야기를 한다. 이러한 '인도주의'는 비인간성을 영속화하는 동시에 은폐하는 것이다. 우리의 '비인간성'은 선량한 사람과 정직한 사람들이 떠들어대는 것들, 따라서 곧바로 파시스트 반동의 덫에 걸려들 수 있는 것들을 위한 투쟁이다.

그러므로 우리는 다음과 같은 사실을 인정한다. 즉 지속적인 성경제학적 작업은 말 못하는 고통이 고함을 지르도록 만들고, 이미 존재하는 모순을 강화시키고 새로운 모순을 만들어낸다. 또한 성경제학적 작업은 인간이 자신의 상황을 더 이상 참아내지 못하게 만든다. 또한 동시에 이것은 해방의 수단, 즉 고통의 사회적 원인에 대항하는 투쟁의 가능성을 제공한

---

6) Der brave Sünder. 독일의 배우이자 영화감독인 코르트너(Fritz Kortner, 1892~1970)의 1931년 작품. 당시의 유명한 연극 배우였던 막스 팔렌베르크(Max Pallenberg, 1877~1934)가 이 영화의 주연을 맡았다.

다. 성경제학적 작업이 인간 생활의 가장 예민하고, 자극적이며, 개인적인 영역을 다루고 있다는 것은 옳다. **그러나 성경제학적 작업이 대중의 신비주의적 오염 역시 벗겨주고 있지 않은가?** 하지만 이 작업의 결정적인 목적은 사람들 각자에게 이바지하는 것이다. 성경제학 집회에서 열렬한 눈빛과 얼굴을 보았던 사람들, 그리고 가장 개인적인 인간 존재 영역에 관련된 수많은 문제를 듣고 대답해야만 했던 사람들은 바로 이런 작업 속에 자멸의 세계를 의식하게 하는 사회적 폭탄이 숨겨져 있다는 흔들릴 수 없는 확신을 얻을 것이다. 물론 이런 작업이 도덕주의적 신비주의를 확실히 하거나 옹호하는 것을 놓고 교회와 경쟁하거나, 성적 문제에 대해 대답하는 것을 '혁명 이데올로기의 고상함'의 가치를 떨어뜨리는 것으로 여기거나, 어린이의 자위를 '부르주아적인 허구'라고 경시하는 혁명가들에 의해서 수행된다면, 한 마디로 '레닌주의'와 '맑스주의'를 신봉하면서도 그들 존재의 중요한 부분에서는 반동적으로 행동하는 혁명가들에 의해 이 성경제학적 작업이 수행된다면, 그 혁명가들의 지배 아래 있는 대중들은 성에 대해 즉각 부정적인 반응을 보일 것이다. 바로 이 지점에서 나의 경험이 틀렸다는 증거가 쉽게 제시될 수 있을 것이다.

　우리가 작업을 하면서 부딪치게 되는 도덕주의적 저항의 역할에 대해 좀더 논의를 해야 한다. 나는 오늘날 성적 요구와는 대조적으로 전반적으로 성을 부정하고 있는 권위주의적 사회의 분위기에 근거하는 개인적이고 도덕주의적 억제는, 그것에 대항하는 성-긍정적 이데올로기를 만듦으로써 무력화될 수 있다고 말했다. 사람들은 성경제학적 지식을 수용할 수 있는 능력을 가지게 되었고, 이를 통하여 신비주의와 반동적 세력의 영향력에서 벗어날 수 있었다. 분명히 그러한 성긍정적 분위기는 국제적인 강력한 성경제학적 조직에 의해서만 이루어질 수 있다. 정당 지도자들에게 이것이 그들의 중요한 과업 중 하나임을 확신시키는 것은 불가능했다. 그러는 동안, 정치 자체는 반동적 비합리주의로서의 정체를 드러냈다. 따라서 우리는 더 이상 어떠한 정당에도 의지할 수 없다. 그 과업은 자연스러운 노동민주주의 발전의 틀 속에 있는 것이다.

지금까지 우리는 우리가 근거하고 있는 대중 속의 개인이 지닌 조용하고 언급되지 못한 욕망만을 이야기했다. 그러나 이것만으로는 충분하지 않다. 19세기에서 20세기로 넘어오던 시기부터 제1차 세계대전에 이르기까지 이러한 욕망과 욕망에 대한 억압은 계속 존재했지만, 그때까지 성경제학적 운동이 성공할 전망은 거의 없었다. 이후 성경제학적 작업을 위한 몇몇 객관적인 사회적 전제조건이 나타나기 시작했다. 성경제학적 작업을 정확히 수행하려면, 이 조건들을 정확하게 알아야 한다. 1931년부터 1933년 사이의 독일에서 다양한 형태와 경향을 갖는 많은 성경제학적 집단이 나타났다는 사실은 사회과정에서 새로운 사회적 관점이 포착되고 있음을 보여준다. 사회적 성경제학을 위한 사회적 전제조건 중 가장 중요한 것들 중 하나는 수많은 노동자와 관리자를 고용하는 거대 기업의 설립이었다. 도덕주의적이고 반(反)성적인 분위기의 중심적인 두 기둥, 즉 소기업과 가족은 흔들리게 되었다.

제2차 세계대전은 이러한 과정을 현저하게 가속화시켰다. 공장에서 노동하는 여성과 소녀들은, 그들이 만약 부모의 권위주의적 가정 속에 계속 남아 있었다면 갖게 되었을 것보다 더 자유로운 성생활 개념을 발전시켰다. 산업노동자들은 언제나 쉽게 성을 긍정적으로 받아들일 수 있었기 때문에, 권위적 도덕주의의 해체과정은 소시민계층에게도 퍼져가기 시작했다. 오늘날의 소시민계층 젊은이와 1910년의 소시민계층의 젊은이를 비교한다면, 실제의 성생활과 지배적인 사회적 이데올로기 사이의 차이가 넓혀져 왔다는 것을 곧바로 확인할 수 있다. 금욕적 소녀라는 이상은 부끄러운 것이 되었으며, 성적으로 약한 금욕적 남자라는 이상도 분명히 부끄러운 것이 되었다. 소시민계층 사이에서도 결혼에 대한 강제적 성실함에 대해서 좀더 개방적인 입장이 자리를 잡기 시작했다. 거대 산업 생산양식은 반동적 성정책의 모순이 드러나는 것을 가능하게 했다. 19세기에서 20세기로 넘어오던 시기를 완전히 지배하고 있던, 실제 생활과 금욕적 이데올로기 사이의 오래된 일치로 돌아가자는 주장은 더이상 이야기거리가 될 수 없었다. 성경제학자로서 우리는 인간 존재의 비밀에 대한 깊은 통찰력을 획득했으며, 또한 아직까지 큰 소리로 옹호되고 있는 도덕주의적·금욕적 생활양식이 남김 없이 해체되는 것을 확인할 수 있다. 청소년에게 일어난 생활의 집단화가 비록 권위주의적 가정의 구속력을 제거하지는 못했지만, 그것을 약화시켜 왔을 뿐만 아니라 현대의 젊은이들이 성적 건강, 성의식 및 성적 자유를 위한 투쟁에 관해서 과학적 지식과 새로운 세계관을 수용할 수 있도록 상황을 창출해 주었다. 세기가 변하던 시기에 기독교 여성이 산아제한을 찬성하는 연맹에 가입한다는 것은 상상도 못할 일이었다. 그러나 오늘날 산아제한은 점점 더 일반적인 것이 되어가고 있다. 독일에서 이런 과정은 파시스트의 권력 장악에 의해 중지되지는 않았지만, 지하로 숨어들고 말았다. 따라서 남은 문제는 독일에서 파시스트의 살인적 야만주의가 더 오래 지속된다면, 이 과정이 어떻게 계속 형체를 갖추어 나갈 것인가에 있다.

위에서 언급한 것과 밀접하게 관련되어 있는 객관적 요인을 추가한다면, 방해된 성경제가 겉으로 표현된 신경증과 생체병리적 질환이 급격히 증가하고 있다는 점, 그리고 예전의 도덕주의적 억제나 아이들에 대한 교육이 실제의 성적 요구와 점점 더 많은 모순을 드러낸다는 점을 들 수 있다. 생체병리적 질병의 증가는 사람들이 수많은 질병의 성적 원인을 인정할 준비가 되어 있다는 것을 의미한다.

성경제학적 작업에 대항하는 정치적 반동이 느끼는 무력감은 성경제학의 강점이 된다. 성에 관한 과학적 문헌의 결핍으로 인해 공공도서관에서 저속한 외설문학이 가장 많이 읽히고 있다는 사실은 잘 알려져 있다. 만약 성경제학적 작업이 이렇게 커다란 관심을 과학적이고 합리적인 방향으로 이끄는 데 성공한다면, 이것은 성경제학적 문제에 대한 중요한 척도를 제공해 줄 것이다. 파시스트들은 노동과 노동자의 권리를 대표하는 체하는 것으로 신비주의와 권위주의에 오염된 대중들을 오랫동안 기만할 수 있다. 그러나 성경제학적 영역에서는 사정이 다르다. 정치적 반동은 성생활의 완전한 억압과 부정에 다름 아닌 반동적인 성정치적 강령을 가지고 혁명적인 성경제학에 대항하여 성공한 적이 한번도 없었다. 그런 강령은 나이든 여성이나 전혀 희망이 없는 우둔한 자와 같은 정치적으로 중요하지 않은 자들의 집단을 제외한 나머지 대중에게서 즉시 거부감을 불러일으킬 것이다. **문제가 되는 것은 젊은이들이다!** 그리고 그들이 대중적 차원의 성부정적 이데올로기에 더 이상 감동을 받지 않는다는 것은 아주 확실하다. 이것이 바로 우리의 강점이다.

1932년 독일의 성경제학 연맹은 수년 동안 '붉은 노동조합'과는 완전히 담을 쌓고 있던 공장들을 자신의 편으로 끌어들이는 데 성공했다. 성경제학적 대중위생운동이 일반적인 사회적 자유운동으로 귀결되어야 한다는 것은 명백했으며, 실제 실천에 있어서도 그랬던 것이다. 그러나 우리는 파시스트 노동자와 사무직 노동자들, 그리고 학생들까지도 성생활의 혁명적인 긍정에 완전히 동조하고 있으며, 이 긍정이 그들과 그들의 지도부 사이에 모순을 만들고 있다는 사실에 대해 현명한 안목을 가져야만 한다. 그렇다면 이 모순의 완전한 해소를 위해서 파시스트 지도부는 무엇을 해야 하는가? 테러 외에는 방법이 없다. 그러나 테러를 사용하는 만큼 지도부는 영향력을 잃게 될 것이다. 나는 성에 부과된 반동적 속박이 객관적으로 느슨해진 상황은 결코 이전으로 다시 되돌릴 수 없으며, 이것이 우리가 지닌 강력한 힘이라는 것을 다시 한번 강조한다. 만약 혁명적 작업이 이 부분을 고려하지 않는다면, 젊은이들은 전과 같이 그 원인과 결과도 인식하지 못한 채 은밀하고 제한된 삶을 살아가게 될지도 모른다. 그러나 정치적 반동은 철저하고 지속적인 성경제학적 작업에 대항하여 어떤 대답이나 대응 이데올로기도 갖지 못할 것이다. 대중들에게서 성의 긍정이 은밀하게 분산되어 있을 때에만, 그리고 집단적으로 조직화되지 못하여 정치적 반동의 금욕주의에 반대하는 방향으로 나가지 않을 때에만, 정치적 반동의 금욕적 가르침은 유지될 수 있다.

독일 파시즘은 대중들의 심리적 구조에 뿌리내리기 위해 모든 노력을 기울였으며, 따라서 청소년과 어린이를 파악하는 데 가장 커다란 비중을 두었다. 독일 파시즘은 금욕적이고 성을 부정하는 교육의 기본적인 전제 조건인 권위에 대한 예속을 불러일으키고 습관화시키는 것 외에는 다른 어떤 수단도 가지지 못했다. 유아기부터 시작되어 계속해서 만족되기를 바라는 이성에 대한 자연스런 성적 갈망은 왜곡되고 오도된 본질을 가진 동성애적이고 가학적인 감정으로 대체되었으며, 부분적으로는 금욕주의로 대체되었다. 이러한 대체는 소위 '단련과 복종의 정신'을 이식하는 것뿐만 아니라, 노동봉사캠프에서 이식되었던 이른바 **'동지정신'**을 통해서도 이루어졌다. 이런 구호들은 야만성을 풀어주고 자극하여 제국주의 전쟁에 유용하게 사용하려는 목적을 가지고 있었다. **가학성은 충족되지 않은 오르가즘적 열망에서 생긴다.** '동지애', '명예', '자발적 훈련' 등이 전면에 부각된다. 그러나 그 뒤에서는 모든 개인 생활, 특히 성생활에 대한 방해로 인한 거역, 억압 그리고 반항이 은폐되고 있다. 일관성 있는 성경제학은 거대한 성의 결핍에 눈부신 빛을 비춰주어야 한다. 만약 그렇게 한다면 성경제학은 가장 생기 있는 젊은이들의 반향을 예상할 수 있을 것이다. 파시스트 지도자들에게 이런 결과는 우선 당혹감과 혼란만을 야기하게 될 것이다. 평범한 청소년에게 스스로의 성적 결핍을 의식하도록 만드는 것이 쉽다는 것은 쉽게 알 수 있다. 젊은 사람들과 함께 일해본 경험에 의하면, 성경제학을 결코 실천적으로 시도해 보지 않았던 젊은 지도자들의 주장과는 달리 평범한 청소년, 특히 젊은 여성은 성적 억압을 의식하는 방법을 이해하게 되자마자 자신의 사회적 책임을 더 빠르고 효과적으로 그리고 좀더 기꺼이 파악하게 된다. 단지 성적 문제를 정확히 이해시키고, 그것을 일반적인 사회의 상황으로 인도하는 것이 문제인 것이다. 이 진술을 증명하는 수많은 증거를 제시할 수 있다. 진부한 반대에 놀라서는 안 되며, 단지 성경제학적 실천의 인도만을 받아야 한다.

독일의 청소년들이 제기한 다음과 같은 문제들에 대해 정치적 반동은 어떤 대답을 가지고 있는가?

독일 청소년들을 노동봉사캠프로 징집한 것은 그들의 사생활과 성생활을 상당히 침해했다. 여기저기에서 심각하고 위협적인 오해가 발생했기 때문에 설명하고 해결해야 할 긴급한 문제들이 드러났다. 개인적이고 긴급한 문제를 토론에 붙이지 않으려는 청소년들의 일반적인 수줍음과 두려움 때문에 상황은 더욱 어려워졌으며, 더욱이 캠프의 담당자들은 그런 문제들에 관한 모든 토론을 금지했다. 그러나 그것은 **청소년들의 육체적·심리적 건강과 관련된 문제인 것이다!**

노동봉사캠프에서 청소년들의 성생활은 어떠한가?

노동봉사에 분류된 청소년들은 평균적으로 성이 왕성한 나이였다. 그들 중 대부분은 여자 친구와의 성교로 자신들의 자연스러운 성적 요구를 만족시키는 데 이전부터 익숙했다. 이러한 청소년들의 성생활은 건강한 애정 생활을 누릴 수 있는 적절한 가능성이 결여되어 있었기 때문에(젊은이들은 집이 없으므로), 피임약을 살 수 있는 돈이 없었기 때문에, 그리고 청소년들의 요구와 일치하는 건강한 청소년의 애정 생활에 대한 국가 당국과 반동적 진영의 적대감 때문에 캠프에 들어오기 전부터 이미 방해를 받고 있었다. 그런데 이 곤란한 상황이 노동봉사캠프의 징집에 의해 더욱 악화되었던 것이다!

이전의 사랑관계를 유지하고 관리하면서 여자 친구와 함께 지내는 것은 불가능했다. 즉 금욕이나 자위 중 하나를 선택해야 했다.

이런 상황 때문에 성적인 삶의 야만화와 방탕, 무성한 음담패설, 건전하지 않은, 몹시 괴롭고 파괴적인 사육, 의지와 에너지를 마비시키는 환상(강간, 음탕한 탐욕, 구타에 대한 환상) 등이 만연한다.

건강을 해치는 데다가 아무런 만족도 주지 않는, 밤 동안의 어쩔 수 없는 자위행위.

이전에 동성애에 대해 전혀 생각하고 있지 않았던 소년들 간의 동성애 경향의 발전과 그런 관계의 형성. 동성애 동료로부터 받는 심한 고통.

신경과민, 화를 잘 냄, 육체적 불만, 다양한 심리적 혼란의 증가.

미래를 위협하는 결과들

만족스러운 성생활을 하지 못한, 특히 17세부터 25세 사이의 젊은이들은 항상 노동능력 장애를 유발하는 성능력 장애와 심한 심리적 우울증의 위

단련과 복종, 그리고 동지애와 명예

독일 파시즘은 대중들의 심리적 구조에 뿌리내리기 위해 청소년과 어린이를 파악하는 데 가장 커다란 비중을 두었다. 어릴 적부터 철저한 금욕 아래 훈련받은 청소년과 어린이야말로 지배민족의 지위에 오르려던 제3제국의 미래라고 생각했기 때문이다. 나치유년대 대원들이 받은 훈련의 성과는 독일 국민들에게 나치즘의 승리를 확신시키기 위해 1933년부터 매년 9월 실시됐던 축제행사에서 입증됐다. 6만여 명의 나치유년대 대원들이 번쩍이는 단도를 뽑아들어 제국이 그 어떤 도전도 받아들일 것임을 상징적으로 나타냈던 이 축제의 대단원은 나치당 지도부를 흡족하게 만들곤 했다(위 사진은 1940년 나치유년대 대원들이 야영지에서 단체깃발을 들고 사열을 받는 장면이다).

8장 성정치적 실천의 몇 가지 문제들 283

협을 받고 있다. 만약 신체 기관이나 자연스런 기능이 오랫동안 사용되지 않으면, 그 기관은 잘 작동하지 않는다. 대개 신경 질환과 심리적 질환, 도착(성적 이상) 등이 그 결과로 나타난다.

이런 문제에 대해 우리의 지도자들이 채택한 조치와 규제에 대한 우리의 입장은 무엇인가?

가장 일반적으로 '젊은이들에 대한 도덕적 강화'라고 표현되는 것들이 지금까지 지도자들이 요구하는 것이었다. 지금까지도 우리는 이 말이 무엇을 의미하는지 명확히 알 수 없다. 지난 수년간 독일의 청소년들은 가부장적 가정이나 체제의 지배자들과 힘든 싸움을 해왔으며, 비록 [기존의] 사회조건 아래에서는 목표를 달성할 수 없었지만, 점차 건강한 성적 생활을 누릴 권리를 얻기 시작했다. 그러나 광범위한 영역에서 그들의 생각은 분명해졌다. 젊은이들은 성적 종속의 결과인 성적 불평불만, 음란함, 성적 위선 등에 반대하는 가장 격렬한 투쟁을 해야만 했다. 자신들이 행복한 정신적·성적 친교를 가질 수 있어야 한다는 것이 그들의 생각이었다. 또한 젊은이들은 생활을 정리하고 편안하게 해주는 것은 사회의 책임이라고도 생각하고 있었다. 이에 대한 새로운 제국의 입장은 무엇인가?

지금까지 공포된 법령은 청소년들의 의견과 아주 첨예하게 대립한다. 피임약의 공공판매를 금지함으로써 피임약의 구매는 불가능해졌다. 도덕적인 이유로 수상 스포츠를 금지한 함부르크 경찰의 조치는 '관습과 예의범절을 손상시키는' 사람은 강제수용소로 끌려간다는 법률에 근거한 위협이었다. 소년이 텐트 속에서 여자 친구와 함께 잠을 자는 것이 예의범절을 손상시키는 일인가?

우리는 제국의 독일 청년 지도부에게 다음과 같은 질문을 던진다. **청소년들이 어떤 성적인 삶을 살아야 하는가?** 네 개의 가능성이 있을 뿐이다.

1. **금욕** : 청소년은 금욕적 삶을 살아야 하는가? 즉 결혼 때까지 모든 형태의 성적 활동을 참아야 하는가?
2. **자위** : 청소년은 자위를 통해 성적 욕구를 충족시켜야 하는가?
3. **동성애적 충족** : 독일 청소년들은 동성끼리 성적 활동을 해야 하는가? 만약 그렇다면 어떻게 해야 하는가? 상호수음으로? 아니면 항문성교로?
4. **소년과 소녀 사이의 자연스러운 성생활과 성교** : 독일 젊은이들이 자연스런 성을 긍정하고 촉진하게 될 것인가?

   만약 그렇다면,

   어디에서 성생활이 이루어져야 하는가?(주택 문제)

   어떻게 그리고 **무엇을** 가지고 임신이 예방되어야 하는가?

   언제 성교를 해야 하는가?

   지도자가 하는 것과 똑같은 것이 청소년들에게도 허용될 것인가?

이와 유사한 질문이 어린이들에 대해서도 던져질 수 있다. **본질적으로 어린이와 관련해서 혁명적인 것은 성경제학적 작업뿐이다**라는 문장은 익숙한 것이 아니고 어떤 이들은 이 문장을 이해할 수도 없겠지만, 이 문장은 사실이다. 진정하고 참을성 있게 들어보라. 사춘기 이전 단계에 있는 어린이들을 성교육을 통해 가장 잘, 가장 쉽게 다룰 수 있는 이유는 무엇인가?

1. 모든 사회계급의 어린이들은, 심지어 배고픔과 빈곤으로 고통을 받고 있는 어린이까지도 이후의 삶의 단계에서 겪게 될 성적인 관심보다도 더 큰 성적 관심으로 충만되어 있다. 게다가 신체를 황폐화시킬 정도의 배고픔은 어느 정도 소수의(오늘날에는 매우 커다란 부분을 차지하고 있지만) 어린이에게만 해당되지만, 성적 억압은 모든 계층의 모

든 어린이들과 예외 없이 관련된다는 점을 염두에 두어야 한다. 이런 이유로 사회의 취약성은 엄청나게 확장된다.

2. 어린이들을 조직하기 위하여 자유주의 운동이 일반적으로 사용하는 방법은 반동주의자들의 방법과 동일하다. 즉 행진, 노래 부르기, 제복 착용, 집단 게임 등이 그것이다. 자유로운 부모에게서 태어나는 아주 드문 경우를 제외하고, 어린이는 반동적 선전 형태의 내용과 혁명적 선전 형태의 내용을 구별하지 못한다. 현실을 그럴 듯한 말로 얼버무리지 않도록 하는 것이 반파시스트 교육에서 첫번째로 충족되어야 하는 계율이다. 어린이들과 청소년들이 오늘 자유주의적 음악에 맞추어 유쾌하게 행진했다면, 내일은 파시스트 음악에 맞추어 유쾌하게 행진할 수도 있다는 것이 우리의 주장이다. 게다가 정치적 반동은 반파시스트 운동과는 비교가 되지 않을 정도로 뛰어난 방법으로 어린이들 사이에 집단선전의 형태를 만들 수 있다. 반파시스트 운동은 이 점에서 항상 뒤처져 있었다. 이는 사회주의 운동이 반동적 운동에 비해 어린이들과 관련된 일에 있어 독일 전역에서 극도로 취약했다는 사실에서 드러난다.

3. 정치적 반동이 어린이를 조직하는 일에서 확실한 우세를 점하고 있었지만, **그들이 어떤 상황에서도 할 수 없는 것이 하나 있었다. 정치적 반동은 어린이들에게 성에 관한 지식을 줄 수 없으며, 성적 명쾌함을 줄 수도, 성적 혼란을 일소할 수도 없다.** 혁명적 운동만이 이것을 할 수 있다. 그 첫번째 이유는 혁명적 운동은 어린이에 대한 성적 억압에는 관심이 없었으며, 오히려 어린이의 성적 자유를 염두에 두고 있었기 때문이다. 두번째 이유는 혁명적 진영이 항상 지속적이고 자연스러운 어린이 교육의 옹호자였기 때문이다. 하디만 이 강력한 무기가 독일에서

는 결코 사용되지 못했다. 개별적으로 행해지던 성교육을 대중적 규모의 성교육으로 전환시켜야 한다는 제의에 대해 가장 강한 저항을 보인 것은 어린이 조직을 책임지고 있던 사람들이었다. 희극적인 동시에 비극적이었던 것은 어린이에 관한 성경제학적 작업의 반대자들이 스스로를 옹호하기 위해 맑스와 레닌을 끌어들였다는 것이다. 물론 우리는 맑스나 레닌의 저작물 속에서 성경제학에 관한 것은 어떤 것도 찾아볼 수 없다. 하지만 어린이들이 **집단적으로** 정치적 반동의 수중에 떨어진 것은 사실이다. 하지만 많은 어려움에도 불구하고, 성경제학적 토대에서 어린이들을 교육시킬 수 있는 예상치 못했던 가능성이 생겨났다. 그 중에서도 어린이들이 성에 대해 열렬한 관심을 가지고 있다는 것이 가장 중요하다. 만약 우리가 어린이들과 청소년들의 성적 관심을 붙잡는 데 크게 성공한다면, 반동적 오염은 큰 반발에 직면할 것이고 정치적 반동은 무력해질 것이다.

어린이들의 '순수성'을 의심하고 거부하거나 어린이의 '순수성'에 대해 도덕적인 걱정을 늘어놓는 사람들에게 우리는 많은 면에서 대조적인 두 가지 사례를 실천적 경험에서 들어보려 한다.

첫번째 사례 : 교회가 그렇게 까다로운 것은 아니다. 파시스트 조직에 있다가 공산주의 청년단으로 온 15세의 소년이 우리에게 전에 있었던 조직에 대해 말해 주었는데, 그 조직에서는 목사가 1주일에 한번씩 소년들을 개별적으로 불러내 성적인 행위에 관해 물어보곤 했다는 것이다. 그들은 자위를 해봤는지, 항상 자위를 하는지, 또는 그것을 부끄럽게 받아들였는지 등의 질문을 받았다. 그리고는 "얘야 그것은 커다란 죄악이란다. 그렇지만 네가 교회를 위해 열심히 일하고, 내일 이 팸플릿을 배포한다면 속죄

할 수도 있다"라는 말을 들었던 것이다. 신비주의의 성정책적 실천은 이런 식이다. 그러나 우리는 '창피함을 알기 때문에' 또한 '순수하기' 때문에 '그런 것들과' 관계를 맺고 싶어 하지 않는다. 그리고 나서는 신비주의가 대부분의 청소년들을 지배하고 있다는 것에 놀라게 된다.

두번째 사례 : 베를린에 있는 성경제학 사업단체는 어린이들에게 성경제학적 교육을 시도하기로 결정했다. 그래서 그 목적에 맞는 이야기들을 집단적으로 모았다. 이야기의 제목은 '분필로 그린 삼각형, 어른의 비밀을 연구하기 위한 모임'(Das Kreidedreieck, Verein zur Erforschung der Geheimnisse der Erwachsenen)이라고 붙여졌다. 이 이야기가 인쇄되기 전에 우선 어린이 모임의 주도적인 어린이들과의 협의가 있었다. 피히테 어린이 모임(Fichte-Kindergruppe)과 가진 그 협의에서 그 소책자를 어린이들에게 읽어 주고 그들이 이 이야기에 어떤 반응을 보이는가를 보기로 했다. 사람들은 사회적 성경제학에 대한 언급에 어깨를 으쓱거리며 경멸을 보였던 아이들이 모두 참석하기를 원했다. 보통 때에는 20여 명이 참석했으나, 그 자리에는 70명이 참석했다. 활동가의 보고에 따르면, 평소에는 어린이들 중 일부만이 집중하고 있었고 어린이들을 조용하게 만드는 것이 항상 어려웠던 반면, 이번에는 어린이 모두가 스피커에서 나오는 말을 눈을 빛내며 밝은 얼굴로 집중해서 듣고 있었다고 한다. 이야기 낭독은 열광적인 환호 때문에 중간에 몇 번이나 끊겼다. 낭독 후 어린이들에게 바라거나 비판하고 싶은 것을 말하라고 했다. 많은 어린이들이 이야기를 하기 위해 손을 들었다. 사람들은 이러한 아이들 앞에서, 자신의 새침함과 편견에 얼굴을 붉히지 않을 수 없었다.

교육적인 이 이야기의 편집자들은 피임이나 어린이의 자위에 관한 주제를 빼기로 했었다. 그러나 즉시 다음과 같은 질문이 나왔다. "왜 당신들은 아이를 갖지 않는 방법에 대해서는 말하지 않았나요?" 이때 한 아이가 웃음 띤 어조로 "좌우간 우리는 그것을 알고 있어요"라고 말하면서 끼어들었다. 또 다른 아이는 "창녀가 무엇인가요?"라고 묻고 나서는 "이 이야기 속에는 그것에 대한 이야기가 나오지 않아요"라고 말했다. 그들은 '내일 우리에게 항상 그런 말들을 하는 기독교도에게 갈 거예요. 그리고 그들을 혼내 줄 거예요!' "책은 언제 출판되나요? 가격이 얼마나 될까요? 우리가 그것을 사고 팔 수 있을 만큼 쌀까요?"라고 열정적으로 이야기했다. 낭독되었던 첫번째 부분은 거의 대부분 성교육만을 다루고 있었다. 그러나 성경제적 사업단체는 첫번째 권에서 제시된 문제들의 사회적 관련성을 두번째 책으로 보충하려는 의도를 가지고 있었다. 어린이들에게 이 의도를 이야기하자 다음과 같은 질문이 나왔다. "두번째 책은 언제 간행되나요? 그 책도 이렇게 재미있을까요?" 어린이들이 이렇게 열정적으로 사회적 소책자를 요청한 적이 있었던가? 이것이 우리에게 교훈이 되어야 하지 않을까? 그렇다, 이것이 우리에게 교훈이 되어야 한다. 즉 **어린이들은 자신들의 성적 관심을 승인하고 사회적 관심에 대한 그들의 지적 갈증을 충족할 수 있도록 교육을 받아야 한다. 정치적 반동은 이런 것을 줄 수 없다는 생각이 어린이들 사이에 확고하게 자리를 잡아야 한다.** 그러면 모든 국가에서 반동적 영향을 받지 않는 다수가 생겨날 것이고, 또한 (이것이 가장 중요한데) 그들은 혁명적 자유운동에 확고하게 연결될 것이다. 그러나 현재 정치적 반동뿐만 아니라 자유운동 진영의 '도덕주의자' 들 역시 이 목표가 어린이들 사이에서 실행되는 것을 방해하고 있다.

　최근 독일에서 여성들이 공장으로부터 가정으로 쫓겨나고 있는 새로운 성적 상황을 설명하는 것이 성경제학 작업의 중요한 분야가 되었다. 이 작업은 여성의 자유라는 개념에 **성적** 자유의 내용을 남김없이 주입시킴으로써 달성될 수 있다. 많은 여성들은 남성에 대한 가정에서의 물질적 의존이 아니라, 그러한 의존과 연결되어 있는 성적 구속이 본질적인 부담이라는 것을 알아야만 한다. 자신의 성을 완전히 억압하는 데 성공했던 여성은 그런 경제적 의존을 쉽게 그리고 아무런 저항감 없이 견뎌낼 뿐만 아니라 긍정하기까지 한다는 것이 그 증거이다. 여성들로 하여금 스스로의 억압된 성을 깨우도록 만들고 금욕적 생활의 불유쾌한 결과에 대한 진지하게 경고하는 것이 남자에 대한 물질적 의존에 대한 정치적 논의를 풍부하게 만들기 위한 가장 중요한 전제조건이다. 만약 성경제학적 조직이 이 작업을 달성하지 못한다면, 여성에 대한 새로운 성적 억압의 물결이 파시즘으로부터 나와 여성의 물질적 예속을 인식하지 못하게 만들 것이다. 독일과 같은 고도 산업국가에서는 여성과 청소년의 성적 반동에 대한 강력한 반란을 가능하게 하는 모든 객관적·사회적 전제조건이 존재한다. 만약 냉엄하고 일관적이며 어떤 것에도 물러서지 않는 성정책이 이 영역에 적용된다면, 자유사상가와 정치가들이 해답도 알지 못한 채 계속해서 사로잡혀 있던 다음과 같은 질문이 영원히 사라질 것이다. 왜 여성과 청소년들이 정치적 반동에 훨씬 더 큰 애정을 갖게 되는가? 다른 어떤 분야도 성적 억압의 사회적 기능, 그리고 성의 배제와 정치적 반동의 관점 사이의 내재적 연관을 이렇게 명백하게 드러내 보이지 못한다.

끝으로 한 정신과 의사가 이 글을 읽고 나서 제기한 반론에 대해 언급하려 한다. 이 반론에 응수하기는 쉽지 않았다. 그는 광범위한 대중들이 성적 문제에 대해 매우 첨예한 관심을 가지고 있다는 것에는 의심의 여지가 없다고 말했다. 이어서 그는 다음과 같은 의문을 제기했다. 즉 대중들이 성적 문제에서 가장 강하게 만족을 느낀다는 것과 성적 문제에 대한 그들의 관심이 열렬하다는 것은 사실이지만, 이 사실은 필연적으로 수많은 박탈과 희생을 요구하는 사회혁명으로 인해 그들의 관심이 정치적으로 착취당하게 되는 결론으로 나아가지 않겠는가? 또한 대중이 성경제학 사상을 파악했다면, 그들이 곧바로 성적 자유로 이행하는 것을 무엇이 가로막고 있는가? 우리는 작업이 어려우면 어려울수록 모든 이견을 경청해야 하며, 그것의 타당성을 심사숙고해 보고 그것에 대한 우리의 견해를 표명해야 한다. 또 우리는 혁명적 망상에 빠지거나 '그 자체로서만' 옳은 것을 현실적으로 성취할 수 있다고 생각하지 않도록 조심해야 한다. 배고픔에 대한 투쟁이 성공할 것인가 실패할 것인가는 배고픔을 없애려는 절박한 의지가 아니라, 배고픔의 제거에 필요한 객관적인 전제조건이 있느냐 없느냐에 달려 있다. 물질적 이해와 마찬가지로, 모든 나라 대중들의 성적 관심과 성적 고통이 그 고통을 조건짓는 사회 체제에 반대하는 사회적 행위로 바뀔 수 있는가에 [그 고통의 제거 여부가] 달려 있는 것이다.

개별적 집단과 개별적 모임에서 성공을 거두었던 것이 대중적 규모에서도 가능해야 한다는 사실을 보여주는 실천적 경험과 이론적 고려사항을 지금까지 열거했다. 하지만 지금까지는 그 밖의 몇몇 **필수불가결한** 전제조건을 언급하지 못했다. 사회적 성경제학의 작용이라는 과제를 효과적으로 실행하기 위해 무엇보다도 통합된 노동자 운동이 필요하다. 이 전제조건이 없는 성경제학적 작업은 단지 예비적 성질을 띨 뿐이다. 또한 실질적 일을 확실하게 수행할 수 있는 견고한 **국제적인** 성경제학적 조직의 설립 역시 절대적으로 필요하다. 세번째로 꼭 필요한 전제조건은 철저하게 훈련된 운동의 지도자들이다. 그 밖의 개별적인 문제들을 미리 해결하려 하는 것은 권장할 만한 일이 아니다. 그렇게 한다면 혼란과 침체 속으로 빠져들게 될 것이다. 새롭고 좀더 세밀한 실천은 바로 실천 자체에서 나온다. 이 책은 그런 상세한 것들에 대해서는 다루지 않을 것이다.

"지도자가 지휘하면 우리는 따른다!"

나치당의 모든 조직, 특히 나치유년대에서는 각 개인의 우수함보다는 그들이 자신이 속한 단체를 우수하게 만들기 위해 얼마나 조화를 잘 이루어 나가느냐에 훈련의 초점을 두고 있었다. 왜냐하면 언젠가 하나의 공동체(지배민족)를 형성하여 독일을 위해 싸울 수 있는 세대로 그들을 발전시켜 나가는 것이야말로 나치당의 목적이었기 때문이다. 나치유년대의 교본에 "우리의 단결을 저해하는 요소는 그 무엇이라도 용납될 수 없으며, 그런 것들은 모두 화장터로 보내져야 마땅하다"라는 선서가 명시되어 있던 이유도 바로 여기에 있다. 그리고 그 연장선상에서 지도자 히틀러와의 일체감이 강조됐다. 지도자야말로 조화와 단결의 구심점이었기 때문이었다. "히틀러, 당신은 우리의 지도자! 우리는 당신의 이름으로 진군한다. 제국은 우리의 투쟁 목표이며, 그것은 시작이자 마지막이다"라는 나치당의 신조를 잠결에서도 암송할 것을 강요받았던 독일 국민들은 이런 식으로 지극히 비정치적이면서도 정치적인 인간이 되어갔다(위 사진은 1934년 베를린의 선전시위에 참석할 나치유년대 대원들을 실은 트럭의 사진이다. 트럭 옆면에 걸린 현수막에는 이렇게 쓰여있었다. "지도자가 지휘하면 우리는 따른다! 모두 예라고 대답한다!").

비정치적 인간

마침내 우리는 이른바 비정치적 인간의 문제에 도달했다. 히틀러는 애초부터 그때까지는 본질적으로 비정치적이었던 대중들을 기반으로 토대를 굳혔다. 뿐만 아니라 5백만 명에 달하는 투표하지 않는, 다시 말해 비정치적인 대중들을 동원함으로써 1933년 3월의 승리를 향한 마지막 걸음을 '합법적으로' 내디뎠다. 좌파 정당들은 '무관심 또는 비정치적'이라는 것이 무엇을 의미하는지에 대해 문제를 제기하지도 않으면서 무관심한 대중들을 자신들의 편으로 끌어들이기 위하여 온갖 노력을 다했던 것이다.

만일 공장과 막대한 자산을 소유한 자가 우파 정당의 편에 서 있다면, 그것은 더 이상의 부연설명 없이 그의 직접적인 경제적 이해관계라는 측면에서 쉽게 이해된다. 그에게 좌파적 성향은 그의 사회적 상황과 모순되는 것이며, 그렇기 때문에 그가 좌파적 성향을 갖는다면 그것은 단지 비합리적 동기 때문이다. 산업노동자가 좌파적 성향을 갖는 것 역시 분명한 논리적 일관성을 갖는다. 그의 좌파적 성향 역시 공장에서 그가 차지하는 경제적·사회적 위치에서 도출되기 때문이다. 그러나 만약 노동자, 사무직 노동자, 공무원이 우파적 성향을 갖는다면, 이는 정치적 명확성의 결핍, 즉 자신의 사회적 위치에 대한 무지 때문이다.

노동하는 거대한 대중에 속하는 사람이 비정치적이 되면 될수록 정치적 반동 이데올로기의 영향을 받기는 더욱 쉬워진다. 비정치적이라는 것은 사람들이 믿는 것처럼 수동적인 심리적 상태를 말하는 것이 아니라, 오히려 대단히 능동적인 태도로서 사회적 책임의식에 대한 방어를 말하는 것이다. 자신의 사회적 책임을 의식하지 못하게 하는 이 방어를 분석해 보면 광범위한 비정치적 계층의 행동과 관련된 숨겨진 많은 문제들을 명확히 알 수 있다. '정치와는 아무런 관련도 맺으려 하지 않는' 평범한 지식인의 경우에서 그의 사회적 존재가 여론에 의존하는 데에서 생겨난 직접적인 경제적 이해관계와 두려움이 있음을 쉽게 증명할 수 있다. 이러한 두려움은 그로 하여금 자신의 지식과 신념을 기괴한 방식으로 희생하도록 만든다. 생산 과정에는 참여하지만 사회적인 책임감이 없는 사람들은 두 개의 주요 집단으로 나뉜다. 그 중 한 집단에서 정치는 폭력이나 육체적 위험과 같은 생각, 즉 강렬한 두려움과 결합하게 되고 그 집단의 사람들로 하여금 현실에 조응하여 행위하지 못하도록 만든다. 대다수의 사람들을 포괄하는 다른 그룹에서 사회적 무책임감은 개인적 갈등과 불안에서 기인하는데, 그 중에서도 성적 불안이 가장 우세하다. 자신의 사회적 책임을 의식할 만한 충분한 경제적 근거를 가지고 있는 젊은 여성 사무직 노동자가 사회적으로 무책임한 경우, 이것의 99퍼센트는 소위 사랑이야기, 좀더 진지하게 말하자면 그녀의 성적 갈등 때문이다. 완전히 부서지지 않기 위해서 자신의 모든 심리적 힘을 자신의 성적 상황을 지배하기 위한 정신적 힘을 불러일으키는 데 써야 하는 소시민계층 여성의 경우도 마찬가지이다.

이제까지 혁명적 운동은 이런 상황을 잘못 이해하고 있었다. 따라서 혁명적 운동은 그들에게 충족되지 않은 경제적 이해관계만을 의식하게 만드는 것으로 '비정치적' 인간을 정치적으로 각성시키려 했던 것이다. 하지만 이런 '비정치적' 대중은 그들의 경제적 상황에 관해서는 거의 들으려 하지 않는 반면, 경제적 이해관계를 거의 언급하지 않는 민족사회주의의 신비주의적 미사여구에는 쉽게 빠져 든다는 교훈을 경험으로부터 얻을 수 있다. 이것을 어떻게 설명해야 하는가? 이것은 극심한 (가장 넓은 의미에서의) 성적 갈등이 의식적이든 무의식적이든 합리적 사유와 사회적 책임의 발전을 동일하게 억제한다는 것으로 설명할 수 있다. 성적 갈등은 사람들이 두려움을 느끼고 스스로 껍질을 뒤집어 쓰도록 만든다. 만약 이런 사람이 깊은 믿음과 신비주의의 수단을 가진, 즉 성적이고 리비도적인 수단을 가지고 일하는 파시스트를 만나게 되면, 그는 그 파시스트에게 완전히 빠져들게 된다. 그것은 파시스트의 계획이 자유주의의 계획보다 더 강한 인상을 주기 때문이 아니라, 지도자와 지도자 이데올로기에 헌신함으로써 순간적으로나마 영속적인 내적 긴장에서의 해방을 경험할 수 있기 때문이다. 또한 그가 지도자에게 헌신함으로써 무의식적으로 자신의 갈등을 다른 형태로 전환할 수 있으며, 그러한 방법으로 그것을 해소할 수 있기 때문이다. 결국 이러한 성향으로 인하여 그는 때때로 파시스트들을 혁명가로, 히틀러를 독일의 레닌으로 보게 된다.

사회적 책임에 관해 결코 생각해 본 적이 없고 성적인 희망도 갖지 못한 소시민계층 여성이나 성적 갈등에 의해 초래된 지적 결핍 때문에 사회적 의식에 도달하는 방법을 찾을 수 없는 젊은 판매원 소녀에게 에로티시즘을 불러일으키는 파시즘의 형식이 비록 왜곡된 것이긴 하지만 어떻게 일종의 만족을 제공하는지를 알기 위해 심리학자가 될 필요는 없다. 사적 생활, 본질적으로는 성적 생활이 거대한 사회적 삶 속에서 조용히 그리고 숨어서 행하는 역할을 이해하기 위해서는 5백만에 달하는 우유부단하고, '비정치적이며', 사회적으로 억압받는 사람들의 은밀한 생활에 대해 알아야만 한다. 그것은 통계적으로 파악되지 않는다. 또한 통계가 제공하는 표면적인 정확성을 신뢰할 수도 없다. 그것은 현실의 삶을 비껴가기 때문이다. 반면에 히틀러는 통계를 부정하고 성적 비참함의 부스러기를 이용하는 방식으로 권력을 장악할 수 있었다.

사회적 책임감이 없는 사람은 성적 갈등에 빠져 있는 사람이다. 지금까지 했던 것처럼 성을 차단함으로써 사회적 책임감이 없는 사람으로 하여금 사회적 책임감을 의식하게 만들려는 것은 희망이 없는 시도일 뿐만 아니라, 성적 비참함의 결과를 이용하는 데 탁월한 능력을 지닌 정치적 반동의 손에 그를 넘겨주는 가장 확실한 수단이다. 간단히 생각해 보면, 그의 성생활을 사회적으로 파악하는 오직 한 가지의 방법만이 존재한다. 한때 나 자신도 이러한 결론의 진부함 때문에 이 결론을 회피한 적이 있었다. 따라서 나는 세련된 경제정책과 국가정책의 입안자들이 이런 식의 생각을 무미건조한 것으로, 경험이 없는 책상물림 학자의 창작물로 여기는 것을 이해할 수 있다. 그러나 성경제학적 회합에 참석한 적이 있는 사람이라면 누구나 참석한 사람의 압도적인 다수가 이전에는 결코 정치적 회합에 참석한 적이 없는 사람들이라는 것을 잘 알 것이다. 서부 독일의 성경제학적 조직의 경우, 그 구성원의 절대 다수는 조직화되지 않은 비정치적인 사람들이다. 세련된 경제정책과 국가정책 입안자들의 판단이 얼마나 불손한지는 다음과 같은 사실에서 가장 인상 깊게 입증된다. 국제적인 신비주의의 조직은 지난 수천 년 동안 적어도 1주일에 한 번씩 각자의 조그마한 보금자리에서 **그들 나름의** 인상적인 성정치학적 집회를 개최해 왔다. 마호메트교도나 유태교도 등이 행하는 주일 집회나 예식은 성정치학적 집회에 다름 아니기 때문이다. 성적 억압과 신비주의의 관계에 관한 성경제학적 작업 속에서 인식한 특정한 경험이 존재하기 때문에, 이런 사실들을 무시하거나 부정하는 것은 자유운동의 관점에서는 결코 용납할 수 없는 중세의 영적 지배와 경제적 노예제도에 대한 반동적 옹호인 것이다.

끝으로 나는 일상적인 과업을 훨씬 넘어서는 사실, 즉 **인간 유기체의 생물학적 경직성**에 대해서, 그리고 사회적이고 개인적인 자유를 위한 투쟁과 이 경직성의 관계에 대해서 다루고 싶다.

9장 _ 대중과 국가

미국으로 이주한 한 무리의 사람들이 원시림 속에서 길을 잃었다면, 그들은 미지의 지역으로 더 나아가기 위해 익숙한 곳으로 돌아가야 하고, 그러기 위해서는 지나왔던 길을 거슬러 올라가야 한다. 그들은 길을 찾기 위해 정당을 조직하지도 않고, 미지의 지역에 관한 끝없는 논쟁에 휘말리지도 않는다. 그들은 서로 치고 박고 싸우지 않고, 끊임없이 이주에 관한 계획을 기안함으로써 서로를 괴롭히지도 않는다. 그들은 주어진 상황에 기초하여 자연스럽게 노동민주주의적으로 행동한다. 그들은 힘을 합쳐 익숙한 지역으로 복귀하며, 앞으로 나아가기 위해 새로운 노력을 기울인다.

생장요법 치료사는 환자를 치료하는 도중 환자의 비합리적 반응으로 혼란에 빠지게 된다고 해서, 환자와 '신이 존재하는가 또는 존재하지 않는가'를 놓고 다투지 않는다. 그는 신경질적이 되거나 비합리적이 되지 않고, 상황을 검토하여 지금까지의 치료과정을 일목요연하게 정리하려 한다. 그는 그가 명확히 알고 있는 치료과정의 마지막 부분으로 되돌아간다.

어떤 생물체든 자신이 겪은 큰 재앙의 원인을 밝혀내고 없애려 하기 마련이다. 또한 생물체는 재앙을 불러일으켰던 행동을 반복하지 않으려 한다. 이것이 바로 경험을 통해 불행을 극복하는 본질적인 모습이다. 하지만 우리의 정치가들은 이와 같은 자연스러운 반응과는 매우 거리가 멀다. 우리는 경험으로부터 아무것도 배우지 않는 것이 정치가의 본질이라고 냉정하게 주장할 수 있다. 1914년 오스트리아 왕조는 제1차 세계대전을 일으켰다. 그 전쟁에서 오스트리아 왕조는 무기를 들고 미국의 민주주의자들과 싸웠지만, 제2차 세계대전 중인 1942년에는 새로운 전쟁을 '피하기 위해서' 미국 외교관의 후원을 받아 합스부르크가의 재건을 주장했다. 비합리적인 정치는 이런 식으로 헛소리를 한다.

1914년 제1차 세계대전에서 '이탈리아인'과 미국인은 친구이자 동맹이었다. 제2차 세계대전 중인 1942년에 그들은 서로에게 가장 큰 적이 되었지만, 1943년에는 다시 친구가 되었다. 제1차 세계대전 중인 1914년에 '이탈리아인'과 독일인은 이른바 '대대로 이어져 내려온 적'이었다. 그러나 1942년 제2차 세계대전 중에는 '이탈리아인'과 '독일인'은 다시 '유전적 형질에 근거한' 혈맹이 되었다. 다음 세계대전에는, 1963년이라 해두자, '독일인'과 '프랑스인'은 '인종적으로 대대로 이어져 내려온 적'에서 '인종적으로 대대로 이어져 내려온 친구'로 바뀔 것이다.

이것이 정서적인 흑사병이다. 우리는 다음과 같은 생각을 해볼 수 있다. 즉 16세기에 코페르니쿠스는 지구가 태양의 주위를 돌고 있다고 주장했다. 그런데 17세기에 그의 제자 중 하나가 지구는 태양의 주위를 돌지 **않는다**고 주장했다. 18세기에 그 사람의 제자는 지구가 도는 것이라고 주장했다. 그러나 20세기의 천문학자들은 코페르니쿠스와 그의 제자들 모두 옳다고 주장한다. 지구가 태양의 주위를 돌고 있지만, 동시에 움직이지 않는 것이기도 하다는 이유에서이다. 코페르니쿠스는 화형시켜 버릴 수 있었다. 그러나 사람들에게 도대체 믿을 수 없는 허구를 진실이라고 말하는 정치가, 1939년에 진실이라고 주장했던 것과는 정반대의 것을 1940년에 분명한 진실이라고 주장하는 정치가를 보고는 수백만의 사람들이 이성을 잃고 기적이 일어났다고 주장하게 된다.

옛 이론이 잘 작동하는 한 새로운 이론을 고안해내지 않는 것이 훌륭한 학문에서는 통례적인 것이다. 하지만 옛 이론이 적절하지 못하거나 잘못된 것으로 판명된다면, 옛 이론의 잘못을 찾아내고, 비판하고, 새로운 사실에 기반하여 새로운 관점을 전개시키기 시작해야 한다. 정치가들에게 이런 자연스러운 과정은 낯설다. 옛 사실에 아무리 많은 새로운 사실이 추가된다 하더라도, 또 아무리 많은 오류가 밝혀진다 하더라도 옛 이론들은 **구호**로서 계속 존재하며 새로운 사실은 감추어지거나 착각인 것처럼 얼렁뚱땅 넘겨져 버린다. 민주주의의 형식들은 수백만의 유럽 사람들에게 실망을 주었으며, 그럼으로써 파시스트 독재를 가능하게 만들었다. 민주주의적 정치가들은 민주주의 원칙의 출발점으로 되돌아가는 것에 실패했으며 사회적 생활에서 발생한 급격한 변화에 맞도록 그 원칙을 수정하고 유용한 방향으로 이끄는 일을 회피하고 있다. 유럽에서 아주 불명예스럽게 쫓겨나게 될 바로 이런 형식들에 더 많은 표가 쏟아지고 있었다.

사람들은 평화체계를 계획하고, 심사숙고하여 투표에 부쳐보고 싶어 한다. 그러나 분명히 그들은 그 계획이 시작되기도 전에 그 체계에서 꽁무니를 뺀다. 평화와 인간 협동의 기본요소는 실제로 파악가능하며, 인간의 자연스러운 노동관계에 주어져 있다. 인간의 이런 자연스러운 노동관계로부터 평화가 보장된다. 이 관계는 '도입되어서'는 안 된다. 훌륭한 의사는 치명적인 질병을 앓고 있는 유기체에 '새로운 건강'을 '도입하지' 않는다. 그는 질병을 앓고 있는 유기체 속에 자연발생적으로 존재하고 있는 건강의 요소를 찾아낸다. 그리고 찾아낸 그 요소와 질병의 진행 사이에 싸움을 붙인다. 질병을 앓고 있는 사회 유기체에 정치적 계획이나 정치적 사상을 가지고 접근하는 것이 아니라, **사회과학**적으로 접근하는 것이 바로 이런 방식이다. 현재 존재하는 자유의 실제 조건을 유기적으로 발전시키고, 이 발전을 위축시키는 방해물을 제거하는 것만이 가능하다. 질병을 앓고 있는 사회 유기체에 법률로써 자유를 보장할 수는 없다.

대중과 국가의 관계는 소련을 예로 들어 설명할 때 가장 알기 쉬운데, 이것은 이런 이유 때문이다. 1917년의 사회혁명은 10년 동안의 시험을 겪은 사회학 이론에 의해 준비되었다. 러시아혁명은 이 이론을 충분히 활용했다. 수백만의 사람들은 사회의 대변동에 참가했고, 그것을 견뎌냈으며, 그것에 환호하고 또한 그것을 전파했다. 그렇다면 그 이후 20년 동안 사회학 이론과 '프롤레타리아 국가'의 대중들에게 어떤 일이 일어났는가?

'민주주의는 무엇인가? 그것은 실현가능한 것인가? 민주주의는 어떻게 실현되는가?'라는 문제를 가지고 진정으로 고민하는 사람이라면 소련에서의 전개를 간과할 수 없다. 노동민주주의적으로 **어려움을 극복**하는 것과 형식적인 민주주의적 정치화 사이의 차이는 소련에 대한 여러 정치적·경제적 조직들의 태도에서 명확히 드러났다.

1936년 : 진실을 말하다——그러나, 어떻게 그리고 언제?

이탈리아-아비시니아 전쟁[1]이 발발했다. 또한 여러 사건이 갑작스럽게 연이어 일어났다. 누구도 세계가 몇 달 후나 몇 년 후에 어떻게 변할지 몰랐고 또 알 수도 없었다. 조직화된 노동자 운동은 사건에 개입하지 않았다.

---

1) 1935년 10월 이탈리아가 아비시니아(에티오피아의 옛 이름)를 침공한 사건. 무솔리니의 제국주의적 야욕이 본격적으로 드러난 사건이었으나, 국제연맹은 이에 적절히 대처하지 못했다.

이 운동은 국제적으로 분열되었으며, 실제로 침묵을 지키거나 어찌할 바를 모르고 이러저러한 정치적 견해를 추종하고 있었다. 소련은 제네바에서 리트비노프[2]를 통해 평화를 위해 싸웠지만, 사회적 선구자 역할에는 완전히 실패했다. 전대미문의 재앙이 예상되었다. 사람들은 그 재앙에 대비해야만 했다. 사회적 혼란에 대한 새로운 해답은 그 재앙으로부터 나올 수 있었으나, 1918년과 1933년의 독일에서처럼 재앙은 이용되지 못하고 그냥 지나가 버렸다. 사회적 대변동에 대한 시기적절하고 구조적인 준비가 필요했다. 사람들은 매일매일 혼란스럽고 모순적인 수많은 정치적 견해로 자신들을 끌어당기는 밧줄에 얽히지 않도록 특히 조심해야 했다. 일상적으로 일어나는 정치적 소요에 휩싸이지 않으면서도 사회적 과정과 견실한 접촉을 유지하는 것이 필요했다. 인간구조라는 문제에 대해 집중하는 것이 어느 때보다 더 중요해 보였다. 무엇보다도 소련에서 전개되는 것들에 대해 명쾌하게 밝히는 것이 필요했다. 독일, 영국, 미국, 중국 등의 노동자들은 소련이 밟은 모든 단계를 열정적으로 추종했다. 대중심리학에 정통한 사람들은 소련에 대한 실망이 독일에서의 재앙에 합쳐진다면, 소련에서의 전개를 명확히 밝히기 위한 어려운 투쟁이 새로운 전쟁을 과학적으로 극복하기 위한 첫번째 전제조건이 되리라는 것을 알고 있었다.

유럽에서의 전쟁, 즉 **한 세대가 겪는 두번째 세계대전이** 목전에 있었다. 이 세계대전이 어떤 변화를 가져올지에 대하여 숙고할 시간이 아직 있었다. 또한 (비록 행동에서는 그렇지 못할지라도) 인간의 사유는 여전히 새로

---

[2] Maksim Maksimovich Litvinov(1876~1951). 소련의 외교관. 1930~39년 동안 소련의 외무인민위원을 맡아 친서방정책을 펼쳤으며, 특히 1932년 열린 제네바 군축회의에 소련 수석대표로 참석하여 전면적인 군축안을 제시하는 등 큰 역할을 했다. 독소 불가침 조약이 맺어지기 전에 외무인민위원직에서 물러났다.

운 대량학살에서, 전쟁을 준비하는 자들이 가지고 있는 치명적인 전쟁정신병을 이해할 수 있었다. 이 질병에 대해 알고 있었던 사람들은 자신들이 알고 있는 것들을 지우고 혈기를 가라앉혀야 하는 어려운 시간을 보냈다. 그러나 아프리카에서 시작되어 곧 전세계로 확대된 제2차 세계대전 역시 언젠가는 끝날 것이기 때문에 그런 이해는 꼭 필요했다. 따라서 '전쟁준비자에게 죽음을 안겨주는 것' 그리고 '전쟁의 원인을 제거하는 것'이 해답이 될 수밖에 없었다. 그러나 그 해답이 실제로 어떻게 나타날지에 대해서는 어느 누구도 알지 못했다.

    1935년 소련의 발전이 심각한 재난에 휩싸이리라는 것이 명백해졌다. 독일, 스칸디나비아, 그리고 다른 국가들의 민주주의적 정치가들은 그 재난에 대해 많은 말을 했지만 그 재난의 원천을 추적하지는 않았다. 그들은 엥겔스와 레닌의 진정한 민주주의적 노력으로 돌아가지도, 소비에트 사회의 사회학적 출발점에 관한 지식을 새롭게 하지도 못했으며, 이런 새로운 지식을 가지고 소비에트 사회가 앞으로 어떠한 방향으로 발전할 것인가를 이해하지도 못했다. 진정으로 민주주의적인 미국인이 미국의 헌법과 제퍼슨, 링컨 등과 같은 미국 선구자들의 기본사상을 무시할 수 없는 것처럼, 유럽에서는 이 진정한 민주주의의 선구자들[즉 엥겔스와 레닌]을 무시할 수 없었다. 엥겔스는 독일 민주주의의 그리고 레닌은 러시아 민주주의의 가장 탁월한 대표자였다. 그들은 형식에 얽매이지 않았으며, 따라서 민주주의의 핵심에 도달했다. 그러나 사람들은 그들을 기피했다. 공산주의자라는 꼬리표가 붙을까 두려워 그들을 기피했든, 자신의 학문적 또는 정치적 지위를 잃을까 두려워서 그들을 기피했든 별 차이가 없다. 엥겔스는 부유한 공장 소유자였으며 레닌은 부유한 관리의 아들이었다. 그들은 '지배계급'의 자손이었지만, (역시 '부르주아 진영'에서 태어난) 맑스의 사회경제학으로부터 진정한 민주주의 체제를 발전시키고자 했다.

엥겔스와 레닌 사상의 민주주의적 틀은 망각되어 버렸다. 이것은 유럽인의 양심에 너무 지나친 요구였으며, 나중에 밝혀진 바와 같이 러시아의 정치인과 사회학자에게도 마찬가지였다. 즉 그들에게는 그것이 대단히 힘에 겨웠던 것이다.

1850년부터 1920년까지는 엥겔스와 레닌의 머릿속에 있었고 1917년부터 1923년경까지 소련의 초기 발전과정에서 만들어졌던 형태들을 공부하지 않고서 우리는 오늘날(1944년)의 자연스러운 노동민주주의의 기본 사실을 생각할 수 없다. 러시아혁명은 사회적 진보에 있어서 엄청난 사건이었다. 바로 이런 이유에서 이 혁명의 지연은 사회학적 관점에서 볼 때 대단히 중요하다. 즉 그것은 모든 진정한 민주주의적 노력에 커다란 교훈이다. 히틀러와의 전쟁에서 러시아가 한 영웅적 행위에 대한 순전히 정서적인 열광에는 실제로 기대할 만한 것이 별로 없다. 1917년과 1923년 사이에는 존재하지 않았으나, 1943년에 생긴 이 열광의 동기에는 대단히 수상쩍은 구석이 있다. 즉 이 동기는 진정한 민주주의를 성취하려는 의지보다는 전쟁에서의 이기주의적 이해관계에 의해 생겨나고 있는 것이다.

다음에 묘사되는 소련의 발전에 관한 연구는 1935년에 처음 쓰여졌다. 왜 이 연구가 1935년 당시 출판되지 않았는지 누군가가 물어볼지도 모르겠다. 이에 대해서는 약간의 설명이 필요하다. 정당 밖에서 대중심리학에 관련된 실천적 일에 참여하는 것이 불가능했던 유럽에서, 정치적 이해관계에 구애되지 않고 과학적 연구로 정당 정치에 모순되는 전망을 한 사람은 조직에서 축출되어 대중들과 접촉할 수 없게 되기 마련이었다. 이 점에서는 모든 정당이 마찬가지였다. 진실을 향하지 않고, 대중의 비합리적 구조에 상응하는 환상 쪽을 향하는 것이 거의 모든 정당의 본질인 것이다.

그런데 과학적 진실이 환상의 도움을 받아 어려움에서 벗어나려는 정당 정치인의 습관적인 일을 방해하는 것이다. 1938년 이후 바로 유럽에서 명백히 드러났듯이, 장기적으로 볼 때 환상은 아무런 소용이 없다. 장기적인 관점에서 과학적 진실이 사회생활에서 신뢰할 수 있는 유일한 기준이지만, 소련에서 이 진실은 여론을 자극하지도 대중들을 열광시키지도 못하는 초보적인 수준에 머물러 있었다. 즉 그 진실은 양심의 가책에 불과했다. 제2차 세계대전이 발발한 후 비로소 진실에 대한 감수성이 광범위하게 강화되었고, 무엇보다도 모든 정치가 기본적으로 지닌 비합리적인 본질이 노동하는 사람들에게 널리 알려지게 되었다.

어떤 사실을 확립한 사람은 그것이 환영을 받을지의 여부에는 관심이 없고 그것이 적용될 가능성에만 관심을 갖는다. 따라서 사실 확립은 항상 정치와 날카로운 갈등상태에 빠지게 된다. 왜냐하면 정치는 사실이 적용될 수 있는지에는 관심이 없고, 단지 자신들이 대중들을 이끌어야 하는 각각의 상황에 그 사실이 방해가 되는지의 여부에만 관심을 갖기 때문이다. 이런 이유로 과학적 사회학자는 매우 힘겹다. 그는 한편으로는 실제 과정을 발견하고 설명해야 하며, 다른 한편으로는 생명력 있는 사회운동과 접촉을 유지해야 하는 것이다. 그러므로 당혹스러운 사실을 출판할 때, 그는 정치적 비합리주의의 영향 아래 있는 대부분의 인민대중들에게 자신의 정확한 진술이 어떠한 영향을 끼칠 것인가를 주의 깊게 고려해야만 한다. 몇몇 사회과학적 관점은 대중들이 그 관점을 자발적으로 자신의 생활 자체에서 습득할 때 비로소 대중들을 완전히 사로잡아 사회적 실천이 된다. 사회적 생활의 필연성에 관한 합리적 관점이 자발적이고 일반적으로 관철되기 전에, 시대에 뒤진 정치적 사유체계와 자유에 반하는 제도는 **모든 사람들이 인지할 수 있도록 뚜렷하게 정치화되어야** 한다. 예를 들면, 미국에서 정치의 광란으로 인하여 정치가들이 사회의 암적 존재라는 인식이 통용되었는데, 이는 결코 과학적인 이해가 아니라 일반적인 인식이었다. 1935년 유럽의 사람들은 이러한 인식과는 거리가 멀었다. 〔유럽에서〕 무엇이 진실이고 무엇이 허위인가를 판단하는 것은 바로 정치가였던 것이다.

    중요한 사회적 인식은 대개 그것이 표현되고 조직적으로 대표되기 오래 전부터, 주민들 사이에 어느 정도 명백하게 퍼져나간다. 1944년인 오늘날 구체적인 사실에 근거하는 정치에 대한 증오는 의심할 나위 없이 일반적인 것이 되었다. 만약 사회과학자 집단이 객관적 사회 과정을 명백히 반영하고 있는 구체적인 관찰과 서술 작업을 했다면, 그 '이론'은 필연적으로 인민대중들의 생활정서와 일치할 수밖에 없다. 이렇게 된다면, 마치 두 개의 독립적인 과정이 하나의 방향으로 수렴하듯 사회 과정과 대중의 의지가 사회학적 지식과 **하나가 되는** 어떤 지점으로 흘러간다. 이것은 결정적인 사회 과정이 있는 곳이라면 어디에서나 마찬가지인 것처럼 보인다. 미국이 1776년 영국에서 해방되었을 때 이 과정을 따랐으며, 1917년 러시아 사회가 차르 치하에서 해방되었을 때도 마찬가지였다. 구체적인 사회학적 작업의 결핍은 커다란 재앙을 초래할 수도 있다. 객관적 과정과 대중의 의지는 성숙한 지점에 도달하지만, 그것들을 통합하여 앞으로 끌어갈 수 있는 간단한 과학적 원칙이 없는 경우, 그 성숙은 다시 사라져버린다. 제국은 무너졌지만 진정한 민주주의는 발전하지 못했던 1918년의 독일에서 이런 일이 일어났다.

    사회 과정이 실제 생활의 비참함에서 유기적으로 성장하듯이 과학적 인식과정이 낡은 관점에서 유기적으로 생겨나지 않는다면, 근본적으로 새로운 사회적 질서의 통합을 향한 과학적 과정과 사회 과정의 융합은 이루어지지 않는다. 나는 여기에서 **"유기적으로 성장한다"**고 말했다. 왜냐하면 새로운 질서를 '고안해내거나' '생각해내거나' 혹은 '계획'할 수는 없기 때문이다. 새로운 질서는 인간이라는 동물이 겪는 삶의 실천적이고 이론적인 사실과 밀접한 연관을 맺으면서 **유기적으로 성장해야만 한다.** '대중들에게 정치적으로 다가서려는' 또는 그들에게 '혁명적 사상'을 강요하려는 모든 시도가 실패하고 단지 시끄럽고 해로운 정치만이 만들어 지는 이유가 바로 여기에 있다.

사회적 삶에 관한 어떤 경제적 관점으로도 정당화될 수 없는 파시즘의 특이한 속성에 대한 인식, 그리고 1940년 소련의 권위주의적이고 민족주의적인 구조에 대한 인식은 어떤 정당 지도부의 개입도 없이 모든 곳에서 자발적으로 전개되었다. 스탈린의 '소비에트민주주의'가 레닌의 사회민주주의와 거의 관련이 없듯이, 파시즘도 '부르주아지'의 계급지배와 거의 관련이 없다는 것은 일반적이지만 숨겨진 지식이었다. 낡은 개념은 이제 더 이상 새로운 과정에 적용될 수 없다는 사실이 어느 곳에서나 주목을 받고 있었다.

인간이 생동하는 삶에 직접적으로 연관되어 있는 사람들이나, 다양한 국가에서 의학적으로, 또는 교육학적으로 정확한 지식을 획득한 다양한 직업의 사람들은 쉽사리 정치적 구호에 속아 넘어가지 않는다. 언제나 비정치적이며 자신의 노동생활의 충족만을 위해 살아온 사람들은 특히 정치적 구호에 속아 넘어가지 않는다. 바로 이런 비정치적인 사람들과 자신의 일에 전적으로 열중하는 사람들이 결정적으로 중요한 사회적 통찰력에 쉽게 접근할 수 있었다. 반면에 이러저러한 정당기구에 경제적으로 그리고 이데올로기적으로 동화되었던 사람들은 경직되어 어떤 새로운 통찰력에도 접근할 수 없었을 뿐만 아니라, 권위주의적이고 '전체주의적'이며 독재적인 정권이라는 근본적으로 새로운 현상을 해명하려는 모든 시도에 대해 대체로 비합리적 증오로써 자신들을 방어했다. 모든 정당 조직이 자신의 성향과는 관계없이 단지 경제주의적인 지향성을 갖는 것에 비해, 독재자들은 자신들의 정책 기반을 경제적 과정이 아닌 인민대중들의 비합리적 태도에 두고 있다. 이런 것들을 추가적으로 고려해 볼 때, 대중심리학의 영역에서 일하는 사회과학자가 대단히 주의 깊고 신중하게 연구를 진행해야만 했다는 것은 쉽게 이해할 수 있다. 그는 사회적 발전이 생체심리적 통찰력을 확증하고 있는가 아니면 반박하고 있는가를 오직 양심적으로 기록해야만 한다. 그런데 **사회적 발전은 그 통찰력을 확증했다!** 이런 방식으로 많은 의사, 교육가, 저술가, 사회사업가, 청소년, 산업노동자 등에게서 정치적 비합리주의가 언젠가는 없어질 것이고, 자연스러운 노동, 사랑 및 지식에 대한 요구가 이론을 전파하기 위한 선전 캠페인 없이도 대중의식과 대중행동이 될 것이라는 깊은 확신이 자라났다. 그러나 정치에서의 비합리주의가 열심히 노동하는 대중들의 자연스런 생활 감정에서 그 한계를 발견하고, 스스로의 행동으로 인해 질식하게 될 때까지 정치적 비합리주의가 일으킬 재앙이 얼마나 클 것인지는 물론 예측할 수 없다.

1933년 독일에서의 대재앙 후에 소련은 권위주의적이고 민족주의적인 형태의 사회적 지도력으로 인해 급격한 쇠퇴기를 겪고 있었다. 수많은 과학자, 언론인, 그리고 노동자의 대표들에게 그것은 분명 '민족주의'였다. 그러나 그것이 **파시즘의 본을 딴 민족주의**인지는 분명하지 않았다.

파시즘이라는 용어는 자본가라는 단어가 욕설이 아닌 것처럼 욕설이 아니다. 그것은 매우 특수한 종류의 대중지도와 대중적인 영향력을 특징짓는 개념이다. 즉 파시즘은 권위주의적이며, 일당체제이며 따라서 전체주의적이며, 또한 권력이 본질적 이해관계보다 우선하며, 정치적 목적을 위하여 사실이 왜곡되는 체제인 것이다. 그렇기 때문에 '파시즘적 민주주

혁명의 조국, 소련의 민족주의화

1924년 1월 21일 레닌이 죽은 뒤 소련의 실질적인 지배자로 부각되기 시작한 스탈린은 영구혁명론을 주장한 트로츠키를 당에서 제명하고 이른바 일국사회주의론을 확립했다. 스탈린은 '사회주의 건설'과 '사회주의의 완전한 승리'를 구별한 뒤, 후자는 한 나라의 힘만으로는 불가능하지만 전자는 가능하다고 주장했다. 소련의 강제적 공업화와 농업집단화의 이론적 기반이 된 일국사회주의론에 의해 소련은 급격히 민족주의화의 길을 걷게 됐으며 대국주의 정책을 취하게 됐다. 1934년 '사회주의의 승리'를 선포한 스탈린은 이듬해 "삶의 질은 더욱 더 좋아지고, 삶은 더욱 더 즐거워질 것이다"라고 말하며 소련식 문화혁명이 완수됐음을 선언했다. 그러나 새롭게 도입되어 보편적으로 보급된 스포츠, 극장, 문학 등을 향유할 수 있게 됐다는 것이 독재국가와 진정한 민주주의적 사회 사이의 차이를 만드는 것은 아니었다(위 사진은 1924년 스탈린이 경제담당 인민위원이었던 오르조니키제[Grigoriy Ordzhonikidze, 1886~1937]와 모스크바 시내를 나란히 걷고 있는 장면이다).

의자'가 존재하듯이 '파시즘적 유태인'도 존재할 수 있는 것이다.

만약 그 당시 이런 확신이 출판되었다면, 소비에트 정부는 이 확신의 본질을 '반혁명적'이고 '트로츠키적인 파시즘'의 증거로서 인용했을 것이다. 소련의 대중들은 여전히 1917년 혁명의 도약을 향유하고 있었다. 그들의 물질적 상황은 계속 나아지고 있었으며, 실업은 거의 존재하지 않았다. 소련의 주민들은 새롭게 도입되어 보편적으로 보급된 스포츠, 극장, 문학 등을 향유하고 있었다. 독일의 재앙을 경험했던 사람들은 이런 이른바 인민의 문화적 향유가 한 사회의 성격과 발전에 관해 아무것도 이야기해 주지 못한다는 것을 알고 있었다. 한 마디로 말해서 그런 것들은 소련 사회에 관해 우리에게 아무것도 말해 주지 않았던 것이다. 영화를 보는 것, 연극을 보는 것, 책을 읽는 것, 스포츠를 즐기는 것, 이를 닦는 것, 학교에 가는 것 등은 물론 중요하지만, 이런 것들이 독재국가와 진정한 민주주의적 사회 사이의 차이를 만드는 것은 아니다. 이 둘 모두에서 '문화는 향유'된다. 주택 건설, 도시전철 건설, 학교 건설 등을 '사회주의적'이라고 말하는 것은 사회주의자와 공산주의자들이 범하는 전형적인 근본오류이다. 주택, 도시전철, 학교 등은 한 사회의 기술적 발전과 관계될 뿐이며, **그 사회의 구성원들이 억압받는 백성들인지 자유롭게 노동하는 사람들인지, 그리고 그 구성원들이 합리적인지 비합리적인지를 우리에게 말해주지 않는다.**

소련의 당국자들이 모든 기술적 혁신을 '특별한 공산주의적' 업적이라고 주장했기 때문에, 소련 인민들은 그런 것들이 자본주의 국가에는 존재하지 않는 것 같은 인상을 갖게 되었다. 그러므로 인민들이 소비에트 민주주의가 민족주의로 타락한 것을 이해하거나 또는 스스로 그 타락을 알 수 있게 되리라는 기대를 할 수 없었다. '원칙적이고' '객관적인 진실'의 공표가 아니라, 먼저 노동하는 주민들로 이루어진 평범함 대중이 객관적 과정에 어떻게 반응할 것인가에 관해 물음을 던지는 것이 대중심리학의 원칙이다.

대중심리학의 이런 태도는 자동적으로 정치적 소동에 빗장을 건다. 다시 말해서 만약 어떤 사람이 진실을 인식했다고 믿는다면, 그는 그것이 객관적으로 그리고 독자적으로 명백히 드러날 때까지 기다려야만 한다. 만일 그것이 명백히 드러나지 않는다면 그것은 결코 진실이 아니며 따라서 그것은 하나의 가능성으로 배후에 남아 있게 된다.

재앙과도 같은 소련의 퇴보는 걱정스럽게도 유럽 곳곳으로 퍼져나갔다. 그래서 '대중과 국가'의 관계를 검토한 책자[3], 약 1백여 권을 유럽, 러시아, 그리고 미국에 있는 성경제학과 대중심리학을 연구하는 동료들에게 보냈다. 소비에트 민주주의가 전체주의적 독재체제로 타락할 것이라는 1929년의 예측은, 소련의 성혁명이 방해받았을 뿐만 아니라 의도적인 억압을 받았다는 사실에 근거하고 있었다. **우리가 익히 알고 있듯이, 성적 억압은 인민대중들을 기계화하고 예속적으로 만드는 데 이바지한다.** 어린이와 청소년의 성이 권위주의적이고 도덕주의적으로 억압되는 곳이라면, 그리고 그 억압이 법률에 의해 지지되는 곳이라면, 정치 지도자들이 어떤 구호를 사용하든 그곳에는 분명 강력한 권위주의적 독재의 경향이 존재한다. 반면에 우리는 어린이와 청소년의 성을 위한 중요한 사회적 제도들에 대해 공감하는 삶긍정적인 태도가 있는 곳이라면 어디에나 진정한 민주주의적인 사회적 경향이 있을 것이라는 추론을 할 수 있다. 물론 그런 경향은 삶긍정적인 태도가 존재하는 만큼 존재하며, 그 이상 존재하지 않는다. 따라서 소

---

3) 1929년 출간된 『사춘기, 금욕, 결혼윤리』(Geschlechtsreife, Enthaltsamkeit, Ehemoral)를 지칭하는 듯하다. 1936년 발간된 『문화투쟁에서의 성』(Die Sexualität im Kulturkampf)은 이 책에 2부를 덧붙인 증보판이다[국역:윤수종 옮김, 『성혁명』, 새길, 2000].

련에서 반동적인 성적 태도가 점점 더 우세해졌던 1929년에 이미 사회 지도층에서 권위주의적이고 독재적인 발전이 전개되기 시작했다고 결론짓는 것은 정당하다. 이런 사실을 나는 나의 책 『문화투쟁에서의 성』에서 자세히 논증했다. 나의 예측은 1934년 이후 통과된 법률안, 즉 반동적 성 법률의 재도입에 의해 확인되었다.

당시에 나는 이후 성경제학의 수용을 용이하게 할 성경제학적 문제에 대한 새로운 입장이 미국에서 막 생겨났다는 사실을 모르고 있었다.

우리는 앞에서 언급한 비공식적 책[『사춘기, 금욕, 결혼윤리』]을 전달받은 동료들에게 그 책을 먼저 주의 깊게 검토해 달라고 요청했으며, 만약 그들이 그것에 대체로 동의한다면 소련에서의 발전이 드러내는 모순을 이해할 만한 주변의 사회학자들에게 그 책을 전달해 달라는 요청을 했다. 그러나 그 내용은 결코 신문이나 대중 집회에서 발표되어서는 안 되었다. 어떤 사건이 대중들의 토론에서 거론되는 시기는 그 사건 자체에 의해 결정되기 마련이다. 점차 증가하고 있던 선도적인 사회학 진영은 1935년부터 1939년 사이에 소련에서 볼 수 있었던 권위주의적 퇴보의 대중심리학적 원인을 더 잘 이해할 수 있었다. 이런 이해의 확산이 소련에서의 '퇴보'에 대한 부질없는 분노를 대체했다. 즉 사람들은 **권위를 갈망하는 인민대중들의 구조 위에서 소련의 발전이 이루어졌으며, 소련 지도부가 이 사실을 간파하지 못했다는 사실**을 알게 되었던 것이다. 이 통찰은 매우 중요했다.

"인민대중들에게 무슨 일이 일어나는가?"

새로운 사회 질서로 '어떻게' 이행하는가에 관한 질문은 '광범위한' 대중들, 즉 비정치적이고 비합리적인 영향력 아래 있는 노동하는 인민들의 성격구조에 관한 질문과 완전히 일치한다. 그러므로 진정한 사회 변혁의 실패를 통해 인민대중들이 실패했다는 것을 잘 볼 수 있다. 즉 그들은 사회의 틀 내에서 이 이데올로기와 생활 형태를 분쇄할 수 있는 기회가 있었음에도 불구하고, 정치적 반동의 이데올로기와 정치적 반동의 생활 형태를 자신들의 구조와 새로운 세대 속에 재생산하고 있는 것이다. "**비정치적 계층의 광범위한 대중들이 어떻게 생각하고, 느끼고, 반응하는가?**"라는 질문은 당시에는 전면적으로 제기되지도 이해되지도 못했으며, 그것이 실천적으로 극복될 가능성도 거의 없었다. 따라서 수많은 혼란이 존재했다. 1935년 자르 지방에서 시행된 국민 투표에 대해 빈의 사회학자 빌리 쉴람[4]은 다음과 같이 쓰고 있다.

> 사회의 대중들이 이성과 자기 삶의 상황에 대한 통찰을 통해 사회를 개선하는 쪽으로 나아가는 듯 보였던 시대는 사실상 지나가 버렸다. 또한 대중들이 사회를 형성하는 기능을 지녔던 시대도 사실상 지나갔다. 대중들은 철저히 일정한 틀로 주조되고, 의식을 잃은 채 어떤 종류의 파렴치한 행위에도 순응하게 된다는 것이 증명되었다. 그들에게는 역사적 사명이 없다. 탱크와 라디오의 시기인 20세기에 그들에게는 어떠한 사명도 남아 있지 않다. 대중들은 사회의 형성 과정에서 배제되어 버린 것이다.

---

4) Willi Siegmund Schlamm(1904~1978). 오스트리아의 언론인. 독일공산당 기관지 『붉은 깃발』(Die Rote Fahne)에 글을 기고하며 두각을 나타낸 뒤, 나치 정권 시대에는 주간지 『새로운 세계무대』(Neue Weltbühne)의 발행인으로 히틀러를 비판해 명성을 얻었다. 1937년 『거짓말의 독재』(Die Diktatur der Lüge)라는 저서를 펴내 스탈린 일인독재 체제의 분기점이 된 '모스크바 재판'을 비판한 뒤로는 우파로 전향했고, 1955년에는 미국 언론인 버클리(William F. Buckley, Jr., 1925~)를 도와 미국 우파의 대변지 『내셔널리뷰』(The National Review)의 창간에 일익을 담당했다(이 일로 인해 쉴람은 한국전쟁 이후 미국 보수주의의 '현대화'에 지대한 공헌을 한 인물로 꼽히기도 한다).

쉴람의 말은 옳지만 말하는 방식은 생산적이지 않다. 즉 그는 대중들의 그런 태도가 어떻게 나타나는지, 그리고 그것이 선천적인 것인지 아니면 변화될 수 있는 것인지에 관해 질문하지 못했다. 만약 내가 그의 말을 정확히 이해한 것이라면, 그의 주장은 하나의 원칙이 될 가망도 없다.

이러한 쉴람의 확신은 대중적이지 못할 뿐만 아니라 대단히 위험하다는 점을 정확히 이해해야 한다. 왜냐하면, 아직 파시스트 국가가 아닌 곳의 사회민주주의 정당과 자유주의 정당은 대중 그 자체는 본질적으로 자유롭고 자유를 누릴 능력이 있다는 환상 속에서, 그리고 만약 히틀러 같은 사악한 존재들만 주위에 없다면 지상에서 천국이 보장될 수 있다는 환상 속에서 살아왔기 때문이다. 개인적 진술이나 공공 토론에서의 여러 발언들에서 볼 수 있듯이, 수세기에 걸친 억압으로 인하여 대중들에게 자유를 누릴 능력이 없다는 아주 간단한 사실을 전혀 이해하지 못한 것은 민주주의적 정치가들, 특히 사회민주주의와 공산주의 정치가들이었다. 그들은 이런 사실을 받아들이려고 하지 않았을 뿐만 아니라 이 사실에 대하여 자주 소란을 피우거나 위협적인 반응을 보이곤 했다. 그러나 1917년의 러시아혁명 이후 국제정치 영역에서 발생했던 모든 일들이 인민대중들이 자유로워질 능력이 없다는 주장의 정확성을 사실상 입증했다. 이러한 통찰이 없이 파시스트의 득세를 이해한다는 것은 불가능하다.

1930년과 1933년 사이에 이 사실들을 인식하는 것을 점차 배우게 되면서 나는 나에게 호의적인 자유주의·사회주의·공산주의의 정치가들과 심각한 갈등에 빠졌다. 이 사실은 1933년 『파시즘의 대중심리』[5]에 처음으

---

5) 이 책 『파시즘의 대중심리』의 초판을 말한다. 『파시즘의 대중심리』의 개정과 관련해서는 이 책 「머리글(증보개정 3판)」의 18~30쪽을 참조할 것.

로 실렸으며, 특히 이 중 사회주의 정치에 대한 내용은 에른스트 파렐〔라이히의 가명〕의 「계급의식이란 무엇인가」에 기록되어 있다.

이러한 나의 확신 자체는 사람을 무력하게 만들기가 쉬웠다. 왜냐하면 만약 모든 사회적 조건이 대중들의 구조와 행동에 달려 있다면, 그리고 대중들에게 자유로워질 능력이 없다는 것이 사실이라면, 파시스트 독재의 승리는 결정적인 것이기 때문이다. 그러나 이러한 사실에 대한 확신은 절대적인 것이 아니며, 고립된 것으로만 존재할 뿐이다. 즉 다음과 같은 두 가지 사항이 추가적으로 고려되면 이 확신은 근본적으로 변화한다.

1. **인민대중들이 자유로워질 수 있는 능력을 선천적으로 가지지 못한 것은 아니다. 또한 사람들이 자유로워질 수 있는 능력을 항상 가지지 못하는 것도 아니다. 따라서 원칙적으로 그들은 자유로워질 수 있다.**
2. 사회적 성경제학이 임상경험의 도움을 받아 완전히 증명했듯이, **인민대중들을 자유롭지 못하게 하는 메커니즘은 어린이, 청소년, 어른의 성기적 성에 대한 사회적 억압이다.** 이 억압 역시 선천적인 것이 아니다. 그것은 가부장제와 함께 발전했으며 따라서 원칙적으로 제거될 수 있는 것이다. 성생활에 대한 사회적 억압이 제거될 수 있고 그것이 자유로워질 수 없는 성격구조의 중심 메커니즘이라면, 절망적인 상황은 아니라는 결론이 나온다. 따라서 우리가 '정서적 전염병'이라 명명한 모든 사회적 조건을 극복할 수 있는 길이 환하게 열려 있는 셈이다.

쉴람의 오류는 그가 다른 많은 사회학자들처럼 인민대중들에게 자유로워질 수 있는 능력이 없다는 사실은 입증했지만, 자신이 잘 알고 있는 성경제학적 사회학에서 실천적 결과를 끌어내고 옹호하지 못했다는 데 있다. 이런 사회학자로 누구보다도 에리히 프롬을 들 수 있다. 그는 『사회연구』라는 잡지에서 원시사회에서 갑작스럽게 성도덕이 출현한 것과, 이에 따라 성격적으로 노예근성이 출현하게 되었다는 주장에 동조하기도 했지만,[6] 이후 자신의 저서인 『권위와 가족』(Autorität und Familie)에서는 인민대중의 성 문제, 그리고 성 문제와 자유에 대한 두려움 및 권위에 대한 갈망 사이의 관계를 완전히 무시하는 이론을 완성했다. 나는 이것을 결코 이해할 수 없었다. 왜냐하면 프롬의 입장에 존재하는 기본적인 정직성을 의심할 이유가 없었기 때문이었다. 그러나 사회생활과 개인생활에서 성을 부정하는 것은 합리적 이해를 불가능하게 하는 속임수를 만들어낸다.

독자들은 사회학적 연구의 중점분야가 정치적·경제적 요인으로부터 대중심리학, 성경제학, 그리고 성격구조와 관련된 사실들을 탐구하는 쪽으로 이동했다는 것을 쉽게 간파할 수 있을 것이다. 인민대중들에게 자유로워질 수 있는 능력이 없다는 확신, 성격적인 예속의 주요 메커니즘인 자연스런 성생활에 대한 억압, 그리고 무엇보다도 책임이 개별 조직이나 정치가에게서 자유로워질 능력이 없는 대중들 자신에게로 옮아갔다는 것은 사유의 엄청난 전환을, 따라서 사회적 문제를 실천적으로 취급하는 방식의 전환을 의미하는 것이었다. 이제 우리는 '여전히 노동하는 대중들에게 다가갈 수 없었다'라는 여러 정당의 끊임없는 불만을 더 잘 이해할 수 있다. 또한 우리는 어떻게 대중들이 '철저히 일정한 틀로 주조되고, 의식을 잃은 채 스스로 어떠한 종류의 권력이나 파렴치한 행위에도 순응하게 되

---

6) [영어판 편집자] 에리히 프롬은 『사회연구』에 라이히의 책 『성도덕의 출현』에 대한 호의적인 서평을 썼다. Erich Fromm, "Wilhelm Reich : Der Einbruch der Sexualmoral. Zur Geschichte der sexuellen Ökonomie," Zeitschrift für Sozialforschung, Bd. II, Leipzig : Hirschfeld Verlag, 1933, S. 119~122.

는 능력'을 가지게 되었는지를 이해했다. 무엇보다도 우리는 파시스트들이 대중들을 인종주의에 도취되도록 만들었음을 잘 알게 되었다. 또한 우리들은 경제지향적인 사회학자와 정치가들이 20세기 전반부에 일어난 끔찍한 사건들에 대해 보여준 무능과 무기력을 이해했다. 각각 상이한 형태로 존재하는 모든 정치적 반동들은 권위주의적 가부장제의 출현과 함께 인민대중들에게 확산되는 정서적 전염병으로 소급될 수 있다.

수천 년 동안 생동하는 삶이 억압을 받아왔기 때문에 남의 뜻대로 움직이고, 비판능력이 없고, 생물학적으로 병들고, 노예상태에 빠져버린 대중들을 위에서 '이끌고 지도하는 것'이 **아니라**, 대중들이 모든 억압을 즉시 감지하고 **적시에, 최종적으로, 돌이킬 수 없도록** 그 억압을 떨쳐버리는 방법을 익히게 하는 것이 바로 진정한 민주주의 혁명 운동의 과업이다. 신경증을 치료하는 것보다 막는 것이 훨씬 더 쉽다. 또한 유기체에서 허약함을 없애는 것보다 유기체를 건강한 상태로 유지하는 것이 더 쉽다. 또한 사회적 유기체를 독재적 제도에서 자유롭게 하는 것이 그런 제도를 제거하는 것보다 쉽다. 대중들이 스스로를 뛰어넘을 수 있게 하는 것이 바로 진정한 민주주의의 수호자가 해야 할 과업이다. 그러나 인민대중은 자신에게서 뛰쳐나와 사회적 조직을 발전시킬 때에만 자신을 넘어설 수 있다. 그런데 이 사회적 조직은 정치라는 대수학적 구조에서 외교관과 경쟁하는 것이 아니라 인민대중들이 고통, 훈련 부족, 지도자에 대한 예속과 비합리주의라는 전염병 때문에 스스로를 위하여 심사숙고하거나 표현할 수 없는 것들을 그들을 위해 생각하고 표현해 주는 것이다. **한 마디로, 우리는 인민대중들에게 사회적 사건에 대한 모든 책임을 돌린다.** 우리는 그들이 책임지기를 요구하며, 그들의 무책임함에 맞서 싸운다. 그러나 우리는 그들에게 잘못의 책임을 묻는 것이지 범죄자를 고발하듯 그들을 고발하는 것은 아니다.

독재적-권위주의적 사회제도를 제거하는 것만으로 새롭고 참된 사회적 질서를 이룰 수는 없다. 또한 새로운 제도의 확립만으로도 그것은 불가능하다. 인민대중에게서 권위적 절대주의의 성격적 고착이 교육과 정신위생을 통해 동시에 제거되지 못한다면, 이 새로운 제도 역시 불가피하게 독재적-권위주의적 형태로 타락할 것이기 때문이다. 여기에 혁명적 천사가 있고 저기에 반동적 악마가 있는 것이 아니다. 또한 여기에 탐욕스러운 자본가가 있고 저기에 관대한 노동자가 있는 것도 아니다. 사회학과 대중심리학이 참된 과학으로서 실천적 기능을 하려고 한다면, 정치적 흑백논리에서 근본적으로 해방되어야 한다. 사회학과 대중심리학은 권위주의적 방식으로 자라온 인간의 모순적 본질이 품고 있는 핵심을 파악해야 하며, 노동하는 인민대중들의 행위와 구조 속에 있는 정치적 반동을 찾아내, 그것을 표현하고 없애도록 도와야 한다. 참된 사회학자들과 대중심리학자들이 이러한 과정에서 **스스로**를 배제해서는 안 된다는 것은 특별히 강조할 필요가 없다. **생산의 국유화나 사회화 그 자체로는 인간의 노예상태에 작은 변화도 일으킬 수 없다는** 것이 이제 명백해졌다. 집을 짓기 위해 확보한 토지는 생활과 일을 위한 전제조건일 뿐이지 결코 생활과 일 그 자체는 아니다. 사회의 경제적 과정을 인간 사회의 생체-사회적 과정의 본질로 간주하는 것은 토지와 집을 어린이의 양육과 같은 것으로 취급하고, 위생과 작업을 춤이나 음악과 같은 것으로 취급하는 것이다. 그런데 소련이 권위주의적 형태로 퇴보했던 것은 바로 이와 같은 순수한 경제적 생활관(레닌에 의해 이미 강력하게 반대되었던) 때문이었다.

 1920년경 소비에트주의 경제과정은 인민을 변화킬 것이라는 기대를 모았다. 문맹을 퇴치하고, 농업국가를 산업국가로 바꾼 것은 분명 대단한 업적이지만, 이 대단한 업적을 특별히 사회주의적 업적으로 공시할 수는 없었다. 왜냐하면 이러한 업적은 극단적 자본주의 정부에 의해서도 동일하게 성취되었거나, 때로는 더 잘 성취되었기 때문이다.

1917년 이래로 대중심리학에는 다음과 같은 기본적인 문제가 있었다. 1917년 러시아의 사회적 격변으로부터 출발한 문화가, 타도된 차르 치하의 권위주의적 사회질서와는 **근본적으로** 그리고 본질적으로 다른 인간 공동체를 발전시킬 수 있을 것인가? 러시아 사회의 새로운 사회경제 질서가 어떻게 인간의 성격구조에 재생산될 것인가? 새로운 '소련인'은 자유롭고, 권위적이지 않으며, 합리적인 자치를 이룰 수 있을 것인가, 그리고 그 능력을 자신의 아이들에게 전수할 수 있을 것인가? 인간구조 속에서 자유가 이런 식으로 발달한다면, 모든 형태의 권위주의적인 사회 지도력이 불필요한 것 또는 사실상 불가능한 것이 될 수 있겠는가? 소련에서 권위주의적이고 독재적인 제도가 존재하는지의 여부가 소련인의 본질과 발전을 가늠할 수 있는 명백한 척도가 될 수밖에 없을 것이다.

전세계가 긴장하면서 소련의 발전을 추종했는데, 어떤 곳에서는 두려움을 지닌 채, 다른 곳에서는 환희에 차서 그 발전을 추종했다는 점은 이해할 만하다. 그러나 소련에 대한 태도는 대체로 합리적이지 못했다. 어떤 이들은 소련의 체제를 무조건 옹호했으며, 또 어떤 이들은 무조건 공격하기만 했다. '소련이 확실히 큰 진보를 이루기는 했다'라는 입장을 취하는 지식인 그룹이 있었다. 이러한 입장은 "물론 행실이 좋은 유태인도 있다"라고 말한 히틀러주의자의 입장과 같은 것처럼 보인다. 이렇게 정서적으로 판단하는 것은 의미도 없고 가치도 없는 일이다. 한 마디로 말해서 그것들은 어떤 결과도 낳지 못했던 것이다. 또한 소련의 지도자들은 사람들이 러시아 사회를 실제로 돕지는 않으면서, 단지 트집만을 잡으려 하는 것에 대해 당연한 불평을 터뜨렸던 것이다.

사회 발전의 합리적이고 진보적인 힘과 이를 방해하고 퇴보시키는 반동적 힘 사이의 투쟁은 계속되었다. 맑스, 엥겔스, 그리고 레닌 덕분에 진보적 발전을 위한 경제적 조건은 방해를 하는 힘보다 더 확연하게 드러났다. 그러나 그 누구도 **대중들의 비합리주의**라는 문제를 제기할 생각은 하지 못했다. 따라서 처음에 약속되었던 자유를 향한 발전은 교착상태에 빠지게 되었으며 권위주의적 형태로 퇴보하고 말았다.

유럽의 공산당들처럼 이런 퇴보의 메커니즘을 부정하는 것보다는, 그 과정의 메커니즘을 이해하는 것이 더 생산적이었다. 유럽의 공산당들은 소련에서 일어난 모든 사실을 경건하게, 종교적으로, 그리고 열광적으로 옹호했기 때문에 사회적 어려움을 '해결' 할 수 있는 모든 실천적 가능성을 스스로 박탈했다. 장기적으로 볼 때 인간의 성격구조에 존재하는 비합리적 모순을 자연과학적으로 지양하는 것이, 구원에 관해 고루하게 떠들어대는 것보다 소련의 발전에 분명히 도움이 될 것이다. 이러한 과학적 접근은 불쾌하고 고통스러울 수도 있지만, 현실에서는 정치적 구호보다 더 깊은 우정의 감정을 촉진한다. 일상적으로 실천적 일에 참여하고 있는 소련인들은 이 점을 아주 잘 알고 있다. 나는 당시의 성경제학적인 의사들과 교육자들이 적어도 소비에트주의 투사만큼이나 많은 고민을 하고 있었다는 것만을 단언할 수 있다.

이 걱정은 명백히 정당한 것으로 드러났다. 즉 산업체의 공장에서 원래의 '3중 감독 체계' [7]와 민주적인 경제의 생산고문은 권위적인 '책임' 경영자로 대체되었다.

---

[7] Dreier-Direktoriums. 작업장은 그 작업장의 노동자들에 의해 관리되고, 작업장의 전체 노동자들이 그 관리직 노동자들을 선출하며, 별도로 전체 노동자들의 생산협의회가 개최되는 3중의 공장관리 방식을 말한다.

학교에서는 첫번째 자치 시도(돌턴 플랜[8] 등)가 실패했으며, 예전의 권위주의적 학교 규제가 공적인 학생 조직의 모습으로 다시 도입되었다.

군대에서는 원래의 단순하고 민주주의적이었던 명령체계가 엄격한 계급 질서로 바뀌었다. '소련의 원수계급'은 처음에는 이해할 수 없는 혁신이었으나, 후에 그것은 위험스러워 보였다. 즉 그 속에 '차르'와 '황제'라는 의미가 숨겨져 있었던 것이다.

권위주의적이고 도덕주의적인 관점과 법률로의 퇴보를 잘 보여주는 징조들이 성경제학적 사회학 분야에서 축적되어 왔다. 이러한 징조들에 대해서는 1936년에 나온 나의 책 『문화투쟁에서의 성』의 2부에 상세하게 묘사되어 있다.

사람들 간의 관계 속에서 의심, 냉소, 계략, 비굴한 복종이 점점 더 널리 퍼지고 있었다. 1929년 당시의 평범한 소련인이 5개년 계획을 위한 영웅적 전력투구로 고취된 분위기나 혁명의 성공에 대한 진지한 희망으로 충만되어 있었던 반면, 1935년경의 소련인과 이야기를 해보면 그의 생각과 감정에서 회피하려 하고, 불안해 하며, 어쩔 줄 몰라하는 동요를 감지할 수 있었다. 냉소, 실망 그리고 초기의 사회적 의지와 모순되는 여러 형태의 특정한 처세술을 감지할 수 있는 것이다.

소련의 문화혁명은 단지 실패한 것에서 그치지 않는다. 문화적 과정에서의 퇴보는 지난 몇 년 동안 전세계의 열광과 희망을 짓눌러 버렸다.

사회의 퇴보가 발생했다면 그것은 사회의 지도부가 잘못한 것이 아니다. 그러나 지도부가 (1) 퇴보를 진보라고 주장하거나, (2) 자신을 세상의

---

8) Dalton Plan. 미국의 초등학교 교사인 파크허스트(Helen Parkhurst, 1887~1973)에 의해 창안된 교육 개념으로, 자율적이고 개별적인 학습과 사회적 책임감을 중시한다.

구원자로 자처하거나, (3) 자신의 의무를 일깨워 주는 사람들을 죽이려 한다면, 그는 퇴보의 확실한 보호자가 된다.

이러한 지도부는 일반적으로 타당한 사회 발전 원칙을 추종하는 사회 지도부에 의해 조만간 물러나게 될 것이다.

'사회주의적 열망'

사회주의를 위한 사회적 전제조건에 관한 과학적 인식이 있기 훨씬 이전에도 사회주의 운동과 사회주의에 대한 열망은 존재했다. 억압자에 대한 피착취자의 투쟁은 수천 년 동안 이어져 왔다. 자유를 향한 피억압자의 열망에 관해서 과학적 지식을 제공한 것은 바로 이런 투쟁이며, 파시스트들이 믿고 있듯이 그 반대가 아니다. 사회주의자들은 바로 1918년부터 1938년에 이르는 시기에 대단한 사회적 사건들과 가장 심각한 패배를 겪어야 했다. 사회주의 자유운동의 성숙과 합리성을 생생하게 입증해야만 했던 바로 그 시기에 노동자 운동은 분열되어 관료화되었으며, 자신의 원천인 자유와 진리에 대한 갈망에서 점점 더 멀어지게 되었다.

사회주의에 대한 수백만 명의 열망은 **모든** 종류의 억압에서 자유로워지려는 열망이었다. 그러나 **자유를 향한 이 열망은 책임에 대한 두려움과 연결되었으며 따라서 타협의 형태로 나타나게 되었다.** 즉 사회적 책임에 대한 인민대중들의 두려움은 사회주의 운동을 국가의 영역으로 이끌었던 것이다. 그러나 사회적 자유의 경제적 조건을 찾으려 노력한 칼 맑스의 과학적 사회학에는 사회주의적 자유의 목표로서 **국가**를 언급한 부분이 없다. '사회주의' 국가는 당 관료들의 창작품이다. 그가, 즉 '국가'가 자유를 도입할 것이다. **인민대중들이 아니라 국가가** 자유를 가져다주는 것으로 생각되었던 것이다. 나는 이제부터 사회주의 국가사상은 최초 사회주의자들의 이론과는 아무런 관계가 없을 뿐만 아니라, 오히려 사회주의 운동을 왜곡시키고 있다는 점을 밝혀야만 한다. 이런 왜곡이 아무리 무의식적으로 일어났고, 인민대중이 자유에 대한 열망에 물들어 있다 하더라도 그 왜곡의 책임은 인민대중의 **구조적 무력감**에 있다. 한편에는 자유에 대한 강렬한 욕구가, 다른 한편에는 자유로운 자치에 대한 구조적인 두려움이 있었고, 이것이 소련에서 권위주의적·전체주의적·독재적인 국가형태를 만들어낸 것이다. 이것은 공산주의자들의 원래 계획에는 부합하지 않는 것이었다.

이제 자유를 향한 가장 중요한 사회운동들에서 나타난 기본적인 사회주의적 특성을 찾아보기로 하자.

초기 기독교 운동은 자주 그리고 당연히 '사회주의적'인 것으로 간주된다. 고대의 노예반란과 중세의 농민전쟁은 사회주의 창시자들에 의하여 19세기와 20세기 사회주의 운동의 선구자로 간주되었다. 이런 사건들이 성공하지 못했던 이유는 사회학적 이론이 부족했을 뿐만 아니라 산업관계와 **국제적인 소통수단** 역시 발전하지 못했기 때문이었다. 사회주의 창시자들의 사회학에 따르면, '사회주의'는 단지 **국제적** 차원에서만 생각할 수 있는 것이었다. 민족사회주의나 민족주의적 사회주의(민족사회주의, 곧 파시즘) 역시 사회학적으로 보면 무의미한 것으로, 엄밀한 의미에서 보면 대중을 기만하는 것이다. 한 의사가 어떤 병을 퇴치할 수 있는 약을 발견하여 그것의 이름을 '치료혈청'이라고 지었다고 하자. 이때 사람들의 질병을 이용하여 폭리를 취하려는 영리한 고리대금업자가 나타난다. 그는 질병을 일으키는 독소를 만들어내고는 이 독소가 사람들에게 건강에 대한 강렬한 욕구를 불러일으킨다는 이유로 그것에 '치료보조제'라는 이름을 붙인다. 독소를 개발한 그 고리대금업자가 치료혈청을 발견한 의사의 민족사회주의적 상속자인 것이다. 이는 마치 히틀러나 무솔리니, 또는 스탈린이 맑스의 국제적 사회주의를 민족사회주의적으로 상속한 것과 동일하다.

정확히 말하자면 질병으로 부자가 되려는 고리대금업자는 자신의 독소를 구체적으로 '독소'라고 불러야 한다. 그러나 그는 그것을 '치료보조제'라고 부른다. 왜냐하면 그는 독소를 팔 수는 없다는 것을 잘 알고 있기 때문이다. 이런 비유가 '사회적' 그리고 '사회주의적'이라는 단어에도 똑같이 적용된다.

모든 이에게 각인되고, 특정한 의미를 내포하게 된 단어는 회복 불가능한 혼란이 생기지 않고는 자의적으로 사용될 수 없다. '사회주의'라는 개념은 '국제적'이라는 개념과 분리할 수 없을 정도로 밀접히 연관되어 있다. 사회주의 이론은 세계경제가 어느 정도 성숙되어야 한다는 것을 전제한다. 즉 시장, 천연자원, 권력의 중심을 둘러싼 제국주의적 투쟁은 탐욕스러운 전쟁이라는 특성을 가지게 될 것이다. 또한 경제적 무정부상태는 사회적 생산성이 더 이상 발전하지 못하게 하는 주요한 장애가 될 것이고, 그 무질서는 누구에게나 분명한 모습을 드러낼 것이다. 예컨대, 인민대중들은 굶주려 죽어가고 있음에도 가격의 갑작스런 하락을 막기 위해 과잉생산된 상품을 파괴하는 것과 같은 무질서가 발생하게 되는 것이다. 집단적으로 생산된 재화를 사적으로 전유하는 것은 사회의 욕구와 심각한 갈등상태에 빠지게 될 것이다. 또한 국제적으로 재화가 교역되면서, 시장 원칙과 민족국가의 관세장벽이 장애물로 느껴지기 시작할 것이다.

지구에 사는 사람들의 국제적 태도와 성향의 객관적인 사회경제적 전제조건들은 1918년 이후 놀라울 정도로 성장했다. 비행기는 민족들 사이의 거리를 좁혔으며, 수천 년 동안 문명의 차이를 유지하게 했던 공간을 연결시켰다. 국제 교통망은 앞 세기에 볼 수 있었던 문명의 차이를 진보적으로 없애기 시작했다. 아랍인과 영국인 사이의 차이는 20세기 중반보다 19세기에 훨씬 더 컸다. 따라서 자본주의의 모험가들에게 점점 더 많은 재갈이 물려졌다. 한 마디로 말해서 국제주의의 사회경제적 전제조건이 엄청나게 성숙한 것이다.[9] 그러나 **국제주의를 위한 이런 경제적 성숙에 구조적이고 이데올로기적인 성숙은 수반되지 못했다.** 국제주의가 경제적으로는 계속 발전했지만, 구조적·이데올로기적으로는 실패한 것이다. 이런 사실은 노동자 운동에서 뿐만 아니라 독일의 히틀러, 이탈리아의 무솔리니, 프랑스의 도리오와 라발[10], 러시아의 스탈린, 핀란드의 마너하임[11], 헝가리의 호르티[12] 등과 같은 유럽에서 출현한 **민족주의적** 독재자들에게서도 확인할 수 있다. 아무도 사회경제적 진보와 인간구조의 퇴보 사이의 이런 균열을 예상할 수 없었다. 국수주의적 민족사회주의로 타락한 노동자 국제주의는 항상 **국제주의적**이기만 했던 과거의 자유운동이 붕괴한 것보다 더 심각한 상황이었다. 이것은 위대한 지성이 언젠가는 새로운 세계 질서를 창조할 것이라는 희망을 가졌던 억압받는 인민계층 진영의 중심에 광범위한 규모로 퍼져 있던 정서적 전염병이 최초로 돌출한 것이었다. 이런 '민족적·사회주의적' 타락은 무엇보다도 흑인 노동자에 대한 백인 노동자의 인종적

---

9) [지은이] 이런 성숙과정은 제2차 세계대전으로 특히 가속화되었다.
10) 도리오(Jacques Doriot, 1898~1945)와 라발(Pierre Laval, 1883~1945)은 제2차 세계대전 동안 파시스트 진영에 몸담았던 프랑스의 정치가들이다. 도리오는 공산주의자에서 파시스트로 전향한 인물로 제2차 세계대전에 의용군을 이끌고 참전했으며, 라발은 비시정부의 부총리와 법무장관을 지냈다.
11) Carl Gustaf Mannerheim(1867~1951). 핀란드의 군인·정치가. 핀란드가 러시아에서 독립한 이후 볼셰비키를 축출하는 데 큰 역할을 했으며, 나치 독일의 소련 침공 때에는 육군원수로 참전했다. 1944년 핀란드 공화국의 대통령으로 임명되었으나 1946년 사임했다.
12) Miklós Horthy(1868~1957). 헝가리의 군인. 제1차 세계대전 뒤, 헝가리의 공산정권을 축출하는 데 큰 역할을 했다. 제2차 세계대전 초기에는 헝가리가 나치 독일에 가담하는 것을 묵인했으나, 이후 전쟁불참을 주장하다가 1944년 나치 독일에 의해 사임당했다.

증오와 다수의 대규모 노동조합의 사회정책적 주도권과 전망 상실이라는 미국의 상황에서 극에 달한다. 자유사상이 거칠고 막된 천성을 가진 사람에 의하여 장악될 때, 자유는 곤경에 빠지게 된다. 오래되고 야만적인 부정(不正)은 자신들의 노동력 밖에는 팔 것이 없었던 대중들에게 복수를 가했다. 막강한 자본가들의 파렴치한 착취와 책임감 없음은 부메랑처럼 반격을 가했다. 국제주의 사상이 인간의 구조에 뿌리내리는 데 실패했기 때문에, 민족사회주의 운동은 바로 국제사회주의에 대한 강렬한 열망을 이용함으로써 기선을 제압했다. 억압받는 계층 출신인 '거칠고 막된 인간들의' 지도 아래 국제 사회주의 운동은 하나의 국가에 국한된, 고립되고 상호 적대적인, 혁명처럼 **보이는** 대중운동들로 쪼개져 버렸다. 사태를 더욱 나쁘게 만든 것은 이렇게 분명한 민족주의적 대중운동들이 이 운동의 추종자들이 전부터 지녔던 국제주의적 성향으로 인하여 국제적 운동이 되었다는 점이다. 즉 이탈리아와 독일의 민족사회주의가 국제적 파시즘이 되었던 것이다. 엄밀한 의미에서 이것은 '민족주의적 국제주의' 라는 도착적인 형태를 취하면서 국제적 규모로 대중들을 끌어당겼다. 국제적 파시즘은 이런 형태를 취하면서 스페인과 오스트리아에서의 진정한 민주주의 봉기를 분쇄했다. 인민대중들로부터 고립된 참된 혁명가들의 영웅적 싸움(1934년부터 1936년까지)은 또 하나의 테르모필라이 전투[13]였다.

이 사실에서 전반적인 정치뿐만 아니라 대중 구조의 비합리주의도 명백히 표현되었다. 독일의 노동하는 대중들은 수년 동안 혁명적 국제주의

---

13) 페르시아 전쟁 중이던 기원전 480년에 벌어졌던 전투. 이 전투에서 스파르타의 정예병 3백 명은 페르시아의 대군을 맞아 약 2만 명의 페르시아 군을 전사시키고 모두가 장렬히 전사하는 눈부신 전과를 올렸다. 이후 테르모필라이 전투는 영웅적인 전투의 대명사가 되었는데, 라이히는 에스파냐에서의 인민전선 투쟁을 포함하는 1934~1936년 사이의 반파시스트 투쟁을 이 전투에 비유하고 있다.

의 강령에 저항했다. 그러나 1933년부터 대중들은 참된 사회혁명이 그들에게 가져다 줄 단 하나의 열매도 즐기지 못하면서, 참된 사회혁명이 수반하게 될 모든 고통을 감내했던 것이다. 이렇게 그들은 스스로를 기만했으며, 그들 자신의 비합리주의, 곧 사회적 책임에 대한 두려움으로 인하여 패배했던 것이다.

이런 사실들을 이해하는 것은 쉽지 않다. 하지만 이해하도록 노력해보자. 얼마나 제대로 이해할 수 있을지는 모르겠지만 말이다.

미국이 제2차 세계대전에 개입한 이후 국제주의적이며 일반적인 인간적 성향의 토대는 더욱 굳어졌다. 그러나 만약 책임 있는 사회학자와 심리학자들이 그들의 과장된 아카데미즘을 **적절한 시기에** 버리지 못하고, 사태의 흐름에 참여하여 그 흐름을 명확히 하는 데 도움을 주기 위한 진지한 노력을 하지 못한다면, 언젠가는 더 깊은 환상에 빠져버린 비합리적 대중의 반동과 더욱 무시무시한 사회적 재앙이 닥칠 것이 우려된다. 사회학의 문제제기는 경제학으로부터 **인민대중의 성격구조**로 근본적인 이행을 겪었다. 노동민주주의적 국제주의의 경제적 전제조건이 이미 성숙되었는지에 관해서는 더 이상 질문하지 않겠다. 이제 우리 앞에는 다른 엄청난 문제가 놓여 있다. 즉 국제적 사회경제 조건이 완전히 성숙되었다고 가정할 때, **구조적이고 이데올로기적인 국제주의의 전진을 방해하는 새로운 장애물은 무엇인가? 어떻게 하면 대중들의 사회적 무책임성과 권위주의적 성향을 적절한 시기에 극복할 수 있는가?** 경제적 문제가 아니라 정신적 태도의 문제와 관련된 전쟁이라고 적절하게 규정된 이 국제적인 두번째 전쟁이 새로운, 더 야만적인, 더 지독하게 민족주의적이고 국수주의적인 형태로 타락하지 않도록, 그리고 파시스트적이고 독재적인 민족주의로 타락하지 않도록 만드는 것이 어떻게 가능한가? 정치적 반동은 억압받은 인민대중의 성격구조, 사고방식

그리고 행동 속에서 성격적 위장, 책임에 대한 두려움, 자유로워질 능력의 부재, 생물학적 기능 작용의 풍토적인 장애 등의 형태로 살아가고 작용한다. 이것은 우울한 사실이다. 다가올 세기의 운명은 우리가 이러한 사실들을 해결하느냐 해결하지 못하느냐에 달려 있다. 지도적인 진영 모두의 책임이 엄청나게 크다. 이런 과업 중 그 어떤 것도 정치적 수다나 형식으로는 해결될 수 없다. "이제 그만, 더 이상 정치는 필요 없다! 이제 생동하는 사회적 삶의 과제에 다가서자!"라는 우리의 기본구호는 말장난이 아니다. 20억이나 되는 사람들이 한줌도 되지 않는 억압자와 생체병리적 전쟁 살인자들을 없앨 만한 에너지를 분출하지 못하는 것만큼 우리를 당황하게 하는 사실은 없다. 전세계 인간들의 자유에 대한 열망은, 어떻게 하면 인간구조와 사회제도를 고통스럽게 개편하는 책임을 떠맡지 않으면서 가장 확실하게 자유를 쟁취할 수 있는가에 관한 수많은 입장들 때문에 실현되지 못하고 있다.

무정부주의자들은(생디칼리스트) 사회적 자치상태를 획득하려고 노력했다. 그러나 그들은 인간에게는 자유로워질 수 있는 능력이 없다는 의미심장한 문제를 인식하는 데 있어서 두려움을 느끼고 뒷걸음질 쳤으며, 사회 발전을 위한 모든 지침을 거절했다. 그들은 공상가들이었으며, 따라서 [내전에 참전하기 위해] 에스파냐로 갔던 것이다. 그들은 단지 자유에 대한 열망을 보는 데에서 그쳤고, 실제로 자유로워질 수 있는 능력과 권위주의적 지도력 없이도 노동하고 살아갈 수 있는 능력을 그 열망과 혼동했던 것이다. 그들은 정당 체제를 거부했으나, 노예화된 인민대중들이 어떻게 스스로의 삶을 결정하는 법을 배울 수 있는지에 대해서는 어떤 것도 언급하지 못했다. 국가를 증오하는 것만으로는 아무것도 이룰 수 없다. 나체주의 문화연맹 역시 어떤 일도 할 수 없다. 문제는 더 깊고 심각하다.

국제적 기독교인들은 평화, 형제애, 동정, 상호협력 등을 설교했다. 이념적 측면에서 볼 때 그들은 반자본주의자들이었으며, 인간의 존재를 국제적 관점에서 인식했다. 기본적으로 그들 역시 사회주의적-국제주의적 사상을 취했으며, 따라서 그들은 특히 오스트리아에서 스스로를 **기독교적-사회주의자**라고 불렀다. 하지만 실제로 그들은 자신들이 이상이라고 주장해 온 목표를 향해 정확히 나아가는 사회 발전의 모든 단계를 거부했으며 계속 거부하고 있다. 특히 가톨릭 기독교 정신은 아주 오래 전부터 원시 기독교 운동의 혁명적인 성격, 즉 **변혁적** 성격을 분실했다. 이 정신은 자신의 수많은 추종자들로 하여금 전쟁을 '원죄에 대한 처벌'인 운명적 행위로 받아들이도록 잘못 인도했다. 전쟁이 실제로 죄악의 결과이긴 하지만, 그 죄악은 가톨릭주의가 인식하는 원죄와는 완전히 다른 것이다. 가톨릭교도들에게 평화로운 생존은 단지 하늘에서만 가능할 뿐이다. 가톨릭교회는 이 세상에서의 고통을 받아들이라고 설교하면서, 자유라는 목표를 달성할 수 있는, 또한 자유를 위해 진실하게 싸울 수 있는 인간의 능력을 체계적으로 파괴하고 있다. 가톨릭교회는 자신의 라이벌인 그리스 정교회가 폭격을 당할 때에 저항하지 않는다. 그러나 로마가 폭격을 받으면, 신과 문화에게 성가실 정도로 부탁을 하는 것이다. 가톨릭주의는 고통 속에 빠졌을 때, 스스로의 강점과 자신감에 의존하기보다는 신에게 도움을 요청하는 인민대중들의 구조적 무력감을 만들어냈다. 가톨릭주의는 쾌락을 누리지 못하고 쾌락을 두려워하도록 인간의 구조를 만든다. 인간의 가학성은 대부분 바로 이 지점에서 성장한다. 독일의 가톨릭교도들은 독일 군대에 축복을 보내며 미국 가톨릭교도들은 미국 군대에 축복을 보낸다. 즉 하나의 동일한 신이 두 적수가 전쟁에서 모두 승리하도록 인도해야 한다. 여기에서 비합리적인 모순은 극명히 드러난다.

맑스주의 사회학을 베른슈타인[14] 식으로 적용하려 했던 **사회민주주의** 역시 대중의 구조라는 문제를 다루는 데 실패했다. 사회민주주의 역시 기독교주의와 무정부주의와 마찬가지로 행복추구 욕망과 무책임성 사이의 대중적 타협 속에서 생존했다. 따라서 사회민주주의는 구체적인 삶의 과제를 강력하고 참되게 다루지 못하는 '사회주의 교육' 이라는 막연한 이데올로기를 제공했던 것이다. 그들은 사회민주주의를 **꿈꾸고 있었으나** '사회민주주의적' 으로 존재하고 살기 위해서 인민대중이 구조적으로 근본적인 변화를 겪어야 한다는 점을 이해하려 하지 않았다. 실제 실천에 있어서 사회민주주의는 공립학교, 직업학교, 유치원 등이 자기조절적으로 운영되어야 한다는 생각과 **자기 진영을 포함하는** 모든 반동적 경향에 대하여 첨예하고 객관적으로 투쟁해야 한다는 생각, 그리고 마지막으로 '자유' 라는 용어는 사회민주주의를 만들어내는 구체적인 내용으로 가득 채워져야 한다는 생각에서 멀리 떨어져 있었다. 권력을 쥐고 있을 때 모든 힘을 동원하여 파시스트적 반동에 대항하는 것이 권력을 잃은 후 용기를 발휘하는 것보다 훨씬 더 영리하다. 유럽의 많은 국가들에서 사회민주주의는, 파시스트 이데올로기에 이르러 최종적으로 가장 피비린내 나는 승리를 최종적으로 쟁취한 수천 년 된 가부장적 폭력을 인간의 내부와 외부에서 무력하게 만드는 데 필요한 모든 권력을 수중에 지니고 있었다.

사회민주주의는 수천 년 동안의 가부장적 권력에 의해 불구가 되어 버린 사람들이 별다른 준비 없이도 민주주의를 행할 수 있으며 스스로를 다스릴 수 있다고 가정했다. 사회민주주의는 프로이트의 연구와 복잡한

---

14) Eduard Bernstein(1850~1932). 독일의 사회주의자. 독일 사회민주당에서 주도적으로 활동하면서 급진적인 혁명보다는 의회 중심의 개혁을 통한 사회 변혁을 주장하는 '수정주의' 를 주창한 것으로 유명하다.

인간구조를 이해하려는 힘겨운 과학적 노력을 공식적으로 거부했다. 그러므로 사회민주주의는 내적으로 독재의 형태를 취할 수밖에 없었으며, 외적으로는 타협하지 않을 수 없었다. 여기에서 사회민주주의가 '타협적'이라는 것은 다른 사람, 즉 반대자의 입장을 **이해**하고 그 반대자가 정당한 부분에서는 그 정당성을 인정하는 것과 같은 좋은 의미가 아니라, 두려움 때문에 원칙을 희생하고, 호시탐탐 자신을 죽이려 하는 가장 큰 적과 '사이좋게 지내기' 위해 무모한 시도를 잇달아 행한다는 의미에서의 타협이다. 이것이 사회주의 진영에서의 체임벌레이니즘[15]임은 분명했다.

'황제 폐하와 사회주의적 야당'이라는 기형적인 문구에서 표현되는 것처럼 사회민주주의는 이데올로기적으로는 급진적이었고 실천에 있어서는 보수적이었다. 사회민주주의는 그 의도와는 달리 파시즘에 도움을 주었다. 왜냐하면, 대중들의 파시즘은 급진주의에 대한 실망에 민족주의적 '소부르주아주의'가 더해진 것에 불과했기 때문이다. 사회민주주의는 자신이 이해할 수 없었던, 모순으로 가득한 대중들의 성격구조에서 실패를 맛봐야 했다.

유럽의 **부르주아 정부**들은 그 민주주의적 성향에도 불구하고, 사실상 근본적인 과학적 지식에 근거하고 있는 자유를 향한 노력을 혐오하는 보수적 행정 조직체였다. 자본주의적 상품경제와 이윤이라는 이해관계의 거대한 영향력은 다른 모든 이해관계를 압도했다. 유럽의 부르주아 민주주의는 기독교가 자신의 혁명적 성격에서 스스로를 분리시킨 것보다 더 급속하게 그리고 더 근본적으로 1848년에 가졌던 원래의 혁명적 성격에서

---

15) 제2차 세계대전 직전 영국의 총리였던 체임벌린(Neville Chamberlain, 1937~1940)이 추진했던 히틀러에 대한 유화정책을 말한다.

분리되었다. 자유주의적 조치들은 일종의 장식이었으며, '민주주의적'이라는 것을 증명해 주는 것에 불과했다. 유럽의 어떤 부르주아 정부도 노예화된 인민대중들을 무비판과 권위추구의 상태로부터 끄집어내기 위해 어떻게 해야 하는지 알지 못한다. 이 정부들은 모든 권력을 자신의 수중에 지니고 있었으나, 사회적 자치와 자기제어를 위한 정책은 완전히 봉인되어 있었다. 이런 정부 진영에서는 기본적인 문제, 즉 대중들의 성 문제를 제기하는 것조차 불가능했다. 오스트리아의 돌푸스[16] 정부를 민주주의적 행정부라고 주장하는 것은 사회적 인식이 완전히 결핍되어 있음을 스스로 증명하는 것이다.

유럽에서 부르주아혁명을 통해 나타난 강력한 자본가들은 많은 사회적 권력을 움켜쥐었다. 그들은 **누가** 통치할 것인가를 결정하는 데 영향력을 행사했다. 근본적으로 그들은 근시안적으로 행동했으며 그것은 스스로에게 해를 끼치는 행동이었다. 권력과 재산에 힘입어 그들은 인간 사회가 유례없는 사회적 성취를 이룰 수 있도록 박차를 가했다. 여기에서 나는 궁전, 교회, 박물관, 극장 등의 건설을 말하려고 하는 것이 아니다. 내가 말하고자 하는 것은 **그들이 지닌 문화 개념의 실천적인 현실화**이다. 그 대신에 그들은 노동력이라는 상품의 판매자와 자신들 사이에 완전한 경계를 그었다. 비밀스럽게 그들은 '인민'을 경멸한다. 그들은 마음이 좁고, 제한적이고, 냉소적인 인간경멸로 가득 찼으며, 탐욕적이고, 또한 대개 파렴치했다. 독일에서 강력한 자본가들은 히틀러가 권력을 획득하는 데 도움을 주었

---

16) Engelbert Dollfuss(1892~1934). 오스트리아의 정치가. 1934년 오스트리아에 가톨릭과 파시즘을 지도이념으로 하는 독재국가를 수립했다. 독일의 오스트리아 합병에 반대하여 오스트리아의 나치당을 탄압했으나, 무솔리니와는 긴밀한 관계를 맺고 있었다. 독일이 나치 세력을 선동하여 벌어진 내란 동안 나치 당원들에게 암살당했다.

다. 그들은 사회가 그들에게 위임한 역할에 자신들이 어울리지 않음을 스스로 입증했던 것이다. 그들은 인민대중들을 인도하고 교육시키기 위해 사회가 그들에게 위임한 역할을 남용했다. 그들은 자신들의 문화체계를 위협하는 위험을 제거할 수조차 없었다. 따라서 그들은 점점 더 타락한 사회계층이 되어갔던 것이다. 그들 스스로는 노동과 성취의 과정을 잘 알고 있었기 때문에 민주주의적 자유운동을 이해했다. 그러나 그들은 그 운동을 돕기 위해서 아무것도 하지 않았다. 그들이 장려한 것은 지식이 아니라 화려함이었다. 한때는 예술과 과학의 진흥은 부르주아지가 이후 무력화시키게 되는 봉건 영주의 손에 달려 있었다. 그러나 부르주아 자본가들은 과거의 귀족가문들보다 예술과 과학에 대한 실제적 관심이 훨씬 적었다. 1848년에 부르주아 자본가의 자손들은 민주주의의 이상을 위해 바리케이트 앞에서 피를 흘리며 죽어갔지만, 1920년부터 1930년 사이에 부르주아 자본가의 자손들은 민주주의적 시위를 비웃기 위해 대학 강단을 이용하였던 것이다. 나중에 그들은 파시스트 국수주의의 핵심부대가 되었다. 분명히 부르주아 자본가들은 세계를 경제적으로 개방시키는 기능은 완수했지만, 관세제도를 만듦으로써 자신들의 업적을 짓눌러 버렸으며, 자신들의 경제적 업적에서 기인한 국제주의에 관해 어떤 일을 해야 하는가에 대해서는 아무런 생각도 하지 않았다. 그들은 급속히 늙어갔으며 노쇠한 사회계급이 되어버린 것이다.

이른바 경제적 거물들에 대한 이러한 평가는 어떤 이데올로기에서 도출되는 것이 아니다. 나는 그 집단 출신이며 따라서 그들을 잘 알고 있다. 나는 나 자신이 그들의 영향력에서 벗어난 것을 기쁘게 생각한다.

파시즘은 한편으로는 사회민주주의자의 보수주의, 또 다른 한편으로는 자본가들의 편협함과 노쇠함에서 성장했다. 파시즘은 그것의 선구자들이 주창해 왔던 이상을 실천적 측면이 아니라 단지 **이데올로기적인 측면에서** 하나로 만들었다(오로지 이런 이유에서 환상적으로 구조화된 인민대중들이 생겨났다). 파시즘은 인간의 생활과 재산을 황폐시켰던 중세의 정치적 반동과 같은 가장 야만적인 정치적 반동을 포괄했다. 파시즘은 신비주의적이고 야만적인 방식으로 이른바 토착적 전통을 격찬했는데, 이것은 땅에 대한 애착이나 고향에 대해 느끼는 실제의 정서와는 아무런 관계가 없다. 또한 파시즘은 스스로를 '사회주의적'이고 '혁명적'이라고 자처함으로써 사회주의자들이 이루지 못한 기능을 떠맡았으며, 경제지도자들을 지배함으로써 자본주의를 떠맡았다. 이제 '사회주의'의 성취는 신이 보낸 전지전능한 지도자에게 맡겨진 것이다. 인민대중들의 무력함과 무기력은 권위주의적 교육에 의해 인간들에게 뿌리를 내렸으며, 교회와 강제적인 가족에 의해 구조적으로 준비된 지도자 이데올로기를 촉진시켰다. 신의 은총을 받은 전지전능한 지도자에 의한 '국가의 구원'은 구원에 대한 대중들의 열망과 완전히 일치했다.

자신들이 전혀 다른 본성을 가지고 있다는 것을 인식할 수 없었기 때문에, 대중들은 노예근성의 성격구조가 불변하는 인간의 성질이라는 관점과 '인류는 소수의 지도자와 다수의 추종자로 자연스럽게 분리된다'는 사상을 열렬히 받아들였다. 왜냐하면 이제 책임이 어떤 강자의 손으로 넘어갔기 때문이었다. 파시즘에서 또는 파시즘과 맞닥뜨리는 모든 곳에서 이런 파시스트적 지도자 이데올로기는 변하지 않는 인간의 본성이라는 신비주의적-유전적 관점, 인민대중들의 무력감, 권위에의 갈망, 그리고 자유가 불가능하다는 관점 등에 의존하고 있다. '인간에게는 지도력과 규율이 필요하다'라는 공식, 그리고 '훈육과 질서'라는 공식은 인간을 반(反)사회적으로 구조화하는 데 있어 실제적인 기초가 된다. 또한 이 구조를 영속화시키고 그것이 불변한다고 간주하는 사람은 반동이다. 파시스트 이데올로기는 이 공식이 사실이라고 주장한다. 이런 주관적 진실을 통찰하지 못한 사람들은 파시즘과 파시즘의 대중적인 매력을 전혀 이해할 수 없다. 인간의 구조라는 문제는 정복되기는커녕 제기되거나 토론된 적도 결코 없었기 때문에, 비권위주의적이며 자기조절적인 사회에 대한 생각은 공상이나 유토피아적인 것으로 취급되었다.

러시아혁명의 창시자들이 비판과 건설적 정책을 시작한 것이 바로 이때, 즉 1850년부터 1917년 사이의 시기였다. 레닌의 입장은 다음과 같았다. 사회민주주의는 실패했다. 대중들은 자발적으로 자기 자신으로부터 자유에 도달할 수 없다. 대중들은 위계적으로 조직화되고 권위적으로 활동하는 동시에 내적으로는 엄격한 민주주의적 구조를 갖는 지도력을 필요로 한다. 레닌의 공산주의는 이러한 과업을 의식하고 있다. 즉 '프롤레타리아독재'는 권위주의적인 지배를 받는 사회로부터 권위가 없고 스스로 제어하며 경찰력이나 강제된 도덕 없이도 꾸려 나갈 수 있는 사회질서로 나아가게 하는 사회형태라는 것이다.

본질적으로 1917년의 러시아혁명은 정치-이데올로기적 혁명이었지 진정한 사회혁명은 아니었다. 그것은 인간에 대한 과학이 아니라 정치와 경제학에서 기인한 정치사상에 근거한 것이었다. 이후 러시아의 대중 지도력에 권위주의적이고 전체주의적인 기술이 범람하도록 했던 균열이 어디에 존재했는가를 이해하기 위해서 우리는 레닌의 사회학적 이론과 그의 업적을 정확히 이해해야만 한다. 여기에서 러시아혁명의 창시자들에게 인민대중들의 생체병리적 본질이 전혀 알려지지 않았다는 사실이 분명히 강조되어야만 한다. 그러나 이성을 지닌 사람들은 사회적·개인적 자유가 혁명적 사상가와 정치가들의 책상 서랍 속에 이미 만들어져 놓여 있으리라

"무력이 필요한 곳에서는 과감히 무력을 행사해야 한다"
러시아혁명의 지도자들은 대중들이 자발적으로 자기 자신으로부터 자유에 도달할 수는 없으며, 권위를 지닌 채 위계적으로 조직화된 엄격한 지도력을 필요로 한다고 생각했다. 특히 러시아혁명 이후 소비에트 정부의 외무인민위원이자 군사인민위원의 자리에 올랐던 트로츠키는 "무력이 필요한 곳에서는 과감히 무력을 행사해야 한다"고 말하며 혁명 지도부의 사고방식을 정당화한 것으로 유명했다. 그러나 이 러시아혁명의 창시자들은 인민대중의 생체병리적 본질에 대해서는 거의 아는 바가 없었다. 다시 말해서 인간의 성격구조라는 문제를 진지하게 제기하거나 토론한 적이 결코 없었다는 점에서, 그리고 비권위주의적이며 자기조절적인 사회에 대한 생각은 공상이나 유토피아적인 것으로 취급했다는 점에서 이들은 파시스트들과 동류였다(위 사진은 1918년 모스크바의 붉은광장에서 적군을 사열하고 있는 트로츠키의 모습이다).

고 기대하지 않는다. 모든 새로운 사회적 노력은 이전의 사회학자들과 혁명적 지도자들이 해결하지 못하고 남겨둔 오류와 결함에 근거하고 있다. 레닌의 '프롤레타리아독재'에 대한 이론은 진정한 사회민주주의의 확립을 위한 일단의 전제조건들을 결합한 것이지만, 모든 전제조건을 결합한 것은 아니다. 레닌의 이론은 스스로 통치하는 인간 사회라는 목표를 추구했다. 그 이론은 또한 오늘날의 인간은 위계적으로 건설된 조직 없이는 사회혁명으로 돌진하지 못한다는 것과 권위주의적 규율과 복종심이 없이는 거대한 사회적 과업이 성취될 수 없다는 인식을 포함하고 있었다. 레닌이 말하는 프롤레타리아독재는 **모든 종류의 권위를 없애기** 위하여 만들어진 권위였어야 했다. 하지만 이것은 파시스트의 독재이데올로기와는 근본적으로 달랐다. 왜냐하면 레닌의 프롤레타리아독재는 **스스로를 몰락시킬 과업, 즉 사회의 권위주의적 통제를 사회적 자기조절로 대체할 과업을 스스로에게 부과했기** 때문이다.

레닌에 따르면, 프롤레타리아독재는 사회민주주의를 위한 경제적 전제조건의 확립 외에도, 생산과 유통의 완전한 산업화와 기술화를 통하여 인간의 구조를 변화시켜야 하는 과업을 가지고 있었다. 레닌이 인간구조의 변화를 명명하지는 않았지만, 인간의 구조에 근본적인 변화를 일으키는 것은 그의 사회학적 이론에 있어서 본질적이고 분리할 수 없는 부분이었다. 레닌이 파악한 바에 따르면, 사회혁명은 표면적으로 나타나는 형식적·실질적 예속관계를 제거하는 것뿐만 아니라, **인간들이 내면적으로 예속될 수 없도록 만드는** 과제를 가지고 있었다.

사회민주주의를 위한 경제적 전제조건을 만들어내는 것, 즉 사회주의적 계획경제는 시간이 지남에 따라 대중들의 성격구조에 근본적인 변화를 초래하는 과업에 비해 사소한 것으로 판명되었다. 파시즘이 승리한 것과 소련이 민족주의로 나아간 것을 이해하기 위해서는 우선 성격구조의 근본적 변화가 중요한 문제라는 것을 완전하게 이해해야 한다.

레닌이 계획한 **첫번째** 과업, 즉 '프롤레타리아독재'를 수립하는 것은 성공을 거두었다. 노동자와 농민의 아들들로만 구성된 국가기구가 만들어졌다. 이전의 봉건 계층과 대부르주아 계층의 후손들은 이 국가기구에서 배제되었다.

더 중요한 두번째 과업, 즉 프롤레타리아 국가기구를 사회적 자치로 대체하는 것은 실현되지 못했다. 러시아혁명이 승리를 거둔 지 27년이 지난 1944년에도 두번째 과업, 즉 혁명의 진정한 민주주의적 과업이 실행되었음을 보여주는 징조는 역시 나타나지 않았다. 러시아 인민들의 맨 꼭대기에서 권위주의적 지도자를 가진 일당독재체제가 지배하고 있다.

어떻게 이런 일이 가능했는가? 스탈린이 레닌의 혁명을 '기만한 것인가?' 아니면 '배반한 것인가?', 그것도 아니라면 '권력을 탈취한 것인가?'

지금부터 어떤 일이 벌어졌던 것인지 추적해 보도록 하자.

'국가의 소멸'

사회적으로 그리고 역사적으로 불가능한 목표를 추구하는 것은 과학적 세계관과 모순된다. 과학적 세계관의 과업은 체제를 고안하거나 '더 나은 미래'라는 환상적인 꿈을 쫓아다니는 것이 아니라, 단지 발전을 **실제로 일어난 대로** 파악하고, 모순을 인식하고, 진보적이고 혁명적인 세력이 승리를 획득할 수 있도록 도와주며, 어려운 점을 해결해 인간 사회가 자신의 존재조건의 주인이 될 수 있도록 만드는 데 있다. '더 나은 미래'는 그것의 사회적·구조적 전제조건이 주어질 때에만 전개된다.

'공산주의 사회'의 발전에 대한 맑스와 엥겔스의 관점을 요약하는 것에서 시작해 보자. 이 요약은 레닌이 1917년 3월부터 10월 혁명까지 『국가와 혁명』(Staat und Revolution)을 집필하면서 제시한 맑스주의에 관한 기본적 저술과 설명을 좇아 이루어질 것이다.

자치에 관한 엥겔스와 레닌의 견해

엥겔스는 자신의 가장 잘 알려진 저작인 『가족, 사적 소유 그리고 국가의 기원』에서 '절대적이며 영원한 국가'에 대한 믿음, 즉 우리가 말하는 사회에 대한 권위주의적 통제의 불가피성에 대한 믿음을 파괴했다. 씨족 사회의 조직에 관한 루이스 모건의 연구에 기초하여 엥겔스는 다음과 같은 결론에 도달했다. "**국가는 영원히 존속하지 않는다. 국가가 없이 기능했던 또는 국가나 국가권력의 흔적조차 없었던 사회도 있었던 것이다.** 사회가 계급으로 나누어지기 시작했을 때, 그리고 등장한 계급들 사이의 적대감이 전체 사회의 존립을 훼손시킬 위험이 닥쳐왔을 때, 국가권력은 **필연적으로** 발전했나. 사회는 계급의 존재가 불필요해졌을 뿐만 아니라, 그 존재가 생신의 발전에 직접적인 장애가 되는 생산의 발전 단계에 급속히 다다르게 되었다. 계급은 그것이 이전에 필연적으로 나타났듯이 필연적으로 사라질 것이다. 계급과 함께 국가 역시 필연적으로 사라질 것이다. **생산하는 자들의 자유롭고 동등한 연합에 토대를 두고 생산을** 새롭게 조직하는 사회는 전체 국가기구를 그것이 있어야 할 곳으로, 즉 고고학 박물관의 물레나 청동도끼 옆으로 옮겨버릴 것이다".[17]

---

17) Friedrich Engels, "Der Ursprung der Familie, des Privateigentums und des Staates", MEW, Bd. 21, 5, Berlin : Dietz-Verlag, 1975, S. 168.

씨족 사회의 **사회생활에서는 자발적인 연합과 자치**가 지배적이었다.[18] 하지만 계급이 출현함에 따라 '계급들 간의 대립을 억제하기 위하여', 그리고 **사회의 존속을 보장하기 위하여** 국가가 생겨났다. 곧바로 그리고 '대체적으로' 국가는 '강력하고 경제적으로 우월한 계급에 봉사하게 되었는데, 이 계급은 경제적 우월성으로 인하여 정치적으로 지배계급'이 되었으며, 이를 통하여 피억압계급을 지배하고 착취할 수 있는 새로운 수단을 획득하게 되었다. 그렇다면 **사회혁명이 승리를 거둔 후에는 무엇이 국가의 권위주의적인 위로부터의 통제와 아래로부터의 복종을 대신하게 될 것인가?**

엥겔스는 새로운 사회 질서로 이행하는 하나의 그림을 보여주고 있다. 먼저 '프롤레타리아트가 국가권력을 장악한다'. 그리고 생산수단을 우선 국가의 소유로 전환한다. 이렇게 할 때, 프롤레타리아트는 프롤레타리아트로서의 자신을 폐기하고, 계급간 대립을 폐기하고, '**국가로서의 국가 역시**' 폐기한다. 이렇게 될 때까지는 국가가 전체 사회의 공식적 대표자이며, 눈에 보이는 실체로 응축되어 존재한다. 그러나 국가는 **당대의** 사회 전체를 대표하여 행동하는 계급의 국가였을 뿐이다. 즉 고대에는 노예를 소유하고 있는 시민들의 국가였으며, 중세에는 봉건영주들의 국가였고, 그 후에는 부르주아지의 국가였던 것이다. **만약 국가가 언젠가 실제로 사회 전체의 대표가 된다면 그때 국가는 스스로 불필요한 것이 된다.** 만약 우리가 무엇을 위해 국가가 **만들어졌는가를** 가지고 국가를 파악한다면 엥겔스의 공식을 이해할 수 있게 된다. 국가는 계급 사회를 묶어 주는 결속체에서, 우월한 계급이 경제적으로 약한 계급을 지배하기 위한 수단이 되었다. 억압을 받는 사회계

---

18) [지은이] 가모장적인 트로브리안드족의 노동규율에 관한 말리노프스키의 보고(『야만인의 성생활』)를 참조할 것. 이는 내 책 『성도덕의 출현』에서도 상세히 설명되어 있다.

급이 더 이상 존재하지 않고 생산의 무정부성에서 생겨난 계급지배와 개인적 생존을 위한 투쟁, 그리고 이 투쟁에서 기인하는 난폭함과 충돌이 제거되면, 억압받는 존재 역시 더 이상 존재하지 않기 때문에 국가와 같은 특별한 억압권력은 **필요없게 된다**. 국가가 전체 사회의 대표자로서 등장하면서 행하는 첫번째 과업, 즉 **사회**의 이름으로 생산수단을 장악하는 것은 국가가 '국가' 로서 가장 마지막에 행하는 독립적인 행위인 것이다. 이제 '사회적 관계에 대한 국가권력의 개입은 ……, **이런저런 영역에서 차례차례 쓸모없는 것이 될 것이고, 스스로 사라질 것이다**. 인민과 생산에 대한 통치는 사물의 관리와 생산과정의 관리로 대체된다. 국가는 '폐지' 되는 것이 아니라 '소멸' 하는 것이다.

레닌은 『국가와 혁명』에서 엥겔스의 이러한 생각을 더욱 명확히 했으며 그것을 계속해서 강조했다. 우선 자본주의 국가(국가기구)는 단순히 인수되거나 변화되지 않는다는 것이 레닌의 설명이다. 그것은 '분쇄' 될 것이며, 자본주의 국가기구, 자본주의 경찰, 자본주의 관료와 관료제는 '프롤레타리아트의 권력기구' 와 그 기구와 연합한 농민, 그리고 다른 노동하는 **인민들로 대체될 것이다**. 이 기구 **역시** 여전히 **억압적 기구이다**. 그러나 다수의 생산자들은 더이상 자본을 소유한 소수에게 억압받지 않을 것이다. 대신 이전에 권력을 휘둘렀던 소수가 다수, 즉 노동하는 인민들에 의해 감시를 받게 될 것이다. 이것이 바로 '**프롤레타리아독재**' 다. 따라서 엥겔스가 설명하는 국가의 소멸 이전에 자본주의적 국가기구의 폐지와 '혁명적-프롤레타리아 국가기구' 의 확립이 선행한다. 또한 레닌은 프롤레타리아독재 형태의 과도기가 왜 '**필요하며**', 왜 '**불가피**' 한가, 또한 왜 **비권위적이고 자유로운** 사회의 **직접적인** 실현과 '진정한 사회적 민주주의' 가 **가능하지 않은가**에 대해 매우 자세한 근거를 대고 있다. '자유로운 인민국가' 라는 사회민주주의의 구호는 엥겔스뿐만 아니라 레닌에 의해서도 미사여구라는 비판을 받았다. 프롤레타리아독재는 이전의 사회 형태와 열렬히 기다려졌던 '공산주의' 형태를 **연결**하는 역할을 한다. '과도기 국면'의 성격은 사회가 열망하는 최종 목표라는 측면에서만 이해될 수 있다. 이 최종 목표가 낡은 사회의 내부에서 이미 확연하게 발전되었을 때만 그 목표는 달성될 수 있다. 그런 공산주의 사회조직의 최종 목표로 사회적 공존 규칙에 대한 '**자발적 존경**', 국가(프롤레타리아 국가도 포함하여)의 기능이 충족되자마자 국가를 대신할 **자유로운 공동체**를 확립하는 것 등을 들 수 있다. 이에 덧붙여 산업, 학교, 공장, 운송조직 등에서는 '**자주관리**'를 달성하기 위한 노력이 이루어진다. 한 마디로 '새롭고 자유로운 사회적 조건 밑에서 자라기 때문에' '민주주의-공화주의까지도 포함'(엥겔스)하는 국가의 쓰레기 모두를 내버릴 수 있는 '새로운 세대'를 조직하는 것이 목표가 된다. 국가가 '소멸'되는 만큼, 맑스가 주장한 '개인의 자유로운 발전'이 '모든 이의 자유로운 발전'의 기본조건이 되는 '자유로운 조직'이 생겨나게 된다.

이런 맥락에서, 소련에 관한 매우 중요한 두 가지 문제가 제기되었다.

1. '자유롭고 자주적으로 관리되는 공동체의 자유로운 세대의 조직'은 '창조될' 수 없으며, 마치 일시적인 국가형태인 '프롤레타리아독재'가 부르주아독재, 또는 '민주주의적인 것'으로부터 발전한 것과 같이 '프롤레타리아독재'로부터 ('점진적인 국가 소멸'의 형태로) '성장' 해야 하며, 이 과도기 단계에서 준비되고 발전되어야만 한다. 그렇다면 이런 '**국가의 소멸**'과 **자유로운 자주-관리적 공동체의 점진적 실현이 1930년과 1934년 사이의 소련에서 이루어지고 있었는가, 그렇다면 그것은 어디에서 확인할 수 있는가?**

2. 만약 그렇다면, 이런 '국가의 소멸'은 어떤 본질을 지녔으며, '새로운

세대의 발전'을 시사하는 **구체적이고, 파악할 수 있고, 제어할 수 있는** 징후는 무엇이었는가? 만약 그렇지 않다면, 왜 국가는 소멸하지 **않았는가?** '프롤레타리아 국가'를 유지시키는 힘과 국가 소멸을 주장하는 힘은 어떤 관련이 있었는가? **무엇 때문에 국가는 소멸하지 않았는가?**

맑스와 엥겔스 그리고 레닌에게서는 이러한 질문에 대한 답을 찾을 수 없다. '소련에서 국가는 소멸되고 있는가? 만약 그렇지 않다면, **그 이유는 무엇인가?**'라는 질문이 시급하고 회피할 수 없는 질문이 되었다.

노동민주주의의 본질은 국가적-권위주의적인 질서와는 상반되는 **사회적 자주통제**로 설명될 수 있다. '자유로운 사람'들이 '자유로운 공동체'를 구성하여 자주적으로 관리하는, 즉 '스스로 통제'해야만 하는 사회는 강령에 의해 갑작스럽게 만들어질 수 없으며 유기적으로 **성숙**되어야 한다는 것은 명백하다. 또한 사회가 열망하는 상태를 위한 모든 전제조건은 **운동의 자유가 확립될 때에만**, 즉 그런 상태에 적대적인 영향에서 자유로워질 때만 비로소 유기적으로 창출될 수 있다. 이 목표를 위한 첫번째 전제조건은 **자연스러운 노동 조직, 즉 노동민주주의를 위한 생물학적·사회적** 전제조건에 관한 지식이다. 사회주의의 창시자들은 **생물학적** 전제조건에 **주의를 기울이지 않았다**. **사회적** 전제조건은 한편에는 자본주의적 사적 경제가 다른 한편에는 임금노동자 대중들만이 존재하던 시기(1840년부터 1920년경까지)와 연관이 있었다. 그때까지는 아직 이른바 정치적인 중산계층은 중요하지 않았으며, **국가자본주의로** 나아가지도 않았고, **민족사회주의를** 승리로 이끌기 위해 반동적으로 뭉친 대중들도 없었다. 그러므로 [사회주의 창시자들의] 생각은 1940년보다는 1850년의 상황과 더 관계가 있었다.

엥겔스는 '프롤레타리아트의 권력 장악', 즉 '프롤레타리아 **국가**'의 건립과 '국가 자체의 종식' 사이의 차이를 레닌처럼 명확히 설명하지 않았다. 엥겔스는 레닌과 달리 이 두 단계를 구별지어야 하는 즉각적인 문제에 당면하지 않았기 때문에 이 점은 이해할 만하다. 1917년 권력을 장악할 즈음에 레닌은 '과도기'에 엥겔스가 그랬던 것보다 더 많은 중요성을 부여해야만 했다. 레닌은 과도기의 과업을 더욱 분명하게 확정했던 것이다.

우선 레닌은 '부르주아' 국가기구를 '**원칙적으로 다른 종류**'의 국가 지도원칙을 가진 프롤레타리아 국가로 대체할 것을 요구했다. 프롤레타리아 국가가 **원칙적으로** '**다른**' 점은 무엇인가? 이에 대해 레닌은 부르주아 국가의 폐지에 따라 **아주 뚜렷하게 인식될 정도로 완벽하고 일관성 있게** 부르주아 민주주의를 프롤레타리아 민주주의로 전환시키는 것이 필요하게 될 것이며, 또한 특정 계급을 억압하기 위한 특수한 권력으로서의 국가를 '더 이상 본래의 국가가 아닌' 다른 기관으로 전환시키는 것 역시 필요하게 될 것이라고 답했다. 다수의 사람들이 자신들의 억압자를 억압하게 될 때, 특수한 억압적 권력은 더 이상 필요하지 않다는 것이다. 한 마디로 말해서 생산, 생산물의 분배, 사회적인 규제, 인구증가, 교육, 성생활, 다른 국가와의 관계 등에 대해 **인민들이** 실제적이며, 무미건조하지 않고, **생동감 있는** 결정을 내리는 것이 레닌이 맑스와 엥겔스에 의지하여 강력하게 그리고 반복적으로 강조한 '**국가 소멸**'의 **구체적인** 내용이다. 레닌은 '특별한 기관과 특권을 가진 소수(관리, 상비군의 참모)를 대신하여 다수가 스스로 그런 것들을 다루게 될 것이며, **인민 전체가 국가권력의 기능을 수행하는 데 더 많이 참여하게 될수록 국가권력은 점점 필요 없는 것이 될 것이라고 주장했다.**

레닌은 결코 '국가'와 '부르주아 통치'를 같은 것으로 취급하지 않았다. 만약 그랬다면 그는 '부르주아지가 무력화'된 **이후**의 '국가'에 관해 말할 수가 없었을 것이다. 레닌은 지금까지는 지배계급과 재산이 있는 부르주아지를 위해 봉사해 왔지만, 이제는 **인민** 다수의 사회적 관리 업무를 스스로 담당하고 ('자치') 그럼으로써 '사회 **위에** 군림하는' 위치에 있지 않게 된 '기관'들의 총합으로서 국가를 인식했다. 따라서 국가 소멸의 정도 그리고 사회적 자치를 향한 진화의 정도는, 사회 **위에** 군림해 왔던 조직들이 **제거되는** 정도에 의해 그리고 대중, 즉 주민의 **다수가** 관리를 하게 되는 '**사회의 자치**' 정도에 의해 측정된다.

코뮨은 부르주아 사회의 타락하고 부패한 의회주의를 **판단과 토론의 자유**가 속임수로 인해 변질되지 않는 단체로 대체한다. 왜냐하면 의회의원들은 자신의 일을 해야 하며 자신의 법률을 시행하고 그 결과를 스스로 점검해야 하기 때문이다. 대표단체는 계속 존속하지만, 특수한 체제로서의 의회주의, 입법 활동과 집행 활동의 분리를 의미하는 의회주의, 그리고 의회의원에게 특권적 지위를 부여하는 의회주의는 이제 존재하지 않는다. 우리는 대표단체 없는 민주주의(공산주의 이전의 국면)를 상상할 수 없으며, 또한 프롤레타리아 민주주의도 상상할 수 없다. 그러나 **우리는 의회주의가 없더라도 민주주의를 상상할 수 있으며 상상해야만 한다.** 만약 부르주아 사회에 대한 우리의 비판이 공허한 구절이 아니라면, 부르주아 통치를 전복하려는 우리의 노력이 정직하고 진지한 것이라면, 그리고 단지 노동자의 표를 얻으려는 '선거용' 구호가 아니라면 ……'[19]

따라서 '대표단체'와 '의회'는 명백하게 구별된다. 즉 전자는 긍정적으로 받아들여지며, 후자는 거부된다. 그렇지만 **이 단체가 무엇을 어떻게 대**

---

19) W. I. Lenin, Staat und Revolution, Moskau/Petrograd : Kommunist, 1919, S. 49.

표하는지에 관해서는 언급이 없다. 우리는 레닌의 국가이론에서 보이는 이런 실제적인 결함으로 인해, 나중에 '스탈린주의'가 국가권력을 정당화하는 것을 보게 될 것이다.

노동자 소비에트, 농민 소비에트 그리고 병사 소비에트로부터 발전된 소련에서 '소비에트'라고 불리는 대표단체는 한편으로는 부르주아 의회를 '수다스럽게 떠들기만 하는 관청'(맑스의 용어)에서 **일하는** 단체로 변화시킴으로써 부르주아 의회의 기능을 넘겨받아야 했다. 대표하는 단체의 **이런 성격 변화가** 바로 대표하는 사람 자체를 변화시킨다는 것이 레닌의 생각에서 분명히 드러난다. 즉 대표자는 이제 더 이상 '수다쟁이'가 아니며 **인민에게** 책임감을 가지고 있고, **노력을 기울이며**, 계획을 **수행하는** 담당자가 되는 것이다. 또 다른 한편으로 이 대표단체는 **지속적인 기구가 아니며**, 인민들이 얼마나 더 많이 사회적 관리의 기능에 참여하는가에 따라 **계속해서 변화**한다. 따라서 사회의 이런 자주-관리, 즉 자치는 더 많은 인민들이 참여할수록 더욱 완벽해질 것이다. 동시에 이것은 선출된 '대리인'으로 구성된 소비에트가 적어질수록, 전체 주민이 사회적 계획을 **결정하고 수행하는** 기능을 더 많이 맡게 된다는 것을 의미한다. 왜냐하면 그때까지 소비에트 자체는 그것이 사회에서 생성된 기관이자 단체라는 사실에도 불구하고 여전히 전체 사회에서 어느 정도 분리되어 있었기 때문이다. 더욱이 프롤레타리아트의 대표단체는 분명 **과도기적 기능**을 가진다는 것을 레닌의 견해로부터 알 수 있다. 즉 프롤레타리아트의 대표단체는 **아직 필요하며, 아직** 존재하지만, **이미 소멸되어가고 있는** '프롤레타리아 국가권력'과, 생성되고는 있으나 아직까지는 완전한 능력을 가지지 않았고 아직 완전히 발전되지 않은 **사회적 자치** 사이의 조정자로 인식되는 것이다. 따라서 소비에트는 이제 자치를 위하여 발전하는 전체 사회와 점점 더 일치하게 되거나 아니면 단순히 프롤레타리아 국가권력의 종속적인 부속물이나 집행기관이 될 수도 있다. 소비에트는 **아직도 하나의 국가권력과 자치라는 새로운 사회체제** 사이에서 작용한다. 소비에트가 진보적이고 혁명적인 기능을 수행할 수 있을지, 아니면 혹은 순전히 형식주의적인 짜임새를 가진 공허한 국가 행정조직체로 타락할지를 결정하는 것은 무엇인가? 그것은 분명 다음과 같은 요인들에 의해 결정된다.

1. 프롤레타리아 국가권력이 **스스로를 점진적으로 제거하는 기능**에 충실한지 여부에 따라.
2. 소비에트들이 스스로를 프롤레타리아 국가권력의 협력자 또는 집행기관으로 간주할 뿐만 아니라, 그 권력의 감독자로, 그리고 **사회적 제어의 기능을 프롤레타리아 국가권력으로부터 점차 사회 전체로 전환시켜야 하는 무거운 책임을 진 기구로 스스로를 간주하는지의 여부**.
3. 소비에트가 대중들의 '대표자'에 불과한 이상, 대중들 각 개인이 소비에트의 기능뿐만 아니라 여전히 운용되고 있는 국가기구의 기능을 점진적이고 지속적으로 인수해야 할 자신의 과업에 점점 더 부합하게 될지의 여부.

이 중에서 세번째가 결정적인 요인이다. 왜냐하면 노동하는 인민대중들에 의한 소비에트 기능의 인수뿐만 아니라 소련에서의 '국가 소멸'이 이 세번째 요인의 충족 여하에 달려 있기 때문이다.

따라서 프롤레타리아독재는 영속적인 상태를 의미하는 것이 아니라, 하나의 과정을 의미한다. 그리고 이 과정의 **시작**은 권위주의적 국가기구의 파괴와 프롤레타리아 국가의 확립이며, **총체적인 자주관리와 사회적 자치**가 그 과정의 **끝**을 이룬다.

사회적 과정의 진행은 소비에트의 기능과 발전에서 가장 확실하게 판단할 수 있다. 다음과 같은 사실을 생각해 본다면 이 과정의 진행은 어떤 환상으로도 감추어질 수 없다. 즉 전에는 60퍼센트의 주민만이 선거에 참여했던 데 비해 소비에트 단체 선거에는 90퍼센트의 주민들이 참여했다는 것이 문제가 아니라, 소비에트 대리자들이 아닌 소비에트의 투표자들이 **점점 더 실질적으로 사회적 제어를 할 수 있게 되었는지**가 문제인 것이다. '90퍼센트의 선거 참여'라는 것은 사회적 자치를 향한 진보적 발전의 증거가 되지 못한다. 왜냐하면 그것은 인민대중들의 활동 **내용**에 대해서 아무것도 말해 주지 않으며, 더구나 그것이 소비에트 체제를 특징짓는 유일한 것도 아니기 때문이다. 부르주아 민주주의, 심지어는 파시스트의 '국민투표'에서도 '90퍼센트 이상의 선거 참여'를 볼 수 있다. 공동체의 사회적인 성숙도를 투표참여라는 측면이 아니라 **사회적 활동의 실질적이고 확실한 본질이라는** 측면에서 평가하는 것이 노동민주주의의 핵심이다.

따라서 우리는 모든 사회적 질서의 근본이 되는 문제, 즉 **인민대중들에게 무슨 일이 일어나고 있는가의 문제, 그리고 그들은 그들이 종속되어 있는 사회적 과정을 어떻게 경험하는가**라는 문제로 항상 되돌아가게 된다.

사회 위에 군림하고 있는, 또한 사회에 반(反)하는 권위주의적 국가를 노동하는 주민들이 소멸시키고 그 기능을 인수할 수 있을 것인가? 유기적으로 사회적 자치를 발전시킬 수 있을 것인가? 어떻게 그것이 가능하겠는가?

이것이 레닌이 모든 영역에서 관료주의를 한번에 모조리 없애는 것은 불가능하다는 것과 과거의 관료주의적 기구는 '**모든 관료주의를 불필요한 것으로 만들어서 폐지시켜 버리는**' 새로운 기구로 대체되어야 할 것이라는 점을 명백히 했을 때, 그의 머릿속에 떠오른 문제들이다. 레닌은 "이것은 유토피아가 아니다. 이것은 코뮨의 경험이며, 혁명적 프롤레타리아트의 즉각적인 과업이다'라고 말했다. 레닌은 '관료주의의 폐지'가 왜 유토피아가 아닌지에 관해 이야기하지 않았다. 또한 어떻게 관료주의 **없는**, 또는 '위로부터'의 제어가 없는 생활이 틀림없이 가능하고 필요한 것이 될 뿐만 아니라, 무엇보다도 '혁명적 프롤레타리아트의 즉각적 과업'이 되는지에 대해서는 끝까지 말하지 않았다.

대중들의 미성숙에 대한, 그리고 무엇보다도 권위주의적 제어 없이 대중들이 잘 지내는 것은 불가능하다는 것에 대한 대다수 지도자들을 포함하는 사람들의 믿음, 너무나 깊이 뿌리박혀서 제거될 수 없는 그 믿음을 염두에 둘 때에만 레닌이 강조한 것들을 이해할 수 있다. 파시즘의 관점에서 보면 '자주관리', '자치', '비권위주의적 훈련' 등과 같은 새로운 개념들은 단지 동정적인 웃음이나 경멸만을 자아낼 뿐이다! "무정부주의자의 꿈! 유토피아! 공상일 뿐이다!"라는 소리를 듣게 되는 것이다. 게다가 이렇게 외치고 비웃는 사람들은 소련의 상황을 이야기한다. **국가의 폐기는 불가능하며 따라서 프롤레타리아 국가의 권력은 오히려 강화되고 확장되어야 한다**는 스탈린의 주장을 지적하는 것이다. 그렇다면, 결국 레닌이 틀린 것이 아닌가! 결국 인간은 복종하는 존재이며 그 사실은 변하지 않을 것이다. 또한 인간은 권위와 강제가 없이는 일을 하려 하지 않을 것이며, '쾌락에 탐닉하여 게으름만을 피울' 것이다. 결국 공허한 망상에 시간과 정력을 낭비하지 말아야 하는 것이 아닌가! 그러나 만약 그렇다면 레닌의 생각은 소련의 국가 지도부로부터 공식적으로 수정될 필요가 있었다. 다음과 같은 레닌의 글에서 레닌이 범한 오류를 발견할 수 있다.

우리는 공상주의자가 아니다. 따라서 우리는 갑자기 모든 관리나 종속을 없애고 어떤 다른 방식으로 살아나갈 수 있다는 '꿈을 꾸지' 않는다. 프롤레타리아독재의 과업을 잘못 이해하는 데에서 오는 이러한 무정부주의적 공상은 맑스주의와는 본질적으로 거리가 멀다. 사실상 이러한 공상은 사람들이 달라질 때까지 사회주의 혁명을 지연시킬 뿐이다. 오히려 우리는 현재의 인민들과 함께, 다시 말하자면 종속, 통제, '감시자와 회계담당자' 없이는 잘 해나갈 수 없는 인민들과 함께 사회주의 혁명을 관철해야 한다. …… 그러나 여러분은 지금까지 착취당해 온 이들과 공장에서 노동하는 이들, 즉 프롤레타리아트의 무장한 전위대에게 자신을 종속시켜야 한다. 국가관료의 특수한 '명령'이 '감시자와 회계담당자'의 단순한 기능으로 대체되는 것이 오늘 내일 안에 즉시 시작될 수 있으며, 또 시작되어야 한다. …… 우리 노동자들은 자본주의가 창조한 것에서 출발하고 무장한 노동자들에 의해 장악된 국가권력으로 유지되는 엄격하고 강철 같은 규율을 만들어내면서, 우리 자신의 노동경험에 의지하여 **스스로** 거대한 산업을 조직할 것이다. 우리는 국가관료들을 단순히 우리의 지시를 집행하는 사람들로 바꿀 것이다. 우리는 그들을 책임감 있고, 우리가 언제든 교체할 수 있으며, 적절한 급료를 받는 '감시자와 회계 담당자'로 바꿀 것이다. …… 이것이 바로 우리 프롤레타리아트의 과업이며, 이런 과업을 통하여 우리는 프롤레타리아 혁명의 관철을 **시작**할 수 있고, 시작해야 한다. 거대한 산업에 기초한 이런 시작은 자동적으로 모든 형태의 관료주의를 점진적으로 소멸시키는 것으로, 그리고 **임금노예와는 아무런 관계도 없고, 다른 곳에서 가져온 것도 아닌** 새로운 질서의 점진적 창출로 나아가게 될 것이다. 우리는 경영 기능과 결산 보고가 점점 더 단순화되어 인민들이 서로 돌아가면서 그 업무를 수행하는 질서를 만들어낼 것이다. 시간이 지나면서 이런 기능들은 일상이 될 것이며, 결국 특별한 인민계층의 **특수한** 기능으로서는 완전히 사라져버리게 될 것이다.(『국가와 혁명』, 5쪽 이후)

레닌은 새로운 국가 관료주의의 위험성을 보지 못했다. 그는 프롤레타리아트 출신 관료들은 권력을 오용하지 않고, 진리에 충실하며, 노동하는 인민을 독립적으로 이끌 것이라고 믿었다. 그는 인간구조의 한없이 깊은 생체병리학을 몰랐기 때문에 국가 관료주의의 위험성을 간과했다.

사회학적 연구들은 레닌이 혁명에 관한 주요 저작에서 '부르주아지의 전복' 보다는 자본주의적 국가기구를 프롤레타리아적 기구로 대체하는 것이나, 프롤레타리아독재(사회민주주의=프롤레타리아 민주주의)가 공산주의의 특징인 사회의 자치에 의해 대체되는 것과 같은 부르주아지의 전복 후에 맞게 될 **일련의** 과제에 더 핵심적인 주의를 기울였다는 사실에 거의 주목하지 못했다. 만약 여러분들이 1937년 이후의 소비에트의 문헌들에 특별히 주목한다면, 당시 모든 노력의 중심에 **프롤레타리아 국가기구의 권력 (약화가 아닌) 강화**가 놓여 있었다는 것을 알 수 있다. 그 문헌들 속에서는 **프롤레타리아 국가기구를 자주관리로 최종적으로 대체할 필요성에 관한 언급을 더 이상 찾아볼 수 없었다.** 그러나 소련을 이해하기 위해서는 바로 이 점[프롤레타리아 국가기구를 자주관리로 대체하는 것]이 가장 결정적으로 중요하다. 국가에 관한 레닌의 주요저작들은 이 대체에 대해 부당하게도 넓은 지면을 할애하지 않았다. 이 대체야말로 모든 진정한 사회민주주의의 자율신경체계였으며, 앞으로도 그럴 것이다. 그러나 어떤 정치가도 이것에 대해 언급하지 않았으며, 이는 지금도 마찬가지이다.

소련 공산당의 강령(제8차 당 대회, 1919년)

러시아 '사회민주주의' 는 레닌의 주도 아래 러시아 전제정치로부터 성장했다. 혁명이 일어나고 2년이 지난 1919년의 소련 공산당 강령은 그들의 계획이 지닌 **민주주의적** 성격을 입증해 주고 있다. 그 강령은 전제정치로의 복귀를 막고 인민대중들의 **자유로운 자주관리**의 확립을 보장해 줄 국가권력을 요구하고 있었다. 그러나 그 강령에는 **인민대중들의 자유로워질 수 없는 능력의 본질에 대한 어떠한 암시도** 포함되어 있지 않다. 즉 강령은 자유에 대한 생체병리학적인 두려움을 알지 못했으며, 인간의 성구조가 생체병리학적으로 타락했다는 것도 알지 못했다. 1917년부터 1920년 사이에 제정되었던 성혁명적인 법률은 옳바른 것이었다. 그 법률은 인간의 생물학적 기능을 **인정**하고 있었다. 그러나 그 법률은 법적 형식주의에 막혀 버리고 말았다. 나는 이것을 나의 책 『문화투쟁에서의 성』의 2부에서 다루었다. 바로 여기에서 인간구조의 재구성과 이에 따른 민주주의적 계획의 시행이 실패한 것이다. 거대한 사회적 노력이 마주한 이 대재앙은 모든 새로운 민주주의적·혁명적 노력의 교훈이 되어야 한다. **만약 인간이 성적으로 개조되지 않는다면, 자유를 주장하는 어떤 강령에도 전망이 없다.**

다음은 소련 공산당 제8차 당 대회의 강령에서 발췌한 것이다.

1. 보편적이고 온전한 주권이라는 표어, 또는 계급을 넘어서는 인민의지와 같은 표어로 정당화되는 부르주아 공화국은, 그것이 가장 민주주의적이라 할지라도 토지와 다른 생산수단의 사적소유가 존재하는 한 사실상 부르주아 독재 체제이다. 이 체제는 필연적으로 한줌의 자본가 집단이 다수의 노동자 대중을 착취하고 억압하는 도구로 여전히 사용되고 있다. 이와 달리, 프롤레타리아 민주주의 또는 소비에트 민주주의는 바로 자본주의에 의해 억압받는 계급들, 프롤레타리아트와 가장 가난한 농민들, 반(半)프롤레타리아트의 대중조직, 다시 말해 주민 대다수의 대중 조직을 지방뿐만 아니라 중앙의 전체 국가기구까지, 아래부터 위까지 영속적이고 유

일한 토대로 전환시켰다. **이렇게 함으로써 소비에트 국가는 무엇보다도 관리가 위로부터 임명되지 않는 지방적·지역적 자치를 다른 곳보다도 훨씬 더 광범위하게 실현했다.**[20] 당의 목표는 이런 최고의 민주주의를 실제로 완전하게 실현하기 위해 모든 노력을 쏟는 데에 있다. 그런데 이러한 목표를 정확히 달성하기 위해서는 **대중들의 문화수준, 조직력 그리고 독립성**의 지속적인 고양이 요구된다.

2. 국가의 계급적 성격을 은폐하고 있는 부르주아 민주주의와는 반대로, 평의회 권력은 사회의 계급 분화와 이 분화에 따르는 **모든 국가권력이 완전히 소멸되지 않는 한, 모든 국가는 불가피하게 계급적 성격을 지닌다는**[21] 것을 공공연하게 인정한다. 소비에트 국가는 자신의 가장 본질적인 특성에 따라, 착취자의 저항을 억누르려 한다. 또한 소비에트 헌법은 자본의 억압에서 노동이 해방되는 것을 반대하는 어떠한 종류의 자유도 거짓이기에, 착취자의 정치적 권리를 박탈하는 것에서 두려움을 느끼거나 물러서지 않는다.

프롤레타리아 정당의 과제는 착취자들의 저항을 의연하게 억압하는 데 있으며, 또한 부르주아적 정의와 자유의 절대적 성격에 대한 뿌리 깊은 편견에 맞서 이데올로기적으로 투쟁하는 데 있다. 동시에 정치적 권리 박탈이나 자유에 대한 어떤 제한도 단지 자신의 특권을 유지하거나 탈환하려는 착취자들의 시도를 패배시키기 위해 필요한 **일시적인 투쟁 수단**이라는 점을 명확히 하는 데 있다. 인간에 대한 인간의 착취 가능성이 사라짐

---

20) [지은이] 이 점에 관해서는 1776년 독립 후의 미국 지방 자치 원칙을 참조할 것.
21) [지은이] 이 중요한 민주주의적 관점이 나중에는 없어져 버렸다. '국가'가 강조되었으나 '계급지배'가 모든 국가기구의 본질적 성격이라는 점이 추가되지 못했다. 만약 지배계급과 억압받는 계급이 없다면 국가기구도 없을 것이며, 단순한 사회적 관리기구만 남게 될 것이다.

에 따라, 이런 일시적인 대책의 필요성도 점차 사라지게 될 것이며, 당 역시 이런 대책을 제한하면서 완전히 폐기하는 방향으로 나아갈 것이다.

3. 부르주아 민주주의는 집회와 언론의 자유나 결사의 권리를 모든 시민에게 형식적이고 동등하게 확장하는 정도로 정치적 권리와 자유를 제한하여 왔다. 그러나 실제로 노동자들이 권리와 특권을 충분히 향유한다는 것은, 특히 노동하는 대중들이 경제적으로 예속되어 있다는 관점에서 볼 때 불가능한 것이었다.

이와는 반대로 프롤레타리아 민주주의는 그런 권리와 자유를 형식적으로 천명하는 대신에 자본주의에 의해 억압되어 왔던 계급, 바로 프롤레타리아트와 농민들에게 그런 권리와 자유를 실제로 부여한다. 이 목적을 달성하기 위하여 소비에트 국가는 부르주아지에게서 가옥, 인쇄소, 종이 공급소 등을 몰수하여, 그것들을 노동하는 대중들과 조직들이 임의로 사용할 수 있도록 하고 있다. 러시아공산당의 과제는 점점 더 많은 노동하는 대중들이 **민주주의적 권리와 자유를 누릴 수 있게 하는 데 있으며, 또한 그것을 가능하게 할 모든 물질적 가능성을 확장하는 데 있다.**

4. 부르주아 민주주의는 수백 년 동안 성별, 종교, 인종 혹은 국적에 관계없는 모든 인간의 평등을 선언해 왔다. 그러나 자본주의는 이러한 평등이 실제로 어느 곳에서도 실현될 수 없도록 만들었으며, 제국주의적 자본주의 단계에 이르러서는 인종과 민족에 대한 억압을 가장 심각한 지경에 이르도록 만들었다. 오직 소비에트 권력만이 노동하는 대중들의 권력이기 때문에, 실제로 그리고 세계에서 처음으로 이러한 평등을 모든 영역에서 충분히 실현할 수 있었으며, 나아가 결혼과 가족의 영역에 남아 있는 남녀간 불평등의 마지막 잔재를 없애려 하고 있다. 현재 시점에서 당의 과업은 프롤레타리아트와 농민 같은 낙후된 계층에게서 예전의 불평등이나

편견의 마지막 잔재를 궁극적으로 제거하기 위한 정신적이고 교육적인 작업에 초점을 두고 있다.

당은 여성에 대한 형식적인 평등에 제한되어 있지 않으며, 낡아빠진 가사노동을 가정-코뮨, 공동부엌, 중앙집중식 세탁소, 탁아소 등으로 대체함으로써 여성들을 낡은 가사노동의 부담에서 해방시키려 하고 있다.

5. 소비에트 권력은 **노동하는 대중들이 부르주아 민주주의와 의회제도 아래에서 가졌던 것과는 비교할 수 없을 정도로 많은 기회**, 즉 자신들의 대표를 좀더 손쉽게 선출하고 소환할 수 있는 기회를 그들에게 보장하고 있으며, 동시에 의회제도의 **부정적 양상**, 특히 입법권과 집행권의 분리, **대표기관과 대중 간의 전반적인 연계의 결핍** 등을 제거한다.

소비에트 국가는 **거주지역이 아니라** 작업장이나 공장 등의 **생산 단위가 선거 단위와 국가의 기본단위를 이루도록 함으로써** 국가기구를 대중들에게 좀더 가깝게 다가갈 수 있게 한다.

당은 이런 방향으로 작업 전체를 계속 수행해 나감으로써 권력기구와 노동하는 대중 사이를 더욱 긴밀하게 만들기 위해 노력하고 있으며, **실천하는 대중을 통하여, 특히 공공기관에 근무하는 사람들이 자신들의 행동에 대하여 책임감을 가지고 의무적으로 자신들의 행동을 해명하도록 만듦으로써** 민주주의가 좀더 엄밀하고 **완벽**하게 이루어지도록 노력한다.

6. 부르주아 민주주의는, 그 모든 선언에도 불구하고 군대를 부유한 계급의 도구로 만들었으며, 그 군대를 노동하는 대중들과 분리시키고 대치하도록 만들었다. 또한 군인들에게서 스스로의 정치적 권리를 행사할 모든 기회를 박탈하거나 그 행사를 어렵게 만들었다. 반면 소비에트 국가는 자신의 기관인 소비에트에 완전히 평등하고 일치하는 이해를 지닌 노동자와 군인들을 포함하고 있다. 당의 목적은 이러한 노동자와 군인들의 일치를

보호하고 발전시키는 데 있으며, 무장 세력, 프롤레타리아트와 반(半)프롤레타리아트 조직 사이의 유대를 해체될 수 없도록 강화하는 데 있다.

7. 도시 산업프롤레타리아트가 대중들 중에서도 가장 집중되고, 단결되고, 계몽되고, 전투 속에서 단련된 부분으로서 전체 혁명 동안 지도적 역할을 수행했다는 것은, 소비에트가 생성되고 정부기관으로 발전되는 과정 전체를 통해 입증되었다. 소비에트 헌법은 농촌에 흩어져 있는 소부르주아적 대중들보다는 산업프롤레타리아트에게 일정한 특권을 부여함으로써 이 사실을 반영하고 있다.

   소련 공산당은 이러한 역사적인, 즉 농촌에서의 사회주의적 조직화의 어려움과 연관되어 있는 이러한 특권이 일시적인 성격을 가진다는 것을 명백하게 해야 하며, 낙후되고 흩어져 있는 농촌 프롤레타리아트와 반(半)프롤레타리아트뿐만 아니라 중산층 농민들을 좀더 밀접하게 결합시키기 위하여, 이런 〔일시적인〕 산업프롤레타리아트의 위치를 제대로 그리고 체계적으로 이용하도록 노력해야 한다. 이것은 자본주의가 노동자들에게 조장해 놓은 편협하고 전문적인 이해관계를 상쇄함으로써 가능해진다.

8. 프롤레타리아 혁명은 오직 국가 소비에트 조직의 힘을 통해서 낡은 부르주아 국가기구들, 국가적 공무원 기구들, 사법기구들을 단숨에 분쇄하고 근본적으로 파괴할 수 있었다. **일반 대중들의 충분히 높지 않은 문화수준**[22], 대중들에 의하여 책임감 있는 지위에 선출된 책임자들의 행정업무 경험 부족, **심각한 상황 때문에 예전의 학교 전문가들이라도 고용해야 하는 긴급한 필요성, 도시 노동자들 중에서 가장 발전된 계층에 대한 병역의무의 면제 등,** 이

---

22) 〔지은이〕 '일반 대중들의 충분히 높지 않은 문화수준'은 인간의 구조를 합리화시키는 개념이다. 이 개념은 노예의식이 육체에 깊이 뿌리내려 이른바 제2의 본성이 되며, 따라서 대중들이 자기 자신의 억압을 계속적으로 재생산한다는 사실과 결코 일치하지 않는다.

모든 것들이 소비에트 질서 내에서의 관료주의 부활을 부분적으로 이끌었다.[23]

관료주의에 대해 가장 단호한 투쟁을 수행하고 있는 러시아공산당은 관료주의라는 해악의 완전한 극복을 위하여 다음과 같은 조치를 실행한다.

1) 국가행정의 특정 과업 수행을 위한 모든 소비에트 구성원의 의무적인 징발.
2) 점차적으로 모든 행정적 분야를 포용할 수 있도록 이런 과제에 종사하는 모든 소비에트 성원의 철저한 교체.
3) 노동하는 모든 대중이 국가 행정 작업에 참여하도록 하는 점진적인 유도.

이런 조치가 완벽하고 전반적으로 실현된다는 것은 파리 코뮨이 처음 디뎠던 발걸음보다 전진했다는 것을 의미하며, 이로써 노동하는 대중들의 문화수준을 높이는 한편 행정기능의 단순화, 궁극적으로 국가권력의 폐기로 나아갈 것이다.

이 강령 중에서 다음과 같은 것들을 소비에트 민주주의의 특성으로 추출할 수 있다.

1. 관리가 위로부터 임명되지 않는 지역별 자치.
2. 대중들의 자치활동.
3. **일시적인** 투쟁수단으로서 정치적 권리의 박탈과 자유의 제한.
4. 비자본가 계급의 모든 주민들에 대한 완전한 권리와 자유의 형식적이지 않은 **실질적 보증**.
5. 즉각적이고 간단하며 직접적인 선거권.

---

23) [지은이] 여기에서 관료주의와 자유에 대한 인간의 무능 사이에 존재하는 밀접하고 깊은 관계가 명확하게 드러난다.

6. 대의원을 뽑고 소환할 권리.
7. 거주지역에 따르는 선거가 아닌 생산단위에 따르는 선거.
8. 자신들의 활동을 노동자 농민위원회에 보고해야 할 공직자들의 책임과 의무.
9. 소비에트 구성원들의 행정 부서 순환 근무.
10. 노동하는 모든 주민을 국가 행정 작업에 점진적으로 포함시킴.
11. 행정 기능의 단순화.
12. 국가권력의 폐기.

역사적으로 결정적인 의미를 갖는 이와 같은 원칙을 명확히 하기 위해서 **한 가지 고민을 해야 한다. 즉 어떻게 사회적 생활을 실제로 단순화시킬 수 있는가 하는 고민이 그것이다.** 그러나 이 고민은 여전히 형식적-정치적 사유에 정체되어 있다. 따라서 국가정치 자체의 **본질**은 설명되지 않는다. 대중들에게 자유의 공간은 부여될지 몰라도, **실제적인 사회적 과제는** 여전히 주어지지 않는다. **또한 국민 대중들이 오늘날의 대중들과 마찬가지로 국가적인 직무를 감당할 수 없다는 점,** 그리고 (나중의) 사회적인 직무 역시 감당할 **수 없다는 점은** 언급되지 않는다. 왜냐하면 오늘날의 국가-정치사상은 원래 **대중**에 반하는 위계적인 국가대의제로부터 형성되었기 때문이다. 정치적으로 볼 때, 우리가 아무리 '민주주의'에 관해 외친다 하더라도, 우리는 여전히 그리스와 로마 노예제 국가의 사유체계에 고착되어 있다. 만약 **사회적 자치가 가능해지려면, 단지 국가의 형태가 변하는 것만으로는 부족하다. 사회적 존재와 그것에 대한 관리 역시 대중들의 과제와 욕구에 상응하게 변화되어야 한다.** 사회적 자치가 점진적으로 국가기구를 대체하거나 국가기구의 합리적 기능을 맡아야만 하는 것이다.

'소비에트 민주주의의 도입'

1919년 소련 공산당 제8차 전당대회에서 소비에트 민주주의가 확립된 후, 1935년 1월이 되어서야 제7차 소비에트 의회에서 '소비에트 민주주의의 도입'이 선언되었다. 이러한 터무니없는 일은 무엇을 의미하는가?

소비에트 민주주의가 도입된 지 16년이 지난 1935년에 '소비에트 민주주의의 도입'이 선언된 과정을 설명하기 위해 하나의 예를 들고자 한다.

범죄학을 공부하는 한 학생이 연구를 하면서, 인간의 반사회적 행위는 범죄가 아니라 질병으로 보아야 하며 따라서 그 인간은 처벌이 아니라 치료와 예방의 조치를 받아야 한다는 것을 인식하게 되었다. 이제 그는 법 공부를 포기하고 의학공부로 돌아서게 된다. 즉 그는 형식적-윤리적 활동을 실제적-실천적인 활동으로 바꾼 것이다. 얼마 후 그는 의료 활동을 수행하기 위해 우선 적지 않은 비의학적 수단을 사용해야 한다는 것을 깨닫게 된다. 예컨대 그는 정신질환자를 치료하는 데 가죽조끼를 사용하지 않고, 예방적인 교육으로 가죽조끼를 대체하려 한다. 그러나 그 의도와는 반대로 그는 가죽조끼를 사용할 수밖에 없다. 정신질환자가 너무 많기 때문에 그는 그 환자들을 용이하게 다룰 수가 없고, 따라서 낡고 나쁜 치료방법을 **계속해서 이용해야만 한다**. 하지만 그는 **낡고 나쁜 치료방법들을 언젠가는 더 좋은 방법으로 대체하겠다는 생각을** 계속해서 가지고 있다.

수년이 지나고 그가 처리할 수 없을 정도로 일이 늘어나게 된다. 그가 감당할 수 없을 정도가 되는 것이다. 정신질환에 대해 알려진 것은 별로 없다. 그러나 정신질환은 너무나 많다. 가정교육이 하루에도 수천 명의 정신질환자를 만들어내는 것이다. 그는 의사로서 정신질환으로부터 사회를 보호해야만 한다.

그는 자신의 훌륭한 의도를 성취할 수 없다. 오히려 그는 그가 이전에 매우 강하게 비판했고 새로운 방법으로 바꾸려 했던 낡은 방법들로 되돌아 갈 수밖에 없다. 그래서 그는 더욱 더 많은 가죽조끼를 사용하게 된다. 그의 교육적 계획은 실패로 돌아갔다. 그는 질병을 예방하는 의사로 활동할 수 없었으며, 따라서 낡은 법칙의 조치들에 다시 호소할 수밖에 없게 되었다. 범죄자를 환자로 취급하는 것은 실패했고, 그는 범죄자들을 다시 **감금하지 않을 수 없다.**

하지만 그는 자기 자신이나 다른 사람에게 자신의 실패를 인정하지 않는다. 그는 실패를 인정할 용기가 없는 것이다. 어쩌면 그는 그것을 알지 못할지도 모른다. 이제 그는 다음과 같은 말도 안 되는 주장을 하게 된다. '**정신질환자와 범죄자를 위해 가죽조끼와 감옥을 도입하는 것은 나의 의료기술 적용에 있어서 거대한 진전을 의미한다.** 그것은 진정한 의료기술이며 **원래의 내 목표를 달성하기 위한 구성 요소이다**'라고 주장하는 것이다.

이 이야기는 '소비에트 민주주의 도입' 이후 16년이 지난 후의 '소비에트 민주주의 도입'에 아주 세세한 부분까지 적용될 수 있다. 이것은 레닌이 『국가와 혁명』에서 논증한 '**사회민주주의**'와 '국가의 폐지'라는 기본 개념에 비추어 평가될 때만 이해될 수 있다. 이러한 조치에 대한 소비에트 정부의 설명은 여기에서는 그렇게 중요한 것이 아니다. 단지 1935년 『전망』(Rundschau)에 실린 설명 중 한 단락만이 이러한 조치(그 조치가 정당하든 그렇지 않든 간에)와 함께 사회민주주의에 관한 레닌의 **개념이 더이상 작동하지 않는다는 것을** 보여주고 있다. 그 내용은 다음과 같다.

프롤레타리아독재는 유일하게 참된 인민권력이었다. 이것은 자신의 두 가지 주요과업, 즉 착취자의 계급적 존재를 파괴하고 그들의 재산을 몰수하고 억제하는 것, 그리고 사회주의적 대중교육을 실시하는 것을 성공적으로 완수하고 있다. **프롤레타리아독재는 약화되지 않을 것이고 계속해서 존속할 것이다**(『전망』 7권, 331쪽).

만약 계급으로서의 착취자들이 파괴되었고 사회주의적 대중교육이 성공을 거두었음에도 불구하고 독재가 '중단됨이 없이' 계속 존속한다면, 사상 전반이 얼마나 어처구니 없는 것이었는지를 분명히 알게 된다. 전제조건이 충족되었다면, 독재는 왜 막힘 없이 계속 존속하는가? 만약 착취자들이 붕괴되었고 대중들이 사회적 기능에 대한 책임을 감당할 만큼 교육을 받았다면, 독재는 누구를 그리고 무엇을 반대하는 방향으로 움직이는가? 그런 우스꽝스런 공식은 항상 진정한 의미를 숨기고 있다. 즉 독재는 계속되지만 그것은 이미 이전 상황에서처럼 착취자에 반하는 것이 아니라 대중 자신들에 반하는 방향으로 진행된다는 점을 숨기고 있는 것이다.

『전망』의 기사는 다음과 같이 계속된다. "노동자와 농민 사이의 동맹이라는 이런 고도의 사회주의 단계는 노동하는 자의 민주주의인 프롤레타리아독재에 새롭고 더 발전된 내용을 제공한다. 또한 이 새로운 내용은 새로운 형태를 요구한다. …… 노동하는 사람들을 위한 평등·직접·비밀 선거로의 이행이 바로 그 표현이다."

다른 곳에서는 소련 민주주의가 세계에서 '가장 민주주의적'인 것으로 이야기되고 있다!

우리는 (때가 되면 국민 대중들의 자치-행정에 자리를 양보하겠다던) **프롤레타리아독재가 '가장 민주주의적인'**〔대의제〕**민주주의와 동시에 존재하고 있다**는 말을 조목조목 따지고 싶은 생각은 없다. 이것은 사회학적으로 말도 안 되는 소리로, 사회학적 개념의 혼란만을 야기할 뿐이다. 여기에서는 오직 유일한 핵심질문, 즉 1917년의 사회-혁명운동의 핵심목표가 **국가의 폐지**와 **사회적 자치의 도입에 실제로 도달하였는가**만이 문제가 된다. 만약 그렇다면, 1935년의 '소비에트 민주주의'는 한편으로는 1919년의 '프롤레타리아독재'와, 다른 한편으로는 영국과 미국의 부르주아 의회민주주의와 근본적으로 달라야만 한다.

소비에트 체제의 '한층 진전된 민주화'에 관해 논의를 해보자. 이것이 어떻게 가능한가? 지금까지 우리는 '프롤레타리아독재'는 본질적으로 그것을 창시한 자의 의도로 볼 때, 그리고 그것이 시작되었을 당시의 **실제** 모습에 비추어 볼 때, **사회민주주의**(프롤레타리아 민주주의)와 완전히 동일한 것이라고 믿었다. 그러나 만약 프롤레타리아독재가 사회민주주의와 동일한 것이라면, 사회민주주의가 확립된 지 17년이 지난 후에 소비에트 민주주의가 도입될 수 없을 것이며, 또한 '한층 진전된 민주화'도 있을 수 없다. 하지만 '민주주의의 도입'이라는 것은 지금까지 사회민주주의가 **존재하지 않았다**는 것과, 프롤레타리아독재는 사회민주주의와 동일한 것이 아니었다는 것을 의심의 여지없이 증명하고 있다. 또한 사회민주주의가 '가장 민주주의적인' 체제라고 말하는 것 역시 매우 혼란스러운 일이다. 그렇다면 **부르주아** 민주주의는 '조금' 민주주의적일 뿐이며, 사회민주주의는 '더 많이' 민주주의적이란 말인가? '조금'이라는 것과 '더 많이'라는 것은 무엇을 말하는가? 부르주아 의회민주주의는 현실적으로는 형식적 민주주의이다. 즉 인민대중들은 자신의 대표를 선출하지만, 그들 자신의 노동자 조직을 통하여 스스로 통치하지는 않는다. 또한 레닌의 **사회민주주의는 질적으로** 전혀 다른 형태의 사회적 규제로 여겨져야 하며, 단순히 형식적 의회정치제도를 **양적으로** 개선한 것에 불과해서는 안 된다! 레닌의 사회민주주의는 프롤레타리아 국가독재를 노동자들의 실질적이고 실천적인 자치로 대체해야 했다. '프롤레타리아독재'와 노동하는 대중들의 자치가 동시에 존재하는 것은 불가능하다. 이와 같은 병존을 주장하는 것은 혼란스럽고 말도 안 되는 것이다. 현실적으로 형식적인 민주주의적 의회정치제도를 가장하여 대중들을 지배하는 것은 당 관료주의의 독재인 것이다.

우리는 히틀러가 항상 대중들의 사이비 민주주의와 의회제도에 대한 증오를 정당화하는 데 자신의 토대를 두었으며, 또한 그것으로 대단한 성공을 거두었다는 사실에서 결코 눈을 떼어서는 안 된다. 러시아 공산주의자의 정치적 책략이라는 관점에서 보면, 파시즘의 강력한 구호인 '맑스주의와 의회-부르주아 자유주의의 통일'은 분명 대단히 인상적이었으리라! 전세계의 광범위한 대중들이 소련에 대해 걸었던 희망은 1935년경이 되면 점점 사라지게 된다. 실제적인 문제는 정치적 환상으로 해결될 수 없는 법이다. 즉 어려움들을 직접 불러낼 수 있는 용기를 가져야만 한다. 명확하게 확립된 사회적 개념을 아무런 말썽 없이 혼란시킬 수는 없다.

'소비에트 민주주의'의 확립에서, 대중들의 국가행정 참여가 부각되었다는 사실, 당국에 대한 공장의 권한이 강조되었으며, 인민위원회 '내'에 노동자/농민 평의회가 존재한다는 사실이 찬사를 받았다. 그러나 이런 사실은 중요하지 않다. 중요한 것은 바로 다음과 같은 것들이다.

1. 국가 행정에 대중들이 참여하는 것이 **실제로는** 어떻게 가능한가? 이 참여가 사회민주주의에서 요구되는 것과 같이, **행정기능의 점차적인 인수**인가? 이러한 '참여'는 어떠한 형태를 취하는가?
2. **당국에 대한 공장의 형식적 권한은 자치가 아니다. 당국이 공장을 지배하는가?** 아니면 공장이 당국을 지배하는가?
3. 인민위원회 '내'에 존재하는 노동자/농민 평의회는 노동자/농민 평의

회가 인민위원회의 부속기관이거나, 잘 해야 위원회의 집행기관이라는 것을 의미한다. 반면에 레닌은 **모든 관리의 관료적 기능을 대중들 사이에 점점 더 확산되고 있는 소비에트로 대체할 것**을 요구했다.

4. 만약 소비에트 민주주의가 '도입'되고 동시에 프롤레타리아독재가 더욱 '강화'된다면, 이것은 단지 프롤레타리아 **국가**가 점점 발전하면서 프롤레타리아독재가 **소멸**되어야 한다는 목표가 포기되었다는 것을 분명히하는 것이다.

접근 가능한 사실들과 그 평가에 기반해 보면, 소비에트 민주주의가 도입된 지 17년 후에 '소비에트 민주주의'가 도입되었다는 것은 **국가의 권위주의적 관리로부터 사회적 자치로의 이행이 가능하지 않다는 것**을 말하는 것이다. 이런 이행은 **대중들의 생체병리적 구조와 그 구조의 재구조화를 위한 수단**이 인식되지 못했기 때문에 실패했다. 개별 자본가들의 사유재산을 몰수하고 그들을 통제하는 데 완벽하게 성공을 거두었다는 점에는 의심의 여지가 없지만, **대중들에 대한 교육, 즉 그들에게 단지 부담만을 주는 국가를 폐지할 수 있는 능력을 부여하여 국가를 '소멸'케 하고, 그들 스스로가 국가의 기능을 인수하게 하려는 시도는 성공을 거두지 못했다.** 바로 이러한 이유로 혁명 첫해부터 발전하기 시작했던 사회민주주의가 천천히 소멸해야 했던 것이다. 또한 바로 이런 이유로 국가기구는 그 어떤 것으로도 교체되지 않은 채, 사회의 생존을 보장하기 위하며 **다시 강화**되어야만 했던 것이다. 1935년의 '보통 선거권 도입'은 정치적 중심이 집단농장의 농민 대중들에게로 옮겨졌다는 것뿐만 아니라, **형식적** 민주주의가 다시 도입되었음을 의미한다. 즉 국가기구를 파괴할 수 없었고 스스로 관리하는 것도 배우지 못한 대중들에게 점점 더 강력해지던 관료적 국가기구가 의회주의적 사이비 권리를 부여했다는 것을 의미했다. 노동하는 대중들이 사회의 행정을 인수할 수 있도록 준비시키려는 노력이 소련에서 행해지고 있다는 징조는 전혀 보이지 않는다. 국민들에게 읽기와 쓰기를 가르치고, 위생을 교육하고, 자동차를 운전할 수 있게 만드는 것은 분명히 필요하다. 그러나 이것은 사회적 자치와는 아무런 관련이 없다. 히틀러도 그 정도는 할 수 있다.

소비에트 사회의 발전은 **독립된** 새로운 **국가기구**의 형성이라는 특징을 갖는데, 이 독립된 국가기구는 히틀러의 민족사회주의가 했던 것과 똑같이 스스로는 위태로워지지 않으면서 자유라는 환상을 국민대중에게 심어줄 수 있을 만큼 충분히 강력해졌다. 소비에트 민주주의의 도입은 전진이 아니라, 낡은 형태의 사회적 삶을 향한 수많은 후퇴 중 하나였다. **대중들이 자신의 일을 관리할 수 있도록 교육을 시킴으로써 소련의 국가기구가 스스로를 파괴할 것이라는 보장이 있는가?** 여기에서 감상은 아무런 도움이 되지 못한다. 러시아혁명은 자신이 인식하지 못한, 따라서 환상으로 가려진 장애물과 마주쳤던 것이다. **그 장애물은 수천 년에 걸쳐 생체병리적이 되어버린 인간의 구조였다.** 따라서 스탈린이나 그 밖의 다른 사람에게 '책임'을 전가하는 것은 의미가 없다. 스탈린은 단지 상황의 도구였을 뿐이다. 단지 서류 속에서만, 사회 발전의 과정은 숲 속을 거니는 것처럼 쉽고 즐거워 보일 것이다. 거친 현실 속에서 사회 발전의 과정은 새롭고 인식할 수 없었던 어려움을 하나씩 차례로 드러낸다. 또한 퇴행과 재앙이 벌어진다. 사람들은 그런 것들을 인식하고, 알아내고, 극복하는 것을 배워야만 한다. 그러나 전도유망한 사회적 계획이라 하더라도 그 진실성은 계속해서 검토되어야 한다는 **하나의** 질책이 남아 있다. 계획이 진실인지 허위인지, 그리고 계획을 전개하면서 빠뜨린 것은 없었는지 등이 솔직하게 규명되어야 한다. 바로 이렇게 해야만 우리는 계획을 **의식적으로** 변화시킬 수 있고, 개선할 수 있으며,

그 계획의 전개를 좀더 효과적으로 완수할 수 있다. 또한 자유를 향한 발전을 방해하는 힘을 극복하기 위하여 때로는 많은 사람의 생각을 모을 필요가 있는 경우도 있다. 그러나 대중들을 환상으로 몽롱하게 만드는 것은 사회적 죄악이다. 만약 어떤 진정한 대중 지도자가 피치못할 곤경에 처하게 된다면, **사임하여** 다른 사람에게 길을 열어주게 된다. 만약 더 훌륭한 지도자가 나타나지 않을 경우, 현재의 지도자는 공동체에 현재 닥친 어려움을 명백하게 이야기하고, 사건 자체의 진행 과정으로부터든, 개인의 통찰력으로부터든 해결책이 발견되기를 그들과 함께 기다린다. 그러나 정치가들은 이런 정직성을 두려워한다.

세계 노동자 운동이라는 관점에서 보면, 실제의 진정한 민주주의, 실질적인 내용을 가진 민주주의를 위한 노동자 운동의 투쟁이 믿을 수 없을 정도로 어려운 것이었다는 점이 지적되어야 한다. "프롤레타리아독재는 다른 독재들과 똑같은 독재다. 이는 왜 바로 지금 민주주의가 '도입' 되어야만 하는가라는 질문만 던지더라도 분명히 드러나는 것이 아닌가?"라고 말하는 사람들이 정당성을 확보하고 있다. 사회민주당이 소련에 보낸 찬사('자기반성적', '민주주의', '궁극적' 등과 같은)에 대해 즐거워할 이유는 없었다. 그것은 입에 쓴 알약이고, 형식적으로 하는 소리일 뿐이다. **발전 과정에서의 객관적 퇴행은 때때로 필수적인 것이고, 받아들여야 하는 것이지만,** 파시스트적인 거짓말로 그러한 퇴행을 환상 속에 은폐시켜 버리는 것은 정당화될 수 없다. 만약 레닌이 '네프'[24]가 시행되고 있던 1923년에 "우리는 프롤레타리아독재의 낮은 단계로부터 높은 단계로 전진했다. 네프의

---

24) Nowaja ekonomitscheskaja politika. 레닌에 의해 1921년부터 추진된 신경제정책. 혁명과 전쟁으로 인해 파괴된 경제를 되살리기 위해 제한적인 자본주의적 경영방식을 도입하는 것을 주된 내용으로 한다.

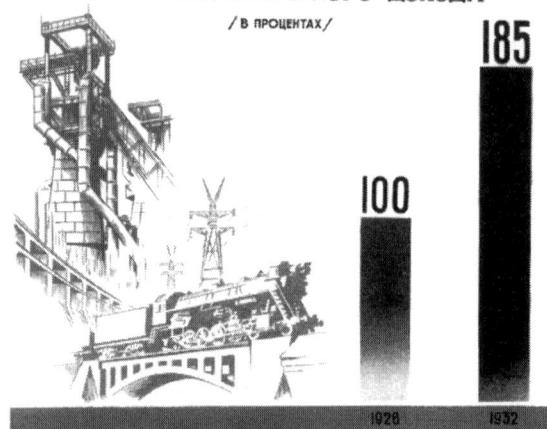

"공산주의는 소비에트 권력에 전 국토의 전력화를 더한 것이다"

1920년 레닌은 경제부흥책의 일환으로 제일 먼저 '러시아 전력화 계획'을 입안했다. 이 계획을 통과시킨 제8차 전러시아소비에트대회에서 레닌이 한 말, "공산주의는 소비에트 권력에 전 국토의 전력화를 더한 것이다"는 소련의 중공업화가 곧 개시될 것이라는 신호탄이자, 공산주의라는 유토피아로 가는 첫걸음으로 여겨졌다. 그러나 네프를 뒤잇는 5개년 계획을 입안한 스탈린은 소련 대중들의 꿈을 악몽으로 바꿔버렸다. 5개년 계획을 통해 경제를 부흥시키고 소비에트 민주주의를 달성하겠다는 스탈린의 수사는 달콤했지만, 그에게는 레닌과 같은 자명한 인식과 솔직함("우리는 앞으로 전진하기 위해서 한 걸음 후퇴하지 않을 수 없다")이 빠져 있었다(위의 그림은 제1차 5개년 계획 당시 발표된 포스터이다. 위에는 국내소득, 아래는 실질임금의 증가예상치가 그려져 있다).

도입은 공산주의로의 전진을 위한 거대한 발걸음인 것이다"라고 말했다고 상상해 보자. 만약 **레닌**이 그렇게 말했다면, 소비에트 지도부에 대한 신뢰는 즉각 손상을 입었으리라. 하지만 레닌은 네프를 도입하면서 다음과 같이 말했다.

신경제정책의 도입은 슬프고도 비참한 일이지만 현재로서는 다른 방법이 없다. 전시 공산주의 경제는 우리에게 전혀 예상치 못한 어려움을 안겨 주었다. 우리는 좀더 확실하게 앞으로 전진하기 위해서 한 걸음 후퇴하지 않을 수 없다. 이를 성취하기 위해 사적 기업활동에 약간의 자유를 줄 것이지만, 우리는 우리가 무엇을 하고 있는지를 정확히 알고 있다.

'소비에트 민주주의의 도입'의 경우에는 이와 같은 자명한 인식과 솔직함이 빠져 있었다. 1935년에는 이런 것들이 전보다 훨씬 더 필요했다. 만약 직접적이고 솔직한 접근방법을 사용했다면, 전세계에 걸쳐 수백만의 동지를 얻을 수 있었으리라. 또한 국민들로 하여금 그것에 대해 생각하게 만들었으리라. 심지어는 트로츠키파의 책임이 되어버린 히틀러와의 동맹도 피할 수 있었을 것이다. 그러나 순수한 러시아 민족주의는 레닌의 사회민주주의에서 생성된 것이다.

러시아 볼셰비키의 중심 기관지 『레닌그라드 붉은 신문』(Leningrader Roten Zeitung)은 1935년 2월 4일자 기사에서 다음과 같이 쓰고 있다.

우리 모두의 사랑, 우리의 충성심, 우리의 힘, 우리의 심장, 우리의 영웅심, 우리의 삶. 이 모든 것이 당신을 위하여 있습니다. 모두 가져가십시오. 오, 위대한 스탈린, 모든 것은 당신의 것입니다. 오, 위대한 우리 조국의 지도자시여. 당신의 아들들에게 명령하십시오. 그러면 그들은 공기 속에서, 땅 밑에서, 물 위에서, 성층권에서도 걸을 수 있습니다.[25] 언제 어디서나 모든 사람들은 당신의 이름을 가장 장엄하고, 가장 강력하고, 가장 현명하고, 가장 아름다운 것으로 기억할 것입니다. 당신의 이름은 모든 공장에, 모든 기계에, 세계 방방곡곡에, 모든 이의 가슴 속에 새겨져 있습니다. 나의 사랑하는 아내가 아이를 낳았을 때, 내가 그에게 가르쳐 줄 첫 단어는 바로 '스탈린'이 될 것입니다.

1935년 3월 19일자 『프라우다』(Prawda)에서 '소비에트 애국심'이라는 제목의 사설을 볼 수 있는데, 여기에서 '소비에트 애국심'은 '파시스트 애국심'과 경쟁하기 시작한다.

소비에트 애국심은 (끝없이 불타오르는 사랑의 감정으로, 조국에 대한 무조건적인 헌신으로, 조국의 운명과 조국 방위에 대한 심원한 책임감으로) 우리 인민의 깊은 심연으로부터 용솟음쳐 나온다. 조국을 위한 영웅적 투쟁이 이렇게 엄청난 절정에 도달했던 적이 전에는 결코 없었다. 모방할 수 없는 신비로운 러시아 혁명운동의 역사와 소련의 전체 역사는 조국에 문제가 생길 때 노동하는 인민들이 무엇을 할 수 있는가를 보여주었고 지금도 보여주고 있다. 새로 형성된 소중하고 해방된 조국에 대한 불멸의 노래가 비합법적 일들로부터, 바리케이드로부터, 부데니[26]가 이끄는 기병들의 질

---

25) [지은이] 마치 '위대한 독일 조국'의 아들들이나 미국의 아들들은 그렇게 할 수 없다는 듯이!
26) Semyon Mikhaylovich Budenny(1883~1973). 소련의 군인. 러시아 혁명에 가담하여 카프카스 북부에서 반볼셰비키에 맞서 싸울 기병대를 창설했다. 이후 육군 원수까지 진급했고, 1941년 독일의 소련 침공 때에는 남서부 전선의 사령관으로 참전했으나 크게 패했다.

풍과도 같은 돌격으로부터, 불멸하는 혁명군대의 산탄사격으로부터, 사회주의적 산업체의 공장과 작업장의 조화로부터, 도시와 농촌 사이의 작업 리듬으로부터, 공산당의 활동으로부터 울려퍼지고 있다.

레닌과 스탈린에 의해 탄생하고 자란 소비에트여! 10월 혁명에서 시작되어 이제 봄볕의 애무를 받고 있구나! 냇물이 불어 막힌 물이 터져나오듯, 노동하는 인민들의 모든 힘이 소련의 위대함을 통해, 그 찬란한 명예와 강력한 역사의 발전을 통해 새로운 길을 열기 위하여 움직이기 시작했다. 풍요로운 생활과 사회주의적 문화의 싹이 빠르게 터오른다. 우리는 머나먼 푸른 하늘을 향해 공산주의의 붉은 깃발을 높이 치켜들었다.

소비에트 애국심은 피와 무력으로 자본가와 대지주들로부터 빼앗은 땅에 대한 우리 인민들의 사랑이다. 이 애국심은 우리 위대한 인민들이 창조한 훌륭한 삶에 대한 애착이며, 투철하고 강력한 동양과 서양의 파수꾼이다. 이는 또한 우리나라에서, **우리나라에서만** 완벽하게 만개한 인간의 천재성이 낳은 위대한 문화 유산에 대한 헌신이다. 그렇다면 외국인들, 다른 교육적 배경을 가진 인민들이 문화의 안식처인 붉은 깃발의 국가에 경배하기 위해 소련의 국경으로 오는 것이 도대체 놀랄 만한 일인가?

인류의 봄인 소비에트 연방이여! 모스크바라는 이름은 노동자에게, 농민에게 그리고 전세계의 정직하고 교양 있는 모든 이들에게, 더 밝은 미래에 대한 희망으로, 파시스트 야만주의에 대한 승리의 희망으로, 폭풍 속의 경종처럼 울려퍼지고 있다.

…… 우리 사회주의 국가에서는 인민의 이해관계와 국가와 정부의 이해관계가 분리될 수 없다. 소비에트 애국심의 원천은 소비에트 당의 지도력 아래 인민들이 스스로 자신의 생활을 이루어 나가고 있다는 사실, 그리고 우리의 아름답고 풍요로운 조국이 바로 지금 소비에트 권력 아래에서야

비로소 노동하는 인민들에게 실질적으로 개방되었다는 사실에 있다. 조국에 대한, 토지에 대한, 그리고 이 세상의 빛을 처음 보게 해준 하늘에 대한 자연스런 애착은 사회주의 조국, 위대한 공산당, 그리고 스탈린에 대한 강력한 자부심으로 성장한다. 소비에트 애국심의 사상은 영웅, 기사, 수백만의 용맹한 병사들을 낳아 키우게 되며, 이들은 마치 모든 것을 삼켜버리는 눈사태처럼 조국의 적들을 맹렬히 공격하고 그들을 지구상에서 말살시켜 버릴 준비가 되어 있다. 우리의 젊은이들은 어머니의 모유와 함께 조국에 대한 사랑으로 고취되어 있다. 소비에트 애국자들의 새로운 세대에게 조국의 이해관계가 다른 어떤 것보다도, 심지어는 삶 자체보다도 더 숭고하고 값지다는 점을 교육시켜야 하는 것이 바로 우리의 의무이다. …… 위대한 무적의 정신인 소비에트 애국심은 대단히 조심스럽게, 기술적으로, 그리고 창조적으로 키워지고 있다. 소비에트 애국심은 10월 혁명의 탁월한 발현 중 하나이다. 이것이 얼마나 많은 장점, 담대하고 젊은이다운 열정, 영웅심, 감동, 아름다움, 흥분을 가지고 있는지!

우리나라에서 소비에트 애국심은 강력한 불꽃처럼 타오르고 있다. 이것은 생활을 전진시킨다. 이것은 우리의 돌격 탱크, 중폭격기, 구축함의 모터를 뜨겁게 하고 대포를 장전한다. 멸망해 버릴 운명을 지닌 사악한 적들이 우리의 평화로운 생활, 우리의 권력과 우리의 영광을 위협하고 있는 우리의 국경을 소비에트 애국심이 지키고 있는 것이다.

이것은 정치적이고 정서적인 전염병이다. 이것은 조국에 대한 자연스러운 사랑과는 아무런 관계도 없다. 이것은 인간들을 흥분시킬 수 있는 실제적인 수단을 알지 못하는 어떤 저술가의 심약하고 감상적인 감정토로일 뿐이다. 이것은 성불구자가 최음제를 사용하여 강제적으로 발기한 것에 비견될 수 있다. 또한 이러한 애국심의 사회적 영향은 최음제로 가능해진 성적 포옹에 대한 건강한 여성의 반응과 비교될 수 있다.

이와 같은 '소비에트 애국심'은 아마도, 혁명적 열정이 사라져 버린 후 '보탄[27]' 애국심'에 대한 이후의 투쟁을 위해 필수적인 전제조건이었을 것이다. 노동민주주의는 이러한 '애국심'들과는 아무런 관계도 없다. 최음제를 이용한 애국심 같은 것들이 나타나기 시작할 때, 합리적인 사회적 관리는 사실상 실패해 버린 것이라고 생각해도 무방하다. 조국에 대한 국민들의 사랑, 조국의 땅에 대한 애착, 그리고 같은 언어를 사용하는 공동체에 대한 헌신은 인간적인 체험이며 너무나 뿌리가 깊고 중대하기 때문에 정치적 비합리주의의 대상이 될 수 없다. 이러한 최음제-애국심은 노동하는 사람들의 인간 사회가 당면한 실제적인 문제를 하나도 해결하지 못한다. 즉 이것은 민주주의와는 아무런 관계가 없는 것이다. 감상적인 열정이 폭발하는 곳에서, 사람들은 두려움 때문에 책임 있는 사람들에게 매달리게 될 것이 틀림없다. 우리는 이러한 것들과는 관계를 맺고 싶지 않다.

진정으로 민주주의적인 재구조화, 즉 인민대중의 노동민주주의적 재구조화는 자신의 성과를 쉽게 통제할 수 있다. 만약 인민대중들이 '지도자'의 초대형 그림을 큰 소리로 요구하기 시작한다면, 그들은 무책임으로 가는 길에 올라선 셈이다. 레닌의 시대에는 유치한 지도자 숭배가 존재하지 않았으며, 프롤레타리아 지도자의 사진이 하늘 높이 걸려 있지도 않았다. 레닌은 이런 것들을 좋아하지 않았다고 알려져 있다.

자유에 대한 대중들의 진정한 재구조화가 이루어졌는지를 알 수 있는

---

27) Wotan. 고대 게르만 신화에 나오는 최고의 신이자 북구 신화에서의 주신(主神)이다. 여기서 '보탄 애국심'은 나치즘의 애국심을 뜻한다.

또 다른 표식은 기술적 진보에 대한 대중들의 입장이었다. 소련에서는 거대항공기인 '고리키'의 건조가 '혁명적 업적'으로 격찬을 받았다. 그러나 이 항공기의 건조가 독일이나 미국의 거대항공기 건조와 어떤 근본적인 차이가 있는가? 물론 항공기의 건조는 현대 노동민주주의를 위한 광범위한 산업적 토대를 위해서는 필수불가결한 것이다. 이 점은 대단히 명백하며 이론의 여지가 없다. 본질적인 것은 항공기 건조가 광범위한 노동 대중으로 하여금 민족주의적으로 환상을 내면화하도록 만들거나 다른 나라에 대해 우월감을 갖게 하는지, 아니면 항공기의 건조로 다양한 언어권과 민족들을 연결시키고 국제주의를 촉진하게 되는지의 문제인 것이다. 다시 말해, 인간의 성격구조와 관련해서 항공기의 건조는 반동적 목적에 이바지할 수도 있고 노동민주주의적 목적에 이바지할 수도 있는 것이다. 권력에 굶주린 정치가들의 관리 아래에서는 항공기의 건조가 민족주의적 쇼비니즘을 만들어내는 데 이바지할 것이다. 그러나 항공기는 또한 독일인을 러시아로, 러시아인을 중국과 독일로, 미국인을 독일과 이탈리아로, 중국인을 미국과 독일로 운송하는 데 이바지할 것이다. 이렇게 서로 오갈 수 있게 되면, 독일 노동자들은 자신이 러시아 노동자들과 근본적으로는 크게 다르지 않다는 것을 스스로 알게 될 수도 있으며, 영국 노동자들은 인도의 노동자들이 원래부터 착취대상이 아니었음을 알게 될지도 모른다.

위의 사례에서 우리는 한 사회의 기술적인 발전이 문화적 발전과 동일한 것이 아니라는 점, 그리고 인간의 성격구조는 본질적으로 사회적 권력을 표상하고 있는데 이 권력은 기술적 토대가 같은 때라도 반동적 목표를 지향할 수도, 국제주의적 목표를 지향할 수도 있다는 점을 분명히 볼 수 있다. 모든 것을 경제적 측면에서 파악하려는 경향은 파멸로 나아가게 된다. 따라서 경제주의를 극복하는 데 모든 힘을 기울여야 한다.

이는 노동하는 인민대중들이 언제나 파시즘으로 결말을 맺는 환상적 충족에 더 이상 흡족해 하지 않고, 삶의 욕망을 **실제로 충족시키는 것을** 당연한 것으로 여기고 **그것에 대해 책임지는 것**을 배우는가의 문제인 것이다.

사회민주주의적으로 조직된 빈의 노동자들은 빈의 사회민주주의 단체에 의한 도시철도의 도입을 **사회민주주의의 특별한 업적으로** 간주했다. 빈의 사회민주주의자들과는 원칙적으로 그리고 당파적으로 적대적이었으며 공산주의적으로 지도되고 있던 모스크바의 노동자들은 모스크바 시의 공산주의 행정당국이 건설한 지하철을 **공산주의의 특별한 업적으로** 간주했다. 또한 독일 노동자들은 바그다드 철도의 계획을 **게르만인의 특별한** 업적으로 간주했다. 이런 예들은 정치적 비합리주의에 의해 조장된 환상적 충족의 전염병적인 성격을 입증해 주고 있다. 이 환상적 충족은 독일의 철도, 빈의 철도, 그리고 모스크바의 철도는 모두 빈의 노동자들이나 베를린의 노동자들 그리고 모스크바의 노동자들이 정확하게 똑같은 방식으로 따르고 있는, 국제적인 타당성을 가진 **노동원칙**에 토대를 두고 있다는 단순한 사실을 은폐하고 있다. 다양한 조국을 가진 노동자들은 다음과 같이 말하지 않는다. "우리는 우리의 노동과 성취의 원칙에 의해 다른 이들과 연관되어 있다. 우리는 다른 이들에 대해 알려고 해야 하며, 어떻게 하면 중국의 노동자들이 우리의 원칙을 사용할 수 있을지를 고민해야 한다". 아니다! 독일 노동자는 자신들의 철도가 러시아의 철도와는 다른, 더 나은 것이라고, 말하자면 보탄[게르만]적이라고 굳게 확신하고 있다. 따라서 중국인들이 철도를 건설하는 데 도움을 주려는 마음은 결코 생겨날 수 없다. 오히려 그들은 민족주의적 환상의 충족에 혼이 빠져 있기 때문에 중국인들의 철도를 **도둑질**하려는 전염병에 걸린 장군을 추종하게 된다. 이렇게 정치적인 정서적 전염병은 이런 방식으로 동일한 계급 내에 분열과 극심한 적대감을 발생하게 하며, 시기심, 허풍, 줏대 없는 행동, 무책임 역시 불러일으킨다. 환상적인 충족을 제거하고 노동에 대한 관심과 국제적인 노동 협력으로 환상적 충족을 대체하는 것이 노동자들의 성격구조에서 전체주의적 국가에 대한 갈망을 뿌리채 뽑기 위한 필수불가결한 전제조건인 것이다. 이렇게 되었을 때에만, 노동하는 인민대중들은 기술을 대중들의 욕구에 맞도록 적용하는 데 필요한 힘을 발전시킬 수 있게 될 것이다.

1934년 11월 22일자 『유럽지』(Europäische Heften)에 실린 글 속에서 히노이(Hinoy)는 다음과 같은 결론을 내리고 있다. "(소련의) 노동자들은 자신들이 나라의 직접적인 주인이라고 생각하지 않으며, 이는 젊은이들도 마찬가지이다. 주인은 국가다. 하지만 젊은이들은 이 국가가 자신들의 것이라고 생각하며, 여기에서 젊은이들의 애국심이 나오게 된다."

이런 식의 언급은 당시에 일반적인 것이었으며 또한 이런 언급을 사람들이 어떻게 평가하든 간에, 국가의 폐지라는 테제에서 정점에 이르는 공산당의 원래 강령과 1930년대의 소련 사회 사이에는 아무런 관련이 없었다는 점에 관해서는 어떠한 의문도 남아 있지 않았다. **이것은 실제적이고 사실적인 언급일 뿐, 소련에 반대하는 정치 강령은 아니다.** 나는 유럽과 미국에 있는 GPU〔소련의 국가정치보안부. KGB의 전신〕요원들이 이 점을 인식할 필요가 있다고 주장한다. 이 사실을 깨달은 사람들을 살해한다고 해서 결코 사건 그 자체가 변하지는 않는다.

합리적인 사회적 관계로부터 권위주의적 국가기구로의 발전

제2차 세계대전은 정치적인 반동주의자와 진정한 민주주의자는 국가권력에 대한 태도를 통해 **근본적으로** 구별된다는 아주 오래된 일반적인 지식을 다시 한 번 확인시켜 주었다. 한 인간이 어떤 정당에 속해 있든 간에, 그 인간의 사회적 성격은 국가권력에 대한 태도에 근거하여 **객관적으로** 평가될 수 있다. 이런 판단에 따르면, 파시스트들 속에 진정한 민주주의자가 있을 수 있으며, 정당 민주주의자들 속에 진정한 파시스트가 있을 수도 있다. 성격구조와 마찬가지로, 국가권력에 대한 태도는 특정 정치집단에 국한되지 않는다. 여기에서도 물론 모든 것을 흑백논리로 나누는 것, 즉 어떤 인간의 정신적 태도로부터 그가 어느 정당에 속하는가를 기계적으로 분류하는 것은 잘못된 것이고 사회과학적으로도 허용되지 않는다.

반동주의자는 전형적으로 사회에 대한 국가의 우월성을 주장한다. 그는 '국가라는 **이상**'을 옹호하는데, 이것은 절대왕정이든, 내각제든, 또는 공공연한 파시스트적 절대주의 국가든 간에, 곧바로 독재적 절대주의로 나아가게 된다. 국제적 협동과 국가적 협동의 자연스러운 토대로서 자연스러운 노동민주주의를 인정하고 요구하는 진정한 민주주의는 항상 사회적 공동생활의 어려운 점을 그 사회적 원인을 제거함으로써 극복하려 한다. 이로써 국가적-권위주의적으로 그것을 극복하려는 시도를 불필요한 것으로 만들기 위해 노력하는 것이다(바로 이러한 노력이 진정한 민주주의자의 특징이다!). 이 목적을 달성하기 위해서는 권위주의적 국가에 내재하는 합리적 기능과 발전에 관한 철저한 토론이 요구된다. 비합리적인 제도가 그 비합리성에도 불구하고 존속할 수 있고, 심지어는 필요한 것처럼 보이는 일이 어떻게 가능한가에 대해 문제를 제기하지도 않은 채, 비합리적인 사회제도와 싸우는 것은 의미 없는 일이다. 러시아의 국가기구를 연구하면서 우리는 이 국가기구가 필요했다는 사실을 알게 되었다. 또한 대중들이 사회적 자치를 획득하는 데 실패한 후, 이 국가기구가 모든 비합리성에도 불구하고 러시아 언어공동체를 결합시키고 이끄는 합리적 기능을 가지고 있었다는 점을 어렵지 않게 알 수 있었다.

우리는 신경증에 걸린 아이를 권위주의적 엄격함으로 대하는 어머니에 대해서 비합리적이라고 혹독하게 비판할 것이다. 하지만 우리는 그런 엄격함이 아이를 아프게 만든다는 것은 이해하면서, 다음과 같은 사실 또한 간과해서는 안 되는데 이 사실이 바로 권위주의적 교육을 극복하는 데 있어 매우 중요한 점이기 때문이다. 신경증적인 가족상황에서 일단 신경증에 걸린 아이는 학교에 다니는 것과 같은 권위주의적인 수단 이외의 다른 방법으로는 제어될 수 없다. 다시 말해, 어머니의 권위주의적 엄격성이 비록 원칙적으로는 합리적이지 않고, 조건적이며, 제한적이긴 하지만 어쨌든 합리적 측면을 가지고 있다는 점이다. 만약 우리가 부득이하게 권위주의적 원칙을 고수하고 있는 교육자에게, 아이들의 신경증적 질병을 예방하는 것으로 권위주의적 원칙을 제거할 수 **있다**는 것을 확신시키려 한다면, 우리는 이 **조건적인** 합리적 기능을 인정해야만 할 것이다.

이러한 **조건적**이고 **제한적**인 합리적 성격이 권위주의적 국가에도 역시 적용되기에, 우리는 이런 사실을 마지못해서 인정한다. 하지만 이런 주장이 신비주의적 독재자의 입에 오르내리는 것은 위험하다. 신비주의적 독재자는 "들어보시오! 자유주의적인 노동민주주의자까지도 권위주의적인 생활방식의 필연성과 합리성을 인정하고 있습니다"라고 말할 수 있을 것이다. 이제 우리는 **권위주의적 생활방식에 '정당성'을 부여하는 것은 바로 인민대중들의 비합리적 성격구조라는** 것을 알 수 있다. 이는 독재를 이해할 수 있는 유일한 길이며, 이 이해는 독재를 인간의 삶에서 제거할 수 있는 유일한 희망이다. 소위 인민대중들의 구조 속에 있는 비합리성을 인식할 때, 우리는 이 비합리성을, 그리고 이와 연관된 독재를 환상으로써가 아니라 과학적으로 극복할 수 있는 사회적 토대를 비로소 획득하게 된다. 국가

권력은 언제나 사회적 공동생활의 혼란에 기반하여 강화된다. 이것은 어려움을 **피상적으로** 처리하려는 **도덕주의적-권위주의적** 방법과 일치한다. 이런 방법은 물론 악을 실제로 제거하지는 못하고, 단지 보이지 않는 곳으로 밀어넣을 뿐인데, 나중에 이 악은 더욱 격렬하고 광범위하게 보이지 않는 곳에서 쏟아져 나오게 된다. 만약 강간 살인범을 처리하는 데, 처형 외에 다른 방법이 없다면, 사람들은 이 방법을 사용하게 된다. 바로 이런 방식이 국가적-권위주의적 질서이다. 그러나 노동민주주의의 근본적인 문제제기는 어떻게 하면 강간 살인범의 범죄를 저지를 수 있는가 하는 것이다. 우리가 처형의 강제성을 이해하고 동시에 그것을 비난할 때에, 비로소 예방이라는 문제가 예리하고 명백하게 눈에 들어오게 된다. 사회적 악의 제거가 권위주의적 국가를 소멸시키는 중요한 수단 중 하나라는 것에는 의심의 여지가 없다. 자치의 방법으로 대체되지 않는 한 도덕주의적-권위주의적인 사회적 지도력이 계속 기능하리라는 것도 분명하다. 이 점은 국가 일반뿐만 아니라 사회적 생활의 다른 모든 영역에서도 유효하다.

　　권위주의적 국가가 본질적으로 억압기구라는 점은 사실이지만, 항상 억압적이기만 한 것은 아니다. 억압적 사회기구가 되기 전 권위주의적 국가는 본질적으로 독립적인 사회적 관계의 합이었다. 따라서 본래 국가와 사회는 동일한 것이었다. 그러나 수천 년이 지나면서 국가는 사회에서 분리되고, 점점 더 사회와 조화를 이루지 못하여 마침내 사회와 대립하고, 사회 위에 군림하는 사나운 폭력의 형태를 취하게 되었던 것이다.

　　씨족 사회와 같이, 심각한 내적 모순에 의해 분열되지 않는 사회적 조직이 존재하는 한, 사회적 유기체를 결속시켜야 할 목적의 특수한 폭력은 필요하지 않았다. 사회가 강력한 대립과 생활의 어려움에 의해 분열하게 되면, 사회는 자신의 분열, 멸망 및 해체를 막기 위하여 권력을 필요로 하게 되는데, 이것이 사회의 본질이다. 독일 파시즘은 무엇보다도 상이하고 적대적인 여러 정당들에 의해 야기된 독일 사회의 균열의 결과로 권력을 장악했던 것이다. 파시즘의 신속하고 강력한 성장은, 사회가 국가라는 이상을 통하여 결속될 수 있을 것이라는 약속이 독일 대중들에게 다른 정당들의 강령보다 더 본질적인 것이었음을 명확히 보여주고 있다. 그러나 그렇다고 해서, 사상과 정치적 이데올로기가 사회의 내적 균열을 제거할 수 없다는 것은 변하지 않는다. 그리고 이 점은 그 정치적 사상이 전체주의적이든 다양한 당파를 가지고 있든 마찬가지였다. 국가를 강조한 것이 파시스트들만은 아니었다. 그들은 사회민주당 정부, 공산주의자, 자유주의자들보다 단지 더 효과적으로 그리고 강력하게 국가를 강조했을 뿐이다. 하지만 바로 이런 이유로 그들은 승리를 거둘 수 있었다. 그러므로 국가사상을 탄생시킨 것은 바로 사회의 정치적 균열이며, 또한 역으로 사회적 균열을 창조한 것은 국가사상이다. 이것은 하나의 악순환인데, 균열과 국가사상 양자의 원천을 추적하여 제3의 공통분모를 찾을 때에만 여기에서 벗어날 수 있다. 우리가 이미 알고 있듯이 제3의 공통분모는 바로 인민대중들의 비합리적 성격구조이다. 국가사상을 옹호하는 사람이나 다른 정치적 강령을 가지고 있는 사람들 모두 이 공통분모에 대해 조금도 눈치채지 못했다. 각각의 독재자가 소위 사회의 외부에서 사회의 의지에 반하여 자신을 받아들이도록 강요했다는 주장은 독재주의를 평가할 때 저지르는 가장 중대한 오류 중 하나였다. 실제로 역사상의 모든 독재자들은 이미 존재하는 국가사상을 전면에 내세우고, 권력을 쟁취하기 위하여 그것을 과장한 것 이외에는 한 일이 없었다.

    합리적인 동시에 비합리적인 국가와 국가사상의 이중 기능에 대해서는 19세기에 이미 프리드리히 엥겔스가 명백하게 평가한 바 있다.

따라서 분명히 국가는 외부에서 사회에 부과된 권력이 아니다. 또한 국가는 헤겔이 주장하는 바처럼 '도덕적 사상의 실체', '이성의 이미지와 실체'인 것도 아니다. 오히려 국가는 특정한 발전단계에서의 사회적 산물이다. 사회가 풀릴 길 없는 모순에 뒤엉키고, 화해할 수 없는 적대적인 이해관계로 분열되어 도저히 이런 모순과 분열을 다룰 수 없을 정도로 무력해졌다는 것을 인정한 것이 바로 국가다. 이런 대립과, 경제적 이해관계로 인해 갈등하는 계급들의 쓸모없는 투쟁으로 그들 자신과 사회가 소모되는 것을 막기 위하여, 사회 위에 분명하게 군림하는 권력이 필요하게 되는데, 이 권력은 갈등을 점검하고 '질서'의 한계 내에서 갈등을 유지시키는 기능을 갖게 된다. 사회로부터 기인하지만, 사회 위해 군림하여 점점 사회와 멀어지게 되는 권력이 바로 국가인 것이다.

공장소유주이자 독일의 사회학자인 프리드리히 엥겔스에 의한 이런 국가개념의 사회적-과학적 해명은, 결국 플라톤의 추상적이며 형이상학적인 국가사상에 토대를 두고 발전한 모든 국가철학의 근거를 이러저러한 방식으로 뒤집어버렸다. 엥겔스의 국가이론은 국가기구를 좀더 높은 가치와 민족주의적 신비주의로 환원하지 않고, 매우 단순한 방식으로 국가의 이중적 본질의 모습을 보여 주고 있는 것이다. 즉 엥겔스의 국가이론은 국가기구의 사회적 토대를 밝히는 동시에 국가와 사회 사이의 모순을 지적하고 있기 때문에, 세계의 노동자들 각 개개인뿐만 아니라 마사리크[28]나

---

28) Tomáš Masaryk(1850~1937). 체코슬로바키아의 정치가. 체코슬로바키아의 건국에 지대한 역할을 했으며 건국 후 초대 대통령에 당선되었다. 이후 세 차례나 더 대통령을 역임하면서 중도정치와 절충주의로 신생국가의 성장에 크게 기여했다. 상대적으로 소수민족인 슬로바키아인들의 위기를 해소하는 데에도 많은 노력을 했다.

루스벨트 같은 영리한 정치가에게 사회의 균열과 그에 따른 국가기구의 필연성을 이해할 수 있는 강력한 수단을 제공하며……그것을 **제거하기 위한** 방법 역시 제공해 주고 있다.

간단한 예를 통해 국가의 이중적 본질의 기원을 밝혀보도록 하자.

인간 문명의 초기 단계에서 공동생활과 노동의 사회적 과업은 간단한 방식으로 성취될 수 있었다. 따라서 인간과 인간 사이의 관계 역시 단순했다. 우리는 현재까지 손상되지 않은 채 지속되고 있는 오래되고 단순한 문명의 잔재 속에서 이런 사실을 연구할 수 있다. 우리에게 가장 잘 알려진 트로브리안드의 조직을 연구해 보자. 그들은 자연경제, 즉 사용경제에서 살았으며, 아직 상품경제는 전혀 중요하지 않았다. 한 씨족은 물고기를 잡고, 다른 씨족은 정원과일을 재배한다. 그런데 한 씨족은 너무 많은 물고기를 잡고 다른 씨족은 너무 많은 과일을 재배한다. 그러므로 그들은 물고기와 과일을 서로 교환한다. 그들의 경제적 생산관계는 매우 단순하다.

경제적 관계 외에, 씨족의 구성원들 사이에는 특정한 가족적 인간관계가 존재한다. 성적인 짝짓기는 족외혼으로 이루어지기 때문에, 한 씨족의 트로브리안드 청소년들은 다른 씨족의 청소년과 성관계를 맺는다. 생물학적인 기본욕구를 충족시키는 데 이바지하는 모든 관계를 사회적 대인관계라고 이해한다면, 성적 관계는 경제적 관계와 동등한 가치를 가지면서 공존한다. 일 자체가 욕구의 충족에서 분리될수록, 또한 욕구 자체가 더욱 더 복잡해질수록, 개별적으로 노동하는 사회의 구성원들은 그들에게 할당된 다양한 기능을 충족시킬 수 없게 된다. 예를 들어 보자.

트로브리안드의 자연경제적인 사회를 유럽이나 아시아의 어떤 곳으로 옮겨 놓아 보자. 이런 가정은 충분히 가능하다. 왜냐하면 지구상의 모든 민족은 부족에서, 부족은 씨족집단에서 형성되었기 때문이다. 또한 마찬가지로 모든 곳에서 자연경제가 상품경제와 화폐경제에 앞서서 발전했다. 자, 이제 2백 내지 3백 명으로 이루어진 작은 촌락 공동체 하나에 다른 작은 촌락 공동체와 접촉하고 싶은 욕구가 생겼다고 가정해 보자. 이 욕구는 그리 크지 않다. 즉 촌락 공동체를 구성하는 2백 명 중 한 명만이 다른 촌락 공동체의 어떤 구성원에게 무엇인가 말할 것을 가지고 있다. 그는 자신의 소식을 전달하기 위하여, 말 위에 올라 다른 촌락으로 달려간다. 문자를 쓰는 기술은 이미 시작되었으며, 다른 촌락 공동체와 사회적 접촉을 하려는 욕구 또한 조금씩 늘어가게 된다. 이때까지는 모든 사람이 자신의 편지를 스스로 전달했지만, 이제는 말을 타고 가는 사람에게 편지를 전달해 달라고 부탁한다.

그 동안 촌락 공동체는 2천~5천 명 정도의 구성원을 갖는 공동체로 성장하게 된다. 즉 이미 촌락 공동체에서 수백 명의 사람들이 다른 공동체의 구성원과 편지를 교환하려는 욕구를 발전시킨 것이다. 상품교역이 발달함에 따라 편지를 쓰는 것은 더 이상 낯선 일이 아니었다. 편지의 전달은 일상적인, 삶에 필수적인 그리고 이전의 방법으로는 점점 해결하기 어려운 과제가 되었다. 이때 촌락 공동체는 이 문제에 관해 토론하여 '**편지 배달부**'를 고용하기로 결정한다. 이러한 결정을 한 촌락 공동체는 구성원들과 차별되지 않는 구성원 한 사람에게 다른 모든 의무를 면제해 주고, 또한 일정한 수입을 보장해 주면서 공동체의 우편물에 대한 의무를 지우게 된다. **바로 이 첫번째 편지 배달부가 편지를 주고 받는 대인 관계를 구현하는 인간이다.** 이와 같은 방식으로, 편지를 보내는 사람들의 위탁을 받는 것 이외에 다른 일을 하지 않는 하나의 **사회적 기관**이 생성된다. 우리의 우편 배달부는 사회적 행정가의 원시적 형태인데, 그의 삶에 필수적인 노동은 여전히 오로지 사회적 공동체를 위해 엄격하게 봉사하고 있다.

더 나아가 수년이 지나면서 편지쓰기의 새로운 기능과 이와 연관되어 발전한 사회적 교통으로 인하여, 원시적인 촌락 공동체가 이를테면 5만 명 정도의 주민이 살고 있는 소도시로 성장했다고 가정해 보자. 이제 한 명의 우편배달부가 아니라 100명의 우편배달부가 필요한 것이다. 이들 100명의 우편배달부들에게는 그들의 우두머리인 관리가 필요하다. 우편배달부들의 우두머리는 편지를 전하는 의무를 면제받은 이전의 단순한 우편배달부이다. 그는 이제 편지를 배달하는 것 대신에 100명의 우편배달부들이 하는 일을 좀더 실천적 방식으로 조직해야 할 더 포괄적인 의무를 맡게 된다. 그러나 아직까지 그는 '감독'하지 않으며 명령을 내리지도 않는다. 또한 그는 우편배달부의 공동체 위에 군림하지도 않는다. 단지 그는 그들의 일을 용이하게 만드는 일을 할 뿐이다. 그는 하루 중 언제 편지를 모아오고 배달할 것인가 하는 것을 결정한다. 이어 그는 모든 기능을 단순화시킬 수 있도록 우표를 발행할 생각을 하게 된다.

이런 방식으로 대단히 단순하고, 삶에 필수적인 사회의 기능이 독립한다. '우체국'은 사회의 '기구'가 되었다. 이것은 더 나은 사회적 유대를 목적으로 사회로부터 생성되었다. 그러나 아직까지는 이 사회에 군림하는 **우월한 권력**이 되지는 않았다.

그러면 사회의 이와 같은 행정적 기구가 억압적 폭력기구로 바뀌는 것이 어떻게 가능한가? 이런 기구는 원래의 기능에 기반하여 억압적 권력으로 변하는 것이 아니다. 행정적 기구는 사회적 기능을 계속 가지고 있지만, 그런 사회적 기능이 삶에 필수적인 활동 이외의 다른 특성을 갖도록 점차 발전시킨다. 이때 거대해진 우리의 공동체에 우편제도와는 완전히 무관하게 권위주의적 가부장제의 조건들이 이미 발전되기 시작했다고 가정해 보자. 예를 들어, 이미 원래의 족장으로부터 발전한 대가족이 있다. 족장은 결혼 지참금의 축적을 통하여 두 가지 권력을 발전시켰다. 첫째가 소유에 의한 권력이며, 둘째는 자신의 아이들이 공동체의 덜 잘사는 계층과 성적 관계를 갖지 못하도록 금지하는 권력이다. 이 두 가지 권력기능은 경제적 노예상태와 성적 노예상태의 발전에 항상 함께 하기 마련이다. 더욱 강력해진 권위주의적 가장은 촌락 공동체의 다른 약한 구성원들이 아무런 제약 없이 다른 공동체와 접촉을 유지하는 것을 방해하려고 한다. 또한 그는 자기 딸들이 임의의 남자들과 연애편지를 교환하는 것을 방해하려고 한다. 그의 관심은 자기 딸들로 하여금 잘 사는 몇몇 남자 중 하나와 관계를 맺게 하는 데에만 있다. 그는 성적 억압과 경제적 억압에 관심이 있기 때문에, 원래는 전체 사회에 의해 관리되었던 독립된 사회적 기능을 매우 자연스럽게 점유하게 된다. 자신의 영향력이 증대됨에 따라 권위주의적 가장은 우체국이 더 이상 아무런 차별 없이 모든 편지를 전달하는 것이 아니라, 어떤 편지는 전달하고, 다른 편지, 예를 들어 연애편지 모두와 특정한 종류의 상업적인 편지는 전달하지 않는 새로운 규정을 관철시킬 것이다. 이와 같은 새로운 기능을 수행하기 위하여 우체국은 우편배달부 중 한 명에게 '우편검열'의 과업을 부여하게 된다. 이러한 방식으로 편지교환의 사회적 행정은 이제부터 사회에 대항하여 권위주의적 상층으로 나타나는 두번째 기능을 획득하게 된다. 사회적 행정기구에서 권위주의적 국가기구로 발전하는 첫번째 발걸음을 내딛은 것이다.

우편배달부는 물론 계속 편지를 배달하지만, 편지의 내용에 간섭하기 시작하며, 누구는 편지를 쓸 수 있고 누구는 편지를 쓸 수 없다는 것, 어떤 것에 대해서는 쓸 수 있으나 어떤 것에 대해서는 쓸 수 없다는 결정을 내리기 시작하는 것이다. 이에 대해 사회 공동체는 참고 견디거나 저항한다. 이제 사회 공동체 내에 첫번째 차이가 생기는데, 이는 '계급적대' 등으로 불릴 수 있다. 이것은 단지 말의 문제가 아니라, 삶에 필수적인 사회적 기능과 자유를 제한하는 사회적 기능을 구분하는 문제다. 이제부터 제멋대로 하는 것이 가능해졌다. 예컨대, 예수회는 자신의 목적을 위해, 보안경찰은 자신의 권력을 증대시키기 위해 우편 검열제를 이용할 수 있는 것이다. 이 단순한 예는 상황을 왜곡시키지 않고, 현재 사회의 복잡한 기구에도 쉽게 적용할 수 있다. 즉 이 사례는 우리의 은행제도, 경찰제도, 학교체제, 식량 분배행정, 그리고 다른 민족에 대해 자신의 사회를 옹호하는 것에도 분명히 적용된다. 만약 우리가 임의의 국가 기능을 평가할 때, 그 기능의 어떤 부분이 사회적 과업을 수행하는 원래의 기능과 관련되어 있는지, 그리고 어떤 부분이 사회 구성원들의 자유를 억압하는 후천적인 기능과 관련되어 있는지를 일관성 있게 묻는다면, 우리는 혼란 속에서 방향을 잡을 수 있을 것이다. 뉴욕, 베를린 등 모든 도시의 보안경찰은 원래 공동체를 살인과 절도로부터 보호해야 할 과업을 가지고 있다. 경찰이 계속 이러한 과업을 수행하는 한, 경찰은 유용하고 독립적인 사회적 기능이다. 그러나 보안경찰이 가정에서의 무해한 놀이를 금지하거나, 아파트에서 이성을 만나는 것을 규제하거나, 사람들이 언제 일어나고 자야 하는가 등을 주제넘게 결정한다면, 우리는 전제적이며 권위주의적인 국가권력, 즉 사회 위에 군림하고, 사회에 반하는 국가권력의 모습을 보게 되리라.

사회에 반하거나 사회 위에 군림하면서 기능하는 사회적 행정의 기능을 없애는 것이 노동민주주의의 내재적 목적 중 하나이다. 자연스런 노동민주주의적 과정은 사회의 결속과 사회적 삶의 기능을 용이하게 하는 데 기여하는 것 이외의 행정적 기능은 받아들이지 않는다. 따라서 기계적이고 경직된 방식으로 '국가'에 '반대' 혹은 '찬성'할 수 없다는 것이 명백하다. 국가의 사회적 기능과 억압적 기능이 구분되어야 하는 것이다. 그리고 국가기구가 자신의 자연스런 기능을 수행함에 있어 전체 사회의 이익을 위해 운영될 때, 국가기구는 다시 사회의 집행기관이 될 것이며 또한 그렇게 되어야만 한다는 것이 명백하다. 그러나 이렇게 된다면 국가기구는 '국가기구'로 존재하는 것을 멈추고, 스스로를 사회로부터 소외시키게 된다. 또한 자신을 사회에 반하여 사회 위에 군림하게 만들고, 따라서 사회 속에 권위주의적 독재제도의 씨앗을 뿌리도록 했던 특성들을 던져버리는 것이다. 이것은 국가의 진정한 소멸이다. 오직 국가의 비합리적 기능만의 소멸을 의미한다. 합리적 기능은 삶에 필수적이며, 따라서 지속된다.

이런 합리적 기능과 비합리적 기능의 구별은 삶에 필수적인 행정적 기능이 사회에 반하는 것이나 사회 위에 군림하는 것이 되려 하는지를, 그리고 그 기능이 새로운 권위주의적 국가의 도구가 되기 시작했는지를 적절한 시기에 알 수 있게 해준다. 사회에 봉사하는 한, 그 행정적 기능 역시 사회의 한 부분이다. 또한 그 기능은 환영받는 것, 필요한 것이 되며, 삶에 필수적인 일의 영역에 속하게 된다. 그러나 국가기구가 사회의 주인으로서 그리고 압제자로서 스스로를 내세운다면, 또한 자신을 위하여 독립된 권력을 주장한다면, 국가기구는 사회의 가장 큰 적이 되며, 따라서 그런 취급을 받아야만 한다.

현대의 복잡한 사회적 유기체가 행정기구 없이 존재할 수 없다는 사실은 너무나 분명해서 이 사실을 증명하기 위해 더 이상의 증거가 필요하지 않다. 또한 '국가적'인 타락의 경향을 뿌리 뽑는 것이 원칙적으로 쉽지 않다는 점도 명백하다. 이에 대해서는 사회학자와 사회심리학자들의 폭넓은 연구가 있다. 권위주의적 국가가 일단 전복된다면, 지속되어야 할 과제는 행정적 기능이 다시 독립된 권력이 되지 않도록 막는 일이다. 그러나 이 권위주의적 독립이 노동하는 인민대중들이 자신의 일을 규제하고, 관리하고, 스스로 통제할 능력이 없다는 것의 직접적인 결과이기 때문에, 권위주의적 국가의 문제를 인간구조의 문제와 무관한 것으로 다루어서는 결코 그것을 극복할 수 없다. 그 반대의 경우 역시 마찬가지이다.

이런 것들은 곧바로 19세기에는 전혀 알려지지 않았던 현상으로, 1914~18년의 제1차 세계대전이 끝난 후 비로소 발전하기 시작한 **'국가자본주의'** 의 문제로 귀결된다.

국가자본주의의 사회적 기능

러시아의 경우 제1차 세계대전이 끝날 때까지, 그리고 미국의 경우 1930년의 세계경제 위기 때까지 사적 자본주의 체제와 국가 체제와의 관계는 단순했다. 레닌과 그의 동시대인들에게 '자본주의 국가'는 단순히 '사적 자본가 계급'의 권력도구였다. 이 관계의 단순성은 러시아혁명에 대한 영화에서 다음과 같은 방식으로 묘사되고 있다.

공장의 사적 소유자는 임금을 낮추려 하며, 노동자들은 반대로 더 높은 임금을 요구한다. 자본가들은 이러한 요구를 거부하며, 노동자들은 자신의 요구를 달성하기 위하여 파업을 시작한다. 자본가들은 경찰국장에게 전화를 걸어 '질서를 회복시켜' 달라고 요청한다. 이 경우 경찰국장은 자본가의 국가적 도구로 처신하며, 따라서 국가가 **'자본가 국가'** 라는 사실을 입증한다. 경찰국장은 부하들에게 공장으로 진입하여 '주모자'를 체포하라고 명령한다. 따라서 노동자들은 지도부를 잃게 된다. 잠시 후 노동자들은 배고픔으로 고통스러워하다가, 원하든 원하지 않든 일자리로 돌아가게 된다. 자본가들이 승리를 거둔 것이다. 이러한 상황은 노동자 계급의 좀더 향상되고 좀더 엄격한 조직화를 요구한다. 노동자의 편에 선 사회학자의 관점에 따르면, 미국에서도 국가와 자본은 유사한 방식으로 결합한다. 그러나 지난 20년간의 거대한 사회적 변혁은 위에서 서술된 단순한 개념에 더 이상 부합하지 않는 변화를 초래했다. 사적 자본주의 체제로부터 '국가자본주의적'이라고 일반적으로 지칭할 수 있는 독일 기업체들이 점점 더 많이 생겨났다. 러시아 사회는 사적 자본가의 자리를 국가의 무한한 지배로 대체했다. 국가자본주의가 무엇이라고 불리든 그것은 별로 중요하지 않다. 단지 구체적이고 엄격한 맑스적 사회학의 의미에서 볼 때, **사적 자본주의 자리에 국가자본주의가** 들어섰다는 것이 명백하다. 이미 지적했듯이, 자본주의의 개념은 개별 자본가들의 존재에 의해 결정되는 것이 아니라, 상품경제와 임금노동의 존재에 의해 결정된다.

1929년부터 1933년 사이의 세계경제 위기로 인하여, 독일과 미국에서도 국가자본주의로 나아가려는 사회적 과정이 시작되었다. 사회 위에 군림하는 조직으로서의 국가 역시 자본주의적인 사적경제 체제에서 독립하기 시작했다. 즉 국가는 이전에는 부분적으로 사적 자본가에게 맡겨졌던 기능을 떠맡았는데, 사적 복지를 국가적 사회보장으로 대체한 것을 한 가지 예로 들 수 있다. 또한 국가는 영역에 따라 정도의 차이는 있었지만, 이전에는 대체로 통제되지 않았던 사적 자본의 이윤활동에 제한을 가했다. 이 모든 것은 임금노동자와 사무직 노동자 대중들이 국가에 가한 압력에 의해 이루어졌다. 바로 이런 방식으로 그들은 자신들의 사회적 영향력을 행사했다. 즉 그들은 **자신들의** 조직을 통해 사회적 과정의 관리를 접수하는 직접적인 방식이 아니라 근본적으로 다른 방식, 다시 말해 국가기구로 하여금 사적 자본주의의 이익을 제한하고 노동자와 사무직 노동자의 권리를 가능한 한 보호하도록 필요한 압력을 가하는 방식으로 영향력을 행사했던 것이다.

이것을 다르게 표현해 보자. 소련에서 일어난 혁명적 사건과 다른 커다란 사회에서 점차 강해지고 있던 경제악화의 결과, 심각한 위기가 생겨난 동시에 파멸에 대항하기 위해 기존의 국가기구를 동원하려는 요구가 생겨났다. 독립된 사회적 권력으로서의 '국가'는 어떤 대가를 치르더라도 사회를 결속시켜야 하는 자신의 본래의 기능을 다시 한 번 강조했다.

이러한 과정을 독일에서는 매우 분명하게 목격할 수 있었다. 1929년부터 1939년 사이의 첨예한 위기 동안, 결속에 대한 욕구가 너무 강했기 때문에 전체주의적이고 권위주의적인 국가사상이 별다른 어려움 없이 폭넓은 지지를 얻을 수 있었다. 그러나 [국가사상이] 사회를 결속시켰다는 것은 인정한다 하더라도, 사회적 위기를 조건짓던 상황은 어떤 방식으로도 해결하지 못했다. 이 점은 쉽게 이해될 수 있다. 왜냐하면 국가 이데올로기는 적대적인 이해관계를 **사실적**이고 **실제적**으로 해결할 수 없기 때문이다. 파시즘이 채택한 수많은 반자본주의적 대책들을 이런 과정으로부터 설명할 수 있는데, 파시즘의 이런 반자본주의적 조치들은 파시즘 속에서 혁명적 사회운동을 보도록 많은 사회학자들을 오도했다. 파시즘은 혁명적인 사회 운동에서 멀리 떨어져 있었다. 파시즘은 단지 사적 자본주의의 유일 지배가 국가자본주의로 갑작스럽게 변한 것에 불과했다. 괴링의 산업체 속에서 국가자본주의와 사적 자본주의는 하나로 결합되었다. 독일 노동자들과 사무직 노동자들은 항상 강력한 반(反)자본주의적 성향을 가지고 있었기 때문에, 이런 변화는 단지 반자본주의적 선전방식을 통해서만 성공을 거둘 수 있었다. 파시즘의 개선행렬을 사회적 비합리주의의 원형으로 만들고, 그렇게 함으로써 파시즘을 파악하기 어렵게 만든 것은 바로 이러한 모순이었다. 파시즘은 인민대중들에게 사적 자본주의에 반대하는 혁명을 약속함과 동시에 사적 자본주의에게는 혁명으로부터의 구제를 약속했기 때문에, 파시즘의 활동은 모순적이고 이해할 수 없는 것, 또는 부질없는 것이 될 수밖에 없었다. 바로 여기에서 독일의 국가기구를 제국주의 전쟁을 일으키도록 이끈 강제적인 힘 역시 설명된다.

독일 사회 내부에서 상황을 실제로 질서 있게 만들 가능성은 전혀 없었다. 물론 경찰의 곤봉과 권총을 통한 쥐죽은 듯한 정적을 '사회적 문제의 해결'이라고 부를 수 없다. '민족의 통일'은 **환상 속에서** 달성되었다. 우리는 엄격한 현실에 토대를 둔 과정만큼은 아니지만 환상에 기반한 과정 역시 효과적이라는 것을 익히 알고 있다. 수천 년 동안 위계적 교회가 보여준 효능이 부인할 수 없는 증거이다. 사회적 공동생활의 실제적 어려움 중 단 한 가지도 제대로 해결되지 못했음에도 불구하고, 정치적이고 환상적인 국가의 통일은 어떤 성과를 거둔 듯한 인상을 주었다. 시간이 지나면서 이런 국가적인 해결책이 더 이상 유지될 수 없다는 것이 명백해졌다. 사회의 분열은 전보다 더 커졌으나, 환상을 통한 국가의 결속은 10년 동안 독일 사회가 형식적으로 몰락하지 않도록 지켜주기에 충분했다. 분열을 **실제로** 해결하는 것은 좀더 근본적인 다른 과정으로 유보되었던 것이다.

국가가 스스로를 자본주의적이라고 또는 프롤레타리아적이라고 부르는 것과 무관하게, 분열된 사회를 결속시키는 국가의 기능은 그대로 남아 있다. 그러나 우리는 원래의 의도에서 드러나는 차이를 잊어서는 안 된다. 즉 파시스트적-권위주의적 국가는 국가사상의 영원한 본질과 인민대중의 영원한 충성심을 공공연히 숭배한다. 레닌의 프롤레타리아 국가는 지속적으로 스스로를 파괴하여 자주관리를 설치하려는 의도를 가지고 있다. 그러나 양자 모두, 그 핵심은 '소비와 생산의 국가적 통제'에 있었다.

이제 공통분모, 즉 노동하는 인민대중들에게 사회를 자주적으로 관리할 능력이 없다는 점으로 돌아가 보자. 그러면 우리는 지난 25년 동안 사적 자본주의가 국가자본주의로 발전하게 되는 논리를 더 잘 이해할 수 있게 될 것이다. 러시아에서는 노동하는 인민대중들이 차르 치하의 국가기구를 전복하고, 그것을 자신들과 같은 계층 출신의 지도자가 이끄는 국가기구로 대체할 수 있었다. 그러나 그들은 자주관리로 나아갈 수 없었으며 스스로 책임을 맡지도 않았다.

다른 나라에서도 외형적으로는 고도로 조직화된 노동하는 인민대중들이 자신들의 조직을 통해 이데올로기적으로 선언된 자주관리를 촉진하거나 완전히 맡을 수 없었다. 따라서 사실상 대중들에게 주어졌던 기능들을 하는 수 없이 국가기구가 점점 더 접수하게 되었다. 예컨대 스칸디나비아와 미국에서 국가기구는 대중들을 대신해 그런 기능들을 접수했다.

러시아, 독일, 스칸디나비아 그리고 미국에서의 사회적 생산과 소비에 대한 국가통제는 각각의 역사적 발전에 따라 근본적으로 상이했지만, 인민대중들에게 사회를 자주관리할 능력이 없다는 공통분모는 여전히 존재했다. 이런 국가자본주의적 발전의 공동 토대로부터 논리적이고 단순하게 권위주의적 독재로 발전할 수 있는 위험이 따라나온다. 국가의 임원이 민주주의적 성향을 갖고 있는가, 아니면 권위주의적인 국가의 대표인가는 순전히 우연에 불과하다. 노동하는 인민대중들의 구조와 이데올로기의 측면에서 볼 때, 독재주의가 국가자본주의로부터 발전되지 않으리라는 구체적인 보장은 현실적으로 단 하나도 없다. 바로 이러한 이유 때문에 인간의 성격구조가 하는 역할을 명백하게 제시·강조하는 것과, 사랑, 노동, 그리고 지식의 과정으로 인간의 책임감이 옮겨가는 것이 진정한 민주주의와 사회적 자주관리를 위한 투쟁에서 매우 결정적인 의미를 갖는다.

아무리 사실이 고통스럽고 부담이 되더라도, 우리가 수천 년 동안의 기계적 문명에 의해 발전되어 왔으며 또한 사회적 무기력과 지도자에 대한 강렬한 욕구로 표현되는 인간의 구조에 직면했다는 사실은 남는다.

독일과 러시아의 국가기구는 과거의 전제정치에서 성장해 왔다. 이러한 이유로 독일과 러시아에서 인민대중들의 성격적인 복종심은 특별히 강했다. 따라서 이들 두 나라의 경우에서, 혁명은 확연한 비합리적 논리를 갖는 새로운 전제정치가 되고 말았다. 독일과 러시아의 국가기구와 비교할 때, 미국의 국가기구는 실제적이고 효과적인 전통에서 자유로운 처녀지로 도망침으로써 유럽과 아시아의 전제정치를 벗어난 인간집단들에 의해 형성되었다. 이러한 점에서 유럽에서는 자유의 구호 아래 감행된 모든 국가의 전복이 필연적으로 전제정치를 초래할 수밖에 없었던 반면, 이 책이 쓰여지고 있는 지금까지도 미국에서는 전체주의적 국가기구가 발전하지 못했다는 것을 이해할 수 있다. 이 점은 히틀러, 무솔리니, 스탈린과 마찬가지로 로베스피에르의 경우에도 적용될 수 있다. 만약 우리가 사실들을 한 쪽에 치우침이 없이 공정하게 평가하려 한다면, 우리가 원하든 원하지 않든, 그리고 좋아하든 좋아하지 않든, 수많은 대중들을 자신들의 권력 기반으로 삼았던 유럽의 독재자들은 예외 없이 억압받는 계층 출신이었다는 점을 분명히 밝혀야 한다. 나는 쉽게 이해할 수 있는 차르나 빌헬름 황제의 전제정치 상황보다, 유럽의 독재자들이 억압받는 계층 출신이라는 사실이 사회연구를 위한 더 많은 자료를 지니고 있다는 매우 비극적인 주장을 하는 것에 주저하지 않는다. 미국의 혁명 선구자들은 낯선 땅에서 민주주의의 기초부터 건립해야만 했다. 이런 과업을 성취했던 사람들은 모두 영국의 전제정치에 대항한 반란자들이었다. 반면, 러시아의 혁명가들은 러시아 사람들 전체를 떠맡고 관리해야만 했다. 미국인들은 무에서 출발할 수 있었지만, 러시아인들은 옛 체제에 대항하여 싸운 만큼 옛 체제를 따라 질질 끌려갈 수밖에 없었다.

1940년의 새로운 피난민들에게 소련은 자신들의 문을 닫아버린 반면, 전제정치에서 도피했던 기억을 여진히 간직하고 있던 미국인들은 소련과는 전혀 다르게 더 개방적이고, 더 접근하기 쉬운 태도를 취했다는 사실도 이런 식으로 설명될 수 있다. 또한 고대의 민주주의적 이상을 유지하려는 시도와 참된 자주관리를 발전시키려는 노력이 다른 어떤 곳보다 미국에서 왜 더욱 강력했는지도 이러한 측면에서 설명될 수 있다. 미국에서의 시도와 노력이 수많은 실패와 전통적인 제동에 직면했다는 것을 간과할 수 없지만, 어쨌든 진정한 민주주의적 실험의 부활은 러시아가 아닌 미국에서 도피처를 찾았던 것이다. 단지 나는 파시즘이 한 민족이나 한 정당에만 국한된 문제가 아니라는 점을 미국의 민주주의가 너무 늦기 전에 완벽하게 인식하기를 바랄 뿐이다. 또한 미국의 민주주의가 인민대중 자체가 지닌 독재주의의 경향을 극복하는 데 성공하기를 바랄 뿐이다. 미국인들이 비합리성의 강요를 거부할 수 있을지 아니면 그것에 굴복하게 될지는 시간만이 말해 줄 것이다.

나는 중요한 것은 범죄적이거나 사악한 의지를 다루는 것이 아니라, 일찍이 존재했던 특정한 상황에 토대를 둔 발전을 묘사하는 것뿐이라고 강조하려 한다.

대중들의 구조와 국가형태 사이의 관계를 간략히 요약해 보자.

수동적으로 표현되든 능동적으로 표현되든 간에, 인민대중들의 성격구조는 국가형태에 결정적인 영향을 끼친다. 제국주의를 용납한 것은 대중들의 구조이다. 제국주의를 능동적으로 지지하는 것 역시 이 구조이다. 새로운 전제정치의 생성을 저지할 능력은 없지만, 전제정치를 무너뜨릴 수 있는 것도 대중들의 구조이다. 국가가 진정한 민주주의의 방향으로 나아갈 때, 진정한 민주주의의 노력을 촉진하고 지지하는 것도 이 구조이다.

진정 민주주의적인 **국제** 자유운동이 실패할 때, 민족-혁명 운동을 불러일으키는 것도 이 구조이다. 민주주의가 실패했을 때 가족, 인민, 민족 그리고 국가라는 환상적 통일에서 피난처를 구하는 것도 바로 이 구조이다. 하지만 사랑, 노동, 그리고 지식의 과정을 받아들이고 발전시키는 것 역시 바로 이 구조인 것이다. 그러므로 **유일하게** 이 구조만이 '자신들 위에서 군림하는' 행정적 기능을 조금씩 인수하고 **자신들의 노동 조직을** 통하여 그 기능을 실행하는 것을 배움으로써, **국가행정의 진정한 민주주의적 노력이 자신들에게 뿌리 내리게** 할 수 있다.

따라서 국가행정으로부터 자주관리로의 변화가 급속히 이루어지는지, 천천히 이루어지는지는 전혀 중요하지 않다. 즉 원칙적으로는 중요하지 않다. 이런 변화가 유기적으로 그리고 피를 흘리지 않고 완성된다면, 모든 이를 위해 더욱 좋은 일이다. 그러나 이것은 사회 위에 군림하고 있는 국가의 대리자들이 자신들은 단지 노동하는 인간 공동체의 위임을 받은 집행기관일 뿐이라는 사실을 완전히 인식할 때만 가능하다. 엄밀하게 이야기해서 자신들이 수많은 사람들이 필연적으로 처해 있는 무지와 비참함으로 인해 부득이하게 생겨난 집행기관이라는 사실을 인정할 때만이 가능하다. 정확히 말해서 그들은 어린이들을 신뢰하고, 그들을 독립적인 성인으로 만드는 훌륭한 교육자로서의 과업을 지니고 있다. 진정한 민주주의를 이룩하려고 노력하는 사회라면, 마치 교육자가 어린이에 대한 자신의 의무를 다 했을 때 쓸모없어지는 것처럼, 국가의 과업이 **스스로를 축소하고 점점 쓸모없게 만드는 것**이라는 원칙을 결코 잊어서는 안 된다. 이러한 원칙이 잊혀지지 않는다면 유혈사태는 피할 수 있고 피하게 될 것이다. 단지 국가가 현저하게, 오해가 없도록 스스로를 축소시키는 만큼 노동민주주의의 **유기적** 발전이 가능하다. 반대로 국가가 자신을 영속화시키려 하고 자신의 교육적 과업을 잊어버린다면, 그만큼 인간 사회는 국가가 필요에 의해 생겨난 것이고, 역시 필요에 따라 사라져야 한다는 점을 상기하도록 만든다. 그러므로 나쁜 의미에서가 아니라 좋은 의미에서의 책임은 인민대중들뿐만 아니라 국가에게도 있는 것이다. 국가는 노동하는 인민대중들이 지니는 억제할 수 없는 자유에 대한 열망을 촉진시키는 의무뿐만 아니라, **자유를 향한 이런 열망에 자유로워질 능력을 불어넣을 의무를 또한 가지고 있다.** 만약 국가가 이런 의무를 수행하지 못한다면, 자유에 대한 강렬한 갈망을 억압하거나 심지어 그 갈망을 오용하고 자주관리로 가려는 의도를 방해한다면, 국가는 자신의 파시스트 성격을 확증하는 것이다. 이렇게 되면, 국가의 직무태만에 의해 야기된 손해와 위험에 대한 모든 책임을 국가가 져야만 할 것이다.

10장 _ 노동의 생체사회적 기능

'자발적 노동규율'의 문제

노동은 인간이 사회적으로 존재하기 위한 토대이다. 모든 사회이론은 이 점을 강조하고 있다. 그러나 여기에서 문제가 되는 것은 노동이 인간 존재의 토대라는 **점**이 아니라, 노동이 본질적으로 인민대중들의 생물학적 욕구와 **대립**되는가 아니면 **일치**를 이루고 있는가 하는 점이다. 맑스주의적 경제이론은 경제적 가치로서 생산되는 모든 것은 **죽어 있는** 물질이 **아니라 살아 있는** 인간 노동력의 소비를 통해서 발생한다는 것을 입증했다.

그러므로 가치를 생산하는 유일한 힘으로서 인간의 노동력은 특별한 관심과 보호를 받을 가치가 있다. 하지만 사용가치가 아니라 시장경제가 지배하는 사회에서 인간의 노동력을 보호하거나 조심스럽게 취급하는 것은 전혀 불가능하다. 시장경제에서 노동력은 다른 모든 상품과 마찬가지로 생산수단의 소유자(국가 혹은 자본가)들에 의해 구매되고 사용된다. 노동자가 받는 '임금'은 노동자가 자신의 노동력을 재생산하기 위한 최소한의 액수와 거의 일치한다. 이윤경제는 노동력을 소중히 여기는 데에는 별로 관심이 없다. 왜냐하면, 노동의 점진적인 기계화와 합리화의 결과, 소비된 노동력을 즉시 다른 노동력으로 대체할 수 있을 만큼 충분한 노동력이 배출되기 때문이다.

소련은 **사적** 이윤경제는 폐지했지만 **국가** 이윤경제를 폐지하지는 않았다. 소련의 원래 의도는 노동의 **자본주의적** '합리화'를 사회주의적 합리화로 변형시키는 것이었다. 소련은 농촌의 생산력을 해방시켰으며, 노동시간을 전반적으로 단축했다. 이렇게 함으로써 소련은 1929년부터 1932년 사이의 극심한 경제 위기를 실업을 초래하지 않고도 성공적으로 견뎌냈던 것이다. 소련이 초기에는 사회주의적 합리화 조치를 가지고 공동경제의 요구에 근접하는 데 부분적으로 성공했다는 점에는 의심의 여지가 없다. 그러나 진정한 민주주의, 즉 노동민주주의의 기본문제는 이런 부분적인 성공을 넘어 **노동이 부담을 주는 의무에서 실제로 욕구의 충족으로 자신의 본질을 변화시킬 수 있는가 하는 것이었다.**

인간의 노동기능에 관한 성격분석적 연구는 (완결되기까지는 아직 많은 시간이 필요하지만) **노동의욕**에 대한 문제를 **실천적으로** 해결할 수 있는 많은 단서들을 우리에게 제공해 준다. 우리는 인간의 작업을 정확하게 두 가지의 기본적 형태로, 즉 **강압적이고-즐겁지 못한** 작업과 **자연스럽고-즐거운** 작업으로 구분할 수 있다.[1]

필수적인 이해를 위해, 우선 인간의 노동에 관한 기계론적인 학문의 몇 가지 관점에서 벗어나는 것이 필요하다. 실험심리학은 단지 어떻게 하면 인간의 노동력을 가능한 한 더 많이 이용할 수 있을 것인가라는 문제만을 고려하고 있다. 실험심리학이 노동의 **즐거움**에 관해 이야기할 때, 그 즐거움은 독립적으로 작업하는 과학자나 예술가가 자신들의 성취에서 얻는

---

[1] [지은이] 이 구분에 관해서는 나의 책 『성격분석』을 참조할 것.

즐거움을 의미하는 것이다. 정신분석학적 노동이론 역시 언제나 **정신적인 성취의 형태에만 관심을 두는 잘못을 저지르고 있다. 노동을 대중심리학적으로 올바르게 고찰하는 것은 노동자와 그의 작업으로 생산된 생산물과의 관계로부터 출발한다.** 이 관계는 사회경제적 배경을 가지며, 노동자가 자신의 노동에서 만들어내는 쾌락과 관련되어 있다. 일반적인 생활과 마찬가지로, 노동은 유쾌한 박동에 근거를 둔 생물학적 기본활동이다.

'독립적으로' 작업하거나 연구하는 연구자가 얻는 노동의 즐거움은 결코 노동의 척도가 될 수 없다. 사회적 관점에서 볼 때 (다른 어떤 문제제기도 사회학과는 관계가 없다) 20세기의 노동은 '의무의 법칙'과 '생계의 불가피성'에 의해 완전히 지배되고 있다. 전세계의 수십억 노동하는 사람들의 노동은 그들에게 쾌락이나 생물학적 만족을 조금도 제공해 주지 못한다. 근본적으로 그들의 노동은 **강제적 작업**형태에 의해 형성된 것으로 그 노동은 **노동자의 생물학적 쾌락욕구와는 반대되는** 특징을 지닌다. 노동은 몰락하지 않기 위한 의무와 양심의 결과로, 대부분 다른 모르는 사람을 위해 행해진다. 노동자는 자신이 행하는 노동의 생산물에는 관심이 없다. 따라서 노동은 즐거움이 결여된 귀찮은 것이다. 즐거움에 기반하는 대신 특정한 강제에 기반하는 노동은 생물학적으로 비경제적일 뿐만 아니라 경제적 측면에서도 생산적이지 못하다.

이 문제는 매우 중대하지만, 상세히 파악되지 않았다. 우선, 이 문제의 윤곽을 파악해 보자. 기계적이고 생물학적으로 만족을 주지 못하는 노동이 일반적인 기계적 생활관과 기계 문명의 산물이라는 점은 명백하다. 생물학적 노동기능은 사회적 노동기능과 조화될 수 있는가? 물론 가능하다. 그러나 우선 단단하게 굳어 있는 사상과 제도가 급진적으로 수정되어야만 한다.

19세기까지는 수공업에 종사하던 사람들이 자신들의 생산물과 완전한 관계를 맺고 있었다. 하지만 포드공장에서 볼 수 있듯이 노동자가 쉴 새 없이 하나의 동일한 작업만을 수행하고, 생산물의 전체적인 윤곽을 보지 못한 채 세부적인 작업만을 하게 될 때, **만족스러운** 노동에 대해 이야기하는 것은 불가능하다. 전문화·기계화된 노동 분업은 임금노동 체계와 함께 노동자와 기계가 결코 어떤 관계도 맺지 못하도록 하는 작용을 한다.

사람들은 이제 노동**행위** 자체에 주어진 '자연스러운' 노동의 즐거움, 노동에 대한 **욕구**가 있다는 것에 이의를 제기한다. 물론 노동활동으로 생물학적 즐거움을 얻을 수 있지만, 시장경제에서 강요되는 이러한 형태의 활동은 노동의 즐거움과 노동을 향한 갈망을 말살시켜 원래의 노동행위가 실현되지 못하도록 만든다. 따라서 노동민주주의의 가장 우선적인 과업 중의 하나가 **노동의 조건과 형태를 노동에 대한 욕구와 즐거움에 일치하도록 만드는 것**, 한 마디로 말해서 삶의 즐거움과 노동 사이의 적대를 **지양하는** 것이다. 여기에서 인간의 사유를 위한 광대한 영역이 새롭게 열린다. 즉 노동의 즐거움을 없애지 않으면서 노동의 합리화와 기계화를 유지하는 것이 가능한가? 가능하다면 어떻게? 노동의 분업을 없애지 않고서도, 노동자가 자신이 행한 노동의 최종 생산물과 관계를 맺을 수 있다는 것은 분명 상상 가능한 일이다. 노동에서 얻는 삶의 즐거움은 인간이 노동의 노예에서 생산의 주인으로 재구조화되는 데 본질적이고 필수불가결한 요소이다. 인간이 자신의 노동 생산물과 직접적인 관계를 다시 맺을 수 있다면, 인간은 오늘날 그들이 가지고 있지 못한 그리고 거부하고 있는 자신의 노동에 대한 책임을 기꺼이 맡게 될 것이다.

사람들은 소련[의 상황]에 근거하여 다음과 같이 말할 수 있을 것이다. 즉 "당신들 노동민주주의자들은 비록 당신들이 현실을 감상적으로 파악하지 않는다고 자랑하지만, 공상적인 사회변혁가이며 몽상가들에 불과하다. 노동자의 천국이라는 소련에서 '노동의 분업 폐지'는 어디에 있는가? 노동의 즐거움은 어디에 있는가? 임금체제와 상품경제는 폐지되었는가? 당신들은 노동자혁명의 결과 자체에서, 노동에 대한 탐미적인 관점이 얼마나 불가능하고 환상적인 것인가를 보지 못하는가?"

이런 주장에 대해 다음과 같이 대답할 수 있다. 1944년 자연과학의 진보에도 불구하고 대중들의 신비주의는 전보다 더 강해졌다. 이 대답은 옳다. 그러나 인민대중의 합리성이라는 추구하던 목표가 실현되지 않았다는 것으로 그 목표가 성취될 **가능성이 없다고** 논증할 수는 없다. 즐거운 노동이라는 목표가 현실적인 효력을 가지고 있는가라는 근본적인 질문이 아직 남아 있다. 만약 이러한 목표가 현실적인 효력을 가지고 있다면, 또한 모든 사람들이 그것을 강렬하게 요구하고 있다면, 우리는 무엇이 이 목표의 달성을 방해하고 있는지를 질문해야 한다. 이 질문은 과학의 영역뿐 아니라, 기술의 영역에도 적용된다. 우리가 에베레스트 산의 정상에 아직 오를 수 없다는 것이, 에베레스트 산이 결코 정복될 수 없다는 것을 증명하는 것은 아니다. 마지막 8백 미터가 문제일 뿐이다!

바로 이러한 점에서 노동민주주의와 정치 사이의 첨예한 모순이 드러난다. 즉 신문들은 인민대중들이 겪고 있는 노동과정의 어려움에 대해서는 단 한 마디도 언급하지 않는 정치적 논쟁들로 가득 채워져 있다. 이 점은 이해할 만도 하다. 왜냐하면 정치가들은 노동에 대해서는 아무것도 모르기 때문이다. 이제 노동민주주의 공동체가 신문으로부터 모든 비합리주의를 몰아내고 즐거운 일에 대한 토론으로 신문을 가득 채운다고 생각해 보자. 노동하는 인민대중들은 즉시 어떠한 형태의 정치적인 것도 영원히 불가능하도록 만들 제안과 조언을 가지고 나타날 것이다. 작업반장, 기술자, 전문직 노동자들이 즐겁게 모든 노동과정의 방식을 설명하고, 개선을 위한 제안과 충고와 발명들을 제시하는 것을 한번 상상해 보라. 그들은 서로 논쟁하고 경쟁할 것이다. 논쟁이 격렬해지기도 할 것이다. 이러한 것들은 모두 좋은 일이다. 사람들이 감옥 같은 공장이 아니라, 채광과 환기가 잘 되고 목욕실과 부엌 등등이 갖추어진 요양소 같은 공장을 세우려는 생각에 도달하기까지는 수세기가 걸렸다. 전시(戰時)경제의 압력으로 공장에는 라디오 음악이 도입되었다. 정치가가 아니라 노동하는 대중들이 '신문을 소유한다면', 이 과정이 훨씬 더 진전될 것이다.

소련경제의 초기 몇 년 동안에는 노동민주주의의 단초를 볼 수 있었다. 예를 들면, 성장하는 세대에 대해 행해지던 편향되고 전문적인 교육은 폐지되었으며, 직업 생활을 위한 **전반적인** 준비를 제공하는 데에 모든 노력이 경주되었다. 이 방식으로 노동 분업의 폐해를 상쇄하려는 시도가 이루어졌던 것이다. '정신적' 노동과 '육체적' 노동 사이의 차이가 좁혀졌다. 젊은이들은 나중의 직업 생활을 위한 전반적인 정신적·육체적 준비를 할 수 있었기 때문에, 사회의 구성원이라면 누구나 노동과정의 어떠한 위치에든 고용될 수 있었다. 예를 들면, 공장의 노동자들은 주기적으로 다른 일자리에 다양하게 배치되었다. 또한 다양한 공장의 노동자들이 서로 교환되었다. 만약 숙달된 전문가들이 공장의 관리 위치로 오게 되면, 그들은 얼마의 기간이 지난 후에, 노동과의 접촉을 잃고 행정적 관료로 변하지 않도록 다시 기계를 다루는 현장으로 돌려보내졌다.

작업장에서의 자치는 이른바 '3중 감독 체계'의 설립에서 잘 표현된다. 모든 작업장은 그 작업장의 노동자들에 의하여 관리되었다. 그리고 그 관리를 맡은 노동자들은 작업장의 전체 종업원에 의하여 선출되었다. 이러한 방식으로 한 작업장의 종업원은 직접적으로 경영에 참여했다. 또한 특별 '생산협의회'가 개최되었다. 이런 사실을 비롯한 다른 많은 사실들이 노동의 쾌락과 작업의 통합을 재확립하기 위한 **새로운 방식이 시작되었다는** 것을 보여주었다. 노동민주주의의 반대자들은 바로 여기에서 공장 종업원들의 생산협의회가 시간이 지남에 따라 형식적인 것으로 타락하거나 완전히 폐지되는 등, 대부분의 성과가 유지되지 못했다는 점을 의기양양하게 지적할 것이다. 이에 대하여 다음과 같이 답할 수 있다. 비록 고대의 다이달로스와 이카로스, 그리고 중세의 레오나르도 다 빈치의 하늘을 날기 위한 노력은 실패했으나, 라이트 형제는 하늘을 나는 데 성공하지 않았던가? **소련에서 공장의 노동민주주의적 관리의 첫번째 단초는 경영관리가 인간의 성격구조와 함께 개조되지 않았기 때문에 실패했다.** 이것은 하나의 교훈이며, 다음에는 더 좋은 결과가 있을 것이다.

한 사람의 관리자가 작업장의 **책임자**라는 역할을 개인적 책임으로 맡고 독립적인 감독지위에 오르게 되었을 때, '3중 감독 체계'와 '작업장의 자치'는 다시 폐지되었다. 물론 이 '책임자' 역시 언제나 노동자, 즉 해당 작업장의 종업원 출신이지만, 이 **독립된** 작업장의 '관리자'는 곧 노동하는 대중들의 모든 특성에서 벗어나 감독자, 관료, 통치자로 발전할 수밖에 없게 된다. 바로 여기에 소련의 새로운 '지배계급'의 뿌리가 있다. 그러나 그렇다고 해서 모든 노동과정 자체가 본질적이고 필연적으로 **노동민주주의적**이고 **노동민주주의적**이어야만 한다는 사실이 부정되는 것은 아니다. 노동의 자주관리는 자발적으로 존재한다. 문제는 노동하는 대중의 구조가 변화하여, 자연스러운 노동민주주의를 관료제라는 부담에서 해방시키고, 자연스러운 노동민주주의 **자체의 형태와 조직을 발전시키도록** 하는 것이다. 노동과정에 정통한 노동민주주의자는 이런 어려움을 부인하지 않는다. 반대로 그는 어려움을 강조하고 부각시킨다. 왜냐하면 모든 어려움을 이해하고 극복하는 것이 중요하기 때문이다. 노동민주주의자는 어려움, 퇴보, 그리고 실패에 기반하여 자신의 권력을 형성할 뿐, 인민대중 위에 군림하는 정치가들처럼 어려움, 퇴보, 그리고 실패가 있다는 것을 가지고 의기양양해 하지 않는다. 노동민주주의자는 사용경제를 계획하는 것과 인간을 재구조화하는 것이 불가능하다는 증거로써 이 어려움을 이용하는 것이 아니라, 바로 이 어려움으로부터 더 나은 방법을 배우려 하는 것이다. 다리가 마비된 사람은 달리기 선수가 넘어지는 것을 쉽게 비웃을 수 있다.

소비에트 정부가 아주 일찍부터 당면했던 어려움 중 하나는 바로 전문적인 교육을 받은, 정치에 관심을 가질 만한 노동자들이 정치에 대한 열정을 거의 보이지 않는다는 사실이었다. 이 점을 입증하기 위해서는 어떤 관리가 다음과 같이 말한 것을 인용하는 것만으로 충분할 것이다.

가장 중요한 것은 직업에 대한 사랑이다. 능력을 갖춘 노동자들은 당의 가장 중요한 재산이다. 그들은 항상 자신의 직업에 만족하고 있으며, 자신의 일을 개선할 새로운 방식을 찾고 있다. 그들은 대단히 의식적이다. 만약 그들과 대화하면서, 왜 당에 참여하지 않느냐고 물어보면 그들은 시간이 없다고 대답한다. 즉 시멘트의 혼합과 강철을 개선하는 방법을 찾는 데 흥미가 있다는 것이다. 그래서 그들은 자신의 것, 즉 연장 같은 것들을 발명하게 된다. **바로 그런 노동자들에게 접근하는 방법을 우리는 아직 발견하지 못했다.** 그러나 그들은 최고의 가장 발전된 노동자들인 것이다. 그들은 항상 바쁘며 자신들의 생산을 개선할 수 있는 방법을 찾고 있다.

이 관리는 노동과 정치의 관계에 있어서 기본적인 문제 중 하나를 언급하고 있다. 독일에서도 다음과 같은 말을 흔히 들을 수 있었다. "우리 자유주의 정치가들은 분명히 올바른 관점을 가지고 있으며 노동자들 역시 우리를 이해하고 있다. 그러나 노동자들은 정치와는 아무런 관계도 맺고 싶어하지 않는다. 또한 우리는 산업노동자를 정치적으로 쟁취하는 데 있어서 커다란 어려움을 겪고 있다." 1923년 이후 독일의 산업노동자들을 공산당과 소원해지도록 만들었던 정치적 실망은 제외하더라도, 계속해서 무시되었거나 이해될 수 없었던 상황이 중요한 역할을 했다. 즉 **정치가들은 전문적인 문제제기에 관해 아무것도 이해하지 못했으며, 노동에서도 완전히 소외되어 있었던 것이다.** 전문적인 관심을 가지고 있는 작업장의 노동자가 만약 어떤 정당에 소속되어 있다면, 그는 저녁에 '정치로 전환' 되어야만 한다. 즉 자신이 속한 정당의 여러 행사에 참여해야만 하는 것이다. 정치가들은 노동과정 자체로부터 사회-혁명적인 태도와 사상을 발전시킬 능력이 없었다. 즉 그들은 노동에 관해 전혀 아는 것이 없었다.

반대로 이 정치가들은 노동자들이 전혀 관심을 갖지 않는 추상적인 고도의 국가정치를 외부로부터 주입하려고 시도한다. 그러나 노동민주주의의 세부적인 사항은 **전문적인 노동**에서 유기적으로 발전될 수 있다. **우리가 작업을 관리해야만 할 때, 우리의 작업장을 어떻게 계획할 것인가? 어떻게 어려움을 극복해야 하는가? 더 쉽게 일하기 위해서, 어떻게 작업장을 합리화할 것인가? 작업장을 더 잘 운영하기 위하여, 우리는 어떤 지식을 더 배워야 하는가? 우리는 주거지, 식량, 아이 양육 등을 위해 어떤 준비를 할 것인가?** 이런 질문들은 책임 있는 노동을 수행하고 있는 모든 사람들에게, '**이 작업장은 우리의 골칫거리**' 라는 감정을 불러일으킬 것이다. 노동자들 스스로가 경영을 공부하고 실천적인 생동감을 유지하면서 작업장을 전문적으로 지배할 때 노동하는 대중은 노동으로부터의 소외에서 벗어날 수 있다. 이를 통하여, 사회적 삶을 황폐하게 하는 숙련노동과 사회적 책임 사이의 차이는 지양된다.

소비에트 정부와 '노동의 신성화'

초창기 소비에트 정부가 아주 일찍부터 당면했던 어려움 중 하나는 바로 전문적인 교육을 받은, 정치에 관심을 가질 만한 노동자들이 정치에 대한 열정을 거의 보이지 않는다는 사실이었다. 당의 활동에 참여하기보다는 "시멘트의 혼합과 강철을 개선하는 방법을 찾는 데" 열중한다는 불평이었다. 그러나 이런 불평은 노동 자체의 성격에 관해 전혀 아는 바가 없었던 정치가들의 무능력을 입증할 뿐이다. 정치가들은 연달아 진행된 경제부흥 계획의 와중에서도 노동과정 자체로부터 사회–혁명적인 태도와 사상을 발전시킬 가능성이 있다는 사실을 완전히 간과했다. 따라서 노동민주주의를 확립하려고 애쓰기보다는 규율, 금욕, 청렴에 바탕을 둔 노동의 신성화에 입각해 강제노동을 정당화하려고 했던 정치가들에 맞서 노동자들이 결근, 음주, 지각, 태업, 이직 같은 방식으로 강제적 노동을 거부한 것은 당연한 수순이었다. 그리고 다양한 법적 규제를 통해서 자신들이 바라던 노동규율을 확립하려 한 정치가들의 대응방식은 상황을 계속 악화시킬 뿐이었다. '노동으로부터 해방된 사회'를 추구했던 소비에트 정부가 지극히 자본주의적인 '노동의 신성화'를 부르짖게 된 역설은 이렇게 가능해졌다(위 사진은 1927년 노동규율 강화책의 일환으로 실시된 체육대회에 참여하기 위해 운동복 차림으로 모스크바의 붉은광장을 걸어가고 있는 소련 여성들의 모습이다).

숙련노동과 사회적 책임은 통일될 것이며, 그렇게 될 때 **노동쾌락과 기계적인 노동조건** 사이의 모순 역시 지양될 것이다.

파시즘 아래의 독일에서 노동자는 노동과정에 조금도 관심을 가지고 있지 않았다. 노동자는 모든 책임을 지고 있는 작업장 관리자의 명령에 복종해야만 하는, 즉 '지도를 받는', 책임이 없는 신하였다. 또한 파시즘 아래의 독일 노동자는 스스로 사회적인 책임을 지는 사용가치의 생산자로서가 아니라 '독일인'으로서 작업장을 대표하고 있다는 민족주의적 환상을 지니고 있다. 이런 환상적·민족주의적 태도가 독일의 민족사회주의 경영 세포 조직[2] 전체의 노동을 특징지었는데, 그 노동은 '국가'와의 환상적인 동일시를 이용하여 노동에 대한 노동자들의 실제적인 무관심을 감추기 위한 모든 수단을 동원했다. 그런데 이제 독일에서든, 미국에서든, 호놀룰루에서든 사회는 사회이며, 기계는 기계인 것이다. 즉 '노동'과 마찬가지로 사회와 기계는 **국제적인** 상황이 되었다. 따라서 **'독일식 노동'은 터무니없는 말이었다!** 자연스러운 노동민주주의는 노동에 대한 무관심을 지양한다. 노동민주주의는 '국가'와의 환상적인 동일시나 머리 색깔 또는 코의 모양 등을 이용해서 무관심을 감추려 하지 않는다. 노동민주주의는 노동자들이 자신의 생산물에 대해 진정으로 책임을 느끼게 하고, '작업장은 우리들의 것'이라는 감정을 갖게 함으로써 무관심을 제거한다. 이것은 형식적인 '계급의식'을 갖거나 어떤 특정한 계급에 속하는 문제가 아니라, **직업적이고 전문적인 관심**, 민족주의와 계급의식의 자리를 대체하는 노동과의 실제적인 결합의 문제인 것이다. 사람들은 자신이 행하는 노동과 실제적으로 밀

---

[2] National Sozialistische Betriebszellen-Orgnization. NSBO라는 약칭으로도 불리는 이 조직은 나치독일 노동부의 행정적 하부조직이다.

접하게 결합될 때에 비로소, 독재적이고 형식적인 민주주의의 노동형태가 노동 자체뿐만 아니라 노동의 즐거움에도 얼마나 파괴적인가를 이해할 수 있는 능력을 가지게 된다.

　노동이 한 인간에게 즐거움을 줄 때, 우리는 그 인간과 노동과의 관계를 '리비도적'이라고 부른다. 노동과 성은 (엄밀하고 넓은 의미에서) 밀접하게 얽혀 있기 때문에 인간과 노동과의 관계는 동시에 인민대중의 성경제적 문제이기도 한데, 이는 인민대중들이 생물학적 에너지를 사용하고 만족을 느끼는 것이 노동과정의 위생에 달려 있는 것과 마찬가지이다. **노동과 성은 동일한 성 에너지에서 나온다.**

　노동자들은 자신들이 진행시킨 정치혁명에서 자신들이 모든 책임을 가지고 있다는 생각을 하지 못했다. 이것이 권위주의적 조치로의 퇴행이라는 결과를 불러오게 된다. 아주 일찍부터 소비에트 정부는 노동자들이 자신들의 노동도구를 중시하지 않는다는 어려움과 투쟁해야만 했다. 즉 직장이탈과 작업장에서 노동자들이 일으키는 엄청난 동요 등에 대한 불평은 결코 적지 않았다. 1934년 5월 22일자 『뵈르젠』(Börsen)은 석탄비축 상황이 '만족스럽지' 못하다는 것에 대해서, 특히 가장 중요한 석탄지구인 돈바스[우크라이나 남동부에서 러시아 남서부에 걸쳐 있는 탄전]의 상황에 대하여 매우 상세하게 보도했다. 이 기사는 기사가 나온 해인 1934년 1월에 하루 생산량이 12만 톤에서 14.8만 톤으로 늘어날 수 있었던 것은 단지 비상조치를 취함으로써, 즉 수많은 엔지니어와 기술자들을 사무실에서 탄광으로 파견함으로써 가능했다고 보도했다. 그러나 그렇게 했음에도 불구하고 기계는 완전히 가동되지 못했으며, 1934년 3월에는 하루 생산량이 다시 14만 톤으로 떨어졌다는 것이다. 이런 생산량 감소의 주된 이유 중 하나는 기계취급에서의 '태만'이었다. 또 다른 이유는 많은 노동자들이

'봄이 다가옴에 따라' 탄광을 벗어나려 했다는 데에 있었다. 보도에 따르면, 이것은 '관심의 결핍' 때문이었다. 1월과 2월에 3만 3천명(!)의 노동자가 탄광을 떠났으며 2만 8천명이 새로 고용되었다. 사람들은 만약 관리부서에서 노동자들에게 **더 나은 생활조건과 여가시간에 필요한 오락**을 제공했다면, 이 거대한 이동을 피할 수 있었을 것이라고 주장한다.

위의 사실은 금욕주의, 그리고 경제주의자가 범하는 인간소외의 정곡을 찌르는 것이다. 분명히 '여가시간'은 오락과 '**생활의 즐거움을 향유**'하기 위한 것이다. 또한 작업장에는 클럽, 극장, 그리고 다른 오락시설들이 설치되어 있었다. 따라서 사람들은 노동과정의 위생을 위해 생활의 즐거움이 중요하다는 것을 느끼고 있었다. 그러나 공식적으로, 특히 사회 이데올로기에서 '노동은 삶의 **내용**'이며 성과 모순되는 것이라고 공표되었다.

영화 『인생의 길』에는 비행청소년들을 모아놓은 공장에서 봄철에 발생한 봉기가 묘사되고 있다. 그들은 기계를 부수고 일하기를 거부한다. 이 영화는 기차 진입로가 홍수로 물에 잠겨 작업원료가 운반될 수 없었다는 사실에 봉기 발발의 원인을 돌리고 있다. 다시 말해서 '폭발'의 원인이 '작업 원료의 부족'이라는 것이다. 그러나 소녀들을 만나지 못한 채 집단생활을 하는 젊은이들은 봄의 열병을 앓고 있었는데, 그 열병은 일의 중단으로 인해 드러나긴 했지만 그 중단 때문에 야기된 것은 아니었다. **충족되지 않은 성은 쉽사리 분노로 바뀌게 된다.** '감옥에서의 폭동'은 성적 불만족 때문에 초래되는 사디즘의 폭발이다. 그러므로 3만 3천명의 노동자가 봄이 되어 **때마침** 한꺼번에 직장을 떠나게 된 원인이 소련에서의 만족스럽지 못한 성경제적 조건에 있었다는 것에는 의심의 여지가 없다. '성경제적 조건'이라는 것은 단지 정돈되고 만족스러운 성생활의 가능성뿐만 아니라, 노동에서의 쾌락이나 생활의 즐거움과 관련되는 모든 것을 의미한다. 그러나 소련의 정치가들은 성적 욕구에 반하는 노동요법을 실제 상황에 적용했다. 이런 실천은 당연히 나쁜 결과를 초래한다. 나는 10년 이상 소련문학의 공식 문헌을 읽어보았지만 이런 결정적인 생물학적 관계를 암시하는 문헌은 단 하나도 만나볼 수 없었다.

노동자의 성생활과 작업 사이의 관계는 결정적으로 중요하다. 일을 한다고 해서 성 에너지의 충족이 어려워지는 것은 아니며, 외적 조건이 충분히 갖춰진다면 **성생활이 만족스러울수록 작업은 더 완벽하고 즐거운 것이 된다.** **충족된** 성 에너지는 일에 대한 관심과 활동에 대한 욕구로 자발적으로 변한다. 반대로 성적 욕구가 충족되지 못하고 억압된다면, 노동 역시 여러 가지 형태의 방해를 받게 된다. 그러므로 노동민주주의 사회의 노동위생 원칙은 다음과 같다. 즉 **가장 좋은 노동의 외적 조건을 만드는 것뿐만 아니라, 생물학적 활동 욕구가 최대한 발전될 수 있도록 해주는 내적인 생물학적 전제조건을 만들어내는 것 역시 필요하다.** 그러므로 노동하는 대중들을 위해 완전히 만족스러운 성생활을 보장하는 것이 즐거운 작업의 가장 중요한 전제조건이다. 어떤 사회에서든 노동이 생활의 기쁨을 말살하는 데 공헌하는 정도, 즉 노동이 '조국'에 대한 의무이든, '프롤레타리아트'에 대한 의무이든, '민족'에 대한 의무이든, 어떤 이름을 가지고 있든 상관 없이 의무로서 설정되는 정도가 그 사회 지배계급의 반민주주의적 성격을 판단하기 위한 확실한 기준이 된다. '의무', '국가', '규율과 질서', '희생' 등이 서로 밀접하게 연관되는 것처럼, '생활의 기쁨', '노동민주주의', '자주관리', '노동의 즐거움', '자연스러운 성' 역시 서로 분리될 수 없다.

고루하고 학문적인 철학은 노동하고자 하는 생물학적 욕구가 있는지 없는지를 놓고 쓸모없는 논쟁을 하고 있다. 다른 많은 영역에서와 같이 여기에서도 살아 있는 경험의 결핍이 문제의 해결을 가로막고 있다. 활동 욕구는 유기체의 생물학적 자극원천에서 발생한다. 그러므로 이것은 자연스럽게 주어진 것이다. 그러나 노동의 형태는 생물학적으로 발생한 것이 아니라 사회적으로 발생한 것이다. 쉽게 흘러나오는 인간의 활동 욕구는 객관적 과제와 목표를 통해 자발적으로 충족되며, 사회적 욕구와 개인적 욕구를 만족시키게 된다. 이것을 **노동위생에 적용해 보자. 즉 생물학적 활동 욕구가 충족되고 그 욕구가 발전할 수 있는 방식으로 노동이 설계되어야 한다는 것이다.** 이런 기능은 모든 종류의 도덕적-권위적 의무노동을 배제한다. 왜냐하면 이 기능은 어떤 명령도 참지 못하기 때문이다. 이것은 다음과 같은 것을 요구한다.

1. **최선의 외적 노동조건을 만드는 것**(산업재해방지, 노동시간의 단축, 노동기능의 다양화, 노동자와 그의 생산물 사이의 직접적인 관계 확립).
2. **자연스러운 활동 욕구의 해방**(경직된 성격무장 형성 방지).
3. 성적 에너지가 노동에 대한 관심으로 바뀔 수 있는 모든 전제조건의 창출. 이를 달성하기 위해서 성적 에너지는,
4. **충족될 수 있어야 하며 실제로 충족되어야 한다.** 이를 위해 노동하는 대중들이 **성경제적이고, 사회적으로 용인된, 완전히 충족되는 성생활**을 할 수 있도록 필요한 모든 전제조건이 보장되어야 한다(**주택위생, 피임,** 어린이와 청소년의 성을 긍정적으로 지도하는 성경제학).

소련 사회의 진행과정으로부터 뭔가를 배우기 위해서, 우리는 소련의 퇴보를 실제적으로 이해해야만 한다. 대중 구조를 변화시킬 때 따르는 어려움이 2차적인 요인인 단순한 '이데올로기적' 요인과 관련이 있다고 잘못 평가되었던 것이다. '낡은 전통', '나태함', '소시민계층 성향' 등, 어느

정도 **도덕적인** 비난을 받았던 것들이 실제로 드러난 것과 같이 경제의 기계화보다 훨씬 더 포괄적이고 해결하기 어려운 문제였다. 소련 정부는 적대적이고, 전쟁의 위험이 있는 제국주의적인 환경의 압력 아래에서 산업화를 가능한 한 급속하게 추진해야 하는 과업을 가지고 있었다. 따라서 소비에트 정부는 권위주의적 방법으로 돌아왔다. 사회적 자치를 향한 초기의 단초는 무시되었으며 심지어는 포기되었다.

무엇보다도, 강제적이고 권위주의적인 노동을 자발적이고 생물학적으로 즐거운 노동으로 전환시키려는 노력이 이루어지지 못했다. 소련에서의 노동은 여전히 강력한 경쟁의 압력 아래, 또는 국가와의 환상적인 동일시의 구조를 지닌 채 진행되었던 것이다. 소련 공산당 제17차 전당대회에서 스탈린이 확언했듯이, '노동의 비인격화'가 시작되었다. 즉 노동의 '재료에 대한 무관심' 그리고 작업장에서 소비자들에게 나가는 생산물에 대한 무관심이 생겨나기 시작했던 것이다. 1917년 중앙집행위원회를 통제하기 위해 중앙집행위원회 내에 설치된 노동자/농민 검열관직은 그것이 완전히 민주주의적 조직이었음에도 불구하고 불충분한 것으로 판명되었다. 스탈린은 다음과 같이 확언했다.

> 노동자/농민 검열관직은 그 조직상, 노동의 집행을 통제하는 데 적합하지 않다. 몇 년 전 경제적 영역에서 우리의 작업이 좀더 단순하고 덜 만족스러웠을 때, 그리고 모든 인민위원회와 경제조직의 노동을 감시할 수 있다고 생각했던 때에 노동자/농민 검열관직은 자신의 직무를 다했다. 그러나 이제는 경제적 영역에서 우리의 노동이 성장하고 더욱 복잡해져서, 이를 중앙에서 감독하는 것이 더 이상 필요하지도 가능하지도 않기 때문에 노동자/농민 검열관직에는 변화가 필요하다. 이제 우리에게 감시는 필요없

지만 **중앙부서의 결정을 집행하는 일을 재심사할 필요는 있다.** 이제 우리에게는 중앙부서들의 결정 집행에 대한 통제가 필요하다. 이제 우리는 모든 것을 감시해야 한다는 불쾌한 목표를 세우지 않고도, 중앙기관의 의사결정이 어떻게 집행되는가에 대한 통제와 재심사에 주의를 기울일 수 있는 조직이 필요하다. 오직 인민위원회의 위탁을 받아 일하고, 현장의 지방조직에 독립된 대표자를 가진 소련 인민위원회의 소비에트 통제위원회가 이 조직이 될 수 있을 것이다. 하지만 소비에트 통제위원회가 충분한 권위를 소유하고 필요한 경우 어떤 관리에게라도 책임을 추궁할 수 있는 지위를 보장받기 위하여, 소비에트 통제위원회의 구성원은 전당대회에서의 추천과 인민위원회와 소련 중앙집행위의 승인을 받아야 한다. 나는 이런 조직만이 소비에트의 통제와 **소비에트 규율을** 강화할 수 있다고 믿는다.
이 조직의 구성원들은 필히 최고기관인 전당대회를 통해서만 선출되고 파면되어야 한다. 이런 조직이 실제로 **중앙 당기관의 결정 집행에 대한 통제를 가능케 하고 당의 규율을 강화시킬 수 있으리라는** 것에는 의심의 여지가 없다.[3]

여기에서 우리는 작업장의 자치가 권위주의적 통제로 급격히 변하는 것을 명확하게 볼 수 있다. 처음에 국가 지도부를 통제할 수 있는 기능을 가졌던 '노동자/농민 검열관직'은 완전히 사라져버리고, 노동자와 농민들에게 지시된 작업을 재심사하는 기능을 갖는 지정된 국가기관이 그 자리를 차지한다. 이러한 급변에 대하여 노동자와 농민은 침묵했으며, 사회적 민주주의는 **완전히 실패하게** 되었다. 인민대중들이 자유로워질 수 없다는 것은 거론되지도, 인식되지도 않았다.

---

3) Josef Stalin, Werke, Bd. 13, Berlin : Dietz-Verlag, 1955, S. 208~209.

이런 전환은 러시아 사회의 결속을 위해서 필요했던 것이다. **노동하는 대중들의 자발적 행동은 발전되지 않았거나, 충분히 발전되지 못했다.** 그것은 공산당이 자발적 행동의 원칙을 공언했음에도 불구하고, 자발적 행동이 발휘될 수 있도록 하는 수단을 알지 못했기 때문이었다. 이전에 노동자/농민 검열관직은 소비에트 대회에서 선출된 대표로서 소비에트 인민위원회와 경제조직 모두를 통제하고 감독하는 과업을 가지고 있었다. 말하자면, 이전에는 소위 대중들이 소비에트를 선출하고, **당과 경제에 대한 감시** 기능을 수행했지만, 이제는 이 기능이 당으로, 그리고 당에 의하여 임명되고 **지방 소비에트 조직에서는 독립된 당의** 기관으로 이전되었다. 노동자/농민 검열관직이 **대중들의 자발적 행동과 자주관리**에 대한 사회적 경향을 표현하는 것이라면, 새로운 '**통제위원회**'는 **당 의사결정의 권위주의적 집행의 표현**이었다. 말하자면, 이것은 자주관리를 발전시키려는 의도로부터 사회와 경제에 대한 권위주의적 통제로 퇴행한 것 중 하나이다.

이런 조치가 본래 소비에트가 가지고 있는 미심쩍은 본질의 결과라고 볼 수 있는가? 그 해답은 다음과 같다. 노동하는 대중들의 대표인 소비에트가 실패한 것이 아니라 정치가들에 의한 소비에트의 조작이 실패한 것이다. 소비에트 정부는 어떤 상황에서도 경제의 문제와 노동규율의 문제를 **해결해야** 했다. 자주관리의 원칙이 실패했기 때문에, 권위주의적 원칙이 다시 자리를 **잡아야만** 했던 것이다. 이런 사실이 우리가 권위주의적 원칙을 긍정한다는 것을 의미하지 않는다. 우리가 이와 같은 파멸적인 퇴보를 강조하는 것은 오히려 이 퇴보의 **원인**들을 찾아내고 어려움을 **제거**함으로써 자주관리가 승리를 거두는 것을 돕고 싶기 때문이다. **여기서 실패의 책임은 전적으로 노동하는 인민대중 자신들에게 있다.** 그들 스스로가 자신들의 약점을 제거하는 법을 배우지 않는 한, 그들은 권위주의적 지배 형태에 계속 머무르게 될 것이다. 아무도 그들을 도울 수 없으며 그들만이 책임을 지는 것이다. 오직 이것만이 진실이며 희망을 주는 것이다. 소비에트 정부가 권위주의적이고 도덕적인 통제방법으로 복귀했다고 해서 소비에트 정부를 비난할 수는 없다. 왜냐하면 소비에트 정부가 모든 것을 위태롭게 만들지 않으려면 권위적이고 도덕적인 통제방식을 **쓸 수밖에** 없었기 때문이다. 단지 자주관리를 잊었고, 자주관리가 미래로 발전하는 것을 차단했고, 자주관리의 전제조건을 만들지 못했다는 점에서 소비에트 정부는 비난을 받아야 한다. 소비에트 정부는 **국가는 소멸해야만 한다는 점을 잊었기 때문에** 비난받아 마땅하다. 또한 대중들의 자주관리와 자발적 행동이 실패한 것을 더 크고 새로운 노력의 출발점으로 만들지 않은 점에서 비난받아야 한다. 이 모든 잘못에도 불구하고, 자발적 활동이 계속 발전중이며 '완전한 사회주의'와 '진정한 민주주의'가 지배한다고 세계를 현혹시키려 했다는 점에서 역시 비난을 받아야 한다.

 환상은 항상 대중들을 속여서 그럴 듯하게 보이도록 만들 뿐, 그 환상의 대상이 **실제로** 실현되는 것을 방해한다. 그러므로 모든 진정한 민주주의자의 첫번째 의무가 발전에 이런 어려움이 따른다는 것을 인식하고, 그 어려움을 밝히고 극복하도록 돕는 데 있다는 것이 명백하다. 스스로가 독재라고 공공연하게 공표하는 것은 위장된 민주주의보다는 덜 위험하다. 독재에 대해서는 방어를 할 수 있으나, 위장된 민주주의는 익사하고 있는 사람의 몸에 달라붙는 거머리와 같다. 소비에트 정치가들은 부정직하다는 비난을 피할 수 없다. 그들은 세계적 차원에서의 진정한 민주주의 발전에 있어 히틀러보다 더 많은 해악을 끼쳤다. 이것은 견디기 어려운 비난이지만, 꼭 필요한 것이다. 자기비판을 하지 않을 수도 있다. 하지만 아무리 고통스럽더라도 그것을 피해서는 안 된다.

소련에서의 자치와 자주관리의 실패는 제1차 5개년 계획이 전투적으로 시작되면서 공표된 노동규율의 조직화로 나아갔다. 경제학은 청년들이 '점령'해야 하는 '요새'였다. 언론은 전쟁을 보도하듯 '출정'과 '전선'(戰線)에 대한 기사를 게재했다. 노동자 군대는 '공격을 하고 있었으며' 여단은 '협곡'을 돌격하여 점령했다. '강철 같은 부대'는 '중화기의 지원 아래 전투지역'을 탈취했다. '수뇌부'가 임명되었고, '탈주자'는 웃음거리가 되었다. '기동훈련'이 진행되었다. '비상이 걸리고', '동원령이 내렸다'. '기병대'는 '공격'을 하여 난공불락의, '사령부가 있는 고지'를 점령했다.

소비에트 문헌에 나타난 이런 예들은 거대한 5개년 계획의 관철이 전쟁분위기에서 차용된 동시에 **전쟁분위기**를 창출하는 이데올로기의 도움을 받아서야 가능하다는 것을 보여주기에 충분하다. 물론 대중들이 자유로워질 수 있는 능력을 가지고 있지 못하다는 현실적인 상황이 이 모든 것의 토대였다. 서구에서의 사회혁명 중단, 무엇보다도 소련 사회에서 자치가 실패한 결과 전쟁상태에 놓이게 된 국토에 방어태세를 갖추는 데 가속화된 산업화가 이바지했다. 당시 소련은 모든 군사적 대결, 특히 동부중국 철도와 만주지역으로 인해 발생한 일본과의 대결을 지연시켜야 하는 어려운 외교적 과제를 가지고 있었다. 그럼에도 불구하고, 실제로 소련이 제국주의적 공격에 대항하여 스스로 무장하는 과정에서 불가피했고 현실적으로도 유용했던 것이 당시의 객관적인 발전상황에 의해 다음과 같은 두 가지 끔찍한 여파를 남겼다.

1. 1억 6천만의 인민이 수년 동안 계속해서 전쟁의 상태 속에 놓이게 되고 군사 이데올로기에 고취된다면, 군사 이데올로기의 목적이 달성된다 하더라도 그 이데올로기는 필연적으로 인간의 성격구조의 형성에

영향을 미치게 된다. 대중지도부의 군사적 구조가 자율성을 획득하는 것이다. 대중들에게 삶의 **이상**으로 교육된 '사욕이 없는 헌신'은 독재적인 숙청, 처형, 다양한 종류의 강압적 조치를 가능케 하는 대중심리적인 토대를 점진적으로 형성했다. 이 모든 것에 비추어 볼 때, 어느 누가 자유로운 사회를 향한 발전에서 생체심리학의 역할을 과소평가 할 수 있을 것인가?

2. 적대적인 환경에 둘러싸여 있다고 느끼는 정부가 수년 동안 특정한 방식으로 대중들에게 군사 이데올로기적 영향력을 행사하고, 눈 앞의 어려운 과제를 해결하면서 겪는 혼잡 속에서 자신의 원래 과업을 잊는다면, 대중들에게 이데올로기를 행사한 목적이 충족되어 그 이데올로기가 쓸모없게 된 이후에도 그런 분위기를 계속 유지하고 심화하겠다는 생각을 쉽게 할 수 있다. 그리하여 인민대중들은 소외되고, 그 소외된 상태에 머무르게 되며, 멀찍이 떨어져 무기력해지거나, 자신의 욕구를 넘어서는 비합리적인 쇼비니즘 속으로 빠져들게 된다.

노동과정에 대한 권위주의적 규제는 소비에트 사람들이 살았던 전쟁 분위기에 아주 적절하다. 노동의 형태를 자주관리로 바꾸려는 생각은 사라졌으며 존재할 수도 없었다. 이런 상황에서는 영웅적 행위, 특히 산업을 건설하는 투쟁 속에서 공산주의청년동맹(콤소몰)이 행한 영웅적 행위가 경탄할 만한 것이 된다. 그러나 콤소몰의 영웅적 행위의 본질과 나치유년대나 제국주의적 전사의 영웅적 행위의 본질은 어떻게 구별되는가? (민족이 아닌) 인간의 자유를 위한 투쟁은 어디에 존재하는가? 세계대전 동안의 영국 군인이나 독일 군인의 영웅적 행위가 산업을 건설하기 위한 콤소몰의 영웅적 행위보다 열등하다고 평가하는 것은 상황을 오도하는 것이다.

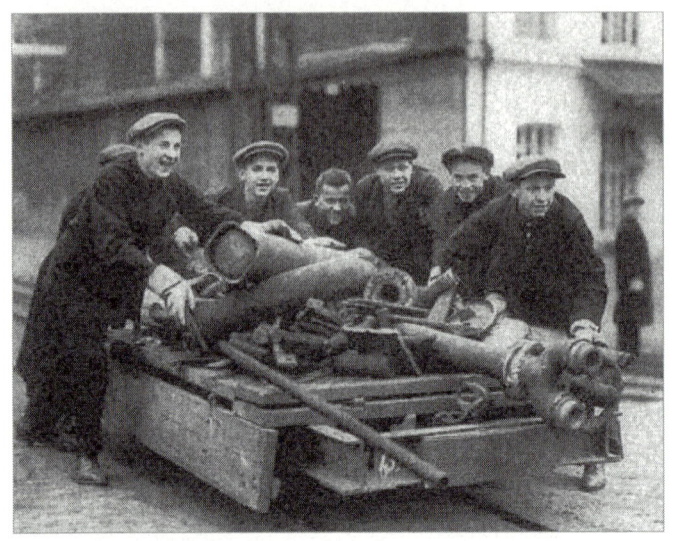

콤소몰 연맹원들의 토요자원봉사(1926년)

러시아혁명 직후인 1918년, 소련 전역은 전러시아철도노동자집행위원회가 실시한 태업으로 인해 원활한 물자 공급에 어려움을 겪은 적이 있다. 이때 레닌은 철도노동자들의 태업을 분쇄하고 통일적인 지도력으로 노동과정 전체를 장악한다는 목표 아래 효율적인 노동규범, 보상금 도입, 의무노동과 강제적 규율을 요청했다. 레닌의 이런 요청에 부응해 모스크바와 카잔의 철도노동자들은 1919년에 이른바 '수보트닉스'(공산주의적 토요일) 운동을 실시하기 시작했는데, 이것은 매일 1시간씩 노동시간을 절약해 두었다가 휴일인 토요일에 6시간의 추가노동을 임금을 받지 않고 자발적으로 실시한다는 운동이었다. 그러나 훗날의 스타하노프 운동과 마찬가지로 이 운동은 노동민주주의에 무지한 당지도부에 의해 강제적인 경쟁체제로 변질되어버렸다. 1928년 제1차 5개년 계획이 시작될 때 당지도부의 지령을 받은 언론이 전쟁을 보도하듯이 노동현장으로의 '출정'과 '전선'(戰線)을 보도하며 콤소몰의 전투적 노동행위를 영웅적인 것으로 칭송한 이유가 바로 여기에 있다. 이런 점에서 보자면 "노동이 너희를 자유롭게 하리라"라는 구호 아래 강제노동을 실시한 나치당과 소비에트 정부의 차이는 사실 그다지 크지 않다고 볼 수도 있지 않을까?

우리가 자유의 목표로부터 영웅적 정서를 엄격하고 날카롭게 구분하지 못한다면, 우리는 더 이상 목표(자치!)의 추구와 관계없는 일만을 되풀이하게 된다. 물론 영웅적 행위는 '필요' 했다. 그러나 인민대중들의 자유로운 재구조화가 중단되었기 때문에, 자유를 위해 투쟁한 세대들이 온 마음과 삶을 바쳐 이룩하려 했던 사회 상황의 확립 역시 중단되었다. 노동자들의 관심이 '탈인격화' 되었기 때문에, 다시 이전의 '이익을 추구하는 경향' 이 돌아왔다. 보너스 제도가 다시 도입되었다. 노동자들은 그들이 지닌 노동력의 가치로 평가되었으며, 더 많이 일한 사람에게 더 좋은 급식과 주택이 제공되었다. 그러나 더 심각한 것은 가장 첨예한 형태의 성과급 임금체제가 다시 도입되었다는 점이었다. 이 모든 것이 '필요' 했지만, 원래의 목표와 반대되는 방향으로 움직이고 있었다는 점은 분명히 해야 한다.

작업장을 이탈하는 노동자들에게 '자물쇠' 가 사용되었다는 사실에서, 노동이 도덕적이고 권위적으로 규제되었다는 것을 뚜렷이 볼 수 있다. 5개년 계획이 끝날 때까지 한 직장에 머무르는 것이 의무화되었다. 5개년 계획 당시 소련 산업의 약 40퍼센트가 전쟁물자생산에 사용되고 있었기 때문에, 일상용품의 생산을 높은 수준으로 유지하기 위해서는 작업 강도가 상당히 높을 수밖에 없었다. 공명심을 촉진하기 위해 '노동의 밤' 이 도입되었다. '노동의 밤' 에는 누가 가장 빨리 식자(植字)를 하는가, 누가 빨리 사탕과자를 포장하는가 등에 대한 경쟁적 시합이 벌어졌다. 작업장에 **검은** 게시판과 **붉은** 게시판이 설치되었다. '게으른' 노동자의 이름은 검은 게시판에 게재되었으며, '성실하고 쓸모 있는' 노동자의 이름은 붉은 게시판에 게재되었다. 어떤 이를 도덕적으로 고양하고 다른 이들을 비하하는 것이 성격형성에 어떤 영향을 끼치는지에 대한 경험은 없었다. 그러나 이 방법을 사용하는 것에 관해 우리가 알고 있는 모든 것에 비추어 볼 때, 이런 방법이 인간의 성격구조 형성에 끔찍한 영향을 끼친다는 결론은 확실하다. 검은 게시판에 이름이 적힌 노동자는 부끄러움, 질투, 열등감, 심각한 증오의 감정을 발전시킬 수밖에 없으며, 반면에 붉은 게시판에 이름이 적힌 사람들은 경쟁자를 제압했다는 승리감을 가지고 스스로를 승자라고 느끼면서, 야만성을 발산하고, 공명심에 의기양양해 할 수 있을 것이다. 이 모든 것에도 불구하고, 경쟁에서 '패배한' 사람들이 꼭 '더 열등한' 것은 아니다. '검은 게시판에 이름이 오른 노동자' 중의 어떤 이들이 더 신경증적이긴 하지만 구조라는 측면에서는 오히려 그들이 더 자유로운 인간이라고 생각해 볼 수도 있다. 또한 경쟁에서 승리한 노동자가 꼭 자유로운 인간인 것은 아니다. 왜냐하면 바로 그들 내부에서 격려되고 있는 자질이 과도하게 야망을 지닌 인간, 야심가, 자랑꾼, 한 마디로 말해서 전염병에 시달리고 있는 인간의 본질적인 특성을 보여주기 때문이다.

사람들이 여전히 국가의 소멸과 국가의 기능을 인간에게로 옮기는 것에 관해 거의 생각하지 않는 것은 노동규율에 박차를 가하기 위해 사용되었던 다음의 시에 잘 나타난다.

콜호즈〔집단농장〕를 위해 국가가 필요하리라.
확신을 가진 수많은 선동가들을 위해서도.
태평양에서 민스크까지, 야트카에서 크림까지
비옥한 땅이 트랙터를 기다리고 있다.

국가가 부른다!
앞으로! 앞으로! 모두 함께!
대오를 갖추어 나가자!

우리는 밤낮으로
망치를 휘두르고
매일 수백 번씩 우리는
나라를 위해 강철로 새로운 군마를 만들리라.

'우리'가 아니라 '국가가 필요하다'. 위의 시는 경제정책 입안자들에게는 별다른 의미가 없지만, 인간성격의 재구조화에 있어서는 **결정적으로** 중요하다. 노동기능의 비참함을 극명하게 보여준 것은 이른바 스타하노프 운동[4]이었다. 작업장에서 평균 생산성이 아주 높은 노동자들에게는 스타하노프 운동원이라는 칭호가 부여되었다. 스타하노프는 최초로 기록적인 과업성과를 올린 산업노동자였다. 노동자 대중들이 스스로의 노동에 대해 무관심했던 것이 스타하노프주의의 밑바탕에 깔려 있었다는 것은 분명하다. 여기에서 [스타하노프주의가] 더 우수하다는 주장은 아무 의미도 없다. 소련은 생산량을 증대시켜야만 했다. 그러나 노동자 대중들이 이를 대체로 거부했기 때문에, 소비에트 정부는 남을 능가하는 기록을 내고 싶어 하는 노동자들의 야망을 이용하는 수단을 채택할 수밖에 없었고, 엄격한 등급의 임금제를 도입하지 않을 수 없었다. 그러나 우리는 이런 과정이 필연적이라고 해서 문제의 핵심에서 벗어나서는 안 된다. 만일 노동에 대한 노동자들의 관심과 모든 개별 노동자들의 노동능력의 증가가 **미미했**다면 스타하노프 운동은 쓸모없는 것이 되었을 것이다. 또한 그렇게 되었다면 러시아 사회의 성정책과 성교육은 완전히 달라질 수밖에 없었을 것이다. 그

---

[4] Stakhanovism. 소련의 제2차 5개년 계획 중 전개된 노동생산성 향상운동. 소련의 탄광부였던 스타하노프(Aleksei Stakhanov, 1906~1977)가 1935년 비약적인 생산성 증대를 이룬 것을 계기로 시작된 운동이다.

러나 이런 것들을 이루기 위해 필요한 인식과 의지가 부족했다.

스타하노프주의로 탈선한 것은 인간의 성격구조 형성에 사악한 영향을 미쳤다. 지나치게 야심적이며 무지막지한 사람들만이 경쟁적인 성과급 제도 아래서 우위를 점할 수 있다. 따라서 노동자 대중들은 아주 뒤떨어지거나 완전히 탈락하게 된다. 또한 대다수의 평범한 노동자들과 어렵지 않게 새로운 지배계급으로 성장하는 극소수의 노동 스포츠맨 사이에 균열이 발생했다. **대부분의** 노동자들이 아무런 열정도 없이, **개인적 책임**을 전혀 의식하지 못한 채 사회적 노동을 행하는 한, 강제적 훈련을 즐거운 노동으로 변화시키는 것을 말하는 것은 어불성설이다. 노동자, 낮은 생산량, 결근, 부주의한 기계의 취급 등에 대한 불평이 계속될 것이다. 노동자 내부의 이 새로운 균열은 약한 노동자들에게는 질투와 야심을, 강한 노동자들에게는 무례함과 인종적 오만을 불러온다. 집단적 소속감은 생겨날 수 없다. 따라서 비열한 밀고와 정서적 전염병의 반동이 지배하게 될 것이다.

어떤 과정의 성격이 민주주의적인가 비민주주의적인가를 판단하는 데에는 민족사회주의나 파시스트 이론가들의 평가기준이 적절하다. 민족주의적, 쇼비니즘적, 군국주의적, 제국주의적으로 훈련받은 정치가가 어떤 것에 관해 아낌없이 칭찬을 할 때는, 그것을 주의 깊게 살펴보아야 한다. 예를 들면 메너트[5]는 다음과 같이 쓰고 있다.

잘 알지 못하는 작업장을 지원하기 위하여 생산 돌격대로 파견된 콤소몰의 소속원은 거의 환영을 받지 못하고 있는데, 그 이유는 더 높은 생산량

---

5) Klaus Mehnert(1906~1984). 독일의 언론인 · 정치학자. 중국과 호놀룰루에서 대학교수로 재직했으며, 소련과 중국에 관한 많은 저서를 남겼다.

을 달성하도록 노동자들을 독려하기 위해 그들이 사용한 방법이 대체로 신중하지 못했기 때문이다. 특히 모든 것을 끄집어내 신문에 실리도록 만든 노동자 통신원들이 때때로 증오의 대상이었다. 도구와 원료의 부족, 대체로 삭막한 주거 환경, 많은 노동자들의 소극적 저항 등이 콤소몰들에게는 너무 벅찬 것이었다. 그래서 그들은 승리의 노래를 부르며 들어왔으나, 나갈 때는 절망의 눈물을 흘리며 떠나는 경우가 많았던 것이다.

위의 진술은 사실적인 보고서이다. 그런데 뒤이어 소비에트 정신에 대한 파시스트적인 칭찬이 나온다.

이 신화는 단순하고 명확하다. 신화가 없고 신화에 굶주린 우리의 시대에 이것은 매혹적인 효력을 나타낸다. 모든 신화가 그렇듯, 이 신화도 에토스를 창조했는데, 오늘날 수백만의 인민들이 이 에토스를 마음속에 지니고 있으며 또한 매년 다른 사람들이 이 에토스에 사로잡히고 있다. 러시아인에게 이 에토스가 의미하는 바는 다음과 같다. '우리의 곤궁은 거대하며 우리가 설정한 목표는 아직 멀리 있다. 우리를 두렵게 하고 증오하는 전세계에 대항하여 투쟁하고, 우리 주위와 내부에 있는 적에게 대항함으로써 그 목표를 달성할 수 있다. 우리가 사회주의에 접근하는 만큼 우리의 곤궁은 감소할 것이다. 그러나 모두가 한 사람을 옹호하고, 각 개개인이 모두를 옹호할 때에만 우리는 승리를 거둘 수 있다. 즉 우리 모두는 서로에게 책임을 지고 있는 것이다. 전쟁 동안 어떤 공장이 형편없는 무기를 생산한다면, 그것은 그 무기 때문에 목숨을 잃게 되는 병사들에 대한 죄악일 뿐만 아니라 인민 전체에 대한 죄악이다. 오늘날 어떤 공장이 쓸모없는 기계를 생산한다면, 그것은 사회주의에 대한 죄악일 뿐만 아니라 사회주의 건설을 위해 투쟁하는 우리 모두에 대한 죄악인 것이다. 전선에서 탈주하는 것은 상관에 대한 범죄가 아니라 동료에 대한 배신이다. 5개년 계획 전선과 사회주의로부터의 탈주는 경영자에 대한 파업이 아니라, 우리 모두에 대한 범죄인 것이다. 왜냐하면 이 모든 것이 바로 우리의 나라이며, 우리의 공장이며, 우리의 미래이기 때문이다.

위와 같은 노동의 '규율화'에서 종교적 광신과 우둔하고 수동적 저항으로 넘쳐나는 인간의 성격구조가 생성된다. 소수의 규율적인 사람들의 '에토스'는 항상 대다수 대중들을 무능하게 만드는 결과를 가져왔다. 신화와 에토스는 영웅적일 수 있지만, 항상 위험하고, 비민주적이고 반동적인 것들이다. **이것은 대다수 노동하는 대중들의 성격, 의지, 신념에 가득 참, 책임을 떠맡는 기쁨, 열정 등에 관한 문제**다. 그들은 자신들의 생활과 경험의 충만함을 스스로 변호할 수 있어야 하며, 또한 그렇게 해야만 한다. 대중들의 비참함에 기반을 두고 있으며, 소수의 사람만이 그 기준에 도달할 수 있을 정도로 너무나 많은 희생과 훈련을 요구하는 에토스, 그것을 지지하는 사람들조차도 따라갈 수 없을 정도로 너무나 가혹한 에토스가 고양의 효과를 나타낼 수도 있다. 그러나 그것은 사회 공동체의 객관적인 문제를 단 하나도 실제로 해결할 수 없다. 이러한 에토스 때문에 대중들에게 영향을 끼칠 수 없는 진정한 민주주의자, 즉 노동민주주의자는 단지 이렇게 선언한다. **우리는 이러한 에토스를 무시할 것이다!**

소련에서 노동에 대한 권위적이고 민족주의적인 규제가 필요했는가? 그렇다!

그것은 나라를 무장시킬 수 있었는가? 그렇다!

그런 규제가 러시아 사회의 자치를 확립하기 위한 자유로운 조치였는가?

아니다!

그러한 규제가 연기를 내며 타오르고 있는 사회적 문제를 해결했는가, 또는 해결하기 위한 길을 닦았는가? 그러한 규제가 사회적 만족에 공헌했는가, 공헌했다면 무슨 일로 공헌했는가?

전혀 아니다!

노동에 대한 권위적이고 민족주의적인 규제는 오히려 민족주의에 한정된 인간의 본성을 만들어냈으며, 그로 인해 **붉은** 일인독재의 토대를 쌓았던 것이다.

한 사회의 자유주의적 구조와 자유를 지향하는 경향에 대한 평가는 좋건 나쁘건 군인정신과는 아무런 관계가 없다. 전쟁수행, 산업건설, 깃발을 흔드는 것, 가두행진 등은 자유로운 인류를 만드는 과업과 비교해 보면 어린애 장난 같은 짓이다. 군인정신과 쇼비니즘적 애국심이 지배하는 곳에서 친구와 적은 쉽사리 합의에 도달한다. 바빌론에서의 언어 혼란은 '자유'라는 개념을 둘러싸고 벌어지는 혼란에 비하면 아무것도 아니다. 미국이 파시즘으로 퇴행하는 것에 맞서 싸울 때와 동일한 주관적인 진정성과 신념을 가지고 민주주의를 위해 투쟁하고자 하는 어떤 군국주의적 규율주의자가 행한 진술을 한번 살펴보자.

1943년 리켄백커[6] 대령은 소련을 공식 방문했다. 귀국한 후, 그가 받은 인상의 세세한 내용이 『뉴욕타임스』 8월 18일 자에 게재되었다. 그 중 일부를 인용해 보자.

---

6) Edward Vernon Rickenbacker(1890~1973). 미국의 전투기 조종사. 제1차 세계대전에 참전하여 수많은 전공을 세웠고, 제2차 세계대전에도 조력했다. 전후에는 항공사를 인수하여 경영하기도 했으며, 1960년대부터는 대표적인 보수주의 논객으로 활동했다.

리켄백커 대령은 지난 수년 동안 러시아는 우파 쪽으로 움직여 왔으며, 반면에 미국은 '좌파 쪽을 향해' 움직였다고 말했다.

그는 만약 두 나라가 지금과 같은 방향으로 계속 나아간다면, 전쟁 후에 러시아는 세상에서 가장 위대한 민주주의에 도달하게 될 것이며, 반면에 우리는 25년 전으로 돌아가게 될 것이라고 주장한다.

"당신의 말은 러시아가 자본주의 쪽으로 나아가고 있는 반면 우리는 볼셰비즘으로 나아가고 있다는 뜻입니까?"라는 질문에 그는 "예, 어느 정도는 말입니다"라고 대답했다.

…… 그는 러시아에서 인상 깊었던 것은 무엇보다 산업체 공장에서의 강철 같은 규율, 만성적인 결근에 대한 엄한 처벌, 직장을 그만두고 실업자가 되는 정도, 성과급 임금제도, 강제적인 시간 외 작업, 그리고 '노동문제에 있어 어려움이 없다는 점' 등이었다고 말했다. 리켄백커 대령은 러시아인들은 하루에 8시간, 일주일에 6일을 작업하며 하루에 3시간씩 시간 외 작업을 하고 있다고 말했다.

…… "러시아의 볼셰비즘은 우리나라의 열광적 공산주의자들이 우리에게 말했던 것과 다릅니다. 지난 12개월 동안 여러 면에서 입증됐듯이 그들은 끊임없이 우파 쪽으로 선회하고 있습니다. 내가 러시아의 밑바닥에서 꼭대기까지 살펴본 바에 의하면, 러시아 군대는 세계 어느 곳의 군대보다도 누진적 계급을 존중했는데 바로 이것이 자본주의와 민주주의의 지향인 것입니다. 장교들의 제복은 대부분 옛 차르 시대의 디자인을 모방했으며, 언론은 인민들에게 혁명 전의 영웅을 추켜세우고 있습니다."

우리는 보수적 견해가 진실에 부합할 때는 그 소리를 듣고 이해해야 하며, 그 견해의 유용한 것들을 받아들여야 한다고 배웠다. 또한 우리는 보수적 사실과 반동적 발전이 인민대중들의 생물학적 병리상태에서 발생한다는 것도 배웠다. 우리는 위에서 인용한 사실에서 자연스러운 과정, 즉 그것이 봉쇄되면 규율주의자가 정당성을 갖게 되는 과정을 찾아내려 하며, 따라서 리켄벡커와 같이 승리감만을 느끼는 규율주의자와는 차이가 있다. 만약 리켄백커가 이해하고 서술한 바와 같이 소련을 지배하는 것이 민주주의라면 우리는 그 민주주의와는 전혀 관련되고 싶지 않다. '자본주의'와 '민주주의'는 같은 것일 수 없다. 자유로움은 군사적 유용성으로부터 추론될 수 없다. 또한 모든 것을 분명하게 할 수 있는 가능성을 배제한 채, 오늘날의 소련을 칭찬하거나 레닌 시대 러시아에서의 사회민주주의적 발전을 거부할 수도 없다. 앞에서 인용한 것과 같은 말도 안 되는 주장을 하지 않으려면, 무엇보다도 한 나라의 역사와 그 나라가 노예 상태에서 해방되기 위해 했던 투쟁을 알아야만 한다. 리켄백커는 미국을 위한 모범적인 예로 1943년의 소련을 추천했다. 그는 미국 작업장에서 노동자들이 결근하는 것을 불쾌하게 생각했던 것이다. 그는 독재제도가 사회적 어려움을 용이하게 처리할 수 있는 것처럼 보이는 것에 쉽게 감명을 받았다. 만약 그렇다면 자유, 해방전쟁, 새로운 세계 등〔소련〕에 대한 악평은 무엇을 위한 것인가라는 질문을 할 수 있을 것이다. 이런 언어적 혼란은 '정치주의'의 결과이다. 결론적으로, 만약 이런 상황이 계속된다면 언젠가는 미국이 러시아와 전쟁을 치르게 될 가능성이 매우 높다는 점을 경고하고 싶다. 러시아는 진정한 민주주의의 미국도, 진정한 민주주의의 독일도 허용하지 않을 것이다. 이것은 세계에 자유를 확립하려 하고, 창시자들이 격렬히 맞서 싸웠던 고루한 쇼비니즘을 끝내려 하는 국가 지도력에 심각한 부담을 가하는 나쁜 양심에서 대부분 기인한다.

11장 _ 삶에 필수적인 노동에 책임을 부여하라!

최근의 사회적 상황은 모든 곳에서 유동적으로 변해 버렸다. 이탈리아의 정치적 비합리주의 지도자가 몰락하면서 이 유동성이 야기되었다. 조만간 독일의 정치적 비합리주의의 몰락이 그 뒤를 잇게 될 것이다. 유럽에서의 사회적 재건 과정은 사회적 생활의 진공상태에서 시작될 것이며, 이것은 주로 정치적 혼란이라는 특징을 가지게 될 것이다. 사회적 혼란의 극복을 위해서는, 삶에 필수적인 직업과 조직에서 노동하는 모든 사람들이 노동의 사회적 의무를 충족시킬 수 있도록 적절한 시기에 준비가 이루어져야만 한다. 기존 정당이나 새로 설립되는 정당이 사회적 상황을 **사실적으로** 그리고 합리적으로 재조직할 수 있을 것이라고 생각할 수는 없다. 그러므로 상황이 허용하는 한, 삶에 필수적인 모든 작업 영역에서 가장 뛰어나고, 지각이 있고, 정치적인 연계를 전혀 갖지 않은 대표자들이 국내적인 또는 국제적인 회의에 함께 모이고, 그들이 책임지고 있는 개인적 · 사회적 생활의 실천적 과제에 관해 노동민주주의의 협동 속에서 토론하고 해결하는 것이 필요하다. 이런 과제에 관한 비정치적이고 엄격히 실천적인 회의가 작동하기 시작하면, 이 회의의 활동은 객관적이고 합리적인 작업의 특성인 논리와 일관성을 가지고 발전하게 될 것이다. 미래의 모든 발전에 대한 책임은 오직 모든 직업에서 이루어지는, 삶에 필수적인 노동에 있다는 것이, 유럽이나 미국의 상황과 상관없이 오래 전부터 독자적으로 도출된 결론이다. 한 마디로 말해서, 미래의 발전은 직업을 대표하는 사람들의 어깨에 달려 있는 것이지 순전히 이데올로기적 지향성만을 갖는 사람들에게 달려 있는 것이 아니다.

'노동민주주의'란 무엇인가?

노동민주주의는 사회가 존재했던 내내, 그리고 계속 존재하는 한 인간의 경제와 사회·문화적 생활을 지배해 왔으며, 앞으로도 계속 지배하게 될 사랑, 노동, 그리고 지식의 자연스러운 과정이다. 노동민주주의는 자연스럽게 성장하고 발전하면서 유기적으로 합리적 인간관계를 지배하고 있는 모든 삶 기능의 총합이다.

    노동민주주의는 이데올로기적 체제가 아니다. 또한 정당, 개별 정치가 또는 어떤 종류의 이데올로기적 신념집단의 선전을 통하여 인간 사회에 부과될 수 있는 '정치적' 체제도 아니다. 노동민주주의를 '도입할 수' 있는 어떤 형식적인 정치적 조치도 존재하지 않는다. 그 이유는 매우 간단하다. 즉 **자연스러운 노동민주주의는 이러저러한 정당이나 이데올로기 집단이 그것의 존재를 알든 모르든 간에 항상 존재하고 기능하기 때문이다.** 자연스러운 노동민주주의의 과정은 사회제도와 첨예한 모순관계에 있을 수 있으며, 다소 일치하지 않을 수도 있다. 그러나 이런 노동민주주의적 과정은 그것이 어디에서 기능하든 간에 사회 이데올로기와 사회제도가 자연스러운 욕구나 자연스러운 인간관계와 보조를 같이 할 것을 요구하는데, 이는 자연스러운 사랑, 삶에 필수적인 노동, 자연과학 등에서 분명히 표현되는 것들과 동일한 것이다. 이렇게 생동하는 사회적 기능은 방해받을 수도 있고, 촉진될 수도 있다. 즉 노동자들은 그것을 의식할 수도 있고 의식하지 못할 수도 있다. 그러나 **그것은 결코 파괴되지 않는다**. 그러므로 노동민주주의 과정은 모든 형태의 합리적인 사회적 과정에 굳건한 토대를 형성해 준다.

정치적인 이데올로기 체제는 자연스러운 삶 과정의 관점에 토대를 두고 있다. 이 체제는 자연스러운 삶의 과정을 촉진할 수도 있고 방해할 수도 있다. 그러나 이 정치적 이데올로기 체제 그 자체는 인간 사회의 **토대에서** 기능하지 않는다. 이 체제는 민주주의적일 수 있다. 이럴 경우 이 체제는 인간의 자연스러운 삶의 과정을 촉진한다. 또한 정치적인 이데올로기 체제는 독재적-권위적일 수 있는데, 이 경우 체제는 삶의 과정과 심각한 갈등상태에 빠지게 된다.

노동민주주의는 정치체제로서 강요될 수 없다. 노동민주주의는 사회적 과정에 대해서 책임감을 가지고 있고 삶에 필수적인 직업에 종사하는 노동하는 대중들의 의식에만 존재하며, 나무나 동물의 육체처럼 유기적으로 성장한다. 사회적 책임에 대한 이러한 의식의 성장이야말로 정치체제가 사회유기체에서 종양처럼 증식하여 조만간 사회적 혼란을 초래**할 수밖에 없는** 상태에 이르는 것을 저지하기 위한 가장 중요한 전제조건이다. 게다가 모든 직업에 종사하는 노동자들의 이러한 책임의식은 인간 사회의 제도들이 노동민주주의의 자연스러운 기능과 점차적으로 일치하도록 만드는 가장 중요한 전제조건이 된다. 정치체제는 사회적 삶의 토대에 아무런 본질적 변화도 만들지 못한 채 생성되고, 지나가 버리고, 기능이 중단되어 버린다. 그러나 사랑, 노동, 지식의 자연스러운 기능이 단 하루라도 멈춘다면, 인간 사회의 박동은 그것을 끝으로 멈추게 되고, 다시는 회복되지 않을 수도 있다.

자연스러운 사랑, 삶에 필수적인 노동 그리고 자연과학은 **합리적인** 삶 기능이다. 이것들은 그 속성상 합리적일 수밖에 없다. 그러므로 이것들은 모든 형태의 비합리주의에 가장 큰 적이 된다. 진정한 정신의학의 의미에서 볼 때, 우리의 삶을 오염시키고, 손상시키고, 파괴하는 정치적 비합리주의는 사회적 삶을 규제하고 결정하는 데에 있어 자연스러운 삶의 기능을 인식하지 못하고 배제함으로써 발생하는 사회적 삶의 도착인 것이다.

모든 형태의 전체주의적-권위적 통치는 인민대중들의 습성이 되어버린 비합리주의에 기반하고 있다. 모든 독재적 정치의 관점은 불구대천의 원수인 사랑, 노동, 그리고 지식의 기능을, 그것을 누가 대표하든 상관없이 증오하고 두려워한다. 이것들은 공존할 수 없다. 독재는 자연스러운 삶의 기능을 단지 억압하거나 자신의 지배목적을 위하여 이용할 수 있을 뿐이다. 하지만 독재는 결코 자연스러운 삶의 기능을 촉진·보호하거나 스스로 그 기능을 수행할 수 없다. 만약 그렇게 한다면 독재는 몰락하게 된다.

이로써 다음을 유추할 수 있다.

1. 새로 정치체제를 고안하거나 도입할 필요는 없으며, 그렇게 한다면 재앙만을 불러오게 될 것이다. 자연스러운 삶의 기능과 앞으로의 사회적 과정에 대한 규제를 조정하는 일이 실행되어야 한다. 새로운 것을 만들 필요는 없으며, 단지 자연스러운 사회적 기능을 위축시키는 어떤 형태의 장애가 나타나든, 그것을 제거하기만 하면 된다.
2. 이 자연스러운 삶 기능의 대표자는 삶에 필수적인 모든 직업에서 일하는 가장 탁월한 노동자들이다. 그들은 자신들의 개인적인 정치적 성향이 아니라 단지 산업노동자로서, 농부로서, 교사로서, 의사로서, 유아교육자로서, 저술가로서, 행정가로서, 기술자로서, 과학자로서,

연구원으로서의 활동에 의하여 노동민주주의적으로 기능할 뿐이다. 삶에 필수적인 노동의 대표자들이 국제적·사회적·법적으로 실제적인 권위를 갖는 조직을 형성한다면, 그 조직을 가로막는 것은 아무것도 없을 것이고, 그 조직은 국제적인 정치적 비합리주의의 운명이 끝났다는 것을 의미할 수도 있을 것이다.

3. 사회적 생산과 소비는 유기적으로 그리고 자연스럽게 서로 뒤얽혀 있다. 이러한 자연스러운 얽힘을 실천적으로 그리고 형식적으로 표현할 수 있는 조직을 만드는 것은, 비합리주의에 의해 초래될 앞으로의 재앙을 막을 수 있는 강력한 사회적 보루를 만드는 일이 될 것이다. 인간 욕구의 충족과정에 대한 책임은 전적으로 생산자와 소비자에게 있다. 그래서 그 책임은 그들의(생산자와 소비자) 의지와 저항에 반하여 권위주의적 국가행정이 그들에게 부과할 수는 없는 것이다. 이미 존재하고 있었던, 곧 처음으로 만들어진 것이 아닌 모든 영역의 생산과 소비 단체들에서 드러나는 스스로의 운명에 대한 책임은 사회의 노동민주주의적 자치의 성립을 위한 결정적인 발걸음이 될 수 있다. 모든 노동과정들은 서로 의존하고 있고 유기적으로 얽혀 있기 때문에, 또한 소비가 생산을 결정하기 때문에, 자연스럽게 성장하고 유기적으로 기능하는 조직은 유럽에서 더 큰 사회적 발전을 책임질 수 있는 사회적 토대 위에서 등장한다.

4. 자연스러운 노동민주주의는 정치적으로 '좌파'를 지향하지도 '우파'를 지향하지도 않는다. 노동민주주의는 삶에 필수적인 노동을 수행하는 모든 것을 포괄하며, 따라서 오로지 미래를 지향한다. 노동민주주의는 본질적으로 이데올로기, 특히 정치적 이데올로기에 반대하겠다는 의도를 가지지는 않는다. 그러나 만약 노동민주주의가 본래의 기

능을 하려 한다면, 이데올로기적 지향성이나 비합리적으로 자신을 방해하는 모든 정당과 첨예하게 대립할 수밖에 없다. 그러나 노동민주주의는 보통의 정치처럼 근본적으로 무엇에 '반대' 하는 것이 아니라, 구체적으로 과제를 제기하고 그 과제를 해결하는 데 찬성한다.

노동민주주의에서 새로운 것은 무엇인가?

민주주의가 사회적 공동생활에 있어 가장 최선의 형태이자, 가능한 형태라는 사상, 또는 노동과 소비가 사회적 존재에게 주어진 자연스러운 토대라는 사상은 새로운 것이 아니다. 또한 반(反)독재적 태도 또는 지구상 모든 국가의 노동하는 대중들 전체의 자연스러운 권리를 위해 투쟁하려는 의지 역시 새로운 것이 아니다. 수세기 전부터 자유주의, 사회주의, 초기 공산주의, 기독교 사회주의 그리고 다른 정치적 조직들이 이 모든 요구, 이상, 정강 등을 대변해 왔다.

하지만 노동민주주의에는 새로운 것이 있다. 즉 노동민주주의의 대표자들은 노동민주주의 조직을 강제하기 위하여 정당을 설립하지 않았으며, 낡은 요구, 이상, 정강 등을 단순히 이데올로기적으로 반복하는 것에 그치지도 않았다. 노동민주주의자들은 도대체 왜 지금까지 모든 민주주의적 요구, 이상, 정강이 실패를 거듭해 왔으며, 유럽과 아시아가 반동적 독재자에게 굴복했어야만 했는지에 대하여 순수하게 **과학적으로** 문제를 제기하는데, 바로 이것이 새로운 점이다. 사회과학 역사상 처음으로 인간 사회의 **가능한** 미래 질서가, 이데올로기나 새롭게 생성되고 있는 조건에서가 아니라 처음부터 존재했고 계속 발전해 온 자연스러운 과정에서 도출된다는 것이 새로운 점이다. 이런 노동민주주의적 '정치' 에서 새로운 것은 **어떤 정**

치와 선동도 거부하는 것이다. 노동하는 대중들이 사회적 책임에서 벗어나는 것이 아니라 그 책임을 **지게** 된다는 것도 새로운 점이다. 노동민주주의자들은 정치적 지도자가 되고 싶은 야망을 가지고 있지 않으며, 그런 야망을 발전시키는 것이 허용되지도 않을 것이다. 노동민주주의는 유권자들이 같은 성향을 가진 대표자를 단순히 뽑기만 할 뿐 유권자로서의 책임은 가지지 않는 형식적 민주주의를, 국제적 기준에서 볼 때 참되고 사실적이며 실천적인 민주주의로 의식적으로 발전시킨다는 점에서 새롭다. 이 민주주의는 사랑, 노동, 그리고 지식 기능의 진보적이고 유기적 발전에 의해 뒷받침된다. 노동민주주의는 정치적 성향이 아니라, 스스로의 법칙에 복종하는 실천적 삶의 기능을 통하여 신비주의, 그리고 전체주의적 국가사상과 싸운다. 이것이 노동민주주의의 새로운 점이다.

    노동민주주의는 자유로운 사상세계에 결정적인 인식을 덧붙인다. 즉 노동을 하면서 어깨 위에 사회적 생존이라는 짐을 지고 있는 인민대중들은 자신들의 사회적 책임을 의식하지 못하고 있으며, 또한 합리적 사유, 자연스러운 사랑의 기능, 살아 있는 것에 대한 과학적인 이해에 대한 수세기 동안의 억압으로 인해, 자유에 대한 책임을 떠맡을 능력도 가지고 있지 못하다. 사회적 삶에서 정서적 전염병과 연관된 모든 것의 근원이 이 사실 속에 있다. 정치는 그 자체로 비과학적이며 또한 비과학적일 수밖에 없다는, 다시 말해서 정치는 인간의 무력함, 빈곤 그리고 억압의 표현이라는 주장이 새로운 것이다.

    한 마디로 말해서, 노동민주주의는 새롭게 발견된 생체사회학적이고 자연스러운 사회의 기본기능일 뿐, 정치적 강령이 아니다.

    이렇게 간단히 요약하고 진술한 데 대한 책임은 오로지 나에게 있다.

12장 _ 자유투쟁에서의 생물학적 오산

자유의 발전에 대한 우리의 관심

이 단락에서는 모든 자유운동이 지금까지 저질렀던 생물학적 오산(誤算)에 대해, 역사가 가르쳐준 대로 입증해 보고자 한다. 자유를 향한 노력을 초기에 억누르고, 이미 달성된 사회적 삶의 충족을 다시 헛되게 만든 것이 바로 그런 오산이다. 이런 〔오산을 밝히려는〕 시도의 근저에는 오직 **노동민주주의**만이 **진정한** 자유의 토대를 창출할 수 있다는 신념이 놓여 있다. 사회적 논쟁에 대한 오랜 경험은 이런 오산을 폭로하는 것이 나쁘게 해석될 가능성이 농후하다는 믿음을 갖게 했다. 폭로는 진실을 향한 인민대중의 의지에 대단히 높은 수준의 요구를 부과한다. 이는 일상적인 생존을 위한 투쟁에 실제로 커다란 부담이 가해진다는 것을 의미한다. 왜냐하면 **그 폭로가 공장, 농장, 병원, 회사, 연구실, 사무실 등에서 노동하는 사람들에게 모든 사회적 책임을 이전하기 때문이다.**

　근본적인 사실, 즉 일상의 정치적인 소란을 넘어 인류의 고대 역사와, 무엇보다도 인간의 생물학적 구성과 연관되는 사실은 많은 논박을 당하고, 비합리적인 동기에 의해 근본적으로 거부된다. 평화가 지배하면 모든 것은 유유자적하게 진행된다. 이렇게 되면 우리는 다음과 같은 이야기를 듣게 된다. "여하튼 모든 것이 훌륭하다. 국제연맹은 평화를 보장하고 있으며, 외교관들은 국제적 갈등을 평화적으로 처리하고 있다. 장성들은 장식에 불과하다. 그런데 왜 전쟁이 일어났을 때나 중요해질 문제를 제기하는가? 우리는 모든 전쟁을 종식시키기 위하여 이제 막 하나의 전쟁을 끝냈다. 그러므로 이제 흥분할 이유가 없다." 그런데 이러한 주장이 환상이라는 것이 밝혀졌을 때, 국제연맹과 외교관들이 평화를 보장하고 유지하는 것에 실패했을 때, 역사상의 어떤 전쟁보다 더 포괄적이고 야만적인 새로운 전쟁이 벌어지게 되면 '전쟁에 이기는 것'에 모든 주의가 집중된다. 이렇게 되면 다음과 같은 이야기들이 나오게 된다. "우선 전쟁에 이기고 보아야 한다. 지금은 심오한 진실을 운위할 시간이 아니다. 전쟁에서 이기게 되면, 우리는 그 진실에 유념할 것이다. 왜냐하면 전쟁에서 이긴 후에야 우리는 평화를 얻을 수 있기 때문이다." 따라서 전쟁의 수행과 전쟁에서 이기는 것은 명확히 구별되며, 또한 전쟁의 종식과 평화협정체결도 명확히 구별된다. 전쟁에서 이기고 평화가 합의된 후에야 사람들은 평화의 수호에 착수하려 한다. 그러나 사람들은 **전쟁 동안에 옛 제도를 파괴하고 인간을 개조하는 근본적인 사회적 격동이 발생한다는 것과 평화의 싹이 전쟁의 황폐 속에서 발아한다는 것을 간과하고 있다.** 평화에 대한 인간의 갈망은 전쟁 중에 가장 강하다. 그러므로 다른 어떤 사회적 상황에서보다 전쟁 동안 전쟁을 만들어내는 조건을 변화시키려는 충동이 가장 강하게 나타난다. 인간은 홍수로 고통을 겪을 때, 댐을 건설하는 것을 배운다. **평화는 오직 전쟁 속에서, 지금 그리고 곧바로 이루어질 수 있다.**

새로운 세계를 건설하기 위하여 제때에 전쟁의 교훈을 배우는 대신, 사람들은 외교관과 정치가들이 평화협정과 배상에 몰두하여 '심오한 사실'을 다룰 시간이 없게 될 때까지 중요한 결정을 보류한다. 전쟁에서 위장된 평화로 이행하는 시기에 우리는 다음과 같은 말을 듣게 된다. "우선 전쟁의 피해를 복구해야 한다. 작업장은 전시생산에서 평화생산으로 전환되어야 한다. 우리에게는 쉴 틈이 없다. 따라서 우리가 모든 것을 다시 평화롭게 배치할 때까지 그런 심오한 사실에 대한 질문을 연기하자." 그러나 이러는 동안 전쟁의 교훈은 잊혀져 버렸다. 한 세대가 지난 후 새롭고 더욱 무시무시한 전쟁이 발발하고, 사람들이 '심오한 사실'에 '몰두'하여 그것을 다루기에는 '시간이 부족하도록' 모든 것이 다시 배치된다. 전쟁 동안의 정서는 손쉽게 오래된 엄격함과 정서적 게으름에 굴복하게 된다.

만약 어떤 사람이 나처럼 45년의 생애에서 두 번이나 심오한 사실이 미루어지고 논박당하는 것을 경험했다면, 또한 새로운 재앙 속에서 이전 재앙의 특성들을 모두 발견하게 된다면, 그는 (전쟁파괴수단이 개선되고, 인간의 사디즘이 포괄적으로 발전했다는 점을 고려하지 않는다면) 내키지는 않지만 첫번째 재난 이후에도 본질적인 변화가 이루어지지 않았다는 것을 어쩔 수 없이 인정해야 할 것이다. 이렇게 되면 확실히 다음과 같은 사실, **즉 어떤 이상한 이유에서든 인민대중들은 전쟁의 비밀스러운 뿌리에 도달하기를 바라지 않으며 그 진실을 두려워한다는** 확신을 갖게 된다.

전쟁은 곧잘 '사회적 폭풍우'로 간주된다. 전쟁은 대기를 '정화'하고, '젊은이들을 단련시키며', 그들에게 용기를 불러일으키는 장점을 가지고 있다고들 한다. 게다가 전쟁은 지금까지 항상 있어왔고 앞으로도 계속 존재할 것이라는 주장도 있다. 전쟁은 생물학적인 사건일 수 있는데, 다윈에 의하면 '생존을 위한 투쟁'이 존재하기 때문이다. 그렇다면 왜 평화회의는 조직되었는가? 게다가 나는 지금까지 곰이나 코끼리가 두 진영으로 나뉘어 서로를 완전히 없애려 한다는 이야기를 들어본 적이 없다. **동물들의 세**

계에서는 같은 종 사이에 전쟁을 하지 않는다. 사디즘과 마찬가지로 인간들 사이의 전쟁은 '문명화된 인간'이 습득한 것이다. 그러나 인간은 이런저런 이유로 전쟁의 원인을 추적하기를 꺼린다. 젊은이를 건강하고 강하게 만들기 위해서 전쟁보다 더 좋은 수단이 있다는 것은 너무나도 당연하다. 예컨대 만족스러운 성생활, 즐겁고 진지한 노동, 일반적인 스포츠, 나이 든 여인네들의 해로운 재담으로부터의 해방 등이 그것이다. 따라서 한 마디로 말하자면, 〔전쟁에 대한〕 앞의 주장들은 공허한 수다에 불과하다.

그렇다면 무엇이 사실인가?

인간들은 왜 이 사실을 두려워하는가?

모든 인간들이 그 사실을 은밀히 알고 있으면서도, 두려움 때문에 자신이나 이웃 사람들에게 그 사실을 말하지 못하는 것이 가능한 일인가?

이 질문들은 다음과 같이 요약된다. 즉 **수천 년 동안의 사회적·교육적 손상의 결과 인민대중들은 생물학적으로 경직되어 왔으며, 자유로워질 수 없게 되었다. 그들에게는 평화적인 공존을 확립할 능력이 없는 것이다.**

이 짧은 요약 속에 앞서 제기된 3가지 질문의 해답이 들어 있다. 이 문장에서 인간은 경멸스럽고 무기력하다. 아무도 이 문장들이 포함하고 있는 진실을 인식하려고도, 심지어는 들으려고도 하지 않는다. 민주주의 정치가 중 누구도 이 사실들을 가지고 무엇을 시작해야 하는지 알지 못한다. 그러나 정직한 사람이라면 누구나 이 사실을 알고 있다. **독재자들은 예외 없이 인민대중들의 사회적 무책임성을 기반으로 권력을 확립해 왔다.** 그들은 인민대중들의 사회적 무책임성을 의식적으로 이용했으며, 이를 결코 비밀로 하지 않았다. 문명화된 독일의 반이 넘는 국민들은, 인민대중들은 자신들에게 주입된 것을 단지 분출할 뿐이라는 주장을 수년간 계속해서 들었다. 독일 사람들은 이런 주장에 대해 노예적인 충성심으로 반응했다. 그들 자신이 이런 수치스러운 상황을 만들어낸 것이다. 정신병에 걸린 장군 **혼자서** 7천만 명의 국민을 억압할 수 있었다는 주장은 말이 되지 않는다.

정치가와 박애주의자는 다음과 같은 질문을 던질 것이다. "어떻게 당신들은 미국인들에게 자유의 능력이 없다고 말하는가? 또한 체코와 유고의 영웅적 반란, 영국의 돌격대원, 노르웨이의 순교자들, 소비에트 러시아의 군대 등에 대해서는 어떻게 생각하는가? 당신들이 어떻게 감히 민주주의를 욕보일 수 있는가!"

우리는 군사집단, 정부, 소수집단, 개별 과학자나 사상가를 말하고 있는 것이 아니다! 진정한 사회적 자유는 집단의 문제 이상이다. **사회의 흐름은**, 노동하는 대중들이 전제정치를 수동적으로 참아내든 능동적으로 옹호하든 간에 **노동하는 대중들의 압도적인 다수에 의해서만 결정된다**. 무엇을 어떻게 하라고 이야기해 주는 정치가나 정당 없이도 **인민대중 스스로** 사회를 관리할 수 있는 능력이 있는가? 그들이 **주어진** 자유를 누릴 수 있고, **할당된** 일을 수행할 수 있고, 전쟁에 반대하여 평화를 지지할 수 있다는 것은 분명하다. 그러나 여태까지 그들은 사회적 노동이 악용되는 것을 막을 수 없었고, 사회적 노동을 자신들의 조직을 통하여 스스로 배치할 수 없었으며, 급속한 발전을 촉진시킬 수도, 전쟁을 방지할 수도, 자신의 비합리주의를 극복할 수도 없었다.

대중들의 이런 무능은 그들이 지금까지 이런 능력을 획득하고 실행할 수 있는 위치에 있어본 적이 결코 없었기 때문이다. 소비조직과 생산조직에서 인민대중들이 이룬 사회적 자치 이외의 것들은 전쟁에 대한 대답으로 고려할 가치도 없다. **인민대중들을 진지하게 생각하는 사람은 그들의 완전한 책임을 요구한다. 그들만이 평화로운 성향을 가지고 있기 때문이다.** 이제 자유를 위한 책임감과 능력이 평화에 대한 사랑에 추가되어야 한다.

모든 나라, 민족, 종족의 파시즘에 인민대중들의 무책임성이 놓여 있다는 사실은 상당히 가슴 아픈 진실이다. 파시즘은 수천 년 동안 인간이 손상되어 생긴 결과이다. 그것은 어떤 나라 어떤 민족에서도 발전할 수 있었다. 그것은 독일인이나 이탈리아인에게 국한되는 성격의 특징이 아니다. 그것은 세계의 모든 개인에게서 나타난다. "사람들은 아무것도 할 수 없다"라는 오스트리아의 속담은 "자기가 할 일을 남에게 맡기다"라는 미국의 속담과 마찬가지로 이 사실을 분명히 보여주고 있다. 수천 년 동안의 사회적 발전이 이런 상황에 대한 책임을 가진다고 해서, 사실 자체가 변화되는 것은 아니다. 우리는 살아 있는 인간 대신에 '역사적 발전'에 책임을 전가할 수 없다. 사회주의 해방운동은 책임을 살아 있는 인간으로부터 '역사적 발전'으로 넘겼기 때문에 몰락했다. **그러나 지난 20년간의 사건을 볼 때 노동하는 인민대중들의 책임이 요구된다.**

만약 우리가 '자유'를 무엇보다도 **개인적·직업적·사회적 실존의 합리적인 운영에 대해 모든 개인이 책임을 진다는 것으로 이해한다면, 보편적 자유를 확립하는 데에서 느끼는 두려움보다 더 큰 두려움은 없다고 말할 수 있다.** 만약 이와 같은 중심적인 문제에 대해 가차 없는 강조와 답변이 이루어지지 않는다면, 한두 세대 이상을 지속할 수 있는 자유는 결코 있을 수 없다. 이 문제에 답변하기 위해서는 이전의 모든 전쟁과 미래에 일어날 전쟁들, 그리고 전쟁이 끝난 후의 재건계획에 들어갈 노력을 한 데 합친 것보다 더 많은 생각, 더 높은 품위, 더 심오한 양심적 성품, 더 많은 대중들의 사회적 삶을 경제적·교육적·사회적으로 전환하는 것이 필요하다. 역사상 가장 용기 있고, 가장 많은 고민을 했던 사상가들이 국제적 사회혁명의 개념 속에서 파악하려고 노력했던 모든 것이 바로 이런 문제와 그 해결 속에 포함되어 있다. 우리는 거대한 혁명적 대변혁을 전달하는 사람이자 그것을 감당하는 사람이다. 만약 사람들이 진정으로 고통을 겪어야만 한다면, '피, 땀 그리고 눈물'은 적어도 합리적인 목표를 가져야 한다. 즉 **사회적 삶에 대한 노동하는 인민대중들의 책임**이라는 목표를 가져야 하는 것이다! 이와 같은 결론은 다음과 같은 문제제기에서 지극히 논리적으로 도출된다.

1. 모든 사회적 사건은 대중들의 태도에 의해 결정된다.
2. 대중들에게는 자유로워질 능력이 없다.
3. 대중들이 자신들의 노력을 통해 자유로워질 수 있는 능력을 획득한다면, 그것이 참된 사회적 자유가 될 것이다.

그렇다면 왜 나는 이런 일반적으로 알려진 사실을 밝히는 통상적인 태도에서 스스로 거리를 두었는가? 특히 정치적 지도력에 대해 왜 아무런 요구도 하지 않았는가?

여기에는 몇 가지 동기가 있다. 수년 동안 나는 결과를 두려워했기 때문에, 그 동기들을 추적하는 것을 거부했다. 나는 내가 확증한 것들을 집필하기를 계속해서 망설였다. 나는 정치가가 아니고 정치적 사건은 나의 관심사가 아니라고 다짐하면서 이 난처한 일에서 벗어나려 했다. 또 내가 오르곤 생체물리학에 충분히 몰두하고 있었고, 고통스럽고 보람도 없으며 당분간은 희망이 없는 듯 보이는 근본적 사회 문제를 추가로 짊어질 필요가 없다고 스스로를 설득하면서 이 문제를 피했다. 나의 비밀스러운 정치적 야망이 나를 비합리적인 정치적 이데올로기에 깊이 관여하게 하려는 것이라고 스스로 다짐했다. 나는 그런 야망에 굴복하려 하지 않았다. 책임 있는 정치가들이 조만간 사실들을 밝힐 것이라고 생각하면서 말이다.

상황을 회피하려는 수년 동안의 이런 고통스럽고 괴로운 망설임 끝에, 결국 나는 삶에 대한 연구가 나의 모든 동료들뿐만 아니라 나에게도 가했던 압력에 굴복할 수밖에 없었다. 높게 평가되는 어떤 의무와도 견줄 수 없을 만큼 중요한 **진술의 의무**가 있다. 진리를 진술하는 것이 당연한 것으로 여겨지는 것이 아니라 생명을 위협하는 것이 될 때, 그 의무를 다하는 것은 어려워진다. 본질적으로, 아래의 진술들은 우리가 오랫동안 개별적으로 알고 있던 사실들을 요약한 것에 불과하다.

1. 인류는 생물학적으로 병들어 있다.
2. 정치는 이런 질병의 비합리적인 사회적 표현이다.
3. 사회적 삶에서 발생하는 것은, 능동적이든 수동적이든, 자의적이든 비자의적이든 언제나 인민대중들의 구조에 의해 결정된다.
4. 대중들의 성격구조는 사회경제적 과정에 의해 형성되고 정박되며, 〔성격구조는 다시〕 그 과정을 영속화한다. 인간의 생체병리적 성격구조는 단지 경직되고 권위적인 역사적 과정이며, 생체심리학적으로 재생산되는 대중억압이다.
5. 인간의 성격구조는 자유에 대한 강렬한 열망과 자유에 대한 두려움 사이의 모순에 의해 활성화된다.
6. 자유에 대한 인민대중들의 두려움은 유기체의 생체물리적 경직성과 성격의 비신축성에 뿌리박혀 있다.
7. 모든 종류의 사회적 지도력은 인민대중들이 지닌 이런 구조의 한 측면 또는 다른 측면이 사회적으로 표현된 것에 불과하다.
8. 문제는 베르사유 평화조약, 바쿠의 유전, 혹은 2~3백 년간의 자본주의가 아니라, 인간의 생물학적 기능을 파괴한 4~6천 년간의 권위적-기계론적인 문명인 것이다.

9. 금전과 권력에 대한 관심은 충족되지 못한 행복한 사랑의 대체물이며, 이러한 관심은 인민대중들이 지니고 있는 생물학적 경직성에 의해 지탱된다.
10. 어린이와 청소년의 자연스러운 성생활에 대한 억압은 기계적인 권위주의적 문명을 기꺼이 지지하고 그 문명이 재생산될 수 있도록 그들을 구조화하는 데 이바지한다.
11. 수천 년에 걸친 인간에 대한 억압은 제거되는 과정에 있다.

이 사실들이 사회적 사건들 속에서 우리의 성격연구가 거둔 대체적인 결과이다. 자유로운 세계의 발전에 관해서 우리는 개인적·객관적·사회적으로 규정된 세 가지 종류의 관심을 가지고 있다.

1. **개인적** 관심은 치명적으로 병든 이 사회의 구성원들에게 가해지는 생존의 위협에 의해 규정된다. 나처럼, 제1차 세계대전 중에 집, 가족, 재산을 잃어버린 사람들, 3년 반 동안의 전쟁 속에서 직접 살육을 경험했던 사람들, 많은 친구들이 죽고 타락하는 것을 보았던 사람들, 대규모 이주와 재화의 파괴 등을 목격했던 사람들은 오늘날 이 지구상에서 수십억 남녀들이 겪고 있는 것들을 이해할 수 있다. 우리는 이와 같은 수치스러운 행위가 종식되기를 바란다! 이러저러한 종류의 '지도자'로 기능하고 있는 한 줌도 안 되는 프러시아의 악당들과 도착적인 신경증 환자들이 수억의 부지런하고 착실한 사람들의 사회적 무기력을 이용할 수 있다는 것은 수치스러운 일이다. 바로 이 수많은 사람들이 무심결에 그리고 순진하게 스스로를 정치사기꾼들의 속임수에 놀아나도록 허용했다는 사실(이러한 상황은 독일 국경 밖에서도 마찬

가지였다)에 비추어 보면, 이 수치스러움은 더욱 커진다. 단지 우리는 평화롭게 일을 할 수 있고, 아무런 위험이 없이 부인과 남편이 사랑할 수 있고, 전염병의 영향에서 벗어나 아이들을 키울 수 있기를 바랄 뿐이다. 한 마디로 말해서 우리는 이렇듯 짧은 우리의 인생을 한 줌도 되지 않는 정치 사기꾼들에 의해 괴롭힘이나 속임을 당하면서, 또는 그들을 맹종하면서 보내고 싶지 않은 것이다. 우리는 정치가 우리의 삶을 손상시키는 것을 더이상 원하지 않는다! 영원히!

2. 파시즘이라는 전염병의 주창자들은 인민대중들에게 자유로워질 수 있는 능력이 없다는 것을 간파하였으며 그것이 **생물학적으로 절대적인, 주어진 사실**이라고 주장해 왔다. 그들은 비합리적이고 매혹적인 인종이론을 세상에 주입시켰으며, 인류를 생물학적으로 영원히 변하지 않는 우월한 인종과 열등한 인종으로 나누었으며, 또한 가장 심하게 병들고 가장 사악한 자신들에게 '초인'이라는 생물학적 명칭을 스스로 부여했던 것이다. 우리는 이런 속임수에 대해 **인종이론은 신비주의적 생활관이며 인간의 자연스럽고 행복한 사랑과 생활의 안정은 그와 같은 견해를 파멸로 이끌 것**이라는 해답을 가지고 있다.

3. 우리 연구소는 굉장한 과업에 직면하고 있다. 우리는 근본적으로 다음의 두 가지 가능성에 대비해야 한다.

a. 제2차 세계대전이 사회적 혼돈에 대한 해답을 표면에 떠오르도록 하고 또한 사회적 의식 속에서 그것을 드러낼 경우, 우리는 위대한 과업을 다루어야만 할 것이다. 우리는 큰 책임을 맡아야 할 것이며, 그 책임을 맡는 것에 대한 적절한 **대비를 해야**만 한다. 우리는 우리의 과업에 대한 명백한 관점을 가져야 한다. 실패를 바라지 않는다면, 우리는 인간의 반동과 파시즘의 폐해가 지닌 효력에 관해서 우리가 경험

한 것들을 일목요연하게 정리해야 한다. 이 과업은 **진정한** 자유를 확립하기 위한 전반적 투쟁의 틀 속에서만 충족될 수 있다. 만약 우리에게 인간이 자유롭게 구조화되었고, 인생을 언제나 자율적으로 관리할 수 있다는 환상이 있다면, 즉 사회적 자유가 제대로 기능하도록 만들고, 부정보다 정의를, 거짓보다 진실을, 야비함보다 진실함을 앞에 세우기 위해 단지 파시즘 정당이라는 전염병을 없애는 것으로 충분하다는 환상에 빠지게 된다면, 그런 환상에 기반하고 있는 다른 모든 것들과 함께 우리 역시 몰락할 것이라는 데에는 의심의 여지가 없다. **자유의 발전을 위해서는 환상에서 철저히 벗어나야 한다. 그럴 때에만 인민대중들의 비합리주의를 뿌리 뽑고, 그들에게서 책임을 감당할 능력과 자유로워질 수 있는 능력을 생성할 수 있기 때문이다.** 인민대중들을 이상화하거나 그들을 가엾게 여기는 것은 새로운 불행을 만들 뿐이다.

다양한 성향을 지닌 유럽의 자유조직들은, 마치 돌팔이 의사가 마비 환자들을 다루는 것처럼, 즉 환자가 실제로 마비된 것이 **아니며**, 사악한 늑대(자유운동조직들에게는 1914년에는 군수공장주가, 1942년에는 정신병에 걸린 장군들이 사악한 늑대였다)만 없다면 폴카 춤이라도 출 수 있을 것이라고 환자를 설득하는 것처럼 인민대중들의 질병을 다루었다. 마비 환자는 그런 식의 위안에 솔깃해 하거나 즐거워 할지도 모른다. 그러나 그는 여전히 걸을 수 없다. 그러나 **진실한** 의사라면 '냉정하게' 환자를 다룰 것이다. 즉 그는 환자가 잘못된 환상에 빠지는 것을 면밀하게 예방할 것이다. 그는 자신이 쓸 수 있는 모든 수단을 동원하여 마비의 종류를 찾아내 확인하고, 치료가 가능한지 아닌지를 결정할 것이다. 만약 원칙적으로 치료가 가능하다면, 그 의사는 치료의 수단을 찾아내고 마비를 제거할 것이다.

파시스트 독재자는 인민대중들이 생물학적으로 열등하고, 권위를 갈망하며, 따라서 근본적으로 **노예근성을 타고났다고** 주장한다. 따라서 전체주의적이거나 권위주의적인 정권은 전혀 문제가 되지 않는다. 오늘날 세상을 고통 속으로 빠뜨리고 있는 모든 독재자들이 억압받는 인민대중 출신이라는 것은 의미심장하다. 그들은 인민대중들의 이런 질병을 매우 잘 알고 있다. 그들에게는 자연적인 사건과 발전에 관한 통찰력, 그리고 진실과 연구에 대한 의지가 부족하기 때문에, 이 사실들을 **변화**시키려는 생각 역시 결코 떠오르지 않는다.

반면, 형식적 민주주의 지도자들은 인민대중들의 자유로워질 능력을 선천적으로 주어진 것보다 더 환상적인 것으로 가정했으며, 따라서 권력을 장악한 동안 인민대중들의 내면에서 자유로워질 능력과 스스로의 행동에 대한 책임감을 **확립할 수 있는** 모든 가능성을 배제해 버렸다. 그들은 재앙에 빠져버렸고, 결코 헤어나오지 못할 것이다.

우리의 해답은 과학적이며 합리적이다. 이 해답은 인민대중들이 자유로워질 수 있는 능력이 없다는 사실에 기반하고 있다. 그러나 인종적 신비주의와는 달리 우리의 해답은 이 무능력을 절대적이고 영속적이며 선천적으로 주어진 것이 아니라, 과거의 사회적 생활조건의 결과라고 생각하며, 따라서 **변화할 수 있는 것**으로 파악한다.

여기에서 다음과 같은 두 가지 중요한 과제가 뒤따르게 된다.

1) 인간에게 자유로워질 수 있는 능력이 없다는 것이 표현되는 형태를 부각시키고 명백히 밝히는 것.
2) 자유로워질 수 있는 **능력**을 더욱 철저하고 광범위하게 확립하기 위해 필요한 의료적·교육적·사회적 도구를 찾아내는 것.

이 지점에서, 민주주의적 정부가 저질렀던 '오류'가 하나씩 나열될 것이다. 즉 민주주의적 정부는 전염병에 걸린 독재자들과 조약을 체결했으며, 민주주의적 동맹(영국-스페인, 러시아-체코 등)에 대해 많은 배신행위를 저질렀고, 원칙보다는 기업 이익에 우선권을 부여했던 것이다(에티오피아 전쟁 중에 이탈리아에 제공된 러시아의 석유, 스페인의 반파시스트 투쟁 중에 독일에 제공된 멕시코의 석유, 나치독일에 제공된 스웨덴의 철강, 일본에 제공된 미국의 철강 및 석탄 등등, 버마와 인도에서의 영국의 행동, 사회주의자와 공산주의자의 종교적-신비주의적 신념 등등). 그러나 민주주의적 정권의 이런 '오류'는 인민대중들의 오류, 즉 그들의 사회적 무관심, 수동성, 권위의 갈망 등과 비교할 때, 그 중요성이 사그라든다. 즉 **좋은 것이든 나쁜 것이든, 발생하는 모든 것에 대한 책임**은 언제나 노동하는 남녀 대중들에게 있다. 그들은 전쟁으로 인해 가장 많은 고통을 겪은 사람들일 뿐만 아니라, 본질적으로 전쟁을 일으킨 사람들이기도 하다. **노동하는 인민대중들만이 이러한 책임을 가지고 있으며, 지속적인 평화를 만들어낼 수 있다는 사실은 필연이다.** 영속적인 평화를 성취하는 핵심은 바로 자유에 대한 무능을 제거하는 것이다. 그런데 인민대중 자신만이 그것을 성취할 수 있다. **자유로워질 능력이 없는 인민대중들이 자유를 획득하고 평화를 유지하기 위해서는 그들 자신이 사회적 권력을 가져야만 한다.** 이것은 모순인 동시에 그 모순의 해결책이기도 하다.

b. 이 전쟁이 끝나고 근본적인 사실들이 사회적 의식의 표면에 떠오르지 못한 채, 이전의 환상들이 계속 존재한다면, 우리가 처한 현재의 상황은 크게 변하지 않을 것이라고 예상할 수 있다. 이 경우 우리는 환상적인 '경험들', **형식적** 자유, **형식적** 기쁨, 그리고 **형식적** 민주주의

가 머지않아 새로운 독재자와 새로운 전쟁을 낳을 것이라는 결론을 피할 수 없을 것이다. 이 경우 우리는 계속 '고립'된 채로 사회의 비참함에 반대할 것이다. 따라서 우리는 해결하기 어려운 과제를 마주하게 될 것이다. 전반적인 환상의 틀 내에서 주관적·객관적인 정직성을 유지해야 하는 것이다. 우리는 인간의 본질에 대한 우리의 통찰력을 **순수하게** 지키기 위해, 동시에 그것을 심화시키기 위해 어려운 투쟁을 해야 한다. 오르곤 생체물리학, 구조심리학 그리고 성경제학 분야에서, 노동하는 사람들이 환상의 영향력에서 벗어나도록 만드는 것, 그리고 그들의 지식을 미래의 세대를 위하여 **순수하고 크리스탈처럼 깨끗한** 형태로 유지하는 것은 쉬운 일이 아닐 것이다. 정신적인 대중전염병에 관한 통찰이 6번째, 12번째 혹은 20번째 세계전쟁 후에도 계속 주장될 수 있다면, 이 지식들은 틀림없이 실천적으로 응용이 가능할 것이다. 이 때 우리는 우리의 후손들에게 영웅적 행위, 전쟁훈장, '영웅적 회고담' 그리고 전선에서의 경험을 전하려 하지 않을 것이며, 겸손하고, 신중하고, 순수한 인식, 다시 말해 **미래의 씨앗을 배태하고 있는** 인식을 전달할 것이다. 이 과제는 가장 나쁜 사회적 조건 아래서도 성취될 수 있다. 즉 **정서적 전염병을 극복할 수 있을 정도로 성숙한 시대**가 되었을 때, 그 세대는 불필요한 잘못을 저지르지 않아야 하며, 그들이 전염병의 주장에 대한 해답을 찾는 데 힘을 기울일 필요가 없어야 한다. 새로운 세대는 이전에는 무시되었던 진실로 돌아가서, 1940년의 세대보다 더 정직하고 점잖게 자신의 삶을 만들어야 한다.

이제 몇몇 친구들은 당연히 다음과 같은 질문을 할 것이다. "맙소사, 왜 당신은 당신들이 인식한 중요한 진실을 관철하기 위하여 사회적 권력을 잡으려는 투쟁을 하지 않는가? 삶에 중요한 사실들을 알고 있다고 주장하면서도 정치적으로 수동적인 태도를 보이면서 앉아 있는 것은 비겁하지 않은가? 제기랄, 보건부 장관이나 교육부 장관, 또는 정치가 같은 지위를 차지하기 위해 투쟁을 하라!"고.

우리는 이런 주장을 이해한다. 우리 중 많은 이들이 그와 같은 주장을 계속해서 발표했다. 또한 많은 이들이 그것 때문에 수많은 밤을 뜬눈으로 보냈다. 딜레마는 다음과 같다.

실천으로 옮길 수 있는 권력이 없으면 진실은 아무 소용이 없다. 그 진실은 학문적인 것에 불과하다.

어떤 종류의 권력이든 진실에 토대를 두지 않은 권력은, 정도의 차이나 방향의 차이는 있다 하더라도 **독재다**. 왜냐하면, 독재는 항상 사회적 책임과 자유를 의미하는 개인적 부담에 대한 인간의 두려움에 기반하고 있기 때문이다. **독재적 권력과 진실은 함께 나아갈 수 없다. 독재적 권력과 진실은 상호 배타적이다.**

진실의 추진자가 사회적 권력을 획득하면, 그 진실이 항상 소멸한다는 것은 역사적 사실이다. '권력'은 항상 다른 사람들의 복종을 의미한다. 그러나 진실한 사실들은 언제나 복종이 아니라, 확신에 의해서만 관철된다. 이런 사실을 우리는 프랑스혁명과 러시아혁명을 통해 배웠다. 이 혁명들의 진실들은 기껏해야 수십 년밖에 존속하지 못했다. 예수는 당대에 대단한 진실을 주창했다. 그러나 예수가 교황으로 대체되었을 때, 그 진실은 기독교 세계에서 소멸했다. 인간 고통에 대한 2천년 전의 깊은 통찰은 종교 형식에 자리를 양보했으며, 소박한 수도사의 옷은 금으로 수놓은 장식품으로 바뀌었고, 억압에 대한 가난한 자들의 반항은 내세에서의 행복을 통한 위안으로 바뀌고 말았던 것이다. 위대한 프랑스혁명의 진실은 프랑스

공화국에서 소멸했으며, 정치주의, 무지한 페탱[1], 그리고 이익만을 추구한 라발[2]에게서 종말을 고했다. 맑스주의 경제의 진실은 러시아혁명에서 '사회' 라는 단어가 '국가' 로 대체되고, '국제주의적 인류' 의 이상이 민족주의적 애국심과 히틀러와의 동맹에 의해 대체되었을 때 소멸되어 버렸다. 유럽의 위대한 자유투사의 후손들이 사회적 권력을 장악했음에도 불구하고, 진실은 독일, 오스트리아 그리고 스칸디나비아에서 없어져 버린 것이다. 1848년 진실이 탄생한 후 거의 백 년이 지난 지금 수천 년 전의 찌꺼기가 만들어놓은 것들이 여전히 지배적이다. **권력과 진실은 함께 나아갈 수 없다. 이것 역시 냉혹하고 불행한 진실이다.**

우리 중에 정치적 경험이 있는 사람은 다른 정치가와 마찬가지로 권력을 획득하기 위해 싸울 수도 있다. **그러나 우리에게는 권력을 획득하기 위한 시간이 없다. 우리는 더 중요한 일을 해야 한다.** 또한 우리가 신성하다고 여기는 인식이 그 [권력을 획득하는] 과정에서 파손되리라는 것도 의심의 여지가 없는 사실이다. 권력을 획득하기 위해서는 수백만의 대중들에게 환상을 가득 채워야만 한다. 이것 역시 진실이다. 즉 레닌은 러시아공산당의 본질적으로 집단주의적인 계획과 모순되는 구호에 기반하여 수많은 농민들의 지지를 획득했는데, 만약 그들의 지지를 획득하지 못했다면 러시아혁명은 불가능했을 것이다. 그 구호는 이렇다. "대지주의 토지를 차지하라. 그것은 여러분의 **개인** 재산이 될 것이다." 그래서 농민들은 그 구호에 따랐다. 만약 그 토지가 언젠가는 집단화될 것이라는 사실을 1917년에 농

---

1) Philippe Pétain(1856~1951). 프랑스의 장군. 제2차 세계대전 중 독일과 휴전협정을 맺고 남부 프랑스에서 비시 정부를 수립하여 그 수반이 되었다. 1945년, 사형을 선고받았지만 이후 종신 독방형으로 감형되었고, 대서양의 한 요새에서 수감생활을 하던 중 사망했다.
2) 비시 정부의 부총리와 법무장관을 지낸 라발은 독일의 승리를 확신했으며, 독일에 협조하는 것이 프랑스의 이익을 위한 최선의 방책이라고 생각했다.

민들이 들었다면, 그들은 충성을 바치지 않았을 것이다. 이러한 사실은 1930년대에 벌어진 러시아의 농업 집단화를 위한 어려운 투쟁이 입증하고 있다. 사회적 삶에서의 권력과 기만에는 **등급**이 있다. **인민대중들이 더 정직할수록, 권력추구행동은 감소할 것이다.** 즉 인민대중들이 비합리적 환상에 고취되면 될수록, 개개인의 권력추구행동은 더욱 더 광범위하고 야만적이 될 것이다.

개개 정신병자가 아닌 **대중들 스스로가** 사회적 불행에 책임이 있다는 주장, 또는 그들이 선출하거나 환호로 맞이한 지도자가 아니라 **그들 자신이 스스로의 운명에 대한 책임을 져야 한다는** 주장, 그리고 **단지 그들만이** 세상에서 일어나는 **모든 것에** 책임이 있다는 주장은 그들이 지금까지 들어왔던 것이나 그들이 받아들였던 것과는 모순되기 때문에 그런 진실을 가지고 권력을 획득하려고 하는 것은 어리석은 일이다.

하지만 세계의 재앙이 **인민대중들 스스로가 자신의 사회적 행위에 관한 통찰력을 획득하도록, 그리고 스스로 자신을 변화시켜 사회적 책임의 무거운 짐을 스스로 떠맡도록 강제하는** 단계가 도래할 가능성은 매우 크다. 그렇게 될 경우 **대중들 자신이** 권력을 획득하게 되며 '인민의 이익을 위해' 권력을 '장악' 한 집단을 마땅히 거부하게 될 것이다. 그러므로 우리가 권력을 잡기 위해 투쟁할 이유는 전혀 없다.

하지만 인민대중들이 합리적인 방향으로 전환할 수 있는 상황에 도달하기만 하면, 그들은 우리를 필요로 할 것이며 우리를 불러서 중요한 기능을 맡길 것이라고 확신할 수 있다. 우리는 그들의 지도자나 그들이 선출한 대표자 또는 '위로부터의' 관리인이 아니라, 그들의 일부분이 될 것이다. 그렇게 되면 몇 년 전 오스트리아와 독일에서처럼 인민대중들은 삶의 핵심적 문제에 대한 해답을 얻기 위해(단지 우리가 진실을 유지하는 한!) 우리의 병원, 교육시설, 강연, 과학적 사실의 발표회에 몰려들게 될 것이다(그들은 어떻게 하면 그들 삶의 과제를 해결할 수 있는지 말해달라고 우리에게 요구하지 않을 것이고 그런 일을 기대하지도 않을 것이다). 인민대중들이 사회적 실존에 대한 책임을 스스로가 **짊어져야만** 할 때, 그들은 자신의 약점이나 사악한 과거의 유산과 충돌하게 될 것이다. 한 마디로 말해서 그들은 우리가 '자유로워질 능력 없음'이라는 개념에서 요약한 그들의 성격구조, 생각, 감정에 있는 사실들과 충돌하게 될 것이다. 우리는 하나의 사회적 기관으로서 인민대중들이 참된 자유를 성취하는 데 도움을 주기 위해, 수천의 친구들과 함께 자유로워질 능력 없음의 메커니즘과 자유의 발전에 방해되는 모든 것을 밝힐 것이다.

이런 것들을 위해 우리에게 권력은 필요하지 않다. 의사로서, 연구원으로서, 교육자로서, 사회사업가로서, 생물학자로서, 물리학자로서, 저술가로서, 기술자로서의 우리의 완전한 정직성에 대해서 모든 연령, 직업, 피부색, 인생관의 사람들이 지니는 신뢰는 지금까지 정치가들이 획득했던 어떤 권력보다도 훨씬 더 오래 지속될 것이다. 우리의 과학적 활동과 실천적 활동이 현실을 더 많이 반영할수록 이 신뢰는 더욱 더 커질 것이다. 이 신뢰는 획득할 수 있는 것이 아니라, 자신의 일에 정직하게 집중할 때 저절로 생겨나는 것이다. 우리는 어떤 경우에도 '영향력을 획득'하기 위해서 우리의 안목을 오늘날 대중들이 하고 있는 생각에 적응시키려 해서는 안 된다. 우리 활동에 대한 전반적인 신뢰는 전염병의 본질에 관한 우리의 전반적인 지식을 심화시킴으로써만 생겨난다.

우리에게 어떤 요청이 들어온다면, 그것은 사회적 삶에서 자치가 **사실상** 자리를 잡아가고 있다는 신호인 동시에, '심오한 진실'과 유익한 자기비판에 대한 의지가 노동하는 인민대중들 사이에서 일깨워지고 있다는 신호일 것이다. 우리의 조직이 정치와 옛 이데올로기의 비합리성을 꿰뚫어 볼 수 있는 유일한 조직이기 때문에, 우리의 조직은 다른 방향으로 나아갈 수 없다. 반대로 우리가 계속 '반대'의 위치에 남아 있다는 것은 사회가 사회의 분주함 속에 있는 비합리성을 꿰뚫어 보거나 없앨 준비가 되어 있지 않다는 명백한 신호인 것이다. 그러나 이 경우에도 권력은 우리에게 아무런 도움이 되지 못하며, 우리가 권력을 잡는다는 것은 비합리성으로의 퇴보를 의미할 뿐이다.

이처럼 우리가 의식적으로 권력을 거부한다고 해서 누구도 우리의 일을 과소평가하도록 해서는 안 된다. 우리는 '겸손하고' '겸허한' 과학자의 역할을 하는 것이 아니다. 우리의 작업은 근본적인 자연과학의 선상에서, 그리고 삶의 원천에서 완성된다. 여기에서 거짓된 겸손을 보이는 것은 자해를 하는 것과 같다. '드네프로스트로이 댐'[3]에 비하면 '오르가즘 능력'은 별것 아닌 것처럼 보이고, '성격 무장'[4] 역시 '일시적 기억상실'에 비해 중요하지 않은 것처럼 보일 것이다. 또한 '바탄과 토부룩'[5]에 비하면 '오르곤'은 학문적인 주제처럼 보일 것이다. 현재의 관점에서 보면 그런 것처럼 보인다. 그러나 케플러의 법칙과 비교할 때 알렉산드로스 대왕은 무엇을 남겼는가? 역학의 법칙과 비교할 때 카이사르는 무엇을 남겼는가? 미

---

3) 소련의 제1차 5개년 계획 기간(1928~32)에 지어진 드네프로스트로이 댐은 약 6만 명의 노동자가 동원된 세계 최초의 대규모 댐으로 소련의 제1차 5개년 계획의 기념비적 건축물이다.
4) Charakterliche Panzerung. 감정의 돌연한 발발을 막기 위해 발전시키는 성격적 태도로 마치 갑옷을 입은 것과 같은 상태를 일컫는 라이히의 개념이다. 라이히는 이러한 방어가 신체적으로 나타나는 것을 근육무장이라고 불렀으며, 이런 성격·근육 무장을 해체함으로써 신경증을 치료할 수 있다고 보았다.
5) 바탄(Bataan)과 토부룩(Tobruk)은 모두 제2차 세계대전의 격전장이었던 지역이다. 필리핀의 바탄반도는 미군이 일본군에게 패하여 '죽음의 행진'을 한 곳으로, 리비아의 토부룩은 롬멜이 작전을 편 곳으로 유명하다.

생물이나 무의식적인 정신생활의 발견과 비교할 때, 나폴레옹의 출정은 과연 무엇인가? 우주적 오르곤과 비교해 볼 때 정신병에 걸린 장군이 무엇을 남길 수 있는가? 권력을 거부한다고 해서 인간 존재의 합리적 규제를 거부한다는 의미는 아니다. 단지 활동하는 방식이 다를 뿐이다. 우리는 긴 안목을 가진, 심오하고 혁명적이며 진실한 활동, 즉 삶을 보장하는 활동을 하는 것이다. 그 효능을 내일 느끼든 모레 느끼든 그것은 중요하지 않다. 모레가 아니라 이미 오늘 새로운 지식의 열매를 따는 것은 노동하는 인민대중들에게 달려 있는 것이다. 그들이 자신들의 삶과 활동에 대해 지니고 있는 책임은 구두 고치는 사람이 구두에 대해 지는 책임, 의사가 환자에 대해 지는 책임, 연구자가 자신의 발언에 대해 지는 책임, 건축가가 자신의 건축물에 대해 지는 책임보다 작지 않다. 우리는 인민의 보호자가 되거나, 인민을 동정하려 노력하지 않는다. **우리는 인간을 진심으로 받아들인다!** 그들에게 우리가 필요해진다면, 그들은 우리를 부를 것이다. 그때 우리는 거기에 있을 것이다. 나는 지식을 강요하겠다는 의도를 가지고 권력을 얻으려 투쟁하는 것을 거부한다.

생물학적 경직성, 자유에 대한 무능력, 기계적이고 권위적인 인생관

우리는 인민대중이 피비린내 나는 전쟁에서 획득한 자유와 평화를 유지하고, 조직화하고, 발전시킬 수 있었던 적이 인간 사회에 한 번도 없었다는 변함없는 사실에 직면해 있다. 우리가 말하는 자유란 개인적·사회적 발전을 위한 진정한 자유, 삶에 대한 두려움으로부터의 자유, 모든 형태의 경제적 억압으로부터의 자유, 발전에 대한 반동적 억제로부터의 자유다. 간단히 말해, **자유로운 삶의 자치인 것이다**. 우리는 모든 환상에서 해방되어야 한다. 인민대중들 속에서 자유를 얻으려는 투사의 노력 전부를 좌절시키는 반동적이고, 살인적이고, 발전을 억제하는 힘이 작용하고 있다.

이와 같은 반동적인 힘은 인민대중들에게서 **책임과 자유에 대한** 전반적인 **두려움**으로 나타난다. 이것들은 도덕적인 가치판단이 아니다. 이 두려움은 오늘날 인간의 생물학적 구조 속에 깊이 뿌리박혀 있다. 그러나 이 구조는 파시스트들이 전형적으로 믿고 있는 것처럼 '인간의 본질에' 고유한 것이 아니라, 역사를 통해 그렇게 되어온 것이며 따라서 원칙적으로 바뀔 수 있는 것이다. 자유에 대한 두려움의 사회적 역할을 간략하고 일목요연하게 설명하기는 쉽지 않다. 1942년 6월 24일자 『뉴욕타임스』에 '아프리카에 있는 영국인들은 살인의 충동이 부족하다'(British in Africa Lack Killer Urge)라는 제목으로 게재된 제임스 올드리지[6]의 기사를 덧붙이는 것이 가장 좋은 설명이 될 것이다.

> 아프리카의 독일 군대는 신속하고 억세고 강인했기 때문에 영국군을 패배시켰다. 전통적 의미의 군인들처럼 독일인들은 무뢰한, 완벽한 무뢰한들이다. 또한 롬멜 원수와 그의 패거리들은 성난 인간들이며 어리석을 정도로 거칠다. 그들은 남자답고 재빠르다. 또한 그들은 상상력이라고는 찾아볼 수 없는 폭력배들이다. 실제의 투쟁이 있는 가장 실천적이고 힘든 생활을 해야 한다는 점에서, 그들은 실천적 인간이다. 즉 나치당원들은 살인을 훈련받았다. 독일군의 사령관들은 냉혹하고 수학적인 살인 공식

---

6) James Aldridge(1918~). 오스트레일리아 출신의 언론인·소설가. 제2차 세계대전에 기자로 파견되어 활동했다. 세 차례나 부상을 입으면서도 일곱 군데의 전선을 돌며 세계대전을 기록한 것으로 유명하다. 정치나 전쟁 등 다양한 주제의 소설을 남겼으며, 대표작으로는 『외교관』(The Diplomat, 1949) 등이 있다.

을 계속해서 실험하고 개선하는 과학자들이다. 그들은 복잡한 문제와 맞닥뜨린 수학자, 공학자, 그리고 화학자로서 훈련을 받는다. 그 속에는 예술도 없고 상상력도 없다. 그들에게 전쟁은 순수한 물리학일 뿐이다. 독일 병사는 물불을 가리지 않는 심리를 갖도록 훈련받고 있다. 그는 정신무장이 튼튼히 된 전문적인 살인자다. 그는 자신이 이 세상에서 가장 강인하다고 믿고 있다. 그러나 실제로 그는 쉽사리 무너지며 그렇게 강인하지도 않다. 따라서 그는 그와 똑같이 무모할 정도로 재빠른 방법을 사용하는 적에 의해서 신속히 격퇴당할 수 있다. …… 영국 병사는 이 세상에서 가장 영웅적인 병사이다. 그러나 그것을 군사적 강인함과 혼동되지 않는다. 그는 결정을 내릴 때는 강인하지만 자신의 적을 과학적으로 죽일 수 있는 강인함은 가지고 있지 않다.

이것은 지금까지 내가 읽었던 것 중에서 기계적 군국주의에 대한 가장 뛰어난 묘사다. 이 묘사는 단 한 번에 **기계론적 자연과학, 기계적 인간구조 그리고 가학적 살인의 동일성을** 완벽하게 폭로하고 있다. 이 동일성은 독일 제국주의의 전체주의적 독재 이데올로기에서 가장 잘 집약되어 나타난다. 이런 기계적 삼위일체는 인간을 기계로 여기거나 기계를 인간의 주인으로 여기지 않는 인생관, 그리고 군국주의를 인간의 위대한 자랑거리로 여기지 않는 인생관과 뚜렷이 구별된다. 이와 같은 생동감 있는 기능적 관점은 서구 민주주의에서 최후의 도피처를 구했다. 그렇지만 이 관점이 혼란을 견디고 살아남을 수 있을지는 불확실하다.

어떤 장군의 귀에는 이상하게 들릴지 모르지만, 나는 비극적이고 위험했던 민주주의의 패배 속에서 기계적 자동성에 완전히 반대되는 깊은 인간성의 징조, 즉 **인간적 삶에 대한 존중이 드러난다**고 주장한다. 만약 올드리지가 민주주의의 사령관들이 기계적 인간에 반대하고 인간의 생명을 아끼려 한다면서 민주주의의 사령관들을 비난한 것이라면, 올드리지는 옳지 않다. 만약 올드리지가 반파시스트 전사들이 프러시아의 자동인간보다도 더 기계적으로, 더 자동적으로, 더 과학적으로 살인하는 것을 배워야 한다고 요구하는 것이라면, 그것 역시 옳지 않다. 기계적인 자동인간들을 격퇴하는 데 그들의 수단을 사용하려는 사람들은 작은 화를 면하려다 더 큰 화를 부르게 될 뿐이다. 즉 더욱 능률적인 과학적 살인자가 되기 위해 스스로를 기계적 자동인간으로 변화시켜서, 그들의 반대자들이 작동시킨 과정을 자신들이 계속하게 되는 것이다. 이렇게 될 경우 전혀 다른 형태를 가진, 영속적으로 평화롭고 인간적인 사회에 대한 생동감 있는 모든 희망은 자취도 없이 사라져버릴 것이다.

반파시스트 투쟁의 길은 이와는 다르다. 이 길은 살인을 만들어낸 역사적·생물학적 원인을 명백하고 냉혹하게 인식하는 길이다. 파시스트 전염병은 그런 인식을 통해서 근절되는 것이지, 그것을 모방함으로써 근절되는 것이 아니다. 우리가 스스로 파시스트로 타락하지는 않는다 하더라도, 의도했든 의도하지 않았든 파시스트들이 사용한 방식을 모방하고 그것을 더 탁월하게 사용하는 방식으로는 그들을 이길 수 없다. 파시즘을 향한 길은 자동인간, 죽음, 경직성, 그리고 무기력을 향한 길이다. 생동하는 것을 향한 길은 근본적으로 새로운 길이며, 더욱 어렵고, 위험하고, 정직하고, 희망적인 길이다.

당면한 모든 정치적 이해관계를 제쳐두고 다음과 같은 **하나의 문제에 집중해 보도록 하자. 어떻게 기계와 인간 그리고 과학적 살인 간에 그렇게 완벽한 기능적 일체화가 가능한가?** 이 질문은 침몰된 배들을 보충할 충분한 수의 배들이 만들어지고 있는지, 또는 기계같이 잔인한 인간[독일 군인]이

바쿠 유전에 도달할 수 있는지 등의 질문과는 전혀 어울리지 않을지도 모른다. 우리는 이런 당면한 문제의 중요성을 분명히 인정한다. 만약 갑자기 집에 불이 났다면 당연히 나는 우선 그 불을 끄려 할 것이며 중요한 서류, 책, 가재도구 등을 끄집어내려고 노력할 것이다. 그러나 조만간 나는 새 집을 지어야만 할 것이며, 불행이 다시 일어나지 않도록 불이 나게 된 원인을 오랫동안 신중하게 생각할 것이다.

인간은 근본적으로 동물이다. 동물은 인간과는 달리 기계적이거나 가학적이지 않으며, 동물들의 세계는 인간의 사회와는 비교할 수 없을 만큼(물론 같은 종 내에서) 평화롭다. 다음과 같은 근본적인 질문을 던져야 한다. **무엇이 인간이라는 동물을 기계적으로 타락하도록 만들었는가?**

내가 '동물'이라는 단어를 사용할 때, 그 단어는 사악하고 잔인하고 '열등한' 어떤 것을 의미하는 것이 아니라 생물학적 사실을 의미하는 것이다. 그러나 인간은 자신은 결코 동물이 아니며, 이미 오래 전부터 '사악하고', '동물적인 것'을 벗어던졌다는 기묘한 생각을 발전시켜 왔다. 인간은 모든 수단을 동원하여 자신을 사악한 동물과 분리시켜서 생각하려 애쓰고 있으며, 자신들이 동물보다 '더 나은 존재'라는 것을 증명하기 위하여, 자신들을 동물과 구분해 주는 증거로 문화와 문명을 끌어들인다. 인간은 자신의 모든 태도, '가치이론', 도덕철학, '원숭이의 진화과정' 등을 통하여, 자신이 근본적으로 동물이며 자신이 생각하거나 꿈꾸는 것과는 비교할 수 없을 만큼 '동물'과의 공통점이 매우 많다는 사실, 그리고 자신이 그것을 기억하고 싶어 하지 않는다는 사실을 입증하고 있는 것이다. 독일의 초인 이론은 자신을 동물과 분리시키려는 인간의 노력에 그 기원을 두고 있다. 인간은 사악함, 같은 인간끼리 평화로운 공동체에서 살아갈 수 있는 능력의 부재, 그리고 제2차 세계대전과 같은 오늘날의 전쟁 등을 통하여, 인간이 단지 끝없는 사디즘에 의해서만 그리고 권위적 인생관, 기계론적 과학, 기계 사이의 기계적 삼위일체에 의해서만 다른 동물과 구별된다는 사실을 입증하고 있다. 만약 오랜 기간에 걸친 인간 문명의 결과를 개관해 본다면 인간들의 주장은 거짓일 뿐만 아니라, 인간이 동물이라는 것을 잊도록 특별히 고안된 것이라는 사실을 발견할 수 있다. **인간이 스스로에 대해 가지는 환상이 어디에서 유래했으며, 인간은 어떻게 그런 환상을 갖게 되었는가?**

인간의 생활은 둘로 나뉘어져 있다. 그 중 **첫번째** 부분은 **생물학적** 법칙(성적 충족, 음식물의 소비, 자연과의 연계)에 의해 결정되며, 다른 **두번째** 부분은 기계문명(자신의 조직에 관한 기계론적 사유, 동물세계에서의 지배적 위치, 다른 인간집단에 대한 인종적·계급적 태도, 소유와 무소유에 대한 가치평가, 과학, 종교 등)에 의해 결정된다. 인간이 **동물이면서 동물이 아니라는 점**, 즉 한편에는 **생물학적** 뿌리내림이, 다른 한편에는 **기술적** 발전이 있다는 것이 인간의 생존과 사유를 분열시키고 있다. 인간이 스스로에 관하여 발전시킨 모든 관념들은 예외 없이 그들이 창조한 기계의 전형에 기반을 두고 있다. 기계의 발명과 사용은 인간들에게 기계 속에서 그리고 기계를 통하여 '좀더 높은' 어떤 것으로 스스로를 진보시키고 발전시키고 있다는 믿음을 고취시켰다. 그러나 인간들은 기계에게도 동물과 같은 외형와 역학을 부여했다. 기관차는 볼 수 있는 눈과 달릴 수 있는 다리, 석탄이라는 식량을 먹는 입과 찌꺼기를 버릴 수 있는 반출구, 소리를 만들 수 있는 지렛대와 설비를 가지고 있다. 이런 식으로 기계론적 기술의 산물은 인간 자신을 확장한 것이 되었다. 사실상 기계는 인간의 생물학적 조직의 강력한 확장을 형상화한다. 기계는 인간이 손으로 할 수 있었던 것보다 훨씬 더 높은 수준으로 자연을 정복할 수 있게 했다. 기계는 인간이 시간과 공간을 정복할 수 있게 한다. 이렇게 기계는 인간 자신의 일부분, 사랑과 더불어 대단히 높은 평가를 받는 일부분이 되었다. 인간들은 이런 기계가 인간의 생활을 더 간편하게 만들고 자신들에게 즐길 수 있는 능력을 줄 것이라는 꿈을 꾸었다. 기계의 도움에 힘입어 자신의 생활을 즐기는 것은 오래 전부터 인간의 꿈이었다. 그렇다면 현실은 어떤가? **만약 인간이 기계로부터 자신을 분화시키지 않는다면, 인간의 가장 위험한 파괴자였던 기계는 계속해서 파괴자로 남게 될 것이다.**

기계의 발전에 의해 이루어진 문명의 진보는 **인간의 생물학적 조직에 대한 파멸적 오해**와 동반하여 나타났다. 인간은 기계를 만들 때 역학의 법칙과 생명이 없는 에너지의 법칙을 추종했다. 이런 기술은 **인간 자신이 어떻게 만들어졌고 조직되었는가에 대한 질문을 인간들이 시작하기 오래 전부터 상당한 정도로 발전해 있었다. 인간이 매우 서서히, 조심스럽게, 동료 인간들로부터 생명의 위협을 받아가며 인체의 기관에 대해서 밝혀내고자 했을 때, 그는 수세기 전에 기계 만드는 방법을 배웠던 것과 같은 방식으로 인체 기관의 기능들을 해석했다. 즉 그는 인체의 기능을 기계론적이고 생명력이 없는, 경직된 방식으로 해석했던 것이다. **기계론적인 인생관은 기계 문명의 복사판이다.** 그러나 생동감 있게 기능하는 것은 이런 기계론적 인생관과는 근본적으로 다르다. 그 기능은 기계적이지 않다. 특수한 생물학적 에너지인 오르곤은 기계적이지도 않고 전기적이지도 않은 법칙을 따른다. 인간은 기계론적 세계관 속에 구속되어 있기 때문에, 유난히 생동감 있고 비기계적으로 기능하는 것에 대해 파악할 수 있는 능력을 가지고 있지 않다. 인간들은 언젠가 프랑켄슈타인과 같은 인조인간을, 아니면 적어도 인공 심장이나 인공 단백질을 만들어 낼 수 있을 것이라는 꿈을 가지고 있다. 인간이 공상 속에서 만들어 낸 인체모형의 표상은 야만스러운 괴물의 모습을 투영하고 있는데, 이 괴물은 인간을 닮았으나 기계적이고 무감각하며 무뚝뚝한 데다 강력한 힘을 소유하고 있기 때문에, 자유롭게 놓아두면 통제를 벗어나 자동적으로 대혼란을 초래하게 될 것이다. 월트 디즈니는 「마법사의 도제」⁷⁾ 속에서 이 사실을 훌륭하게 파악했다. 인간 자신과 인간의 조직에 관한 이런 환상 속에서, 우리는 생생하게 살아 있고, 우호적이며, 사회적이고, 자연과 밀착되어 있는 모든 표현을 그리워한다. 반면에 인간이 자신에게 없음을 한탄하면서도, 인조인간 형상에는 부여하지 못한 특성을 동물들을 묘사하면서 부여하고 있다는 것은 놀랍다. 디즈니의 모든 동물 영화들이 이 사실을 분명히 보여주고 있다.

디즈니의 상상 속에서 '인간'은 기계적이고, 잔인하고, 위압적이며, 생명력을 잃은 비정한 괴물로 그려지는 반면, 동물은 사교적이고, 친절하며, 인간의 모든 강점과 약점이 부여된 생명력이 넘치는 존재로 그려져 있다. 우리는 인간이 이 환상 속에 현실을 반영하고 있는가라는 질문을 던지지 않을 수 없다. 그 질문의 대답은 '그렇다'이다. 인간은 자신의 내적인 생물학적 모순을 대단히 생생하게 묘사하고 있다.

1. 이데올로기에서 : 사악한 동물과 고상한 인간
2. 현실에서 : 친절하고 자유로운 동물과 잔인한 기계인간

그러므로 기계는 인간이 스스로의 구조에 대해 가지는 생각을 기계적이고 역학적인 것으로, 생명력이 없고 경직된 것으로 만드는 작용을 한다. 이런 [기계적] 관점에 따르면 인간은 다음과 같이 조직화된다. 뇌는 '가장 완벽한 발

---

7) "The Sorcerer's Apprentice." 디즈니(Walt Disney, 1901~1966)의 장편 애니메이션 『판타지아』(Fantasia, 1940)의 세번째 부분이다. 마법사의 도제인 '미키'가 빗자루에 마법을 걸어 물을 긷도록 만들었다가 마법을 푸는 주문을 잊어버리면서 생기는 소동을 그리고 있다.

전의 산물'이다. 뇌는 자신의 내부에 '통제본부'를 가지고 있으며, 마치 국가의 '통치자'가 그의 '신하'들에게 명령을 내리듯이, 개별기관에 명령을 내리며 자극을 가하고 있다. 신체의 기관들은 전선(電線)이나 신경으로 통치자인 '뇌'와 연결되어 있다(물론 이것은 완전히 잘못된 관점이다. 왜냐하면 유기체의 기관들은 뇌가 있기 오래 전부터 나름의 생물학적 기능을 가지고 있었기 때문이다. 또한 생리학에서 실험적으로 입증되었듯이, 개나 닭의 경우 뇌가 제거된 상태에서도 상당 기간 기본적인 생명의 기능은 유지된다). 유아들은 정확히 3시간에 한번씩 정확한 양의 우유를 먹어야 하며, 정확한 시간의 잠을 자야 하는 것이다. 그들의 음식은 정확히 X그램의 지방, Y그램의 단백질, Z그램의 탄수화물을 함유해야 한다. 결혼하는 날까지 인간은 성적 충동을 갖지 않으며, 성적 충동은 결혼하는 바로 그날부터 작동하기 시작한다. 인간과 마찬가지로 하느님은 정확히 6일 동안 이 세상을 창조했으며 7일째 되는 날은 휴식을 취했다. 어린아이들은 수학 X시간, 화학 Y시간, 동물학 Z시간을 공부해야 하며, 이렇게 모두 똑같은 시간을 공부하므로 모든 어린이들은 동일한 양의 지혜를 습득해야 한다는 것이다. 우수한 지능은 백점이며, 평균 지능은 80점, 멍청한 지능은 40점이 된다. 90점을 받으면 박사학위를 취득하지만, 89점을 받으면 아무것도 아니다.

오늘날까지도 정신적인 것 자체는 인간들에게 모호하고 신비스러운 어떤 것이거나, 이른바 하나의 부위인 뇌에 신중하게 저장되어 있는 비밀스런 작용에 불과하다. 이때 정신적인 것은 내장에서 방출된 배설물 이상이 아니다. 수세기 동안 인간이 정신의 존재를 부인하기만 한 것은 아니다. 오히려 인간은 정서와 정신적 경험을 이해하려는 모든 시도가 잘못된 것이라고 선언했다. 그러면서 동시에 인간은 자신의 정서적 생활을 구체적으로 표현하는 신비주의적 개념을 고안했다. 신비주의적 인생관을 의심한 사람은 의심의 대상이 '성인'(聖人)이든 '순수인종'이든 '국가'든 간에 박해와 죽음의 처벌을 받았던 것이다. 이런 방식으로 인간은 자신의 조직에 대한 기계적-역학적인 동시에 신비주의적인 관점을 계속 발전시켜 왔던 것이다. 그러므로 생물학에 대한 이해는 기계를 만드는 재주보다 훨씬 뒤떨어진 상태에 머무르게 되었으며, 따라서 인간은 자기 자신을 이해하는 것을 포기하게 되었다. 인간이 만들어낸 기계는 인간이라는 유기체의 성능을 설명하기에 충분했던 것이다.[8]

뛰어난 산업적 재주와 생물학적 이해 사이의 이런 차이는 단지 지식이 부족하기 때문인가? 아니면 무의식적 의도, 이른바 조직에 대한 자신의 통찰을 자의적으로 몰아내려 하는 무의식 때문인가?(오르곤에 관한 실험적 연구를 할 당시에, 나는 수만 명의 뛰어난 연구자들이 대기 중의 오르곤을 완벽하게 무시했다는 점에 대해 놀라움을 금할 수 없다).

이 질문에 이론의 여지가 없는 대답을 할 수 있다. 생명체에 대한 우리의 이해가 뒤떨어져 있으며, 우리는 생명체를 기계론적으로 잘못 해석하고 있다는 것, 그리고 기계를 과대평가하는 것은 무의식적인 의도였으며 그것은 지금도 마찬가지라는 것이 그 대답이다. 인간이 한편으로는 기계를 역학적으로 구성하면서, 동시에 다른 한편으로 생명체를 비기계적이고 **살아 있는** 것으로 이해하지 못할 이유는 전혀 없다. 중요한 상황에서의 인간 행위에 대해 철저히 고찰한다면 그 의도의 본질은 폭로된다.

기계문명은 인간의 동물적 생존을 향상시켰을 뿐만 아니라, 주관적으

---

8) [지은이] 생물학적 조직과 기술적 조직 사이의, 그리고 인간 속에서 생동감 있게 살아 있는 것과 자동적이고 기계적인 것 사이의 비극적 분열은 다음과 같은 사실 속에서 명백히 표현된다. 즉 이 세계의 인민대중 중 누구도 전쟁을 바라지 않았다. 그러나 그들 모두는 예외 없이 자동 괴물처럼 구제불능의 전쟁에 빠져들었다. 그 괴물은 바로 경직된 인간 자신이다.

로는 더욱 중요하지만 비합리적인 기능, 즉 인간은 **동물이 아니라는 것**과 인간은 본질적으로 **동물적 존재와는 다르다는 것**을 계속 강조하는 기능을 수행해야 했다. 또 하나의 의문이 있었다. 과학에서, 종교에서, 예술 또는 삶의 다른 표현에서 인간이 자신이 정말로 **인간**이지 동물이 **아니라고**, 인간 존재의 가장 고귀한 과업은 '인간의 동물적 측면을 없애버리는 것'이며 '가치'를 함양하는 것이라고, 또한 어린이는 '자그마한 야생 동물'에서 '고귀한 인간'으로 교육되어야 한다라고 계속해서 외치는 데에는 어떤 이해관계가 있는가? 인간 스스로가 자신이 그 안에서 성장했고 확고하게 뿌리를 내린 생물학적 가지를 그렇게 단호하게 제거하려는 것이 어떻게 가능한가에 대해서도 질문해야만 한다. 또한 생물학에 대한 이런 거부가 인간의 삶에 정신질환, 생체병리, 자학증 그리고 전쟁의 형태로 야기한 육체적·문화적·정신적 황폐화를 인간들은 어째서 볼 수 없는지에 대해서도 질문을 던져야 한다. 인간 자신이 동물적 존재라는 것을 완전히 인식하지 못하는 한, 인간의 비참함이 사라질 수 없다는 것을 인간의 지적 능력이 인정할 수 있겠는가? 인간을 다른 동물과 구별하는 것을 단지 삶의 안정성을 완성하는 것으로 이해하는 것과 자신의 고유한 본성을 비합리적으로 거부하는 것에 익숙해져야만 하겠는가?

"동물성으로부터 벗어나라. 성으로부터 벗어나라!"라는 것이 모든 인간 이데올로기 형성의 원칙이다. 이런 원칙은 인종적으로 순수한 '초인'인 파시스트로, 프롤레타리아 계급의 영광인 공산주의자로, 인간의 '영적-도덕적 본성'의 형태인 기독교인으로, 또는 '고귀한 인간의 가치'인 자유주의자로 나타나는데, 무엇으로 나타나든 차이는 없다. 이 모든 사상들은 똑같고 단조로운 어조로 다음과 같이 되풀이 된다. "나는 동물이 아니다. 기계를 발견한 것은 동물이 아니라 바로 나다! **나는 결코 동물과 같은 생식기**

를 가지고 있지 않다!' 또한 지적 능력과 '순수하게' 기계론적인 것에 대한 지나친 강조, 그리고 충동보다는 논리적 이성, 자연보다는 문화, 육체보다는 마음, 성적인 것보다는 노동, 개인보다는 국가, 열등한 인간보다는 우월한 인간에 대한 지나친 강조도 이런 것에 속한다.

수많은 운전자와 라디오 청취자 중에서 극소수만이 자동차와 라디오 발명자의 이름을 알고 있는 반면, 정치적 전염병에 걸린 장군들의 이름은 모든 아이들이 알고 있다는 것을 어떻게 설명할 수 있는가?

우주에서 볼 때, 인간은 본질적으로 하나의 벌레에 불과하다는 사실을 자연과학은 끊임없이 반복해서 인간들에게 불어넣고 있다. 정치적 전염병 보균자는 인간은 동물이 아니라 '정치적 동물', 즉 특별한 비동물이며, 가치의 소유자이자 '도덕적 존재'라고 계속해서 설득하고 있다. 플라톤의 국가철학이 도대체 얼마나 많은 불행을 야기했는가! 왜 인간이 자연과학자보다 정치가에 대해 더 잘 알고 있는지는 지극히 분명하다. **인간은 동물이기를 바라지 않기 때문이다.** 인간은 자신이 근본적으로 성적인 동물이라는 사실을 기억하기 싫어한다.

이런 관점에서 볼 때, 동물은 지능을 가지고 있지 못하며 단지 '사악한 본능'만을 가진다. 또한 문화가 아니라 단지 '저속한 충동'만을 가지고 있으며, '가치'가 아니라 단지 '물질적 욕구'만을 가지고 있을 뿐이다. 이런 차이를 강조하고 싶어하는 사람은 돈 버는 것을 인생의 전부라고 생각하는 유형의 사람이다. 만약 현재의 전쟁과 같은 대량살상 전쟁이 조금이나마 합리적 기능을 가지고 있다면, 그것은 이런 사상의 한없이 깊은 비합리성과 거짓을 폭로하는 것이다. 만약 인간이 자연스러운 자발성으로 충만한 개미나 코끼리 같은 동물과 마찬가지로 자학증과 야비함에서 자유롭다면 인간은 행복해질 수 있다. 지구가 우주의 중심이라든가 지구만이 사람이 살고 있는 유일한 혹성이라는 인간의 가정이 헛된 것이었던 것처럼, 동물을 도덕이 부족한, 즉 도덕적으로 혐오감을 일으키는 '영혼이 없는' 존재로 보는 인간의 철학 역시 비현실적이고 유해한 것이었다. 만약 내가 스스로 자비로운 성자라고 공언하면서 도끼를 가지고 이웃 사람의 머리를 부순다면, 그것은 정신병원으로 가거나 전기의자에 앉을 충분한 이유가 된다. 그러나 바로 이런 상황이 인간의 이상적 '가치'와 실제 행위 사이에서 벌어지는 모순이다. 이런 모순을 '전쟁과 혁명의 세기', '전선에서의 고양된 경험', '군사전략과 정치전술의 가장 높은 발전' 등과 같은 거창한 사회학적 공식으로 표현한다고 해서, 생물학적·사회적 조직의 측면에서 인간이 어둠 속에서 허우적거리고 있으며, 따라서 절망적인 혼란에 빠져 있다는 사실이 변하는 것은 결코 아니다.

  이와 같은 태도가 자연스럽게 성장한 것이 아니라, 기계문명의 발전에 의해 초래된 것이라는 사실은 명백하다. 가부장적 질서가 출현하기 시작했을 때, 인간의 성격구조를 권위적 질서에 적응시키기 위해 사용된 주요 기제가 어린이와 청소년의 성기적 성에 대한 억압과 억제였다는 것은 쉽게 입증할 수 있다. 자연스러움과 어린이의 본성에 대한 억압 그리고 '동물적인 것'에 대한 억압은 기계적 종속을 만들어내는 주요 도구로 계속 작용한다(이런 사회학적-경제학적 과정에 대해서는 이 과정이 인간의 이데올로기 형성과 성격구조 형성에 미치는 영향과 함께 『성도덕의 출현』에 명시되어 있다). 사회의 사회경제적 발전은 사회의 기계적 과정을 독자적으로 유지해 왔다. 모든 이데올로기 및 문화 형성의 지배적인 분위기는 사회경제적 발전과 더불어 발전하면서 여러 갈래로 뻗어나갔다. "성기성으로부터 벗어나라"와 "동물성으로부터 벗어나라"는 원칙을 가지고 스스로를 생물학적 기원에서 분리시키려는 인간의 노력은 사회적·심리적 과정에서 점점 더 본질적이고 포괄적인 것이 되어 왔다. 동시에 이런 과정에 의하여, 사업과 전쟁에서의 가학적 야만성, 기계적인 본성, 가면과 같은 얼굴 표정, 감정을 감추는 갑옷, 도착적이며 범죄적인 경향 등 모든 것이 점점 더 본질적이고 포괄적인 것이 되어왔다.

이런 잘못된 생물학적 발전의 파괴적 효과를 우리가 인지하기 시작한 지 고작 몇 년밖에 되지 않았다. 사람들은 이 사태를 대단히 낙관적으로 보거나, 대수롭지 않은 것으로 보려는 유혹에 빠지기 쉽다. 사람들은 이렇게 주장할 수 있을 것이다. "인간이 자신의 본성을 기계문명의 측면에서 해석한다면 틀림없이 길을 잃고 헤매게 될 것이지만, 우리가 이 오류를 인식하기만 한다면 그것을 수정하는 것은 어렵지 않을 것이다. 문명은 단지 기계적일 수 있지만, 인간의 생활에 대한 기계론적 태도는 생명력 있고 기능적인 태도로 쉽게 바뀔 수 있다. 현명한 교육부서의 장관이라면 교육을 새롭게 하기 위하여 적절한 포고를 발표할 수 있을 것이다. 오류는 한두 세대만 지나면 수정될 수 있다". 이것이 바로 1917년에서 1923년까지 러시아혁명 동안 현명한 사람들이 이야기했던 방식이다.

만약 기계적 생활관이 단순히 '사상'이거나 '태도'에 불과하다면, 이런 주장은 정말로 옳은 것이다. 그러나 다양한 사회적 상황에 처해 있는 평범한 인간들에 대한 성격분석에서 우리가 과소평가해서는 안 되는 사실이 폭로되었다. 맑스가 말한 것처럼 사회적 과정이 단순히 인간의 정신생활에 반영되어 기계적 인생관이 생겨난 것이 아니라 그 이상이라는 사실이 밝혀졌다.

기계론적 인생관은 수천 년의 기계적 발전 과정 동안 한 세대에서 다음 세대로 계속 작용하여 인간의 생물학적 체계 속으로 깊숙이 고착되었다. 이런 발전 과정에서 기계론적 인생관은 실제로 인간의 기능을 기계적 방식으로 변화시켰다. 인간은 자신의 성기능을 죽이는 과정에서 자신의 원형을 경직시켰다. 인간은 자기 속에 있는 자연스럽고 자발적인 것에 대항하여 무장했으며, 그로 인해 생물학적 자기조절기능과의 접촉을 상실했고 이제는 생명력 있고 자유로운 것에 대한 엄청난 두려움으로 스스로를 가득 채우게 되었다.

이러한 **생물학적 경직화**는 본질적으로 유기체의 일반적인 경화와 명백한 원형질 이동성의 경화를 통해 알려지게 된다. 즉 지적 능력은 손상되었으며, 자연적이고 사회적인 가치는 사라졌고, 정신병이 만연하게 되었다. 이 주장을 뒷받침하는 상황에 대해서는 『오르가즘의 기능』에서 상세하게 서술했다. 소위 문화적 인간은 무뚝뚝하고, 기계적이며, 자발성이 없다. 말하자면, 문화적 인간은 자동인간으로 그리고 '두뇌기계'로 발전되었다. 그는 자신이 기계처럼 기능한다고 믿을 뿐만 아니라, **실제로도 자동적으로, 역학적-기계적으로 기능한다**. 문화적 인간은 더 기계적으로 살고 사랑하고 미워하고 생각한다. 문화적 인간은 생물학적 경직화와 자연이 부여한 자기조절기능의 상실로 인해 독재적 전염병의 발발에서 가장 완성된 모습으로 나타나는 성격적인 태도를 모두 갖게 되었다. 이런 성격적 태도는 위계적인 국가관, 사회의 기계적 관리, 책임에 대한 두려움, 지도자에 대한 그리움, 권위 중독, 명령에 대한 기대, 자연과학에서의 기계론적 사유, 전쟁에서의 기계적인 살인 등으로 나타난다. 플라톤의 국가사상이 그리스의 노예 사회에서 생겨난 것은 결코 우연이 아니다. 또한 플라톤의 국가사상이 오늘날까지 살아남은 것 역시 우연이 아니다. 농노제도가 은밀한 노예제도로 교체된 것이다.

파시스트적 전염병의 문제가 인간의 생물학적 조직 깊숙한 곳까지 우리를 이끌었다. 이 문제는 수천 년 동안 진행된 발전에 관한 문제이지, 경제주의자들이 믿는 것처럼 단지 19세기 또는 최근 20년간의 제국주의 이해관계와 관련된 문제가 아니다. 어떤 상황에서도 오늘날 벌어지고 있는 전쟁의 의미를 바쿠의 유전과 태평양의 고무농장을 둘러싼 제국주의적 이해관계로 제한할 수는 없다. 제2차 세계대전에서 베르사유 평화조약은 석탄의 에너지를 증기기관의 피스톤으로 옮기는 전달장치와 같은 역할을 했다. 순수한 경제주의적 생활관이 유익한 공헌을 많이 했지만, 동요하는 삶의 과정을 정당화하는 데는 전혀 적절하지 않다. 신과 꼭 닮은 인간, 동물세계에 군림하는 주인 등으로 인간의 창조를 묘사하는 성경의 이야기는 인간이 자신의 동물적 본성에 반하여 완성시킨 배제행위를 명백하게 반영하고 있다. 하지만 인간은 일상에서 자신의 육체 기능, 생식, 탄생과 죽음, 사랑에 대한 갈망과 자연에 대한 종속성에 의하여 자신의 참된 본성을 상기한다. '신의 호명' 또는 '민족의 호명'을 충족시키려는 인간의 노력은 더욱 격렬해진다. 기계 만드는 것을 넘어서는 모든 자연과학에 대한 원초적인 증오가 이런 것들에서 생겨난다. 다윈이 인간의 동물적 기원을 오해의 여지가 없을 만큼 확실히 하는 데에 수천 년이 필요했다. 프로이트가 어린이들이 전적으로 그리고 **누구보다도** 성적이라는 평범한 사실을 발견하는 데에도 역시 수천 년이 걸렸다. 동물에 대한 '주인의식'은 곧바로 '흑인, 유태인, 프랑스인 등등'에 대한 인종적인 '주인의식'으로 나아갔다. 인간이 동물이기보다는 주인이기를 원한다는 것은 분명하다.

동물세계로부터의 분리를 위해, 인간이라는 동물은 생물학적인 경직화 과정을 통해 신체기관이 느끼는 감각을 거부했으며, 결국 이 감각을 느끼는 것을 중지했다. 자율적인 기능을 경험하지 못하게 하고 자율신경을 경직되도록 하는 것이 여전히 기계적 자연과학의 교리로서 자리잡고 있다. 3살짜리 아이들 거의 대부분이 자신의 뱃속에서 느껴지는 쾌락, 두려움, 분노, 열정 등을 정확히 표현할 줄 안다는 사실에도 불구하고, 또한 자신이 감각한 것이 기관들이 감각한 것의 총합에 불과하다는 사실에도 불구하고 말이다. 신체기관의 감각이 손상됨에 따라 인간은 동물의 자연적 반응능력과 지적 능력을 상실했을 뿐만 아니라, 자기 삶의 문제를 극복하기 위한 길을 스스로 망쳐놓았다. 인간은 신체원형질의 자연적이고 스스로 조절하는 지적 능력을, 완전히 형이상학적인 방식으로 형이상학적인 동시에 기계적인 특성을 갖는 두뇌의 작은 요정으로 대체했다. 인간의 신체감각은 실제로 마비되었고 기계적이 되었다.

인간은 기계적 유기체의 재생산을 위한 교육, 과학, 삶의 철학에 지속적으로 반응했다. 이러한 생물학적 기형은 '동물성으로부터 벗어나라'라는 구호 아래에서 '열등 인간에 대한 초인'(열등 인간은 아랫배[성적] 인간과 동일한 것이다)의 투쟁과 과학적이고, 정확히 수학적·기계적인 살인의 놀라운 승리를 찬양한다. 그러나 기계론적 철학과 기계만으로는 살인을 저지를 수 없다. 따라서 인간은 억압된 본성의 산물인 이차적 충동이자 인간을 동물과 구조적으로 구별짓는 단 하나의 중요한 특성인 사디즘을 이용하게 된다.

그러나 비극적이고 기계적-기계론적인 이런 잘못된 발전은 자신의 반대물을 완전히 없애지 못했다. 경직된 인간이라 하더라도 그 본성의 맨 밑바닥에는 동물적 생물체가 남아 있다. 아무리 인간의 골반과 등이 굳었다 하더라도, 목과 어깨가 아무리 뻣뻣하더라도, 복부 근육이 아무리 긴장되어 있다 하더라도, 가슴 속에 아무리 많은 거만함과 두려움이 들어 있다 하더라도, 감각작용의 가장 내부에 있는 핵심에서 인간은 자신이 생동적으로 조직된 본성의 한 조각에 불과하다는 것을 느낀다. 그러나 인간은 이런 본성의 모든 양상을 거부하고 억압하기 때문에, 이성적으로나 실제적으로나 이 본성을 지지할 수 없다. **따라서 인간은**, 종교적 황홀의 형태로든,

세계 정신과의 우주적 통합의 형태로든, 유혈에 대한 사디즘적인 갈구의 형태로든, 아니면 '우주적인 피의 소용돌이'의 형태로든 간에 **신비적이고 내세적이며 초자연적인 방식으로 그것을 경험할 수밖에 없다.** 이 무능한 괴물이 봄마다 강력한 살인충동을 느낀다는 것은 잘 알려져 있다. 프로시아의 군사 행진에서는 신비적인 기계인간의 모든 특성이 드러난다.

삶의 감정이 남긴 마지막 흔적인 인간의 신비주의는 히틀러주의에서 기계적 사디즘의 원천이 되었다. 아직까지 남아 있는 생물학적 기능 작용의 가장 깊은 원천으로 인해, '자유'를 향한 외침은 어떤 경직성과 노예상태에도 불구하고 계속해서 관철되고 있다. 인민대중들의 지지를 획득하기 위하여, '삶을 억압하겠다'는 구호를 가지고 등장하는 사회운동은 단 하나도 없다. 생명력의 자기조절을 억압하는 다양한 종류의 사회운동은 각각 이러저러한 형태로 '자유'를 선언한다. 즉 죄악으로부터의 자유, '속세'로부터의 구제, 생활공간의 자유, 민족의 자유, 프롤레타리아트의 자유, 문화의 자유 등을 말이다. 자유를 향한 이런 다양한 외침은 인간 원형질이 기계적으로 퇴화한 것만큼이나 오래된 것이다.

자유를 부르짖는다는 것은 억압된 상태가 있다는 반증이다. 인간이 갇혀 있다고 느끼는 한, 그 외침은 멈추지 않을 것이다. 그 외침이 아무리 다양하더라도, 그 밑바닥에서 다음과 같은 단 하나의 동일한 사실이 드러난다. **자연스러운 삶의 감각작용과 날카로운 대립상태에 있는 두 가지, 즉 견디기 힘든 유기체의 경직성과 기계적인 삶의 제도가 서로 연결된다는 것이다.** 만약 자유를 향한 외침이 모두 사라져버린 사회가 있다면, 그 사회에서 인간은 마침내 자신의 생물학적 기형과 사회적 기형을 극복하여 참된 자유를 획득하게 될 것이다. 자신이 본질적으로 동물이라는 점을 인식하게 될 때 비로소 인간은 참된 문화를 창조할 수 있게 되는 것이다.

인간의 '상승 욕망'은 단지 생명력의 생물학적 발전일 뿐이다. 이와 같은 욕망은 생물학적 발전 법칙의 영역 안에서 인식되는 것이지, 그 법칙에 **반하는 것**이 아니다. 자유 **의지**와 자유로워질 수 있는 **능력**은 단지 인간의 생물학적 에너지의 방출을 (기계의 도움을 받아) 인식하고 촉진하는 의지와 능력일 뿐이다. 인간의 생물학적 발전이 억압되고 두려운 것이 된다면, 자유에 대해 말하는 것은 불가능하다.

정치가들의 영향을 받는 인민대중들은 각각의 권력자들에게 전쟁의 책임을 묻는 경향이 있다. 즉 제1차 세계대전 때에는 군수산업가에게, 제2차 세계대전 때에는 죄가 있다고 알려진 정신질환에 걸린 장군들에게 책임을 돌렸다. **이것은 책임 전가이다.** 전쟁에 대한 책임은 바로 전쟁을 저지할 수 있는 모든 수단을 손아귀에 쥐고 있던 **인민대중들에게** 있다. 그들은 부분적으로는 무관심으로, 부분적으로는 수동성으로, 또 부분적으로는 능동적으로, 그 누구보다도 자신을 고통스럽게 만든 대재앙을 가능하게 했던 것이다. **인민대중들의 이러한 잘못을 강조하는 것은, 또한 그들에게만 책임을 지우는 것은 그들을 가장 중요하게 본다는 의미이다.** 반면에 인민대중들에 대한 동정은 그들을 초라하고 무기력한 어린아이로 본다는 것을 의미한다. 전자는 진정한 자유투쟁가가 지니고 있는 태도이며, 후자는 권력을 갈구하는 정치가들이 지니는 태도이다.

인간 자유의 병기고

왕과 황제들은 자신의 군대를 사열하곤 한다. 금융재벌은 그에게 권력을 주는 화폐의 총액을 살핀다. 파시스트 독재자는 인민대중에게서 권력을 획득하고 유지하기 위해서 비합리적인 인간의 반응 상태를 살핀다. 자연과학자들은 지식과 연구방법의 수준을 측정한다. 그러나 지금까지 어떤 자유조직도 인간의 자유를 확립하고 유지하는 데 필요한 무기가 있는 **생물학적 병기고**를 검사하지 않았다.

사회적 장치의 정확성에도 불구하고, **자유**라는 단어에 대한 자연과학적 정의는 아직까지 없었다. 자유라는 단어만큼 잘못 사용되고 잘못 이해된 단어는 없다. 자유를 정의하는 것은 성적 건강을 정의하는 것과 동일하다. **그러나 아무도 이것을 공공연하게 언급하지 않으려 한다.** 사람들은 때때로 개인적 자유와 사회적 자유의 옹호가 두려움이나 죄의식과 연관되어 있다는 인상을 받는다. 마치 자유로운 상태가 금지된 죄악인 양, 적어도 점잖지 않은 것인 양 언급을 회피한다. 성경제학은 그런 죄의식을 이해한다. 즉 성적 자기결정권이 없는 자유는 그 자체로 모순이다. 그러나 지배적인 인간의 성격구조에서 성적으로 된다는 것은 '잘못을 저지르는', 떳떳하지 못한 것을 의미한다. 죄의식을 갖지 않고 사랑을 경험하는 사람은 극소수에 불과하다. '자유로운 사랑'은 저속한 단어가 되었으며, 따라서 옛날의 자유투쟁가들이 이 단어에 부여했던 의미를 상실했다. 영화 속에서도 죄를 짓는 것과 성기적인 것은 하나로 표현된다. 그러므로 금욕주의자와 반동적 인간이 지중해 지방의 호색적인 민족들보다 더 고귀하게 여겨지고 있다는 것은 놀랄 만한 일이 아니다. 자유로운 태도를 가진 높은 사회적 지위가 성적인 것 앞에서는 불량한 것으로 위축된다는 사실, '권위'는 공식적으로 '사적 생활'을 가질 수가 없다는 사실, 드 라메트리[9]와 같은 위대한 학자가

---

9) Offroy de La Mettrie(1709~1751). 프랑스의 의사 · 철학자. 계몽주의 시대의 대표적인 유물론자로 인간도 하나의 기계에 불과하며, 인간의 의식 역시 뇌에서 일어나는 물질적인 작용이라고 주장했다. 파이를 과식하여 사망한 것으로 알려져 있는데, 그의 무신론과 유물론을 못마땅해 하던 신학자들과 철학자들은 이 사실을 가지고 그의 학문적 성과까지도 희화화했다.

모욕과 괴롭힘을 당했다는 사실, 모든 도착적인 도덕주의자가 행복한 연인들에게 부정하다고 모욕을 줄 수 있다는 사실, 성교를 했다는 이유로 청소년들을 구금할 수 있다는 사실 역시 놀랄 만한 일이 아니다.

이 장의 과제는 지금까지 자유투쟁가들이 저질렀던 오산, 즉 사회적 부자유를 인간 유기체에 성적-생리학적으로 뿌리내리도록 만든 오산에 대해 밝히는 것이다. 자유에 대한 생리학적 무능을 극복하는 것이 자유를 위한 진정한 투쟁의 가장 중요하고 기본적인 전제조건 중 하나라는 사실이 그 뒤를 따른다. 일반적으로 알려져 있고 옹호되고 있는 자유의 요소들, 즉 표현의 자유, 경제적 억압과 착취로부터의 자유, 집회와 결사의 자유, 과학적 연구의 자유 등을 설명하는 것은 이 장의 목적이 될 수 없다. 자유를 위한 모든 노력의 **가장 강력한 방해물**에 초점을 맞추고 그것에 대해서 밝혀내는 것이 중요하다.

우리는 인민대중들이 일반적으로 가지고 있는 자유에 대한 성격적 무능이 왜 공적인 토론의 주제가 되지 못했는가를 이해한다. 이런 문제제기는 공공연하게 토론하기에는 너무 음침하고 침울하며 인기가 없다. 이 사실은 절대 다수의 사람들을 당황하게 만들 것이 분명한 자기비판을 요구하며, 또한 삶 전체의 커다란 방향전환을 요구한다. 또한 소수의 사람들과 사회의 섬에 머물러 있던 모든 사회적 사건에 대한 책임이 노동으로 사회를 지탱하고 있는 절대 다수에게 옮겨가야 한다고 주장한다. 지금까지 노동하는 다수는 사회의 상황을 결코 스스로 관리하지 못했다. 지금까지 그들이 취할 수 있었던 최선의 방책은 점잖고 야비하지 않은 개인들에게 그들의 삶을 이끌도록 위탁하는 것이었다. '의회' 형태의 '정부'는 사실들의 압력을 견뎌낼 수 없었다. 왜냐하면 **다른** 사회집단들과 다수의 사람들이 야만적인 사디스트와 제국주의자들에게 자신들의 운명을 지배할 수 있는 권력을 부여했기 때문이다. 위험이 너무 크기 때문에, 형식적인 민주적 사회조직은 권위주의적 독재자에 대항해 자신을 보호해야 할 때 스스로 독재적 조직으로 타락하게 된다. 노동하는 인민대중들 스스로 자신들의 생활을 **실제적**이고 **실천적**으로 결정하지 못하기 때문에, 자유에 대한 억압의 싹이 트는 것은 선거를 통해 선택된 인민대표들의 사악한 의지의 결과가 아니라, 사건의 진행에 따르는 것이다. 예컨대 당장은 전쟁이 필요하지만, 장기적인 전망에서는 많은 권위적인 조치들이 필요한 것이다.

이런 상황에서 사회에서의 자유가 억제되는 것이 일시적인가 지속적인가는 정부의 우연한 구성에 달려 있다. 이 점은 일반적으로 알려진 사실처럼 보인다. 과거로의 복귀에 더 이상 기대를 걸 수 없으므로 본질적으로 새로운 세계 질서가 짜여져야 한다는 주장이 곳곳에서 더욱 분명하게 나오고 있다. 이 주장은 절대적으로 옳다. 그러나 구체적인 내용이 빠져 있다. **자기 미래의 운명에 대해 완전한 책임을 가지고 있지만, 지금까지 사회적으로 수동적이기만 했던 노동하는 다수에게 부담을 지워야 한다는 말이 빠진 것이다.** 민주적이고 호의적인 정부의 어깨에서, 지금까지 사회적 **책임감을 가지고 있던 지지자**가 아니라 단지 선거인에 불과했던 사람들의 어깨로 책임을 옮기는 것에 대한 은밀한 두려움이 널리 퍼져 있는 듯 보인다. 이 두려움은 사악한 심성, 또는 사악한 성향에서 유래하는 것이 아니라, 인민대중들에게 주어진 생체-심리적 구조에 대한 지식에서 유래한다. 처음에는 대중의 책임이라는 방향을 향해서 시작되었던 러시아혁명이 바로 이런 이유로 파괴되어버렸고, 결국 독재로 끝나고 말았다. 그럼에도 불구하고, 형식적 민주주의를 완전하고 사실적인 민주주의로 변환시키는 것을 통한 사회혁명이 이 전쟁에서 도출된 가장 본질적인 결론이다. 나는 위의 사실들에서 나온 불가피한 결론들을 다시 한번 정리하고자 한다.

1. 인민대중들에게는 자유로워질 능력이 없다.
2. 자유로워질 수 있는 전반적인 능력은 삶을 자유롭게 만들고자 하는 매일매일의 투쟁 속에서만 획득될 수 있다.
3. 따라서 **현재 자유로워질 능력이 없는 인민대중들이 자유로워질 수 있고 그 자유를 확립할 수 있도록 그들이 사회적 권력을 가져야만 한다.**

식물의 삶을 예로 들면서 눈앞에 닥친 실천적 과업에 대해 설명하고자 한다. 한동안 나는 전나무 묘목의 성장에 잡초가 미치는 영향을 관찰해 왔다. 주위에 잡초가 많지 않은 묘목들은 골고루 충실히 자란다. 가지는 줄기에서 곧게 뻗어 있으며, 잎이 풍성하고 수액도 많다. 방해물이 없으면 식물은 태양을 향해 똑바로 위로 자라기 마련이다. 이때 그 식물은 '건강'하며, 식물의 발육은 '자유롭다'. 그러나 만약 전나무 묘목이 잡초가 우거진 곳에 놓인다면, 그 묘목은 잡초에 둘러싸여 잎도 없는 구부러진 줄기로 자라나게 된다. 그 줄기는 충분한 가지를 만들어내지 못하며, 잎은 오그라들거나 전혀 나지 않는다. 이러한 묘목의 대부분은 잡초를 뚫고 커나갈 능력이 없다. 잡초는 식물이 기형적으로 자라는 데 직접적인 영향을 끼친다. 식물은 태양을 보기 위해 대단한 싸움을 해야 하며, 그 과정에서 뒤틀리게 된다. 이 묘목 주위의 잡초를 제거해 주면, 묘목은 잘 자라며 풍성해질 수 있다. 그러나 초기에 있었던 잡초의 영향은 결코 없어지지 않는다. 전나무의 성장은 방해를 받았으며 가지는 구부러졌고, 잎은 풍성하지 못하며 수액도 많지 않을 것이다. 그러나 잡초가 없는 땅에 떨어진 **새로운** 씨앗들은 모두 처음부터 자유롭고 풍성하게 성장한다.

나는 사회의 자유로운 발달을 잡초가 없는 곳에서 자라는 전나무 묘목에 명징하게 비유할 수 있다고 생각한다. 독재 사회는 잡초에 둘러싸인 줄기이며, 독재자의 압력 아래 있는 형식적 민주주의는 자신의 길을 가려는 투쟁을 함에도 불구하고 생장과정에서 생물학적으로 뒤틀려진 줄기에 비유될 수 있다. 현재의 시점에서는 사회 안이나 밖에서의 독재적이고 권위적인 상황의 영향력으로 인한 왜곡 없이, 자연스럽고, 자유롭고, 자기조절적인 법칙에 따라 발전할 수 있는 민주주의 사회는 없다. 파시즘의 경험은 우리에게 파시즘의 경계 안팎에 있는 히틀러주의를 적절하게 인식할 수 있는 수많은 방법을 알게 해주었다. **생체물리학적으로 파악할 때, 히틀러주의는 인민대중 속에 있는 기계적 기계주의와 신비적 비합리주의가 합쳐져 가장 발전한 형태에 불과하다.** 개인적 삶과 사회적 삶의 기형화는 권위주의적이며 비합리적인 모든 제도가 현대인에게 끼친 세속적인 영향력이 축적된 것에 불과하다. 파시즘은 이러한 상황들을 새롭게 창조한 것이 아니라, 단지 자유를 억압하기 위해 사용되었던 옛 상황들을 이용하여 극단으로 몰고 간 것뿐이다. 자신의 본성 속에 오래된 권위적 질서의 잔재를 지니고 있는 세대는 단지 좀더 자유롭게 숨쉴 수 있기만을 바랄 뿐이다. 잡초가 완전히 뿌리 뽑힌 후에도, 즉 파시즘의 기제가 분쇄된 후에도 이 세대가 자연법칙에 따라 성장한 전나무가 되는 것은 기대할 수 없을 것이다.

다시 말해, **현재를 살아가는 세대의 생물학적 경직성은 더 이상 제거될 수 없으나, 그들 속에서 여전히 작용하고 있는 생명력이 더 나은 방향으로 발전할 수 있도록 공간을 획득할 수는 있다. 그러나 매일매일 새로운 인간이 탄생하고 그들이 30년 동안 생물학적으로 갱신될 것이며, 파시즘적 왜곡의 흔적이 전혀 없는 세계에서 새로운 인간이 태어날 것이다.** 문제는 이 신세대가 어떤 상황에서 태어날 것이냐 하는 점이다. 즉 자유가 보장되는 상황에서 태어날 것인가 아니면 권위주의적 상황에서 태어날 것인가가 문제인 것이다. 이로부터 사회 위생과 사회적 법률이 해야 할 일들이 명백해진다. 즉 **새로 탄생**

한 미래의 세대는 어떤 상황에서도 그리고 어떤 수단을 사용해서라도 이전 세대의 생물학적 경직화의 영향으로부터 보호받아야 한다.

독일의 파시즘은 이전 세대의 생물학적 경직성과 기형성에서 태어났다. 기계적 훈련과 '배를 집어넣고 가슴을 앞으로' 라는 문구에서 잘 드러나는 것처럼 과장된 경직성을 가진, 가두 행진으로 특징지어지는 전형적인 프러시아 군국주의는 그와 같은 경직성의 극단적 표현이었다. 독일 파시즘은 다른 나라 인민대중들의 생물학적 경직성과 기형성에 의존할 수도 있었다. 따라서 국제적으로 성공을 거둘 수 있었던 것이다. 마지막으로 독일 파시즘은 한 세대가 지나는 동안 자유에 대한 생물학적 의지의 마지막 흔적을 독일 사회에서 뿌리채 뽑아버렸고, 10년이 채 못되는 동안 새 세대를 경직되고, 생각이 없는, 전쟁기계와 같은 자동인간으로 개조하는 데 성공했다. 그러므로 생물학적으로 경직되고 기계화된 인간이 사회적인 자유와 자치를 생각할 수 없다는 사실은 분명하다. **따라서 자유의 병기고 속에 있는 주된 무기는 새로운 세대 각각이 지닌 자유로워지려는 거대한 생명력이며, 본질적으로 그 이상의 어떤 것이 아니다.**

형식적 민주주의가 이 전쟁에서 승리할 것이지만, 그 형식적 민주주의가 자유를 위한 투쟁에 있어서 생물학적 오산을 범한다고, 즉 인민대중들의 전반적인 생물학적 경직성을 간과하거나 그 사회적 중요성을 인정하지 않을 것이라고 가정해 보자. 그럴 경우 신세대들이 그런 경직성을 주저하지 않고 재생산할 것이다. 그들은 삶을 두려워하는 인생관과 권위주의적인 인생관의 이러저러한 형태를 새롭게 만들어낼 것이다. 자유를 위해 어렵게 투쟁한다 하더라도, 그런 상태 속에서 획득된 자유는 기껏해야 왜곡되고 생물학적으로 옳지 않은 기능을 할 것이다. 인민대중들은 결코 사회적 존재로서의 완전한 책임을 발전시킬 수 없게 될 것이다. 그러므로 사회의 자치에 관심이 **없는** 사람들은 돈, 지위, 힘과 같은 권력수단 중 하나를 사용하여 신세대들이 옛 세대의 경직성이 가하는 압력에서 스스로를 해방시키지 못하도록 요구할 것이다.

따라서 과제는 사회적 행위, 의료행위, 교육행위로 구성된다.

사회적인 과제는 인간을 생물학적으로 황폐화시키는 모든 원천을 찾아내고, 자유로운 발전을 보호해 주는 적절한 법률을 창출하는 것이다. '언론, 결사, 표현의 자유' 등을 일반적으로 공식화하는 것은 당연한 것이지만, 그것만으로는 결코 충분하지 않다. 그런 법률 아래에서는 소위 비합리적 인간도 자유인과 똑같은 권리를 갖는다. 잡초는 건전한 나무보다 훨씬 빨리 퍼지고 자라기 때문에 히틀러주의자가 결국 승리를 거두었다. 따라서 이것[사회적 과제]은 '히틀러주의'가 파시즘의 기장을 겉에 달고 다니는 사람에게만 국한되지 않는다는 것을 깨닫는 문제이며, 과학적이고 인간적인 방법으로 일상 속에서 파시즘을 찾아내고 그것과 싸우는 문제가 되는 것이다. 일상 속에서 파시즘이라는 잡초를 뽑아내는 과정을 통해서만, 파시즘에 대항하는 적절한 법률이 스스로 성립될 것이다.

많은 사례가 있지만 그 중 하나의 사례를 드는 것으로 충분하다. 즉 자동차를 운전하고 싶은 사람은 다른 사람의 안전을 위협하지 않도록, 자신이 자동차를 운전할 수 있다는 것을 증명해야 한다. 운전면허를 획득해야 하는 것이다. 자신이 지불할 수 있는 비용에 비해 큰 공간에 거주하는 사람은, 더 작은 집을 얻어야 한다. 신발가게를 운영하려는 사람은 신발가게를 운영할 수 있다는 자신의 능력을 증명해야 한다. 그러나 우리의 20세기에는, 아이를 키울 능력이 없는 부모와 그 부모의 신경증적 영향에서 신생아를 보호해 주는 법률이 없다. 수많은 아이들이 파시스트 이데올로기에 의해 이 세상으로 들어올 수 있으며 사실상 그렇게 들어올 **수밖에 없다.**

그러나 그들이 적절하게 양육되는지 또는 매우 높이 평가되는 이상에 맞는 교육을 받을 수 있는지를 묻는 사람은 아무도 없다. 대가족에 대한 감상적 구호는 누가 그 구호를 가지고 선동하든 관계없이 파시즘의 전형적인 구호이다.[10]

의료와 교육에 관한 과제에서는 어린이들의 생물학적-성적 발전 법칙에 대해 조금의 지식도 가지지 못한 수십만의 의사와 교육자들이 신세대의 복리와 질병을 돌보고 있다는 개탄스러운 사태가 개선되어야만 한다. 이것은 어린이의 성이 발견된 지 40년이 지난 지금도 마찬가지이다. 교육자와 의사들의 무지로 인하여, 파시스트의 정신이 수억의 어린이와 청소년들에게 매일, 매시각 생산되고 있다. 따라서 다음과 같은 두 가지 요구가 도출된다. 첫째, 어린이나 청소년들과 관계를 맺어야 하는 모든 의사, 교육가, 사회사업가 등은 성경제학적 관점에서 볼 때 자신은 건강하며, 1세부터 약 18세까지의 연령에 있는 인간의 성생활에 관한 정확한 지식을 획득했다는 것을 입증해야만 할 것이다. 다시 말해, **성경제학 분야에서 일하는 교육자는 의무적인 교육을 받아야 한다.** 신경증적인 강제적 도덕성의 우연, 독단, 및 영향력에 성적 관점을 형성하는 일을 내맡겨서는 안 된다. 둘째, **어린이와 청소년이 자연스러운 삶을 향유하도록 보호하기 위해서는 매우 명쾌한 법률이 필요하다.** 이런 요구는 급진적이고 혁명적인 것처럼 들릴지도 모른다. 그러나 어린이와 청소년의 성을 괴롭히는 데에서 생겨난 파시즘이, 자연의 사회적 보호가 긍정적 측면에서 행했던 것보다 더 급진적이고 혁명적인 영향을 **부정적** 측면에서 끼쳐왔다는 점을 모든 사람들은 받아들

---

10) [지은이] 불행하게도 이 구호는 1942년 영국의 진보적인 비버리지 계획('요람에서 무덤까지'라는 모토로 잘 알려진 영국의 대표적인 사회보장제도) 속에서도 나타난다.

이게 될 것이다. 현대의 모든 민주주의적 사회는 이 영역에서 변화를 일으키려는 개별적 시도로 가득 차 있다. 그러나 이와 같은 고립된 각각의 시도가 이해한 것들은 전체 사회 위에 군림하는, 생물학적으로 경직된 도덕주의적인 교육자와 의사들이 퍼뜨린 전염병의 물결 속에서 사멸된다.

여기에서 더 자세한 것들을 다루는 것은 큰 의미가 없다. 모든 개별적 조치들은, **성에 대한 긍정과 어린이와 청소년의 성에 대한 사회적 보호의 기본 원칙이 이행**되기만 하면, 자발적으로 생겨날 것이다.

경제의 측면에서는 자연스러운 노동관계, 즉 인간 사이의 자연스러운 경제적 의존만이 인민대중들을 생물학적으로 재구조화시키는 틀과 토대를 만들 수 있다.

우리는 노동의 자연스러운 조직형태인 **자연스러운 노동관계의 총체를 노동민주주의라고 부른다.** 이 노동관계는 그 본질상 기능적인 것으로 기계적이지 않다. 이 관계들은 자의적으로 조직될 수 없다. 즉 노동관계들은 노동과정 자체의 결과로 자발적으로 발생한다. 목수와 대장장이, 자연과학자와 유리 깎는 사람, 화가와 페인트 제조업자, 전기기술자와 금속노동자 사이의 상호의존성 자체는 노동기능의 밀접한 연관성에 의해 결정된다. 이들의 자연스러운 노동관계를 변화시킬 수 있는 자의적 법률을 생각해낼 수는 없다. 현미경을 가지고 일하는 사람은 유리 깎는 사람과 무관할 수 없다. 렌즈의 본질은 빛의 법칙과 기술에 의해서만 결정되며, 마찬가지로 전기유도장치의 형태는 전기의 법칙에 의해서, 인간의 활동은 인간 욕구의 본질에 의해서 결정된다. 노동과정의 자연스러운 기능은 모든 종류의 인간-기계적이고 권위적인 자의성에서 분리되어 있다. 노동과정은 기능하고 있는 것이며, 엄밀한 의미에서 **자유롭다.** 노동과정만이 합리적이며, 따라서 노동과정만이 사회적 존재를 결정할 수 있다. 정신병리적인 장군마

저도 그 과정에 의존한다. 사랑, 노동 그리고 지식은 노동민주주의의 개념이 말하고자 하는 모든 것을 포괄한다.

사랑, 노동 그리고 지식의 자연스러운 기능이 오용되거나 억눌리고 있는 것이 사실이라 하더라도, 그 기능은 스스로 그 본질의 힘을 조절하고 있다. 그 기능은 사회 과정이 존재하는 한 계속해서 인간적인 노동을 제공하고 스스로를 조절할 것이다. 이 기능은 노동민주주의의 ('요구'가 아닌) **사실**에 기반한다. 노동민주주의의 개념은 정치적 강령이 아니다. 이 개념은 '경제계획'이나 '새로운 질서'를 관념적으로 앞당기는 것도 아니다. 노동민주주의는 지금까지 인간이 알아차리지 못했던 정황이다. 자유가 조직될 수 없는 것처럼, 노동민주주의도 조직될 수 없다. 나무, 동물, 인간의 성장은 조직될 수 없는 것이다. **자신의 생물학적 기능 때문에, 유기체의 성장은 자유라는 단어의 엄밀한 의미에서 자유롭다.** 이 점은 사회의 자연스러운 성장에도 똑같이 적용된다. 이 성장은 그 자신에 의해 조절되며 따라서 어떠한 입법이나 규칙을 필요로 하지 않는다. 성장은 단지 계속해서 방해를 받거나 오용될 뿐이다.

어떤 종류의 권위적 지배든 자연스러운 자기조절의 기능을 **방해**하는 기능을 가진다. 그러므로 **진정으로** 자유로운 질서를 만들기 위한 과제는 자연스러운 기능을 가로막는 일체의 방해물을 **제거**하는 것이 되어야만 한다. 이 목적을 위하여 엄격한 법이 필요하다. 이런 식으로 진지하고 참된 의도를 가지고 있는 민주주의는 사랑, 노동, 그리고 지식의 자연스러운 자기조절과 함께 나타난다. 인간이 지닌 비합리성의 다른 표현인 독재는 자연스러운 자기조절의 방해와 함께 나타난다.

이 사실에서, 독재와 권위에 대한 인민대중들의 비합리적 갈망에 대한 투쟁은 다음의 근본적인 두 행위 속에만 존재한다는 결론이 나온다.

첫번째 행위는 개인과 사회 속의 자연스러운 생명력을 식별하는 것이고, 두번째 행위는 이 생명력의 자발적인 기능을 막는 모든 장애물을 식별하는 것이다.

첫번째 행위는 촉진되어야 하고 두번째 행위에서는 장애물이 제거되어야 한다.

사회적 존재를 인간이 조절하는 것은 결코 노동의 자연스러운 기능과 연관될 수 없다. 긍정적 의미에서의 문명 역시 사랑, 노동, 그리고 지식의 자연스러운 기능을 **펼치기** 위한 최선의 상황을 만들어내는 것 이상의 의미를 가질 수 없다. 조직은 모두 자유에 모순되기 때문에 자유는 조직화될 수 없지만, 생명력의 자유로운 길을 창조하는 조건들은 조직화될 수 있으며, 사실상 조직화되어야 한다.

우리는 우리의 전공분야에서 일하는 사람에게 무엇을 어떻게 생각해야 한다고 지시하지 않는다. 우리는 그들의 생각을 '조직화' 하지 않는다. 그러나 우리는 우리의 영역에서 일하는 사람들에게 교육으로 얻은 자유롭지 못한 사고방식과 행동방식에서 벗어날 것을 요구한다. 그렇게 함으로써 그들의 자발적인 반응이 합리적인 방식으로 자유로워진다.

법정에서 거짓이 진실과 똑같은 권리를 갖는 것을 자유라고 이해해서는 안 된다. 진정한 노동민주주의는 신비주의적 비합리성에 진실과 똑같은 권리를 부여하지 않을 것이다. 또한 어린이들에게 자유를 허용하는 동시에 어린이에 대한 억압을 허용하지 않을 것이다. 살인의 권리에 관해 살인자와 토의하는 것은 우스꽝스러운 일이다. 그러나 파시스트들과의 관계에서 이런 우스꽝스러운 잘못이 반복하여 저질러졌다. 우리는 파시즘을 국가 차원에서 조직된 비합리성이나 야비함으로서 파악하는 것이 아니라, 동등한 권리를 갖는 하나의 '국가 형태' 로 여긴다. 왜냐하면 모든 사람들은 **자신의 내부에** 파시즘을 지니고 있기 때문이다. 당연히 파시즘도 '어떤 곳에서는 옳다.' 이 점은 정신병 환자의 경우도 마찬가지이다. 그는 단지 자신이 어느 곳에서 옳은지를 모를 뿐이다.

이런 관점에서 볼 때, 자유는 단순하고 쉽게 이해될 수 있으며 쉽게 관리될 수 있는 사실이 된다. 자유는 삶의 모든 기능 속에 자발적으로 존재하고 있기 때문에, 노력하여 성취해야 하는 것이다. **자유의 모든 장애물을 제거하는 일이 필수적이다.**

이렇게 볼 때, 인간 자유의 병기고는 거대하다. 그리고 생물학적 수단과 기계적인 수단 모두를 풍부하게 가지고 있다. 자유를 얻기 위해 맞서 싸워야 할 특별한 대상은 없다. 단지 생명체가 자유로워지기만 하면 된다. 현실이 파악될 때, 오랜 꿈은 현실이 된다. 자유의 병기고 속에서 우리는 다음과 같은 것들을 발견한다.

자유의 병기고에서 우리는 나이의 많고 적음, 사회적 상황의 차이, 피부색의 차이 등과 관계없는 삶의 자연스러운 법칙에 관한 **인간의 생동감 있고 자발적인 지식**을 발견할 수 있다. 제거되어야 할 것은 단단하고 엄숙하며 삶에 적대적인 기계적-신비주의적 관점과 제도가 이 지식에 가하는 방해와 왜곡이다.

인간의 자연스러운 노동관계와 노동의 기쁨은 힘과 미래에 대한 전망으로 충만하다. 제거되어야 할 것은 자의적이고, 삶에 적대적이며, 권위적인 제한과 규제가 행하는 자연스러운 노동민주주의에 대한 봉쇄이다.

마지막으로 우리는 자유의 병기고에서 인간의 **자연스런 사회성과 도덕성을 발견할 수 있다.** 제거되어야 할 것은 마음을 거스르는 도덕주의로, 이것은 자연스런 도덕성을 봉쇄하고 스스로 만든 범죄적 충동을 강조한다.

이전의 다른 전쟁과는 달리, 오늘날의 전쟁은 평화시에는 제거할 엄두조차 내지 못했을 자연스러운 자기조절의 많은 장애물들을 제거하고 있다. 예를 들면, 권위적이고 파시스트적으로 여성들을 부엌에 묶어두는 것, 난잡한 상거래, 높은 이자를 통한 착취, 인위적인 민족간의 경계 등이 제거되고 있다. 그렇다고 해서 우리가 인간 문화의 발전을 위해서 전쟁이 필요하다고 주장하는 사람들의 편에 서 있는 것은 아니다. 이 점에 대해서는 이렇게 말할 수 있다. 인간의 사회와 인간의 성격구조의 기계적이고, 신비주의적이고, 권위적인 조직이 전쟁에서 인간 생명에 대한 기계적 살인을 지속적으로 야기하고 있다고 말이다. 인간들 속에서 그리고 사회에서 살아 있고 자유로운 것들은 이것에 맞서 저항하고 있다. 전쟁에서 발생하는, 인간과 사회의 생물학적 기형화는 포악하고 살인적인 형태로 나타나기 때문에, 또한 살아 있는 모든 것이 지금까지 스스로를 이해하지 못했기 때문에, 덜 사악한 상황에서는 할 수 없었을 노력을 하도록 **강제된다**.

이에 대해 정당한 반대가 제기될 것이다. "우리는 지난 수천 년 동안 인간이 특히 기계생산의 영향 아래 있었기 때문에, 자신의 육체가 기계적으로, 자신의 생각이 비합리적으로 왜곡되는 것을 허용했다는 사실을 인정한다. 그러나 인민대중들이 기계의 압력과 영향력 아래에서 계속 머무른다면, 유기체의 기계적 타락을 본래 상태로 되돌리고 인간의 자기조절 능력을 해방하는 것이 어떻게 가능할지를 통찰할 수 없다. 합리적인 사람이라면, 기계를 파괴하는 돌격대처럼 기계문명을 없애라고 요구하거나 그렇게 되기를 기대하지 않을 것이다. 파괴적인 기계 기술의 생물학적 영향력을 상쇄할 수 있는 의미 있는 대항력이 존재하지 않는다. 인간의 생물학적 경직성을 벗겨내기 위해서는 과학적 폭로보다도 더 구체적인 사실들이 요구된다. 아마도 지금의 전쟁은 생물학적 경직성을 제거하기는커녕 인간의 행위를 규율화하고 자동화함으로써 경직성을 더욱 강화할 것이다".

이 반대의견은 매우 옳다. 현존하는 기술수단을 가지고는 인간이라

일컬어지는 동물종족의 생물학적 발전을 되돌리는 것을 실제로 전망할 수 없다. 사실 나는 기계문명의 생물학적 재생산에 대해 획득한 통찰을 책으로 내는 것을 놓고 오랜 기간 머뭇거렸다. 실천적 효과가 없는 진실을 주장하는 것은 어떤 목적에도 봉사할 수 없다고 생각했기 때문이다.

    이 고통스러운 딜레마에 대한 해답은, 내가 어떻게 정신치료학, 사회학, 생물학의 세 가지 영역에서 기계주의와 신비주의를 성공적으로 분명하게 밝힐 수 있었는지, 또한 그 기계주의와 신비주의를 대체할 수 있었던 기능적인 공식에 내가 어떻게 도달했는지를 자문했을 때, 저절로 제시되었다. 나는 나 자신이 예외적인 초인이라고 생각하지 않는다. 나는 평범한 인간과 별로 다르지 않다. 그렇다면 나는 어떻게 다른 사람들이 알려고도 하지 않았던 해답을 찾는 데 도달했는가? 수십 년에 걸친 생물학적 에너지 문제에 관한 나의 직업적인 몰입이, 기계론적이고 신비주의적인 관점과 방법에서 나를 자유롭게 만들었고, 살아 있는 유기체에 대한 작업만을 수행할 수 있도록 했다는 것이 점차 명백해졌다. 한 마디로 말해서, **나의 작업이 나로 하여금 기능적으로 사유하는 것을 배우게 했던 것이다.** 만약 내가 받은 교육이 나에게 강요했던 기계적-신비적 구조만을 키워왔다면, 나는 오르곤 생체물리학의 사실을 단 하나도 발견하지 못했을 것이다. 그러나 내가 오르가즘적 원형질 수축이라는 금지된 영역에 발을 디뎠던 순간, 오르곤 발견을 위한 숨겨진 길이 내게 떠올랐다. 돌이켜 보면, 나를 사물의 생동감 있는 기능적 파악으로부터 기계적-신비주의적 세계관으로 옮겨놓을 수도 있었을 이 발전의 수없이 많은 중요한 지점들을 지나왔다는 것을 분명히 알 수 있다. 어떻게 그 위험들을 피해 왔는지 나는 알지 못한다. 확실한 것은, 현재의 혼란에 대해 매우 많은 본질적인 해답을 지니고 있는 기능적 인생관에, 생물학적 에너지, 즉 오르곤 에너지를 취급하면서 접근할 수 있었다는 것이다. 이렇게 나는 해답을 찾았다. 나는 이 해답에 일반적 타당성이 있다고 믿는다.

생물학적 기능법칙에 대한 **무지**는 기계주의를 생산했으며, 현실을 신비주의로 대체했다. 그러나 우주적 오르곤, 즉 우주에 있는 특정한 생물학적 에너지는 기계론적으로 기능하지 않으며 신비적인 것도 아니다. 이 오르곤 에너지는 음극 양극의 전류개념이라는 물질적인 것으로, 또는 기계론적이고 경직된 것으로 파악되지 않는 고유의 **특수한 기능** 법칙을 가진다. 오르곤 에너지는 당기는 힘, 분해, 팽창, 수축, 방출, 진동 등과 같은 **기능적** 법칙에 복종한다. 나는 오르곤 에너지가 사람을 죽이는 데 적합하다는 생각, 따라서 오르곤 에너지가 기계론적인 살인기술에 쓸모가 있다는 생각을 하지 않는다. 지금의 전쟁 또는 다음의 전쟁에서는 안전하게 생명을 지키는 기능이 엄청나게 필요해질 것이다. 성경제학은 오르곤 방사[의 발견]를 통해 앞으로의 인류 발전에 적지 않은 공헌을 한 것이다. 조만간 점점 더 많은 집단과 진영들이 오르곤의 기능을 믿게 될 것이다. 우주적 생명 에너지를 가지고 작업하는 과정에서, 사람들은 우주 오르곤의 진정한 주인이 되기 위해 기능적이고 생동하는 방식으로 사유하는 것을 배울 수밖에 없을 것이다. 마찬가지로 사람들은 어린이의 성생활에 관한 지식의 문이 열렸을 때 심리학적으로 생각하는 것을, 경제적 법칙이 발견되었을 때 **경제적으로** 생각하는 것을 배운 바 있다. 죽은 자연의 기계론적 법칙이 인간 자체를 기계적으로 경직되게 할 수밖에 없었듯이 생명력을 잃은 자연이 인간에 의하여 이해되고 그런 인간의 지배 아래 놓이게 되었을 때, 삶의 오르곤적 기능 과정을 점점 높은 수준으로 정복하게 될 모든 신세대는 **살아 있는 것**을 이해하게 되고, 그것을 사랑하고 보호하고 발전시키는 법을 배우게 될 것이다. 이런 유추에는 분명한 타당성이 있다.

그럼에도 불구하고 나는 여러분에게 이런 논리적 추론을 구세주에 대한 기다림을 말하는 것과 혼동하지 말 것을 부탁한다. 내가 다른 많은 책에서 반복하여 강조했듯이, 나는 나 자신을 '우주 속의 한 마리 벌레'라고 생각하며, 특정한 과학적 논리의 단순한 도구라고 여긴다. 전염병에 시달리는 장군들로 하여금 범죄적 행위를 수행하도록 했던 심각한 망상이라는 특성이 나에게는 분명 존재하지 않는다. 나는 내가 초인이라는 확신을 하지도, 따라서 인민대중들이 인종적인 열등인간들로 구성되었다는 생각을 하지도 않는다. 인간의 생물학적 황폐함이라는 사회적 문제를 해결하기 위해 내가 오르곤의 발견에서 끄집어낸 원대한 결론은, 공기보다 가벼운 가스를 풍선에 가득 채움으로써 지구의 중력을 극복할 수 있다는 사실에 비유할 수 있을 정도로 보잘 것 없지만 **진실**이다. 나는 나의 친구들 대부분이 기대하고 있는 것처럼 당면한 정치적 상황에 즉각적인 효력을 나타낼 치료제를 가지고 있지 않다. '생물학적이고 자연스러운 자기조절', '자연스러운 노동민주주의', '우주 오르곤', '성기적 성격' 등과 같은 사실들은 '생물학적 경직성', '성격무장과 근육무장', '쾌락불안', '오르가즘 불능', '형식적 권위', '권위에의 예속', '사회적 무책임성', '자유로워질 능력 없음' 등과 같은 노예상황을 뿌리채 뽑아버리기 위해 성경제학이 인류에게 제공한 무기들이다. 이것들은 노동의 본질, 즉 노동의 기쁨, 연구와 발견의 기쁨, 자연의 자발적인 관대함과 지혜에 대한 인식으로 이루어졌다. 또한 이 무기들은 훈장, 부유함, 학문적 인정과 유행 등에 대한 기대에서 나온 것이 아니며, 고문, 억압, 거짓말과 속임수의 만연, 전쟁 수행과 살해를 통한 가학적 쾌락에서 나온 것도 분명히 아니다. 이것이 전부다!

13장 _ 자연스러운 노동민주주의에 관하여

정서적 전염병을 극복하기 위한 자연스러운 사회적 힘에 대한 탐구

이 장에서 나는 전반적이고 자발적인 인간의 지식에 대해 설명하고자 한다. 그런데 이 지식은 사회적으로 조직화되어 있지 않기 때문에 아직까지는 일반 대중에게 실천적 영향을 미치지 못하고 있다.

사회적 현상들은 다시 거대한 혼란의 흐름에 빠져 있다. 곳곳에서 사람들은 이렇게 질문할 것이다. 우리는 어디로 가고 있는가? 이제 무엇을 해야 하는가? 어떤 당이, 어떤 내각이, 어떤 종류의 정치 집단이 유럽 사회의 운명을 책임질 것인가? 모든 사람들이 묻고 있는 이 질문들에 대해 나는 할 말이 없다. 나는 이 장에서 정치적인 제안을 하려는 의도도 가지고 있지 않다. 전쟁 후에 세계가 어떻게 조직돼야 할 것인가에 대한 수많은 정치적 논쟁 속에서는 언급되지 않을, 현실적·실천적·합리적인 사실에 주의를 기울이게 하는 것이 이 장의 유일한 의도이다. 그 사실은 **'자연스러운 노동민주주의'**라 불리는 것이다. 이제 자연스러운 노동민주주의가 무엇인지를 설명해 보자. 다만 여기에서 노동민주주의가 무엇**인지**를 다룰 뿐, 그것이 무엇**이어야** 하는지를 다루려는 것이 **아니라는 것**에 주의해야 한다.

제2차 세계대전이 발발하기 2년 전인 1937년, 유럽의 하늘 위로 먹구름이 몰려들 즈음, 『노동민주주의에서의 자연스러운 노동 조직』[1]이라는 제목의 팸플릿이 스칸디나비아에서 발행되었다. 그 팸플릿에는 지은이의 이름이 쓰여 있지 않았다. 단지 실험실에서 일하는 한 명의 노동자가 이 분야의 실천적 일에 참여하고 있는 사람들의 동의를 얻어 썼다고만 되어 있었다.[2] 팸플릿은 독일어로 출간되었는데, 인쇄물이 아닌 복사본으로 출간되었으며, 나중에는 영어로 번역되었다. 이 팸플릿은 널리 읽히지는 않았다. 왜냐하면 이 팸플릿이 어떤 정치선전기구의 지지도 받지 못했으며 정치적 주장도 전혀 담고 있지 않았기 때문이었다. 그러나 이 팸플릿이 읽힌 곳에서는 어디서나 갈채가 쏟아졌다. 파리, 네델란드, 스칸디나비아, 스위스, 팔레스타인의 작은 모임들에서 사람들이 이 팸플릿을 돌려 읽었다. 수십 부의 복사본이 독일로 밀반입되었다. 이 팸플릿은 파리의 『독일 사회주의자 주간신문』(Deutsch-sozialisten Wochenzeitung)에서 단 한 번의 비평만을 받았다. 이 비평을 제외하고 이 팸플릿은 사람들에게서 작은 주목도 받지 못했다. 이 팸플릿은 당시의 정치적 사건에 혁명적으로 개입하기는커녕, 사건의 혼란 속에서 곧 잊혀졌다. 왜냐하면 이것은 정치적 팸플릿이 아니었으며, 오히려 한 노동자가 쓴 정치에 **반대하는** 팸플릿이었기 때문이었다. 그러나 두 가지는 사람들의 기억 속에 남아 있었으며, 그것들은 상이한 성향과 직업을 가진 사람들 사이에서 부수적으로 계속 토의되었다. 그 중 하나는 '노동민주주의'라는 단어였으며, 다른 하나는 다음의 두

---

1) Wilhelm Reich, Die natürliche Organisation der Arbeit in der Arbeitsdemokratie, Oslo : Sexpol Verlag, 1937.
2) 이 팸플릿과 이 팸플릿의 보충하기 위해 속편으로 쓰여진 『노동민주주의의 추가적 문제』(Weitere Probleme der Arbeitsdemokratie, 1941) 모두 라이히가 '어느 실험실 노동자'라는 이름으로 발표한 것들이다.

문장이었다. 이 문장들은 마치 세속을 벗어난 것처럼, 정치와는 거리가 먼 것처럼, 유토피아적인 것처럼, 그리고 근본적으로는 희망이 없는 것처럼 들렸다. "끝내자, 최종적으로 정치 일반과 단절하자! 실제 생활의 실천적 과업에 착수하도록 하자!"

이 팸플릿에 대해 긴 기사를 실었던 정치적 신문 역시 이상하게도 '노동민주주의'라는 단어, 그리고 구호처럼 들리는 위의 두 문장을 집중적으로 비판했다. 그 신문의 기사는 노동민주주의에 대해서는 공감하는 태도를 취했으나, 구호는 단호하게 거부했다. 이 팸플릿에 대해 잘 알고 있던 사람들은 이런 모순 속에서 팸플릿이 제대로 이해되지 못했다는 것을 알 수 있었다. 외견상 이 팸플릿은 분명히 이전에는 사회주의자였던 사람이 쓴 것처럼 보였다. 이 팸플릿이 어떤 성향의 사회주의 정당과도 단호하게 거리를 두었던 것이다. 그러나 팸플릿은 자신의 기본적인 구호와 모순되는 정치적 공식과 정치토론으로 가득 차 있었다.

커다란 결함과 불명확성에도 불구하고, 독일 사회주의자 한 명이 이 팸플릿을 열광적으로 읽었고 독일로 밀반입했다. 6년간 계속된 전쟁 동안에는 그 팸플릿에 관한 어떠한 이야기도 들리지 않았다. 그러나 1941년 그 팸플릿의 속편이 『노동민주주의의 추가적 문제』라는 제목을 달고 출간되었다. 첫번째 팸플릿과 마찬가지로 이 팸플릿 역시 유럽의 여러 나라로 밀반입되었으며, 미국의 비밀경찰인 FBI에 '압수'되기도 했다.

노동민주주의라는 단어는 철저하게 비공식적인 성경제학자와 생장요법 치료사들의 조직에서 확실한 자리를 차지했다. 이 단어는 자신의 생명을 이어나가기 시작한 것이다. 이 단어는 더욱 빈번하게 사용되었다. 사람들은 노동민주주의적 제도, '노동 가족' 등을 언급했으며 그런 것들에 대해 깊이 생각하기 시작했다. 전쟁의 혼란이 중반에 이르렀을 즈음, 점령된

유럽의 한 나라에서 편지가 도착했다. 어떤 성경제학자가 미국의 동료집단에게 보낸 이 편지에는 그 팸플릿이 번역되었으며, 이미 방해가 시작되었지만 상황이 허락하는 대로 곧 돌려 읽을 준비가 되어 있다는 내용이 적혀 있었다.

전쟁이 계속된 지난 4년 동안, 나는 '노동민주주의' 개념의 내용을 더욱 정밀하게 조사했다. 나는 이 단어의 내용을 이해하고 다듬기 위해 노력했다. 이런 노력의 과정에서, 노동민주주의 개념의 내용에 대해 다양한 직업을 지닌 친구들과 가졌던 노르웨이에서의 토론은 내게 버팀목이 돼주었다. 이 개념에 몰두하면 할수록, 나는 더욱 명확하게 그것의 윤곽을 알 수 있었고 더욱 완벽하고 강력하게 그것의 본질을 인식할 수 있게 되었으며, 결국은 많은 부분이 무시되기는 했지만 결정적인 사회적 상황에 부합하는 관념에 도달할 수 있었다.

나는 이 관념이 의도하는 바를 힘 닿는 데까지 설명하고 싶다. 하지만 그것에 대한 어떤 종류의 선전에도 가담할 의도는 없다. 또한 나는 그것에 관한 논쟁으로 시간을 낭비할 생각도 없다. 지금부터 내가 서술하는 내용들이 내가 자연스러운 노동민주주의에 관해 이해한 것들이다.

정치와 모순관계에 있는 노동

사람을 치료하는 개인병원을 열기 위해 의사는 자신이 의학에 관한 실천적·이론적 지식을 갖추고 있다는 것을 정확하게 증명해야 한다. 하지만 의사처럼 수백 명의 운명을 책임지는 것이 아니라, 수백만의 노동하는 사람들의 운명을 결정할 책임을 지고 있는 정치가는 자신의 자격과 지식을 입증하라는 요구를 받지 않는다. 이 사실에서, 수천 년 동안 개별적이고 급박한 거대한 돌발상황들로 인간이라는 동물의 사회를 만성적으로 황폐하게 만들었던 사회적 비극의 근본적인 원인 중 하나가 발견된 것처럼 보인다. 그럼 간략히 서술한 이 모순을 가능한 자세히 살펴보기로 하자.

어떤 종류의 직업이든 간에 실천적 일을 수행하는 노동자는, 부유한 가정출신이든 가난한 가정출신이든 상관없이 특정한 학교교육을 받아야 한다. 그는 '인민에 의해' 선출되지 않는다. 정도의 차이는 있겠지만, 오랜 기간 시험을 거친 기술과 노동경험을 가진 노동자들은 자기 분야에서 일할 미래의 노동자가 사회적으로 활동할 수 있을지의 여부를 철저하게 결정한다. 설사 이것이 진실과 어긋난다 하더라도 이것은 요구되고 있다. 여하튼 이것은 방향을 제시한다. 미국의 경우, 백화점의 여성 판매원에게도 대학교육을 요구하는 극단적인 상황에 이를 정도였다. 이러한 요구사항이 과장된 것이고 사회적으로 불공정한 것이기는 하지만, 가장 단순한 작업에 얼마나 많은 사회적 압력이 가해지고 있는지를 명백하게 보여주고 있다. 제화공, 목수, 선반공, 기계공, 전기기술자, 미장이, 도로건설노동자 등 모든 사람들은 충분한 능력을 가져야만 한다.

반면 정치가는 이 모든 요구사항에서 자유롭다. 인간 사회의 가장 높은 지위를 차지하기 위해서는 적절한 정도의 혼란스러운 사회적 조건이 발생할 때, 야만성을 포함하는 상당한 정도의 교활함과 신경증적 야망 그리고 권력에 대한 의지를 갖는 것으로 충분하다. 지난 25년 동안 우리는 한 소박한 저널리스트[무솔리니]가 5천만의 이탈리아 사람들을 야만화시켜, 결국에는 비참한 상태에 빠뜨리는 사건을 경험했다. 22년 동안 공연한 야단법석이 유혈사태나 살인과 함께 일어났는데, 이 소란은 어느 날 소리도 없이 사라져 버렸다. 그래서 사람들은 **"아무일도 없었던 거야"** 라는 감정에 압도당했던 것이다. 세계를 숨죽이게 만들고, 많은 나라에 상처를 주어 사람들이 일상을 누리지 못하게 만들었던 이 커다란 소동 끝에 **아무것도 남지 않았다.** 단 하나의 지속적인 사상도, 단 하나의 유용한 제도도, 심지어 조용한 기억조차도 남아 있지 않았다. 우리의 생활을 주기적으로 파멸의 끄트머리까지 몰아가는 사회적 비합리주의를 이보다 더 명백하게 보여주는 것도 없다.

직업적으로 완전히 실패한 한 화가지망생〔히틀러〕역시 20년 동안 유용하고, 객관적이고, 실천적인 일이라고는 단 한 가지도 하지 않은 채, 온 세계 사람들의 입에 오르내릴 수 있었다. 역시 어느 날 조용히 "맞아, 아무것도 존재하지 않았어"라는 문장과 함께 해체되어 버릴 거대한 소동이었다. 노동의 세계는 계속해서 조용히 자신의 삶에 필요한 길을 가고 있다. 커다란 소동 끝에 남는 것은 어린이들에게 부담만을 주게 될 역사책 속의 잘못된 한 장(章)뿐이다.

만약 우리가 이렇게 단순하고, 모두가 이해할 수 있으며, 노동하는 사람들 모두가 오래 전부터 의식하고 있는 노동과 정치 사이의 적대성을 최종적으로 종결시키겠다고 생각하고, 노력하여 그것을 성취하게 된다면, 실천적인 사회적 삶을 위한 전대미문의 엄청난 결과를 가져오게 된다. 무엇보다도 이 적대성은 지구상의 모든 곳에서 인간이라는 동물의 이데올로기와 구조의 형성을 결정하는 정당체계와 관련되어 있다. 유럽과 아시아에서 현재의 정당체계가 어떻게 최초의 가부장적-위계적 지배체제로부터 발전해 왔는가라는 문제를 상세하게 다루는 것은 이 장의 과제가 아니다. 여기에서 중요한 것은 오로지 정당체계가 사회과정에 끼친 영향이다. 독자들은 자연스러운 노동민주주의가 정당체계와는 물과 불의 관계에 있는 것으로, 이제 비로소 확립되어져야 하는 것이 아니라 이미 **존재하고 있는** 사회체계라는 점을 이미 알아챘을 것이다.

이제 노동과 정치 사이의 모순은 다음과 같은 생각으로 우리를 이끈다. 즉 사회 유기체에서든, 동물 유기체에서든, 죽어 있는 유기체에서든, 혼란스러운 조건을 밝혀내어 제거하는 것은 오랜 기간의 과학적이고 실천적인 작업을 요구한다. 사실에 대한 이해를 필요로 하는 삶에 필수적인 과학적 작업을 수행하고 있는 사람을 '과학적 인간'이라고 간단히 설정해 보자. 이런 의미에서, 공장의 금속선반공은 과학적 인간이다. 왜냐하면 그의 노동은 자신과 다른 이의 노동과 연구 성과에 토대를 두고 있기 때문이다. 이제 이 과학적 인간을 정치적 이데올로기 주창자를 포함한 신비주의자와 대비시켜 보자.

교육자든, 선반공이든, 기술자든, 의사든, 또는 다른 어떤 직업에서 노동하는 과학적 인간이든, 사회적 작업의 과정을 수행해야 하며 그것을 보호해야 한다. 사회적으로 볼 때, 그는 대단히 책임 있는 지위를 차지하고 있다. 그는 자신의 주장을 하나하나 실천적으로 입증해야 한다. 그는 열심히 일하고 생각해야 하며, 자신의 일을 개선할 새로운 방식을 찾아내고, 연구자로서 잘못된 이론을 검토하여 거부해야 한다. 또한 그는 근본적으로 새로운 어떤 것을 이룰 때마다 인간의 사악함과 싸워야 하며 그것을 관철시키기 위해 투쟁해야 한다. 그에게는 권력이 필요치 않다. 왜냐하면 정치적 권력을 가지고는 자동차를 만들 수도, 치료혈청을 만들 수도, 성층권을 비행할 수도, 아이를 키울 수도 없기 때문이다. 노동하는 과학적 인간은 무기가 없이도 살아가고 활동한다.

노동하는 사람들과 비교해 볼 때, 신비주의자와 정치적 이데올로기 주창자들은 손쉬운 사회적 지위를 차지하고 있다. 아무도 그들의 주장을 입증하라고 요구하지 않는다. 그들은 하늘에서 신을 데려오겠다고, 지옥에서 악마를 데려오겠다고, 또는 자신의 행정부서 조직을 통해 지상에 천국을 건설하겠다고 약속할 수 있다. 그들은 이 모든 약속을 하면서도 거짓말에 대해 책임을 추궁당하지 않으리라는 것을 아주 잘 알고 있다. 그들의 기득권은 의견표명의 자유라는 거역할 수 없는 민주주의적 권리에 의해 보호된다. 우리가 이 점에 대하여 통찰력을 가지고 생각해 본다면, 인간의 역사에서 과학, 예술, 교육, 기술 분야의 위대한 선구자들도 차지할 수 없었던 지위를 한 명의 불행한 화가가 의견표명의 자유라는 권리를 사용하여 수년만에 **완벽하게 합법적으로** 획득할 수 있었다는 점에서, '의견표명의 자유' 라는 개념이 틀림없이 어딘가에서 잘못되어 있음을 알게 된다. 따라서 사회적 문제에 대한 우리의 생각이 특정 영역에서는 대단히 잘못되어 있으며, 그렇기 때문에 그 생각에 급진적인 수정이 필요하다는 점이 명백하게 드러난다. 면밀한 성경제학적 임상연구를 통해, 우리는 수많은 부지런한 성인(成人) 대중들이 정치적 노상강도들에게 믿음과 충성심을 바치게 만드는 것이, 어린이들을 겁 많은 농노로 만드는 권위적 교육이라는 것을 알고 있다.

노동과 정치 사이의 모순을 다른 방향에서 추적해 보자.

오르곤 연구소의 공식간행물의 첫 장에는 항상 다음과 같은 문장이 쓰여 있다. "사랑, 노동, 지식은 인간 존재의 원천이다. 또한 이것들이 인간 존재를 지배해야 한다!"[3] 남편과 부인 사이에, 어머니와 자식 사이에, 직장동료 사이에 자연스러운 **사랑**의 기능이 없다면, 그리고 **노동**과 **지식**이 없다면, 인간 사회는 하루도 존재할 수 없다. 이러저러한 정치적 이데올로기 또는 여전히 매우 중요하게 여겨지는 당면한 외교적 필요성을 고려하

---

[3] [영어판 편집자] 이 표어는 여러 간행물 속에 다음과 같은 번역으로도 실려 있다. "사랑, 노동, 지식은 우리 생활의 원천이며, 이것들이 우리의 생활을 지배해야 한다."

는 것은 의사로서의 내 의무가 아니다. 중요하지만 알려지지 않은 사실을 설명하는 것만이 나의 과제이다. 사회적 삶의 세 가지 기본적인 기능 중 어떤 것도 보통선거와 비밀투표에 의해 영향을 받거나, 의회민주주의의 역사에 영향을 끼치지 않았다는 것은 아무리 고통스럽다 하더라도 사실이다. 반대로 자연스러운 사랑, 노동 또는 지식의 기능과 전혀 관계가 없는 정치적 이데올로기는 보통선거와 정당체제에 근거하여, 아무런 방해나 통제를 받지 않고 모든 종류의 사회적 권력에 마음껏 접근할 수 있다. 나는 항상 보통선거를 찬성해 왔고 지금도 그렇다는 점을 이 시점에서 명백하게 강조하고 싶다. 그렇다고 해서 의회민주주의의 보통선거라는 사회적 제도가 사회적 존재의 세 가지 기본적 기능과 결코 일치하지 않는다는 굳건히 확립된 사실이 변하는 것은 아니다. 세 가지 기본적인 사회적 기능이 의회주의적 선거에 의해 보호될지 아니면 손상될지는 우연에 맡겨진다. 의회민주주의의 법률은 사랑, 노동, 그리고 지식에 사회의 운명을 통제하는 데 필요한 특별하고 막대한 권력을 부여하도록 규정하지 않는다. 민주주의적 선거와 기본적인 사회적 기능 사이의 이러한 분열은 사회적 사건의 토대에서 파괴적인 영향력을 행사하고 있다.

나는 단지 이러한 기능들을 단호하게 방해하고 있는 많은 제도와 법률에 대해 간략히 언급하고 싶다. 나는 어떤 과학적·정치적 집단도 이런 근본모순을 사람들이 이해할 수 있도록 명백하고 날카롭게 지적한 적이 없었다고 생각한다. 그러나 이 근본모순은 인간이라는 동물의 생체-사회적 비극의 핵심을 이룬다. 정당체계는 결코 인간 사회의 상황, 과업, 그리고 목표에 부합하지 않는다. 이는 무엇보다도, 아무런 노력 없이 구두수선공이 재단사가 되거나, 의사가 광산기술자가, 선생이 가구공이 될 수 없는 반면, 오늘 미국의 공화당원인 사람은 객관적인 생각의 변화를 전혀 겪지 않고서도 내일 민주당원이 될 수 있다는 사실, 또는 히틀러 이전의 독일에서 공산주의자가 파시스트로, 파시스트가 공산주의자로, 자유주의자가 공산주의자나 사회민주주의자로, 그리고 사회민주주의자가 독일 민족주의자 또는 기독교사회주의의 지지자로 간단히 바뀔 수 있었다는 사실에서 분명히 볼 수 있다. 이런 변화는 각 정당의 이데올로기 정강을 강화시킬 수도 있었고, 약화시킬 수도 있었다. 한 마디로 말해서, 그것은 가장 불성실한 방식으로 한 국가 전체의 운명을 결정할 수 있었던 것이다.

이런 사실은 정치의 비합리적 본질과 정치가 노동과 정반대라는 사실을 분명하게 보여주고 있다. 나는 여기에서 정당들이 사회조직체에서 객관적이고 합리적으로 건설되었는지를 묻지는 않을 것이다. 여기에서 그런 질문을 하는 것은 적절하지 않다. **오늘날의** 정당들은 구체적으로 말할 수 있는 것들을 가지고 있지 않다. 한 사회에서 실천적이고 긍정적으로 발생하는 사건들은 정당의 영역이나 정당 이데올로기와는 아무런 관련이 없다. 루스벨트의 뉴딜정책 같은 것이 그 증거이다. 이른바 정당 간의 연합은 실제적인 방향성의 결핍으로 인한 미봉책으로 어려움을 실제적인 해결책 없이 극복한 것이다. 옷을 갈아입듯이 변화하는 의견을 가지고서는 확고하게 확립된 현실을 극복할 수 없다.

이와 같은 노동민주주의의 개념에 대한 첫 단계의 해명은 이미 사회적 혼란에 대한 본질적인 몇 가지 통찰로 우리를 이끌었다. 이런 통찰은 우리로 하여금 자연스러운 노동민주주의에 대한 사유의 과정을 더 추적하도록 했다. 만약 그렇게 하지 않으면 그것은 변명의 여지가 없는 태만이 될 것이다. 왜냐하면 정치가 야기한 혼란에 대한 해답을 인간의 사유가 어느 지점에서 찾아내게 될지 누구도 알 수 없기 때문이다. 따라서 처녀림 속에서 적당한 정착지를 찾듯이, 우리가 이미 밟아온 길을 추적할 것이다.

사회적 혼란 속에서 자신을 정립하려는 시도 그 자체가 실천적이고 합리적인 작업의 한 부분으로 여겨질 수 있다. 자연스러운 노동민주주의는 정치가 아니라 노동에 토대를 두고 있기 때문에, 이런 '사회 유기체에 관한 연구'는 실천적으로 사용 가능한 결과를 낳을 수 있다. 아마도 노동이 사회적 문제를 장악하기 시작할 것이다. 또한 이런 작업이 다른 사회학자, 경제학자, 심리학자들을 설득하여 그들이 사회 유기체에 관한 연구를 하도록 만든다면, 그것은 **노동민주주의적**이다. 이 작업은 하나의 원칙과 체계로서의 정치를 공격하기 때문에, 정치적 이데올로기는 틀림없이 이에 반격을 가할 것이다. 이 논쟁을 노동민주주의적 사회학이 실제로 어떻게 견뎌낼 것인가를 추적하는 일은 흥미롭고 중요한 일이 될 것이다. 내가 이해하는 한, 노동민주주의는 정치적 이데올로기에 대해 **사회적 기능과 사회적 발전**이라는 관점, 한 마디로 말해서 사실과 가능성의 관점을 정립한다. 노동민주주의는 정치적 이데올로기에 맞서는 데 정치에 대한 다른 세계관을 이용하지 않는다. 이는 도덕의 영역에서와 비슷하다. 즉 성경제학은 강제적 도덕성에 의해 초래된 손상을 다루면서, 정치처럼 다른 종류의 도덕성을 이용하는 것이 아니라, 성생활의 자연스러운 기능에 관한 구체적인 지식과 자료를 이용한다. 다시 말해, 증기가 에너지를 가지고 있다는 주장이 기관차의 전진운동에 의해 입증되듯이, 노동민주주의를 지향하는 사회경제학은 실천적 생활에서 스스로를 입증해야 한다. 그러므로 우리는 노동민주주의가 존재하는가 존재하지 않는가, 또는 노동민주주의는 실천적으로 응용될 수 있는가 없는가 등과 같은 이데올로기적이거나 정치적인 논쟁에 참여할 어떤 이유도 가지고 있지 않다.

노동민주주의적 방식으로 생각하고 행동하는, 노동하는 사람들은 정치가를 반대하지 않는다. 정치가가 행한 일의 실천적 결과로 환상적이고 비합리적인 정치의 성격이 분명해지는 것은 그 정치가의 잘못이나 의도가 아니다. 어떤 직업에서 노동하든 간에 실천적 노동자인 사람들은 생활을 개선시키는 과업에 집중적으로 종사하고 있다. 실천적 일에 참여하고 있는 사람들은, 실천적인 과업이 없기 때문에 어떤 사항에 대해 단지 **반대** 또는 **찬성** 만을 하는 정치가들처럼 이러저러한 것을 '반대' 하지 않는다. 정치는 일반적으로 '무엇에 반대하는 존재' 라는 특징을 갖는다. 실천적으로 생산적인 것은 정치가의 이데올로기와 일치하든, 아니면 그것에 대항하든 간에 노동하는 사람들에 의해 성취되는 것이지 정치가들에 의해 성취되는 것이 아니다. 수년간의 경험은 실천적 일을 수행하는 사람들은 항상 정치가와 갈등상태에 있음을 명백히 보여주었다. 따라서 생동하는 기능을 위하여 노동하는 사람들은 그들이 원하든 원하지 않든 간에 정치에 반대하는 방향으로 활동한다. 교육자는 어린이들에 대한 공정한 교육을 **위하여**, 농부는 농업에 필요한 기계를 **위하여**, 연구자는 과학적 발견에 대한 증거를 **위하여** 일한다. 노동하는 인간이 이러저러한 성과를 반대한다면, 그 노동자는 노동자 자격이 아니라, 정치적 영향 또는 다른 비합리적 영향력의 압력 아래 행동하는 것이라고 쉽게 확신할 수 있을 것이다.

 긍정적 작업은 항상 어떤 것을 위할 뿐 어떤 것에도 반대하지 않는다는 주장은 진실이 아니라 과장된 것처럼 들린다. 그 이유는 우리의 노동생활이 객관적인 평가와 구별되지 않는, 비합리성에 토대를 둔 의견표현에 의하여 관철되었기 때문이다. 예를 들면, 농부는 노동자를 적대시하며, 노동자는 기술자를 적대시하지 않는가? 의사는 이런저런 치료제를 적대시하지 않는가? 이런 것들이 무엇에 '찬성' 하거나 '반대' 할 수 있는 민주주의적 의견표현의 본질에서 기인한다는 이야기를 들을 수 있다. 하지만 나는 유럽민주주의의 실패는 근본적으로 의견표현의 자유라는 개념에 대한 이런 형식주의적이고 객관적이지 못한 해석 때문이라고 주장한다. 하나의 예를 들어 보자. 어떤 의사가 특정한 치료제의 사용을 **반대**한다. 그 이유는 다음의 둘 중 하나일 것이다.

첫째, 의사가 반대하는 치료제가 정말로 해로운 것으로, 의사가 양심적일 경우이다. 이 경우 그 치료제를 생산한 누군가는 **해로운** 일을 한 것이다. 그는 작업에서 성공을 거두지 못했으며, 분명 잘 작용하는 치료제를 만들겠다는 강력하고 객관적인 관심 역시 가지지 않았다. 치료제 제조자는 치료제의 기능을 염두에 두지 않음으로 해서 동기가 목적에 부합하지 않게 되었고, 따라서 금전적 관심이라는 비합리적인 동기를 가지게 되었던 것이다. 이 경우 의사는 **합리적**으로 행동한 것이다. 그는 인간의 건강에 관심을 두면서 떳떳이 행동했다. 다시 말해 그는 건강을 **위한다는** 입장에서 자연스럽게 해로운 치료제에 반대했던 것이다. 일의 목표와 의견표현의 동기가 서로 일치하기 때문에 그의 행동은 합리적이었다.

둘째, 치료제는 좋은데 의사가 비양심적인 경우이다. 이때 의사는 좋은 치료제에 **반대**하기 때문에, 인간의 건강에 대한 관심에 따라 행동하지 않는다. 어쩌면 그는 어떤 업체에게서 그 업체의 치료제를 선전해 주겠다면서 돈을 받았을지도 모른다. 그는 의사로서 자신의 작업기능을 충족시키지 못한다. 그의 자유로운 의견표현의 동기는 그것이 어떤 노동기능과도 관계없는 것처럼 그 의견표현의 내용과도 관계가 없다. 그 의사는 건강이 아니라 은밀히 **이윤**을 추구하기 때문에, 그 치료제를 반대하는 행동을 한다. 그러나 이윤추구는 의사의 노동이 갖는 목적이 아니다. 그러므로 그는 어떤 것을 '위하는' 것이 아니라 강력하게 **반대**하는 행동을 한다.

우리는 이와 같은 예를 임의의 다른 노동영역과 다른 종류의 의견표현에도 적용할 수 있다. 우리는 합리적인 노동과정의 본질이 항상 무언가를 위한다는 데 있음을 쉽게 납득할 수 있다. '어떤 것에 반대하는 존재'는 노동과정 자체에서 나오는 것이 아니라, 삶의 비합리적 기능이 존재한다는 사실에서 나온다. 따라서 **모든 합리적 노동과정은 그 본질상 자발적으로 생활의 비합리적 기능에 반대한다**는 결론을 끄집어낼 수 있다.

삶의 분주함을 어느 정도 겪어본 주의 깊은 독자라면 자유로운 의견 표현이라는 개념에 대한 이런 명료화가 민주주의적 노력에 새롭고 좀더 나은 관점을 제시할 것이라는 의견에 쉽게 동의할 것이다. **삶의 이해관계에 해로운 것은 형편없는 노동이며, 따라서 결코 노동이 아니라**는 원칙은, 형식적 민주주의와 의회민주주의의 개념에는 결핍되어 있는 합리적 의미를 노동민주주의의 개념에 부여하고 있다. 형식적 민주주의에서는 실제적이지 않은 정치적 관심이 사회조직을 지배하기 때문에 농민은 노동자를 반대하고 노동자는 기술자를 반대한다. 만약 책임이 정치가로부터 (노동하는 사람들이 아니라) **노동**으로 옮겨진다면, 자동적으로 농부와 노동자 사이의 협력이 정치적 적대성을 대체하게 된다.

이 사실은 결정적으로 중요하기 때문에 우리는 이것을 좀더 추적해야 할 것이다. 우선, 역시 자유로운 의견표명이라는 민주주의적 권리에 의존하고 있는 소위 민주주의적 비판의 문제를 깊이 생각해 보도록 하자.

객관적 비판과 비합리적 트집잡기

노동민주주의적 생활 방식은 노동하는 모든 사람들에게 토론하고 비판할 수 있는 권리가 있어야 한다고 요구한다. 이 요구는 정당하고 불가피한 것으로, 파기할 수 없어야 한다. 만약 이 요구가 충족되지 않는다면, 인간이 가진 생산성의 원천은 쉽게 고갈된다. 그러나 전반적인 정서적 전염병이 끼친 영향으로 인해, '토론'과 '비판'은 진지한 노동에 많든 적든 해로운 위협을 쉽게 가할 수 있다. 예를 들어서 이것을 설명해 보고자 한다.

고장난 자동차를 수리하기 위하여 어려움을 겪고 있는 한 기술자가 있다고 가정해 보자. 자동차를 수리하는 일은 복잡하다. 이 기술자는 자동차의 고장을 통제하기 위하여, 자신의 지적 능력과 근육을 남김없이 사용해야 한다. 그는 즐거운 여가시간을 희생하며 밤늦게까지 일을 한다. 그는 자신의 직무를 끝마칠 때까지 쉬지 않는다. 잠시 후 그 옆을 지나던 그 일과 아무 상관이 없는 어떤 사람이 잠시 동안 살펴보다가, 돌을 주워서 전선을 못쓰게 만들어 버린다. 그리고는 가버렸다. 그날 아침 식탁에서 부인이 바가지를 긁었던 것이다.

또 다른 전혀 관계없는 사람이 지나간다. 그는 그 기술자가 자동차에 관해 전혀 아는 게 없다고, 만약 조금이라도 알았다면 벌써 오래 전에 자동차를 수리했을 것이라고 조롱한다. 그리고 그가 얼마나 지저분한지(그의 몸은 실제로 땀과 기름으로 뒤범벅이 되어 있다)를 살핀다. 이것으로 끝이 아니다. 그는 그 기술자가 가족을 외면하기 때문에 비도덕적인 인간이라고 비난한다. 만약 그렇지 않다면 가족을 집에 버려두지 않을 것이라고 말한다. 이렇게 한참 동안 비난한 후에 그 사람은 가버린다. 그날 아침 일찍 전기기술자인 이 사람은 해고 통지서를 받았던 것이다. 그는 자신의 분야에서 그다지 훌륭한 노동자가 아니었다.

전혀 관계없는 세번째 사람은 기술자에게 침을 뱉고 달아난다. 사람을 괴롭히는 데 특별한 재능이 있는 장모에게 몹시 시달렸기 때문이다.

이런 예를 통해서 노동과 무관한 지나가는 사람들의 '비판'에 대해 묘사해 보고자 한다. 그들은 마치 노상강도처럼 그들이 전혀 노력을 기울이지 않았고, 알지도 못하고, 관심도 없는 정직한 노동을 의미없이 방해한다.

이런 방식으로 '자유토론' 및 '비판의 권리'라고 부당하게 지칭되는 것들이 사회의 광범위한 영역에서 벌어지고 있다. 당시에는 발아단계에 있었던 비온연구에 대해 유전적인 정신과 의사들과 암 이론가들이 가한 공격도 이와 동일한 성질의 것이었다. 그들은 어려운 작업을 도와주고 개선시키려는 의도를 가지고 있던 것이 아니라, 단지 그것을 자기들 멋대로 혼란시키려는 의도를 가졌던 것이다. 물론 그들은 자신의 동기를 드러내지 않았다. 이런 '비판'은 해로우며 사회적으로 위험하다. 그것은 비판 대상과는 관계없는 동기에 의해 촉진되며 객관적 관심과도 관계가 없다.

진정한 토론과 **진정한** 비판은 이와 다르다. 이 또한 예를 드는 것으로 분명히 묘사해 보고자 한다.

앞에서 말한 기술자가 일하고 있는 차고 옆을 다른 기술자가 지나간다. 이 분야에서 풍부한 경험을 가지고 있는 그는 [자동차를 고치고 있는] 기술자가 어려운 상황에 있다는 것을 즉시 알아차린다. 그는 윗도리를 벗고, 소매를 걷어붙이고 우선 자동차의 고장이 무엇인지, 첫번째 기술자의 접근방법에 어떤 잘못이 있는지를 찾으려 한다. 그는 첫번째 기술자가 모르고 지나쳐버린 중요한 것을 지적한다. 그들은 작업과정에서 있었을지도 모를 오류를 함께 검토한다. 그는 첫번째 기술자에게 도움을 주고 작업에 관해 토론과 비판을 함으로써 **일을 더 잘할 수** 있도록 해준다. 그의 동기는 장모의 잔소리나 직업에서의 실패에 있는 것이 아니라, 작업의 성공이라는 객관적인 현실에 있는 것이다.

여기에서 설명한 두 가지 형태의 비판을 구별하는 것은 어렵다. 비합리적인 트집잡기는 대개 허구적인 객관성으로 교묘하게 위장된다. 이 두 종류의 비판은 매우 다름에도 불구하고 대개 '과학적 비판'이라는 **하나의** 개념으로 허구적으로 통합된다.

객관적이고 과학적인 엄격한 의미에서 볼 때, 이른바 내재적 비판이라는 오직 **하나의** 비판만이 허용된다. 즉 비판을 행하는 사람은 비판의 권리를 얻기 전에 먼저 몇 가지 요구를 충족시켜야 한다.

1. 그는 자신이 비판하는 작업영역에 통달하고 있어야 한다.
2. 그는 자신이 비판하는 사람보다 낫지는 않을지라도 그 영역에 관해 비슷한 정도로는 알아야 한다.
3. 그는 그 일의 실패가 아니라, 성공에 관심을 가져야 한다. 만약 그가 그 일을 방해할 의도만을 가지고 있다면, 또한 그의 비판 동기가 객관적 관심과 관계가 없다면, 그는 비판을 하는 것이 아니라 신경증적 불평을 늘어놓는 것이다.
4. 그는 **비판의 대상이 되는 작업영역의 관점에서** 비판해야 한다. 그는 낯선 관점, 즉 그 작업영역과 관계가 없는 관점에서 비판할 수 없다. 심층심리학은 표면심리학의 관점에서는 비판될 수 없으나, 표면심리학은 심층심리학의 관점에서 비판될 수 있다. 그 이유는 간단하다. 심층심리학의 연구 대상에 표면심리학이 포함될 수밖에 없기 때문이다. 따라서 심층심리학은 표면심리학을 잘 알고 있어야 한다. 반면에 심리적 현상 뒤에 있는 생물학적 동기를 찾지 않기 때문에, 표면심리학이 바로 **표면**심리학인 것이다.

우리는 공간을 따뜻하게 하는 기능을 가진 기계의 관점에서 전기기계를 평가할 수 없다. 열 이론은 전기기술자가 전기모터의 과열을 방지하기 위해 그 이론을 사용할 때만 전기기계와 관련해서 자신의 역할을 할 수 있다. 또한 열 이론가의 조언은 그 조언이 도움이 될 경우에만 전기기술자에게 환영을 받는다. 방을 덥힐 수 없다는 이유로 전기기계를 비난하는 것은 우스꽝스러운 일이다.

　　마찬가지로 어린이, 청소년, 성인의 **자연스러운** 성생활을 신경증, 도착, 범죄행위에서 해방시키고자 하는 성경제학은 반(反)성적인 도덕주의의 관점에서는 비판받을 수 없다. 왜냐하면 도덕주의자는 어린이와 청소년의 자연스러운 성을 자유롭게 하는 것이 아니라 억압하려 하기 때문이다. 음악가는 광부를 비판할 수 없으며, 의사는 지질학자를 비판할 수 없다. 특정한 일에 대한 우리의 감정은 유쾌할 수도, 불쾌할 수도 있지만, 그 감정이 그 일의 본질이나 유용성에 영향을 끼치는 것은 아니다.

　　비판과 트집잡기에 대한 이 간단한 고찰의 유일한 목적은 젊은 성경제학자와 오르곤 생체물리학자들이 비판자들에 대해서 편안한 태도를 취하게 하는 데 있다.

노동은 본질적으로 합리적이다

우리가 살펴본 바와 같이, 노동민주주의 개념 분석은 수천 년 동안 커다란 중요성이 부여되었음에도 불구하고 너무나 압도적이어서 도저히 정복할 수 없는 것으로 여겨져 왔던 인간의 삶이라는 영역으로 우리를 이끌었다. 이것은 이른바 '인간 본성'의 복잡하고 광범위한 영역이다. 철학자, 시인, 피상적이고 말뿐인 정치가뿐만 아니라 위대한 심리학자까지도 "이것이 바로 인간 본성이다"라고 지적하면서 개탄했던 것은 성경제학자의 임상적 개념, 즉 '정서적 전염병'과 완전히 일치한다. 우리는 이것을 **인간이란 동물이 지닌 비합리적인 삶 기능의 총합**이라고 정의할 수 있다. 변하지 않는 것으로 인식되는 '인간 본성'이 정서적 전염병과 동일한 것이라면, 또한 정서적 전염병이 인간이라는 동물이 지닌 모든 비합리적 삶 기능과 동일한 것이라면, 노동의 기능이 그 자체로서 확장되고, 인간과는 무관하게 합리적인 것이 된다면, 우리는 서로 숙명적으로 대립하고 있는 두 개의 거대한 인간 활동의 영역에 직면하게 된다. 한편에서는 합리적 삶 기능으로서 삶에 필수적인 노동이, 다른 한편에는 비합리적 삶 기능인 정서적 전염병이 서로 대립하고 있다. 노동민주주의자의 사상에 따르면, 지식, 노동, 그리고 사랑에 토대를 두지 않는, 따라서 비합리적인 모든 정치는 정서적 전염병에 속한다는 것을 어렵지 않게 예측할 수 있다. 이런 방식으로 노동민주주의의 사상체계는 우리가 어떻게 '악명높은' 인간의 본성을 마침내 파악할 수 있을 것인가라는 영원하고 오래된 질문에 해답을 준다. 즉 처음부터 인간 본성의 문제와 씨름해 왔지만 만족스러운 결과를 얻지 못한 교육, 위생, 의학은 삶에 필수적인 노동의 합리적 기능에서 정서적 전염병에 맞서 함께 투쟁할 강력한 동맹을 발견하게 되는 것이다.

노동민주주의의 사유과정을 끝까지 추적하기 위해서는 무엇보다도 전통적인 정치적 사유와 이데올로기적 사유에서 완전히 벗어나는 것이 필수불가결하다. 그렇게 해야만 사랑, 노동, 그리고 지식의 세계에서 나온 본질적으로 다른 사유의 흐름을 권력과 겉치레의 세계, 외교적이고 정치적인 회합의 세계에서 나온 사유와 비교할 수 있다.

노동하는 인간이 '사교적으로' 그리고 '사회적으로' 살고 있는 곳에서 정치가는 '국가'와 '민족'을 생각한다. 노동하는 평범한 인간이 '노동의 즐거움', '작업규칙', '작업배치' 그리고 '협동'을 느끼는 곳에서 정치가는 '규율'이나 '훈육과 질서'를 생각한다. 노동하는 인간이 '자발적인 예절'과 '자연스러운 생활 감정'을 가지고 활동하고 있고 활동하고 싶어하는 곳에서, 정치가는 '도덕'과 '의무'를 생각한다. 노동하는 인간이 '남편, 부인 그리고 아이들 사이의 사랑'을 즐기고 있고 즐기고 싶어 하는 곳에서 정치가는 '가족의 이상'을 이야기한다. 노동하는 인간이 '욕구의 충족'과 식량 공급을 소박하게 바라는 곳에서 정치가는 '경제와 국가의 이익'을 이야기한다. 노동하는 인간이 단순히 '진취적 기상'과 '자유로운 발전경로'를 원하는 곳에서 정치가는 '이윤'을 생각하면서 '개인의 자유로운 독창력'을 이야기한다.

정치적 비합리주의에 의해 심하게 방해받지 않는 노동하는 인간이 합리적 방식으로 극복할 수 있는 바로 그 생활영역을 정치가는 비합리적으로 지배한다. 동일한 생활영역에 합리적이라는 딱지를 붙이거나 비합리적이라는 딱지를 붙일 수는 있지만, 이 둘은 정반대의 것이다. 이 둘은 서로 대체될 수 있는 단어가 아니다. 실천에서 이 둘은 서로 배타적이다. 인간사회의 역사를 통해서 볼 때, 국가의 권위주의적 규율은 항상 자연스러운 사회성과 노동의 즐거움을 파괴해 왔다는 사실에서 이것을 잘 볼 수 있다. 즉 권위적 국가규율은 사회를, 가정의 강제적 신성시는 남편과 아내 그리고 아이들 간의 사랑을, 강제적 도덕성은 생활의 기쁨에서 나오는 자연스러운 예절을, 그리고 정치가는 일하는 사람들을 파괴해 왔던 것이다.

본질적으로 우리의 사회는 자신들의 목적을 위해 인간의 노동을 강제적으로 이용하는 **정치적-비합리적** 개념들의 지배를 받고 있다. 인민대중들의 생존활동을 위한 행위와 그 발전의 자유를 확보하기 위해서는 현실적인 제도가 필요하다. 임의로 서로 바꾸어도 상관이 없을 정치적 성향이나 이데올로기는 이와 같은 제도의 사회적 토대가 될 수 없으며, 전체 노동 영역에서 삶에 필수적인 다양한 노동 분야가 얽힘으로써 자연스러운 방식으로 도출되는 삶에 필수적인 노동의 사회적 기능만이 그 제도의 토대가 될 수 있다.

노동민주주의의 사유과정을 통해, 혼란스러운 모습으로 성장하는 삶의 합리적 기능과 비합리적 기능의 미로 속으로 더 깊숙이 들어가 보자. 이 미로를 살피면서 우리는 사유의 논리적 과정을 따르고, 가능한 우리의 개인적 관심은 배제하고자 한다. 사용가능한 결론에 도달하기 위해 우리는 노동민주주의의 개념을 고려할 때조차도 노동민주주의 본래의 관점을 취해야 한다. 즉 우리는 **자연스러운 노동민주주의에 사회적 존재에 대한 책임을 부과하려는 듯** 행동해야 한다. 우리는 노동민주주의의 생산력을 모든 측면에서 검사해야 한다. **객관적인** 정신노동이 우리에게 꼭 필요하다. 만약 우리가 삶에 불필요한 어떤 행동에 개인적인 관심을 둔다면, 우리는 이 논의의 틀에서 스스로를 자발적으로 배제시키는 것이다.

만약 다양한 형태의 정서적 전염병만이 존재했다면, 인류는 이미 오래 전에 몰락해 버렸을 것이다. 정치적 이데올로기, 신비주의적 의식, 군사적 권력기구, 외교적 논쟁 중 어떤 것으로도 주민들에게 식량을 공급할 수도, 생활 중심지 사이의 교통을 유지할 수도, 거주지를 제공할 수도, 질병을 치료할 수도, 어린이의 양육을 보호할 수도, 자연의 비밀을 해명할 수도 없다. 노동민주주의 개념에 따르면 정치적 이데올로기, 신비주의적 의식, 외교적 책략은 사회적 비합리주의의 영역에서만 필요하다. 사랑, 노동, 지식에 의해 지배되는 실제 생활의 영역에서는 이런 것들이 필요하지 않다. 삶에 필요한 기능은 스스로 만들어낸 법칙에 복종하며, 어떤 비합리적 이데올로기의 접근도 허용하지 않는다. 사랑, 노동, 지식은 '이념', '문화적 가치', '정치적 강령', '정신적 태도', '신앙맹세'가 아니다. 사랑, 노동, 지식은 이것들 없이는 인간 사회가 하루도 존재할 수 없는 **분명한 현실**이다.

인간 사회가 합리적으로 조직되었다면, 사랑, 노동, 그리고 지식은 삶에 불필요한 제도에 대하여 당연히 우선권과 결정권을 갖는다. 노동민주주의적 사유의 발전하는 동안에도, 인간집단들은 스스로 무장하여 서로를 죽이거나 신비주의적 의식을 찬미하거나 이데올로기에 대한 토론을 즐길 수 있을 것이다. 그러나 이 집단들은 자신의 이기적 목적을 위하여 사회의 기본적인 생물학적 기능을 지배하거나 이용하지 못할 것이고 자신들의 특별한 이해를 위한 주장을 펼 수도 없을 것이다. 게다가 이 집단들은 어떤 결정권도 가질 수 없을 것이다.

인간 활동에 대한 이 두 가지 형태의 태도에서 나타나는 사회적 비합리성은 거대하다.

정치가는 수많은 사람들을 속일 수 있는 위치에 있다. 그는 자유를 확립하겠다는, 실제로는 이행하지 않을 약속을 할 수 있다. 그러나 아무도 그의 능력이나 그 약속의 실현가능성을 입증하라고 요구하지 않는다. 그는 오늘 이것을 약속하고 내일은 정반대의 것을 약속한다. 신비주의자는 아무 방해도 받지 않고 인민대중들에게 죽음 뒤에 삶이 있다는 믿음을 고취시킬 수 있다. 하지만 역시 그 증거의 작은 흔적조차도 제시할 필요가 없다. 이제 정치가나 신비주의자의 이런 권리를 철도기술자에게로 옮겨 보도록 하자. 한 도시에서 다른 곳으로 여행하려는 20여명 정도 되는 사람들 앞에서 어떤 철도기술자가 자신이 날아서 달에 갈 수 있다고 계속해서 주장한다면, 그는 즉시 감옥이나 정신병원에 갇히게 될 것이다. 나아가 이 철도기술자가 총을 들고 자신의 주장은 진실이며 따라서 자신의 말을 믿지 않는다면 승객들을 인질로 잡겠다는 **주장을 했다고** 상상해 보라. 만약 이 철도기술자가 자신의 직업에 계속 종사하고 싶다면, **실제로**, 실천적으로 그리고 안전하게 사람들을 A 장소에서 B 장소로 옮겨주어야 한다.

학교를 짓거나, 환자를 치료하거나, 가구를 만들거나, 어린이를 돌보려 할 때, 건축가, 의사, 교사, 선반공, 교육자 등이 파시스트인지, 공산주의자인지, 자유주의자인지, 기독교도인지는 전혀 중요하지 않다. 이들 중 그 누구도 장문의 연설을 하거나 중요하고 실천적인 행위 대신에 황홀한 약속을 할 수 없다. 그는 하나의 벽돌을 다른 벽돌 위에 쌓아야 하며, 그 일을 시작하기 전에 심사숙고하여 학교에 공간은 몇 개를 만들 것인지, 환기구와 출구는 어디에 설치할 것인지, 창문은 어디에 그리고 관리소와 부엌은 어디에 위치시킬 것인지 등에 관한 계획을 세워야 한다. 실천적인 일을 수행하는 사람은 결코 자유주의 이데올로기, 사회민주주의 이데올로기, 종교 이데올로기, 공산주의 이데올로기 등을 이용하여 자신의 과업을 수행하지 않는다. 어떤 노동자도 쓸 데 없는 수다로 시간을 낭비할 수 없다. 모든 노동자들은 자신이 해야 할 일이 무엇인지 알아야 하며, 그 일을 해야 한다. 그러나 이데올로기의 대변자는 그 스스로 하늘에서 지상으로 내려오거나, 다른 사람의 영혼을 하늘로 보낼 때에만 그 이데올로기를 유지할 수 있다. 어떤 정치가 집단이 나라를 완전히 파산시킨 후에도, 그 집단은 현실적인 과정과 아무런 접촉도 하지 않은 채 다른 나라에서 낡은 이데올로기적 논쟁을 오랫동안 계속한다. 반대로, 만약 정치가들이 논쟁에서 만족을 느낄 뿐 자신의 이데올로기를 다른 사람에게 강요하거나 국가의 운명을 결정할 권리를 요구하려 하지 않는다면, 그 정치가들 자체는 어떤 반대에도 직면하지 않을 것이다.

나는 위에서 예시한 노동민주주의의 사유체계를 나 자신에게서 검증해 본다. 만약 내가 보편적인 생물학적 에너지의 존재를 하나의 가설로서 생각하기 시작했던 1933년에, 그 에너지가 확실하게 존재한다는 것과 그 에너지가 암 종양을 파괴할 수 있으며 동시에 중력과 관계가 있다는 것 등을 소리 높여 주장했다면, 나는 지나치게 열심인 정신분석학자들이 내린 정신분열증 진단을 입증한 채, 정신병원에 갇히게 되었을 것이다. 또는 생물학 영역에서의 연구에 기반하여 셀 수 없을 정도로 많은 이데올로기를 세상에 널리 퍼뜨리거나, 예컨대 노동민주주의 자유당 같은 정당을 세울 수도 있었을 것이다. 실천적 경험이 부족한 다른 사람들처럼 나 역시 그럴 가능성이 있었다는 것에는 의심의 여지가 없다. 사람들에 대한 나의 영향력을 생각한다면 친위대를 거느리고 수천 명의 사람들에게 노동민주주의의 기장을 달게 만드는 것도 어렵지 않았을 것이다. 하지만 만약 내가 이 모든 일들을 했었다면, 나는 암의 문제나 인간이라는 동물의 우주적·대양적 감정을 이해하는 것에 한걸음도 다가가지 못했을 것이다. 나는 아마도 노동민주주의의 이데올로기를 견고하게 확립할 수 있었을지도 모른다. 그러나 자연스럽게 존재하지만 인식되지 않은 노동민주주의의 과정은 계속 발견되지 않은 채로 남아 있을 것이다. 수년 동안 나는 계속해서 열심히 일하고, 관찰하고, 오류를 수정하고, 비합리주의를 가능한 한 극복하고, 왜 생물학이 기계론적인 동시에 신비주의적인지를 이해해야 했다. 그리고 나는 오르곤을 실제로 발견할 때까지, 또한 그것을 축적기에 모아서 볼 수 있도록 만들수 있을 때까지 불평 없이 많은 책을 읽고, 쥐를 해부하고, 백여 가지의 다양한 물질을 여러 방법으로 다루어야 했다. 이 모든 것을 행하고 난 후에야 비로소 나는 노동과정의 유기적 발전의 지배 아래, 오르곤의 치료효과에 관한 문제를 실천적으로 제시할 수 있었다. 이런 사실은 삶에 필수적이고 실천적인 모든 노동은 어떤 식으로든 앞지르거나 뛰어넘을 수 없는, 그 자체로 합리적이며 유기적인 발전이라는 것을 의미한다. 이 속에서 우리가 '유기적 발전'이라고 부르는 본질적인 생물학의 기본법칙이 드러난다.

나무는 2미터로 자라기 전에 우선 1미터 높이까지 자라야만 한다. 아이는 인쇄된 다른 사람의 의견을 이해하기 전에 우선 읽는 법을 배워야 한다. 의사는 병리를 이해하기 전에 우선 해부를 배워야 한다. 이 모든 경우에 **발전은 노동과정의 성장이 진행되면서 이루어진다. 노동하는 사람은 이 작업의 기능기관인 것이다.** 그 사람은 훌륭히 기능하는 기관일 수도 있고 형편없이 기능하는 기관일 수도 있지만, 노동과정에서 노동 자체는 원칙적으로 변하지 않는다. 어떤 노동자가 훌륭히 기능하는 기관인지 형편없이 기능하는 기관인지는 본질적으로 그의 구조 속에 얼마나 많은 비합리성이 있는가에 달려 있다.

이런 '유기적 발전의 법칙'은 전형적인 비합리적 기능 속에는 존재하지 않는다. 비합리적인 기능에는 실천적인 일이 시작되기 훨씬 이전부터 이미 이념으로서의 목표가 존재한다. 활동은 이미 완성되고, 사전에 인식된 목적을 따르기 때문에 본질적으로 비합리적일 수밖에 없다. 이 점은 세계적으로 유명한 비합리주의자들이 후세 사람들이 이용할 수 있는 어떤 것도 남기지 않다는 사실에서 명백하고 뚜렷하게 드러난다.

유기적 발전의 법칙은 수천 년 동안의 전문적이고 과학적인 기술들 사이의 관계에서 분명히 볼 수 있다. 갈릴레이의 업적은 프톨레마이오스의 천동설에 대한 비판에서 시작된 것이고, 코페르니쿠스의 연구를 확장한 것이었다. 케플러는 갈릴레이의 연구를 흡수했으며, 뉴튼은 케플러의 연구를 흡수했다. 노동하고 연구하는 사람들의 여러 세대가 이 객관적인 자연과정의 기능기관들에서 발전했다. 반대로 소위 위대한 알렉산드로스 대왕, 카이사르, 네로, 나폴레옹 등이 남긴 것은 아무것도 없다. 또한 나폴레옹이 제2의 알렉산드로스나 카이사르를 꿈꾸었던 것과 같은 연관성 말고는 이 비합리주의자들 사이에서는 어떤 연관성도 찾아볼 수 없다.

이 비합리주의자들을 통해 비생물학적이며 비사회적인, 나아가 반생물학적이며 반사회적인 비합리주의의 삶 기능이 완벽히 폭로된다. 비합리주의에는 발생, 발전, 연속성, 과정에 대한 충실함, 다른 기능과의 뒤얽힘, 분화, 생산성 등과 같은 합리적 삶 기능의 본질적 특성이 없다.

이제 여기에서 얻은 통찰을 정서적 전염병이 원칙적으로 극복될 수 있는가라는 문제에 적용해 보자. 그 대답은 긍정적이다. 인간이라는 동물이 아무리 가학적이고, 신비적이고, 수다스럽고, 양심이 없고, 무절제하고, 허위적이고, 피상적이고, 쓸모없는 잡담을 추구한다 하더라도 그들은 **그들의 노동기능에서 합리적이 될 수 있는 성향을 자연스럽게 가지고 있다**. 비합리주의가 이데올로기적 과정과 신비주의를 가지고 자신을 발산하고 전파하듯이, 인간의 합리성은 노동과정을 통해서 활동하고 전파된다. **비합리적이 될 수 없다는 것**과 자연적으로 합리적이 **될 수밖에 없다는** 것은 노동과정의 본질이며, 따라서 노동기능에서 인간이 가진 본질이다. 인간은 그 본질상 그리고 노동 자체의 본질상 합리적일 수밖에 없다. 비합리주의는 노동과정을 **혼란케 하고**, 노동의 목적이 달성되지 못하도록 만든다는 사실 때문에 저절로 배제된다. 정서적 전염병과 노동과정 사이의 첨예하고 화해될 수 없는 적대는 다음과 같은 사실에서 명확하게 드러난다. 노동하는 사람들은 노동의 기능에 관한 토론에서 기술자나 산업노동자 또는 의사들과 쉽게 의사소통을 할 수 있다. 그러나 대화가 이데올로기로 옮겨지면 그 조화는 깨져버린다. 수많은 독재자와 정치가들이 정치의 영역에 들어서면서 일반적으로 자신의 일을 포기하는 것은 독특하다. 신비주의적 황홀감에 넋을 잃어 스스로를 신이 보낸 구세주라고 생각하는 제화공은 틀림없이 구두 밑창을 잘못 깎을 것이며 박음질을 망쳐버릴 것이다. 시간이 지나면서 그는 굶주림에 시달리게 될 것이다. 그러나 바로 이런 과정을 통해 정치가는 강해지고 부유해진다.

정서적 비합리주의는 일을 방해할 뿐, 일이 성취되도록 할 수는 없다.

노동민주주의적인 사유과정을 **노동민주주의 자체의 관점**에서 검토해 보자. 노동민주주의에서 우리는 하나의 이데올로기, 즉 '노동'에 대한 찬미 또는 이상화를 다루고 있는가? 이 질문은 내가 의사와 교육자들을 가르치는 일을 수행하는 과정에서 나 자신에게 던진 것이다. 삶에 필수적인 합리적인 노동과 불필요하고 비합리적인 이데올로기를 구별하는 것, 즉 노동에 있어 합리적인 것과 합리적으로 작용하는 노동의 성격을 확증하는 것이 의사로서, 연구자로서, 교사로서 나의 직업을 수행하는 데 필수적이다. 나는 나에게서 생장요법을 배우는 제자에게 더 나은 내세의 희망을 갖게 함으로써, 또는 '생장요법의 수장'이라는 칭호를 부여함으로써, 그가 자신의 구조와 환자를 치료하는 일에서 겪는 실천적 어려움을 극복하도록 도와줄 수는 없다. 그런 칭호로는 현실적인 어려움을 조금이라도 더 잘 극복할 수 있는 능력을 그에게 부여할 수 없다. 그를 생장요법의 수장으로 임명함으로써 나는 그를 더 위태롭게 만들 것이며, 아마도 재앙을 부추길 수도 있을 것이다. 나는 그에게 그의 약점과 결점에 관한 진실 모두를 말해 주어야 한다. 나는 그가 그것들을 스스로 발견할 수 있도록 가르쳐야 한다. 이 경우 나는 나 자신의 발전과 실천적 경험에 의존한다. 나는 윤리적인 이유로 또는 다른 이유로 내가 합리적일 수밖에 없다는 이데올로기를 가지고 있지 않다. 나의 합리적 행동은 나의 노동에 의해 객관적으로 나에게 주어진다. 만약 내가 합리적으로 행동하려고 노력하지 않았다면, 나는 굶주렸을 것이다. 만약 내가 환상을 이용하여 어려움을 피하려는 경향을 발전시키려 한다면, 즉시 나의 노동에 의해 수정된다. 왜냐하면 기계공, 건축가, 농부 또는 교사들이 환상을 이용하여 자신들의 노동을 수행하지 않는 것처럼, 나 역시 환상을 이용하여 생체병리적 마비증세를 없앨 수는 없기 때문이다. 나에게는 합리성 또한 필요치 않다. 내가 누구인가에 관계없이,

또한 정서적 전염병에 관계없이, 합리성은 나의 내부에 객관적으로 존재한다. 나는 나의 제자들에게 합리적이 되라고 명령하지 않는다. 왜냐하면 그런 명령은 전혀 도움이 되지 않기 때문이다. 나는 그들에게 자신의 관심에 따라, 그리고 실천적 노동의 과정들에 비추어 자기 자신과 세계 속에 있는 비합리적인 것으로부터 합리적인 것을 구분하라고 가르치고 충고한다. 나는 그들에게 합리적인 것을 촉진시키고 비합리적인 것을 저지하라고 가르친다. 이데올로기, 신비주의, 야비함, 정당에서 피난처를 찾는 것 등으로 책임의 어려움과 일상이나 노동의 실상을 회피하려는 것이 사회적 생활에서 나타나는 정서적 전염병의 기본양상이다.

여기서 발견된 입장은 본질적으로 새로운 것이다. 노동의 합리성이나 노동하는 사람들에게 미치는 노동의 합리적 영향이 새로운 것이 아니라, 알든 모르든 노동은 본래 그 자체로 합리적이라는 입장이 새로운 것이다. 그렇지만 내가 이 사실을 아는 것이 더 낫다. 만약 이런 사실을 알게 된다면 나는 합리적인 유기적 발전과 하나가 될 수 있다. 이 입장은 심리학과 사회학에서도 새로운 것이다. 사회학에서 이 입장이 새로운 이유는 지금까지 사회학이 사회의 비합리적 활동을 합리적인 것으로 간주해 왔기 때문이며, 심리학에서 새로운 이유는 심리학이 사회의 합리성을 의심하지 않았기 때문이다.

삶에 필수적인 노동과 다른 노동

자연스러운 노동민주주의의 본질을 깊이 파악하면 할수록, 우리는 정치 이데올로기가 인간의 사유 속에 불러일으킨 더 많은 재앙을 발견하게 된다. 노동이라는 개념의 내용을 덧붙이면서 이 주장을 검토해 보자.

지금까지 우리는 노동과 정치적 이데올로기를 대비시키면서 노동을 '합리성'과, 정치적 이데올로기를 '비합리성'과 동일시했다. 하지만 생동하는 삶은 결코 기계적이지 않다. 불현듯 우리가 이렇게 두드러진 대비를 통해 새로운 비합리적 흑백논리를 도입했다는 생각을 하게 된다. 이런 두드러진 대비는 정치가 본질적으로 비합리적일 때에만, 또한 정치와 비교해 볼 때 노동이 근본적으로 합리적일 때에만 정당화된다. 예를 들어 카지노를 개설하는 것도 노동인가? 이런 질문은 우리로 하여금 **삶에 필수적인** 노동을 다른 노동과 구분하도록 강제한다. 우리는 인간의 삶과 사회기구의 유지에 **필수불가결한** 모든 종류의 노동에 '삶에 필수적인 노동'이라는 표제를 붙여야 한다. 따라서 그것이 없다면 삶의 과정이 해를 입거나 방해를 받게 되는 노동이 삶에 필수적인 노동이며, 반면에 그것이 없더라도 사회와 인간의 삶 과정에 별다른 변화가 일어나지 않는 노동은 삶에 필수적인 노동이 아닌 것이다. 삶 과정에 해가 되는 모든 활동을 우리는 **노동이 아닌 것**으로 구분해야 한다.

수세기 동안, 통치는 하지만 일은 하지 않는 계급의 정치적 이데올로기는 거리낌없이 삶에 필수적인 노동을 경시해 왔으며, 노동을 하지 않는 것이 고귀한 혈통의 표시라고 주장했다. 이런 주장에 대해 모든 사회주의적 성향의 이데올로기는 기계론적이고 경직된 가치의 전도로 반응했다. 사회주의자들에게 '노동'은 봉건제도 아래에서 경시되었던 활동들, 즉 육체노동으로 제한되었다. 반면 지배계급 내부에서의 모든 활동은 노동이 아니라고 설명되었다. 확실히 이런 이데올로기적 가치의 기계적인 전도는 경제적으로나 개인적으로 첨예하게 구분되는 두 사회적 계급, 즉 지배계급과 피지배계급이 지닌 정치적 개념과 일치한다. 순수한 경제학적 관점에서 보면, 사회는 실제로 '자본의 소유자'와 '노동력이라는 상품의 소유자'로 분리될 수 있다. 그러나 생체-사회학의 관점에서 보면, 이데올로기적으로나 심리학적으로나 노동에 관해서나 한 계급과 다른 계급 사이의 명쾌한 경계는 있을 수 없다. 한 인간집단의 이데올로기는 그 집단의 경제적 지위와 필연적으로 일치하지 않는다는 사실, 또한 사실상 경제적 지위와 이데올로기적 상황은 때때로 첨예하게 대립한다는 사실의 발견은, 우리가 지금까지 이해할 수 없었던 파시스트운동을 이해할 수 있게 했다. 이데올로기와 경제 사이에 '균열'이 있다는 것과 한 주민계층의 이데올로기가 사회적 계급지위와는 무관하게 사회적 폭력으로 발전할 수 있다는 사실이 1930년대에 명백해졌다.

인간이라는 동물이 경제적 계급분류와는 전혀 관계가 없으며, 그 경계가 서로 중첩되고 가로지르는 근본적인 생물학적 기능을 가지고 있다는 것은 어린이들과 청소년들의 자연스러운 성생활 억압과 관련해서 처음으로 증명되었다. 성생활의 억압은 모든 가부장적인 사회에 존재하는 계층 및 계급 전체와 관련되어 있을 뿐만 아니라, 때때로 피지배계급보다 지배계급에서 더 현저하게 나타난다. 성경제학은 지배계급이 다른 계급들을 억압하고 착취하기 위하여 사용하는 사디즘의 대부분이 주로 억압된 성에서 생긴 사디즘에서 옮겨왔다는 사실까지도 증명할 수 있었다. 사디즘, 성의 억압, 그리고 계급억압 사이의 관련성은 드 코스터의 『틸 오일렌슈피겔』에 훌륭하게 표현되어 있다.

노동의 진정한 사회적 기능 역시 정치-이데올로기적 계급의 경계와 서로 중복되거나 가로질러 놓여 있다. 사회주의 정당에는 삶에 필수적인 노동을 결코 해본 적이 없으며 노동과정에 관해서도 전혀 아는 것이 없는 많은 지도적 정치인들이 있다. 어떤 노동자가 정치적으로 중요한 인물이 되면, 그는 대개 자신의 일을 포기했다. 다른 한편에서는, 정치적 사회주의로 인해 '지배하되 노동은 하지 않는' 계급으로서 노동자들과 구분되었던 계급들이 핵심적인 노동자 조직들을 휘어잡고 있었다. 정치적 반동의 핵심대원들이 공과대학 출신들 중에서 모집되었다는 오스트리아의 사례만큼 현실에 대한 정치적 이데올로기의 맹목성을 보여주는 전형적인 사례는 없을 것이다. 그 기술자들이 삶에 필수적인 노동을 대표한다는 사실을 아무도 부정하지 않는다. 그 기술자들은 탄광 기술자거나, 기관차, 비행기, 교량, 공공건물 등을 담당한 기사들이었다.

이제 자본가라는 개념에 대한 노동민주주의적 비판으로 넘어가자. 정치적 이데올로기의 측면에서 보면 자본가는 '경제의 지도자'거나 '일하지 않는 기생충'이다. 자본가를 파악하는 이 두 개념은 기계론적이고, 이데올로기적이며, 정치적으로 비현실적인 데다가, 비과학적이다. **노동을 하는** 자본가도 있으며 **노동을 하지 않는** 자본가도 있기 때문이다. 또한 자신의 노동이 삶에 필수적인 자본가도 있고, 자신의 노동이 불필요한 다른 자본가도 있다. 여기에서 이런저런 자본가의 정치적 성향 또는 이데올로기가 무엇을 지지하는지는 전혀 문제가 되지 않는다. 노동과 정치 사이의 모순은 임금노동자에게서와 같이 자본가에게도 해당된다. 벽돌공이 파시스트일 수 있듯이, 자본가가 사회주의자일 수도 있다.

한 마디로 말해서, 이제 우리는 사회적 혼란 속에서 정치적 이데올로기에 근거하여 자신의 방향을 정립하는 것이 가능하지 않다는 사실과, 반대로 구체적 방향정립의 가능성은 **노동지향적인** 노동민주주의 사상에 의해 주어진다는 확실한 입장을 얻었다. 따라서 삶에 필수적인 노동의 관점에서 볼 때, 정치적 자본가계급은 서로 대립적인, 때때로 서로 적대적이기까지 한 두 개의 집단으로 나뉜다. 이 중의 한 집단은 스스로 노동하고 계획하고 생산하는 기업가 집단이며, 다른 집단은 일을 하거나 계획을 세우지 않으면서, 자신의 이익을 위하여 다른 사람에게 일을 시키는 자본의 소유자들로 이루어진다.

    헨리 포드 같은 사람은 이러저러한 정치적 견해를 가질 수 있다. 그리고 이데올로기적으로 볼 때, 그는 천사일 수도 있고 해로운 사람일 수도 있다. 그러나 그렇다고 해서 그가 자동차를 만든 최초의 미국인 기사라는 것과 미국의 기술 형태를 완전히 변화시켰다는 사실이 변하는 것은 아니다. 정치적으로 그리고 이데올로기적으로 에디슨은 의심할 바 없이 자본가였다. 그러나 노동자 운동의 정치적 고위인사 중에서 토마스 에디슨이 대단히 고생하여 발명한 백열등을 사용하지 않거나 에디슨이 노동하지 않는 사회의 기생충이었다고 공공연하게 비난하는 자가 있다면 한번 만나보고 싶다. 노동민주주의의 관점에서 볼 때, 이 점은 라이트 형제, 융커스, 라이헤르트, 차이스에게도 적용된다.[4] 더 많은 이름들을 나열할 수도 있다. 개인적이고 실제적인 노동을 하는 이런 자본가들과 실제로 일하지 **않고, 단지 이윤만을 얻는** 자본가가 서로 대립하고 있다. 노동과 관련해서 볼 때, 후자는 특별한 계급유형을 이루지 못한다. 왜냐하면 그는, 사무실에 앉아서 '노동계급의 정책'을 결정하는 사회주의 정당의 관료들과 똑같기 때문이다. 우리는 일하지 않는 자본의 소유주와 일하지 않는 노동자 운동의 정치적인 고위인사들이 미친 파괴적 영향을 충분히 경험해 왔다. 우리는 더 이상 이데올로기적 개념에 의거하여 스스로를 정립하는 것이 바람직하지 않음을 잘 알고 있다. 이제 우리는 실천적 활동에 맞추어 스스로를 정립해야만 하는 것이다.

---

4) 융커스(Hugo Junkers, 1859~1935)는 독일의 항공기 설계자로, 라이헤르트(Carl Reichert, 1851~1922)와 차이스(Carl Zeiss, 1816~1888)는 광학기구 제조업자로 유명하다.

오래되어 익숙한 정치개념과 그 개념에 의존하고 있는 '정치학'은 삶에 필수적인 노동의 관점에서 보완되고 변화된다. '노동자'의 개념은 확대되어야 한다. 경제적 계급개념은 인간의 성격구조라는 사실에 의해 보완되며, 이러한 보완을 통해 경제적 계급의 사회적 중요성은 매우 제한된다.

따라서 이제부터는 자연스러운 노동민주주의라는 사실의 발견과 근본적으로 새로운 사회적 사건의 결과로 여러 개념들에 강제되어 온 본질적인 변화가 제시되어야 한다. 이러저러한 이데올로기 신봉자들이 이 변화에 대해 듣게 된다면, 품위 있게 신념에 차서 목소리를 높일 것이라는 사실을 나는 잘 알고 있다. 그러나 만약 그가 권총을 쥔다 해도 사실과 과정의 현실에는 아무런 영향도 끼치지 못할 것이다. 정치적 과정이 아무도 멀리까지 미친다 하더라도, 수많은 '주의자'들이 처형당한다 하더라도, 미국, 인도, 독일 등에서 의사, 기술자, 교육자, 농부들이 삶에 필수적인 노동을 하고 있다는 사실은 남는다. 그들의 성취가 삶 과정의 진행에 더 좋은 것인지 나쁜 것인지는 별개로 하더라도, 그들은 실천적인 일상생활 속에서 1923년 이후 코민테른 전체가 성취했던 것보다 훨씬 더 많은 것들을 성취했던 것이다. 1943년 코민테른이 해체되었을 때 인간의 생활에는 아무런 변화도 없었다. 그러나 중국이나 미국에서 어떤 특정한 날 사회과정으로부터 모든 교사와 의사들이 쫓겨난다고 상상해 보라!

최근 20년간의 역사는 '계급적대성의 철폐', '민족공동체의 확립', '자유와 품위의 방어' 등 당파적이고-이데올로기적인 구호가 계급적대성의 존재, 인간 공동체의 분열 그리고 자유와 품위의 억압 등에 아무런 변화도 가져올 수 없었을 뿐만 아니라, 오히려 이런 것들을 극단화하고 파괴적으로 심화시켰다는 사실에 대하여 아무런 의심도 갖지 않게 한다. 그러므로 인간이라는 동물의 사회적 비극을 자연과학적으로 해결하기 위해서는 인간 사회의 분열을 영속적인 현상으로 만든 당파적이고 이데올로기적 개념을 제거하고 수정하는 데에서 시작해야 한다.

노동민주주의는 '노동자' 개념을 산업노동자에 국한시키지 않는다. 오해를 피하기 위하여, 노동민주주의는 삶에 필수적인 사회적 노동을 수행하는 모든 사람들을 '노동하는 사람'이라고 부른다. 정치적으로 그리고 이데올로기적으로 산업노동자에 국한된 '노동계급'이라는 개념은 산업노동자를 기술자와 교육자로부터 이탈시켰으며, 삶에 필수적인 다양한 노동과정의 대표자들이 서로를 적대하도록 만들었다. 사실상 이 이데올로기는 의사 전체와 교사 전체를 이른바 '부르주아지의 하인'으로서 '혁명적 프롤레타리아트'에 종속시키기까지 했다. 이런 이데올로기에 의사와 교사뿐만 아니라 산업프롤레타리아트도 저항했다. 이 점은 충분히 이해할 만하다. 왜냐하면 산업중심지의 의사와 공장 노동자 사이의 객관적이고 사실적인 관계와 협력은, 산업노동자와 정치적 권력자 사이의 관계보다 더 심오하고 지지하기 때문이다. 노동자들의 연대와 삶에 필수적인 노동의 뒤얽힘만이 자연스럽게 성장하고 자연스러운 관심들을 흡수하여 정치적 분열에 대항할 수 있다. 삶에 필수적인 산업노동자 집단이 똑같이 삶에 필수적인 의사, 기술자, 교사 집단을 '하인'의 지위로 떨어뜨리고 스스로 '주인'의 지위에 올라서게 되면, 교사, 의사, 기술자들은 혁명적 프롤레타리아트의 하인이 되는 것을 원하지 않기 때문에 틀림없이 인종적 초인주의의 품으로 도피하게 된다. 그리고 '혁명적 프롤레타리아트' 역시 자신들에게 어떠한 책임도 부과하지 않고 '지도적 계급'이라는 환상으로 자신들을 가득 채워주는 정당이나 노동조합주의로 도피하게 될 것 또한 자명하다. 그러나 지금까지 명백히 드러난 것처럼, 이 '지도적 계급'이 실제로 책임을 맡을 만한 위치에 있지 않다는 사실과, 소위 **백인** 노동조합에 **흑인** 노동자의 가입이 거부되고 있는 미국에서처럼 인종적 증오를 실천하기까지 한다는 사실 등이 이런 환상의 충만으로 인해 변하는 것은 아니다.

이 모든 것들은 난관에 처한 이데올로기적 정당 개념의 결과이다. 노동에 의해 만들어진 공동체는 이 개념의 지배 아래에서 질식하게 된다. 따라서 갈라진 틈을 메우고 사회적 조직체를 삶에 필수적인 노동조직과 일치되도록 만들 위치에 있는 유일한 것은 **삶에 필수적인 노동을 수행하는 노동하는 사람**이라는 개념뿐이다. 우리는 정당 이데올로기 지지자들이 이런 개념의 명확화를 좋아하지 않을 것이라고 예상할 수 있다. 개념의 명확화라는 입장을 통해, 우리는 이데올로기라는 껍질이 이러저러한 권력기구의 개입 없이 자발적으로 실천적 알맹이로부터 말끔하고 가차 없이 제거되리라는 것을 확신할 수 있다. 삶에 필수적인 모든 노동의 뒤얽힘으로 생겨난 자연스러운 노동공동체를 긍정하고 옹호하는 사람들은 실천적 알맹이가 될 것이다. 반면에 우리 사회를 파멸로 몰고 갈 당파적인 이데올로기와 개념들을 노동하는 사람들의 공동체보다 더 중요하게 여기는 사람들은 이런저런 핑계를 댈 것이고, 자신들이 껍데기라는 것을 스스로 입증하게 될 것이다. 이와 같은 개념의 명확화는 자연스럽게 존재하는 지식과 부합할 것이며, 따라서 모든 노동 분야의 밀접한 결합과 일치하도록 사회적 삶을 개조하려는 욕구와도 부합하게 될 것이다.

노동자 개념에 관해 논의하면서 나는 노동민주주의적 사유가 나에게 부과한 논리만을 따랐다. 나는 내가 원하든 원하지 않든 간에 지금까지 서술한 결론에 **도달할 수밖에 없었다.** 그 이유는 아주 간단하다. 내가 이 글을 집필하고 있는 바로 이 즈음, 나는 우리가 일하는 연구소인 오르고논[5]을

---

5) 미국 메인 주 랜즐리에 세운 라이히의 사설연구소.

장식하기 위한 간판과 칠판을 만들어야 했다. 나는 목수가 아니므로 칠판을 만들 수 없었다. 또한 나는 페인트공이 아니기 때문에 내용물을 산뜻하게 표시할 수도 없었다. 그러나 실험실에는 간판이 필요했다. 그래서 나는 목수와 페인트공을 찾아서, 간판을 만들고 내용물을 표시하는 가장 좋은 방법에 관해 평등하게 토론할 수밖에 없었다. 만약 그들의 경험과 실천적 조언이 없었다면, 나는 아무 일도 할 수 없었을 것이다. 이것은 내가 나 자신을 박학다식한 학자이자 자연과학자라고 생각하는 것과는 전혀 상관이 없었다. 또한 페인트공과 목수가 뉴딜정책이나 파시즘에 관해 이런저런 '관점'을 지니고 있는지의 여부도 마찬가지로 아무런 상관이 없었다. 목수는 나를 '혁명적 프롤레타리아트의 하인'으로 여길 수 없었으며, 페인트공 역시 나를 전혀 쓸모없는 '지식인'으로 여길 수 없었다. 노동과정은 우리가 서로 지식과 경험을 교환하도록 만들었다. 예컨대 만약 페인트공이 기계적이 되지 않으려면, 또 질이 좋은 작업을 하려 한다면, 우리의 기능적 연구방법의 상징을 이해해야 한다. 페인트공이 이 상징의 의미를 알게 된다면, 자신의 일을 더 열정적으로 하게 될 것이다. 다른 한편, 나는 목수와 페인트공으로부터 간판에 관해, 그리고 교육기관의 기능을 외부에 정확하게 표현할 수 있는 글자의 배열에 관해 많은 것을 배울 수 있었다.

 노동 분야의 객관적이고 합리적인 뒤얽힘을 보여주는 이런 예는, 여론형성을 지배함으로써 자연스러운 노동과정을 목 졸라 죽이는, 깊이를 헤아릴 수 없는 비합리주의를 충분히 이해할 수 있을 정도로 분명한 것이다. 다른 노동 분야와의 관계 아래 내 작업의 진행과정을 더욱 구체적으로 밝히려 노력하면 할수록, 나는 노동민주주의의 사상세계를 더 잘 이해할 수 있었다. 내가 렌즈 제조공과 전기기술자로부터 무언가를 배울 수 있었을 때, 그리고 그들이 내게서 렌즈와 전기장치의 기능이 특히 오르곤-물리적으로 사용되는 것에 관해 배우고자 했을 때, 노동과정은 분명 순조롭게 진행되었다. 만약 렌즈 제조공과 전기기술자가 없었다면 나는 오르곤 연구를 단 한 걸음도 진행시킬 수 없었을 것이다. 또한 내가 없었다면, 전기기술자와 렌즈 제조공은 오르곤의 발견으로 이곳저곳에서 해결될 것이라 예상되는, 빛의 이론과 전기이론의 해결되지 못한 문제들과 어려운 싸움을 계속해야 했을 것이다.

지금까지 나는 여러 노동이 뒤얽혀 있다는 당연한 사실을 의도적으로 단순하고도 장황하게 기술했다. 그 이유는 이 모든 것이 아주 단순함에도 불구하고, 노동하는 사람들에게는 낯설고 새로운 것처럼 보일 것이라고 확신했기 때문이다. 믿기 어렵겠지만, 이것은 진실이며 충분히 이해할 수 있는 것이다. 즉 모든 노동과정의 자연스러운 뒤얽힘과 분리될 수 없는 상호의존의 상황은 노동하는 사람들의 생각이나 감정 속에서 명확하고 알기 쉽게 드러나지 않는다. 또한 노동하는 모든 사람들은 자신의 노동에 근거하여 전적으로 실천적이고 자동적인 방식으로 노동 분야의 이런 뒤얽힘을 알고 있지만, 자신들의 노동이 없으면 사회가 존재할 수 없다든가, 자신들이 노동의 사회적 조직화를 책임지고 있다는 말은 낯설어한다.

삶에 필수적인 활동과 그 활동에 대한 책임의식 사이의 이런 차이는 노동하는 사람을 실천적으로 활동하는 **하나의** 유기체와 비합리적 성향을 촉진하는 또 다른 유기체로 분열시킨 이데올로기의 정치체계에 의해 만들어지고 지속적으로 유지된다. 이런 주장 역시 매우 낯설게 들릴 것이다. 그러나 유럽, 아시아 그 밖의 어느 곳의 신문이든, 어느 날짜의 신문이든 상관없이 하나를 집어서 주의 깊게 살펴보면, 이 주장이 옳다는 것은 쉽게 입증된다. 신문에서는 사랑, 노동, 지식과정의 토대와 본질, 삶에서의 필요성, 그것들의 상호관련성, 합리성, 진지성 등에 관한 어떤 내용도 찾아볼 수 없다. 만약 그런 내용이 있다면 그것은 우연에 불과하다. 반면에 신문들은 일상생활의 진정한 과정과는 아무 관계도 없는 고상한 정치, 외교, 군사적 사건, 의례적 사건들로 가득 채워져 있다. 이런 식으로 노동하는 평범한 사람들은 '전략과 전술'에 관한 고상하고, 복잡하며 '현명한' 논쟁과 비교해 볼 때 자신들은 원래 별로 중요하지 않다는 감정을 가지게 되는 것이다. 노동하는 평범한 사람들은 자신들이 보잘것없고, 무능하고, 쓸모없고, 의기소침하다고 느끼며, **자신들의 삶이 우연**에 불과하다는 감정을 갖게 되는 것이다. 이런 대중심리적 주장의 진실성은 쉽게 검증될 수 있다. 나는 매우 자주 이 진실성을 검증했고 항상 다음과 같은 동일한 결과를 얻었다.

1. 어떤 노동자가 자신의 일을 상당히 개선할 수 있는 생각을 하게 되었다. 우리는 그에게 그의 발견을 (그 발견이 작든 크든) 글로 발표하라고 이야기한다. 그러나 이런 이야기에 그는 이상한 반응을 보인다. 자신의 일이 중요하고 필수불가결한 것임에도 불구하고, 그 노동자는 스스로 오그라드는 듯한 반응을 보이는 것이다. 그의 반응에서 이런 생각을 읽을 수 있다. (때때로 그는 실제로 이렇게 말할 것이다) '도대체, 내가 논문을 쓸 만한 사람인가요?' 또는 '나의 일은 그렇게 중요하지 않아요'라는 생각 말이다. 자신의 일에 대한 노동자의 이와 같은 태도는 전형적인 대중심리적 현상이다. 나는 이것을 매우 간단히 서술했지만 핵심은 정확히 지적했기 때문에 누구라도 이것이 사실이라는 것을 쉽게 인정할 수 있을 것이다.
2. 이제 우리가 어떤 일간신문 편집인과 만나, 그에게 형식적이고 전적으로 정치적인 '전략과 전술의 문제'를 두 면 정도로 줄이고, **첫째** 면과 **둘째** 면에 기술, 의학, 교육, 광업, 농업, 공장의 일 등과 같은 실천

적인 일상의 문제에 관한 글을 실으라는 제안을 한다고 생각해 보라. 아마 그는 전혀 이해를 못하고 당황해서 우리를 쳐다볼 것이다. 그리고는 우리의 정신 상태를 의심할 것이다.

1과 2로 간략하게 파악한 인민대중들과 여론을 조성하는 사람들의 기본적인 태도는 서로를 보완하고 조건짓는다. 여론의 본성은 본질적으로 **정치적**이며, 사랑, 노동, 그리고 지식의 일상생활을 실제로 과소평가한다. 이는 사랑하는 사람, 노동하는 사람 그리고 지식을 가진 사람의 감정은 사회에서 전혀 중요하지 않다는 생각과 전적으로 일치한다.

그러나 여론의 형성과 그로 인한 인간의 성격구조 형성에 정치적 비합리주의가 99퍼센트 참여하고 사회적 삶의 기본기능은 1퍼센트밖에 참여하지 않는 한, 사회적 관계의 합리적 전환은 생각할 수 없다. 정치적 비합리주의의 권력을 무력화하고 사회의 자주관리를 성취하고자 한다면, 위와 같은 관계를 완전히 뒤집는 것이 최소한의 요구사항이 될 것이다. 다시 말해 **사실적인 삶 과정은 그 언어와 사회적 삶의 형태에서도 분명히 표현되어야 하며, 그럼으로써 스스로를 지켜야만 한다.** 이렇게 정치적 개념을 확대하고 수정하면서 우리는 심각한 반대에 부딪히게 된다. 그 반대의견은 다음과 같이 전개된다. 우리는 정치적 이데올로기를 간단하게 제거할 수 없다. 왜냐하면 노동자, 농민, 기술자 등은 자신들의 삶에 필수적인 노동뿐만 아니라, 그들의 정치적 이데올로기를 통해서도 사회의 과정을 결정하기 때문이다! 중세 농민전쟁은 사회에 혁명적인 영향을 끼친 정치적 봉기였다. 러시아에서 공산당은 러시아의 모습을 바꾸었다. 이 반대의견은 또한 어느 누구도 정치화하는 것과 정치적 이데올로기를 형성하는 것을 저지하거나 방해할 수 없다고 말한다. 정치화와 정치적 이데올로기를 형성하는 것 역시 인간의 욕구이며 사랑, 노동 그리고 지식과 마찬가지로 사회적 영향력을 갖고 있다는 것이다. 이런 의견은 다음과 같이 반박될 수 있다.

1. 노동민주주의의 사상세계는 그 어떤 것도 금지하거나 방해하려 하지 않는다. 오로지 사랑, 노동 그리고 지식의 생물학적 삶 기능 충족을 지향할 뿐이다. 어떤 정치적 이데올로기가 이것을 지지한다면, 자연스러운 노동민주주의가 촉진되기는 한다. 그러나 비합리적인 요구와 주장을 가진 정치적 이데올로기가 노동민주주의에 방해가 되고 생체-사회적인 기본기능이 작동할 수 없도록 만든다면, 노동민주주의는 나무를 자르다가 독사의 공격을 받은 벌목꾼처럼 행동할 것이다. 그는 방해받지 않고 나무를 벌목하기 위하여 그 뱀을 죽일 것이다. 숲 속에 독사가 있기 때문에 벌목을 포기하지는 않을 것이다.

2. 정치적 이데올로기와 환상 역시 실제의 영향력을 가진 사회적 사실이며, 따라서 간단히 금지하거나 없앨 수 없다는 것은 옳다. 하지만 인간이라는 동물의 비극 대부분이 바로 그런 사실들 때문이라는 것이 노동민주주의의 관점이다. 정치적 이데올로기가 구체적인 현실이라는 사실이, 정치적 이데올로기가 삶에 필요한 성격을 지닌다는 증거는 아니다. 선(腺)페스트는 아주 강력한 사회적 현실이었지만 누구도 그것을 삶에 필요한 것으로 간주하지 않았고, 그 질병이 존재한다는 것에서 생명을 가진 인간과 선페스트가 마찬가지라는 결론을 끌어내지도 않는다. 인간이 원시림에 정착하는 것은 삶에 필요한 것으로 진실되고 실제적인 사회적 사실이다. 그러나 홍수 역시 사실이다. 단지 이 둘 모두가 사회적 영향력을 갖고 있다는 이유로, 홍수의 파괴적 힘과 인간의 정착 활동을 동등하게 여길 수 있겠는가? 그러나 성공하지

못한 화가지망생이 전세계를 비참함 속으로 빠뜨릴 수 있었다는 사실에 대한 책임은 바로 노동과 정치를 구분하지 못하고, 현실과 환상을 구별하지 못하고, 정치를 씨를 뿌리는 것이나 건물을 건축하는 것처럼 합리적인 인간 활동이라고 여긴 우리의 잘못에 있는 것이다. 또한 나는 그저 흥미를 위해 이 책을 쓴 것이 아니며, 이 책의 주된 목적이 인간의 생각에 존재하는 이런 파멸적인 오류를 증명하고 정치에서 비합리주의를 제거하는 데 있다는 점을 강조해 왔다. 전체 농민, 산업노동자, 의사 등이 자신들의 사회적 활동을 통해서만이 아니라, 특히 그들의 정치적 이데올로기를 통해서도 광범위하게 사회적 존재에 영향을 끼치고 있다는 것이 우리의 사회적 비극에서 본질적인 부분이다. 왜냐하면 정치적 활동은 객관적이고 전문적인 활동을 방해하고, 모든 전문직 종사자를 서로 반목하는 이데올로기적 집단으로 분열시키며, 산업노동자를 분열시키고, 의사들의 활동을 제한하여 환자에게 해를 끼치기 때문이다. 한 마디로 말해서, 노동하는 사람들이 달성하기 위해 설정한, 평화, 노동, 안전, 국제적 협력, 자유롭고 객관적인 의견표명, 종교의 자유 등의 실현을 방해하는 것은 바로 정치적 활동이다.

3. 정당이 때때로 사회의 모습을 변화시킨다는 것은 옳다. 그러나 노동민주주의의 관점에서 우리는 그런 것들이 **부득이하게 성취된 것들**이라고 주장한다. 칼 맑스가 정치경제학 비판을 시작했을 때, 그는 원래 정치가가 아니었으며 정당원도 아니었다. 그는 과학적인 경제학자였으며 사회학자였다. 그의 말이 제대로 전달되지 못하도록 만든 것은 바로 인민대중들의 정서적 전염병이었으며, 그를 궁핍과 비참함 속으로 빠뜨렸던 것도 정서적 전염병이었다. 또한 맑스로 하여금 자신이 바로 해체하게 될 유명한 '공산주의자 동맹' 이라는 정치조직을 결성

하도록 강요한 것도 정서적 전염병이었다. 맑스적 과학을 본래의 맑스와는 더 이상 아무런 관계도 없으며, 더욱이 파시즘의 출현에 상당 부분 책임이 있는 정당 맑스주의로 만든 것도 정서적 전염병이었다. "나는 맑스주의자가 아니다"라는 맑스의 외침이 이 사실을 분명히 입증해 주고 있다. 합리적 사유가 인민대중들에게 일반적인 것이었다면, 맑스는 결코 정치조직의 건설을 호소하지 않았을 것이다. 정치적 기구가 때때로 필연적이라는 것은 사실이다. 그러나 그것은 인간의 비합리주의가 그것을 필연적인 것이 되도록 만든 것이다. 만약 노동과 사회적 이데올로기가 서로 일치한다면, 또한 욕구, 욕구의 충족, 그리고 욕구충족의 수단이 인간의 성격구조와 일치했더라면, 정치는 없었을 것이다. 그런 일치 속에서 정치는 쓸모가 없었을 것이기 때문이다. 집이 없을 때 사람들은 어쩔 수 없이 빈 나무 둥치에서 살아야 할지도 모른다. 나무 둥치는 집보다 더 좋을 수도 있고 나쁠 수도 있지만, 집은 아니다 따라서 일정 기간 동안 나무 둥치에서 살아야 한다 하더라도, 목표는 나무 둥치가 아니라 역시 적당한 집이다. 정치와 정치로부터 생성된 국가를 제거하는 것은 정치가들이 망각한, 사회주의 정치의 창시자들이 지녔던 목표였다. 나는 이런 것들을 상기시키는 일이 대단히 고통스럽다는 것을 알고 있다. 생계를 꾸려가기 위해서 질병을 치료해야 하는 의사가 자기 활동의 주요 목적을 질병의 예방에 두기 위해서는 대단히 많은 고민, 정직함, 지식 그리고 자기비판이 필요하다. 인간 사회가 정치라는 존재가 가지고 있는 비합리적 동기를 폭로하고, 정치의 '필요성'을 완벽하게 파헤쳐서 모든 형태의 정치를 쓸모없는 것으로 만들도록 돕고 있는 정치가들을 우리는 객관적이고 합리적인 사회학자로 간주해야 할 것이다.

정치에 대한 이런 노동민주주의적 비판은 고립되어 있지 않다. 미국에서는 광적인 정치주의에 대한 증오와 그것의 사회적 해독에 대한 통찰이 널리 퍼져 있다. 우리는 소련에서도 역시 정치가에 대항하여 점점 더 많은 기술자들이 확고한 위치를 차지하고 있다는 이야기를 듣는다. 아마도 소련의 정치가들이 지도적인 정치가들을 처형하는 것조차도 우리 모두에게 감춰져 있던 사회적 의미를 보여줄 것이다. 우리가 그런 처형을 정치적 비합리주의와 사디즘의 표현으로 여기도록 교육받아 왔음에도 불구하고 말이다. 10년 내내 유럽 독재자들의 정치에는 적이 없었다. 만약 정치의 본질을 더 쉽게 파악하고 싶다면, 수년 동안 전세계를 숨죽이게 만들었던 것이 바로 히틀러였다는 점을 생각해 보라. 정치의 천재로서의 히틀러는 다른 어떤 사실보다도 정치의 본질에 대한 거대한 폭로이다. 히틀러에 이르러 정치는 최고의 발전단계에 도달했다. 우리는 그 결과가 무엇이었는지를 알고 있으며 또한 세계가 그 결과에 어떻게 반응했는가도 알고 있다. 즉 정치에서 해방된 새로운 사회적 시대인 20세기는 거대한 재앙으로 시작되었다. 물론 정치적인 정서적 전염병을 뿌리 뽑는 데 있어 정치 자체가 어느 정도 역할을 할 것인지, 그리고 의식적으로 조직화된 사랑, 노동, 지식의 기능이 어느 정도 역할을 할 것인지를 예측하는 것은 불가능하다.

옮긴이 후기

1990년대 중반까지 나는 주로 소련과 동독의 관변 학자들이 전개했던 이론과 서구에서 발전된 국가독점자본주의 이론이 추론하는 사회주의 이행에 상당히 경도되어 있었다. 정치경제학 일반에 많은 관심을 가지고 맑스의 원전과 소련과 동독에서 출간된 저술들을 학습하면서 기계적인 유물론과 경제학 제국주의에 심취했던 것이었는데, 이런 생각은 1990년대 초반 소련을 비롯한 동구권의 몰락을 유럽에서 직접 체험하면서도 변하지 않았다. 그러나 나의 이런 생각도 시간이 지나면서 점차 변하게 되었는데, 그 계기가 된 것 중 하나가 바로 빌헬름 라이히와의 만남이었다.

    내가 라이히를 본격적으로 접하게 된 것은 어느 가을 학기에 참석한 세미나에서였다. 그 세미나는 국가독점자본주의 이론에서 자타가 공인하는 전문가로 상당한 명성을 얻고 있던 교수가 주도하는 세미나였는데, 그 세미나의 학기 중간쯤에 30대 중반 정도로 보이는 어느 독일 학생의 발표가 있었다. 교수와 항상 열띤 논쟁을 벌이곤 하던 학생이었는데, 나는 그의 발표를 통해 평의회 공산주의의 전반적인 내용과 라이히의 주장에 대해 어렴풋이 알게 되었다. 그 학생은 노동하는 대중들의 공포, 무비판성, 수동성 등에 대해서 이야기했는데 이런 논의들이 나에게는 상당한 충격이었다. 당시 나는 경제·정치·사회적 위치로 결정되는 일정하고 획일적인 의식에 따라 대중들의 행동이 결정된다는 막연한 생각을 가지고 있었기 때문이었다. 그 발표자가 본능의 억압으로 생기는 인간의 성격구조에 대해 이야기하면서 사회적 지위로 결정되는 집단의식과 개인의 성격 사이에는 차이가 있다는 주장을 할 때만 해도 프로이트의 주장을 반복하는 것이라고 생각하여 주의를 기울이지 않았지만, 그가 당시 몰락한 소련 사회의 붕괴원인을 지도부의 문제뿐만 아니라, 권위적이고 신비적인 지도부에 절대적으로 복종한 대중들의 성격구조에서도 찾아야 한다는 주장을 할 때는 귀를 기울여 경청했다. 그는 라이히가 『파시즘의 대중심리』에서 주장한 내용을 조목조목 언급하면서 자신의 논지를 펴고 있었다. 이 세미나가 끝난 후 나는 도서관에서 라이히의 책을 찾아 읽기 시작했고, 이후 몇 달간 라이히에 심취하게 되었다.

프로이트와 정신분석학에 몰입했던 초기의 라이히는 촉망받는 정신분석학자로 명성을 얻기도 했다. 하지만 라이히는 곧 인간정신의 심리구조를 미시적으로 파악하는 프로이트의 정신분석학을 극복하고, 인간의 심리구조를 거시적 차원, 즉 역사적·사회적 인식과 연결시키고자 했다. 바로 이런 노력이 이후 성경제학으로 발전하게 되었다. 라이히가 이 책의 머리글에서 밝히고 있는 것처럼 성경제학은 정신분석학을 어머니로, 맑스주의적 사회학을 아버지로 하여 태어났다. 하지만 성경제학은 사회적 요인을 거의 다루지 않는 정신분석학과 인간의 동물적 기원을 무시하는 맑스주의를 비판적으로 극복하면서 부모의 단순한 합(合)을 넘어서고 있다. 이런 라이히 성경제학 연구의 결정판이라 할 수 있는 것이 바로 이 책 『파시즘의 대중심리』다.

이 책에서 라이히가 계속해서 강조하고 있는 것은 파시즘이 독일, 이탈리아, 그리고 일본만의 특수한 현상이 아닌 국제적인 현상이며, 히틀러나 무솔리니 개인의 정신병리적 행동이 아니라, '대중의 비합리적 성격구조'의 표현이라는 것이다. 이런 의미에서 파시즘은 대중운동의 성격을 갖는다. 라이히는 대중들의 비합리적 성격구조를 자연스러운 성의 신비적 왜곡, 억압된 오르가즘적 열망, 가부장적으로 구조화된 사회경제적인 억압에서 찾고 있다. 이런 식으로 라이히는 본능적인 과정뿐만 아니라 사회경제적인 과정 역시 인간의 존재를 결정한다는 점을 밝혀내고 있다. 라이히의 이런 연구는 무엇보다도 파시즘이 발호하고 있던 당시에 이루어졌다는 점에서, 그리고 이후의 파시즘 연구에 많은 영향을 미쳤다는 점에서 큰 의미가 있다.

라이히 이론의 구체적이고 심층적인 논거가 2002년 한일 월드컵의 환호 속에서도 발견된다는 사실은 라이히의 이론이 오늘날에도 여전히 유효하다는 것을 잘 말해준다. '붉은 악마'의 열광적 응원과 성적으로 억압되고 가부장적인 권위에 억눌린 한국 대중들의 환호 속에서 나는 라이히가 말한 파시즘적인 성격구조를 다시 한 번 확인할 수 있었다. 또한 '민족'이라는 신비화된 권위에 기반하여 '우리'와 '너'를 구분하고, 우리가 아닌 모든 것들을 적으로 규정하는 획일적인 공격성이 파시즘과는 거리가 있어 보이는 오늘날의 한국에서 분명하게 드러나고 있었다.

분명한 이론적 유용성에도 불구하고 라이히는 한쪽에서는 천재라는, 다른 쪽에서는 이론적 협잡꾼이라는 극과 극의 평가를 받고 있다. 그러나 라이히는 천재도 이론적 협잡꾼도 아니다. 라이히는 인간이 진정으로 해방된 사회와 그 사회를 유지하고 발전시킬 새로운 성격구조를 가진 인간을 구상했을 뿐이다. 그가 청소년들에게 성적인 자유를 주어야 한다고 주장한 것 역시 이런 맥락에서였다. 성적 억압과 계급적 억압이라는 이중의 억압이 양산하는 인간의 성격구조와 이를 교묘히 이용하는 신비화된 국가, 그리고 생산 및 소비에 대한 국가 관료의 지도로 구성되는 정치체제(파시즘과 구소련의 국가자본주의)는 진정한 인간의 해방을 추구하기는커녕 그 해방을 방해하기 때문이었다. 미래의 해방된 사회, 즉 자유로운 개인들의 연합체 건설은 자주적인 공동생산과 공동소비, 그리고 사회 전반의 문제를 스스로 해결할 수 있는 성격구조의 대중들을 형성할 수 있는가에 달려 있다. 이것이 『파시즘의 대중심리』를 통해 라이히가 우리에게 주고자 하는 메시지이다.

2005년 12월

황선길

용어설명

노동민주주의 Arbeitsdemokratie
노동과정의 자연스러운 조직화에 기초하여 개개인이 자발적이고 독자적으로 노동을 영위하는 삶의 형태를 지칭한다. 노동민주주의는 이데올로기적 체제가 아니다. 또한 하나의 이데올로기를 공유하는 정당이나 개별 정치가 또는 특정 집단의 선전에 의해 인간 사회에 부과될 수 있는 '정치적' 체제도 아니다. 자연스러운 노동민주주의는, 자연스럽고 유기적으로 태어나 자라고 발전해 온 것으로, 합리적 대인관계의 지배를 받는 모든 삶 기능의 총합이다. 노동민주주의에는 다음과 같은 새로운 점이 있다. 사회학 역사상 처음으로, 창조된 이데올로기나 조건에서가 아니라 처음부터 존재하고 발전해 온 자연스러운 과정에서 미래의 인간 사회에서 실현가능한 조절이 도출된 것이다. 노동민주주의의 '정치'는 어떠한 정치도, 사실에 어긋나는 어떠한 불합리한 선동도 거부한다는 특징을 갖는다. 노동하는 모든 남녀 대중들은 자신들의 사회적 책임에서 벗어날 수 없다. 그들은 그 책임을 짊어지고 있다. 또한 노동민주주의자들은 정치적 총통이 되고자 하는 야망을 가지고 있지 않다. 노동민주주의는 의식적으로 (선거인에게 정치적 대표자의 선출 이상의 책임을 부과하지 않는) 형식적 민주주의를 국제적 규모의 참되고 사실적이며 실천적인 민주주의로 발전시킨다. 이 민주주의는 사랑, 노동, 지식의 기능에서 태어나 유기적으로 발전한다. 이 민주주의는 정치적 태도를 통해서가 아니라 스스로의 법칙에 복종하는 실천적 삶 기능을 통해서 신비주의와 전체주의적 국가사상에 대항하여 싸운다. 한 마디로 말해서 자연스러운 노동민주주의는 새롭게 발견된 생체사회적 기능이며 자연스럽고 기본적인 사회적 기능이다. 노동민주주의는 정치적 강령이 아니다.

비온 Bion

생물과 무생물 사이의 단계에 있는 소낭(小囊). 비온은 무기물과 유기물의 해체과정에서 자연스럽게 지속적으로 형성되는데 이 과정을 실험적으로 재현할 수 있게 되었다. 비온은 오르곤 에너지로 충전되어 있으며 원생동물과 박테리아로 발전한다.

생장요법 Vegetotherapie

근육무장이 발견됨에 따라 성격분석적 치료과정은 막혀 있는 생장 에너지를 풀어줌으로써 환자가 자신의 생체물리적 운동력을 회복할 수 있도록 수정되었다. 성격분석과 생장요법의 결합은 성격분석적 생장요법으로 알려져 있다가 나중에 유기적 오르곤 에너지(생물 에너지)가 발견되고 대기의 오르곤 에너지를 오르곤 에너지 집적기에 응축할 수 있게 되면서 포괄적인 생체물리적 오르곤 치료로 발전했다.

생체병리 Biopathy

전체 유기체 속의 생물학적 박동이 혼란해져서 생기는 질병. 이것은 자율적 생명기관에서 발생하는 모든 질병과정을 포함한다. 생체적–성적 흥분의 방출에서 생겨난 혼란이 생체병리의 주된 메커니즘이다.

성격구조 Charakterliche Struktur

개인의 전형적인 구조, 즉 행동과 반응이 나타나는 전형적 방식. 오르고노미적 성격 개념은 기능적이고 생물학적인 개념이지 정태적인 심리학적 개념이거나 도덕주의적 개념이 아니다.

성격분석 Charakteranalyse

치료과정에 성격과 성격저항을 포함시킴으로써 관습적인 정신분석학적 증후분석 기법을 변화시킨 기법.

성경제학 Sexualökonomie

이 용어는 생물학적 에너지의 조절방식을 가리킨다. 요컨대, 개인의 성적 에너지의 조절을 말하는 것이다. 성경제학은 한 개인이 자신의 생물학적 에너지를 다루는 방식, 즉 얼마나 많은 에너지를 가두고 있는가 그리고 얼마나 많은 에너지를 오르가즘적으로 방출하는가를 의미한다. 이 조절방식에 영향을 끼치는 요인으로는 사회적 요인, 심리적 요인, 생물적 요인 등이 있다. 성경제학은 이런 요인들에 관해 연구하면서 도출된 지식체계로 구성되었다. 이 용어는 라이히가 프로이트의 문화철학을 거부했을 때부터 오르곤을 발견했을 때까지 라이히의 연구에 적용되었다. 그러나 오르곤이 발견된 후에는 생명 에너지에 관한 학문인 오르고노미로 대체되었다.

성정치학 Sexualpolitik

'성정치학' 또는 '성정치적인'이라는 용어는 성경제학의 개념을 대중적 규모로 사회현상에 응용하는 것을 말한다. 이런 작업은 1927년부터 1933년 사이에 오스트리아와 독일의 정신위생운동과 혁명적 자유운동 내에서 이루어졌다.

성정치 SEXPOL

라이히의 주도로 대중적인 성정치 활동을 벌이던 독일의 조직이다.

오르가즘 불능 orgastische Impotenz

오르가즘 능력의 부재. 유기체가 무의지적인 경련에 완전히 몰입하지 못할 뿐만 아니라 생식적 포옹[성교]의 절정에서 성흥분을 완전히 방출하지 못하는 것을 말한다. 이것은 오늘날의 인간들이 지닌 가장 중요한 특성으로, 유기체 속의 생물학적(오르곤) 에너지가 막힘(울혈)으로써 모든 종류의 생체병리적 증후와 사회적 비합리주의에 에너지를 제공한다.

오르가즘 불안 Orgasmusangst

성불안은 본능 충족의 좌절에서 생겨나며 막힌 성흥분에 대한 불안에 의해 내적으로 정박된다. 이것은 일반적인 인간구조의 중심을 차지하고 있는 전반적인 쾌락불안의 토대를 형성한다.

오르고노미적(에너지론적) 기능주의 orgonomischer (energetischer) Funktionalismus

임상적이고 실험적인 오르곤 연구의 지침이 되는 기능주의적 사유의 기법으로, 이것의 지도원칙은 공통적 기능작용원칙에서의 차이를 찾아내는 것이다. 이 사유기법은 인간의 성격형성에 관한 연구과정에서 생겨났으며, 이 기법을 통해서 기능주의적이고 유기적이며 우주적인 오르곤 에너지가 발견되었다. 또한 이 발견을 통해 이 사유기법이 살아 있는 기본적 자연과정과 살아 있지 않은 기본적 자연과정 모두를 정확히 반영하고 있음이 입증되었다.

오르곤 에너지 Orgonenergie
원초적 우주 에너지이다. 보편적으로 존재하며 가이거-뮬러 계수기(방사능 측정기의 일종)를 이용하여 가시적으로, 열적으로, 검전기적으로 측정할 수 있다. 살아 있는 유기체 속에 있는 이 에너지는 생체 에너지이며 생명 에너지이다. 라이히가 1936년부터 1940년 사이에 발견했다.

빌헬름 라이히 연보

1897	오스트리아 갈리시아에서 태어남.
1900(3세)	동생 로베르트 태어남.
1911(14세)	어머니 자살.
1914(17세)	아버지 죽음.
1916~1918	김나지움 졸업 뒤 1차 세계대전에 오스트리아군 중위로 입대.
1918(21세)	빈 대학 법학부 입학. 곧 의학부로 전공을 바꿈.
1919(22세)	빈 성학 학생 세미나를 조직·주도함. 프로이트와 처음 만남.
1920(23세)	빈 정신분석협회 회원이 됨.
1921(24세)	동료 학생이었던 애니 핑크(Annie Pink)와 결혼. 빈 정신분석협회에서 자신의 첫번째 논문을 발표함.
1922(25세)	의학부를 졸업하고 빈에 있는 프로이트의 정신분석 진료소에서 임상조수로 근무.
1924(27세)	첫째 딸 에바(Eva) 태어남. 정신분석 진료소 치료세미나의 팀장이 됨.
1926(29세)	동생 로베르트가 결핵으로 죽음.
1927(30세)	결핵으로 스위스에서 요양하고 회복됨. 7월 빈의 사회주의봉기를 목격하고 정치적으로 사회민주당에 개입 시작. 『오르가즘의 기능』을 출판하면서 프로이트와 의견대립 발생.

1928(31세)	둘째 딸 로레(Lore) 태어남. 사회민주당을 떠나 공산당에 가입함. 정신분석진료소의 부소장이 됨. 좌파의료조직에 개입함.
1929(32세)	빈에서 성위생상담소를 개설하여 성교육 실시. 모스크바를 방문하여 강연을 하고 약간 실망하여 돌아옴.
1930(33세)	『사춘기, 금욕, 결혼윤리』를 출판하여 프로이트의 '문화철학' 비판. 프로이트와 마지막 만남. 베를린으로 이주.
1931(34세)	성정치 출판사를 설립하여 프로이트와 마르크스의 이론적 통합 시도. 성개혁세계동맹에 성개혁안을 제출했으나 '공산주의적'이라고 거절당함. 독일 프롤레타리아 성정치협회를 주도.
1931~1932	독일공산당이 라이히와 애니의 팸플릿과 소책자 발간.
1932(35세)	독일공산당은 그의 저작들이 '이데올로기적으로 올바르지 않다'고 판단, 성정치출판사의 출판물 배부 금지. 라이히는 자신의 당세포에서 엘자 린덴버그(Elsa Lindenberg)를 만남.
1933(36세)	공산당에서 축출됨. 애니와 결별. 그해 말 덴마크로 도피했다가 스웨덴으로 감. 『성격분석』과 『파시즘의 대중심리』 출판.
1934(37세)	국제정신분석협회에서 라이히를 공식적으로 추방. 그 뒤 라이히는 노르웨이 오슬로 대학의 심리학연구소 스탭으로 참여. 엘자는 라이히와 오슬로로 왔고, 딸 에바와 로레는 애니와 남음.
1935(38세)	성격형성과 그것의 생물학적 기초에 대한 강의를 함. 정신의학자들과 정신치료사들을 위한 세미나를 시작.
1937(40세)	노르웨이의 '언론캠페인'이 라이히를 악질이라고 비난. 생체전기와 성에 관한 실험을 진행하면서 원생동물에 관한 필름들을 만듦.
1938(41세)	『비온』 출판.
1939(42세)	엘자와 결별. 엘자는 스웨덴에서 '지하활동'을 함. 뉴욕에 있는 사회조사 뉴 스쿨에서 라이히를 초청. 노르웨이에서 비온실험을 함. 8월에 뉴욕으로 이주하고 거기서 일제 올렌도르프(Ilse Ollendorff)를 만남.

1940(43세)	대기 중에서 오르곤 에너지를 발견하고 처음으로 오르곤축적기를 제작하여 인체에 사용 가능한지를 시험함. 뉴욕 사회조사 뉴 스쿨에서 '성격형성의 생물학적 측면'에 대해 강의를 함. 메인 주에 캠핑여행을 가서 란젤리 부근의 오두막 구입.
1941(44세)	아인슈타인을 만남. 암 환자들을 오르곤 축적기로 치료. 라이히와 볼프(Theodore Wolfe)는 출판사를 설립. 메인에서 여름을 보내고 뉴욕에 집을 구입. 뉴욕에서 '이상한 외부인'이라는 혐의로 3주 동안 수감. 1942년 1월 풀려남.
1942(45세)	『오르곤의 발견 1 : 오르가즘의 기능』 출판. 란젤리에 280에이커의 땅을 구입하여 사설 연구소 오르고논(Orgonon) 설립.
1944(47세)	아들 피터 태어남.
1946(49세)	『파시즘의 대중심리』 영어 개정판 출판.
1947(50세)	라이히를 비방하는 글들이 발표된 후 FDA(미식품의약청) 조사관들이 라이히의 소유지인 오르고논에 나타남.
1948(51세)	라이히는 실험실 전체를 뉴욕에서 란젤리로 옮김. 『암생체 치료』와 『들어라 소인들아!』 출판.
1949(52세)	빌헬름 라이히 재단이 란젤리에 법적으로 설립됨. 『에테르, 신, 악마』 출판.
1950(53세)	라이히의 가족이 영구적으로 메인으로 이주. 원자 에너지를 가지고 오라누르(Oranur) 실험을 함.
1951(54세)	몇 번의 심장마비를 일으킴. 오르곤요법으로 치료하면서 담배를 완전히 끊음.
1952(55세)	FDA 대리인들이 오르고논을 방문. 라이히는 그들에게 떠날 것을 요구. 날씨통제 실험을 함. 일제와 결별.
1953(56세)	『그리스도의 살해』 출판. 날씨와 오염통제에 대한 실험.
1954(57세)	FDA가 라이히의 작업을 금지시킴. 볼프 죽음. 라이히는 여행 중에 애리조나에서 오르곤 에너지를 이용해 비를 내리는 실험을 함.

1956(59세) 법정출두명령을 거부하여 4~5월에 법정모독죄에 대한 재판이 열림. 5월 25일 2년 실형을 선고받음. 라이히의 책이 소각당하고 실험실이 미국 정부에 의해 부분적으로 파괴됨.

1957(60세) 3월 12일 코네티컷의 던베리 형무소에 수감됨. 3월 22일 펜실베이니아의 루이스부르그 교도소로 이감. 11월 3일 감옥에서 잠을 자던 중 죽음.

라이히의 주요 저작들

(1927) Die Funktion des Orgasmus, Leipzig, Wien, Zürich: Internationaler Psychoanalytischer Verlag.

(1932) Der Einbruch der Sexualmoral, Berlin, Leipzig, Wien: Verlag für Sexualpolitik.

(1933) Charakteranalyse, Wien: Zelbstverlag.〔국역(발췌): 박설호 옮김, 『문화적 투쟁으로서의 성』, 솔, 1996.〕

(1933) Die Massenpsychologie des Faschismus, Kopenhagen, Prag, Zürich: Sexpol Verlag.

(1936) Sexualität im Kulturkampf, Kopenhagen: Sexpol Verlag.〔국역: 윤수종 옮김, 『성혁명』, 새길, 2000.〕

(1938) Die Bione, Oslo, Kopenhagen; Zürich: Sexpol Verlag.

(1942) Discovery of the Orgone 1: The Function of the Orgasm, New York: Orgone Institute Press.〔국역: 윤수종 옮김, 『오르가즘의 기능: 도덕적 엄숙주의에 대한 오르가즘적 처방』, 그린비, 2005.〕

(1948) Discovery of the Orgone 2: The Cancer Biopathy, New York: Orgone Institute Press.

(1948) Listen, Little Man, New York: Orgone Institute Press.〔국역: 곽진희 옮김, 『작은 사람들아, 들어라』, 일월서각, 1991.〕

(1949) Ether, God and Devil, New York: Orgone Institute Press.

(1951) Cosmic Superimposition, New York: Orgone Institute Press.

(1953) The Murder of Christ, Rangeley: Orgone Institute Press.

(1953) People in Trouble, Rangeley: Orgone Institute Press.

(1967) Reich Speaks of Freud, New York: Farrar, Straus & Giroux.〔국역 : 황재우 옮김, 『프로이트와의 대화』, 종로서적, 1982.〕

(1981) Record of a Friendship, New York: Farrar, Straus & Giroux.

(1994) Beyond Psychology, New York: Farrar, Straus & Giroux.

찾아보기

ㄱ

가모장제 64, 139, 141, 142, 209, 219
가부장적 종교 218, 219, 226
가부장제 66, 85, 99, 139, 141, 142, 206, 209, 219, 226, 250, 314, 382
강제적 가족 199, 212
강제적 결혼 99, 242
괴링(Göring, Hermann) 72, 84, 388
괴벨스(Goebbels, Joseph) 101, 104
국가자본주의 386~388, 390
권위주의적 가족(가정) 66, 94, 152, 161, 162, 167, 211, 240, 257, 278
권위주의적 국가 385
금욕주의 213, 257, 274, 280, 407
기계론 12, 57, 67, 459, 486, 487

ㄴ

나폴레옹 454, 513
낙태금지법 272

네프 365, 367
노동민주주의 11, 20, 24, 30, 35, 117, 139, 142, 165, 191, 277, 297, 300, 303, 326, 342, 347, 371, 377, 384, 398~401, 405, 408, 427~429, 431~433, 481~483, 488~494, 498, 499, 506, 509, 511, 515, 516, 519, 521, 522, 524, 528, 529, 531
노동봉사캠프 280~282
노동자/농민 검열관직 410~412
노동자/농민 평의회 362
「농업소유관계의 새 질서」 92

ㄷ

다윈(Darwin, Charles) 126, 469
대중심리 20, 72, 80, 161, 177, 199, 242
대중심리학 118, 119, 310, 317, 318
도덕주의 111, 198, 211, 223, 269, 506
독일국가인민당 78, 81, 85, 86
독일 사회의 경제적·이데올로기적 구조 42~46

돌푸스(Dollfuss, Engelbert) 331
동성애 236, 241, 248, 282
드리슈(Driesch, Hans) 133
드 코스터(De Coster, Charles) 208, 518
『틸 오일렌슈피겔』 208, 518

ㄹ

라데크(Redek, Karl) 46
라메트리(La Mettrie, Offroy de) 473
라발(Laval, Pierre) 324, 450
라이트 형제 401, 520
라이헤르트(Reichert, Carl) 520
라이히(Reich, Wilhelm)
  『계급의식이란 무엇인가』 314
  『노동민주주의에서의 자연스러운 노동 조직』 490
  『노동민주주의의 추가적 문제』 491
  『문화투쟁에서의 성』 320, 351
  『사춘기, 금욕, 결혼윤리』 310
  『성격분석』 9
  『성도덕의 출현』 339, 466
  『오르가즘의 기능』 468
  『청년의 성적 투쟁』 191
  『파시즘의 대중심리』 313
러시아혁명 258, 300, 303, 313, 334, 364, 386, 449, 450, 467, 475
레닌(Lenin, Wladimir) 37, 60, 69, 196, 287, 302, 303, 306, 317, 319, 334, 336, 338, 340, 342, 343, 345, 347, 348, 350, 359, 365, 367, 369, 371, 386, 450
  『국가와 혁명』 338, 340, 349, 359
로베스피에르(Robespierre, Maximilien) 391

로젠베르크(Rosenberg, Alfred) 48, 133, 134~136, 140, 145~147, 149, 181, 182
  『20세기의 신화』 133, 182
루스벨트(Roosevelt, Franklin) 196, 203, 380, 498
룩셈부르크(Luxemburg, Rosa) 122
뤼거(Lüger, Karl) 77
리비도 62, 68
리켄백커(Rickenbacker, Edward) 423~425
리트비노프(Litvinov, Maksim) 301

ㅁ

마너하임(Mannerheim, Carl) 324
마사리크(Masaryk, Tomáš) 379
말리노프스키(Malinowski, Bronislaw) 339
맑스(Marx, Karl) 59, 64, 197, 287, 302, 319, 321, 323, 338, 341~343, 467, 529, 530
맑스주의 19, 22, 33, 276, 349, 450
매독 76, 131, 132, 235
메너트(Mehnert, Klaus) 420
모건(Morgan, Lewis) 139, 162, 338
무솔리니(Mussolini, Benito) 22, 323, 391
문화적 볼셰비즘 106, 210, 212
민족사회주의 36, 71, 73, 78, 80, 81, 83, 86, 99, 133, 153, 154, 179, 294, 342

ㅂ

바이닝거(Weininger, Otto) 163
바흐오펜(Bachofen, Johann) 139, 140

반유태주의 104, 156
베르사유 평화조약 469
베른슈타인(Bernstein, Eduard) 329
베트만-홀베크(Bethmann-Holweg, Theobald) 130
볼셰비즘 192, 193, 195~198, 424
부데니(Budenny, Semyon Mikhaylovich) 368
부르주아 민주주의 112, 114, 260, 330, 352~354
브라우만(Braumann, Johannes) 192, 197
브뤼닝(Brüning Heinrich) 178
블뤼어(Blüher, Hans) 146
비트포겔(Wittfogel, Karl August) 215
비합리주의 165, 277, 304, 307, 316, 325, 371, 399, 430, 439, 445, 477, 494, 508, 513, 524, 529
빈스방거(Binswanger, Ludwig) 235

ㅅ

사디즘 437, 438, 459, 470, 471, 518, 531
사랑, 노동, 지식 390, 429, 430, 482, 483, 496, 497, 507, 509, 525, 528, 531
사회민주당 35, 56, 76, 78, 121, 268
사회민주주의 119, 121, 313, 334, 350, 359, 361, 373
사회혁명 41, 291, 300, 326, 339, 475
삶에 필수적인 노동 26, 428, 430, 431, 508, 517, 527
3중 감독 체계 319, 400
생물학적 경직 296, 454, 468, 478, 488
생장요법 267, 273, 297, 515

샤나겔(Scharnagel, Karl) 182
성격구조 9, 11~14, 22, 26, 29, 36, 49, 50, 54, 56, 58, 62, 66, 73, 79, 84, 89, 97, 103, 119, 130, 131, 140, 148, 149, 161, 312, 314, 319, 326, 330, 337, 372, 392, 418, 442, 452, 466, 485
성격무장 453, 488
성격분석 64, 66, 267, 467
성경제학 19~24, 29, 35, 58, 61, 64, 65, 67, 105, 111, 139, 142, 145, 162, 167, 172, 175, 176, 206, 209, 210, 213, 214, 216, 218, 222~224, 242, 265, 268~281, 291, 314, 448, 480, 488, 499, 518
소비에트 민주주의 358, 359, 361~367
쇠네러(Schönerer, Georg) 77
쉴람(Schlamm, Willi Siegmund) 312~314
슈타펠(Stapel, Wilhelm) 71, 133, 181
『기독교 정신과 민족사회주의』 71
슈트라서(Strasser, Otto) 35, 215
스타하노프운동 419
스탈린 306, 323, 324, 337, 348, 364, 368~370, 391, 410
신비주의 12, 14, 22, 36, 60, 61, 65, 98, 109, 131, 133, 134, 142, 149, 153, 163, 177~179, 181, 182, 185, 188, 192, 193, 195, 197, 206, 209, 212, 215, 216, 227, 230, 231, 241, 242, 248~250, 255, 256, 263~269, 276, 296, 471, 486, 516

ㅇ

에크(Ekk, Nikolai) 213
『인생의 길』 213, 407

엥겔스(Engels, Friedrich) 37, 38, 119, 139, 162, 302, 303, 319, 338, 339, 340, 342, 343, 378, 379
　『가족, 사적 소유 그리고 국가의 기원』 338
　『반(反) 뒤링』 26
　『영국 노동계급의 조건』 119
　『유토피아에서 과학으로의 사회주의의 발전』 38
예거(Jäger, Ernst) 46
5개년 계획 320, 414, 417, 419, 422
오르가즘 22, 207~209, 212, 216, 218, 222, 224, 241, 249, 250, 280, 486
오르가즘 능력 14, 249, 453
오르가즘 불능 488
오르고논 523
오르곤 24, 27, 460, 486~488, 512, 525
오르곤 생체물리학 441, 448, 486, 506
오이디푸스 콤플렉스 63, 101
올드리지(Aldridge, James) 455, 456
융커스(Junkers, Hugo) 520
의회민주주의 361, 497, 502
이데올로기의 반작용 43, 47, 51
이전-쾌락 220
이차적 욕구(충동) 10, 11, 242
인구정책 271, 272
인종이론 13, 14, 19, 76, 95, 123, 126, 127, 129, 133, 135, 140, 156

ㅈ

자기조절 17, 172, 336
자드루가(Zadruga) 90
자우에르란트(Sauerland, Kurt) 38
자위 225, 228~230, 234, 235, 241, 266, 282, 288
잘킨트(Salkind, Rozaliia) 38, 163, 189
전문가 의식 26, 42, 109
정서적 전염병 314, 373, 420, 448, 489, 502, 506, 509, 514, 516, 530, 531
정신분석학 25, 62, 64, 49, 217, 268, 272
제2차 세계대전 42, 277, 298, 302, 304, 326, 444, 458, 469, 472, 490
제1차 세계대전 129, 298, 443, 472
젠틸레(Gentile, Giovanni) 48
종교 183, 184, 216~219, 226, 242
종교적 신비주의 142, 182, 207, 242, 255, 269
진정한 민주주의 108, 303, 304, 316, 375, 390, 392, 393, 425

ㅊ

차이스(Zeiss, Carl) 520
처칠(Churchill, Winston) 203
1932년 선거 45, 81

ㅋ

카우츠키(Kautsky, Karl) 118
카이절링(Kayserling, Hermann) 133
케플러(Kepler, Johannes) 453
코르트너(Kortner, Fritz) 275
　『용감한 죄인』 275
코페르니쿠스(Copernicus, Nicolaus) 298, 513

콤소몰 415, 420, 421
쾌락불안 222, 226, 488
쿠에(Émile Coué) 34
쿨리 121, 122, 275
퀴르텐(Kürten, Peter) 207
크레머(Kremer, Gerhard) 243
크로티얀(Grotjahn, Alfred) 166

ㅌ

톨리슈스(Tolischus, Otto) 199, 206
통속적 맑스주의 27, 29, 38, 39, 47, 48, 55, 61, 67
티센(Thyssen, Fritz) 82
티콘(Tichon, Vasilij) 259

ㅍ

파시즘 11~14, 22, 24, 280, 307, 332~334, 348, 388, 392, 405, 440, 444, 477, 478, 480, 483, 530
파펜(Papen, Franz) 178
팔렌베르크(Pallenberg, Max) 275
페탱(Pétain, Philippe) 450
펜게로(Pengerots, Visvaldis) 159
펠리페 2세(Felipe II) 208
푀르스테르(Förster, Friedrich) 236
프로이트(Freud, Sigmund) 61~64, 329, 469

프롤레타리아독재 41, 334, 336, 337, 340, 341, 346, 349~363, 365
『프롤레타리아 무신론자의 발언』 186, 188
프롤레타리아 민주주의 343, 344, 350, 353
프롬(Fromm, Erich) 315
『권위와 가족』 315
플라톤(Platon) 465, 468
피이크(Pieck, Wilhelm) 38
피타고라스(Pythagoras) 146

ㅎ

하르만(Haarman, Fritz) 207
하인리히(Heinrich, Herta) 157
하켄크로이츠 81, 153~160
『헨젤과 그레텔』 229, 230
형식적 민주주의 112, 361, 363, 406, 446, 447, 475, 477, 478, 502
호르티(Horthy, Miklós) 324
후겐베르크(Hugenberg, Alfred) 113
후지사와 치카오 199~206
후텐(Hutten, Kurt) 210, 212
『문화적 볼셰비즘』 210
히틀러(Hitler, Adolf) 15, 22, 71, 72, 84, 259, 293, 295, 303, 323, 324, 362, 391, 450, 531
『나의 투쟁』 72, 77~79, 91, 96, 124, 125, 131, 183, 201
히틀러의 성격구조 75~79